Paru dans Le Livre de Poche :

L'ÂME ET LA VIE

L'ÉNERGÉTIQUE PSYCHIQUE

MANIFESTATIONS DE L'INCONSCIENT
(La Pochothèque)

PRÉSENT ET AVENIR

PSYCHOLOGIE DE L'INCONSCIENT

LES RACINES DE LA CONSCIENCE

STRUCTURE ET DYNAMIQUE DE L'INCONSCIENT
(La Pochothèque)

SUR L'INTERPRÉTATION DES RÊVES

C. G. JUNG

MÉTAMORPHOSES DE L'ÂME ET SES SYMBOLES

Analyse des prodromes d'une schizophrénie

Avec 300 illustrations choisies par Yolande Jacobi

PRÉFACE ET TRADUCTION D'YVES LE LAY

GEORG

Titre original :

SYMBOLE DER WANDLUNG

Rascher, éditeur (Zurich)

© Georg Editeur SA, 1953, 1987, 1989, 1993.
ISBN : 978-2-253-90438-0 – 1ᵉ publication LGF

PRÉFACE

DU TRADUCTEUR

En 1906, Théodore Flournoy, professeur à l'Université de Genève, publiait un court article intitulé : « Quelques faits d'imagination subconsciente ». Il y présentait des poèmes et une sorte de roman épique apparus chez une jeune Américaine dans un état de demi-inconscience.

En 1912, C. G. Jung s'empara de cette courte communication et, sur ce thème bien ténu, bâtit d'abord les Méta-morphoses et Symboles de la Libido dont la traduction française parut en 1927 ; puis le présent ouvrage : Méta-morphoses de l'âme et ses symboles qui est un remaniement important de la première version.

Le lecteur ne manquera pas d'être frappé par l'ampleur de l'œuvre issue des modestes matériaux présentés par Miss Miller. La richesse et la profondeur des aperçus avaient déjà retenu l'attention des psychologues lors de la publica-tion du premier ouvrage. Attention faite de curiosité, d'éton-nement, parfois aussi de réticence et de scepticisme. On n'était guère habitué, à cette époque, aux conclusions de la psycho-logie analytique, et l'on ne pouvait se défendre d'une certaine méfiance à l'égard d'une œuvre qui semblait témoigner plutôt de l'imagination de l'auteur que de la richesse de contenu d'une psyché individuelle. L'ouvrage cependant fit son che-min. Les éditions allemandes se sont succédé ; les traductions en diverses langues également. La première traduction fran-çaise est épuisée. Aussi avons-nous pensé que les Méta-morphoses de l'âme et ses symboles devaient aujourd'hui prendre place, sous leur nouvelle forme, dans la série des œuvres de C. G. Jung traduites en français.

9

Cet ouvrage eut un profond retentissement. Si son public fut assez restreint son succès, cependant, nous est une garantie de l'intérêt qu'il présente. Nous sommes persuadé qu'il sera mieux compris aujourd'hui qu'il y a vingt-cinq ans. Car le temps est passé où la psychologie des profondeurs suscitait en France de vives et parfois ridicules critiques. Après une période de méfiance, la psychanalyse a fini par prendre place parmi les méthodes d'exploration de la psyché humaine. Peut-être même a-t-on abusé d'elle parfois : l'engouement succédant à la méfiance, on a prétendu faire partout de la psychanalyse, de cette psychanalyse que Freud appelait « sauvage ». L'engouement passé, la mise au point s'est faite d'elle-même et aujourd'hui le mouvement psychanalytique, avec ses diverses tendances, ses diverses écoles, apporte à la connaissance de l'homme de précieuses contributions. Quand aura disparu la publicité souvent malsaine que font autour d'elle ceux qui ne cherchent à l'exploiter qu'à des fins uniquement commerciales, nous aurons en main une méthode d'exploration psychique dont on peut attendre encore des découvertes de la plus haute valeur.

La présente traduction, d'après la quatrième édition allemande profondément remaniée par l'auteur, reflète tout le chemin parcouru depuis vingt-cinq ans. Une expérience continuelle enrichie par la pratique quotidienne de l'analyse a conduit Jung à des modifications importantes que le lecteur n'aura nulle peine à découvrir. L'œuvre a gagné en originalité ; la psychologie de l'auteur s'est affirmée, précisée au point que ce fut pour lui une nécessité impérieuse de refondre l'ouvrage resté sans retouche depuis 1912 — date de la première édition en langue allemande — pour lui donner une forme définitive. En près de quarante ans (la revision a eu lieu vers 1950) si elles n'ont pas subi de bouleversement profond, c'est-à-dire si les bases sur lesquelles elles reposent sont en somme restées les mêmes, les idées de l'auteur ne se sont cependant pas figées en une formule ne varietur. Elles ont évolué parce que la vie active et ardente d'un homme comme C. G. Jung est un enrichissement perpétuel. Chaque jour apporte quelque fait nouveau, quelque pré-

*cision, quelque clarté. L'ouvrage, écrit jadis « dans l'inquié-
tude et la hâte de la profession médicale », sans possibilité
de « laisser mûrir les idées », présentait souvent l'apparence
d'une œuvre hâtive dont l'auteur n'était lui-même guère
satisfait. On lui reprochait son manque d'unité, sa lourdeur, la difficulté que l'on éprouvait à en suivre le fil.
Reproches justifiés peut-être, mais dans une certaine
mesure seulement, et que ne pouvaient faire que des
ignorants de l'analyse. Ce qui ne veut pas dire qu'il faille
considérer cette dernière comme une doctrine ésotérique accessible à la foi des seuls initiés. Mais il en est des sciences
psychologiques comme des autres sciences : il faut pour les
comprendre posséder les bases requises, tout comme il en faut
pour la physique ou la biologie. Malheureusement l'on admet
bien cette nécessité pour les sciences de la matière, mais il
en va tout autrement quand il s'agit des sciences de l'esprit :
si ignorant soit-il, chacun se prétend capable, sinon plus
capable que le spécialiste. Certains courants de la philosophie
et de la métaphysique populaires entretiennent cette désas-
treuse croyance.*

*Pour qui avait les connaissances requises, le volume de
jadis présentait une suffisante unité pour qu'on en puisse
suivre et comprendre l'intention, plus aisément peut-être
dans l'original allemand que dans la traduction française de
1927, alourdie par certaine disposition que nous précisons plus
loin et qui a disparu du présent travail. Mais il est bien certain
que les remaniements apportés à l'ouvrage rendent la version
actuelle considérablement plus accessible au grand public.*

On trouvera dans les Métamorphoses de l'âme et ses
symboles :

1º *Un modèle parfait d'analyse psychologique d'un cas
individuel.*

2º *Une psychologie générale de l'humanité issue de l'élargissement même des résultats de cette analyse.*

*Un travail analytique de ce genre repose évidemment sur
un certain nombre de principes auxquels il est nécessaire que
nous nous arrêtions un instant.*

L'idée fondamentale sur laquelle repose toute l'œuvre est celle d'inconscient.

Il n'est pas besoin de nos jours de justifier l'hypothèse de l'inconscient. De tels progrès ont été, grâce à elle, accomplis dans la psychologie que nul ne songerait sérieusement à la mettre en doute. Il n'est plus guère de psychologie qui refuse de l'admettre : trop de faits la justifient. Si l'on ne sait à proprement parler ce qu'est cet inconscient, du moins sait-on qu'il manifeste son existence par des phénomènes qui, sans lui, seraient incompréhensibles. D'ailleurs sait-on ce qu'est vraiment la mémoire autrement que par ses manifestations et l'apparition soudaine à notre conscience de souvenirs venus on ne sait d'où ? Il est dans la profondeur de notre être des forces et des activités obscures. Non pas des forces inertes et passives, mais des forces vives et agissantes qui nous font ce que nous sommes, sans que nous puissions connaître directement et clairement leur existence. Elles plongent dans l'obscurité de notre être. Elles touchent son fond biologique, disent les uns, tandis que d'autres les considèrent comme purement psychiques sans qu'il soit encore possible de trancher dans un sens ou dans l'autre. Mais une chose est certaine : elles sont là, ces forces obscures, teintant à tout moment notre comportement, nos réactions, nos idées, parfois accaparant notre être et l'aliénant au monde normal. Le conscient ne serait alors qu'une émergence de ces forces, une clarté partielle dont nous prenons conscience, point lumineux au-dessus d'un océan dont on ne perçoit ni la profondeur ni l'étendue, quoique nous sachions qu'elles existent.

Donc, sans l'hypothèse d'un inconscient actif, un ouvrage comme celui-ci resterait incompréhensible.

Il n'est guère possible, dans cette courte présentation, d'exposer en détail la conception jungienne de l'inconscient. Le lecteur que cela intéresserait, voudra bien consulter les œuvres de Jung déjà traduites en français, en particulier La psychologie de l'inconscient, *traduite par le docteur Roland Cahen, ainsi que la trentième définition du chapitre XI des* Types psychologiques *parus précédemment. Nous nous bornerons à quelques remarques indispensables.*

Rappelons d'abord que la conception junguienne de l'inconscient diffère sensiblement de celle de Freud. Chez ce dernier en effet l'inconscient semble être surtout une puissance malfaisante en nous, née du refoulement de tendances insatisfaites qui continuent à mener malgré nous une activité perturbatrice; ses manifestations sont surtout morbides et troublent le plus souvent plus ou moins profondément le cours normal de la vie.

Chez Jung il en est autrement. Sans méconnaître ce qu'il peut y avoir en lui de morbide, il considère l'inconscient comme présent chez tout être humain; s'il peut être malfaisant, il peut aussi être bienfaisant. Toute vie psychique se compose nécessairement d'un conscient et d'un inconscient se compensant l'un l'autre. Cet ensemble constitue la totalité psychique dont nul élément ne peut disparaître sans dommage pour l'individu: la perte de la conscience est aliénation, la perte de l'inconscient est appauvrissement et désordre.

Chacun de nous possède un inconscient individuel. Mais là ne s'arrête pas la richesse de notre psyché. Au-dessous de cet inconscient individuel — nous nous excusons de cette image topographique commode mais évidemment inexacte, l'inconscient étant, pourrait-on dire, partout et nulle part — au-dessous donc de cet inconscient individuel se trouvent des couches plus profondes et plus difficilement accessibles: ce sont les couches de l'inconscient archaïque. La psyché dépasse alors le psychisme individuel. Car cet inconscient a ceci de particulier qu'il n'est pas la propriété du seul individu; il ne se présente pas avec les traits spéciaux qui caractérisent une personnalité définie. Ses traits sont ceux de l'espèce et se retrouvent, sinon identiques, du moins étonnamment analogues, chez tous les représentants de la race humaine. Dès qu'une analyse individuelle a été suffisamment poussée, qu'ont été en quelque sorte déblayés les éléments de l'inconscient personnel, on se heurte à ces traits caractéristiques qui se rencontrent chez tous les hommes. On a appelé archaïque cet inconscient à cause du caractère primitif de ses manifestations; on l'a appelé aussi collectif, pour bien marquer qu'il n'est pas la propriété d'un individu, mais celle d'une collectivité, en ce sens qu'il conserve, chez chaque représentant de l'espèce, les caractères généraux et impersonnels de cette même espèce. Tel le corps humain qui, en plus de la diversité caractéristique de chaque individu, porte en lui cependant les traits généraux de tout homme; telle la psyché, en dépit de tout ce qui peut l'individualiser, c'est-à-dire faire de chacune quelque chose d'unique et de jamais vu, conserve nécessairement des traits d'appartenance à l'espèce, par lesquels elle rapproche jusqu'à les confondre les représentants de cette même espèce.

La portée psychologique de cette conception est immense. Elle rapproche les uns des autres des hommes qui paraissent très différents; elle lie le présent au passé et à l'avenir. A regarder les hommes d'aujourd'hui, nous avons l'impression d'une étonnante et insurmontable diversité, comme si grandissait à travers les âges, avec une rapidité continuellement accrue, l'individualisation qui particularise chacun. Cela se traduit par une recherche de l'originalité, poussée parfois jusqu'à l'absurde, et paraît creuser entre les hommes un abîme insurmontable de différenciation. En fait, cette différenciation n'est qu'apparente. Quoi qu'ils fassent, les hommes restent ce qu'ils sont; ils se ressemblent et leurs traits personnels reflètent les grandes lignes collectives. La différenciation tient uniquement aux moyens d'expression. Les réactions aux éternels problèmes humains, une fois dépouillées des nuances personnelles par lesquelles elles s'expriment, se révèlent étonnamment semblables. Le langage diffère; l'objet reste le même. La même idée, le même objet se peuvent traduire par les termes particuliers des différentes langues. Cette ressemblance fondamentale apparaît dès que l'on aborde l'inconscient archaïque collectif; les différences disparaissent pour faire place à une surprenante conformité qui ne concerne pas seulement les hommes d'aujourd'hui; car la collectivité humaine n'est pas seulement constituée par l'ensemble des hommes qui existent à un moment donné et dont les particularités permettent de distinguer des époques, des civilisations et des cultures. La collectivité humaine, c'est l'ensemble des hommes du présent, du passé et de l'avenir. Des liens obscurs courent à travers l'humanité depuis les âges les plus reculés jusqu'aux futurs les plus lointains. Nos ancêtres, à peine connus par les fouilles qui signalent leur existence, et nos descendants les plus inimaginables, quels que soient leurs moyens d'expression : légendes, mythes ou religions, théories philosophiques ou conceptions scientifiques du monde, tous manifestent ou manifesteront dans leurs histoires fabuleuses ou leurs travaux scientifiques les mêmes tendances, les mêmes désirs, les mêmes émotions.

Là est la grande unité de l'esprit humain. Comme conséquence de cette unité apparaît l'appartenance de chacun aux grandes lois de l'espèce. L'homme d'aujourd'hui a une tendance à se croire supérieur à celui d'autrefois, en même temps qu'il éprouve une sorte d'envie quand il imagine ce que pourront être ceux qui viendront après lui. Mais ce faisant il se leurre : sa pensée répète et continue celle de jadis, sans jamais oublier les problèmes qui sont son éternelle préoccupation. Si la raison a pris parfois une place prépondérante, il faut bien se pénétrer de l'idée que la raison n'est qu'une méthode de réflexion sur les choses et non une transformation de la nature ; elle découvre l'enchaînement des phénomènes : elle ne le fait pas.

Nous n'entendons cependant pas dire que la vie humaine serait une éternelle répétition, ni que l'homme d'aujourd'hui hérite de représentations toutes faites qu'il transmettrait ensuite à ses descendants. Ce serait reprendre à notre compte la théorie des idées innées préformées en chacun dès la naissance. Le problème est autre. Il n'y a pas en l'homme d'idées préformées, si l'on entend par là que ses idées revêtiraient une forme et une expression précises auxquelles il n'aurait aucune part. L'histoire de la pensée humaine montre assez quelle diversité est la sienne et combien elle évolue au cours des siècles. Ce que Jung entend est à la fois plus simple et plus complexe. Parce que nous appartenons à une même espèce, nous portons en nous, dans la structure de notre être physique et mental, des possibilités de réaction, de représentation, de réflexion, de raisonnement, etc., qui se retrouvent analogues chez tous les représentants de notre race. Dans des circonstances données, nous réagissons en hommes et reproduisons les gestes éternels caractéristiques de l'humanité.

En outre, nous portons inscrites en nous, pourrait-on dire, les traces héritées des réactions ancestrales. Si nous *créons, ou croyons créer au cours des âges de nouveaux modes de penser, cela ne veut pas dire que les anciens modes disparaissent ; nous les submergeons seulement. De la pensée purement émotive des primitifs, l'humanité est passée à la pensée rationnelle d'aujourd'hui, où la logique rigoureuse prend la plus grande place. Les formes primitives n'ont pas disparu pour cela et nous ne sommes pas uniquement des êtres de raison. En dépit de l'évolution, les formes anciennes se sont maintenues parce qu'elles sont inscrites dans notre nature ; l'expérience de nos ancêtres nous a en quelque sorte été transmise par une hérédité encore obscure ; on la retrouve dans la spontanéité de l'enfant, toute proche de la mentalité primitive, chez certains malades également, mais aussi chez l'adulte sain et normal, dans le mystère de ce que Flournoy appelait « le jardin secret de nos fantaisies ». Elles vivent en nous, se manifestent souvent à notre insu parce que nous ne sommes habitués à connaître de nous-mêmes que la conscience.*

De tout cela les Métamorphoses de l'âme et ses symboles nous apportent confirmation. La nature même des problèmes évoqués au cours de l'ouvrage, préoccupations éternelles et jamais résolues de notre espèce, leur répétition avec une constante uniformité sont ici expliquées en fonction de la psychologie qui est la nôtre.

Il n'y a pas à s'étonner que ces vastes problèmes apparaissent au cours du traitement d'une individualité : ils sont en quelque sorte sous-jacents à toute psyché qu'ils sous-tendent à l'insu de l'individu qui en est porteur. Tôt ou tard et d'une manière quelconque ils prendront place dans la vie comme ils l'ont fait au cours du développement historique de l'humanité, et sans doute aussi dans celui de l'humanité soupçonnée par nous de la préhistoire. Aujourd'hui peut-être préoccupent-ils davantage des hommes qui n'écrivent rien à leur sujet, que ceux qui écrivent de gros traités. On a souvent prétendu que tout homme qui réfléchit sur le monde, sur l'humanité et sur lui-même fait de la philosophie. La psychologie analytique apporte de cette idée une indéniable confirmation. Aussi Jung n'hésite-t-il pas à dire (Guérison psy-

chologique, p. 305): « Ce n'est qu'à grand-peine que l'on peut se dissimuler que nous autres psychothérapeutes, nous sommes au fond, ou devrions être, des philosophes, ou mieux des médecins philosophes. » Et il fonde cette exigence sur cette remarque dont on saisit toute l'importance : « La dominante suprême de la psyché est toujours de nature philosophico-religieuse » (p. 306).

Il ne s'agit évidemment pas de cette philosophie d'école aux dissertations savantes de spécialistes, où l'on se perd trop souvent dans des lointains inaccessibles à l'homme du commun, où l'on perd trop souvent tout contact avec la vie, rendant ainsi toute réflexion inefficace. Celle dont il s'agit ici est plus simple, mais aussi plus humaine. Elle est lutte directe avec les problèmes que se pose naturellement tout être humain, et dont il n'est pas toujours à même de trouver une solution satisfaisante.

Il est donc compréhensible que nous trouvions Miss Miller sérieusement préoccupée de questions de ce genre : elle aborde les problèmes de l'existence et le danger vient pour elle de ce que, la plupart du temps, elle n'a pas conscience de leur présence.

En premier, le problème sexuel ; il ne saurait en être autrement. Biologiquement, la sexualité est la fin naturelle et nécessaire de toute vie. Sans tomber dans le pansexualisme freudien, — on sait que Jung a depuis longtemps renoncé à cette théorie trop exclusive — on peut affirmer que tout ce qui vit est sexualité, c'est-à-dire tendance à la reproduction, à la conservation de l'espèce. A cette tendance, la plante et l'animal obéissent, se soumettent sans récriminer ; ils subissent la poussée implacable de cette loi de la nature. Il n'y a pas pour eux de problème sexuel.

Le problème apparaît avec l'homme, parce qu'il réfléchit, pèse et juge, et que sa nature n'est pas seulement de subir la loi biologique, mais de l'accepter ou de la refuser, donc de la juger et de la dominer. La mise au point, le départ entre la poussée instinctuelle et la volonté n'est pas toujours facile et bon nombre d'humains y échouent. Miss Miller est de ceux-là. Elle ne s'avoue pas sa préoccupation ; celle-ci surgit d'elle sous forme de symboles qu'elle accepte sans les comprendre, dont elle s'étonne et où elle ne sait pas découvrir un sens qui la concerne. La pure et simple réalisation de la tendance naturelle ne laisse pas de la rebuter, dans la mesure où elle en a vaguement conscience.

Miss Miller s'exprime en symboles et en images, utilisant ainsi la forme de pensée la plus spontanée et la plus primitive. Ce n'est que tardivement et après un long effort que l'homme est parvenu à la pensée discursive qui se traduit par des mots. La forme spontanée, c'est l'image inaccessible à autrui, incommunicable, rébus mystérieux fait d'analogies souvent indéchiffrables parce que reposant sur des fondements individuels. Pourquoi par exemple tel homme se représente-t-il la vie sous l'image d'un cycliste peinant durement sur sa machine ? Tout le monde connaît le rocher de Sisyphe qui traduit la décevance de l'effort. Il n'y a point là une intention dissimulatrice comme le prétendait Freud au sujet de nombreux symboles. Ce sont là des formes élémentaires de la pensée, celles qui naissent d'elles-mêmes en nous et que nous retrouvons dans la rêverie à laquelle nous nous abandonnons, et dans le rêve, qui ne saurait être considéré comme un produit de notre volonté.

Point n'est besoin aujourd'hui de justifier cette préoccupation sexuelle. Peut-être certains milieux sont-ils encore en proie à la pudibonderie conventionnelle. Mais il est de fait que depuis cinquante ans les choses ont beaucoup changé; la sexualité tend à prendre dans notre monde la place qui lui revient, sans trop d'insistance ni trop de répression. Ce sera toujours le grand mérite de Freud d'avoir contribué à donner à cette tendance naturelle une place analogue à celle que prend chez nous la nutrition. On a reconnu que la sexualité est et qu'il ne servait à rien de vouloir la supprimer. Au cours de son analyse, Jung doit donc la rencontrer parce qu'il est impossible qu'un être humain puisse échapper à cet instinct puissant et autoritaire. Il n'y a en nous rien qui soit inacceptable, sinon le jugement maladroit et mal informé que nous portons sur notre nature.

Autre problème important : le problème religieux. Il existe chez Miss Miller comme chez la plupart des hommes.

La psychanalyse l'a souvent abordé sans peut-être justifier assez cette préoccupation généralement humaine, ou même en en sous-estimant l'importance. Jung a du moins le mérite de justifier sa présence universelle. Grâce à lui, le phénomène religieux cesse d'être une invention intéressée d'exploiteurs de la crédulité : il devient une manifestation de la première importance inscrite depuis toujours dans la pensée.

Ce n'est certes pas la première fois que des psychologues s'attaquent à lui. Dans tous les pays et à tous les âges nous trouvons des manifestations de caractère religieux. De toute évidence ces problèmes ont occupé et occupent encore, quoi qu'on en puisse penser, une place considérable, sinon prépondérante, dans la vie des peuples. Cette présence continuelle marque l'importance de la question. Le psychologue ne peut donc l'éviter. Car c'est toujours en définitive un phénomène psychologique dont il s'agit ; en outre, comme c'est aussi un phénomène collectif, nulle psychologie de groupe ne peut le passer sous silence : il forme en quelque sorte le ciment de la vie sociale parce qu'il retentit en chacun de ses membres et qu'il se réalise en des manifestations de caractère social. Cette prétention de la psychologie est considérée par certains comme exagérée. Sans doute ont-ils dans ce cas des préoccupations extra-psychologiques ; car tout bien considéré, dans le cas qui nous intéresse ici, le psychothérapeute est conduit par son malade au problème religieux et il ne peut, sous peine d'erreur grave, négliger ce que le malade lui-même lui présente.

Le point de vue auquel se place le psychothérapeute est d'ailleurs tout différent de celui auquel se sont placés bien des psychologues. Quand Ribot étudie la Psychologie des peuples européens, *quand Lévy-Bruhl nous donne ses belles études sur la mentalité primitive, ou Wundt sa* Psychologie des peuples, *et tant d'autres des œuvres de même genre, ils considèrent les phénomènes surtout de l'extérieur ; ils en font une étude surtout descriptive. S'ils ne nous offrent pas une explication satisfaisante, c'est, nous semble-t-il, que leur manquait la connaissance du fondement psychologique nécessaire à cette explication.*

Ce fondement psychologique, Jung nous le présente. Il a été conduit à ces questions en étudiant les productions incons-

cientes de Miss Miller qui n'échappe pas plus que n'importe qui à des problèmes que tout être humain porte en lui. C'est le moment de rappeler le mot de Jung cité plus haut : « La dominante suprême de la psyché est toujours de nature philosophico-religieuse. » Nous n'avons donc pas à nous étonner de l'importance prise par ce problème dans les Métamorphoses de l'âme et ses symboles. Miss Miller y est conduite, non pas consciemment avec la connaissance claire de ceux qui recherchent volontairement la solution ; elle y vient en vertu d'une véritable nécessité, par une pente naturelle comme si les idées conscientes et inconscientes coulaient d'elles-mêmes vers cette question comme les eaux coulent toujours dans le sens de la plus grande pente.

Précisons le point de vue de Jung. Il ne s'agit pas chez lui d'une doctrine. Il ne se présente pas en prosélyte d'une confession. Qu'on lise dans la Guérison psychologique le chapitre intitulé : « Des rapports de la psychologie avec la direction de conscience. » On y verra quelle attitude il recommande au psychothérapeute. Il n'est pas question de sermonner ; il n'est pas question de mettre la psychologie analytique au service d'une quelconque confession ni de l'utiliser pour inculquer une foi. Le consultant reste le maître de sa destinée et c'est lui qui guide le médecin qui de son côté doit être dépourvu de tout sectarisme. Je ne crois pas que Jung ait jamais approuvé les efforts tentés si fréquemment pour infléchir la psychologie humaine, ni surtout la psychologie analytique, dans le sens d'une doctrine déterminée, et je crois que c'est faire erreur que de lui prêter l'intention de démontrer « l'accord profond de l'Evangile et de la psychanalyse ». Si cet accord se fait pour certains, pour d'autres il peut tout aussi bien se faire sur un autre plan et selon leur propre mentalité. Le travail de l'analyste doit rester « absolument sans rapport avec toute question de confession ou d'appartenance à une Eglise » (Guérison psychologique, p. 282). L'important n'est donc pas de gagner à une croyance. Jung va même jusqu'à s'élever vigoureusement contre les tentatives de conversion et de prédication des peuples moins évolués. Sa pensée à ce propos est parfaitement claire : « Je suis inébranlablement convaincu qu'un nombre considérable d'êtres relèvent du giron de l'Eglise catholique et de nul autre, car c'est là qu'ils ont leur demeure spirituelle la plus sûre et la plus utile. De même je suis intimement convaincu — et cela en vertu d'une expérience personnelle — qu'une religion primitive réussit infiniment mieux aux primitifs que lorsqu'on les invite à singer, à vous en donner la nausée, un christianisme qui leur est incompréhensible et congénitalement étranger » (Guérison psychologique, p. 300). L'importance de cette remarque est évidente. On a souvent reproché aux analystes de violenter la pensée du consultant. L'attitude de Jung anéantit ce reproche qui ne peut s'adresser qu'à des psychothérapeutes faisant passer leurs propres convictions avant celles de leurs patients. Ici, la liberté est respectée au maximum : il s'agit de remettre l'individu dans le milieu spirituel qui est le sien et de l'aider à se comprendre entièrement.

Au surplus il est bon de préciser encore et de bien délimiter le domaine dans lequel se meut le psychothérapeute, quand il est aux prises avec des problèmes aussi fondamentaux et aussi complexes que ceux de la religion.

Qu'est-ce en effet qu'une religion ? Ou plus exactement, sans prétendre en définir l'essence, comment se présente-t-elle à qui l'observe de l'extérieur ? Nous allons énumérer, sans prétendre établir entre eux une hiérarchie, les principaux éléments qui la constituent.

Le plus accessible est constitué par les formes extérieures des manifestations religieuses : les gestes cultuels et rituels. Ce sont des éléments qui tombent sous les sens et dont on peut observer et décrire le déroulement. Ces gestes ont un sens. Ils correspondent aux idées essentielles du culte qu'ils traduisent sous une forme accessible à tous. A la longue, il est vrai, le sens de ces gestes se perd ; on en oublie la valeur et l'intention. Ils continuent cependant de subsister comme partie du culte, quoiqu'on n'y sente plus ce qui faisait leur valeur efficace. Ce sont ces gestes rituels dont nous trouvons la description dans les récits de nombreux voyageurs. Quand ils appartiennent à des religions que nous ignorons, ils provoquent l'étonnement ou le sourire parce que nous n'en pouvons saisir la signification, ni ce qui peut en faire une *religion vivante. Quand ils sont devenus des gestes figés, ils ne représentent plus qu'une religion morte faite uniquement de tradition superficielle et sans contact avec la psyché.*

Puis nous avons les dogmes, traduction verbale de l'idée religieuse en des formules qu'il faut apprendre, en des prières qu'il faut réciter dans certaines circonstances pour obtenir la grâce y attachée. Devenus biens collectifs, ils sont également des signes de la fixation de l'idée religieuse; ils peuvent être prononcés sans conviction profonde et manquer des fondements psychologiques qui leur donnent un sens.

Ensuite viennent des élément psychologiques individuels conscients et en partie inconscients: conscient est tout ce qui concerne l'adhésion voulue de l'individu à la communauté religieuse, l'enseignement reçu, la pratique du culte avec ses concomitants: réflexions, méditations, sentiments, décisions, émotions dans la multiplicité de leurs formes, la variabilité de leur intensité, tout ce à quoi l'individu adhère en propre et qu'il considère comme une composante essentielle et inviolable de sa personnalité. Inconscientes au contraire les substructures de cette adhésion religieuse, insaisissables par la raison; inexplicables au fond en dépit de tous les efforts faits pour en donner une explication et une démonstration rationnelles, pour en donner des preuves susceptibles d'entraîner l'adhésion de qui les reçoit. Efforts stériles, en effet, parce qu'une religion ne tire pas sa valeur réelle d'arguments rationnels, et que toutes les bonnes raisons fournies ne sont que des arguments a posteriori, des rationalisations rétrospectives. L'amusante aventure de l'abbé Œgger, qu'Anatole France nous rapporte dans le Jardin d'Epicure, et dont Jung nous donne au début du présent volume une pénétrante interprétation, nous permet de saisir sur le vif le mécanisme inconscient de cette rationalisation ainsi que l'action des forces insoupçonnées qui peuvent agir en nous.

Ces forces inconscientes diffèrent profondément des forces conscientes. Ces dernières, très diversifiées, portent les traits particuliers qui les individualisent à l'infini. Les forces inconscientes sont beaucoup plus simples et plus frustes. Elles se réduisent à un petit nombre de formes; leurs éléments sont limités, toujours les mêmes une fois qu'on les a dépouillés des broderies, fioritures et variations qui recouvrent leur structure première. Elles expriment les tendances immuables de l'humanité, réduites à un petit nombre de moyens sur lesquels peut broder l'imagination sans que disparaissent pour cela les lignes fondamentales toujours présentes. Ainsi dans l'architecture, au-dessous des ornements compliqués dont l'artiste peut surcharger son bâtiment, subsistent les lignes simples qui en constituent l'armature et qui ne varient guère. Sous les détails fouillés d'une cathédrale gothique flamboyant il est aisé de découvrir les lignes simples. Il en est de même dans le domaine psychique et en particulier dans celui des religions. Les diversités de chacune ne peuvent dissimuler aux yeux de qui sait regarder le fonds humain immuable de la pensée. Nous touchons ici le domaine collectif qui forme l'armature immuable des manifestations individuelles ou spéciales ; les thèmes inscrits dans notre nature sur lesquels les époques, les âges, les civilisations, selon leurs inspirations, peuvent bien plaquer des ornements qui leur plaisent, sans pour cela faire quelque chose de vraiment nouveau. Il y a là comme une analogie fondamentale qui unit les hommes les uns aux autres, en dépit de toutes les divergences conscientes. Jung a appelé ces thèmes essentiels « archétypes ». Leur éternelle identité surprend qui les observe ; ils forment l'indissoluble dépôt des âges, franchissant sans changer les millénaires. Chacun de nous porte en lui, gravé dans le secret de sa psyché, cet héritage commun des générations passées, toujours présent même si jamais l'occasion n'est donnée à quelqu'un de les actualiser.

Enfin toute religion renferme une autre composante : son contenu transcendant. Il porte des noms différents selon les croyances : Dieu, Esprit, Eternel, Ame universelle, etc. Cet être transcendant est considéré par le croyant comme réel, mais indépendant de l'homme. Il en a connaissance, quand il est privilégié par ce qu'on appelle une « révélation ». S'il est un homme du commun, il apprend son existence grâce à un enseignement religieux auquel il adhère par sa foi. D'ordinaire cet être transcendant extérieur au monde et à l'homme est le créateur des merveilles de l'univers dont il continue à surveiller la marche, artisan d'une œuvre en laquelle il a mis

*toute sa complaisance. Sa nature est difficilement accessible,
en admettant même qu'elle le soit. La croyance à l'existence
et à la réalité de l'être ainsi désigné forme le point central
de la religion, de la religion chrétienne en particulier. « Je
crois en Dieu » est l'acte de foi essentiel du christianisme.*

La lecture des Métamorphoses de l'âme et ses symboles
*convaincra aisément que l'auteur ne s'occupe pas du tout de la
réalité transcendante. Il ne s'en occupe pas parce que la question n'est pas de son ressort. La psychologie analytique n'est
pas, et ne veut pas être, une philosophie, encore qu'il serait
facile de dégager d'elle une philosophie qui ne serait pas sans
valeur. A plus forte raison n'est-elle pas une métaphysique,
encore que certains prétendent se servir d'elle pour en fonder
une; elle n'est en tout cas pas une théologie, parce que toute
théologie est nécessairement confessionnelle et que le psychothérapeute qu'est Jung ne veut à aucun prix s'enfermer dans
les limites d'une confession. Il ne traite donc jamais du problème de l'existence ou de la non-existence de Dieu. Il se
tient strictement sur le terrain de la pratique analytique. Il
se propose de sonder le phénomène psychologique religieux,
la fonction religieuse comme il dit, tel qu'il apparaît en
chacun de nous, sans autre prétention que de constater ce qui
est, dans la mesure du possible, et de ramener son malade à
une vie normale. Nul désir donc de démontrer le bien-fondé
de telle ou telle confession, l'existence ou la non-existence
d'un Dieu. Laissant à d'autres la tâche de résoudre ce difficile problème, il s'attache à l'homme et à l'homme uniquement. Il le prend tel qu'il se présente, sans idée arrêtée
d'avance sur la nature et le contenu de sa pensée; il part de
ce qu'il trouve en lui, de ce qu'il constate sans rien qui puisse
imposer à son investigation une orientation arbitraire. Psychologue, il se place en face du phénomène psychologique dans
l'attitude que prend le physicien en présence de la chute des
corps ou d'une réaction chimique. Pour lui, le phénomène
psychologique peut être soumis à une étude strictement scientifique.*

*La question de l'existence d'un être suprême reste donc
entière. On serait profondément déçu si l'on espérait en
trouver une solution dans cet ouvrage; on ferait erreur si l'on*

s'imaginait l'y avoir trouvée ; on serait injuste si l'on attribuait à l'auteur un point de vue qui n'est pas le sien. Si l'on veut saisir la portée des Métamorphoses de l'âme et ses symboles, il est indispensable de les lire en pleine indépendance d'esprit sans autre souci que de comprendre une psychologie individuelle en laquelle se reflète la psychologie de l'humanité. Qui tenterait d'y découvrir, comme l'ont fait autrefois certains penseurs, « un chemin nouveau conduisant au vieil évangile » fausserait sans profit une œuvre dont le grand mérite est d'être simplement humaine.

Car c'est uniquement à ce qu'il y a d'humain dans la religion que s'intéresse Jung. Si quelque chose ressort nettement de cet ouvrage, c'est précisément le caractère essentiellement humain des manifestations religieuses. (Nous disons bien des manifestations religieuses.) Il se peut que certains en soient choqués, y voient un danger pour leurs propres croyances. Peu importe. Les préférences personnelles n'empêcheront jamais un phénomène d'être ce qu'il est. Un des grands mérites de Jung est d'avoir su montrer que psychologiquement, en dépit de la diversité de forme qu'elles peuvent présenter, les nombreuses religions humaines se ressemblent profondément. Quand on les analyse on découvre même en elles plus de ressemblances que de différences. Toutes reposent en effet sur une base psychologique analogue chez tous les humains et à toutes les époques. Quelle que soit la religion à laquelle adhère l'individu, naïve ou supérieure, qu'il s'agisse d'idoles ou d'entités immatérielles, toutes reposent sur des pensées qui exaltent l'individu ou le troublent, sur des sentiments de dépendance, de petitesse, de dépassement, d'admiration ou de crainte, qu'il vit malgré lui, qui se rencontrent partout, même chez ceux que les confessions considèrent comme des incroyants, et qui sont des réalités psychologiques indéniables. Peut-être avons-nous là l'unique forme vraiment valable de ce fameux consensus omnium sur lequel on a si souvent cherché à s'appuyer pour justifier une conception déterminée qui en fait ne le concerne pas. Car cet « accord universel » a lieu sur la base psychologique généralement humaine que Jung appelle la « fonction religieuse ». Sur elle reposent toutes les croyances. Sous cet angle aussi on pour-

rait dire, parodiant une phrase célèbre : « *Anima naturaliter religiosa* » (*l'âme est par nature religieuse*). Telle est l'indéniable réalité psychologique à laquelle s'intéresse Jung, en même temps qu'aux manifestations cultuelles collectives par lesquelles elle s'exprime. Le lecteur devra donc s'efforcer de garder présente à l'esprit cette attitude, s'il veut comprendre la portée d'une œuvre comme celle-ci.

Avant de terminer cette introduction, il n'est pas sans intérêt d'attirer l'attention sur quelques particularités de ce livre.

C'est d'abord l'importance qu'y prend l'analogie. Tout le long de sa recherche, Jung fait un fréquent appel à cette forme de raisonnement qui conduit de la ressemblance à l'identité. Les logiciens rigoureux pourront lui en faire grief. L'analogie, dit-on, n'est pas une forme de raisonnement à laquelle on puisse se fier entièrement ; elle ne saurait autoriser des conclusions sûres. Tout au plus peut-elle permettre des rapprochements plus ou moins solides. Aussi la science évite-t-elle d'y avoir recours. Voire ! La science ne fait pas à ce point fi de l'analogie. Le physicien E. Mach considère même qu'elle est « extrêmement importante pour la science ». Elle étend notre connaissance de l'objet, conduit à de nouvelles découvertes. L'esprit purement mathématique ne saurait faire de découvertes, emprisonné qu'il est dans une logique déductive serrée. L'exposition des faits par des formules mathématiques perd de vue les phénomènes eux-mêmes, pensait Maxwell. L'analogie permet une représentation souvent plus claire.

A y bien regarder, seule la déduction conduit à une conclusion solide. Mais sa solidité provient de ce qu'il s'agit en elle uniquement d'une tautologie. De quelque manière que l'on considère le raisonnement mathématique, déductif par excellence, on constate qu'il est constitué par la découverte d'identités indiquées par le signe =. Toute équation signifie que ce qui est à droite de ce signe est identique à ce qui est à gauche. Le difficile, c'est de démasquer cette identité. Mais il n'y a pas là de découverte proprement dite, pas d'invention, pas de démarche vers l'inconnu, pas d'élargissement de la pensée. On explicite l'implicite.

L'analogie est bien différente. Elle constate des ressemblances qui portent soit sur la forme des objets, soit sur les rapports qui unissent les termes de deux ou plusieurs couples (Lalande). Kant disait du raisonnement par analogie qu'il consiste à conclure de ressemblances bien établies entre deux espèces à des ressemblances encore inobservées. Ou encore il voyait en elle « une parfaite ressemblance de deux rapports entre des choses tout à fait dissemblables ». Une chose est certaine : l'analogie joue dans notre connaissance un rôle bien plus important que nous ne voulons l'avouer. Si, comme disait Rabier, « elle est toujours en un certain sens hypothétique », il faut bien avouer que bon nombre de nos connaissances et de nos explications gardent aussi ce caractère hypothétique, précisément parce que nous expliquons très souvent par analogie. Faire comprendre, c'est bien souvent établir une analogie entre un fait connu et un fait nouveau. Nos grandes théories reposent au fond sur des analogies. Ainsi les rapprochements qui fondent la théorie de l'évolution. Si elle ne nous apporte pas la certitude absolue que Bergson espérait trouver dans l'exercice d'une obscure et incommunicable intuition, du moins nous faut-il reconnaître que l'analogie nous donne pratiquement quelque chose de plus que la recherche d'un inaccessible absolu. Elle donne à la pensée l'éveil indispensable, suscite la curiosité, appelle l'attention sur des ressemblances qui pourront être fécondes. Lorsque Claude Bernard constatait l'acidité de l'urine des lapins à jeun, et faisait un rapprochement avec l'urine des carnivores, il saisissait une analogie qui devait porter ses fruits. Et c'est encore à la suite d'une analogie beaucoup plus curieuse que Kékulé découvrit dans un demi-sommeil la formule en cercle du benzène. Des savants comme Kepler ont insisté sur sa valeur et Cuvier écrit à son sujet : « La moindre facette d'os, la moindre apophyse ont un caractère déterminé relatif à la classe, à l'ordre, au genre et à l'espèce auxquelles ils appartiennent, au point que toutes les fois qu'on a seulement une extrémité d'os bien conservée, on peut avec de l'application et en s'aidant avec un peu d'adresse de l'analogie et de la comparaison effective, déterminer toutes choses aussi sûrement que si l'on possédait un animal entier. J'ai fait bien des fois l'expérience de cette méthode sur des parties d'animaux connus avant d'y mettre mon entière confiance pour les fossiles; mais elle a toujours eu des succès si infaillibles que je n'ai plus aucun doute sur la certitude des résultats qu'elle m'a donnés. » (Cuvier: Discours sur la révolution du globe.*)*

Remarquons d'ailleurs que le rapprochement analogique est une nécessité psychologique. Tout nouveau perçu à quoi nous nous heurtons est, par nous, immédiatement et en premier lieu saisi dans les analogies qu'il présente avec le connu. Si ces rapprochements spontanés ne sont pas tous de valeur, du moins montrent-ils que l'analogie s'impose à notre pensée et qu'elle nous sert efficacement dans notre comportement. Le rapprochement analogique est la forme première de la pensée dont il forme le fond naturel. Sans elle il n'y aurait pas de poésie. Si ses conclusions laissent quelque place au doute, du moins faut-il reconnaître qu'elle amorce des possibilités de conclusion et de découverte et peut ainsi entraîner l'adhésion. Il peut même arriver, parce qu'elle présente une infinité de degrés depuis la ressemblance vague, jusqu'à la presque identité, qu'elle autorise des conclusions qui ne sont pas dépourvues de solidité. Elle est aussi le lieu où s'exerce l'imagination du savant; elle est créatrice quand elle fait apparaître des ressemblances là où l'ignorant ne sait rien voir. En elle se côtoient l'imagination poétique et l'imagination scientifique.

Les Métamorphoses de l'âme et ses symboles *regorgent de rapprochements analogiques. D'abord parce que Miss Miller en fait elle-même de nombreux dans ses associations spontanées. L'évocation de Cyrano de Bergerac et de Christian de Neuvillette repose sur une assimilation analogique, assez obscure, dont le sujet qui la formule ne saisit pas la valeur psychologique individuelle. Mais il est certain pour l'analyste que cette évocation n'aurait pu avoir lieu si le sujet n'avait senti, même vaguement, une ressemblance entre lui et le personnage évoqué. Nos goûts, nos désirs, nos préférences prennent ainsi un sens beaucoup plus précis parce qu'ils se dévoilent comme l'expression consciente d'une assimilation analogique inconsciente. L'auteur se considère donc autorisé à poursuivre jusque dans leurs conséquences les plus curieuses les analo-*

gies proposées par son sujet. Il s'aventure même vers des rapprochements beaucoup plus inattendus parce que plus lointains. Dans les productions et associations de Miss Miller, il découvre des analogies plus générales parce qu'on les rencontre chez tous les êtres humains en tant que représentants de l'espèce. Il est ainsi conduit à sa conception des archétypes, formes universelles de la pensée, dépôt résiduel des réactions éternelles du genre humain présentes partout et toujours sous des formes sinon semblables, du moins analogues, bien que cette analogie soit parfois difficile à découvrir. Au premier abord, par exemple, les divers créateurs de religions ne se ressemblent guère et il peut paraître osé de les rapprocher les uns des autres. Pourtant ces personnages présentent des ressemblances indéniables, dissimulées à notre vue comme le sens réel du rêve est enfoui sous les étranges images du contenu apparent. On en trouvera des illustrations dans le présent ouvrage.

Enfin il nous faut effleurer une caractéristique d'un autre genre : il s'agit du déterminisme psychologique ou du moins, si ce terme effraie parce qu'il est très souvent d'usage d'assimiler déterminisme et matérialisme, de la liaison causale rigoureuse entre les différentes manifestations psychologiques.

Jung se tient sur le plan des faits; il fait une étude scientifique et veut observer scrupuleusement les règles de la méthode scientifique. Son but : « Comprendre pour guérir ». Or comprendre, c'est rattacher le non-connu au connu; c'est découvrir entre ce qui se présente à nous comme nouveau et ce que nous connaissons des rapports qui éclairent le nouveau; c'est le tirer de l'isolement où il se trouverait si nul moyen n'apparaissait de le rattacher à quelque chose. Or ce rattachement ne consiste pas en une opération mentale quelconque. Nous ne sommes pas dans le domaine de la magie, mais bien dans celui des faits et ce sont eux qui nous indiquent, si nous savons les observer, les rapprochements possibles. Le fait est compris une fois établi le lien qui le tire de son isolement premier et montre en quoi il est conditionné par d'autres qui l'ont précédé. Le fait unique au sujet duquel nul rapport ne pourrait être découvert, qui surgirait on ne *sait d'où ni comment, serait un absolu métaphysique. Jung ne s'y arrêterait pas parce qu'un tel fait serait inaccessible, donc inutilisable pour la guérison à laquelle il tend. Pour lui, tout phénomène psychique se présente comme un maillon d'une chaîne illimitée ; il doit de quelque manière se rattacher à quelque chose, sans quoi il ne serait pas ; il est la résultante d'une activité.*

Devons-nous parler dans ce cas de déterminisme ? Jung évite volontiers ce terme et se prononce avec prudence chaque fois qu'il aborde le problème causal dans la vie psychique. Cependant il parle de « suite causale consciente » et de « suite causale inconsciente ». Il admet, dans la Guérison psychologique qu'il faut « tout d'abord, pour de simples motifs heuristiques, envisager chaque fois la perspective causale ». Et dans le présent ouvrage (p. 106) il affirme avec conviction la nécessité d'une causalité psychologique. A l'objection que Miss Miller aurait tout aussi bien pu choisir un autre exemple que ce vers du Paradis perdu :

Of man's first disobedience...

il répond fermement :

« *La critique que l'on adresse souvent à la méthode des associations spontanées opère souvent avec de tels arguments. L'erreur provient de ce que l'on ne prend pas suffisamment au sérieux la causalité dans le domaine psychique : car il n'y a pas de hasard, pas de « tout aussi bien ». C'est ainsi ; il y a donc une raison suffisante pour qu'il en soit ainsi.* »

Si la psychologie a pu prendre place parmi les sciences, c'est qu'elle s'est soumise aux conditions exigées par l'esprit scientifique dont la première est de respecter les faits dans leur déroulement causal sans vouloir les modifier selon nos désirs et nos fantaisies. Pour le plus grand bien de ses malades, Jung a pris une attitude essentiellement scientifique. S'il ne l'avait pas fait, les Métamorphoses de l'âme et ses symboles seraient peut-être une œuvre intéressante issue d'une riche imagination, mais elle n'aurait aucune valeur explicative ; il faudrait la ranger parmi les œuvres poétiques et ne pas la proposer comme une leçon de psychothérapie. Mais parce qu'elle découvre la causalité qui court à travers toutes les productions personnelles de Miss Miller, les reliant entre elles en une totalité sans fissure, et du fait en outre qu'elle prolonge cette totalité jusqu'à l'humanité entière, elle acquiert, en plus de sa valeur thérapeutique, une valeur plus générale pour la psychologie du genre humain. La personnalité n'est pas une mosaïque de faits sans liens ; elle est un tout dont les parties sont étroitement intriquées les unes dans les autres. Et ce tout est en outre intriqué dans l'unité psychique universelle dont les fils conducteurs courent à travers les générations. Cette idée est d'un intérêt capital. Nous sommes autrefois restés surpris devant la diversité insurmontable des manifestations humaines dont nous ne parvenions pas à saisir le sens. Parce qu'elle éclaire du dedans cette diversité, parce qu'elle nous enseigne ce que sont les réactions archétypiques communes à toutes les races et à toutes les époques, la psychologie jungienne nous fait saisir l'aspect psychique du développement de l'histoire.

Nous touchons ici un domaine sur lequel l'auteur s'interdit de pénétrer : celui de la philosophie. Mais quoi ? Toute science poussée jusqu'à ses limites n'y débouche-t-elle pas ? La grandeur des perspectives ouvertes par cette psychologie vient précisément de ce qu'elle montre et explique le caractère humain de ces grands problèmes.

Y. LE LAY.

Pour ce qui concerne la présentation, la présente traduction diffère notablement de la première édition française. Le traducteur d'alors avait cru bon, au moyen de transitions plus ou moins réussies, d'insérer dans le texte les nombreuses notes et références placées, dans l'édition allemande, au bas des pages. D'où un alourdissement considérable du texte, gênant pour le lecteur. Les notes et références sont remises à leur place. Le texte apparaît ainsi plus dépouillé et plus continu. Il est par suite plus facile d'en suivre le cours. Cette modification rendra plus facile la lecture de l'ouvrage.

C'est pour moi un agréable devoir de remercier Mlle S. Muff, professeur d'anglais, qui a bien voulu se charger de traduire les diverses citations en langue anglaise, et M. H. Raud, professeur de lettres, qui a assumé la tâche délicate de revoir les divers textes grecs.

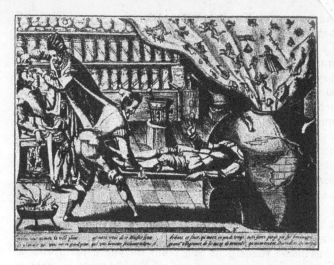

Fig. 1. *Exorcisme des démons.*
Estampe anonyme du XVIIᵉ siècle.

PRÉFACE

DE LA QUATRIÈME ÉDITION

Ce livre écrit depuis plus de trente-sept ans avait grand besoin d'une revision; je le savais depuis longtemps; mais mes devoirs professionnels et mon activité scientifique ne me laissaient pas de loisirs suffisants pour pouvoir me livrer à cette tâche aussi désagréable que délicate. L'âge et la maladie ont fini par me détacher de mes devoirs professionnels, me procurant le temps nécessaire pour reconsidérer mes péchés de jeunesse. Cet ouvrage ne m'a jamais apporté beaucoup de joie, encore moins de satisfaction: il a été écrit en quelque sorte malgré moi, au milieu de l'incertitude et de la fièvre de la pratique médicale, sans tenir compte du temps et des moyens. J'ai dû rassembler à la hâte mon matériel là où le hasard me le fit trouver.

Aucune possibilité de laisser mûrir mes pensées. Tout cela tomba sur moi comme une avalanche impossible à contenir. Ce n'est que plus tard que je pris conscience de l'urgence qui s'y dissimulait : c'était l'explosion de tous ces contenus psychiques qui ne pouvaient trouver place dans l'étroitesse étouffante de la psychologie freudienne et de sa « Weltanschauung ». Loin de moi la pensée de vouloir diminuer de quelque manière les extraordinaires mérites de Freud dans l'étude de la psyché individuelle. Mais les cadres conceptuels dans lesquels il enferma le phénomène psychique me semblaient insupportablement étroits. En écrivant cela, je ne pense nullement à sa théorie des névroses par exemple qui peut être aussi resserrée que l'on voudra, pourvu qu'elle soit conforme aux observations faites — ni à sa théorie du rêve au sujet duquel on peut en toute sincérité avoir une opinion différente ; je pense plutôt au causalisme réductif de son point de vue général et à sa complète négligence, pourrait-on dire, de toute orientation vers un but, pourtant si caractéristique de tout ce qui est psychique. Bien qu'il date de plus tard, l'ouvrage de Freud : *L'avenir d'une illusion*, donne un exposé parfaitement valable de ses opinions des années antérieures qui se meuvent dans les limites du rationalisme et du matérialisme scientifique, caractéristiques de la fin du XIXe siècle.

Comme il fallait s'y attendre, l'ouvrage né dans de telles circonstances se composait de fragments plus ou moins étendus que je n'ai pu assembler que de façon insuffisante. Ce fut un essai, partiellement réussi seulement, pour donner à la psychologie médicale un cadre plus étendu, pour amener dans le champ de sa vision la totalité du phénomène psychique. Une de mes intentions principales était de libérer la médecine psychologique du caractère subjectif et personnaliste de la conception alors régnante, au moins assez pour qu'il fût possible de considérer l'inconscient comme une psyché objective et collective. Le personnalisme des idées de Freud ainsi que d'ADLER, qui se développait parallèlement à l'individualisme du XIXe siècle, ne me donnait pas satisfaction parce que, exception faite de la dynamique de l'instinct (qui reste même insuffisante chez Adler), il ne laissait nulle place aux données objectives et impersonnelles. Dans ces conditions, Freud ne pouvait trouver à ma tentative la moindre justification objective; il y supposa des mobiles personnels.

Ainsi cet ouvrage fut comme une borne placée à l'endroit où deux routes bifurquaient. Imparfait et inachevé, il devint un programme pour les décades suivantes de ma vie. A peine en effet en avais-je terminé le manuscrit, que je commençai à comprendre ce que cela signifie de vivre avec ou sans mythe. Le mythe, c'est ce dont un Père de l'Eglise dit: « Quod semper, quod ubique, quod ab omnibus creditur »[1], de sorte que celui qui croit vivre sans mythe ou en dehors de lui est une *exception*. Bien plus, il est un déraciné sans relation véritable avec le passé, avec la vie des ancêtres (qui continue en lui), ni avec la société humaine contemporaine. Il n'habite dans aucune maison comme les autres, il ne mange ni ne boit ce que mangent et boivent les autres; il vit une vie pour lui-même, enfermé dans une folie subjective que borne son entendement et qu'il tient pour la vérité récemment découverte. Ce jouet de son entendement n'atteint pas ses entrailles. Toutefois cela trouble parfois sa digestion, parce que son estomac considère comme indigeste ce produit de l'entendement. L'âme ne date pas d'aujourd'hui ! Elle compte plusieurs millions d'années. La conscience individuelle, elle, n'est que le support des fleurs et des fruits, selon les saisons; elle jaillit du vivace rhizome souterrain et ce support concorde beaucoup mieux avec la vérité quand il fait entrer en ligne de compte l'existence du rhizome, car c'est le réseau des racines qui est l'origine de tout.

J'avais l'impression que le mythe avait un sens qui m'échapperait si je vivais en dehors de lui, dans les nuages de ma propre spéculation. Je me trouvai contraint de me poser très sérieusement la question: « Qu'est le mythe que tu vis ? » Je ne pus donner aucune réponse à cette question

---

[1] « Ce qui est cru toujours, partout et par tous. »

et dus, au contraire, m'avouer que je ne vivais ni avec, ni à l'intérieur d'un mythe, mais dans le nuage incertain d'opinions possibles que je considérais, il est vrai, avec une méfiance croissante. Je ne savais pas que je vivais un mythe et l'aurais-je su, que je n'aurais pas pour cela eu connaissance du mythe qui ordonnait ma vie à mon insu. Ainsi tout naturellement se formula en moi la décision de connaître « mon » mythe et je considérai cela comme le devoir par excellence [1], car — me disais-je — comment en présence de mes malades tenir compte exactement de mon facteur personnel, de mon équation personnelle si indispensable pour la connaissance d'autrui, si je n'en avais pas conscience ? Il me fallait pourtant savoir quel mythe inconscient ou préconscient me formait, autrement dit : de quel rhizome je descendais. Cette décision me conduisit à faire pendant des années des recherches sur les contenus subjectifs provoqués par des processus inconscients et à élaborer ces méthodes qui en partie rendent possible, en partie soutiennent l'étude pratique des manifestations de l'inconscient. Je découvris alors, peu à peu, les rapports que j'aurais désiré connaître auparavant pour cimenter les fragments de mon livre. Je ne sais si, après trente-sept ans, j'ai réussi à mener cette tâche à bien. J'ai dû éliminer bien des choses et combler bien des lacunes. Il est apparu qu'il était impossible de conserver le style de 1912, c'est-à-dire que j'ai dû y introduire bien des découvertes faites des dizaines d'années plus tard. Cependant, en dépit d'une série d'interventions radicales, j'ai tenté de laisser subsister le plus possible du bâtiment primitif pour ne pas détruire toute continuité avec les éditions antérieures. Malgré de profondes modifications, on ne peut prétendre qu'il s'agit maintenant d'un tout autre livre. Cela ne se peut pour la raison déjà que le tout n'est à vrai dire que le commentaire étendu d'une analyse pratique concernant des prodromes de schizophrénie. La symptomatique de ce cas constitue le fil d'Ariane à travers le labyrinthe des parallèles symbolis-

---

[1] En français dans le texte. *Note du traducteur.*

tiques, autrement dit à travers les *amplifications* indispensables à l'établissement du sens des rapports archétypiques. Une fois établies ces parallélisations, leur description exige beaucoup de place; c'est pourquoi les exposés casuistiques sont une tâche fort difficile. Cela tient à la nature de la chose; plus on travaille en profondeur, plus le fondement s'élargit. Et jamais précisément il ne se rétrécit pour se terminer en une pointe comme par exemple en un trauma psychique. Une théorie, telle la théorie traumatique, suppose une connaissance préalable de l'âme touchée par le trauma, connaissance que nul ne possède, que l'on doit d'abord acquérir péniblement par l'étude du véritable inconscient. Il faut pour cela un vaste matériel de comparaison, tout comme pour l'anatomie comparée qui ne peut rien sans un tel matériel. La connaissance des contenus de conscience subjectifs ne nous apprend rien absolument de la psyché et de sa véritable vie souterraine. Comme dans toute science il faut aussi en psychologie des connaissances étendues comme accessoires du travail de recherche. Un peu de pathologie et de théorie des névroses est ici tout à fait insuffisant, car ce savoir médical concerne uniquement une maladie et ignore tout de l'âme qui est malade. Par cet ouvrage — jadis comme aujourd'hui — j'ai voulu remédier à cet inconvénient, dans la mesure où je le pouvais.

* * *

Il ne m'aurait guère été possible de publier une édition revue et corrigée sans le secours de précieux appuis. Je dois surtout à la *Bollingen Foundation* (New-York) beaucoup de reconnaissance: son aide financière m'a permis de rassembler tout le matériel des illustrations. Leur choix et leur agencement sont dus à Mme J. JACOBI, docteur en philosophie, qui a su s'acquitter de cette tâche avec une soigneuse circonspection. Je remercie M. le professeur KERENYI et Mlle R. SCHÄRF, docteur en philosophie, des critiques qu'ils ont apportées en revoyant mon manuscrit; le vice-directeur, le Dr K. REUCHER, d'avoir aimablement mis à ma disposition des photographies empruntées aux archives de la revue *Ciba;* M. le professeur Abegg de ses indications et renseignements précieux; Mlle M. L. v. Franz, docteur en philosophie, d'avoir traduit les textes grecs et latins; Mme L. Hurwitz du soin qu'elle a pris à l'élaboration d'un nouvel index et ma secrétaire, Mlle M.-J. Schmid, d'avoir assumé l'énorme travail que représente la préparation du manuscrit pour l'impression. Enfin, je tiens à exprimer ma reconnaissance à mon éditeur, M. Rascher, de sa prévenante complaisance.

Ce livre fut écrit en 1911, dans ma trente-sixième année. C'est un moment critique, car il marque le début de la deuxième moitié de la vie dans laquelle se produit assez souvent une métanoia, un changement d'opinion. J'étais certain alors de perdre toute communauté de travail et tout rapport amical avec Freud. Je garde un souvenir reconnaissant de l'appui à la fois actif et moral que m'apporta ma chère femme en cette période difficile.

Septembre 1950.

C. G. Jung.

PRÉFACE

DE LA TROISIÈME ÉDITION

La nouvelle édition paraît sans modifications essentielles; quelques corrections du texte ont été entreprises qui touchent à peine le sens du contenu.

Ce livre doit remplir la tâche ingrate d'expliquer à mes contemporains que l'on ne peut guère venir à bout des problèmes de l'âme humaine au moyen du maigre outillage qu'offre le cabinet de consultation du médecin, non plus qu'au moyen de la « conception du monde et des hommes » du profane. La psychologie ne peut se passer de la contribution des sciences de l'esprit et surtout pas de celle que lui offre l'histoire de l'esprit humain. C'est l'histoire, pourrait-on dire, qui, en premier lieu, nous permet d'établir des rapports ordonnés dans l'abondance illimitée du matériel empirique et de comprendre la valeur fonctionnelle des contenus collectifs de l'inconscient. La psyché n'est pas une donnée immuable, mais un produit de son histoire progressive. Ce ne sont donc pas les sécrétions modifiées des glandes, ni les rapports personnels rendus plus difficiles qui provoquent seuls les conflits névrotiques; les attitudes et contenus conditionnés par l'histoire de l'esprit y jouent un aussi grand rôle. Les connaissances des sciences naturelles ou de la médecine sont loin de suffire pour saisir l'essence de l'âme. La compréhension psychiatrique du processus pathologique ne facilite nullement son classement dans l'étendue totale de la psyché. De même la seule rationalisation est un outil insuffisant. L'histoire au contraire nous enseigne toujours à nouveau qu'à l'encontre de ce qu'attendait l'entendement, des facteurs dits irrationnels jouent le rôle le plus grand, le rôle décisif dans tous les processus de métamorphose psychique.

Il semble qu'étayée par des événements contemporains, cette opinion fasse peu à peu son chemin.

Novembre 1937. C. G. JUNG.

PRÉFACE

Dans la présente deuxième édition, le texte de l'ouvrage est resté sans changement, pour des raisons techniques. Cette reproduction inchangée d'un livre, paru pour la première fois il y a douze ans, ne signifie certes pas que certaines modifications et améliorations n'auraient pas été nécessaires. Elles auraient porté sur des détails, nullement sur l'essentiel. Les opinions et constatations exprimées dans cet ouvrage, je les conserve encore aujourd'hui dans leurs traits fondamentaux essentiels. Que le lecteur veuille bien supporter sans impatience certaines erreurs, éventuellement des inexactitudes et des incertitudes de détail.

Ce livre a donné lieu à bien des méprises. On a même pensé que j'y exposais ma méthode thérapeutique de traitement. Une telle méthode serait pratiquement impossible; il s'agit au contraire de l'étude approfondie des produits de l'imagination d'une jeune Américaine, de moi inconnue: Miss Frank Miller (un pseudonyme). Théodore Flournoy, mon ami paternel et vénéré, les avait publiés en son temps dans les *Archives de psychologie*. J'ai eu la grande satisfaction d'apprendre de la bouche même de Flournoy que j'avais parfaitement saisi la mentalité de la jeune femme. Une confirmation précieuse me parvint en 1918: elle venait d'un de mes collègues américains qui avait traité Miss Miller, à cause de troubles schizophréniques qui s'étaient déclarés après son séjour en Europe. Il m'écrivit que ma description était à ce point exhaustive que la connaissance de la malade ne lui avait pas appris « un iota de plus » sur sa mentalité. Ces confirmations m'autorisent à penser que ma reconstruction des processus fantasmiques mi-conscients et inconscients était manifestement exacte dans tous les traits essentiels. Je ne puis me dispenser d'attirer l'attention du lecteur sur une méprise qui se produit souvent. Le caractère particulier des fantaisies de Miss Miller oblige à utiliser un abondant matériel de comparaison emprunté à la mythologie et à l'étymologie: certains lecteurs pourraient en retirer l'impression que cet ouvrage tend à établir des hypothèses mythologiques ou étymologiques. Or ce n'est pas là mon intention; il aurait fallu pour cela que j'entreprenne d'analyser un mythe ou tout un cycle mythique, emprunté aux Indes par exemple. Je n'aurais certainement pas choisi pour cela le *Hiawatha* de Longfellow, non plus que le *Siegfried* de Wagner pour traiter du cycle de l'Edda. J'ai utilisé les matériaux cités dans l'ouvrage parce qu'ils constituaient les conditions préalables directes ou indirectes des fantaisies de Miss Miller, comme je l'explique en détail dans le texte. Si au cours de ce travail toutes sortes de mythologèmes se trouvent présentés sous un jour qui fait paraître plus saisissable leur signification psychologique, j'ai signalé ces vues comme un produit accessoire mais bienvenu, sans vouloir prétendre en faire une théorie générale des mythes. La seule véritable intention de cet ouvrage est d'étudier aussi profondément qu'il se peut tous les facteurs de l'histoire intellectuelle qui concourent à la formation d'une fantaisie individuelle involontaire. Si elle dispose de sources de toute évidence personnelles, la fantaisie créatrice dispose aussi de l'esprit primitif oublié et depuis longtemps enfoui avec ses images particulières révélées dans les mythologies de tous les temps et de tous les peuples. L'ensemble de ces images forme *l'inconscient collectif* donné *in potentia* par hérédité à chaque individu. Il est le corrélatif de la différenciation cérébrale des humains. Là est la raison pour laquelle les images mythologiques peuvent renaître toujours d'accord entre elles, non seulement dans tous les coins du vaste monde, mais aussi dans tous les temps. C'est qu'elles existent toujours et partout. Aussi est-il naturel que nous rapprochions les mythologèmes les plus distants dans le temps et des peuples les plus éloignés d'un système de fantaisie individuelle. La base créatrice est en effet partout la même psyché humaine, le même cerveau humain qui, avec des variantes relativement de peu d'importance, fonctionne partout de la même manière.

Küsnacht-Zürich, novembre 1924.

C. G. Jung.

PREMIÈRE PARTIE

Donc comme c'est la théorie qui donne leur valeur et leur signification aux faits, elle est souvent très utile, même si elle est partiellement fausse, car elle jette la lumière sur des phénomènes auxquels personne ne faisait attention, force à examiner sous plusieurs faces des faits que personne n'étudiait auparavant, et donne l'impulsion à des recherches plus étendues et plus heureuses.

— C'est donc un devoir moral de l'homme de science de s'exposer à commettre des erreurs et à subir des critiques, pour que la science avance toujours. — Un écrivain ... a vivement attaqué l'auteur en disant que c'est là un idéal scientifique bien restreint et bien mesquin. Mais ceux qui sont doués d'un esprit assez sérieux et froid pour ne pas croire que tout ce qu'ils écrivent est l'expression de la vérité absolue et éternelle, approuvent cette théorie qui place les raisons de la science bien au-dessus de la misérable vanité et du mesquin amour-propre du savant.

GUILLAUME FERRERO

Les lois psychologiques du symbolisme.
1895. Préface p. VIII.

Fig. 2. *Œdipe et le Sphinx.*
Coupe attique du ve siècle av. J.-C.
Museo Etrusco. Città del Vaticano. Rome.

Gravure extraite de G. PRAMPOLINI : *La mitologia nella vita dei popoli.*
Milan 1938. T. II. p. 107.

I

INTRODUCTION

Quiconque a pu lire la *Science des rêves* de Freud
sans éprouver d'indignation contre la nouveauté et l'audace en apparence injustifiée de son procédé et sans que
sa morale se révolte à l'étonnante nudité des interprétations, quiconque donc a pu tranquillement et sans préjugé
laisser agir sur lui ce sujet si particulier, celui-là n'aura

47

guère pu se défendre d'éprouver une profonde impression au passage où Freud[1] rappelle que c'est un conflit individuel, la fantaisie incestueuse, qui constitue une source essentielle du puissant thème dramatique de l'antiquité qu'est la *légende d'Œdipe*. L'impression que fait cette simple indication peut se comparer à ce sentiment tout particulier qui nous saisit quand, par exemple, dans le bruit et l'agitation de la rue d'une ville moderne, nous découvrons brusquement un reste du passé — le chapiteau corinthien d'une colonne emmurée ou un fragment d'inscription. Nous étions tout à l'heure plongé dans l'agitation bruyante et éphémère du présent, et voici que nous apparaît quelque chose de très lointain, d'insolite, qui oriente nos regards sur des objets d'un autre ordre: nous quittons l'inextricable diversité du présent pour un enchaînement supérieur dans l'histoire. Nous nous rappelons soudain qu'à cette place, où maintenant nous allons et venons affairés, il y avait, déjà deux mille ans plus tôt, dans des formes légèrement différentes, une vie et une agitation analogues, que des passions analogues secouaient les humains et que ceux-ci étaient aussi persuadés de la singularité de leur existence. Cette impression que laisse si facilement le premier contact avec les monuments de l'antiquité, je ne puis m'empêcher de la comparer à celle que laisse la remarque de Freud au sujet de la légende d'Œdipe. — Il y a un instant, nous étions encore préoccupés des impressions déconcertantes faites par l'infinie variabilité de l'âme individuelle et voici que brusquement notre regard découvre la simple grandeur de la tragédie d'Œdipe, ce flambeau jamais éteint du théâtre grec. Cet élargissement du regard se présente avec les traits d'une révélation. Pour nous, l'antiquité était psychologiquement depuis longtemps disparue dans l'ombre du passé; sur les bancs de l'école, on ne pouvait guère retenir un sourire sceptique quand notre indiscrétion calculait l'âge de matrone de Pénélope et l'imposant nombre des années que comptait Jocaste et que nous

---

[1] *Science des rêves*, trad. franç. de Meyerson, Alcan, 1926, p. 238 sq.

faisions une comique comparaison entre le résultat de nos calculs et les orages d'érotisme tragique de la légende et du drame. Nous ne savions pas alors (et qui donc le sait aujourd'hui encore ?) que la passion, aussi dévorante qu'inconsciente, du fils peut avoir la « mère » pour objet, que peut-être cette passion mine et trouble tragiquement toute sa vie si bien que la grandeur du destin d'Œdipe ne nous paraît pas le moindrement exagérée. De rares cas, et qui nous semblent pathologiques comme celui de Ninon de Lenclos et de son fils[2], sont trop éloignés de nous pour nous laisser une impression bien vive. Mais, en suivant les voies tracées par Freud, nous arriverons à saisir la vivante existence de telles éventualités, trop faibles pour pousser à l'inceste véritable, mais assez puissantes cependant pour provoquer des troubles psychiques d'une étendue considérable. Notre sentiment moral se révolte d'abord à l'idée de reconnaître en soi de telles éventualités; des résistances se font jour qui aveuglent trop aisément l'intellect et rendent impossible la connaissance de soi-même. Mais si nous parvenons à établir une distinction entre connaissance objective et valorisation sentimentale, nous jetons un pont sur l'abîme séparant notre époque de l'antiquité et nous sommes étonnés de voir qu'Œdipe est encore bien vivant. Gardons-nous de sous-estimer l'importance d'une telle impression: cette connaissance nous apprend en effet que les conflits élémentaires des humains conservent une identité indépendante du temps et de l'espace. Ce qui remplissait le Grec d'horreur subsiste encore aujourd'hui, mais, en ce qui nous concerne, seulement si nous abandonnons la vaine illusion de nos époques récentes qui nous représente comme différents, c'est-à-dire plus moraux que les anciens. Nous avons simplement réussi à *oublier* qu'une communauté indissoluble nous unit aux hommes de l'antiquité. Ainsi s'ouvre à nous une voie comme il n'y en eut jamais pour comprendre l'esprit antique, la voie de la sympathie intime d'une

---

[2] Il se serait suicidé quand il apprit que cette Ninon, pour qui il éprouvait un si ardent amour, était sa mère.

part et celle de la compréhension intellectuelle d'autre part. Par la voie détournée des substructures enfouies de notre âme propre, nous saisissons la signification vivante de la culture antique; ainsi atteignons-nous, en dehors de notre propre sphère, la position solide d'où nous pourrons saisir objectivement ses courants. Du moins est-ce là l'espoir que nous puisons dans cette redécouverte de l'immortalité du problème d'Œdipe.

Le problème posé a eu déjà une influence féconde: nous lui devons quelques entreprises plus ou moins réussies dans le domaine de l'histoire de l'esprit humain. Ce sont les travaux de Riklin [3], Abraham [4], Rank [5], Mäder [6] et Jones [7] auxquels est venu s'ajouter SILBERER avec sa belle étude sur la *Fantaisie et le mythe* [8]. N'oublions pas ici la contribution apportée par Pfister à la psychologie de la religion chrétienne [9]. Le leitmotiv de tous ces travaux est d'expliquer des problèmes historiques en appliquant à des thèmes historiques donnés des connaissances puisées dans l'activité de l'inconscient de l'âme moderne. Je renvoie le lecteur aux ouvrages indiqués pour qu'il se rende compte de l'étendue et du genre des connaissances déjà obtenues. Dans les détails, les interprétations sont parfois incertaines, mais le résultat d'ensemble n'en est pas influencé. Il serait déjà d'une suffisante importance s'il nous démontrait seulement la vaste analogie qui existe entre la structure psychologique des restes de l'antiquité et la structure des matériaux des individus

---

[3] *Wunscherfüllung und Symbolik im Märchen*. Eine Studie. 1908.

[4] *Traum und Mythos*. Eine Studie zur Völkerpsychologie. 1909.

[5] *Le mythe de la naissance du héros*. Essai d'une interprétation psychologique des mythes. 1909. Trad. fr.

[6] Die Symbolik in den Legenden, Märchen, Gebräuchen und Träumen. *Psychiatrisch-Neurologische Wochenschrift*, X[e] année.

[7] On the Nightmare. *Journ. of Insanity*. 1910.

[8] *Jahrbuch für Psychoanal. und Psychopath. Forsch*. 1910, v. II, p. 541.

[9] *Die Frömmigkeit des Grafen von Zinzendorf*. Ein psychoanalytischer Beitrag zur Kenntnis der religiösen Sublimationsprozesse und zur Erklärung des Pietismus. 1910.

modernes. Cette analogie règne notamment dans la symbolique, ainsi que l'ont montré Riklin, Rank, Mäder et Abraham, et aussi dans les mécanismes particuliers de l'élaboration inconsciente des motifs.

Jusqu'à présent le psychologue s'est surtout intéressé à l'analyse des problèmes de psychologie individuelle. Mais, dans l'état actuel des choses, il me semble que la nécessité se fait sentir plus ou moins impérieusement d'élargir l'analyse des problèmes individuels en tenant compte des matériaux historiques ainsi que Freud a déjà tenté de le faire en son étude sur Léonard de Vinci [10]. Car si les connaissances psychologiques aident à la compréhension des créations de l'histoire, inversement les matériaux historiques peuvent répandre une clarté nouvelle sur les enchaînements de la psychologie individuelle. Ce sont ces réflexions et d'autres analogues qui m'ont incité à accorder un peu plus d'attention à l'histoire, espérant découvrir de là des vues nouvelles sur les fondements de la psychologie.

---

[10] « Un souvenir d'enfance de Léonard de Vinci » traduit par Marie Bonaparte, Gallimard, Paris, 1927. Aussi RANK in *Jahrbuch*, v. II, p. 465 sq.

Fig. 3. *Le rêve de Jacob.*
(Genèse, XXVIII, 12)
Estampe de la Bible de Merian. Francfort, 1704.

II

DES DEUX FORMES DE LA PENSÉE

Un des principes fondamentaux de la psychologie analytique, on le sait, est que les images oniriques doivent être
comprises symboliquement, qu'il ne faut pas les prendre
par exemple au pied de la lettre, mais présumer en elles
un sens caché. C'est cette idée antique d'une symbolique
du rêve qui a provoqué, non seulement de la critique, mais
carrément de l'opposition. Or le bon sens commun ne
trouve rien de si inouï à l'idée que le rêve soit quelque chose
de sensé et puisse être interprété; c'est là l'expression d'une
vérité courante depuis des millénaires et pour cette raison
bien banale. On se souvient encore d'avoir entendu parler,

52

sur les bancs de l'école, des oniromanciens de l'Egypte et de la Chaldée. On connaît Joseph qui expliquait les rêves du pharaon; Daniel et le rêve de Nabuchodonosor et aussi le *Livre des songes*, d'Artémidore. Dans les documents écrits de tous les temps et de tous les peuples, on mentionne d'importants rêves qui prédisent l'avenir, des rêves annonçant le malheur et le salut envoyés par les dieux. Une opinion si vieille, qui rencontre une créance aussi générale, doit être vraie de quelque manière: elle est *psychologiquement vraie.*

L'homme d'attitude moderne ne saurait guère penser que le rêve soit provoqué par un dieu existant en dehors de nous, ni que le rêve puisse prophétiser l'avenir. Traduite en langage psychologique cependant, la conception antique prend une allure bien plus compréhensible, à savoir: *le rêve provient d'une partie de l'âme que nous ignorons et s'occupe de préparer le jour qui vient avec ses événements.*

Selon la vieille croyance, la divinité, ou le démon, parle à l'homme endormi en un langage symbolique et l'oniromancien doit traduire ce langage énigmatique. En langage moderne, cela veut dire que *le rêve est une série d'images en apparence contradictoires et absurdes; mais il renferme un matériel de pensées qui, une fois traduit, se présente avec un sens clair.*

Si je devais supposer que mes lecteurs ignorent totalement l'analyse des rêves, il me faudrait sans doute apporter de nombreux exemples à l'appui de cette affirmation. Mais de nos jours tout cela est si connu que, par égard pour le public et pour ne point tomber dans l'ennuyeux, on peut se dispenser de raconter de nombreux cas de rêves. Un autre inconvénient vient de ce que l'on ne peut raconter un rêve sans le faire suivre du récit de la moitié de l'histoire d'une vie qui constitue le fond individuel du rêve. Certes il y a des rêves et des motifs oniriques typiques dont le sens semble simple si on les considère sous l'angle de la symbolique sexuelle. On peut utiliser cette façon d'envisager les choses sans y adjoindre la conclusion que le contenu ainsi exprimé est lui aussi nécessairement de provenance sexuelle. On sait que le langage présente de

Fig. 4. Rêves agités.

Gravure sur bois de H. WEIDITZ pour PÉTRARQUE:
Miroir de consolation dans le bonheur et le malheur.
Augsbourg, 1532, p. CVII.

nombreuses métaphores érotiques applicables à des contenus qui n'ont aucun rapport avec la sexualité; et inversement la symbolique sexuelle ne signifie nullement que l'intérêt qui l'utilise soit de nature sexuelle. La sexualité, qui est un instinct des plus importants, forme le fond et la cause d'innombrables affects qui, on le sait, exercent sur la langue une influence des plus tenaces. Mais on ne peut identifier affects et sexualité parce qu'ils peuvent provenir d'une quelconque situation conflictuelle: par exemple l'instinct de conservation est aussi une source de nombreuses émotions.

Beaucoup d'images oniriques, il est vrai, présentent soit un aspect sexuel ou du moins expriment des conflits érotiques. C'est ce qui apparaît avec une clarté particulière dans le motif de la *violence*. Ainsi le motif du cambrioleur, du brigand, de l'assassin et du meurtrier sadique apparaît fréquemment dans les rêves des femmes *(fig. 4)*. Ce thème présente d'innombrables variantes. L'arme du meurtre est une lance, une épée, un poignard, un revolver, un fusil, un canon, une lance de pompier, un arrosoir, et la violence consiste en une effraction, une poursuite, un vol, ou bien quelqu'un est caché dans l'armoire ou sous le lit. Le danger est d'autres fois représenté par des animaux sauvages, par un cheval qui jette la rêveuse à terre et lui piétine le ventre avec ses pattes de derrière, par des lions, des tigres, des éléphants à la trompe menaçante, et enfin par des serpents sous des formes infiniment variées. Tantôt le serpent se glisse dans sa bouche, tantôt il lui mord le sein, comme le serpent légendaire de Cléopâtre, tantôt il se complaît dans le rôle du serpent du paradis ou dans les variations de Franz Stuck dont les serpents portent les noms significatifs de « vice », « péché » et « volupté » *(v. fig. 61)*. Il se dégage de ces images une impression, ou un mélange, incomparable de volupté et d'angoisse, autrement brutale que celle que procure ce charmant poème de Mörike :

Premier chant d'amour d'une jeune fille

Qu'ai-je dans mon filet ? Regarde donc !
Oh ! que j'ai peur ;
Vais-je saisir une douce anguille ?
Vais-je prendre un serpent ?
L'amour est aveugle,
Pêcheuse ;
Dites à l'enfant
Où il va saisir ?
Déjà il se détend dans ma main.
Ô misère, ô joie !
Il se plie et se tourne,
Il se glisse vers mon sein.
Il me mord, ô miracle,
Audacieusement la peau,
Et m'atteint jusqu'au cœur.
Ô amour, je frémis !
Que faire, qu'entreprendre ?
Cette affreuse chose
S'installe là dedans
Et se met en rond.
Il me faut du poison. —
Voici qu'il rôde autour de moi,
Il creuse délicieusement
Et finira par me faire mourir.

Tout cela paraît simple et n'a besoin d'aucune explication. Le rêve suivant d'une jeune femme est un peu plus compliqué: elle voit l'arc de triomphe de Constantin. Devant, se trouve un canon, à droite, un oiseau, à gauche, un homme. L'éclair d'un coup sort du canon, le projectile la touche et se loge dans sa poche, dans son porte-monnaie. Il y reste et elle tient le porte-monnaie comme s'il y avait dedans quelque chose de précieux. Alors l'image disparaît et elle ne voit plus que le canon avec au-dessus la devise de Constantin: « In hoc signo vinces ». Le symbolisme sexuel de ce rêve est assez clair pour justifier l'étonnement agacé du naïf. Si vraiment il se trouve que ces sortes de connaissances sont réellement nouvelles pour le rêveur et qu'elles apportent la compensation qui comble une lacune de son orientation consciente, alors le rêve est *pratiquement* interprété. Si au contraire cette interprétation est courante et connue du rêveur, elle n'est plus qu'une répétition dont on ne comprend pas le but. Les rêves et motifs oniriques de même genre peuvent se répéter en série sans qu'on puisse — du moins quand on les considère de cette manière — découvrir en eux rien d'autre que ce que l'on connaît déjà à satiété. Cette façon de considérer les choses aboutit facilement à cette « monotonie » dont Freud lui-même se plaignait. Dans les cas de ce genre, on a quelque raison de soupçonner que le symbolisme sexuel est utilisé comme langage du rêve aussi bien que toute autre façon de parler. « Canis panem somniat, piscator pisces ». (Le chien rêve de pain, le pêcheur, de poisson.) La langue du rêve dégénère en jargon. Ne fait exception que le cas où un motif, ou un rêve entier, se répète pour la raison qu'il n'a jamais été compris comme il convient et qu'il serait cependant important pour l'orientation de la conscience que la compensation qu'il exprime fût reconnue. Dans le cas présent il ne s'agit que d'une ignorance ordinaire, éventuellement d'un refoulement. On pourrait donc pratiquement s'en tenir à la signification sexuelle, sans s'occuper des finesses du symbolisme qui indiquent des voies plus profondes. Or la fin: « In hoc signo vinces » indique un sens plus caché. Mais on ne peut atteindre ce degré que si la rêveuse est devenue consciente au point d'admettre l'existence d'un conflit érotique.

Contentons-nous de ces quelques indications sur la nature symbolique du rêve. Il nous faut tenir pour acquis le symbolisme du rêve pour pouvoir admirer cette réalité avec tout le sérieux nécessaire. Il est en effet surprenant que dans notre activité psychique consciente surgisse un produit spirituel obéissant à des lois toutes différentes et poursuivant des buts tout autres que ceux de l'activité psychique consciente.

D'ou vient que les rêves soient symboliques ? Autrement dit, d'où provient cette faculté de représentation symbolique dont nous ne pouvons semble-t-il découvrir aucune trace dans notre pensée consciente ? Regardons-y de plus près: prenons comme point de départ une représentation appelée aussi représentation principale; sans penser à elle continuellement, mais simplement guidés par un sentiment d'orientation, suivons une série de représentations particulières en rapport avec elle. Ici nous ne découvrons rien de symbolique et c'est pourtant selon ce type que se déroule toute notre pensée consciente [1]. Si nous considérons de près notre pensée quand nous poursuivons intensivement une suite d'idées, par exemple, quand nous cherchons à résoudre un difficile problème, nous remarquons soudain que *nous pensons en mots*, que durant la pensée intensive nous nous mettons à parler avec nous-même, qu'à l'occasion même nous écrivons le problème ou le dessinons pour y voir tout à fait clair. Quand on a vécu assez longtemps dans un pays où l'on parle une langue

---

[1] Cf. LIEPMAN: *Ueber Ideenflucht*, 1904; puis JUNG: *Etudes diagnostiques sur les associations*, trad. fr. en préparation. La pensée comme subordination à une représentation dominante; cf. EBBING-HAUS: *Kultur der Gegenwart*, p. 221 sq. KUELPE (*Grundriss der Psychologie*, 1896, p. 464) s'exprime de façon analogue: « Dans la pensée il s'agit d'une perception anticipante dominant un cercle parfois plus grand, parfois plus petit de reproductions particulières et qui ne se distingue des motifs de reproduction fortuits que par la conséquence avec laquelle est refoulé ou retenu tout ce qui est étranger à ce cercle ».

étrangère, on ne peut manquer de remarquer qu'au bout d'un certain temps on se met à penser dans la langue du pays. Par conséquent, une suite d'idées très intensive se déroule plus ou moins sous une *forme verbale*, c'est-à-dire comme si l'on voulait exposer, enseigner cette suite d'idées ou en persuader quelqu'un. *On s'oriente apparemment vers l'extérieur.* En ce sens *la pensée* dirigée ou logique est pensée du réel [2], autrement dit une pensée qui s'adapte à la réalité [3], en d'autres termes: dans laquelle *nous imitons la succession de la réalité objective* de sorte que, dans notre tête, les images obéissent à la rigoureuse série causale qui commande les événements en dehors d'elle [4]. A cette pensée nous donnons aussi le nom de pensée à attention dirigée. Elle a en outre la particularité de fatiguer et pour cette raison de n'entrer en activité que de temps en temps. Notre travail vital si dispendieux est adaptation au milieu; la pensée dirigée fait partie de cette adaptation. Biologiquement parlant, elle n'est qu'un processus psychique d'assimilation qui, comme tout travail vital, laisse après lui un épuisement correspondant.

La matière avec laquelle nous pensons est langage et concept verbal; de tout temps ce ne fut que la façade, le pont, dont l'unique but est la communication. Tant que notre pensée est dirigée, nous pensons pour autrui et

---

[2] Dans sa *Psychologia empirica meth. scientif. pertract.* etc., 1732, § 23, Christian WOLFF dit de façon simple et précise: « Cogitatio est actus animae quo sibi rerumque aliarum extra se conscia est (la pensée est l'acte de l'âme par lequel elle prend conscience pour elle des choses en dehors d'elle).

[3] William JAMES insiste particulièrement sur ce facteur d'adaptation (*Psychologie*, trad. fr. de Baudin et Bertier, Rivière, Paris, 1944, p. 467) dans sa définition du raisonnement: « Faisons de cette aptitude à tirer parti des données nouvelles la différence spécifique du raisonnement. Elle suffit en effet à le discerner des simples associations d'idées ».

[4] « Les idées sont les ombres de nos sensations, toujours plus obscures, plus vides, plus simples que celles-ci » dit NIETZSCHE. LOTZE (*Logik*, 1843, p. 552) s'exprime comme suit à ce sujet: « La pensée, abandonnée aux lois logiques de son mouvement, finit toujours, après avoir suivi correctement sa route, par concorder avec le comportement des choses. »

parlons à autrui [5]. Originairement, le langage est un système de sons émotifs et imitatifs, exprimant la frayeur, la crainte, la colère, l'amour, etc.; ou des sons reproduisant les bruits faits par les éléments, murmure ou gazouillement de l'eau, grondement du tonnerre, mugissement du vent, cri des animaux, etc., ou enfin des sons représentant une combinaison des bruits perçus et de la réaction affective [6]. Même les langues plus ou moins modernes conservent en abondance des résidus d'onomatopées: les sons représentant les mouvements de l'eau par exemple:

rauschen, rieseln, rûchen, rinnen, rennen, to rush ruscello, ruisseau, river, Rhein.

Wasser, wissen, wissern, pissen, piscis, Fisch.

Donc originairement le langage, dans son essence, n'est qu'un système de signes ou « symboles » désignant des événements réels ou leur retentissement dans l'âme humaine [7]. Il faut donc souscrire à l'opinion d'Anatole France quand il dit [8]:

« Et qu'est-ce que penser ? Et comment pense-t-on ? Nous pensons avec des mots; cela seul est sensuel et ramène à la nature. Songez-y, un métaphysicien n'a pour constituer le système du monde que le cri perfectionné des singes et des chiens. Ce qu'il appelle spéculation profonde et méthode transcendante, c'est de mettre bout à bout dans un ordre arbitraire, les onomatopées qui criaient la faim, la peur et l'amour dans les

---

[5] Voir plus bas les remarques de BALDWIN. Le curieux philosophe que fut Johann Georg HAMANN (1730-1788) allait jusqu'à identifier raison et langage. (Voir les écrits de HAMANN publiés par ROTH (1821). NIETZSCHE maltraite encore plus la raison qu'il appelle « Métaphysique verbale ». Fr. MAUTHNER (*Sprache und Psychologie*, 1901) va beaucoup plus loin encore; pour lui il n'y a pas de pensée sans langage, et seul le langage est pensée. Son idée du « fétichisme verbal » qui règnerait dans la science mérite considération.

[6] Cf. KLEINPAUL: *Das Leben der Sprache*, 3 vol., 1893.

[7] Mon petit garçon me donna un jour un exemple typique de ce que put être à l'origine la subjectivité de ces symboles en apparence attachés exclusivement aux sujets: il désignait, en effet, tout ce qu'il aurait voulu prendre ou manger par un énergique « Stô lô ! » c'est-à-dire « Stehen lassen » (pas toucher).

[8] *Le Jardin d'Epicure* (p. 80).

forêts primitives et auxquelles se sont attachées peu à peu des significations qu'on croit abstraites quand elles sont seulement relâchées. N'ayez pas peur que cette suite de petits cris éteints et affaiblis qui composent un livre de philosophie nous en apprenne trop sur l'univers pour que nous ne puissions plus y vivre. »

Ainsi notre pensée dirigée, serions-nous les penseurs les plus solitaires et les plus étrangers au monde, n'est pas autre chose que le degré avancé du cri lancé aux compagnons pour annoncer qu'on a trouvé de l'eau, que l'ours a été abattu, qu'un orage approche, ou que des loups rôdent autour du campement. Un excellent paradoxe d'Abélard semble pressentir tout ce qu'il y a d'humaine limitation dans le travail compliqué de notre pensée: « sermo generatur ab intellectu et generat intellectum » [9]. Si abstrait qu'il soit, un système philosophique ne représente donc, dans ses moyens et ses fins, qu'une combinaison extrêmement ingénieuse de sons primitifs [10]. D'où l'ardent désir d'un Schopenhauer et d'un Nietzsche d'être appréciés et compris, le désespoir et l'amertume de leur solitude. Peut-être pourrait-on supposer qu'un homme de génie pourrait se repaître de la grandeur de sa propre pensée et renoncer aux applaudissements faciles d'une foule qu'il méprise; mais il est soumis à la toute-puissante pulsion de l'instinct grégaire. Sa recherche, sa découverte, son cri vont inévitablement au troupeau et il *faut* qu'on l'entende. Je disais tout à l'heure que la pensée dirigée est en somme

---

[9] « Le langage est engendré par l'intellect qu'il engendre. »

[10] Il est sans doute bien difficile de mesurer la force de séduction exercée sur la pensée par le sens primitif des mots. « Tout ce qui a été une fois dans la conscience subsiste comme élément actif dans l'inconscient » dit Hermann PAUL (*Prinzipien der Sprachgeschichte*, 1909, p. 25). Le sens ancien des mots continue à agir, « d'abord de façon imperceptible du fonds du domaine obscur de l'inconscient dans l'âme » (PAUL). J. G. HAMANN que nous venons de citer se prononce sans équivoque (*loc. cit.*): « La métaphysique abuse de tous les signes verbaux et métaphores de notre connaissance empirique pour en faire une masse d'hiéroglyphes et des types de rapports idéaux ». On dit que KANT aurait appris bien des choses de HAMANN.

une pensée en mots et je citais comme exemple frappant le spirituel témoignage d'A. France. On pourrait aisément se méprendre et croire que la pensée dirigée n'est vraiment pas autre chose que des « mots ». Ce serait évidemment aller trop loin. Nous devons prendre le terme langage en un sens plus large que celui de langage parlé qui n'est en lui-même pas autre chose que l'écoulement de la pensée se formulant, parce qu'elle est apte à la communication. Autrement, le sourd-muet aurait une aptitude à penser extrêmement réduite; or il n'en est pas ainsi, s'il n'a pas le langage parlé, il possède sa langue. Historiquement parlant, cette langue idéelle, autrement dit la pensée dirigée, descend certainement de mots primitifs, ainsi que WUNDT l'a montré [11]:

« Une autre conséquence importante de cette coopération des changements de son et de sens résulte de ce que, peu à peu, bon nombre de mots perdent complètement leur sens primitif concret et sensuel, pour se transformer en signes de concepts généraux et en expression des fonctions aperceptives de rapport et de comparaison et de leurs conséquences. C'est de cette façon que se développe la pensée abstraite qui, impossible en dehors des modifications de sens qui lui servent de base, est elle-même une résultante des interactions psychiques et psycho-physiques constituant l'évolution du langage. »

Jodl [12] n'admet pas cette identité du langage et de la pensée, parce que, par exemple, un seul et même état psychique peut se traduire de façon différente dans des langues différentes. Il en conclut qu'il existerait une pensée « au-dessus du langage ». Certes cette pensée existe, qu'on l'appelle comme Erdmann « hypologique » ou comme Jodl « übersprachlich »; mais ce n'est pas une pensée logique. Ma conception concorde avec les très intéressantes remarques de Baldwin [13] que je tiens à reproduire textuellement.

---

[11] *Grundriss der Psychologie*, 1902, p. 363.
[12] *Lehrbuch der Psychologie*, 1908, vol. 2, chap. X, p. 300.
[13] James Mark BALDWIN: *La pensée et les choses. Logique génétique. Etude sur le développement et la signification de la pensée*, t. II, p. 175 sq.

« Le passage du système d'idées constituant les prélimi- naires du jugement à celui du jugement même est absolument identique au passage d'un savoir qui rencontre sa confirmation sociale à un savoir qui peut s'en passer. Les concepts employés dans le jugement sont ceux-là même que la confirmation par les rapports sociaux a déjà formés au préalable dans ses suppo- sitions et implications. De cette façon le jugement personnel, formé aux méthodes de reproduction sociale et consolidé par les interactions de la société, projette à nouveau son contenu dans ce monde. En d'autres termes, la base de tout mouvement conduisant à l'affirmation du jugement individuel (le niveau d'où les nouvelles expériences peuvent être utilisées) est déjà à tout moment socialisée et c'est précisément ce mouvement que dans le résultat réel nous reconnaissons sous la forme d'un sentiment de « convenance » ou particularité synnomique du contenu, qui trouve alors son expression.

» Comme nous le verrons la pensée se développe essentiel- lement par une méthode d'essais et d'erreurs, une méthode d'expériences, où l'on utilise des contenus, comme s'ils avaient réellement une valeur supérieure à celle qui leur avait jusqu'alors été reconnue. L'individu est contraint de faire appel à ses vieilles idées, à son savoir bien établi, à ses jugements consé- quents, pour bâtir ses nouvelles constructions imaginatives. Il développe ses pensées « schématiquement », comme nous disons, ou « problématiquement », comme dit la logique, c'est- à-dire conditionnellement, disjonctivement ; il projette dans le monde une opinion qui n'est encore que la sienne, qui n'est que personnelle, comme si elle était vraie. Toute méthode de découverte utilise un procédé analogue. Mais du point de vue linguistique elle utilise toujours le langage courant ; elle emploie aussi toujours des idées dont le parler social conventionnel s'est déjà emparé.

» Cette expérimentation fait progresser à la fois la pensée et le langage.

» Le langage se développe donc exactement comme la pensée puisqu'il ne perd jamais sa signification synnomique ou biarticulée, son sens est aussi bien personnel que social.

» Le langage est le catalogue du savoir transmis, la chro- nique des conquêtes nationales, le trésor de toutes les acquisi- tions faites par le génie de l'individu. Le système de « modèles » sociaux ainsi formés représente les processus judicatoires de la race ; et il devient à son tour la pépinière du jugement des générations nouvelles.

» La partie de beaucoup la plus importante de l'éducation du moi, avec la réduction de l'incertitude des réactions personnelles en présence des faits et représentations à la base solide du jugement sain, se produit par le moyen du langage. Quand l'enfant parle, il donne au monde des indications en vue de fixer une signification générale et commune. L'accueil qui lui est fait consolide ou repousse cette proposition. Dans un cas comme dans l'autre, l'événement aboutit à un enseignement. La prochaine tentative de l'enfant prend alors pour point de départ un degré de savoir où la nouvelle particularité correspondra déjà mieux à la monnaie courante des relations effectives. Ce qui mérite ici considération, ce n'est pas tant le mécanisme précis de l'échange, la transformation par laquelle on s'assure ce gain, que l'apprentissage du jugement qu'en représente l'usage ininterrompu. Dans chaque cas particulier, le jugement efficace est aussi le jugement commun.

» Nous allons maintenant montrer que ce jugement s'obtient grâce au développement d'une fonction dont l'apparition est directement *ad hoc* — qui vise directement cette expérimentation sociale grâce à laquelle se développe aussi l'adaptation aux aptitudes sociales — la fonction du langage. C'est donc dans le langage que nous trouvons l'outil tangible, réel et historique du développement et de la conservation de la signification psychique. Il fournit un témoignage pertinent et apporte la preuve de la concordance entre le jugement social et le jugement personnel. C'est en lui que la signification synnomique déclarée convenable par le jugement devient signification « sociale », généralisée et admise en tant que sociale. »

Les remarques de Baldwin montrent abondamment comment la pensée est sous la dépendance du langage [14]. Son importance est des plus grandes tant au point de vue subjectif (intrapsychique) qu'au point de vue objectif (social); du moins est-elle si grande que l'on est réellement obligé de se demander si, tout compte fait, Fr. Mau-

---

[14] Je rappelle qu'EBERSCHWEILER a entrepris à mon instigation des recherches expérimentales sur « l'influence des composantes linguistiques sur les associations » (*Allgemeine Zeitschrift für Psychiatrie*, 1908). Elles ont mis à jour ce fait remarquable que dans cette sorte d'expérience, l'association intrapsychique s'infléchit sous l'influence de considérations phonétiques.

thner [15] si parfaitement sceptique quant à l'indépendance de la pensée, n'aurait pas raison de croire que la pensée c'est le langage et rien de plus. Baldwin s'exprime avec plus de prudence et de réserve mais, en sous main, très nettement en faveur du primat du langage.

La pensée dirigée, ou, comme on pourrait aussi l'appeler, la *pensée en mots*, est de toute évidence l'instrument de la culture; nous ne risquons pas de nous tromper en disant que le gigantesque travail d'éducation que les siècles ont fait subir à la pensée dirigée, en la dégageant de façon originale de la subjectivité individuelle pour la conduire à l'objectivité sociale, a contraint l'esprit humain à un travail d'adaptation auquel nous devons l'empirisme et la technique d'aujourd'hui qui sont absolument premiers dans l'histoire du monde. Les siècles précédents ne les ont pas connus. Assez souvent déjà des esprits curieux se sont demandé pourquoi les connaissances si développées que les anciens avaient des mathématiques, de la mécanique et de la matière, unies à une dextérité artistique sans exemple, ne furent jamais utilisées par eux pour faire des rudiments techniques bien connus (par exemple, le principes des machines simples) quelque chose de plus qu'un jeu curieux, en les poussant jusqu'à une véritable technique au sens d'aujourd'hui. A cela il faut répondre: quelques esprits éminents mis à part, il manquait généralement aux anciens la capacité de suivre avec intérêt les transformations de la matière inanimée de façon à pouvoir reproduire artificiellement les processus naturels. Or, c'est ainsi seulement qu'ils auraient pu les dominer. Il leur manquait le training de la pensée dirigée [16]. Le secret du développement culturel,

---

[15] Voir plus haut p. 59, note 5.

[16] A cet égard, nul besoin ne se faisait sentir qui eût rendu nécessaire une pensée technique. La question du labour était résolue par le travail peu coûteux des esclaves, de sorte qu'il était superflu de chercher à épargner la peine. Il faut aussi tenir compte du fait que l'intérêt de l'homme de l'antiquité était entraîné dans une autre direction: il vénérait le cosmos divin; cela manque totalement à notre âge de techniciens.

c'est la mobilité de l'énergie psychique et son aptitude à se déplacer. La pensée dirigée de notre époque est une acquisition plus ou moins récente, tout à fait étrangère à ces temps lointains.

Nous en arrivons ainsi à cette autre question : que se passe-t-il quand nous *ne dirigeons pas* notre pensée ? Car alors elle est privée de la représentation supérieure et du sentiment de direction qui en émane [17]. Nous ne contraignons plus notre pensée à suivre des voies déterminées ; nous la laissons planer, plonger et réapparaître selon son propre poids. Selon Külpe [18], la pensée est une sorte « d'acte volontaire intérieur » dont l'absence conduit nécessairement à un « jeu automatique de représentation ». James [19] considère la pensée non dirigée ou « pensée simplement associative » comme la forme ordinaire de la pensée. Voici comment il s'exprime à ce sujet : « Une bonne partie de notre activité mentale est constituée par des suites d'images se suggérant les unes les autres, par une sorte de rêverie spontanée qu'on ne saurait guère refuser aux animaux supérieurs. Cependant, cette activité-là ne laisse pas d'aboutir à des conclusions raisonnables, tant dans l'ordre pratique que dans l'ordre spéculatif. »

» En général, cette pensée sans contrôle unit des données concrètes et non des abstractions ».

Nous pouvons compléter comme suit ces remarques de William James. Cette pensée n'est pas pénible ; elle

---

[17] C'est du moins ainsi que cette pensée apparaît à la conscience. Freud remarque à ce sujet (*Science des rêves*, tr. fr., p. 523) : « En effet, il est tout à fait inexact de prétendre que nous laissons nos représentations aller à la dérive, quand... nous abandonnons notre réflexion et laissons apparaître en nous les images involontaires. On peut montrer que nous ne pouvons alors renoncer qu'aux représentations de but que nous connaissons et que, celles-ci arrêtées, d'autres, inconnues — ou, selon l'expression moins précise : inconscientes — manifestent leur force et déterminent le cours de nos images involontaires. Notre influence personnelle sur notre vie psychique ne permet pas d'imaginer une pensée dépourvue de but. »

[18] *Grundzüge der Psychologie*, 1896, p. 464.

[19] *Précis de psychologie*, trad. fr., p. 465.

éloigne de la réalité pour aller vers des fantaisies du passé ou de l'avenir. Là cesse la pensée en mots ; les images succèdent aux images, les sentiments aux sentiments [20]. De plus en plus clairement apparaît une tendance à créer et organiser tout, non comme les choses sont dans la réalité, mais comme on désirerait peut-être qu'elles fussent. La matière de cette pensée qui se détourne du réel ne peut donc être que le passé avec ses milliers d'images-souvenirs. Le langage commun appelle « rêver » cette façon de penser.

Si l'on s'examine soi-même avec attention, on reconnaîtra que le langage courant a raison. Tous les jours, au moment de nous endormir, nous pouvons observer comment nos fantaisies s'entrelacent dans nos rêves, si bien qu'il n'y a plus beaucoup de différence entre les

---

[20] Ces affirmations reposent en premier lieu sur des expériences de la vie normale : la pensée non déterminée s'écarte beaucoup de la réflexion, surtout en ce qui concerne la disponibilité verbale. Au cours d'expériences psychologiques, j'ai souvent remarqué que les sujets (il s'agit de gens instruits et intelligents) que j'avais, soi-disant sans le vouloir et sans leur donner au préalable de consignes, abandonnés à leurs rêveries, présentaient des manifestations affectives enregistrables expérimentalement, mais dont ils ne pouvaient, malgré leur bonne volonté, indiquer qu'imparfaitement, voire pas du tout, les idées fondamentales. Plus instructives encore sont les expériences pathologiques, moins celles qui proviennent du domaine de l'hystérie et de toutes les névroses caractérisées par le prédominence d'une tendance au transfert, que celles provenant du domaine des psychoses ou des névroses d'introversion auxquelles appartiennent la plupart des troubles mentaux, et en tout cas tout le groupe des schizophrénies de BLEULER. Comme l'indique déjà le terme d'« introversion » (que j'ai brièvement expliqué dans mon étude sur les « Conflits de l'âme enfantine », tr. fr. 1935, pp. 17 et 22) cette névrose aboutit à une vie intérieure fermée. Nous nous retrouvons ainsi en présence de cette pensée « supraverbale », purement « fantaisiste », qui se meut au milieu d'images et de sentiments « inexprimables ». On peut s'en faire une idée sommaire en cherchant à contrôler le sens des bien pauvres et confuses expressions verbales de ces malades. Eux-mêmes d'ailleurs, je l'ai souvent constaté, éprouvent une peine infinie à traduire leur fantaisie en langage humain. Une malade extrêmement intelligente qui me « traduisait » par bribes un système de fantasmes de ce genre, me disait souvent : « Je sais parfaitement bien ce dont il s'agit, je vois et sens tout, mais il m'est tout à fait impossible de trouver les mots qu'il faut. »

rêves du jour et ceux de la nuit. Nous avons donc à notre disposition deux formes de pensée: la *pensée dirigée* et le *rêve* ou *fantasmes*. La première travaille en vue de la communication au moyen des éléments du langage; elle est pénible et épuisante. L'autre au contraire, travaille sans effort, spontanément pourrait-on dire, au moyen d'une matière qu'elle trouve toute prête, guidée par des motifs inconscients. La première crée des acquisitions nouvelles, adaptations, imitations de la réalité, sur laquelle elle s'efforce d'agir en même temps. La seconde au contraire se détourne du réel, libère des tendances subjectives et ne produit rien qui serve à l'adaptation [21].

J'ai donné à entendre ci-dessus que l'histoire nous apprend que la pensée dirigée n'a pas toujours été aussi développée qu'elle l'est aujourd'hui. De nos jours, c'est dans la science, et dans la technique qu'elle entretient, que nous en trouvons la formulation la plus claire. L'une et l'autre doivent leur existence uniquement à une éducation énergique de la pensée dirigée. Mais à cette époque lointaine, alors que seuls de très rares précurseurs de la culture actuelle entreprenaient, comme le poète Pétrarque, d'aborder la nature avec un esprit compréhensif [22], notre

---

[21] Remarques analogues chez James: *Psychologie*, 1909, p. 353. La conclusion a une valeur productive, tandis que la pensée « empirique » (simplement associative) est uniquement reproductrice. Il faut reconnaître que ce jugement ne donne pas entière satisfaction. Il est certes vrai que l'imagination est d'abord et dans son immédiateté « improductive », autrement dit inadaptée et par conséquent sans valeur pour une utilisation pratique. Examiné plus longuement le jeu imaginatif dévoile des forces et des contenus créateurs exactement comme les rêves. En général, les contenus de cette sorte ne peuvent guère être découverts que par le moyen de cette pensée passive, associative et imaginative.

[22] Cf. l'impressionnante description de l'ascension du mont Ventoux par Pétrarque dans: *Die Kultur der Renaissance in Italien*, de Jacob Burckhardt, 1869, p. 235. « Sans doute cherche-t-on en vain une description du panorama. Ce n'est pas que le poète y serait insensible; au contraire, c'est que l'impression agit sur lui avec trop d'intensité. Devant son âme se déroule sa vie passée avec toutes ses folies: il se souvient que, dix ans auparavant, tout jeune, il partait de Bologne, et il jette un regard nostalgique vers

science avait un équivalent, *la scolastique* [23] qui empruntait ses objets aux fantaisies du passé, mais, à leur propos, fournit à l'esprit l'occasion d'une éducation dialectique de la pensée dirigée. Le seul succès que pouvait espérer le penseur était la victoire rhétorique dans la disputation; jamais une évidente transformation du réel. Les sujets sur lesquels s'exerçait la pensée étaient souvent d'une étonnante fantaisie: on discutait par exemple de questions comme celles-ci: combien d'anges trouveraient place sur la pointe d'une aiguille ? Le Christ aurait-il pu accomplir son œuvre de rédemption s'il était venu au monde sous la forme d'un petit pois ? etc. Que de tels problèmes aient pu se poser, auxquels se rattache le problème métaphysique de la possibilité de connaître l'inconnaissable, cela montre la nature particulière de l'esprit capable de créations de ce genre qui pour nous sont le summum de l'absurde. Nietzsche cependant semble avoir compris ce que recèle ce phénomène quand il parle de la « merveilleuse tension créatrice de l'esprit du moyen âge ».

Historiquement parlant, la scolastique dans l'esprit de laquelle travaillèrent des hommes d'une haute valeur

---

l'Italie. Il ouvre un petit livre qu'il portait toujours sur lui: *Les confessions de saint Augustin* et voilà que son regard tombe sur le passage du dixième chapitre: « et les hommes s'en vont admirer » de hautes montagnes, les vastes flots de la mer et les fleuves qui » tombent en mugissant puissamment et l'océan et le cours des » astres, et ils s'oublient en présence de tout cela ». Son frère à qui » il lit ce passage ne peut comprendre pourquoi, cela fait, il ferme » le livre et garde le silence » ».

[23] WUNDT (*Philosophische studien XIII*, 1896, p. 345) donne une brève description de la méthode scolastique: elle consistait « en premier lieu à considérer comme tâche principale la recherche scientifique d'un schématisme conceptuel solidement établi et appliqué de même manière aux problèmes les plus divers; en second lieu, à attribuer une valeur démesurée à certains concepts généraux et par suite aux symboles verbaux désignant ces concepts, ainsi l'analyse de la signification des mots et, dans les cas extrêmes, une vaine subtilité conceptuelle et un ergotage verbal se substituaient à l'observation des faits réels d'où les concepts avaient été abstraits ».

intellectuelle, comme saint Thomas d'Aquin, Duns Scot, Abélard, Guillaume d'Occam et autres, est la source de l'esprit scientifique moderne; les époques ultérieures verront clairement comment et où elle continue à fournir, même à notre science contemporaine, des courants profonds qui la vivifient. Elle est dans toute son essence la gymnastique dialectique qui a contribué à doter le mot, symbole verbal, d'une signification vraiment absolue; de sorte qu'il finit par acquérir cette substantialité que l'antiquité finissante ne put donner à son Logos qu'en lui attribuant une valeur mystique. Le grand mérite de la scolastique est d'avoir fourni à la fonction intellectuelle les fondements d'un enchaînement solide, *conditio sine qua non* de l'esprit scientifique et de la technique d'aujourd'hui.

A mesure que nous remontons plus avant dans l'histoire, ce que nous appelons aujourd'hui science se perd dans un brouillard indécis. L'esprit créateur de culture s'emploie continuellement à effacer de l'expérience tout caractère subjectif pour découvrir les formules qui traduiront le plus heureusement et le plus convenablement possible la nature et ses forces. Ce serait présomption ridicule et injustifiée que de prétendre que nous avons plus d'énergie ou d'intelligence que les anciens: la matière de notre savoir s'est accrue, l'intelligence, nullement. Aussi sommes-nous, en présence d'idées nouvelles, aussi bornés que les hommes des périodes les plus obscures de l'antiquité. Nous nous sommes enrichis en *savoir*, pas en *sagesse*. Le centre de notre intérêt s'est déplacé pour se porter tout entier vers la réalité matérielle; l'antiquité préférait une pensée plus proche du type imaginatif. Tout, dans l'esprit antique, est encore pénétré de mythologie, quoique déjà la philosophie et les débuts des sciences de la nature aient, à ne s'y point méprendre, réalisé un « travail de clarification ».

Malheureusement nos écoles ne nous donnent qu'une très piètre idée de la richesse et de la prodigieuse vivacité de la mythologie grecque. La force créatrice que l'homme moderne déploie dans la science et la technique, l'homme de l'antiquité la consacrait tout entière à sa mythologie.

Cette impulsion créatrice explique le changement boulversant, les métamorphoses kaléidoscopiques, les regroupements syncrétiques, les continuels rajeunissements des mythes dans la sphère culturelle grecque. Ici nous nous mouvons dans un monde de fantaisies qui, peu soucieuses de la marche extérieure des choses, coulent d'une source intérieure, produisant des formes extrêmement changeantes, tantôt plastiques, tantôt schématiques. Cette activité de l'esprit de la lointaine antiquité était un travail artistique « par excellence ». Il semble que son intérêt ait cherché, non pas à saisir avec le maximum d'objectivité et d'exactitude le *comment* du monde réel, mais à l'adapter esthétiquement à des fantaisies et des espérances subjectives. Dans l'antiquité, très peu d'hommes seulement ressentirent le froid et la désillusion qu'apportèrent aux modernes l'idée d'infini de Giordano Bruno et les découvertes de Kepler. La naïveté de l'antiquité la plus reculée considérait le soleil comme le gigantesque père du ciel et de la terre, la lune comme la mère féconde *(fig. 5)*; toute chose avait son démon, autrement dit était animée comme l'homme, ou son frère l'animal. On se faisait des choses une représentation anthropomorphe ou thériomorphe — homme ou animal —. On attribuait même au disque solaire des ailes ou des pieds pour rendre sensible son mouvement *(fig. 6)*. Ainsi se forma de l'univers une image qui, très éloignée certes de la réalité, correspondait par ailleurs entièrement aux fantaisies subjectives. Sans doute n'est-il pas besoin d'apporter de nombreuses preuves de la ressemblance entre cette pensée et celle de l'enfant. Ce dernier aussi anime ses poupées et généralement tous ses joujoux et, quand il est doué d'imagination, il est facile de voir qu'il vit dans un monde fabuleux.

Le rêve, nous le savons, nous offre une pensée du même genre. Sans souci des rapports réels entre les choses, on y rassemble ce qu'il y a de plus hétérogène et à la place du réel apparaît un monde d'impossibilités. Freud donne comme caractéristique de la pensée éveillée la *progression*, c'est-à-dire la marche en avant de l'activité mentale qui part du système de la perception interne ou externe en

Fig. 5. *Déesse de la lune.*
Peinture japonaise (Takuma Shôga) 1191.
Extraite de J. LAYARD: *The Lady of the Hare.* Londres, 1944. F. II.

passant par le travail endopsychique d'association pour
aboutir à sa fin motrice: l'innervation. Dans le rêve, selon
lui, c'est le contraire. Il est *régression* de l'activité de
l'esprit qui va du préconscient ou inconscient au système
de la perception. C'est ainsi que le rêve reçoit son caractère
ordinaire d'évidence sensible qui peut aller jusqu'à la
précision d'une hallucination. La pensée onirique remonte

71

donc en arrière jusqu'aux matériaux bruts du souvenir :
« L'assemblage des pensées du rêve se trouve, dans la régression, ramené à sa matière première » [24] La réanimation de
perceptions anciennes cependant n'est qu'un des aspects
de la régression : l'autre c'est la régression aux matériaux
infantiles du souvenir que l'on peut, certes, considérer

Fig. 6. *Idole du dieu solaire, d'un Chaman des Esquimaux de l'Alaska.*
Extrait de: H. WIRTH: *Des Aufgang der Menschheit.*
Iena, 1928. Table XI. Fig. I.

également comme une régression à la perception ancienne,
mais qui cependant mérite une mention toute spéciale à
cause de l'importance qui lui est propre. On peut l'appeler
« historique ». Ainsi compris, le rêve pourrait, selon Freud,
être présenté comme une réminiscence modifiée par
transfert sur le présent. La scène originelle ne peut parvenir
à se renouveler ; il lui faut se contenter de revenir sous
forme de rêve [25]. Selon la conception freudienne, une
caractéristique essentielle du rêve est qu'il « élabore »,
c'est-à-dire rapproche du présent ou traduit en son langage
un matériel de souvenirs remontant le plus souvent à
l'enfance. Mais comme l'événement de l'enfance ne peut

[24] *Science des Rêves*, tr. fr., p. 537.
[25] *Loc. cit.*, p. 540.

renier son caractère archaïque, le rêve acquiert dans une très large mesure ce caractère. Freud attire expressément l'attention là-dessus [26].

« Le rêve, qui réalise ses désirs par le court chemin « régrédient », ne fait que nous conserver un exemple du mode de travail primitif de l'appareil psychique, qui a été depuis longtemps abandonné parce que mal approprié. Il semble que soit banni dans la vie nocturne ce qui jadis domina dans la vie de veille alors que la vie psychique était encore jeune et inhabile, un peu comme nous retrouvons dans la nursery les armes primitives, flèches et arc abandonnés par l'humanité adulte [27]. »

Ces remarques nous conduisent à établir une comparaison entre la pensée mythologique de l'antiquité et la

---

[26] *Loc. cit.*, p. 558.

[27] Le passage qui suit celui-ci dans la *Science des rêves* a été confirmé depuis par l'étude des psychoses. « Dans les psychoses les procédés de travail de l'appareil psychique, réprimés pendant la veille, se manifester à nouveau et mettent au jour leur incapacité à satisfaire les besoins que nous ressentons à l'égard du monde extérieur. » L'importance de cette phrase a été soulignée, indépendamment de FREUD, par les idées de P. JANET qu'il vaut la peine de citer ici, parce que la confirmation qu'elles apportent vient d'une tout autre direction, à savoir la biologie. JANET distingue dans la fonction une partie « inférieure » fortement organisée et une partie « supérieure » en continuelle transformation: « C'est justement sur cette partie supérieure des fonctions, sur leur adaptation aux circonstances présentes que portent les névroses ». « Les névroses sont des troubles ou des arrêts dans l'évolution des fonctions ». « Les névroses sont des maladies portant sur les diverses fonctions de l'organisme, caractérisées par une altération des parties supérieures de ces fonctions, arrêtées dans leur évolution, dans leur adaptation au moment présent du monde extérieur et de l'individu et par l'absence de détérioration de ces mêmes fonctions. » « A la place de ces opérations supérieures se développent de l'agitation physique et mentale, et surtout de l'émotivité. Celle-ci n'est que la tendance à remplacer les opérations supérieures par l'exagération de certaines opérations inférieures, et surtout par de grossières agitations viscérales ». (*Les névroses*, 1909, p. 383 sq.) Les « parties anciennes » sont précisément les « parties inférieures » des fonctions et elles remplacent les adaptations manquées. CLAPARÈDE (Quelques mots sur la définition de l'hystérie, *Arch. de Psychol.*,

pensée très analogue des enfants [28], des primitifs et du rêve. Cette suite d'idées ne nous est pas étrangère; nous la connaissons fort bien par l'anatomie comparée et l'histoire de l'évolution qui nous apprennent comment structure et fonction du corps humain se font à travers une suite de métamorphoses de l'embryon qui correspondent à des métamorphoses analogues dans l'histoire de l'espèce. L'hypothèse selon laquelle, dans la psychologie aussi, l'ontogenèse correspondrait à la phylogenèse est donc justifiée. Ainsi l'état de la pensée infantile [29] et du rêve serait également comme la répétition de stades antérieurs de développement.

La position que prend Nietzsche à ce point de vue est remarquable [30]:

« *Dans le sommeil et le rêve, nous refaisons, encore une fois, la tâche de l'humanité antérieure.* » « Je pense que comme maintenant encore l'homme conclut en rêve, l'humanité concluait aussi dans la veille durant bien des milliers d'années: la première cause qui se présentait à l'esprit pour expliquer quelque chose qui avait besoin d'explication lui suffisait et passait pour vérité. Dans le rêve continue à agir en nous ce type très ancien d'humanité, parce qu'il est le fondement sur lequel la raison supérieure s'est développée et se développe encore dans chaque homme: le rêve nous reporte dans de lointains états de la civilisation humaine et nous met en main un moyen de les com-

---

1, VII, p. 169.) exprime des opinions analogues sur la nature du symptôme névrotique. Il considère que le mécanisme hystérogène est une « tendance à la réversion » comme une sorte d'atavisme du mode de réaction.

[28] Je dois au Dr Abraham la communication suivante: « Une fillette de 3 ans et demi vient d'avoir un petit frère qui devient l'objet de la jalousie infantile que l'on sait: elle dit un jour à sa mère: « Tu es deux mamans; tu es ma maman et ta poitrine est la maman de petit frère. » Elle avait en effet suivi avec intérêt l'acte de l'allaitement. Il est caractéristique pour la pensée archaïque de l'enfant qu'elle appelle *maman* la poitrine. *Mamma*, en latin, signifie poitrine.

[29] Cf. notamment l'étude de FREUD: « Analyse de la phobie d'un garçon de 5 ans (*Jahrbuch*, T. I, 1909, p. I sq.) ainsi que mon étude « Conflits de l'âme enfantine » in *Psychologie et éducation*, 1946, IIe contribution. (Traduction en préparation.)

[30] Humain, trop humain, p. 33 sq.

prendre. Si penser en rêve nous devient aujourd'hui si facile, c'est que précisément, dans d'immenses périodes de l'évolution de l'humanité, nous avons été si bien dressés à cette forme d'explication fantaisiste et bon marché par la première idée venue. Ainsi le rêve est une récréation pour le cerveau qui, dans le jour, doit satisfaire aux sévères exigences de la pensée, telles qu'elles sont établies par la civilisation supérieure. » — « Nous pouvons déduire de ces phénomènes combien tardivement la pensée logique un peu précise, la recherche sévère de cause et effet a été développée, si nos fonctions rationnelles et intellectuelles, maintenant encore, se reprennent aux formes primitives de raisonnement et si nous vivons environ la moitié de notre vie dans cet état. »

(Trad. A.-M. Desrousseaux.)

Nous avons déjà vu plus haut que, se basant sur l'analyse du rêve, Freud en est arrivé à une conception analogue sur la pensée archaïque onirique. Cette constatation n'est pas éloignée de celle qui considère le mythe comme une formation du même genre. Freud [31] a formulé lui-même cette conclusion: « L'étude de ces produits de la psychologie des peuples (mythes, etc.) n'est nullement terminée; il est au contraire fort probable qu'ils correspondent à des résidus défigurés de désirs imaginaires appartenant à des nations entières, à des *rêves séculaires* de la jeune humanité. » De la même manière Rank [32] voit dans le mythe le *rêve de masse* du peuple [33].

Ricklin a mis en évidence [34] le mécanisme onirique des contes de fées. Abraham a fait de même pour les mythes [35]. Il dit, page 36: « Le mythe est une portion surmontée de la vie psychique infantile du peuple », et page 71: « Ainsi le mythe est un vestige conservé de la vie psychique du peuple et le rêve est le mythe de l'individu. » On en vient ainsi presque de soi-même à conclure que les époques créatrices de mythes ont pensé comme nous le faisons encore dans nos rêves. On peut en effet aisément découvrir

---

[31] *Sammlung kleiner Schriften zur Neurosenlehre*, T. 2, p. 205.
[32] *Der Künstler, Ansätze zu einer Sexualpsychologie*, 1907, p. 36.
[33] Cf. RANK: *Mythe de la naissance du héros.*
[34] *Wunscherfüllung und Symbolik im Märchen*, 1908.
[35] *Traum und Mythus*, 1909.

chez l'enfant les rudiments d'une formation de mythes, la prise pour du réel de fantaisies qui prennent parfois un accent historique. Cependant derrière l'affirmation que le mythe est issu de la vie psychique « infantile » du peuple, nous devons mettre un gros point d'interrogation. Car le mythe est au contraire la production la plus adulte donnée par l'humanité primitive. Les très lointains ancêtres à branchies de l'humanité n'étaient pas des embryons mais des animaux pleinement développés, et l'homme qui pensait et vivait dans le mythe était en réalité un adulte et pas du tout un enfant de quatre ans. Le mythe n'est pas un phantasme infantile; il est une nécessité essentielle de la vie primitive.

On objectera que les penchants mythologiques des enfants leur ont été inculqués par l'éducation. C'est là une objection oiseuse. Les hommes se sont-ils jamais entièrement libérés du mythe ? Nous avons nos yeux et tous nos sens pour comprendre que le monde est mort, froid, infini, et jamais encore on n'a vu un dieu et jamais nos sens ne nous ont obligés à en admettre l'existence. Au contraire, il a fallu une très forte contrainte intérieure, que seule peut expliquer la puissance irrationnelle de l'instinct, pour bâtir cette teneur de foi religieuse dont Tertullien déjà soulignait l'absurdité. Il est donc possible de priver un enfant des contenus des mythes anciens; on ne peut lui enlever le besoin de mythologie et encore moins l'aptitude à la créer. On peut affirmer que, si l'on réussissait à supprimer d'un seul coup toute tradition dans le monde, toute la mythologie et toute l'histoire religieuse recommenceraient à leur début avec la génération suivante. Très peu d'individus réussissent, à l'âge où l'on a une certaine témérité intellectuelle, à se défaire de la mythologie; la masse n'y parvient jamais. Tous les éclaircissements restent sans effet; ils détruisent uniquement une certaine forme passagère de manifestation, jamais la tendance créatrice.

Reprenons notre raisonnement de tout à l'heure.

Nous parlions de la répétition ontogénétique de la psychologie phylogénétique chez l'enfant. Nous avons vu que la pensée archaïque caractérise l'enfant et le primitif. Mais nous savons aussi que cette même forme de pensée prend chez nous, hommes modernes, beaucoup de place et qu'elle apparaît dès que cesse la pensée dirigée. Un relâchement de l'intérêt, une légère lassitude suffisent pour détruire l'exacte adaptation psychologique au monde réel qui s'exprime par la pensée dirigée et pour la remplacer par l'imagination. Nous nous écartons du thème pour poursuivre nos propres idées; qu'augmente en nous le relâchement de l'attention, et voilà que nous perdons conscience du présent et que l'imagination nous domine.

Ici se pose une question importante: quelle est la nature des fantaisies ? Les poètes nous ont appris beaucoup à leur sujet; la science, peu de chose. Il a fallu l'expérience des psychothérapeutes pour que nous en ayons quelque lumière. Elle nous a appris qu'il existe des cycles typiques. Le bègue se voit grand orateur: grâce à son indomptable énergie, Démosthène a fait de cela une réalité. Le pauvre s'imagine millionnaire: l'enfant, adulte. L'opprimé engage des luttes victorieuses contre l'oppresseur, l'incapable se tourmente ou se délecte de projets ambitieux. Nous compensons nos manques par notre imagination.

D'où les fantaisies tirent-elles leur matière ? Prenons comme exemple une fantaisie typique de la puberté: Un jeune homme, devant la grande incertitude de son destin futur, transfère en imagination son incertitude dans le passé et se dit: « Et si je n'étais pas l'enfant de mes parents habituels, mais celui d'un noble et riche comte, et si l'on m'avait simplement substitué à celui de mes parents, alors un jour un carrosse doré viendrait et monsieur le comte emmènerait son enfant dans un château merveilleux... » et ainsi de suite, comme dans un conte de Grimm que les mamans racontent à leurs petits. L'enfant normal s'en tient à la simple idée qui passe, vite disparue et oubliée. Mais jadis — c'était au temps de la culture antique — la fantaisie fut une vérité acceptée de tous. Les héros — je rappelle Romulus et Rémus *(fig. 7)*, Moïse, Sémiramis et autres — ont toujours été enlevés

Fig. 7. *Romulus et Rémus avec la louve.*
Relief romain d'Avenches.
(Suisse, canton de Vaud.)
Collection personnelle de l'auteur.

à leurs parents véritables [36]; d'autres sont des descendants
des dieux et les nobles races font remonter leur arbre
généalogique jusqu'aux héros et aux dieux. Cet exemple
montre donc que l'imagination des hommes d'aujourd'hui
n'est pas autre chose au fond que la répétition d'une
vieille croyance populaire, autrefois extrêmement répandue. L'ambitieuse imagination choisit donc entre autres
une forme classique, de réelle valeur jadis. Nous avons
au début signalé des rêves de violence sexuelle: le brigand
qui pénètre dans une maison et y commet un acte dangereux. Cela aussi est un thème mythologique qui fut sans
doute aussi bien souvent une réalité [37]. Indépendamment
de la fréquence du rapt des femmes aux époques pré-
historiques, cette façon d'agir fut aussi très souvent
objet de mythologie à des époques cultivées. Rappelons
le rapt de Perséphone *(fig. 8)*, de Déjanire, d'Europe,
des Sabines, etc. *(fig. 100)*. N'oublions pas non plus

---

[36] RANK: *Mythus von der Geburt des Helden.* JUNG-KERENYI:
Introduction à l'essence de la Mythologie, p. 40, Payot, Paris, 1953.

[37] Sur le rapt des fiancées dans la mythologie, cf. JUNG-KERENYI,
loc. cit., p. 135 sq.

Fig. 8. *Rapt de Perséphone*
Extrait de: G. PRAMPOLINI: *La mitologia nella vita dei popoli.*
Milan 1937. T. I. p. 414.

que de nos jours encore il existe dans différentes contrées des coutumes matrimoniales rappelant l'ancien rapt.

Il serait facile d'en donner de très nombreux exemples. Tous prouveraient la même chose, à savoir que ce qui est pour nous fantaisie d'arrière-plan, s'étalait au grand jour dans des temps très reculés. Ce qui surgit dans nos rêves et nos fantaisies était autrefois coutume consciente et conviction universelle. Or, ce qui eut jadis une telle puissance, ce qui put jadis constituer la sphère de vie spirituelle d'un peuple hautement développé ne peut avoir totalement disparu de l'âme humaine au cours de quelques générations. N'oublions pas que depuis l'époque où brillait la culture grecque à peine quatre-vingts générations ont passé. Or, que représentent quatre-vingts générations ? Elles se réduisent à un imperceptible espace de temps si nous les comparons à la période qui nous sépare de l'homo néanderthalensis ou heidelbergensis. Qu'on me permette de rappeler les excellentes paroles du grand historien Guillaume Ferrero [38]:

---

[38] G. FERRERO: *Les lois psychologiques du symbolisme*, 1895.

« Il est très commun de croire que plus l'homme s'éloigne dans le lointain du temps, plus il est censé être différent de nous par ses idées et ses sentiments; que la psychologie de l'humanité change de siècle en siècle comme la mode ou la littérature. Aussi à peine trouve-t-on dans l'histoire un peu ancienne une institution, un usage, une loi, une croyance un peu différents de celles que nous voyons chaque jour, que l'on va chercher toutes sortes d'explications compliquées, lesquelles, le plus souvent, se réduisent à des phrases dont la signification n'est pas très précise. Or l'homme ne change pas si vite; sa psychologie reste au fond la même; et si la culture varie beaucoup d'une époque à l'autre, ce n'est pas encore cela qui changera le fonctionnement de son esprit. Les lois fondamentales de l'esprit restent les mêmes, au moins pour les périodes historiques si courtes dont nous avons connaissance; et presque tous les phénomènes, même les plus étranges, doivent pouvoir s'expliquer par ces lois communes de l'esprit, que nous pouvons constater en nous-mêmes. »

Le psychologue ne peut que souscrire à cette opinion. Notre civilisation a vu disparaître les phallagogies dionysiaques de l'Athènes classique et les mystères des dieux chtoniques; de même les représentations thériomorphes des dieux *(fig. 9)* se voient réduites à certains restes comme la colombe, l'agneau et le coq qui orne nos clochers; mais tout cela n'empêche pas que, dans notre enfance, nous ne traversions une période où s'annoncent la pensée et le sentiment archaïques, et que durant toute notre vie nous ne possédions en plus et à côté de la pensée dirigée et adaptée récemment acquise, une pensée imaginative correspondant à d'antiques états d'esprit. De même que nos corps conservent dans de nombreux organes les restes d'anciennes fonctions et d'anciens états, de même notre esprit, qui pourtant paraît avoir dépassé ces tendances instinctives archaïques, porte toujours en lui les marques de l'évolution parcourue, et répète le passé lointain au moins dans ses rêves et dans ses fantaisies.

La question de savoir d'où proviennent la tendance et l'aptitude de l'esprit à s'exprimer en symboles a conduit à distinguer deux sortes de pensée, la pensée dirigée et adaptée et la pensée subjective que des motifs intimes mettent en mouvement. Cette dernière forme — supposé que l'adaptation ne vienne pas la corriger continuellement — ne peut produire, de toute nécessité, qu'une image du monde essentiellement subjective et déformée.

On a d'abord appelé *infantile* cet état d'esprit, ou autoérotique ou, avec Bleuler, autistique. Cela exprime nettement l'idée que l'image subjective du monde, jugée sous l'angle et du point de vue de l'adaptation, est inférieure à celle que donne la pensée dirigée. Le cas idéal de l'autisme est représenté par la schizophrénie et c'est l'autoérotisme infantile qui caractérise les névroses. Une telle opinion refoule un processus en soi normal comme la pensée imaginative non dirigée dans le voisinage de la pathologie; cette façon de penser tient moins au cynisme des médecins qu'au

Fig. 9. *Le dieu Thot en babouin.* Musée national de Berlin.

Extrait de: G. PRAMPOLINI: *La mitologia nella vita dei popoli.* Milan, 1937, T. I. p. 43.

fait que ce furent des médecins qui les premiers surent comprendre cette forme de pensée. La pensée non dirigée est en général issue de *motifs subjectifs*, et beaucoup moins de *mobiles conscients* que de *mobiles inconscients*. Evidemment l'image du monde qu'elle produit diffère de celle que donne la pensée consciente dirigée. Pourtant nous n'avons aucune raison valable de croire que la première n'est qu'une déformation de l'image objective du monde, car on peut se demander si le motif surtout inconscient et intime qui guide les processus imaginatifs n'est pas lui-même une donnée *objective*.

Freud n'a-t-il pas continuellement répété que les motifs insconcients reposent sur *l'instinct*, qui est bien certainement une donnée objective ? Il a de même reconnu, en partie du moins, sa nature archaïque.

Les fondements inconscients des rêves et des fantaisies ne sont des réminiscences infantiles qu'en apparence. Il s'agit en réalité *de formes de pensée primitives, voire archaïques, reposant sur des instincts*, qui, cela est naturel, n'apparaissent avec plus de clarté que plus tard. Mais elles ne sont, en elles-mêmes, nullement infantiles et absolument pas pathologiques. Il ne faudrait donc pas utiliser pour les définir des expressions empruntées à la pathologie. De même, le mythe, qui repose lui aussi sur des processus de pensée inconsciente, n'est pas du tout infantile en ce qui concerne son sens, son contenu et sa forme, non plus qu'il n'est l'expression d'une attitude autoérotique ou autistique, quoiqu'il donne du monde une image qui ne ressemble guère à nos opinions rationnelles et objectives. Le fondement instinctivo-archaïque de notre esprit est constitué d'une *donnée objective antérieurement présente*, indépendante de l'expérience individuelle et de l'arbitraire personnel subjectif, tout comme le sont aussi la structure héritée et la disposition fonctionnelle du cerveau ou d'un autre organe quelconque. De même que le corps a sa propre histoire dont les divers stades ont laissé en lui des traces évidentes, de même la psyché [39].

La pensée dirigée est un phénomène absolument conscient [40]. On ne peut dire la même chose de la pensée imaginative. Une grande partie de ses contenus appartient au domaine de la conscience; mais une quantité aussi importante se déroule dans la pénombre et même absolument dans l'inconscient et, par suite, on ne peut les découvrir

---

[39] Cf. mon étude: Der Geist der Psychologie, *Eranos-Jahrbuch*, 1946, p. 441 sq.

[40] Sauf que les contenus sont d'« une grande complexité quand ils pénètrent tout prêts dans la conscience », ainsi que Wundt en fait la remarque.

qu'au moyen d'intermédiaires [41]. C'est à travers la pensée imaginative que s'établit la liaison entre la pensée dirigée et les « couches » les plus lointaines de l'esprit humain, depuis longtemps enfouies au-dessous du seuil de la conscience. Les produits imaginatifs qui préoccupent d'abord directement la conscience sont les rêves de la veille ou fantaisies diurnes que Freud, Flournoy, Pick et autres ont étudiées avec une attention particulière; puis viennent les rêves qui n'offrent d'abord à la conscience qu'une façade énigmatique et ne prennent de signification qu'à partir du moment où des intermédiaires permettent d'en inférer les contenus inconscients. Enfin il y a des systèmes imaginatifs pour ainsi dire totalement inconscients dans un complexe devenu autonome qui présentent une tendance à constituer une personnalité à part [42].

Ce que nous venons de dire montre combien les produits issus de l'inconscient sont apparentés au mythe. Il faudrait en conclure qu'une introversion, vers la fin de la vie, s'empare en régressant de réminiscences infantiles (tirées du passé individuel) auxquelles se rattachent d'abord, vaguement, puis, introversion et régression s'accentuant, des traits de caractère archaïque plus net.

Il vaut la peine de discuter plus longuement cette question. Prenons comme exemple concret l'histoire du pieux abbé Œgger que nous raconte Anatole France [43]. Ce prêtre était un rêveur à la vive imagination, préoccupé surtout du sort de Judas, se demandant si vraiment, ainsi que l'affirme la doctrine de l'Eglise, il avait été condamné à la damnation éternelle de l'enfer, ou si, au contraire,

---

[41] SCHELLING: *Philosophie der Mythologie*, Œuvres, T. II, 1856, considère que le « préconscient » est la source créatrice; de même H. FICHTE (*Psychologie*, I, 1864, p. 508 sq.): La région préconsciente est le lieu d'origine des contenus oniriques essentiels.

[42] Voir à ce sujet: FLOURNOY: *Des Indes à la planète Mars*, 1900, JUNG: *Phénomènes occultes*, Montaigne, Paris, 1938, et *Psychologie de la démence précoce*, 1907; Généralités sur la théorie des complexes, in: *L'homme à la découverte de son âme*, Mont-Blanc, Genève, 1950. On trouvera aussi d'excellents exemples in: SCHREBER, *Mémoires d'un névropathe*.

[43] *Le Jardin d'Epicure.*

Dieu lui avait fait grâce. Œgger partait de cette réflexion raisonnable que, dans sa sagesse infinie, Dieu avait élu Judas pour mener à son apogée l'œuvre rédemptrice de Jésus-Christ [44]. Il était impossible que cet instrument nécessaire, sans lequel l'humanité aurait été exclue du salut, ait été damné pour l'éternité par un Dieu infiniment bon. Pour mettre fin à ses doutes, Œgger se rendit une nuit à la chapelle, implorant un signe qui lui ferait comprendre que Judas avait été sauvé. Alors il sentit à l'épaule un attouchement céleste. Le jour suivant Œgger fit part à l'archevêque de la décision qu'il avait prise d'aller par le monde prêcher l'évangile de l'infinie miséricorde de Dieu.

Nous sommes ici en présence d'un système imaginatif évident: il s'agit de la subtile question toujours en suspens: le légendaire personnage de Judas a-t-il été damné, ou non ? La légende de Judas en elle-même est un motif typique: le motif de la trahison perfide à l'égard du héros *(fig. 10)*. Je rappelle Siegfried et Hagen; Balder et Loki. Siegfried et Balder sont assassinés par un traître perfide de leur proche entourage. Le touchant et le tragique de ce mythe viennent de ce que ce n'est pas dans un combat loyal que tombe le héros, mais à la suite d'une trahison. C'est là aussi un événement fréquent dans l'histoire: ainsi César et Brutus par exemple. Le mythe d'un tel acte remonte à la plus lointaine antiquité, mais il reste le sujet de récits continuellement nouveaux. C'est ainsi que s'exprime le fait que la jalousie empêche l'homme de dormir en paix. Voici la règle qu'il faut appliquer à la tradition mythique d'une façon générale: ce ne sont pas les récits d'événements anciens quelconques qui se perpétuent, mais uniquement ceux qui traduisent une idée générale humaine et qui se rajeunit éternellement et continuellement. La vie et les exploits des héros culturels et fondateurs de religions par exemple sont les plus pures condensations

---

[44] Le personnage de Judas a une très grande valeur psychologique parce que c'est lui qui sacrifie l'agneau divin et qu'au même instant il se sacrifie lui-même (suicide). Cf. la deuxième partie de cet ouvrage.

Fig. 10. *Trahison de Judas.*
Mosaïque de S. Apollinare Nuovo, Ravenne.
Extrait de O. Schmitt: *Reallexikon zur deutschen Kunstgeschichte.*
Stuttgart, 1938. T. II. p. 428; fig. 209.

de motifs mythiques typiques, derrière lesquels s'évanouissent les figures individuelles [45].

Mais pourquoi donc notre pieux abbé était-il tourmenté
par la vieille légende de Judas ? Il s'en alla donc par le
monde prêcher l'évangile de la miséricorde. Au bout de
quelque temps, il abjura le catholicisme et se fit sweden-
borgien. Nous comprenons maintenant sa fantaisie concernant Judas: *il était lui-même le Judas* qui trahit son sei-

---

[45] Voir à ce propos les études de Drews (*Die Christusmythe*,
1910). Des théologiens compréhensifs comme Kalthoff (*Entstehung
des Christentums*, 1904) jugent la question à peu près comme Drews.
Kalthoff dit p. ex. (*loc. cit.*, p. 8): « Les sources qui nous informent
de l'origine du christianisme sont de telle sorte qu'étant donné
l'état actuel de la recherche historique, il ne viendrait à l'esprit
d'aucun historien de rédiger avec leur aide la biographie d'un Jésus
historique. » *Loc. cit.*, p. 10: Voir dans les récits des évangiles le
récit de la vie d'un homme réel, historique, personne aujourd'hui
n'y songerait si la théologie rationaliste ne faisait sentir là son

gneur; c'est pourquoi il lui fallait avant tout s'assurer de la miséricorde divine pour pouvoir être tranquillement Judas.

Cet exemple éclaire le mécanisme de l'imagination en général. Faite de matériaux mythiques ou autres, la *fantaisie consciente* ne doit pas être prise au pied de la lettre; il faut savoir lui donner sa signification. S'en tient-on au contraire à sa lettre, elle reste incompréhensible et l'on est contraint de douter que la fonction psychique soit appropriée à ses fins. Or, dans le cas de l'abbé Œgger, nous avons vu que ses doutes et ses espérances ne gravitent qu'en apparence autour du personnage historique de Judas: en réalité ils gravitent autour de sa propre personne qui veut se frayer une voie vers la liberté en résolvant le problème de Judas.

Donc les fantaisies conscientes, au moyen de matériaux mythiques, représentent certaines tendances de la personne qui ne sont pas encore ou ne sont plus reconnues. On comprend aisément qu'une tendance que l'on refuse de reconnaître et traite comme si elle n'existait pas ne peut guère contenir ce qui pourrait convenir à notre caractère conscient. Il s'agit donc le plus souvent de choses qui passent pour immorales ou impossibles et dont la prise de conscience se heurte à une très forte résistance. Qu'aurait pu dire Œgger si on lui avait appris confidentiellement qu'il se préparait à jouer lui-même le rôle de Judas ? Parce qu'il considérait que sa damnation était incompatible avec la bonté divine, il réfléchissait à ce conflit: telle est la série causale *consciente*. La série inconsciente se déroulait à côté: c'est parce qu'il voulait devenir lui-même Judas qu'il s'assurait par avance de la bonté de Dieu. Judas devenait pour Œgger le *symbole* de sa propre tendance

influence. » *Loc. cit.*, p. 9: « Il faut considérer que le divin en Jésus-Christ est toujours et partout intimement uni à l'humain; de l'homme-dieu de l'Eglise une ligne directe remonte à travers les épîtres et les Evangiles du Nouveau Testament jusqu'à l'Apocalypse de Daniel où l'image du Christ de l'Eglise a commencé à se dessiner. Mais à chaque point de cette ligne directe, le Christ porte aussi des traits surhumains; jamais et nulle part il n'est ce que la théologie critique a prétendu faire de lui: un simple homme naturel, un individu historique. » Voir aussi: Albert SCHWEITZER: *Geschichte der Leben-Jesu-Forschung*, 5ᵉ éd., 1933, Mohr, Tübingen.

inconsciente et ce symbole lui était indispensable pour qu'il puisse réfléchir à sa propre condition. La prise de conscience directe lui aurait sans doute été par trop douloureuse. Il est donc nécessaire qu'il y ait des mythes typiques qui, à proprement parler, sont pour la psychologie des peuples les moyens d'élaboration des complexes. Il semble bien que Jakob Burckhardt a pressenti cela lorsqu'il disait une fois que chaque Grec de l'époque classique portait en lui quelque trait d'Œdipe comme chaque Allemand quelque trait de Faust [46].

Les problèmes qu'a mis sous nos yeux la simple histoire de l'abbé Œgger, nous les retrouvons quand nous entreprenons d'étudier des fantasmes qui, cette fois, doivent leur existence à une activité exclusivement inconsciente. Grâce à une communication de Th. Flournoy, sous le titre: *Quelques faits d'imagination créatrice subconsciente*, et publiés dans le tome V des *Archives de psychologie*, Miss Miller a rendu accessibles au public des fantaisies de forme poétique [47].

---

[46] Cf. J. BURCKHARDT: *Briefe an Albert Brenner* (éditées par Hans Brenner, *Basler Jahrbuch*, 1901). « Pour l'explication spéciale de *Faust*, je ne dispose de rien dans mes boîtes et mes caisses. Mais vous êtes plus que moi muni des meilleurs commentateurs de tous genres. Ecoutez: portez-moi immédiatement tout ce bric-à-brac à la société de lecture, d'où qu'il vienne. Ce que vous êtes destiné à découvrir dans *Faust* c'est par intuition que vous le trouverez. Car Faust est un authentique et véritable mythe, autrement dit une grande image primitive en laquelle chacun doit pressentir, à sa façon, son essence et son destin. Permettez-moi une comparaison: qu'auraient dit les anciens Grecs si un commentateur s'était glissé entre eux et la légende d'Œdipe ? Pour cette légende il y avait en chaque Grec une fibre œdipienne qui demandait à être touchée sans intermédiaire pour résonner ensuite à sa manière. Il en est de même pour la nation allemande et le *Faust*. »

[47] Je ne puis dissimuler que pendant un certain temps je me suis demandé si je devais me permettre de dévoiler l'intimité personnelle qu'avec une certaine abnégation et dans l'intérêt de la science l'auteur avait livrée au public. Je me suis dit qu'elle admettrait aussi bien une compréhension plus profonde que les objections de la critique. On risque toujours quelque chose quand on s'expose au grand public. Comme je n'ai pas la moindre relation personnelle avec Miss Miller, je puis me permettre de parler en toute liberté.

Fig. 11. *Coiffure de la princesse Kawit.*
Relief calcaire de son cercueil, à Thèbes. Musée du Caire.
Extrait de H. SCHAEFER et W. ANDRAE: *Die Kunst des alten Orients.*
Berlin, 1925, p. 284.

III

LES ANTÉCÉDENTS

Une expérience très variée nous a appris que, quand un homme raconte ses propres fantaisies ou ses rêves, il parle toujours, ce faisant, non seulement *de* problèmes pressants, mais *du* problème momentanément le plus pénible de son intimité[1]. Comme il s'agit, dans le cas

---

[1] En voici un exemple tiré de l'ouvrage de C.-A. BERNOUILLI: *Franz Overbeck et Frédéric Nietzsche. Une amitié*, 1908, T. I, p. 72. B. décrit le comportement de Nietzsche dans la société bâloise. « Un jour il raconta à sa voisine de table: « J'ai récemment rêvé que ma main, qui était posée devant moi sur la table, acquit soudain la transparence du verre; je voyais nettement en elle le squelette,

de Miss Miller, d'un système compliqué, nous aurons à tenir compte de détails qu'il vaudra mieux traiter en suivant la description de Miss Miller elle-même. Dans le premier chapitre: « Phénomènes de suggestion passagère ou d'autosuggestion instantanée », elle donne une série d'exemples de son extraordinaire suggestibilité qu'elle considère elle-même comme le symptôme d'un tempérament nerveux. Elle semble avoir une aptitude exagérée à l' « Einfühlung » ou intuition pénétrante et à l'identification. Par exemple, elle s'est identifiée si totalement, dans Cyrano, à *Christian de Neuvillette* blessé, qu'elle a ressenti dans sa propre poitrine une douleur pénétrante à l'endroit même où Christian reçoit le coup mortel.

Toute considération esthétique mise à part, on pourrait dire que le théâtre est une institution pour l'élaboration publique des complexes. Le plaisir qu'offrent la comédie ou l'intrigue dramatique avec son dénouement enchanteur provient de l'identification de nos propres complexes à l'action; le plaisir de la tragédie naît du sentiment à la fois horrible et bienfaisant de voir arriver à d'autres ce qui nous menace nous-mêmes. La sympathie

---

le tissu, le jeu de ses muscles. Tout à coup j'aperçus sur elle un gros crapaud, en même temps que quelque chose d'irrésistible me poussait à avaler l'animal. Je surmontai mon atroce répulsion et je l'avalai.» La *jeune femme* se mit à rire. « Vous en riez ? » demanda Nietzsche avec un épouvantable sérieux, en même temps que ses yeux profonds fixaient sa voisine *mi-interrogateurs, mi-attristés*. Alors celle-ci soupçonna, si elle ne le comprit pas tout à fait, qu'un oracle avait parlé sous forme de parabole et que Nietzsche lui avait permis de regarder par une étroite fente jusqu'au fond du sombre abîme de son intimité.» P. 166, B. ajoute: « Peut-être comprit-on aussi que la parfaite correction de sa toilette provenait moins d'une innocente complaisance envers soi-même mais qu'en elle s'exprimait la peur de souillure née d'un secret dégoût qui le tourmentait.»

On sait que Nietzsche vint très jeune à Bâle. Il était alors à l'âge où précisément d'autres jeunes gens songent à se marier. Il était assis auprès d'une jeune femme à qui il racontait que quelque chose de terrible et de dégoûtant était arrivé à son membre transparent, qu'il avait été contraint de l'absorber entièrement dans son corps. On sait quelle maladie mit une fin prématurée à la vie de Nietzsche. C'est précisément cela qu'il avait à communiquer à la jeune dame dont le rire était vraiment déplacé.

de notre auteur pour Christian mourant signifie qu'en elle un complexe attend une solution analogue et murmure tout doucement: « hodie tibi, cras mihi »; et pour que nous sachions bien quel est, exactement désigné, le moment efficace, Miss Miller ajoute qu'elle ressent la douleur dans la poitrine: « lorsque Sarah Bernhardt se précipite sur lui pour étancher le sang de sa blessure ». L'instant efficace est donc celui où l'amour de Christian et de Roxane se termine brutalement. Quand nous examinons la pièce de Rostand, nous sommes frappé par certains passages à l'influence desquels il est difficile de se soustraire; nous allons les souligner ici parce qu'ils sont importants pour ce qui va suivre. Cyrano de Bergerac avec son affreux grand nez, à propos duquel il a de nombreux duels, aime Roxane, qui l'ignore, et qui de son côté aime Christian qu'elle tient pour l'auteur de jolis vers qui en réalité coulent de la plume de Cyrano. Ce dernier est l'incompris, dont nul ne soupçonne l'amour ardent ni le noble caractère, le héros qui se sacrifie pour les autres; ce n'est qu'au soir de sa vie, au moment où il va mourir, qu'il lui lit encore une fois la dernière lettre de Christian, dont il a lui-même composé les vers:

> « Roxane, adieu, je vais mourir !...
> C'est pour ce soir, je crois, ma bien-aimée !
> J'ai l'âme lourde encore d'amour inexprimée,
> Et je meurs ! Jamais plus, jamais mes yeux grisés,
> Mes regards dont c'était... les frémissantes fêtes,
> Ne baiseront au vol les gestes que vous faites;
> J'en revois un petit qui vous est familier,
> Pour toucher votre front et je voudrais crier...
>
> Et je crie:
> Adieu !... Ma chère, ma chérie,
> Mon trésor... mon amour !...
> Mon cœur ne vous quitta jamais une seconde,
> Et je suis et serai jusque dans l'autre monde
> Celui qui vous aime sans mesure, celui ...»

Et Roxane alors reconnaît en lui le véritable amant. Il est déjà trop tard, la mort vient et, dans le délire de son agonie, Cyrano se dresse, tire son épée:

« Je crois qu'elle regarde...
Qu'elle ose regarder mon nez, cette Camarde !
                    (Il lève son epée.)
Que dites-vous ?... c'est inutile ?... Je le sais !

Mais on ne se bat pas dans l'espoir du succès !
Non ! non, c'est bien plus beau lorsque c'est inutile !
— Qu'est-ce que c'est que tous ceux-là ? — Vous êtes mille ?
Ah ! je vous reconnais, tous mes vieux ennemis !
Le Mensonge ?
                    (Il frappe de son épée le vide.)
Tiens, tiens ! — Ha ! ha ! les Compromis,
Les Préjugés, les Lâchetés !...
                    (Il frappe.)
                    Que je pactise ?
Jamais, jamais ! — Ah ! te voilà, toi, la Sottise !
— Je sais bien qu'à la fin vous me mettrez à bas ;
N'importe : je me bats ! je me bats ! je me bats !
(Il fait des moulinets immenses et s'arrête haletant.)
Oui, vous m'arrachez tout, le laurier et la rose !
Arrachez ! Il y a malgré vous quelque chose
Que j'emporte, et ce soir, quand j'entrerai chez Dieu,
Mon salut balaiera largement le seuil bleu.
Quelque chose que sans un pli, sans une tache,
J'emporte malgré vous,
(Il s'élance l'épée haute.) et c'est... Mon panache. »

Cyrano qui, sous la laideur de son enveloppe corporelle,
dissimule une âme d'autant plus belle, est un cœur fervent
et incompris ; son dernier triomphe est de partir au moins
avec un panache immaculé — sans un pli, sans une tache.
L'identification de l'auteur à Christian mourant, personnage qui en lui-même est peu impressionnant, indique
que son amour se terminera brutalement comme celui
de Christian. Or l'intermède tragique avec ce personnage
se déroule, nous l'avons vu, sur un arrière-plan autrement significatif : celui de l'amour incompris de Cyrano
pour Roxane. L'identification à Christian pourrait bien
n'être qu'un prétexte. Nous verrons au cours de notre
analyse qu'il en est bien ainsi.

À l'identification à Christian succède un autre exemple :
un souvenir plastique de la mer à la vue de la photogra-

phie d'un vapeur en haute mer (« Je sentis les pulsations des machines, le soulèvement des vagues, le balancement du navire. ») Il nous est permis de penser que des souvenirs particulièrement impressionnants se rattachent aux voyages en mer qui ont fortement retenti sur son âme et donnent au souvenir-écran, par une résonance inconsciente, un relief particulièrement puissant. Dans quelle mesure les souvenirs ici présumés peuvent-ils être en rapport avec le problème effleuré plus haut ? Nous le verrons plus loin.

L'exemple suivant est étrange: un jour au bain, Miss Miller s'était entouré les cheveux avec une serviette, pour les protéger de l'eau. Au même moment elle ressentit l'impression suivante: « Il me sembla que j'étais sur un piédestal, véritable statue égyptienne avec tous ses détails: membres raides, un pied en avant, la main tenant des insignes » etc. Miss Miller s'identifie donc à une statue *(fig. 11)* naturellement par suite d'une ressemblance qu'elle ignore. Cela veut donc dire: je suis comme une statue égyptienne, donc aussi raide, de bois, sublime et « impassible », caractéristiques proverbiales du style égyptien.

Puis vient une remarque soulignant l'influence personnelle de l'auteur sur un artiste:

« J'ai réussi à lui faire rendre des paysages, comme ceux du lac Léman, où il n'a jamais été, et il prétendait que je pouvais lui faire rendre des choses qu'il n'avait jamais vues, et lui donner la sensation d'une atmosphère ambiante qu'il n'avait jamais sentie, bref, que je me servais de lui comme lui-même se servait de son crayon, c'est-à-dire comme d'un simple instrument. »

Voilà une observation qui contraste brutalement avec la fantaisie de la statue égyptienne. Miss Miller éprouve le besoin inavoué de mettre en relief l'action presque magique qu'elle exerce sur un être humain. Cela non plus ne doit pas se produire sans quelque contrainte intérieure, de celles qu'éprouve notamment l'homme qui *ne réussit pas toujours* à établir de véritables relations affectives avec autrui. On se console alors en imaginant une puissance suggestive touchant à la magie.

Là s'arrête la série d'exemples qui tendent à décrire l'autosuggestibilité et l'action suggestive de l'auteur. A ce point de vue les exemples ne sont ni particulièrement frappants ni particulièrement intéressants. Par contre au point de vue psychologique ils sont beaucoup plus précieux, puisqu'ils nous permettent de pénétrer un peu dans sa problématique personnelle. La plupart concernent des circonstances où Miss Miller succomba à des influences suggestives, autrement dit où la libido s'empare de certaines impressions et les renforce; ce qui ne se serait pas produit si l'insuffisance des relations avec le réel n'avait pas laissé inemployée une certaine masse d'énergie restée disponible.

Fig. 12. *L'homme et la création.*
Estampe tirée de R. Fludd: *Meteorologia cosmica.*
Francfort, 1626.

IV

L'HYMNE AU CRÉATEUR

Le deuxième chapitre de la publication de Flournoy
est intitulé: « Gloire à Dieu. Poème onirique. »

A l'âge de 20 ans, Miss Miller (1898) fit un assez long
voyage vers et à travers l'Europe. Nous reproduisons sa
description:

« Après un long et rude voyage de New-York à Stockholm,
puis à Pétersbourg et à Odessa, ce fut pour moi une véritable

volupté[1] que de quitter le monde des villes, des rues bruyantes, des affaires, de la terre en un mot, pour entrer dans celui des flots, du ciel et du silence... Je restai des heures de suite à rêver sur le pont du bateau, étendue sur une chaise longue: les histoires, les légendes, les mythes des différents pays aperçus dans le lointain me revenaient confusément, fondus en une sorte de brume lumineuse à travers laquelle les choses réelles semblaient ne plus l'être, tandis que les rêves et les idées revêtaient l'aspect de la seule réalité véritable. Les premiers temps j'évitai même toute compagnie et me tins à l'écart, perdue dans mes rêveries où tout ce que je connaissais de vraiment grand, beau et bon, me revenait à l'esprit avec une vie et une vigueur nouvelles. J'employai aussi une bonne partie de mes journées à écrire à mes amis absents, à lire ou à griffonner de petites pièces de vers en souvenir des diverses localités que nous visitions. Quelques-unes de ces poésies étaient d'un caractère plutôt sérieux. »

Il peut paraître superflu de s'arrêter plus longuement à ces détails. Rappelons-nous cependant la constatation de tout à l'heure: quand les hommes laissent parler leur inconscient, celui-ci dévoile toujours leurs secrets les plus intimes. Sous cet angle, l'insignifiant souvent prend de l'importance. Miss Miller nous décrit là un « état d'introversion ». Après que les multiples impressions qu'offre la vie des grandes villes eurent attiré vers elles son intérêt (avec la force suggestive plus haut signalée, qui commande violemment l'impression) elle respire plus librement sur la mer et après une vie tout extérieure, se plonge dans sa vie profonde en s'écartant intention-nellement de ce qui l'entoure, de sorte que les choses perdent leur caractère de réalité tandis que les rêves, eux, deviennent réalité. La psychopathologie connaît certain trouble mental[2] qui s'annonce par un éloigne-

---

[1] Le choix des mots et comparaisons est toujours significatif.

[2] On désignait autrefois cette maladie du nom peu approprié de *Dementia praecox*, dû à KRAEPELIN. BLEULER l'appela plus tard: schizophrénie. Le malheur a voulu que cette maladie fût découverte par des psychiatres: c'est à cette circonstance que l'on doit de ne prononcer sur elle que des pronostics apparemment défavorables, car *dementia praecox* est synonyme de maladie incurable. Que serait l'hystérie si l'on prétendait la juger du point de vue

ment de plus en plus grand de la réalité pour se plonger dans l'imagination, et, au fur et à mesure que le réel perd de son efficacité, le monde intime voit grandir sa force déterminante. Ce processus culmine en un point où les malades prennent tout à coup une conscience plus ou moins nette de leur éloignement du réel: il se produit alors une sorte de panique au cours de laquelle ils tentent, par des essais morbides, de se tourner vers leur milieu. Les essais ont pour point de départ leur désir d'établir à nouveau des relations compensatrices. Il semble que ce soit là une règle psychologique valable pour les malades et aussi pour les bien portants, mais à un moindre degré.

On peut donc penser qu'après son introversion prolongée qui va par moments jusqu'à troubler son sens du réel, Miss Miller succombe à nouveau à une impression venue de l'extérieur, à une impression d'aussi forte puissance suggestive que ses rêveries. Suivons son récit:

« Mais quand le voyage approcha de son terme, les officiers du bord se montrèrent tout ce qu'il y a de plus empressés et aimables, et je passai bien des heures amusantes à leur apprendre l'anglais. Sur la côte de Sicile, dans le port de Catane, j'écrivis un « Chant du marin » qui n'était guère d'ailleurs qu'une adaptation d'un chant fort connu sur la mer, le vin et l'amour *(brine, wine and damsels fine)*. Les Italiens, en général, chantent tous bien; et l'un des officiers chantant de nuit, pendant qu'il était de quart sur le pont, m'avait fait beaucoup d'impression et m'avait donné l'idée d'écrire quelques paroles qui pourraient s'adapter à sa mélodie. Peu après, je faillis retourner le vieux proverbe « Voir Naples et puis mourir »; car dans le port de Naples je commençai d'abord par être extrêmement souffrante

du psychiatre ! Celui-ci, c'est naturel, ne voit dans son asile que les cas désespérés et ne peut être que pessimiste parce qu'il se sent thérapeutiquement paralysé. Comme la tuberculose serait misérable si on ne la présentait que d'après les observations faites dans un asile d'incurables ! Les hystéries chroniques qui sombrent dans les asiles d'aliénés ne sont pas plus caractéristiques de l'hystérie vraie que la schizophrénie ne l'est des fréquents degrés élémentaires rencontrés dans la pratique et que le psychiatre d'asile n'a guère l'occasion d'observer. La « psychose latente » est une notion bien connue et redoutée du psychothérapeute.

(quoique pas dangereusement); puis je me remis suffisamment pour descendre à terre et visiter en voiture les principales curiosités de la ville. Cette journée me fatigua beaucoup et comme nous avions l'intention de voir Pise le lendemain, je revins tôt à bord et me couchai de bonne heure sans songer à rien de plus sérieux qu'à la beauté des officiers et à la laideur des mendiants en Italie. »

On est un peu déçu, à la place de la grande impression espérée, de ne trouver qu'un intermezzo d'apparence insignifiante, un simple flirt. Cependant un des officiers, celui qui chantait, l'avait fortement impressionnée (« il m'avait fait beaucoup d'impression »). La remarque qui termine le récit « sans songer à rien de plus sérieux qu'à la beauté des officiers, etc. » atténue encore, il est vrai, le sérieux de l'impression. Mais il est pourtant permis de supposer que cette impression a exercé plus qu'une faible influence sur son humeur: un fait nous y autorise: la venue d'un poème en l'honneur du chanteur. On a par trop tendance à prendre à la légère des événements de ce genre, parce qu'on cède volontiers aux dires des intéressés, quand ils nous présentent tout comme simple et insignifiant. J'accorde à cet événement un peu plus d'attention parce que je sais par expérience qu'après une introversion de cette sorte, une impression exerce sur la sensibilité une action profonde que Miss Miller sousestime peut-être. Son malaise soudain et passager aurait besoin d'être éclairé par sa psychologie; mais le manque de points de repère nous interdit de le faire. Cependant seul un ébranlement la touchant jusqu'au fond d'elle-même peut permettre de comprendre les phénomènes qu'elle va décrire:

« De Naples à Livourne, il y a une nuit de bateau, pendant laquelle je dormis plus ou moins bien — car mon sommeil est rarement profond ou sans rêve — et il me sembla que la voix de ma mère me réveillait juste à la fin du songe suivant, qui doit en conséquence avoir eu lieu immédiatement avant le réveil: j'eus d'abord vaguement conscience des mots « when the morning stars sang together » (quand les étoiles du matin chantaient en chœur) qui servirent de prélude si je puis m'exprimer ainsi, à une idée embrouillée concernant la création et à de puissants chorals se répercutant à travers tout l'univers. Mais, avec ce trait de confusion et de contradiction étranges qui est le propre du rêve, tout cela se trouvait mêlé à des chœurs d'oratorios donnés par une des premières sociétés musicales de New-York et à des réminiscences indistinctes du *Paradis perdu* de Milton. Puis lentement, des mots surgirent distinctement dans ce mélange et ils apparurent ensuite en trois strophes de mon écriture sur une feuille de papier ordinaire, rayé bleu, sur une page de mon vieil album où j'écris mes poésies et que je porte toujours avec moi; bref, ils m'apparurent précisément comme ils s'y trouvèrent effectivement quelques minutes plus tard. »

Miss Miller nota donc le poème suivant, dont elle modifia légèrement la rédaction quelques mois plus tard, la rapprochant ainsi davantage, pensait-elle, de l'original du rêve.

« When the Eternal first made Sound
A myriad ears sprang out to hear,
And throughout all the Universe
There rolled an echo deep and clear:
« All Glory to the God of Sound ! »

When the Eternal first made Light
A myriad eyes sprang out to look,
And hearing ears and seeing eyes,
Once more a might choral took:
« All Glory to the God of Might ! »

When the Eternal first gave Love,
A myriad hearts sprang into life;
Ears filled with music, eyes with light,
Pealed forth with hearts with love all rife:
« All Glory to the God of Love ! » » [3]

---

[3] On peut rendre comme suit le sens de ce poème:

Quand l'Eternel créa le son, des myriades d'oreilles surgirent pour l'entendre, et par tout l'univers roula un écho profond et clair: Gloire au Dieu du son !

Avant de nous lancer dans l'examen des tentatives qu'elle fit pour découvrir au moyen d'associations les sources de cette création subliminale, tâchons de nous procurer une brève vue d'ensemble du matériel jusqu'à présent communiqué. Nous avons déjà fait ressortir comme il convient l'impression du navire; il ne devrait pas être difficile de saisir le processus dynamique, cause de la révélation poétique. Nous avons indiqué plus haut que Miss Miller avait peut-être sous-estimé au-delà de la mesure la portée de l'impression érotique. Cette supposition puise sa vraisemblance dans l'expérience souvent faite de la sous-estimation des impressions érotiques *relativement* faibles. On le voit surtout quand des raisons morales ou sociales semblent rendre impossibles des rapports érotiques entre les intéressés (par exemple entre parents et enfants, frères et sœurs, hommes âgés et jeunes hommes, etc.). L'impression est-elle relativement légère ? Elle n'existe pas pour l'intéressé; est-elle forte ? Alors c'est un assujettissement tragique dont peuvent découler toutes sortes d'absurdités. Le manque de jugement peut aller très loin, et pourtant tout le monde éprouve la plus profonde indignation morale quand on ose parler de sexualité. Il est un certain genre d'éducation fondé sur la tacite conviction qu'il faut *ignorer* le plus possible ces arrière-fonds et répandre sur eux l'ombre la plus profonde [4]. Il n'y a donc pas de quoi être surpris si le jugement sur la portée d'une impression érotique est, en règle générale, incertain et insuffisant. Miss Miller, nous l'avons vu, était tout à fait prête à éprouver une impression *profonde*. Il ne semble

---

Quand l'Eternel créa la lumière, des myriades d'yeux surgirent pour la voir et les oreilles écoutant et les yeux voyant entonnèrent à nouveau le grand choral: Gloire au Dieu de la lumière !

Quand l'Eternel créa l'amour, alors des myriades de cœurs se mirent à vivre et oreilles remplies de musique et yeux remplis de lumière et cœurs débordants d'amour crièrent: Gloire au Dieu d'amour !

[4] Le lecteur se souviendra que ces lignes furent écrites *avant* la première guerre mondiale. Les choses ont un peu changé depuis.

pas pourtant que les sentiments ainsi éveillés aient par trop vu le jour, car le rêve avait encore à faire une ample moisson. L'expérience analytique sait que les premiers rêves apportés par les malades à l'analyse tirent leur intérêt particulier du jugement et de l'appréciation des malades sur la personne du médecin, alors qu'on leur aurait sans succès posé des questions directes à ce sujet. Ils enrichissent l'impression consciente qu'avait le malade à l'égard de son médecin, et souvent de façon considérable: ce sont fréquemment des remarques érotiques que fait l'inconscient précisément parce que l'impression, en général sous-estimée, est restée incertaine. Dans le mode d'expression brutal et hyperbolique du rêve, l'impression prend souvent, par suite de la dimension inadaptée du symbole, une forme presque incompréhensible. Autre particularité qui paraît reposer sur la stratification historique de l'inconscient: une impression que la conscience refuse de reconnaître se saisit d'une forme antérieure de rapport; de là par exemple, chez les jeunes filles au temps des premières amours, des difficultés étonnantes dans leur possibilité d'expression que l'on peut ramener à des troubles dus à la réanimation régressive de l'image du père ou *imago paternelle* [5] *(v. fig. 13).*

---

[5] C'est intentionnellement que je donne ici à l'expression « imago » le pas sur celle de « complexe ». Car je désire donner au fait psychique que j'entends désigner par « imago », en choisissant le terme technique, l'indépendance vivante dans la hiérarchie psychique, c. à d. *l'autonomie* que de multiples expériences nous ont enseigné être la particularité essentielle du complexe affectivement teinté et qui est bien mis en relief par le concept d'« imago » (cf. *Psychologie de la démence précoce*, chap. II et III). Mes critiques ont vu là un retour à la psychologie du moyen âge, et s'y sont par suite opposés. Ce retour fut, de ma part, conscient et intentionnel, car la psychologie des superstitions anciennes et récentes fournit de nombreuses confirmations de ma conception. Le malade mental SCHREBER nous donne aussi dans son autobiographie des vues et des confirmations intéressantes *(Mémoires d'un névropathe)*. « Imago » est emprunté au roman du même titre de Spitteler, puis à l'antique représentation des « imagines et lares ». Dans mes ouvrages ultérieurs, j'emploie à la place d'« imago » le terme « archétype » pour exprimer le fait qu'il s'agit de motifs impersonnels et collectifs.

Fig. 13. *Le Créateur.*
W. Blake. Frontispice de « Jérusalem », 1794.

Sans doute est-on autorisé à faire pour Miss Miller une supposition analogue, car l'idée d'une divinité créatrice mâle paraît être *dérivée de l'imago paternelle* [6] qui, entre autres, tend d'abord à remplacer les relations infantiles avec le père pour que soit facilité à l'individu le passage du cercle étroit de la famille à celui plus vaste de la société humaine. Mais évidemment cela est encore bien loin d'épuiser le sens de l'image.

Aussi voyons-nous dans le poème et son « prélude » le produit, à forme religieuse et poétique, d'une introversion en régression vers l'imago du père. Malgré la perception en apparence défectueuse de l'impression efficace, certains de ses éléments essentiels ont été englobés dans la formation de remplacement en quelque sorte comme marque de son origine. L'impression agissante était évidemment l'officier chantant pendant le quart de nuit (« When the morning stars sang together— ») et dont l'image ouvrait à la jeune fille un monde nouveau (« Création »).

Ce « créateur » a créé le son, puis la lumière, puis finalement l'amour. La création du son en premier lieu présente une certaine ressemblance avec « la parole du créateur » de la Genèse, de Simon Magus, où la voix correspond au soleil [7], avec le ton ou le cri de plainte indiqués dans Poimandres [8] et le rire de Dieu dans la *création du monde* (κοσμοποιία) que l'on trouve dans le papyrus de Leyde J 395 [9]. Il nous est donc permis

---

[6] La supposition que la divinité mâle est un dérivé de l'imago paternelle ne vaut dans son sens littéral que dans le domaine d'une psychologie personnaliste. L'examen plus poussé de l'imago paternelle prouve que dès l'abord y sont contenues quelques composantes collectives ne résultant pas d'expériences individuelles. Cf. mon ouvrage : *Le moi et l'inconscient*, tr. fr., Gallimard, 1938, p. 33 sq.

[7] « Or la voix et le nom (sont) soleil et lune ». HIPPOLYTOS : *Elenchos*, éd. Wendland, VI, 13. Max MÜLLER dit, dans sa préface aux *Sacred Books of the East* (vol. I, p. XXV) à propos du mot sacré *Om :* « He therefore who meditates on Om, meditates on the spirit in man as identical with the spirit in the sun. »

[8] SCHULTZ : *Dokumente der Gnosis*, 1910, p. 62. Texte in S. SCOTT : *Hermetica*, vol. I, 1924, lib. I, 4.

[9] A. DIETERICH : *Abraxas*, 1891, p. 17 : « Et le dieu rit sept

Fig. 14. *Cœur cosmique.*
Extrait de la « Theologia Mystica » de J. Pordage 1683.

Extrait de E. Kenton: *The Book of Earths.*
New York 1928, Table XXXV, p. 214.

d'oser une conjecture qui se confirmera abondamment par la suite, l'existence de la chaîne associative suivante: chanteur — étoile qui chante au matin — dieu du son — créateur — dieu de la lumière — du soleil — du feu — de l'amour *(v. fig. 14).* On retrouve très souvent aussi ces enchaînements dans le langage érotique et en outre partout où l'affect a pour effet d'élever le mode d'expression.

Miss Miller s'est efforcée d'expliquer à son entendement cette création inconsciente; elle l'a fait par un procédé qui concorde en principe avec celui de l'analyse psychologique et conduit par conséquent aux mêmes résultats. Mais, ainsi qu'il arrive aux profanes et aux débutants, elle s'en tient à ce qui lui vient à l'esprit et qui ne traduit qu'indirecte-

---

fois, Cha Cha Cha Cha Cha Cha Cha et, tandis que le dieu riait, naquirent sept dieux. »

ment le complexe fondamental. Pourtant un simple procédé de conclusion, qui consiste à poursuivre la pensée jusqu'au bout, suffit pour découvrir le sens.

Miss Miller trouve en premier lieu étonnant que son imagination inconsciente n'ait pas mis à la première place la *lumière* comme dans le récit mosaïque de la création, mais le son. Puis vient une explication vraiment *ad hoc* et théoriquement construite. Elle dit : « Il peut être intéressant de rappeler qu'Anaxagore aussi fait sortir le Cosmos du Chaos par le moyen d'un tourbillon de vent — ce qui en général ne va pas sans une production de son. Mais à cette époque, je n'avais pas encore fait d'études philosophiques et je ne savais rien d'Anaxagore ni de ses théories sur le νοῦς dont je me trouvais avoir inconsciemment suivi l'ordre. J'étais également dans la plus complète ignorance du nom de Leibnitz et par conséquent aussi de sa doctrine : « Dum Deus calculat fit mundus » [10]. Les deux allusions à Anaxagore et à Leibnitz concernent la création par la « pensée », à savoir que seule la *pensée* divine est capable de produire une nouvelle réalité matérielle; allusion d'abord incompréhensible, mais qui bientôt se rapprochera de l'intelligible.

Nous en arrivons maintenant aux idées spontanées d'où Miss Miller fait notamment sortir sa création inconsciente :

« C'est d'abord le *Paradis perdu* de Milton, dont nous avions à la maison une belle édition, illustrée par Gustave Doré et que j'ai beaucoup pratiquée dès mon enfance. Puis le livre de Job qu'on me lisait déjà, aussi loin que remontent mes souvenirs. Or, si on compare mon premier vers avec les premiers

---

[10] Chez Anaxagore, il s'agit de la puissance première du νοῦς qui met en mouvement la matière inerte. Il n'y est naturellement pas question du son. En outre, Miss Miller accentue la nature de souffle du νοῦς plus que ne l'autorise la tradition antique. D'autre part ce νοῦς est quelque peu apparenté au πνεῦμα de la fin de l'antiquité et au λόγος σπερματικός des stoïciens. L'imagination incestueuse d'une de mes malades s'exprime ainsi : « Le père lui met les mains sur le visage et lui *souffle* dans la bouche ouverte, ce qui représente l'inspiration. »

Fig. 15. *Initiale illustrée pour le livre de Job.*
Bible géante d'Admont vers 1140.
Bibliothèque nationale, Vienne. Cod. I, 1.

Extrait de O. SCHMITT: *Reallexikon zur deutschen Kunstgeschichte.*
Stuttgart, 1938, T. II. p. 486, fig. 3.

mots du *Paradis perdu*, on constate que c'est le même mètre :

> Of man's first disobedience...

> When the Eternal first made sound.

De plus l'idée générale de mon poème rappelle un peu divers passages de Job, et aussi un ou deux morceaux de l'oratorio de Haendel « La création »[11] qui figurait confusément dans le début du rêve. »

Le Paradis perdu qui, on le sait, a des rapports si étroits avec le commencement du monde, se trouve précisé par le vers :

> « Of man's first disobedience... »

qui, de toute évidence, concerne le péché originel, motif qui, dans le présent enchaînement, doit avoir quelque importance. Je sais ce que l'on m'objectera ici : Miss Miller aurait aussi bien pu choisir comme exemple un autre vers ; le hasard a voulu qu'elle prît le premier venu et que ce vers ait justement eu ce sens. C'est souvent au moyen d'arguments de cette sorte qu'opèrent ceux qui critiquent la méthode des idées spontanées. La méprise vient de ce

---

[11] Il s'agit probablement de la « Création » de Haydn.

que l'on ne prend pas au sérieux la causalité quand il s'agit du domaine psychique; car il n'y a pas de hasard, pas de « aussi bien... ». C'est ainsi; il y a donc une raison suffisante pour qu'il en soit ainsi. C'est un fait que le poème est en relation avec le péché originel, et, dans l'allusion ainsi faite, est mise en évidence la problématique que nous avions soupçonnée plus haut. Malheureusement l'auteur néglige de nous dire à quels passages du livre de Job elle a pensé alors. Nous ne pouvons donc faire que des suppositions générales. D'abord l'analogie au *Paradis perdu*: Job perd tout ce qu'il a, sur une proposition de Satan qui fait que Dieu doute de lui. De même c'est grâce à la tentation faite par le serpent que les hommes perdirent le paradis et furent jetés dans le tourment terrestre. L'idée, ou plutôt l'état d'esprit exprimé par la réminiscence du *Paradis perdu*, est le sentiment d'avoir perdu quelque chose qui a quelque relation avec la tentation du démon. Comme Job, elle souffre, bien qu'innocente, car elle n'a pas du tout succombé à la tentation. La souffrance de Job est incomprise de ses amis [12]. Nul ne sait que Satan est mêlé à l'affaire et que Job est vraiment innocent (*v. fig. 16*); il ne se lasse pas de proclamer son innocence. Y a-t-il là une allusion ? Nous savons que certains névrosés, et surtout des aliénés, défendent continuellement leur innocence contre d'imaginaires attaques; mais quand on y regarde de plus près, on découvre que, bien que paraissant défendre sans raison son innocence, le malade n'accomplit en fait qu'un acte destiné à lui faire illusion et dont l'énergie provient précisément de ces agitations pulsionnelles dont reproches et calomnies présumés dévoilent justement le contenu [13].

Job souffre doublement: d'abord de la perte de son bonheur; puis du *manque de compréhension* de ses amis: ce dernier motif retentit à travers tout le livre. La souf-

---

[12] Voir Job, 16, 1-21.

[13] Je me rappelle le cas d'une jeune aliénée de 20 ans qui s'imaginait continuellement qu'on doutait de son innocence, et ne se le laissait pas ôter de l'idée. Peu à peu cette défense indignée se transforma en érotomanie avec agressivité correspondante.

Fig. 16. *Job battu par Satan*.
Gravure sur bois du « Feltbuch der Wundtarzney »
de H. v. GERSDOFF. 1530.

france de l'incompris rappelle le personnage de *Cyrano de Bergerac*. Lui aussi souffre doublement: d'abord d'un amour sans espoir; puis d'être incompris. Nous avons vu qu'il tombe dans un ultime combat désespéré contre « le mensonge, les compromis, les préjugés, les lâchetés et la sottise »:

« Oui, vous m'arrachez tout, le laurier et la rose ! »

Job se lamente [14]:

> « Dieu m'a livré au pervers,
> Il m'a jeté entre les mains des méchants,
> J'étais en paix et il m'a secoué,
> Il m'a saisi par la nuque et il m'a brisé,
> Il m'a posé en but à ses traits.
> Ses flèches volent autour de moi,
> Il a percé mes flancs sans pitié,
> Il répand mes entrailles sur la terre,
> Il me fait brèche sur brèche,
> Il fond sur moi comme un géant. »

L'analogie affective est dans la souffrance causée par une lutte sans espoir contre quelque chose de plus puissant. On dirait que, de loin, cette souffrance est accompagnée par les accords de la « Création », ce qui laisse présumer la venue d'une belle et mystérieuse image appartenant à l'inconscient et qui n'a pas encore pu s'élever jusqu'à la clarté du monde d'en haut. C'est une supposition plutôt qu'un savoir que nous avons du rapport de cette lutte avec la création, de la lutte entre négation et affirmation. Les rappels du Cyrano de Rostand par identification à Christian, du *Paradis perdu* de MILTON, des souffrances de Job que ses amis ne comprennent pas, trahissent clairement que dans l'âme de la poétesse quelque chose s'identifie à ces personnages, quelque chose qui souffre comme Cyrano et Job, qui a perdu le paradis, et rêve et fait des projets de création — création par la pensée — de fécondation par le souffle du pneuma *(fig. 17)*.

Laissons-nous à nouveau conduire par Miss Miller:

---

[14] Job, XVI, II sq.

Fig. 17. *L'esprit de Dieu plane sur les eaux.*
Lavis de W. BLAKE.

Extrait de L. BINYON: *The Drawings of William Blake.*
Londres, 1922, Table 50.

« Je me souviens qu'à l'âge de quinze ans, je fus très excitée par un article que ma mère m'avait lu sur l'« Idée créant spon-» tanément son objet », au point que je passai presque toute la nuit sans dormir, ruminant sur tout ce que cela pouvait bien vouloir dire. De neuf à seize ans, je fréquentais tous les dimanches une église presbytérienne qui avait pour pasteur un homme très cultivé, maintenant président d'un grand collège fort réputé. Or dans un des plus anciens souvenirs que j'ai gardés de lui, je me revois encore bien petite fille, assise dans notre grand banc d'église et m'efforçant de me tenir éveillée, sans pouvoir le moins du monde arriver à comprendre ce que signifiait tout ce qu'il nous disait sur le « Chaos », le « Cosmos » et le « don d'amour ». »

Ce sont donc des souvenirs assez lointains de l'âge de l'éveil pubertaire (9 à 16 ans) qui ont relié les idées du Cosmos naissant du Chaos au « don d'amour ». Le moyen terme qui fait cette liaison, c'est le souvenir du pasteur vénéré qui prononça ces sombres paroles. De la même époque date aussi le souvenir de l'émotion causée par l'idée de la pensée créatrice « qui engendre d'elle-même son objet ». Deux voies de création sont ici indiquées: l'idée créatrice et le mystérieux rapport au « don d'amour ».

Dans les derniers semestres de mes études médicales, grâce à une observation prolongée, j'ai eu l'occasion de pénétrer jusqu'au fond de l'âme d'une jeune fille de quinze ans. Je fus alors étonné de découvrir quels étaient les contenus de la fantaisie inconsciente et combien ils différaient de ce que montre à l'extérieur une jeune fille de cet âge, et de ce que l'on peut supposer quand on la regarde du dehors. C'étaient des fantaisies qui remontaient très loin, de nature mythique. Dans son imagination dissociée, elle était l'aïeule de générations innombrables [15]. Laissant de côté son imagination d'un caractère poétique très marqué, il reste des éléments communs sans doute à toutes les jeunes filles de cet âge; car l'inconscient est commun aux humains à un degré bien plus élevé que ne le sont les contenus de la conscience individuelle. C'est qu'en effet *nous sommes là en présence d'un condensé de la moyenne historique commune.*

Le problème qui préoccupait Miss Miller à cet âge est le problème généralement humain: comment deviendrai-je créateur ? La nature ne connaît ici d'abord qu'*une seule*

---

[15] Le cas a été publié dans: *Psychologie et pathologie des phénomènes dits occultes.* Nouvelle traduction française. Librairie de l'Université, Georg et Cⁱᵉ, Genève, 1956.

Fig. 18. *Dieu créant le monde.*
Extrait d'une « Bible moralisée ». (Reims ?) xiiie siècle.
Bibliothèque nationale, Vienne, Cod. 2554, fol. IV.
Collection de l'auteur.

réponse: « Par l'enfant » (don d'amour). Mais comment
arrive-t-on à l'enfant ? Ici surgit le problème qui, l'expérience nous l'apprend, se rattache au père [16] dont il ne

----

[16] Cf. Freud: *Analyse de la phobie d'un garçon de cinq ans,*

devrait pourtant pas s'occuper, parce qu'ainsi on touche à l'inceste interdit. Le grand et naturel amour qui lie l'enfant à son père s'oriente au cours des années où il échappe à sa famille, vers des formes supérieures du père, vers l'autorité et les « Pères » de l'Église et vers le Dieu paternel dont ils sont, pourrait-on dire, la représentation sensible *(fig. 18 et aussi fig. 13)*; et alors il est encore plus difficile d'y rattacher le problème en question. Pourtant la mythologie n'est guère embarrassée pour fournir des consolations. Le Logos n'est-il pas lui-même devenu chair ? Le pneuma divin et le logos n'ont-ils pas pénétré dans le sein de la vierge ? *(fig. 19)*. Le «souffle de vent » d'Anaxagore, c'était bien le Nous divin qui de lui-même se transforme en monde. Pourquoi avons-nous conservé jusqu'à nos jours l'image de la mère immaculée ? Parce qu'elle est toujours consolante et que sans grands discours et sans bruyants sermons elle dit à qui cherche consolation : « Moi aussi je suis devenue mère » — par « l'idée qui crée spontanément son objet ». Il me semble qu'il y avait de quoi justifier une nuit sans sommeil quand les fantaisies propres à cet âge de la puberté s'attaquaient à cette idée. Les conséquences pourraient en être incommensurables.

Tout ce qui est psychique a un sens supérieur et un sens inférieur, comme le dit la maxime au sens profond de la mystique de l'antiquité finissante : οὐρανὸς ἄνω, οὐρανὸς κάτω, ἄστρα ἄνω, ἄστρα κάτω, πᾶν τοῦτο ἄνω, πᾶν τοῦτο κάτω, τοῦτο λαβὲ καὶ εὐτύχει [17], grâce à laquelle nous effleurons le secret de la signification symbolique de tout ce qui est psychique. Nous comprendrions mal la particularité spirituelle de notre auteur si nous nous contentions de réduire l'excitation de cette nuit sans sommeil uniquement et simplement au pro-

_____

trad. fr., 1935 ; JUNG : *Conflits de l'âme enfantine*, trad. fr. 1935 et *Psychologie et Education* (Traduction en préparation).

[17] « Ciel en haut / ciel en bas / étoiles en haut / étoiles en bas / tout ce qui est en haut / est aussi en bas / Saisis-le / et réjouis-toi.» Paraphrase ancienne de la Tabula Smaragdina d'Hermès ou du texte rapporté par Athanase KIRCHER (*Œdipus Aegyptiacus*, 1653, II, p. 414). J'ai cité ce dernier dans mon ouvrage : *Die Psychologie der Uebertragung*, Rascher, 1946, p. 42.

Fig. 19. *Le Christ dans le sein de la Vierge.*
Maître du Haut Rhin, vers 1400.
Galerie de peinture, Berlin.

Extrait de A. WACHLMAYR: *Das Christgeburtsbild.*
Munich, 1939, p. 4.

blème sexuel au sens étroit. Ce n'en serait qu'une moitié et
seulement la moitié inférieure. L'autre moitié concerne *la
création idéale au lieu de la création réelle.*

Chez une personne de toute évidence bien douée pour le travail de l'esprit, la perspective d'une fécondité spirituelle est digne des plus hautes espérances. Elle est même, pour bien des gens une nécessité vitale. Cet autre aspect de l'imagination explique aussi l'agitation, car il s'agit d'une idée annonciatrice d'avenir, d'une de ces idées qui, pour employer l'expression de Maeterlinck [18], proviennent de « l'inconscient supérieur » de cette « puissance prospective » des combinaisons subliminales [19]. J'ai souvent eu

[18] « La sagesse et la destinée ». Fasquelle, éd., Paris.

[19] On ne manquera sans doute pas de me reprocher de m'abandonner au mysticisme. Pourtant il serait peut-être bon de réfléchir : certes l'inconscient renferme les combinaisons psychologiques qui n'atteignent pas la valeur liminaire de la conscience. L'analyse dissocie ces combinaisons en leurs déterminants historiques. Elle travaille en remontant en arrière, comme la science de l'histoire. Une grande partie du passé est tellement loin de nous que nous ne pouvons plus l'atteindre au moyen des connaissances que nous donne l'histoire; de même une grande partie des déterminations insconcientes nous est inaccessible. Or l'histoire *ignore* deux choses : ce qui est caché dans le passé et ce qui est caché dans l'avenir. Peut-être pourrait-on les approcher avec une certaine probabilité, le premier sous forme de postulat, le second sous celle de pronostic politique. Aujourd'hui contenant déjà demain et tous les fils du futur y étant déjà posés, une connaissance approfondie pourrait permettre un pronostic de l'avenir. Transposons ce raisonnement dans le psychique : nous aboutirons obligatoirement au même résultat : en effet de même que des traces de souvenirs, de toute évidence depuis longtemps devenues subliminales, se trouvent être encore accessibles à l'inconscient, de même le sont aussi certaines combinaisons subliminales très fines dirigées vers l'avenir qui sont de toute première importance pour les événements futurs puisque c'est de notre psychologie qu'ils dépendent. Or, la science historique s'inquiète peu des combinaisons futures, plutôt objet de la politique; de même les combinaisons psychologiques ne sont guère objet d'analyse; elles le seraient plutôt d'une psychologie synthétique affinée qui saurait suivre les courants naturels de la libido. Nous ne pouvons guère le faire ou ne le pouvons qu'imparfaitement. L'inconscient le peut puisque cela se passe en lui et il semble que de temps en temps, dans certains cas, des fragments importants de ce travail se font jour au moins dans les rêves; de là viendrait le *sens prophétique des rêves* que la superstition affirme depuis longtemps *(fig. 20)*. Les rêves sont bien souvent des anticipations de modifications futures de la conscience. Cf. *L'homme à la découverte de son âme* (ouvrage cité).

Fig. 20. *Le rêve des mages.*
Relief de la cathédrale d'Autun.
Musée de la cathédrale.
Archives de la Revue Ciba, Bâle.

l'occasion, au cours de mon travail professionnel de chaque
jour (c'est une expérience au sujet de laquelle je dois me
prononcer avec toute la prudence exigée par la complexité
du sujet), de remarquer dans certains cas de névroses pro-
longées pendant des années qu'à l'époque où débuta la
maladie ou un certain temps auparavant, un rêve avait
eu lieu, bien souvent d'une netteté visionnaire, s'incrustant
ineffaçablement dans la mémoire et qui, au cours de
l'analyse, dévoilait un sens ignoré du malade, anticipant
les événements futurs de son existence [20]. J'incline à
donner à l'agitation de cette nuit inquiète une telle signification, car les événements ultérieurs, dans la mesure où
Miss Miller nous les dévoile consciemment ou inconsciemment, semblent tout à fait de nature à confirmer notre

---

[20] Il semble que les rêves se maintiennent spontanément dans
la mémoire tant qu'ils résument excellemment la situation psychologique de l'individu.

supposition que ce moment doit être considéré comme une vision et une prévision d'un but de vie.

Miss Miller termine la série de ses idées spontanées par les remarques suivantes:

« (Le rêve) me semble résulter d'un mélange en mon esprit du *Paradis perdu*, de Job, et de la Création avec les notions de « l'idée créant spontanément son objet », du « don d'amour », du « Chaos » et du « Cosmos ». »

Semblables à des débris de verres de couleur dans un kaléidoscope, des débris de philosophie, d'esthétique et de religion se seraient combinés dans son esprit:

« Sous la stimulation du voyage et de tous les pays entrevus jointe au grand silence et au charme impalpable de la mer — pour engendrer ce beau rêve. Ce ne fut que cela et rien de plus: *Only this and nothing more* ! »

C'est par ces mots que Miss Miller nous congédie poliment mais fermement. Les paroles d'adieu qu'elle confirme encore par une négation en anglais nous laissent curieux: nous voudrions savoir quelle position ces paroles ont l'intention de nier. « Ce ne fut que cela et rien de plus. » Vraiment ? rien de plus que « le charme impalpable de la mer »? — et le jeune homme qui chantait mélodieusement durant le quart de nuit ? Il est sans doute oublié et personne ne doit savoir, et la rêveuse moins que tout autre, qu'il était une étoile du matin précédant la création d'un jour nouveau [21]. On devrait se garder de

---

[21] Les formes d'un événement de ce genre sont profondément collectives: c'est ce que nous montre un chant d'amour à multiples variantes que je reproduis ici sous sa forme épirote néogrecque (*Zeitschrift des Vereins für Volkskunde*, XII, p. 159):

Chant d'amour épirote.

« O jeune fille quand nous nous embrassâmes, c'était la nuit, qui
Une grande *étoile* nous vit, la *lune* nous a vus,   [nous vit !
Elle se pencha vers la *mer* et l'annonça à la mer
Et la mer le dit à la rame, et la rame à son batelier,
Le marin *en fit une chanson* et les voisins l'entendirent,
L'entendit aussi le *pasteur* qui le dit à ma *mère*

se rassurer soi-même et de rassurer son lecteur par des phrases comme: « Ce ne fut que cela. » Car on court le risque d'être obligé de se donner aussitôt un démenti. Or c'est ce qui arrive à Miss Miller quand elle ajoute la citation anglaise: « Only this and nothing more », il est vrai sans en indiquer la source. La citation provient d'un poème d'Edgard Poe: *The Raven* (Le corbeau), (dans ses *Miscellaneous Poems*). La strophe en question est la suivante:

« While I nodded, nearly napping, suddenly there came a
    tapping,
As of some one gently rapping, rapping at my chamber door.
« T'is some visitor », I muttered, « tapping at my chamber
    door » —
        Only this and nothing more. »

Un corbeau fantomatique frappe durant la nuit à une porte et rappelle au poète sa « Lenore » irrémédiablement perdue. Le corbeau a nom « Nevermore » et comme refrain, à chaque strophe, il croasse son sinistre « Nevermore ». De vieux souvenirs apparaissent, douloureux, et le fantôme répète, implacable, « Nevermore ». En vain le poète tente-t-il de chasser cet hôte indésirable; il crie au corbeau:

« Be that word our sign of parting, bird or fiend ! » I shrieked
    upstarting —
« Get thee back into the Tempest and the Nights Plutonian shore !
Leave no black plume as a token of that lie thy soul hath
    spoken !
Leave my Loneliness unbroken ! — quit the bust above my door !
Take the beak from out my heart, and take thy form from
    off my door ! »

        Quoth the Raven « Nevermore ». »

De qui mon *père* l'apprit ensuite, et il se mit dans une violente
Ils me grondèrent m'injurièrent et ils m'ont défendu   [colère.
D'aller jamais à la porte, d'aller jamais à la fenêtre.
Et pourtant j'irai à la fenêtre, comme pour m'occuper de mes fleurs
Et je n'aurai point de repos tant que mon bien-aimé ne sera pas
                [mien ».

Le « Only this and nothing more », qui semble glisser si légèrement sur la situation, provient d'un texte décrivant le désespoir causé par un amour perdu [22] *(cf. fig. 21)*. Par conséquent la citation donne à notre poétesse un démenti. Elle sous-estime évidemment l'impression que lui a faite le chanteur nocturne et sa portée lointaine. Et c'est précisément à cause de cette sous-estimation que le problème ne parvient pas à une élaboration directe consciente. De là les « énigmes psychologiques » [23].

L'impression continue à travailler dans l'inconscient, produisant des fantaisies symboliques. Ce sont d'abord « les étoiles qui chantent au matin »; puis le *Paradis perdu*, puis la nostalgie revêt l'habit sacerdotal, prononce des paroles obscures sur la création du monde pour s'élever finalement jusqu'à l'hymne religieux où elle trouve enfin la voie vers la liberté. Or l'hymne garde dans sa singularité des traces de son origine : le chanteur nocturne est devenu créateur après avoir fait un détour par l'imago paternelle; il est devenu *dieu du son*, *de la lumière* et *de l'amour*, ce qui ne veut nullement dire que l'idée de divinité est issue de la perte d'un amant, ni qu'elle est en soi uniquement le substitut d'un objet humain. De toute évidence il s'agit ici d'un déplacement de libido sur un objet symbolique devenu une sorte de substitut. En soi il ne s'agit que d'un aspect originel de l'événement mais qui, comme toute autre chose, peut être utilisé pour des buts inappropriés.

---

[22] L'inspiration du poème rappelle fortement celle de l'*Aurelia* de Gérard de NERVAL. Cet ouvrage anticipe le même destin que celui auquel Miss Miller succombera : la nuit de l'esprit. (Cf. aussi la signification du corbeau dans l'alchimie (nigredo) in *Psychologie und Alchemie*, p. 317 sq.)

[23] Ici encore il y a une ressemblance frappante avec le comportement de Gérard de NERVAL à l'égard d'Aurelia dont il ne voulait pas admettre l'importante apparition. Il ne pouvait pas reconnaître à « une femme ordinaire de ce monde » l'éclat que lui prêtait son inconscient. Nous savons aujourd'hui qu'à la base d'une impression si puissante il y a projection d'un archétype, celui de l'*anima*. (Cf. à ce sujet mon ouvrage : *Le moi et l'inconscient*, tr. fr., 1938, p. 138 sq., et JUNG-KERENYI: *Introduction à l'essence de la Mythologie* (ouvrage cité), p. 188).

Fig. 21. *Le corbeau dans l'alchimie.*
Extrait de H. JAMSTHALER: *Viatorium Spagyricum.*
Francfort, 1625, p. 238, fig. 9.

Le détour fait par la libido semble être une voie douloureuse. Du moins le *Paradis perdu* et le souvenir connexe
de Job nous permettent de le penser. Les allusions du
début concernant l'identification à Christian qui évoquent
la pensée de Cyrano prouvent bien que le chemin détourné
est douloureux: de même après le péché originel, les
hommes eurent à porter le fardeau de la vie terrestre ou,
tel Job qui souffrit à la fois de la puissance de Satan et
de Dieu, devinrent sans le savoir le jouet de deux puissances de l'au-delà. *Faust* aussi nous offre le même spectacle
du *pari divin.*

Méphistophélès:

> « Vous le perdrez — que pariez-vous ?
> Si vous me donnez la permission
> De l'entraîner doucement sur ma route. »

Satan [24] :

> « Mais étends la main, touche à ses biens et on verra
> s'il ne te maudit pas en face. »

Tandis que chez Job les deux grands courants sont
tout simplement caractérisés bien et mal, le problème
analogue de *Faust* est nettement érotique et le diable y
est excellemment caractérisé par le rôle de séducteur qui
lui est attribué. Cet aspect manque chez Job; en outre il
ignore quel conflit se déroule dans son âme; il lutte continuellement contre les discours de ses amis qui tentent de
le persuader que le méchant est dans son cœur. Dans ce
sens Faust est, pourrait-on dire, plus conscient, car il
reconnaît ouvertement le déchirement de son âme.

Miss Miller se comporte comme Job; elle ne se reconnaît pas et pense que le bien et le mal viennent de l'au-delà.
A ce point de vue aussi, il est caractéristique qu'elle
s'identifie à Job. Il nous faut même signaler encore une
autre analogie importante. La puissance créatrice qui, du
point de vue naturel, caractérise l'amour, subsiste encore
comme attribut essentiel de la divinité issue semble-t-il
de l'impression érotique et c'est la raison pour laquelle
l'hymne chante le Dieu créateur. On sait que Job offre le
même spectacle: Satan détruit sa fécondité; Dieu est la
fécondité même et c'est pourquoi à la fin du livre il chante
lui-même l'hymne à sa propre force créatrice, hymne
d'une grande beauté poétique; il est curieux qu'on y
pense surtout à deux représentants peu sympathiques du
monde animal: Béhémoth et Léviathan, tous deux représentants de la force naturelle la plus brutale qu'on puisse
imaginer:

> « Considérez Béhémoth que j'ai créé avec vous; il mangera
> le foin comme un bœuf.
> Sa force est dans ses reins, sa vertu est dans le nombril de
> son ventre.

---

[24] Job, I, 11.

Sa queue se serre et s'élève comme un cèdre; les nerfs de cette partie qui sert à la conservation de l'espèce sont entrelacés l'un dans l'autre:

Ses os sont comme des tuyaux d'airain, ses cartilages sont comme des lames de fer.

« On le prendra par les yeux comme un poisson se prend à l'amorce et on lui percera les narines avec des pieux.

Pourrez-vous enlever Léviathan avec l'hameçon et lui lier la langue avec une corde ?

Lui mettrez-vous un cercle autour du nez, et lui percerez-vous la mâchoire avec un anneau ?

Le réduirez-vous à faire d'instantes prières et à vous dire des paroles douces ?

Fera-t-il un pacte avec vous et le recevrez-vous comme un esclave éternel ? »

(Job XL, 10-13 et 19-23) Bible de Sacy.

Le texte de la bible anglaise qui servit à Miss Miller est comme la traduction de Luther plus suggestive à certain point de vue:

« Behold now behemoth *(fig. 22)*, which I made with thee; he eateth grass as an ox.

Lo now, his strength is in his loins, and his force is in the navel of his belly.

Fig. 22. *Béhémoth.*
D'après COLLIN DE PLANCY: Dictionnaire infernal. Paris 1863.
Extrait de G. DE GIVRY: *Le musée des Sorciers.*
Paris 1929, fig. 110.

He moveth his tail like a cedar: the sinews of his
    stones are wrapped together.
His bones are as strong pieces of brass; his bones
    are like bars of iron.
He is the chief of the ways of God... »

XLI; 1-4:

« Canst thou draw out leviathan with an hook ?
    or his tongue with a cord, which thou lettest down ?
Canst thou put an hook into his nose ? or bore
    his jaw through with a thorn ?
Will he make many supplications unto thee ?
    will he speak soft words unto thee ?
Will he make a covenant with thee ? wilt thou
    take him for a servant for ever ? »

Telles sont les paroles par lesquelles Dieu met sous les
yeux de Job sa force et sa puissance originelle: Dieu est
comme Béhémoth et Léviathan [25]. La nature qui répand
sa bénédiction et sa fécondité — l'indomptable sauvagerie
et le débordement de la nature — et le danger écrasant
de la violence déchaînée [26]. Qu'est-ce donc qui a détruit

---

[25] Cf. R. Schärf: *Die Gestalt des Satans im Alten Testament*,
in Jung: *Symbolik des Geistes*, 1948, p. 288 sq.

[26] Job, XLI, 19-29: « Out of his mouth go burning lamps, and
sparks of fire leap out.

Out of his nostrils goeth smoke, as out of a seething pot or
a cauldron.

His breath kindleth coals, and a flame goes out of his mouth.

In his neck remaineth strength, and sorrow is turned into joy
before him.

The flakes of his flesh are joined together, they are firm in
themselves; they cannot be moved.

His heart is as firm as stone; yea, as hard as a piece of the nether
millstone.

When he raiseth up himself, the mighty are afraid: by reason
of breakings they purify themselves.

The sword of him that layeth at him cannot hold: the spear,
the dart, not the habergeon (petit haubert).

He esteemeth iron as straw, and brass as rotten wood.

The arrow cannot make him flee, slingstones are turned with
him into stubble.

Darts are counted as stubble; he laugheth at the shaking of
a spear ».

le paradis terrestre de Job ? La violence déchaînée de la nature. Ainsi que le poète le laisse ici entendre, la divinité a simplement montré son autre face que l'on appelle le diable *(fig. 23)*, et déchaîné sur Job toutes les horreurs de la nature. Le dieu qui a créé de telles monstruosités en présence desquelles les faibles petits humains se figent d'angoisse, doit vraiment cacher en lui des qualités qui nous laissent à penser. Ce dieu demeure dans le cœur, dans l'inconscient [27]. Là est la source de l'angoisse en présence de l'indicible épouvantable et aussi de la force de résister à cette horreur. Or l'homme est comme une balle, comme une plume que font tourbillonner les souffles du vent inconstant, tantôt victime, et tantôt sacrificateur, il ne peut empêcher ni l'un ni l'autre. Le livre de Job nous montre à l'œuvre le dieu créateur et destructeur à la fois. Qu'est ce dieu ? Une idée qui dans tous les pays du monde, dans tous les temps et toujours à nouveau s'est imposée à l'humanité sous une forme analogue: celle d'une puissance de l'au-delà, à laquelle on est livré, qui fait naître comme elle tue, image des nécessités inévitables de la vie. *Psychologiquement parlant*, comme l'image de dieu est un complexe représentatif de nature archétypique, nous devons le considérer comme le représentant d'une certaine somme d'énergie (libido) apparaissant sous forme de projection [28]. Il semble que les principales religions que nous connaissons tirent leur forme de l'imago paternelle, et les religions plus anciennes aussi de l'imago maternelle:

---

[27] Il s'agit ici d'anthropomorphisme dont il faut avant tout considérer l'origine psychologique.

[28] Cette phrase a beaucoup choqué parce que l'on a oublié qu'il s'agit ici uniquement d'une conception *psychologique* et non d'une affirmation métaphysique. La réalité psychique «Dieu» est un type autonome, un *archétype collectif*, ainsi que je l'ai appelé plus tard. Aussi le retrouve-t-on non seulement dans toutes les formes supérieures de religion, mais apparaît-il aussi spontanément dans les rêves individuels. En soi l'archétype est une formation psychique, inconsciente, douée de réalité cependant, indépendante de l'attitude du conscient. C'est un être psychique qu'il ne faut pas confondre en tant que tel avec le concept d'un dieu métaphysique. L'existence de l'archétype ne prétend ni poser un dieu ni en nier un.

Iouis siue Panos Hierogly-
phica repraesentatio.

A Facies rubicunda, caloris vis in Mundo.
B Radiorum coelestium in sublunaria vir-
C Elementa masculina   (tus.
D Potestas in annũ omnesq; reuolutiones.
E Virtute eius omnia fulciuntur.
F Dominium in firmamentum, seu fixa-
  rum stellarum sphaeram.
G Terra (elementum soemin,) hispida,
  plantis, satis, arboribusque.
H Aquae & liquoris fons (elem. soem.) ri-
  gatione foecundans terram.
I Agri, segetes, aliaque vegetabilia.
K Harmonia 7. Planetarum.
L Aspera & inaequalia montes indicant.
M Vis soecunditatiua.
N Stabile fundamentum.
O Vis ventorum, & celeritas in agendo

Fig. 23. *Princeps huius mundi.*
(Pan sert de modèle à la figure traditionnelle du diable.)

Extrait de A. KIRCHER: *Oedipus Aegyptiacus.*
Rome 1653, p. 204.

l'une et l'autre conditionnent les attributs de la divinité. Ceux-ci sont la prédominance paternelle, les traits du père effrayant dont la colère poursuit (ancien testament) ou au contraire le père affectueux (nouveau testament). Dans certaines représentations païennes de la divinité, c'est l'aspect *maternel* que l'on met en relief avec une force particulière; en outre on y rencontre aussi le caractère *animal*, le thériomorphe extrêmement développé [29] *(fig. 24)*. L'idée de Dieu n'est pas seulement une image, elle est aussi une force. La force originelle que lui réclame le rythme créateur de Job, l'inconditionné et l'implacable, l'injuste et le surhumain sont des attributs authentiques et vrais de la forme instinctive naturelle du destin qui « nous introduit dans la vie », qui « rend coupable le malheureux » et contre laquelle, en dernière instance, toute lutte est vaine. Il ne reste à l'homme d'autre ressource que de s'entendre de quelque manière avec cette volonté. L'accord avec la libido ne consiste pas uniquement à se laisser mener étant donné que les forces psychiques n'ont pas une direction unique, mais sont souvent orientées en sens contraire les unes contre les autres. Se laisser aller aboutit en très peu de temps à une confusion sans remède. Il est souvent difficile, sinon à peu près impossible d'arriver à sentir le courant profond et ainsi la direction exacte; en tout cas, collisions, conflits et erreurs sont ici inévitables.

Nous voyons que chez Miss Miller l'hymne religieux, né inconsciemment, se substitue au problème érotique. Il va puiser la plupart de ses matériaux dans des réminiscences qu'a ranimées l'introversion de la libido. Si

[29] On ne trouve pas d'éléments thériomorphes dans le Christianisme, quelques résidus exceptés: la colombe, le poisson, l'agneau. Il faudrait signaler également ici les animaux des évangélistes. Le corbeau et le lion étaient les représentants de certains grades d'initiation dans les mystères de Mithra. Comme on représentait Dionysos également sous la forme d'un taureau, ses adoratrices portaient des cornes comme si elles étaient des vaches. (Amicalement communiqué par le prof. K. KERÉNYI. Les adoratrices de la déesse-ourse Artémis s'appelaient ἄρκτοι, c'est à dire: ours. *(Cf. fig. 212.)*

Fig. 24. *Déesse mère à tête de sanglier.*
Vârâhî, Shakti de Vichnou (vârâhâ) à tête de sanglier.
Relief du British Museum, Londres.

Extrait de H. ZIMMER: *Die Indische Weltmutter.*
Eranos-Jahrbuch, 1938, p. 200.

cette « création » avait échoué, Miss Miller aurait été
livrée à l'impression érotique soit avec ses conséquences
ordinaires, soit avec une issue négative qui aurait substitué
au bonheur perdu des regrets d'une intensité correspondante. On sait que les avis sont partagés sur la *valeur*
de cette issue d'un conflit érotique comme celui de Miss
Miller. On pense qu'il est plus beau et plus noble de laisser
une tension érotique se résoudre imperceptiblement dans
les sentiments subtils de la poésie religieuse, dans lesquels,
peut-être, beaucoup d'autres hommes pourront trouver
joie et réconfort, et que c'est faire preuve d'une sorte de
fanatisme du vrai que de mettre en doute l'inconscience
d'une telle solution. Je ne tiens pas à trancher cette

question dans un sens ou dans l'autre; je veux chercher à comprendre ce que signifient, dans le cas dit de solution non naturelle et inconsciente, le détour que semble faire la libido et l'apparente tromperie de soi-même, autrement dit savoir à quelles fins cela tend. Il n'y a pas de processus psychique qui soit «sans but», ce qui veut dire que c'est une hypothèse d'une très haute valeur euristique que d'affirmer que le psychique, dans son essence, est orienté vers une fin.

Avoir reconnu dans l'épisode d'amour la source et la cause du poème n'apporte pas encore grand-chose pour l'explication; de toute façon cela ne résout pas du tout le problème de la fin. Or les problèmes psychiques ne sont expliqués de façon satisfaisante qu'à partir du moment où l'on a découvert à quoi ils tendent. Si en secret le prétendu détour ne visait à servir une certaine fin, ou ne tenait de quelque manière à ce qu'on appelle *refoulement*, il serait impossible qu'un tel processus s'accomplît avec une spontanéité si naturelle et si aisée. En outre, il est douteux qu'il pût se présenter si fréquemment sous cette forme ou sous une autre. Indubitablement l'orientation de cette métamorphose de la libido est la même que celle de la transformation, de la transposition ou du déplacement culturels des forces instinctives naturelles. Ce doit être une voie souvent parcourue, devenue même habituelle, au point que nous-mêmes ne remarquons plus guère, ou plus du tout, cette transposition. Entre la métamorphose psychique normale de forces instinctives qui se produit partout et un cas comme celui-ci, il y a, il est vrai, quelque différence; on ne peut guère se défendre de soupçonner que c'est intentionnellement que l'on a omis l'événement critique (le chanteur) ce qui signifie, en d'autres termes, qu'un certain «refoulement» a eu lieu. A vrai dire, on ne devrait employer ce terme qu'en présence d'un acte volontaire qui, comme tel, ne saurait être que conscient. Les personnes nerveuses peuvent, jusqu'à un certain point, se dissimuler à elles-mêmes des décisions volontaires de ce genre de sorte qu'il semble que l'acte de refoulement s'est déroulé dans une totale inconscience.

Le *contexte* [30] fourni par l'auteur même est si impressionnant que même ces arrière-plans doivent avoir été ressentis avec assez de vivacité et qu'elle a dû réaliser la métamorphose de sa situation probablement avec une conscience plus ou moins nette.

Or refouler signifie se libérer illégitimement d'un conflit; c'est-à-dire qu'on se forge l'illusion qu'il n'existe pas. Mais alors que devient le complexe refoulé ? Car il est clair qu'il continue d'exister, quoique le sujet n'en ait nulle conscience. Ainsi que nous l'avons vu déjà, le refoulement provoque, par régression, la réanimation d'un rapport ou d'une forme de rapport ancien; dans le présent cas, c'était la réanimation de *l'imago paternelle*. Pour autant que nous le sachions, les contenus inconscients « constellés » (c'est-à-dire activés) sont toujours en même temps *projetés*, ce qui veut dire qu'on les découvre dans les objets extérieurs ou que du moins on prétend qu'ils existent en dehors de notre propre psyché. Un conflit refoulé avec son ton affectif doit reparaître quelque part. Ce n'est pas l'individu qui *rend* consciente la projection née du refoulement; celle-ci se fait automatiquement et on ne la reconnaît pas, sauf si des conditions toutes particulières contraignent à revenir sur elle.

L'« avantage » de la projection est que l'on se trouve, en apparence du moins, débarrassé du conflit pénible. Un autre, ou des circonstances extérieures, en portent la responsabilité. Dans notre cas, la réanimation de l'imago paternelle provoque un hymne adressé à la divinité sous son aspect paternel, d'où l'accent mis sur l'idée du père de toutes choses, du créateur *(fig. 25)*. A la place du chanteur homme apparaît donc la divinité et à la place de l'amour terrestre, l'amour divin. Certes il n'est guère possible d'en apporter la preuve, vu les matériaux dont nous disposons; cependant il est bien invraisemblable que Miss Miller n'ait pas, d'un certain caractère conflictuel de sa situation d'alors, une connaissance suffisante pour que la transformation apparemment aisée de l'impression

---

[30] Voir C. G. Jung : *La Guérison psychologique*. Librairie de l'Université, Genève, 1953, p. 66.

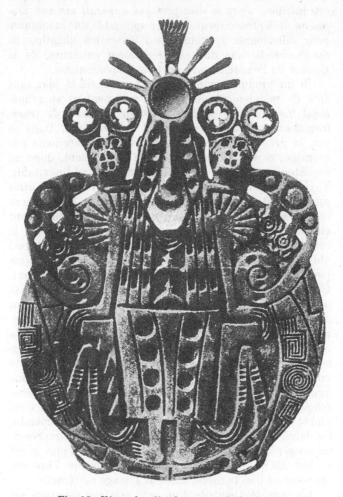

Fig. 25. *Viracocha, dieu larmoyant de l'univers.*
Plaquette d'Andalgala, Catamarca, Nord-ouest de l'Argentine
Extrait de CAMPBELL: *The Hero with a thousand Faces.*
The Bollingenseries XVII. Pantheon Books, New York 1949, Planche VIII.

érotique en élévation religieuse se puisse expliquer par un acte de refoulement qui aurait eu lieu. Si cette opinion est justifiée, alors *le dieu-père qui apparaît est une projection*, et la procédure qui en est responsable, une manœuvre pour s'illusionner soi-même dans l'intention illégitime de *rendre irréelle* une difficulté réellement existante, de la chasser de l'existence par un tour de passe-passe.

Si un produit comme cet hymne voyait le jour sans acte de refoulement, donc inconsciemment et spontanément, nous serions en présence d'un processus de transformation tout à fait naturel et automatique. Dans ce cas, la divinité créatrice issue de l'imago paternelle par exemple, ne serait plus produit du refoulement, donc un succédané; ce serait un phénomène naturel inévitable. Tous les actes créateurs spontanés des artistes ou autres sont des métamorphoses naturelles de ce genre, sans élément conflictuel mi-conscient. Mais dans la mesure où ils ont été provoqués par un acte de refoulement qui en est la cause, ils portent en eux un conditionnement complexuel qui les défigure de plus en plus en névrose et leur imprime pour ainsi dire le sceau de produit de remplacement. Quand on a acquis une certaine expérience, il n'est pas difficile, grâce à ce dernier caractère, de déterminer leur origine, donc de voir qu'ils résultent d'un acte de refoulement. Une naissance naturelle qui jette ou projette dans le monde une forme vivante n'est pas causée par un refoulement : ainsi la création artistique ou spirituelle représente un processus naturel même en cas de projection d'une figure divine. Il ne s'agit pas toujours d'un problème religieux, philosophique ou même confessionnel; c'est plutôt un phénomène naturel généralement répandu. Ce dernier caractère forme même la base de la représentation générale de Dieu, si vieille qu'on ne sait plus guère si c'est elle qui provient de l'imago paternelle ou l'inverse. On pourrait dire la même chose de l'imago maternelle.

L'image de Dieu née d'un acte créateur spontané est une figure vivante, un être existant avec ses droits propres et qui par conséquent se dresse en face de son créateur apparent. Pour le prouver on peut rappeler que la relation entre créateur et création est *dialectique* et qu'il n'est pas rare, l'expérience le montre, que l'homme soit celui à qui l'on s'adresse. A tort ou à raison, l'intellect naïf en conclut à l'existence en elle-même de la figure ainsi produite et il incline à penser que ce n'est pas lui qui l'a formée, mais qu'elle s'est au contraire imprégnée en lui — éventualité que nulle critique ne peut contester puisque le devenir de cette figure est un phénomène naturel à orientation finale, où la cause anticipe le but. Et comme il s'agit d'un phénomène naturel, la question de savoir si l'image divine a été créée, ou s'est créée elle-même, reste indécise. L'esprit naïf ne peut manquer de tenir compte de son indépendance et de développer pratiquement son rapport dialectique. Cela se manifeste en ce que, dans des situations pénibles ou dangereuses, on implore sa présence dans l'intention de la charger des difficultés apparemment insupportables et dans l'espoir d'obtenir d'elle du secours [30*] (*v. fig. 26*). Dans le domaine psychologique cela signifie que les complexes qui accablent l'âme sont *consciemment* « transférés » à l'image du dieu, ce qui, fait remarquable, représente exactement le contraire d'un acte de refoulement. Dans ce dernier, on abandonne les complexes à une instance inconsciente, parce que l'on préfère les oublier. Mais dans l'exercice religieux, il est précisément d'une très grande importance que l'on garde la conscience de ses difficultés, c'est-à-dire de ses *péchés*. Un excellent moyen de le faire est la confession mutuelle qui s'oppose efficacement à la chute dans l'inconscient [31]. Ces mesures tendent à *tenir conscients les conflits* et c'est là aussi une condition *sine qua non* des procédés psychothérapeutiques. De même que le traitement médical fait du médecin l'être qui prend sur lui les conflits du malade, de même l'exercice chrétien, du sauveur: car il est dit: « C'est en lui que nous avons la rédemption acquise par son sang, la rémission des

---

[30*] Cf. I. Pierre, 5, 7 et Phil. 4, 6.
[31] Cf. Saint Jean 1 et 8: « Si nous disons que nous sommes sans péché, nous nous séduisons nous-mêmes et la Vérité n'est point en nous.»

Fig. 26. *Présence de Dieu à la messe.*

Extrait de A. Coulin: *Histoire de l'imprimerie en France.*
Paris 1900, p. 218.

péchés » [32]. Il est celui qui délie et rachète nos fautes; un
dieu qui se tient au-dessus du péché: «qui n'a point
commis de péché et dans la bouche duquel il ne s'est
point trouvé de fausseté » [33]; ... «... il a lui-même porté
nos péchés en son corps sur le bois » [34]; «... (le Christ)
après s'être offert une seule fois pour ôter les péchés de
la multitude... » [35]. Ce dieu est caractérisé comme lui-même

[32] Eph. I, 7 et Col. I, 14. « Véritablement c'étaient nos maladies
qu'il portait et nos douleurs dont il s'était chargé. » Isaïe, 53, 4.

[33] 1 Saint Pierre, 2, 22.

[34] Id., 2, 24.

[35] Aux Hébreux, 9, 28.

sans péché et sacrificateur de soi-même. La projection consciente que vise l'éducation chrétienne apporte ainsi un double bienfait psychique : d'abord on reste conscient du conflit (« péché ») de deux tendances qui s'opposent l'une à l'autre, et l'on empêche par là que refoulement et oubli ne transforment une *souffrance connue* en une *inconnue* d'autant plus torturante ; ensuite on allège son fardeau en l'offrant au dieu qui connaît toutes les solutions. Or la figure du dieu est en premier lieu une *image psychique*, un *complexe représentatif de nature archétypique* que la foi identifie à un *ens* métaphysique. La science est tout à fait dépourvue de compétence pour juger de cet acte d'identification. Il lui faut au contraire tenter de réaliser son explication sans cette hypostase. Aussi ne peut-elle que constater qu'à la place d'un homme objectif se présente une figure d'apparence subjective, autrement dit un complexe représentatif. L'expérience nous apprend que ce complexe possède une certaine autonomie fonctionnelle. Il se manifeste comme existence psychique. Voilà ce qui doit préoccuper en premier lieu l'expérience psychologique et c'est dans cette mesure que cet événement peut aussi être objet de science. Celle-ci ne peut que constater la présence de facteurs psychiques et pour autant qu'on ne dépasse pas cette limite en faisant intervenir une croyance dans toutes les questions dites métaphysiques, on se trouve en présence de réalités psychiques exclusivement. Précisément à cause de leur nature psychique, ces dernières sont très intimement intriquées dans la personnalité individuelle, par suite exposées à toutes les variations possibles, au contraire d'un postulat de foi dont l'uniformité et la stabilité sont garanties par l'organisation et la tradition. La limitation épistémologique qui s'impose à la considération scientifique a donc pour conséquence que la figure religieuse apparaît surtout comme un facteur *psychique* que seule la théorie peut distinguer de la psyché individuelle. Plus on la sépare par abstraction de celle-ci, plus elle perd de sa plasticité et de son évidence puisque c'est précisément à son union intime avec la psyché individuelle qu'elle doit la forme marquée qu'elle prend, ainsi que sa vie. Par sa façon d'envisager les choses, quand la science étudie la figure divine dont la foi postule la sûreté et la certitude les plus hautes, elle les transforme en une grandeur variable et difficilement déterminable, bien qu'elle ne puisse mettre en doute sa réalité (au sens psychologique). Elle met donc à la place de la certitude de la foi, l'incertitude de la connaissance humaine. Le changement d'attitude ainsi occasionné n'est pas sans conséquences considérables pour l'individu: la conscience se voit isolée dans un monde de facteurs psychiques et seul un souci extrêmement consciencieux peut empêcher que l'on assimile ces derniers et que l'on s'identifie à eux. Le danger est particulièrement grand parce que dans l'expérience immédiate (rêve, vision, etc.), les figures religieuses manifestent un penchant très marqué à apparaître sous des formes variées; elles revêtent souvent si totalement l'apparence de la psyché individuelle qu'on finit par se demander si, au fond, elles ne sont pas des créations du sujet lui-même. Evidemment c'est là une illusion de la conscience, mais elle est très fréquente [36]. En réalité l'expérience interne provient de l'inconscient dont nous ne disposons pas le moins du monde. Or *l'inconscient, c'est la nature qui ne trompe jamais; nous seuls, nous nous trompons.* Or comme la manière dont la science envisage les choses laisse de côté toute conception métaphysique, puisqu'elle ne s'appuie que sur une expérience démontrable, elle mène directement à l'incertitude dont la variabilité du psychique est la cause. Elle met précisément l'accent sur le caractère subjectif de l'expérience religieuse, ce qui, de toute évidence, menace la communauté d'une confession. C'est à ce danger continuellement ressenti et souvent constaté que veut remédier l'institution de la communauté chrétienne dont le sens psychologique trouve sa meilleure expression dans les prescriptions de

---

[36] Comme je l'ai montré plus haut, il ne s'agit pas toujours d'une illusion, mais le sujet, c. à d. la personne, peut être la source principale de la transformation d'une figure, comme cela se produit en particulier dans les névroses ainsi que dans les psychoses.

l'épître de saint Jacques : « confessez donc vos fautes l'un à l'autre » [37]. Il est particulièrement recommandé comme important de maintenir la communauté et ce par l'*amour* réciproque. Les prescriptions de saint Paul ne laissent à ce sujet aucun doute:

« Rendez-vous par la charité serviteurs les uns des autres [38]. »

« Persévérez dans l'amour fraternel [39]. »

« Ayons l'œil ouvert les uns sur les autres pour nous exalter à la charité et aux bonnes œuvres: ne désertons pas nos assemblées... [40] »

L'étroite cohésion réciproque semble être dans la communauté chrétienne une condition du salut, quel que soit le nom donné à l'état où l'on aspire. La première épître de saint Jean s'exprime de façon analogue à ce sujet:

« Celui qui aime son frère demeure dans la lumière... mais celui qui hait son frère est dans les ténèbres [41]. »

« Personne n'a jamais vu Dieu; mais si nous nous aimons les uns les autres, Dieu demeure en nous... [42] »

Nous avons indiqué plus haut que l'on se confessait réciproquement ses péchés et reportait sur la figure divine les difficultés spirituelles. Ainsi s'établit entre elle et l'homme une union intime. Mais ce n'est pas seulement avec Dieu, mais aussi avec les semblables que l'on doit être en union d'*amour*. Il semble même que cette dernière union soit aussi importante que la première. Si Dieu ne « reste en nous » qu'à la condition que nous aimions « notre frère », on serait tenté de penser que l'amour a encore plus d'importance que Dieu. Ce n'est pas là une question absurde, semble-t-il, si l'on regarde d'un peu près les paroles de Hugo de Saint-Victor: « Magnam ergo vim

---

[37] « Portez les fardeaux les uns des autres ». Gal. 6, 2.
[38] Épître aux Galates, 5, 13.
[39] Épître aux Hébreux, 13, 1.
[40] Épître aux Hébreux, 10, 24.
[41] Épître de Saint Jean, 1, 2, 10 sq.
[42] Id., 1, 4, 12.

habes, caritas, tu sola Deum trahere potuisti de coelo ad terras. O quam forte est vinculum tuum, quo et Deus ligari potuit... Adduxisti illum vinculis tuis alligatum, adduxisti illum sagittis tuis vulneratum... Vulnerasti impassibilem, ligasti insuperabilem, traxisti incommutabilem, aeternum fecisti mortalem... O caritas quanta est victoria tua ! »[43]. D'après cela, il semble que l'amour ne soit pas une puissance négligeable. Elle est Dieu même [44]. D'un autre côté, « l'amour » est anthropomorphisme « par excellence » et avec la faim, la force impulsive psychique classique de l'homme. Psychologiquement, il est d'une part fonction de relation, d'autre part état psychique à teinte affective qui, on le voit, se confond, pourrait-on dire, avec l'image de Dieu. Indubitablement, l'amour renferme une déterminante instinctive: il est qualité et activité de l'homme et quand le langage religieux, définissant Dieu, le dit « amour », le danger est grand de confondre l'amour qui agit en l'homme avec l'action divine. C'est là vraisemblablement que se présente le cas indiqué plus haut où l'archétype est si profondément tissé dans la trame de l'âme individuelle que seule une attention minutieuse peut distinguer de la psyché personnelle, au moins par le concept, le type collectif. Cette distinction, cependant, n'est pas sans inconvénients pratiques en ce sens que « l'amour » humain est conçu comme une condition *sine qua non* de la présence divine. (Saint Jean, I, 4, 42.)

Sans aucun doute, c'est là un problème fort important pour qui cherche à soustraire à la psychologie la relation Dieu-homme. Pour le psychologue, la situation est moins

---

[43] « Car tu possèdes une grande puissance, ô amour, toi seul as le pouvoir de faire descendre Dieu du ciel sur la terre. Ô combien puissant est ton lien, puisqu'il a pu enchaîner même Dieu ... Tu l'as fait venir enchaîné par ton lien, blessé par tes flèches ... Tu as blessé l'être qui ne peut souffrir, tu as enchaîné celui qu'on ne peut dompter, tu as attiré l'immuable, tu as rendu mortel l'être éternel ... Ô amour, combien grande est ta victoire ! » *De laude caritatis*, Patr. lat. 178, 974 sq.

[44] Saint Jean, Épître I, 4, 16: « Dieu est amour, et celui qui demeure dans l'amour demeure en Dieu, et Dieu demeure en lui ».

confuse. Empiriquement « l'amour » se présente comme la force fatale par excellence, qu'il soit basse concupiscence ou affection spirituelle. C'est un des plus puissants moteurs des choses humaines. On le conçoit comme « divin » et c'est à bon droit qu'on lui donne ce nom, car la puissance absolue de la psyché a de tout temps été appelée « Dieu ». Que l'on croie ou non en Dieu, qu'on l'admire ou le maudisse, toujours le mot « Dieu » se presse sur nos lèvres, toujours et partout la puissance psychique porte le nom de « Dieu ». Et toujours Dieu est placé face à l'homme dont il est expressément distingué. L'amour, il est vrai, leur est commun. Il est le propre de l'homme en ce sens qu'il s'empare de lui, il est celui du δαίμων en ce sens que l'homme est son objet ou sa victime *(fig. 27)*. Psychologiquement, cela veut dire que la libido, en tant que force de désir et d'aspiration — en un sens plus large: en tant qu'énergie psychique, est en partie à la disposition du moi, mais qu'en partie aussi elle se comporte vis-à-vis de lui avec une certaine autonomie; que, le cas échéant, elle le détermine soit en le plongeant dans une situation pénible, qu'il n'a pas voulue, soit en lui ouvrant une nouvelle source de force à laquelle il ne s'attendait pas. Comme les rapports de l'inconscient au conscient ne sont pas simplement mécaniques ou *complémentaires* mais bien *compensatoires* et accordés selon l'unilatéralité de l'attitude consciente, on ne peut nier le caractère intelligent de l'activité inconsciente. De telles expériences expliquent immédiatement pourquoi l'image de Dieu fut considérée comme un être personnel.

Comme la *détermination psychique* au sens le plus large du terme et dans une mesure croissante a été imposée à l'homme finalement par l'inconscient [45], cette expérience aboutit tout naturellement à l'idée que l'image de Dieu est un esprit recherchant un esprit. Ce n'est là une invention ni du christianisme, ni des philosophes, mais au con-

---

[45] On ne peut choisir ni désirer volontairement (spontanément) quelque chose que l'on ne connaît pas. Aussi ne pouvait-on pas rechercher de fin spirituelle à une époque où il n'en existait pas encore.

traire une expérience primordiale générale de l'humanité que confirme aussi l'athéiste lui-même. (Dans ce cas il s'agit uniquement de ce dont on parle et non d'acceptation ou de refus.) C'est pourquoi l'autre définition de Dieu est: « Dieu est esprit. » [46] L'image pneumatique de Dieu a même abouti par un affinement tout particulier au Logos, qui a donné à « l'amour » émanant de Dieu un caractère spécial d'abstraction, qui convient au concept « d'amour chrétien ».

Cet « amour spirituel » qui appartient en fait beaucoup plus à l'image de Dieu qu'à l'homme, doit lier la communauté humaine:

« Accueillez-vous donc les uns les autres, comme le Christ vous a accueillis, pour la gloire de Dieu . [47] »

On comprend fort bien que le Christ ait accueilli les hommes avec un amour « divin »; par suite l'amour des hommes entre eux non seulement doit, mais aussi peut, posséder un caractère « spirituel » ou « divin », comme le dit notre citation. Mais cela ne va pas tellement de soi; car psychologiquement l'énergie d'un archétype n'est généralement pas à la disposition de la conscience. Aussi les formes humaines de l'amour — et c'est avec raison — ne sont pas considérées comme « spirituelles », voire « divines ». L'énergie de l'archétype ne se communique au moi humain que si celui-ci est influencé ou saisi par une action autonome de cet archétype. De cette expérience psychologique on devrait donc conclure que l'homme qui pratique l'amour spirituel est déjà au préalable saisi par lui, qu'il est sur la voie d'un *donum gratiae*; car on ne peut guère supposer qu'il puisse par ses propres moyens s'attribuer un mode d'action divin comme l'est un amour de cette sorte. Mais par suite du *donum amoris* il est à même de prendre en ce sens la place du dieu. On peut en effet constater psychologiquement qu'un archétype a le pouvoir de saisir le moi et même de le contraindre à agir dans sa direction (à lui archétype). L'homme peut apparaître sous

---

[46] Évangile selon Saint Jean, 4, 24.
[47] Épître aux Romains, 15, 7. .

138

Fig. 27. *L'éclair divin de l'amour.*
Estampe extraite du « Temple des Muses »
publié par Z. Chatelain.
Amsterdam 1733, planche XII.

la figure d'un archétype et exercer les effets correspondants; il peut en quelque sorte prendre la place du Dieu; c'est pourquoi il est non seulement possible, mais aussi significatif que d'autres hommes se réfèrent à lui tout comme dans d'autres cas à Dieu. On sait que cette possibilité psychologique est devenue, dans l'église catholique, une institution dont l'efficacité psychologique ne peut être mise en doute. Cette relation aboutit à une communauté de nature archétypique qui se distingue de toutes les autres en ce qu'elle n'a point pour but, ou pour fin, une utilité humaine immanente, mais un symbole transcendant dont la nature répond à la particularité de l'archétype dominant.

Le rapprochement réciproque provoqué entre les hommes par une telle communauté conduit à une intimité psychique qui, à son tour, effleure les sphères instinctives personnelles de l'amour « humain »: il comporte par conséquent certains dangers. Avant tout sont inévitablement constellés les instincts de la puissance et de l'érotique. L'intimité crée entre les humains certains raccourcis qui ne conduisent que trop aisément à ce dont le christianisme veut délivrer, l'attirance trop humaine avec toutes ses conséquences et toutes ses nécessités, dont eut à souffrir l'homme, en somme déjà très civilisé, du début de notre ère. Car de même que l'événement religieux fut souvent, dans l'antiquité, conçu comme une union corporelle avec la divinité [48], de même certains cultes étaient imprégnés de sexualité de toutes les sortes. Les relations des hommes entre eux ne frisaient que trop la sexualité. La décomposition morale des premiers siècles chrétiens produisit une réaction qui germa dans l'ombre des couches les plus

---

[48] Cf. Reitzenstein: *Die hellenistischen Mysterien-religionen*, 1910, p. 20. « Parmi les formes sous lesquelles les peuples primitifs se représentaient la consécration religieuse suprême, l'union à Dieu, il faut nécessairement ranger l'union sexuelle grâce à laquelle l'homme reçoit en lui son être le plus intime, la force du dieu, sa semence. Cette représentation d'abord sensuelle conduisit à divers endroits indépendants les uns des autres à des actes sacrés dans lesquels le dieu était représenté par des substituts humains ou par un symbole, le phallus » *(fig. 28).* Autres renseignements in: A. Dieterich: *Eine Mithrasliturgie*, 1910, p. 121 sq.

Fig. 28. *Vénération du phallus.*
Relief du musée des antiquités nationales, Bonn.

Extrait de JAHN: *Rapport sur le moyen de se défendre du mauvais œil.*
Berichte der königlichen sächsischen Gesellschaft der Wissenschaften,
1855, Planche IV, p. 77.

basses du peuple et qui s'exprima aux IIe et IIIe siècles
dans la grande pureté des deux religions antagonistes:
le christianisme d'une part et le mithriacisme d'autre part.
Ces religions visaient ces formes supérieures de communauté sous le signe de la projection d'une idée (« faite
chair, incarnée ») (λόγος) où les forces passionnelles les
plus puissantes de l'homme pouvaient servir à la conservation sociale, alors qu'auparavant elles l'emportaient
d'une passion à l'autre. Ce que les anciens considéraient
comme la contrainte exercée par les mauvaises étoiles,
comme l'εἱμαρμένη [49] ou en termes psychologiques qui tra-

---

[49] Voir les prières de la soi-disant liturgie de Mithra (publiées
en 1910 par Dieterich). On y trouve des passages caractéristiques
comme celui-ci: — τῆς ἀνθρωπίνης μοῦ ψυχικῆς δυνάμεως ἣν ἐγὼ πάλιν
μεταπαραλήμφομαι μετὰ τὴν ἐνεστῶσαν καὶ κατεπείγουσάν με πικρὰν ἀνάγκην

duisent également cette idée: *contrainte par la libido* [50]. Comme exemple parmi beaucoup d'autres, je signalerai le destin d'Alype, dans les *Confessions de saint Augustin* (liv. VI, ch. 7 sq.).

« Néanmoins ce gouffre de Carthage, où la jeunesse est toute bouillante d'ardeur pour les amusements des spectacles,

---

ἀγρεκόπητον — (« La puissance spirituelle humaine que je recouvrai après la misère présente qui m'enserre amèrement, délivré du péché ») ἐπικαλοῦμαι ἕνεκα τῆς κατεπειγούσης καὶ πικρᾶς ἀπαραιτήτου ἀνάγκης — (« à cause de la misère accablante, amère et inexorable »). On peut trouver une suite d'idées analogues dans le sermon du prêtre d'Isis (APULÉE : *Métamorphoses*, lib. XI, p. 248 sq.) Le jeune philosophe Lucius est métamorphosé en âne, animal toujours en rut et haï d'Isis ; plus tard, désensorcelé, il est initié aux mystères d'Isis. (Voir fig. 36). Lors du désensorcèlement le prêtre dit ce qui suit : « ... *lubrico virentis aetatulae, ad serviles delapsus voluptates, curiositatis improsperae sinistrum praemium reportasti... Nam in eos, quorum sibi vitas servitium Deae nostrae majestas vindicavit, non habet locum casus infestus — in tutelam jam receptus es Fortunae, sed videntis* ». (« Sur le terrain dangereux de la force de la jeunesse tu es devenu l'esclave des basses jouissances et as reçu la mauvaise récompense d'une curiosité fatale... Mais en présence de ceux dont la majesté de notre déesse a revendiqué pour elle la vie, les coups hostiles du destin n'ont plus de force. — Tu as été pris sous la protection de la Fortune, mais pas de l'aveugle, de celle qui voit »). Dans la prière à la déesse céleste, Isis, (*loc. cit.*, p. 257) Lucius dit : « *Qua fatorum etiam inextricabiliter contorta retractas licia et Fortunae tempestates mitigas, et stellarum noxios meatus cohibes* ». (« ... /ta droite/ avec laquelle tu démèles les fils inextricablement emmêlés du destin et adoucis les orages de la fortune et entraves les voies pernicieuses des astres »). — Généralement le sens du mystère était (*fig. 29*) : briser la contrainte des astres par la puissance magique. La puissance du destin ne se fait sentir désagréablement que quand tout va à l'encontre de notre volonté, c'est-à-dire quand nous ne nous trouvons plus en accord avec nous-mêmes. Conformément à cette idée, l'antiquité avait déjà rapproché εἱμαρμένη de la « lumière originelle » ou « feu originel », de la représentation stoïcienne de la cause dernière, de la chaleur partout répandue, *qui a tout créé* et qui précisément pour cela est le destin. (Cf. CUMONT : *Mystères de Mithra*, 1913, p. 114). Cette chaleur, nous le montrerons plus tard, est une image de la libido (voir fig. 46). Comme autre représentation de l'Ananké (nécessité) on trouve, dans le livre de ZOROASTRE περὶ φύσεως, l'*air*, qui, sous forme de *vent* (voir plus haut) est encore en rapport avec le fécondant.

[50] SCHILLER dit dans *Wallenstein :* « C'est dans ton cœur que

Fig. 29. *Scènes des mystères d'Eleusis.*
L'initiande voilé reçoit sur la tête
la puissance purifiante du van.
Dessin reconstitué d'après un vase funéraire
du commencement de l'empire.

Extrait du « Bullettino della Commissione Archeologica Communale di Roma ».
Anno VII, Serie Seconda. Roma 1879.

l'avait entraîné dans une folle passion pour les divertissements du cirque. — (Saint Augustin le convainquit par sa sagesse) — Alype après ce discours se retira de ce gouffre dans lequel il prenait plaisir de s'abîmer, et où il se laissait aveugler par une misérable volupté. Il en détacha courageusement son esprit, il renonça à toutes les folies du cirque et n'y retourna jamais depuis. (Puis Alype se rendit à Rome pour y étudier le droit; là il succomba à nouveau.) Il devint passionné pour les combats de gladiateurs, et sa passion n'était pas moins extraordinaire dans sa cause et son origine que violente dans son excès. Car, lorsqu'il en était le plus éloigné et qu'il en avait le plus d'horreur, quelques-uns de ses compagnons et de ses amis, l'ayant rencontré par hasard aussitôt après dîner, l'entraînèrent comme en se jouant de lui, quelque résistance qu'il pût leur faire, et le menèrent à l'amphithéâtre, au temps de ces jeux funestes, quoiqu'il leur criât: « Si vous avez assez de force pour enchaîner » mon corps en ce lieu, en aurez-vous assez pour rendre malgré » moi mes yeux et mon esprit attentifs à la cruauté de ces » spectacles ? J'y assisterai donc sans y être et sans y rien voir; » et ainsi je triompherai d'eux et de vous. » Ils ne laissèrent pas

---

sont les étoiles du destin ». « Nos destins sont le résultat de notre personnalité », dit EMERSON dans ses *Essays*.

de l'emmener avec eux, voulant peut-être éprouver s'il aurait
assez de pouvoir sur lui pour faire ce qu'il disait. Lorsqu'ils
furent arrivés et qu'ils se furent placés le mieux qu'ils purent,
ils trouvèrent tout l'amphithéâtre dans l'ardeur de ces plaisirs
cruels et abominables. Alype ferma les yeux aussitôt, et défendit
à son âme de prendre part à une si horrible fureur; et plût à
Dieu qu'il eût encore bouché ses oreilles ! Car les sentant frappées
avec violence par un grand cri que fit tout le peuple dans un
accident extraordinaire qui arriva en ces combats, il se laissa
emporter à la curiosité. Et, s'imaginant qu'il serait toujours
au-dessus de ce qu'il pourrait voir, et qu'il le mépriserait après
l'avoir vu, il ouvrit les yeux et fut frappé aussitôt d'une plus
grande plaie dans l'âme que le gladiateur ne l'avait été dans le
corps. Il tomba plus malheureusement que celui qui, par sa
chute, avait excité cette clameur, laquelle était entrée dans son
oreille, avait en même temps ouvert ses yeux pour lui faire
recevoir le coup mortel qui le perça jusque dans le cœur. Car la
fermeté qu'il avait témoignée était plutôt une audace qu'une
véritable force, parce qu'elle était présomptueuse; et qu'au
lieu de s'appuyer sur vous, mon Dieu, qui rendez forts les plus
faibles, il ne s'appuyait que sur lui-même qui n'était que fragilité et que faiblesse. Il n'eut pas plutôt vu couler ce sang qu'il
devint cruel et sanguinaire. Il ne détourna point les yeux de
ces spectacles, mais il s'y arrêta au contraire avec ardeur. Cette
barbarie pénétra jusque dans le fond de son âme, et se saisit
d'elle sans qu'il s'en aperçût; il goûta cette fureur avec avidité
comme un breuvage délicieux, et il se trouva en un moment
tout transporté et comme enivré d'un plaisir si sanglant et si
inhumain. Ce n'était plus ce même homme qui venait d'arriver,
mais un de la troupe du peuple et le compagnon véritable, tant
d'esprit que de corps, de ceux qui l'avaient emmené. Que
dirai-je davantage ? Il devint spectateur comme les autres; il
jeta des cris comme les autres, il s'anima de chaleur comme les
autres, et il emporta de ce lieu une passion d'y retourner
encore plus violente que celle de tous les autres, n'y retournant
pas seulement avec ceux qui l'y avaient entraîné la première
fois, mais y entraînant lui-même tous ceux qu'il pouvait. »

On peut certes admettre que la civilisation a dû demander à l'homme de grands sacrifices. Une époque qui créa
l'idéal stoïcien a dû savoir pour quelles raisons et contre
quoi elle l'imagina. L'époque néronienne donne la mesure

la plus éclatante de la valeur du célèbre passage de la quarante et unième lettre de Sénèque à Lucilius:

« Nous nous excitons au vice les uns les autres. Comment revenir en arrière et songer à son salut, quand nul ne nous retient et que tout le monde nous pousse ?

« Et si tu trouves un homme que n'effraie pas le danger, que n'émeut pas la passion, heureux dans l'adversité, tranquille dans la tempête, voyant les autres hommes au-dessous et les dieux à côté de lui, ne te sentiras-tu pas pris pour lui de vénération ? Ne diras-tu pas: « Une telle grandeur, une telle noblesse » ne peuvent pas ressembler au pauvre petit corps qui les » contient. Oui, dans ce corps est descendue une force divine, » une âme à la fois supérieure et modérée qui juge toutes choses » inférieures et méprisables, et se moque de nos craintes et de » nos désirs, cette âme est mise en mouvement par une puis- » sance céleste; il lui faut pour se maintenir l'aide de la divinité; » la plus noble partie d'elle-même est restée dans le lieu d'où » elle est descendue. Les rayons du soleil viennent bien toucher » la terre; mais ils sont dans l'astre qui les envoie; ainsi une » âme grande et sainte placée dans notre corps pour nous faire » connaître de plus près la divinité, vit sans doute avec nous; » mais elle reste attachée à son origine; elle lui est unie; elle la » contemple; elle fait effort pour la rejoindre; c'est quelque » chose de meilleur que nous et qui vit avec nous. »

Les hommes de cette époque étaient mûrs pour s'identifier au Logos devenu chair, pour former une société unie par une idée [51] au nom de laquelle ils pouvaient s'aimer et s'appeler frères [52]. L'idée d'un μεσίτης, d'un médiateur, au nom de qui s'ouvraient de nouvelles voies d'amour, devint réalité et grâce à elle la société humaine fit un énorme pas en avant. Ce n'était pas une philosophie

---

[51] Cette élévation à l'idée est décrite chez saint Augustin (*Conf.*, X, chap. 6 sq.). Le début du chapitre 8 dit: « Je passerai donc au-delà de ces puissances naturelles qui sont en moi pour m'élever comme par degrés vers celui qui m'a créé, et je viendrai à ces larges campagnes, à ces vastes palais de ma mémoire. »

[52] Les adeptes de Mithra s'appelaient également frères. Dans le langage philosophique, Mithra était le Logos émané de Dieu. (CUMONT: *Mystères de Mithra*, 1913, p. 141).

spéculative et subtile qui y avait conduit, mais un besoin élémentaire de la masse végétant dans l'obscurité spirituelle. Sans doute de très profondes nécessités y ont-elles conduit, car l'humanité ne se sentait pas à l'aise dans cet état de relâchement total [53]. Le sens de ces cultes — je parle du christianisme et du mithriacisme — est clair: il s'agit de dompter moralement les instincts animaux [54]. La grande diffusion des deux religions trahit quelque peu ce sentiment de délivrance qui s'empara des premiers adeptes et que nous ne savons guère éprouver encore aujourd'hui. Nous pourrions y parvenir si nous réussissions à voir clairement, avec toute la logique nécessaire, ce qui conviendrait à l'époque présente. L'homme civilisé d'aujourd'hui en semble bien éloigné. Il est simplement devenu nerveux. Aussi les besoins de la communauté chrétienne ne sont-ils plus compris aujourd'hui. Nous n'en saisissons plus le sens. Nous ne savons pas contre quoi ils pourraient

---

[53] SAINT AUGUSTIN qui était proche de cette période de transition non seulement dans le temps, mais aussi par l'esprit, écrit dans ses *Confessions :* « Je leur demandais pourquoi nous ne serions pas heureux et ce que nous voudrions chercher davantage si nous étions immortels et si nous vivions dans une perpétuelle volupté des sens, sans aucune crainte de la pouvoir perdre; ne considérant pas que cette pensée que j'avais faisait connaître la grandeur de ma misère. — Malheureux que j'étais, je ne considérais pas de quelle source venait le plaisir que je prenais à m'entretenir doucement de ces choses, quoique honteuses, avec mes amis; et que selon les sentiments où j'étais alors et au milieu même de toutes les voluptés charnelles, je n'eusse pu vivre heureux si j'eusse été sans amis, et sans des amis que je n'aimais nullement par intérêt, et dont j'étais assuré d'être aimé de la même sorte. Malheur à l'âme audacieuse qui, en s'éloignant de vous, mon Dieu, espère trouver quelque chose de meilleur que vous. Elle a beau se tourner et se retourner de tous côtés, tout lui est dur. Car vous seul êtes son repos. »

[54] Les deux religions enseignaient une morale expressément ascétique et une morale de l'action. Ce dernier caractère est essentiellement celui du culte de Mithra. CUMONT dit que le mithraïsme dut ses succès à la valeur de sa morale « qui favorisait éminemment l'action » (*Mystères de Mithra*, 1903, p. 149). Les disciples de Mithra formaient une « milice sacrée » pour combattre le mal (CUMONT loc. cit., p. 149). Il y avait parmi eux des virgines = nonnes et des continentes = ascètes (CUMONT, loc. cit., p. 170).

nous protéger [55]. Pour des gens éclairés, la religiosité est déjà très proche de la névrose [56]. Il faut, il est vrai, souligner que l'éducation chrétienne en vue de l'esprit a inévitablement conduit à une sous-estimation insupportable de la Physis et par suite a fourni de l'homme une image qui en est une déformation optimiste. Deux guerres mondiales ont rouvert l'abîme du monde et répandu une doctrine comme on n'en peut imaginer de plus épouvantable. Nous savons maintenant ce dont l'homme est capable et ce qui nous menace s'il arrivait que la psyché des masses prît encore une fois le dessus. La psychologie de masse, c'est l'égoïsme accumulé à un point qu'on ne peut se représenter, car son but est immanent et non pas transcendant.

Nous voici revenu à la question d'où nous étions parti: le poème de Miss Miller représente-t-il, ou non, une création de valeur ? Si nous prenons en considération les conditions psychologiques ou historico-morales dans lesquelles le christianisme a vu le jour, à une époque où la brutalité la plus énorme était spectacle quotidien, alors nous comprenons l'émotion religieuse de toute la personnalité et quelle valeur eut la religion qui défendit l'homme du monde romain civilisé contre les attaques visibles du mal. Il n'était pas difficile à ces hommes de garder une

---

[55] C'est intentionnellement que j'ai conservé ces phrases des éditions antérieures parce qu'elles sont caractéristiques du faux sentiment de sécurité de notre fin de siècle. Depuis, nous avons connu des horreurs dont Rome ne rêvait même pas. En ce qui concerne l'état social dans l'empire romain, je renvoie à: POHLMANN: *Geschichte des antiken Kommunismus und Socialismus*, et à BÜCHER: *Die Aufstände der unfreien Arbeiter*, 143-129 av. J.-C., 1874. Sans doute faut-il voir dans le fait qu'une partie incroyablement énorme du peuple languissait dans la plus noire misère, une des causes principales de l'étonnante mélancolie de toute la période impériale romaine. A la longue il n'est pas possible que ceux qui nagent dans le bonheur ne soient pas inévitablement contaminés par la vie secrète de l'inconscient, par la tristesse profonde et la misère encore plus profonde de leurs frères; il en résulta que les uns tombèrent dans la fureur orgiastique tandis que les autres, les meilleurs, sombrèrent dans l'étrange douleur universelle et la sursatiété des intellectuels d'alors.

[56] Malheureusement Freud aussi a commis cette erreur.

conscience claire de leur penchant au péché, puisqu'ils le voyaient étalé quotidiennement sous leurs yeux. Quant à miss Miller, non seulement elle sous-estime son péché, mais elle a, de plus, perdu le sens de la relation que peut avoir la « misère accablante et impitoyable » avec son produit religieux. De cette façon ce dernier perd sa valeur religieuse vivante. Il semble n'être guère plus qu'une transformation sentimentale de l'érotique, transformation qui se fait en sous-main, en marge de la conscience et qui, en principe, a la même valeur éthique que le rêve, produit lui aussi sans notre participation.

Dans la mesure où la conscience moderne s'adonne avec passion à des occupations d'un tout autre genre que la religion, cette dernière et son objet, le penchant élémentaire au péché, disparaissent en grande partie dans l'inconscient. C'est pourquoi on ne croit de nos jours ni à l'un ni à l'autre. On accuse la psychologie d'être une fantaisie malsaine, alors qu'il serait si facile, d'un simple regard jeté sur l'histoire des religions et des mœurs antiques, de voir quels démons recèle l'âme humaine. A cette incrédulité concernant la sauvagerie de la nature humaine vient s'ajouter l'incompréhension à l'égard de l'importance de la religion. La transformation *inconsciente* d'une force instinctive en activité religieuse est *dépourvue de valeur* éthique, n'est souvent qu'une force hystérique, son produit eût-il une valeur esthétique. Il n'y a de décision éthique que là où le conflit est conscient dans tous ses aspects. Il en est de même de la prise de position religieuse : il faut qu'elle soit à la fois consciente d'elle-même et de son fondement pour être autre chose qu'imitation inconsciente [57].

Par un travail séculaire d'éducation, le christianisme a refréné l'impulsivité animale de l'antiquité ainsi que celle des siècles barbares ultérieurs, au point qu'une

---

[57] Un théologien me reprochait d'avoir des opinions antichrétiennes. Il oubliait totalement que Jésus-Christ n'a jamais dit : « Si vous ne *restez* pas comme des enfants », mais bien : « Si vous ne *devenez* pas comme des enfants ». Et il y insistait. C'est l'indice d'un dangereux émoussement du sentiment religieux. Il est impossible d'oublier tout le drame de la Renaissance, *in novam infantiam.*

énorme masse de forces instinctives put se libérer pour construire une civilisation. L'effet de cette éducation se manifeste d'abord en un changement fondamental d'attitude, à savoir l'éloignement du monde et la recherche de l'au-delà caractéristiques des premiers siècles chrétiens. Cette époque recherchait la vie intérieure et l'abstraction spirituelle. On était mal disposé à l'égard de la nature. Je rappelle le passage de saint Augustin cité par J. Burkhardt (*Confessions*, 1. X., ch. 8):

« Les hommes admirent la hauteur des montagnes, l'agitation des flots de la mer, la vaste étendue des océans, le cours des fleuves et le mouvement des astres et ils ne pensent point à eux-mêmes. »

Mais la beauté esthétique du monde n'était pas seule à pouvoir troubler par sa distraction séductrice la concentration vers un but spirituel situé en l'au-delà; il émanait encore de la nature des influences démoniaques ou magiques.

L'éminent spécialiste du culte de Mithra, Franz Cumont [58], dit ce qui suit au sujet de l'attachement des anciens à la nature:

« Les dieux étaient partout et ils se mêlaient à tous les actes de la vie quotidienne. Le feu qui cuisait les aliments des fidèles et les réchauffait, l'eau qui les désaltérait et les purifiait, l'air même qu'ils respiraient et le jour qui les éclairait étaient l'objet de leurs hommages. Peut-être aucune religion n'a-t-elle autant que le mithriacisme, donné à ses sectateurs des occasions de prière et des motifs de vénération. Lorsque l'initié se rendait le soir à la grotte sacrée, cachée dans la solitude des forêts, à chaque pas des sensations nouvelles éveillaient dáns son cœur une émotion mystique. Les étoiles qui brillaient au ciel, le vent qui agitait le feuillage, la source ou le torrent qui coulaient de la montagne, la terre même qu'il foulait aux pieds, tout était divin à ses yeux et la nature entière qui l'entourait provoquait en lui la crainte respectueuse des forces infinies agissant dans l'univers. »

---

[58] F. Cumont: *Les mystères de Mithra*, 1913, p. 150.

Cette union religieuse à la nature, Sénèque la décrit en ces termes [59]:

« Devant une forêt peuplée d'arbres séculaires qui dépassent la hauteur moyenne et dont les branches, se couvrant les unes les autres, empêchent de voir le ciel, ces arbres qui montent si haut, le mystère de l'endroit, l'ombre admirable dont l'épaisseur s'étend au loin dans la campagne, tout cela te fait croire à la divinité. Voici une grotte dont les parois rongées pénètrent profondément sous la montagne et s'étendent loin sous le sol; la main de l'homme n'y est pour rien, c'est l'œuvre de la nature; une pensée religieuse ne viendra-t-elle pas frapper ton esprit ? On vénère les sources des grands fleuves, on élève des autels à l'endroit où une rivière sort brusquement de terre, on adore des fontaines d'eaux chaudes, on sanctifie des marais pour la couleur sombre ou l'énorme profondeur de leurs eaux. »

L'éloignement chrétien du monde forme un contraste brutal avec le sentiment religieux de la nature qu'éprouvaient les anciens. Saint Augustin le décrit avec une vivante précision (*Confession*, X, 6).

« Or qu'est-ce que j'aime lorsque je vous aime ? Ce n'est ni tout ce que les lieux enferment de beau, ni tout ce que les temps nous présentent d'agréable. Ce n'est ni cet éclat de la lumière qui donne tant de plaisir à nos yeux, ni la douce harmonie de la musique, ni l'odeur des fleurs et des parfums, ni la manne, ni le miel, ni tout ce qui peut plaire dans les voluptés de la chair. Non, ce n'est rien de tout cela que j'aime quand j'aime mon Dieu, et néanmoins j'aime en lui une certaine lumière, une certaine harmonie, une certaine odeur, une certaine nourriture, et enfin certaines caresses et une volupté. Car cette lumière, ou cette harmonie, cette odeur, cette nourriture et cette volupté ne se trouvent que dans le fond de mon cœur, dans cette partie de moi-même qui est tout intérieure, où mon âme voit briller au-dessus d'elle une lumière que le lieu ne renferme point, où elle entend une harmonie que le temps ne mesure point, où elle sent une odeur que le vent ne dissipe point, où elle goûte une saveur qui en nourrissant ne diminue point; et enfin un objet infiniment aimable dont la jouissance ne dégoûte point: c'est là ce que j'aime quand j'aime mon Dieu. »

[59] *Lettres à Lucilius*, n° 41, trad. Fr. et P. Richard.

Il fallait éviter le monde et sa beauté, non pas uniquement à cause de sa vanité et de sa fragilité, mais parce que l'amour pour la création ne tardait pas à faire de l'homme son esclave. Ainsi que le dit saint Augustin (*Confessions* X, 6) « amore subduntur eis (les hommes sont détournés par leur amour pour les choses créées), et subditi judicare non possunt » (et détournés ils sont incapables de juger). Par leur attachement, ils restent collés aux choses et en perdent même leur faculté de juger. On pourrait penser cependant qu'il devrait être possible d'aimer quelque chose, c'est-à-dire d'avoir vis-à-vis de ce quelque chose une attitude positive sans en devenir la proie docile, et sans perdre en même temps son jugement raisonnable. Mais saint Augustin connaît les hommes de son temps. Il sait en outre combien la beauté du monde renferme de divinité et de supériorité divine.

> « Quae quoniam rerum naturam sola gubernas,
> Nec sine te quicquam dias in luminis oras
> Exoritur, neque fit laetum neque amabile quicquam [60]. »

C'est en ces termes que Lucrèce chante « l'alma Venus », principe qui gouverne l'ensemble de la nature. A un tel Daimonion l'homme est livré sans force, à moins que dès l'origine, il ne repousse catégoriquement cette influence séduisante. Il ne s'agit pas simplement de sensualité ni de séduction esthétique, mais aussi — et c'est là le point décisif — du paganisme et de son lien religieux avec la nature *(fig. 30)*. C'est parce que les dieux habitent les créatures que l'homme succombe; et c'est pour cette raison qu'il lui faut se détourner entièrement d'elles, afin de n'être pas dominé par leur puissance. Ainsi considéré, l'exemple d'Alype donné ci-dessus est extrêmement instructif. S'il réussit à fuir le monde, l'homme peut bâtir dans son for intérieur un monde spirituel capable finalement de résister aux assauts des impressions des sens.

---

[60] « Donc, déesse, toi seule tu gouvernes le monde, et sans toi un mortel ne pénètre aux rivages de la lumière, ni rien ne peut être joyeux, ni aimable au monde ».

ΠΑΝΤΩΝ ΤΟΚΑΔΙ

Fig. 30. *La mère de l'Univers.*
Extrait du « Songe de Poliphile » publié par Béroalde de Verville,
Paris 1600, p. 22.

Cette lutte contre le monde sensible a rendu possible l'apparition d'une pensée indépendante des choses extérieures. L'homme a conquis *l'autonomie de l'idée*, susceptible de tenir tête à l'impression esthétique, de sorte que la pensée cessa d'être enchaînée par l'influence émotionnelle de l'impression et put d'abord s'affirmer en face d'elle, et plus tard même s'élever jusqu'à l'observation réfléchie. Dès lors l'homme fut capable d'établir avec la nature un rapport nouveau et indépendant, de continuer

Fig. 31. *Sentiment antique de la nature.*
Tableau dit « le concert », de Giorgione, Louvre, Paris.
Extrait de G. F. HARTLAUB: *Giorgiones Geheimnis.*
Munich, 1925, Table 33.

à bâtir [61] sur les fondements posés par l'esprit antique, et de rétablir sa relation avec la nature qu'avait détruite l'éloignement chrétien du monde. Au niveau spirituel nouvellement atteint s'établit désormais un lien avec le monde et la nature qui, contrairement à l'attitude antique, ne succomba point au charme de l'objet, mais put observer ce dernier avec réflexion. Certes il se glissa un peu de vénération religieuse dans l'attention accordée aux objets naturels et il se répandit un peu d'éthique religieuse dans la véracité et dans la sincérité scientifiques. Si à l'époque de la Renaissance l'antique sentiment de la nature s'infiltra de façon fort perceptible dans l'art [62] *(fig. 31)* et dans la philosophie de la nature [63] refoulant par moments à

[61] Cf. K. KERENYI: « Die Göttin Natur », *Eranos-Jahrbuch*, Rhein-Verlag, Zurich 1947, Bd. XIV, p. 50 sq.

[62] Cf. G. F. HARTLAUB: *Giorgiones Geheimnis*, 1925.

[63] Notamment dans l'alchimie. Cf. mon ouvrage: *Paracelsica*, Rascher, Zurich 1942, p. 109, 132 et 169 sq.

l'arrière-plan le principe chrétien, malgré tout l'autonomie nouvellement acquise de la raison et de l'intellect réussit à s'affirmer, permettant à l'esprit de pénétrer de plus en plus dans les profondeurs de la nature avec une ampleur que les époques antérieures n'avaient guère soupçonnée. Plus la pénétration et l'approfondissement du nouvel esprit scientifique eurent de succès, plus ce dernier — il en est toujours ainsi du vainqueur — devint prisonnier du monde qu'il venait de conquérir. Au début de ce siècle encore, un auteur chrétien pouvait considérer l'esprit moderne en quelque sorte comme une deuxième incarnation du Logos. «La profonde compréhension de l'animation de la nature dans la peinture et la poésie modernes, dit Kalthoff, l'intuition vivante dont la science elle-même, dans la rigueur de ses travaux, ne veut pas non plus se passer davantage, permettent de voir aisément comment le Logos de la philosophie grecque, qui poussa le type ancien du chrétien à s'éloigner du monde, dépouille son caractère d'au-delà et fête une nouvelle incarnation. » [64] En très peu de temps, on dut s'apercevoir qu'il ne s'agissait pas d'une nouvelle incarnation du Logos, mais bien plutôt d'un effondrement de l'anthropos ou du νοῦς dans la Physis. Le monde avait non seulement perdu son caractère divin; il avait aussi perdu son caractère spirituel. En transposant le centre d'intérêt du monde intérieur au monde extérieur, la connaissance de la nature a infiniment grandi en comparaison de ce qu'elle était autrefois; mais la connaissance et l'expérience du monde intérieur ont diminué en proportion. L'intérêt religieux qui, normalement, devrait être le plus fort et par conséquent décisif, s'est détourné du monde intérieur et les figures du dogme sont, dans notre monde, des résidus étranges et incompréhensibles, livrés à toutes sortes de critiques. Même la psychologie moderne a grand-peine à revendiquer pour l'âme humaine un droit à l'existence et à faire admettre qu'elle soit une forme d'être douée de qualités que l'on peut étudier et par conséquent objet d'une science empi-

---

[64] *Entstehung des Christentums*, 1904, p.154.

rique; qu'elle ne dépend pas uniquement d'un extérieur, mais possède aussi un intérieur autonome et qu'elle ne représente pas uniquement un moi conscient, mais également une existence qu'on ne peut atteindre qu'indirectement. Pour une attitude de cette sorte, le mythe, autrement dit le dogme de l'église, paraît une collection d'affirmations absurdes parce que impossibles. Le rationalisme moderne veut éclairer et se fait même un mérite moral de sa tendance iconoclastique. On se satisfait le plus souvent de cette idée peu intelligente que l'affirmation du dogme poursuit une impossibilité concrète. Mais qu'elle puisse être l'expression symbolique d'un certain contenu idéal, voilà ce à quoi on ne réfléchit guère. On ne saurait indiquer sans plus en quoi consiste cette idée, mais ce que « moi » je ne sais pas, eh bien ! cela n'existe pas. Aussi, pour cette sottise éclairée, le psychisme non conscient n'existe pas.

Le *symbole* n'est ni une allégorie ni un semeion (signe); il est l'image d'un contenu qui, en grande partie, transcende la conscience. Il faut découvrir que de tels contenus sont réels, c'est-à-dire des agentia, avec lesquels il est non seulement possible, mais aussi nécessaire de s'expliquer [65]. Durant cette recherche, il ne faudra pas omettre de remarquer de quoi traite le dogme, ce qu'il formule et dans quelle intention il a été formé [66].

---

[65] Cf. mon ouvrage: *Le moi et l'inconscient*, Gallimard, Paris, 1938, p. 190 sq.

[66] Quand j'écrivis ce livre, tout ceci m'était encore tout à fait obscur et je ne pouvais me tirer d'affaire qu'en citant le passage suivant de la 41e lettre de Sénèque à Lucilius:

« Tu fais très bien de persister à acquérir la sagesse, qu'il est ridicule de souhaiter, alors qu'on peut l'obtenir de soi-même. Pourquoi lever la main au ciel ou prier le gardien du temple de nous laisser approcher de la statue du dieu, comme pour nous mieux faire entendre ? Le dieu est près de toi, il est avec toi, il est en toi. Oui, Lucilius, il y a en nous un esprit sacré qui observe et surveille nos bonnes et nos mauvaises actions; comme nous le traitons, il nous traite. Dans tout homme de bien il y a un dieu. C'est lui qui nous donne des conseils nobles et élevés. Oui, dans chaque homme de bien il y a un dieu; lequel ? Nul ne le sait.»

(Trad. François et Pierre Richard.)

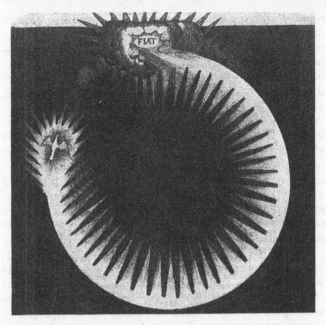

Fig. 32. *Genèse de la lumière.*

Extrait de R. Fludd: *Utriusque Cosmi Maioris scilicet et Minoris Metaphysica, Physica atque Technica Historia.* Oppenheimii 1617, p. 49.

V

LE CHANT DE LA MITE

Peu après les événements cités plus haut, miss Miller alla de Genève à Paris; elle dit:

« Ma fatigue dans le train était telle que c'est à peine si je pus dormir une heure. Il faisait horriblement chaud dans le compartiment des dames. »

A quatre heures du matin, elle aperçut une mite volant vers la lumière dans le compartiment. Là-dessus elle

156

essaya de se rendormir. Alors le poème suivant s'imposa soudain à elle:

The moth to the sun

« I longed for thee when first I crawled to consciousness
My dreams were all of thee when in the chrysalis I lay.
Oft myriads of my kind beat out their lives
Against some feeble spark once caught from thee.
And one hour more — and my poor life is gone;
Yet my last effort, as my first desire, shall be
But to approach thy glory; then, having gained
One raptured glance, I'll die content;
For I, the source of beauty, warmth and life
Have in his perfect splendor once beheld. »

(Traduction: « J'aspirai à toi dès le premier éveil de ma conscience de vermisseau. Je ne rêvai qu'à toi quand j'étais chrysalide. Souvent des myriades de mes semblables périssent en volant vers quelque faible étincelle émanée de toi. Encore une heure, et c'en est fait de ma faible existence. Mais mon dernier effort comme mon premier désir, n'aura d'autre but que d'approcher de ta gloire. Alors t'ayant entrevu dans un instant d'extase, je mourrai contente, puisque pour une fois, j'aurai contemplé, dans sa splendeur parfaite, la source de beauté, de chaleur et de vie. »)

Avant d'examiner les matériaux fournis par miss Miller pour la compréhension du poème, nous allons jeter un regard sur la situation psychologique dans laquelle il est né. Depuis la dernière manifestation directe de l'inconscient, il semble que se soient écoulés quelques semaines ou quelques mois sur lesquels on ne nous apprend rien. Nous ne savons rien des humeurs et fantaisies durant cet intervalle. S'il était permis de tirer quelques conclusions de ce silence, il faudrait dire par exemple que dans cette période entre les deux poèmes il ne s'est réellement rien passé d'important et que, par conséquent, le dernier poème est une traduction à haute voix d'une élaboration complexuelle inconsciente s'étendant sur des mois. Très vraisemblablement il s'agit du même conflit que plus haut [1]. Le produit

---

[1] Les complexes sont d'ordinaire d'une très grande stabilité,

antérieur, l'hymne au créateur, ressemble peu au poème actuel qui est tout imprégné d'une mélancolie sans espoir: mite et soleil, deux êtres qui jamais ne se rencontrent. Mais, demandera-t-on, est-il nécessaire que réellement la mite monte vers le soleil ? Nous connaissons certes la locution proverbiale de la mite qui vole vers la lumière et s'y brûle les ailes, mais nous ne connaissons pas de légende d'une mite aspirant au soleil. De toute évidence se condensent ici deux choses qui d'après leur sens ne devraient guère se joindre: d'abord la mite qui vole autour de la lumière jusqu'à ce qu'elle s'y brûle les ailes; puis l'image d'un petit être passager, que l'on appelle éphémère, par exemple, qui, misérable opposition à l'éternité des astres, aspire à la lumière éternelle. C'est là une image qui rappelle Faust:

« Vois comme sous les feux du soleil couchant
Ces chaumières ceintes de verdure étincellent.
Il avance, il disparaît, la journée est expirée;
Il accourt plus loin allumant une vie nouvelle.
Oh ! que n'ai-je des ailes pour m'enlever du sol
Et le poursuivre sans cesse en sa course !
Je verrais dans le rayonnement du soir, éternellement,
Le monde silencieux étalé à mes pieds.

Le Dieu pourtant, semble enfin s'enfoncer;
Mais une impulsion nouvelle s'éveille en moi;
Je m'élance toujours plus loin pour boire sa lumière éternelle.
Devant moi, le jour, et derrière moi, la nuit.
Le ciel au-dessus de moi et au-dessous les vagues !
Quel beau rêve, tandis que le soleil descend !
Hélas ! aux ailes de l'esprit malaisément
S'alliera jamais une aile corporelle ! »

(Trad. Lichtenberger, Aubier, éd.)

Peu de temps après, Faust aperçoit le « chien noir qui rôde à travers blés et chaumes », le chien, le démon, le

bien que leurs manifestations externes soient aussi changeantes que les figures kaléidoscopiques. Des recherches expérimentales m'en ont largement persuadé. (Voir *Etudes sur les Associations*.) Edition française en préparation.

tentateur lui-même au feu infernal duquel Faust va se brûler les ailes. Alors qu'il croyait offrir sa grande aspiration à la beauté du soleil et de la terre, il se perdait lui-même à cause de cela et tombait aux mains du Malin.

> « Oui, au doux soleil de la terre,
> Ose tourner le dos résolument. »

avait dit Faust peu auparavant, dans une juste compréhension de la situation ; car la vénération de la beauté naturelle conduit le chrétien du moyen âge à des pensées païennes voisines de sa religion consciente contre laquelle elles sont toujours toutes prêtes à se dresser, comme jadis le mithriacisme qui fit au christianisme une concurrence redoutable [2].

L'aspiration de Faust causa sa perte. Son *désir de l'au-delà* l'avait normalement conduit au dégoût de la vie. Il était au bord du suicide [3]. L'aspiration à la beauté d'ici-bas le conduisit encore à sa perte, au doute et à la douleur jusqu'à la fin tragique de Marguerite. Son erreur fut d'obéir sans frein à la double poussée de la libido comme un homme doté d'une immense et indomptable passion. Il revit une fois de plus le conflit collectif du début de notre ère ; mais, fait remarquable, dans l'ordre inverse. Contre quelles énormes puissances de séduction le chrétien eut à se

---

[2] La dernière tentative, vaine, on le sait, pour remplacer le christianisme par une religion fut celle de Julien l'Apostat. (Voir fig. 37.)

[3] La fuite hors du monde durant les premiers siècles chrétiens (les villes d'anachorètes dans les déserts de l'Orient) apportait au problème une solution analogue. Les hommes se tuaient par leur spiritualisation pour échapper à la brutalité extrême de la décadence culturelle de Rome. On trouve toujours l'ascèse là où les instincts bestiaux ont conservé encore tant de force que seule la violence peut les faire disparaître. CHAMBERLAIN *(Grundlagen des* 19. *Jahrhunderts)* voit là un suicide biologique causé par l'abâtardissement affreux des peuples méditerranéens d'alors. Je crois que l'abâtardissement rend plutôt vil et heureux de vivre. D'après tout ce qu'on sait, il semble que ce soient des hommes hautement moraux qui, fatigués de la mélancolie de ce temps par quoi s'exprimait le déchirement de l'individu, mettaient fin à leur vie pour anéantir en eux une attitude dépassée.

défendre au moyen de l'au-delà absolu de son espérance, on le voit à l'exemple d'Alype si souvent mentionné. Cette culture devait disparaître parce que l'humanité elle-même se dressait contre elle. On sait que déjà avant la diffusion du christianisme une étrange espérance de salut s'était emparée de l'humanité. Il est probable que l'églogue suivante de Virgile [4] est comme un écho de cet état d'esprit :

> « Ultima Cumaei venit jam carminis aetas
> Magnus ab integro saeclorum nascitur ordo.
> Jam redit et Virgo [5], redeunt saturnia regna ;
> Jam nova progenies caelo demittitur alto.
> Tu modo nascenti puero, quo ferrea primum
> Desinet ac toto surget gens aurea mundo,
> Casta fave Lucina : tuus jam regnat Apollo.
> Te duce, si qua manent sceleris vestigia nostri,
> Inrita perpetua solvent formidine terras.
> Ille deum vitam accipiet divisque videbit
> Permixtos heroas et ipse videbitur illis,
> Pacatumque reget *patriis virtutibus* orbem [6]. »

---

[4] Bucoliques, Egl. IV. Cf. E. NORDEN : *Die Geburt des Kindes*, 1924.

[5] Δίκη (le droit) fille de Zeus et de Thémis qui, depuis l'âge d'or, avait quitté la terre retournée à la brutalité.

[6] « Voici venu le dernier âge de la cuméique prédiction
> Voici que recommence le grand ordre des siècles.
> Déjà revient la Vierge, revient le signe de Saturne,
> Déjà une nouvelle race descend du haut des cieux.
> Cet enfant dont la naissance va clore l'âge de fer
> Et ramener l'âge d'or dans le monde entier,
> Protège-le seulement, chaste Lucine : déjà règne ton cher
> [Apollon.
> Sous tes auspices, les dernières traces de notre crime, s'il en
> [reste encore,
> Pour toujours effacées, affranchissent les terres d'une frayeur
> [perpétuelle.
> Cet enfant aura la vie des dieux ; il verra les héros
> Mêlés aux dieux, ils le verront lui-même parmi eux
> Et il gouvernera l'univers pacifié par les vertus de son père. »
> (Trad. M. Rat.)

Grâce à cette églogue, Virgile eut plus tard l'honneur d'être considéré comme un poète quasi chrétien. C'est à cela qu'il doit son rôle de guide chez Dante.

Le brusque changement en ascèse qui eut lieu au moment de la propagation générale du christianisme provoqua pour beaucoup une nouvelle aventure : le monachisme et l'anachorétisme. Faust suit la voie inverse : pour lui l'idéal ascétique est mortel. Il lutte pour sa délivrance et conquiert la vie en s'abandonnant au Malin ; mais en même temps, il apporte aussi la mort à l'être qu'il aime le plus : Marguerite. Il s'arrache à la douleur et consacre sa vie au travail sauvant ainsi la vie de beaucoup de gens [7]. Sa double destinée de sauveur et de porteur de mort est déjà amorcée auparavant :

Wagner :

> « Quel sentiment tu dois éprouver, ô grand homme !
> Devant la vénération de cette foule.

Faust :

> Ainsi avec nos mixtures infernales,
> Nous avons sévi dans ces vallées et ces montagnes
> De façon pire encore que la peste.
> J'ai moi-même donné le poison à des milliers :
> Ils sont morts, et il me faut constater
> Qu'on loue leurs audacieux assassins. »

> (Trad. A. Lichtenberger.)

Voici précisément ce qui donne un sens profond au Faust de Goethe : il exprime un problème en gestation depuis plusieurs siècles, comme le drame d'Œdipe l'avait été pour la sphère culturelle hellénique. Quelle sera l'issue entre le Scylla de la négation du monde et le Charybde de son affirmation ?

Le ton plein d'espoir qui s'est frayé un chemin dans l'hymne au dieu créateur ne devait guère se maintenir longtemps chez notre auteur. La pose ne peut que promettre sans jamais tenir parole : la vieille aspiration reviendra, car c'est une particularité de tous les complexes élaborés uni-

---

[7] « Un marais s'allonge au pied de la montagne
Empestant tout l'espace déjà conquis ;
Drainer aussi ce bourbier fétide
Ce serait là la suprême réussite. »

quement dans l'inconscient qu'ils ne perdent rien de leur charge affective première, bien que leurs manifestations extérieures puissent revêtir une infinité de formes. Par conséquent, on peut considérer le premier poème comme une tentative inconsciente de résoudre le conflit au moyen d'une attitude religieuse positive, un peu à la façon dont les siècles d'autrefois provoquaient la décision concernant les conflits conscients en leur opposant un point de vue religieux : cette tentative échoue. Puis vient une seconde tentative, avec le deuxième poème qui prend une allure nettement plus terrestre ; sa pensée n'est pas équivoque : une fois seulement... (having gained one raptured glance...) et puis mourir. Quittant les sphères de l'au-delà religieux, comme dans *Faust* [8], le regard se tourne vers le soleil d'ici-bas. Et déjà s'y mêle quelque chose qui a un autre sens : la mite qui vole autour de la flamme jusqu'à ce qu'elle s'y brûle les ailes.

Passons maintenant aux explications données par miss Miller pour la compréhension du poème.

« Ce petit poème me fit une profonde impression. Je n'arrivai pas d'emblée à en trouver une explication suffisamment claire et directe. Mais peu de jours après, ayant repris un article philosophique que j'avais lu à Berlin l'hiver précédent et qui m'avait extrêmement ravie, et le lisant à haute voix à une amie, je tombai sur ces mots : « La même aspiration passionnée » de la mite vers l'étoile, de l'homme vers Dieu... » Je les avais entièrement oubliés, mais il me parut bien évident que c'étaient eux qui étaient ressortis dans ma poésie hypnagogique. En outre, un drame intitulé *La Mite et la Flamme*, que j'ai vu il y a peu d'années, me revint également à l'esprit comme une autre cause possible de ma pièce. On voit que de fois le terme *mite* a été imprimé en moi. »

---

[8] Faust (à la promenade) :
« Oh ! que n'ai-je des ailes pour m'enlever du sol
Et le poursuivre sans cesse en sa course !
Je verrais dans le rayonnement du son, éternellement
Le monde silencieux étalé à mes pieds.

Mais une impulsion nouvelle s'éveille en moi,
Je m'élance toujours plus loin pour boire sa lumière éternelle. »

La profonde impression que fit ce poème sur son auteur indique qu'il exprime un état d'âme d'une égale intensité. Dans l'expression « aspiration passionnée » nous rencontrons le désir ardent qui pousse la mite vers l'étoile, l'homme vers Dieu, ce qui veut dire que la mite, c'est miss Miller elle-même. La dernière remarque: que le terme *mite* s'est souvent imprimé en elle, veut dire qu'elle a très souvent remarqué, sans le vouloir, combien le nom de « mite » lui convenait à elle-même. Son aspiration à Dieu est identique à l'aspiration de la mite vers l'étoile. Le lecteur se souviendra que ce terme se trouvait déjà dans les matériaux antérieurs: « When the morning stars sang together »: autrement dit: l'officier du bateau chante sur le pont durant le quart de nuit. L'aspiration vers Dieu est semblable à cette aspiration vers l'étoile qui chante au matin. Dans le chapitre précédent, nous avons montré qu'on devait s'attendre à cette analogie — « sic parvis componere magna solebam ».

Quoi qu'on en dise, il est humiliant, ou révoltant, que la plus haute aspiration de l'homme, celle qui, en somme, fait de lui un être vraiment humain, soit si immédiatement voisine de l'humain — trop humain. Aussi, en dépit de faits irréfutables, incline-t-on à repousser une telle relation. Un pilote à la peau brune et à la moustache noire et... l'idée religieuse suprême... ? Il n'est pas question de contester qu'il n'y a entre ces deux êtres aucune commune mesure. Pourtant ils ont un point commun: tous deux sont objets d'un désir amoureux et il reste encore à établir si la nature de l'objet modifie en quoi que ce soit le genre de libido, ou si, au contraire dans les deux cas, il ne s'agit pas d'un seul et même désir, autrement dit du même processus émotionnel. Il n'est nullement établi psychologiquement — pour prendre une comparaison banale — que l'appétit en soi ait quelque rapport avec la nature de l'objet désiré. Extérieurement certes le genre d'objet désiré n'est pas sans importance, mais intérieurement la nature du processus désir est pour le moins aussi importante. Il peut en effet être instinctif, automatique, libre, non maîtrisé, avide, déraisonnable, sensuel, etc., ou raisonnable, réfléchi, maîtrisé, coordonné, accordé, moral, étudié, etc. Pour le jugement psychologique ce « comment ? » est plus important que le « quoi ? ». « Si duo faciunt idem, non est idem. »

La nature du désir est importante parce que c'est elle qui imprime à l'objet la qualité esthétique et morale du beau et du bien et que, d'autre part, elle influence de façon décisive les relations avec les semblables et avec le monde. La nature est belle parce que je l'aime, et bon est tout ce que mon sentiment désigne par le mot « bon ». Les *valeurs* naissent en premier lieu du genre de la réaction subjective. Ce qui ne veut pas dire que les valeurs dites objectives n'existent pas. Mais elles ne valent qu'en vertu d'un consensus général. Dans le domaine de l'Eros, il est tout à fait clair que l'objet n'a guère d'importance alors que l'acte subjectif en a beaucoup.

Apparemment miss Miller avait très peu d'inclination pour l'officier, ce qui est humainement bien compréhensible. Et cependant malgré tout, il émane de cette relation une influence profonde dont les répercussions se prolongent au point d'englober la divinité dans le problème. Il n'est guère probable que les états d'esprit proviennent des objets si divers dont ils paraissent naître ; ils prennent leur origine bien plutôt dans l'amour subjectivement vécu. Donc quand miss Miller chante Dieu ou le soleil, elle pense en réalité à son amour, cette pulsion qui prend racine au plus profond de l'être humain.

Le lecteur se souvient qu'au chapitre précédent nous avions établi la série de synonymes suivante : le chanteur — dieu du son — étoile qui chante au matin — créateur — dieu de la lumière — soleil — feu — amour. En même temps que l'impression érotique, d'abord affirmative, devient négative, apparaissent pour désigner l'objet des *symboles de lumière* en quantité prépondérante. Dans le deuxième poème où l'aspiration ose s'affirmer plus ouvertement, il s'agit même du soleil terrestre. Comme la libido s'est détournée du concret, son objet est d'abord devenu psychique, à savoir Dieu *(fig. 33)*. Or psychologiquement, Dieu est le nom donné à un complexe représentatif groupé autour d'un sentiment très puissant. Le ton affectif est la

Soli verò compa-raverũt Deita-tem Sapientes, quoniã

{ A DEO omnis splendor spiritualis & invisibilis derivatur, omniaq; eodem intrinsecus illuminantur, non aliter quàm claritas & fulgor visibilis & externus omnis ab ipso Sole procedit; namque ut in materialibus Sol, sic in spiritualibus DEUS est Imperator igneum sceptrum tenens.

Secundum *Sidrac:* sapientem tria percipiuntur in Solis essentia, videlicet ipse Sol, ejus lux seu claritas & calor vivificus: Solem ipsi DEO Patri, claritatem Filio, & calorem Spiritui sancto referunt; Splendor immediatè oritur & derivatur à Solari corpore unico, caloris effectus & benevola virtus ab utroque descendit.

C 2   Aut

Fig. 33. *Le soleil image de Dieu.*

Extrait de R. FLUDD: *Utriosque Cosmi Maioris scilicet et Minoris Metaphysica, Physica atque Technica Historia.* Oppenheimii 1617, p. 19.

caractéristique propre du complexe et ce qu'il y a d'efficace en lui[9]. Il représente une tension émotionnelle dont on peut donner une formule énergétique. Les attributs lumière et feu représentent l'intensité du ton affectif; ils sont donc des expressions de l'énergie psychique se mani-

---

[9] Cf. JUNG: *Ueber die Psychologie der Dementia praecox,* Marhold, Halle 1907, et « L'Homme à la découverte de son âme », ouv. cit., p. 189.

festant sous forme de libido. Quand on vénère Dieu, le soleil ou le feu *(fig. 46)*, on vénère directement l'intensité ou la force, donc le phénomène énergie psychique, la libido. Toute force et en général tout phénomène est une certaine *forme d'énergie* déterminée. La forme, c'est l'*image*, le genre de manifestation. Elle exprime deux sortes de faits: d'abord l'*énergie* qui prend forme en elle et deuxièmement le *medium* dans lequel apparaît cette énergie. On peut d'une part affirmer que l'énergie crée sa propre image, et d'autre part, que le caractère du medium contraint l'énergie à prendre une forme déterminée. L'un tirera du soleil l'idée de Dieu, un autre au contraire sera d'avis que la divinité (Numinosität) conditionnée par le ton affectif est ce grâce à quoi l'on reconnaît au soleil une valeur divine. Le premier, par suite de son attitude et de son tempérament, croit davantage à l'efficacité causale du milieu, le second, davantage à la spontanéité de l'événement spirituel. Je crains bien qu'il ne s'agisse ici de la question bien connue de savoir quel est le plus vieux de la poule ou de l'œuf. Malgré cela, je suis d'avis que dans ce cas le phénomène énergétique non seulement vient en premier lieu mais aussi éclaire davantage les faits que l'hypothèse du primat causal du milieu extérieur.

Donc, selon moi, c'est en général l'énergie psychique, la libido, qui crée l'image de la divinité en utilisant des modèles archétypiques et l'homme conséquemment rend l'honneur divin à la force psychique active en lui *(fig. 34)*. Ainsi nous en arrivons à cette conclusion choquante — du point de vue psychologique — que l'image du dieu serait certes un phénomène réel, mais en premier lieu subjectif. Comme le dit Sénèque: « Le dieu est près de toi, il est avec toi, il est en toi. »; ou bien selon la première épître de saint Jean: « Dieu est amour » et « si nous nous aimons les uns les autres, Dieu reste en nous »[10].

---

[10] Ie Épître de Saint Jean, IV, 8 et 12. La « caritas » de la Vulgate correspond à l'ἀγάπη grecque. Ce terme du Nouveau Testament provient comme ἀγάπησις (amour, affection) de ἀγαπᾶν, chérir, estimer, louer, accepter, etc. Ἀγάπη représente donc, on ne saurait s'y méprendre, une fonction psychique.

Fig. 34. *Vénération de la doctrine de Bouddha comme roue solaire.*
Stupa de Amarâvati (IIᵉ-IIIᵉ siècle).
Musée de Madras.

Extrait de W. COHN : *Buddha in der Kunst des Ostens.*
Leipzig 1925, Table 16.

Pour qui ne verrait dans la libido que l'énergie psychique dont dispose la conscience, une telle définition du rapport religieux semblerait un jeu ridicule qu'il se jouerait à lui-même. Mais il s'agit de l'énergie propre à l'archétype, c'est-à-dire à l'inconscient et dont, par conséquent, on ne dispose pas. Ce qui semble être « un jeu avec moi-même » n'est donc pas le moins du monde ridicule, mais au contraire hautement significatif. Porter Dieu en soi, voilà qui veut beaucoup dire : c'est la garantie du bonheur, de la puissance, même de la toute-puissance puisque ces attributs sont ceux de la divinité. Porter Dieu en soi, c'est semble-t-il, être presque Dieu soi-même en somme. Dans le christianisme, d'où pourtant on a extirpé le plus possible les repré-

Fig. 35. *Procession des mystères d'Isis.*
Relief de la période gréco-romaine. Vatican.
Archives de la revue Ciba. Bâle.

sentations et symboles grossièrement sensuels, on retrouve
des traces de cette psychologie. Cette déification est encore
plus nette il est vrai dans les mystères païens *(fig. 35)*, où
par la consécration le myste est élevé jusqu'à l'honneur
divin: dans les mystères syncrétistiques d'Isis[11], à la fin
de la consécration, on lui pose sur la tête une couronne
de palmes, on le place sur un piédestal et le vénère en
tant qu'Hélios *(fig. 36)*. Dans le papyrus magique publié
par Dieterich comme liturgie de Mithra, un ἱερὸς λόγος du
myste dit: « Ἐγώ εἰμι σύμπλανος ὑμῖν ἀστὴρ καὶ ἐκ τοῦ βάθους
ἀναλάμπων[12]. »

Dans l'extase religieuse, le myste se met au rang des
étoiles exactement de la même manière qu'un saint du
moyen âge s'identifiait au Christ par stigmatisation. Saint
François d'Assise parvenait même à une parenté plus
proche, quand il faisait du soleil son frère et de la lune sa
sœur[13].

[11] APULÉE, *Métam.*, 1, XI: « At manu dextera gerebam flammis
adultam facem: et caput decora corona cinxerat palmae candidae
foliis in modum radiorum prosistentibus. Sic ad instar solis exornato
et in vicem simulacri constituto... »

[12] « Je suis une étoile qui chemine avec vous et qui éclaire depuis
les profondeurs » (DIETERICH: *Eine Mithrasliturgie*, 1910, pp. 8
et 9).

[13] De même les rois sassanides se disaient « frères du soleil et

Fig. 36. *Initiation d'Apulée.*

Frontispice du IIe livre de l'« Ane d'or ».

Extrait de : « Les métamorphoses ou l'Asne d'Or de L. Apulée.
Philosophe platonique. Chez Nicolas et Jean de la Coste. »
Paris 1648, p. 346.

Hippolyte insiste sur la future déification du fidèle:
Γέγονας γὰρ θεός. (Tu es devenu Dieu); ἔση δὲ ὁμιλητὴς θεοῦ καὶ
συγκληρονόμος χριστοῦ (Tu deviendras compagnon de Dieu
et héritier du Christ). A propos de la déification, Hippolyte dit: τοῦτ᾽ ἔστι τὸ γνῶθι σεαυτόν (C'est le « connais-toi toi-
même ») [14]. Même Jésus justifie devant les Juifs qu'il est
le fils de Dieu en s'écriant: Ps. 82, 6: « J'ai dit: vous êtes
des dieux. »

Les représentations de la déification sont extrêmement
anciennes. La vieille croyance la repoussait jusqu'après la
mort, mais le mystère la place déjà dans ce monde. C'est
un texte égyptien qui en donne la plus belle description:
il s'agit du chant de triomphe de l'ascension de l'âme [15].

« Je suis le dieu Atum qui étais seul.
Je suis le dieu Rê lors de son premier éclat.
Je suis le grand dieu, qui se créa lui-même, le seigneur dieu,
    que n'égale nul parmi les dieux.
J'étais hier et je connais demain; le champ de bataille des
    dieux se fit quand je parlai. Je connais le nom de ce grand
    dieu qui y réside.
Je suis le dieu Min, lors de son apparition et c'est moi qui me
    posai les plumes sur la tête [16].
Je suis dans mon pays, je viens dans ma ville. Je suis avec mon
    père Atum chaque jour.
Mon impureté a disparu et le péché qui était en moi est jeté
    bas. Je me suis lavé dans les deux grands étangs qui sont à

---

de la lune ». En Egypte, l'âme de chaque souverain était un dédoublement du soleil Horus.

[14] Elenchos, X, 34, 4.

[15] « La montée au jour au sortir du monde des enfers. » ERMAN:
Ägypten, 1855, p. 459 sq.

[16] Cf. plus haut: le couronnement. La palme est un symbole
de puissance. Couronne de plumes = couronne de rayons. La couronne, comme telle, est déjà identification au soleil. P. ex., la couronne dentelée apparaît sur les effigies des monnaies romaines à
partir du moment où les Césars furent identifiés au *Sol invictus*
(*fig. 37*). (Solis invicti comes.) L'auréole des saints est également
une image solaire, ainsi que la tonsure. Les prêtres d'Isis avaient
le crâne tondu, ras et luisant comme des étoiles. (Voir APULÉE:
Métamorph.)

Héracléopolis, où l'on purifie le sacrifice des hommes pour le grand dieu qui réside là-bas.

Je vais sur la route où je lave ma tête dans le lac des justes. Je parviens au pays des transfigurés et j'entre par la porte magnifique.

Vous, qui êtes assis en avant, tendez-moi vos mains: c'est moi; je suis devenu l'un des vôtres. Je suis avec mon père Atum chaque jour. »

Cette déification a pour conséquence inévitable un accroissement de l'importance de la puissance de l'individu [17]. Il semble aussi au premier abord que ce soit un

Fig. 37. *Julien l'Apostat, représenté comme Serapis*
avec la couronne dentelée.
Monnaie romaine.

Extrait de H. COHEN: *Description historique des monnaies frappées sous l'empire romain.* Paris 1892, Tome VIII, p. 56, fig. 103.

but voulu: un renforcement de l'individu par rapport à sa faiblesse et à son insécurité trop grandes dans la vie personnelle. Le renforcement de la conscience de puissance n'est pourtant qu'une conséquence extérieure de la déification et les processus sentimentaux sont beaucoup plus significatifs. Qui introvertit sa libido, c'est-à-dire qui la retire de l'objet extérieur, est d'abord en proie aux inévitables conséquences de l'introversion: la libido tournée vers l'intérieur dans le sujet, remonte vers le passé individuel et va chercher dans le trésor des souvenirs, les

---

[17] Dans le texte de la prétendue liturgie de Mithra il est dit: Ἐγώ εἰμι σύμπλανος ὑμῖν ἀστὴρ καὶ ἐκ τοῦ βάθους ἀναλάμπων ταῦτά σου εἰπόντος εὐθέως ὁ δίσκος ἀπκαθήσεται. « Quand tu as prononcé ces paroles, le disque solaire se déploie immédiatement ». Ainsi par sa prière, le myste acquiert le pouvoir divin d'obliger le disque solaire à se déployer.

Fig. 38. *Soleil et lune comme « couple parental cosmique »*.
Manuscrit de Limoges (XIIᵉ siècle). Musée de Nevers.

Archives Eranos.

images vues jadis qui font renaître le temps où le monde était encore dépourvu d'aspérités. En tout premier lieu et à la première place, ce sont les souvenirs de l'enfance et parmi eux les *images paternelles et maternelles*. Elles sont singulières et impérissables *(v. fig. 38)* et il n'est point besoin de grandes difficultés dans la vie de l'adulte pour réveiller et rendre actifs ces souvenirs. La réanimation régressive des imagos pater-nelle et maternelle joue un rôle important .dans la religion, dont les bienfaits rappellent les effets de la protection exer-cée par les parents sur leurs enfants: leurs sentiments mys-tiques prennent racine dans les souvenirs inconscients de certaines émotions de la pre-mière enfance qui sont des pressentiments archétypiques. Comme le dit l'hymne:

Fig. 39. *Soleil et lune au centre du Zodiaque.*

De signis Coeli. Manuscrit du XIIe siècle, Vatican. Cod. Vat. Lat. 643. Fol. 98.

« Je suis dans mon pays, je viens dans ma ville; je suis avec mon père Atum chaque jour » [18].

Or le père visible du monde, c'est le soleil, le feu céleste; aussi père, dieu, soleil, feu sont-ils des synonymes mythologiques *(fig. 39)*. Le fait bien connu que dans la force solaire, c'est la *grande force génératrice de la nature* que l'on vénère exprime donc, à qui ne le verrait pas encore clairement, que ce que l'homme vénère dans la divinité, c'est l'énergie de l'archétype. Cette symbolique apparaît avec une éton-

---

[18] Voir en particulier les sentences de l'évangile selon saint Jean: «Mon père et moi, nous sommes un » (10, 30). «Celui qui m'a vu a vu aussi le père » (14, 9). «Croyez sur ma parole que je suis dans le Père et que le Père est en moi » (14, 11). «Je suis sorti du Père et je suis venu dans le monde; maintenant je quitte le monde je vais au Père » (16, 28). «Je monte vers mon Père et votre Père, vers mon Dieu et votre Dieu » (20,17).

nante plasticité dans le troisième Logos du papyrus commenté par Dieterich; après la deuxième prière, descendent du disque solaire vers le myste des étoiles: « elles ont cinq dents, sont très nombreuses et emplissent tout l'atmosphère ». « Lorsque le disque solaire se sera ouvert, tu verras un cercle immense et des porches de feu qui sont fermés ». Le myste prononce la prière suivante: Ἐπακουσόν μου, ἀκουσόν μου — ὁ συνδήσας πνεύματι τὰ πύρινα κλεῖθρα τοῦ οὐρανοῦ, δισώματος, πυρίπολε, φωτὸς κτίστα — πυρίπνοε, πυρίθυμε πνευματόφως, πυριχαρῆ, καλλίφως, φωτοκράτως, πυρισώματε, φωτοδότα, πυρισπόρε, πυρικλόνε, φωτόβιε, πυριδῖνα, φωτοκινῆτα, κεραυνοκλόνε, φωτὸς κλέος, αὐξησίφως, ἐνπυρισυχησίφως, ἀστροδάμα, κτλ. [19]

On le voit, l'invocation contient d'inépuisables attributs de lumière et de feu, et son exaltation ne saurait être comparée qu'aux qualificatifs d'amour analogues du mystique chrétien *(fig. 14)*. Parmi les nombreux textes susceptibles de servir d'exemples, je choisis un passage tiré des écrits de Mechtild de Magdebourg (1212-1277):

« O Seigneur, aime-moi violemment et aime-moi souvent et longtemps; plus souvent tu m'aimeras et plus je me purifierai; plus tu m'aimeras violemment, plus j'embellirai; plus longtemps tu m'aimeras, plus je me sanctifierai ici-bas.

Dieu répond: « T'aimer souvent, cela tient à ma nature parce que je suis l'amour même; t'aimer violemment, cela tient à mon désir, car moi aussi je désire que l'on m'aime violemment; t'aimer longtemps, cela vient de mon éternité, car je suis sans fin [20]. »

La régression religieuse se sert certes de l'image parentale, mais uniquement comme d'un symbole, autrement

---

[19] « Exauce-moi, écoute-moi... toi qui as fermé par le souffle de l'esprit les verrous de feu du ciel, toi qui as deux corps, toi qui es maître du feu, créateur de la lumière, toi dont le souffle est de feu, courageux comme le feu, esprit de lumière, joyeux comme le feu, lumière merveilleuse; maître de la lumière, corps de feu, dispensateur de lumière qui lances le feu, qui vis dans la lumière, tourbillon de feu, stimulant de lumière, qui lances l'éclair, gloire de lumière, multiplicateur de lumière qui soutiens l'éclat du feu, qui domines les astres, etc.»

[20] Buber: *Ekstat. Konfess.*, 1909, p. 66.

dit: *elle couvre l'archétype au moyen de l'image des parents (cf. fig. 38 et 39)* de même qu'elle rend compréhensible son énergie au moyen de représentations de feu, de lumière, chaleur [21], fécondité, force génératrice, etc. Dans la mystique le divin contemplé intérieurement n'est souvent que soleil ou lumière peu ou pas du tout personnifié *(fig. 40)*. Dans la liturgie de Mithra on trouve par exemple ce passage caractéristique: Ἡ δὲ πορεία τῶν ὁρωμένων θεῶν διὰ τοῦ δίσκου, πατρός μου, θεοῦ φανήσεται [22].

Fig. 40. *L'œil de Dieu.*

Frontispice du « Seraphischen Blumengärtlein oder geistliche Extracten aus Jacob Boehmens Schriften ».

Amsterdam 1700.

Voici comment s'exprime Hildegard de Bingen (1100-1178) [23]:

« Mais la lumière que je contemple n'est d'aucun lieu, mais lointaine et beaucoup plus brillante que le nuage qui porte le soleil. Je ne puis en aucune façon connaître la forme de cette lumière, de même que je ne puis regarder en face le disque du soleil. Mais dans cette lumière je vois parfois, mais pas souvent, une autre lumière que l'on me dit être la lumière vivante, et quand et de quelle manière je vois celle-ci, je ne saurais le

[21] RENAN (*Dialogues et fragments philosophiques*, 1876, p. 168) dit: « Avant que la religion fût arrivée à proclamer que Dieu doit être mis dans l'absolu et l'idéal, c'est-à-dire hors du monde, un seul culte fut raisonnable et scientifique, ce fut le culte du soleil. »

[22] DIETERICH: *Mithrasliturgie*, 1910, p. 6 et 7: « La voie des dieux visibles paraîtra à travers le soleil, le dieu mon père. »

[23] BUBER: *Ekstat. Konfess.*, p. 51 sq.

dire. Et tandis que je la contemple, toute tristesse et toute misère me sont enlevées, de sorte qu'alors j'ai les mœurs d'une naïve jeune fille et non celles d'une vieille femme. »

Et voici les paroles de Syméon, le nouveau théologue (970-1040) :

« Ma langue est sans parole et ce qui se passe en moi, certes mon esprit le voit bien, mais ne l'explique pas. Il contemple l'invisible dépourvu de toute forme, absolument simple, non composé et infini en grandeur. Car il ne contemple nul commencement et ne voit nulle fin, il n'a conscience absolument d'aucun milieu et ne sait pas comment il pourrait exprimer ce qu'il voit. C'est un tout, je crois, qui apparaît non avec l'être même, mais au contraire par une *participation*. Car *c'est avec du feu qu'on allume du feu*, et l'on reçoit le feu tout entier ; celui-ci cependant reste non diminué et non divisé comme auparavant. Et pourtant ce qui se communique se sépare du premier ; et il s'en va comme quelque chose de corporel dans plusieurs flambeaux. Or celui-là est quelque chose de spirituel, incommensurable, indivisible et inépuisable. Car il ne se divise pas en se donnant à un grand nombre, mais subsiste indivisé et il est en moi, et il s'épanouit en moi, dans mon pauvre cœur comme un soleil ou un disque solaire, semblable à la lumière, car c'est une lumière » [24]. *(Fig. 41)*

Ce que l'on contemple comme clarté intérieure, comme soleil de l'au-delà, c'est le psychisme émotionnel. Cela ressort avec netteté de ces paroles de *Syméon* [25].

[24] Chant d'amour à Dieu. Cité par Buber (*op. cit.*, p. 40). On trouve dans Carlyle une symbolique apparentée : « La grande réalité de l'existence est grande pour lui. Qu'il se tourne où il voudra, il ne peut sortir de la sublime présence de cette réalité. Son être est fait de telle sorte et c'est en tout premier lieu ce qui fait sa grandeur. Terrible et merveilleux, réel comme la vie, réel comme la mort est pour lui cet univers. Quand même tous les hommes en oublieraient la vérité et en feraient une vaine apparence, lui ne le peut pas. *A chaque instant rayonne vers lui l'image de flamme.* » (Les héros et le culte du héros.) On peut au hasard en trouver des exemples dans la littérature. Ainsi dans *Jugend* (jeunesse), 1910, n° 35, p. 823, de B. S. Friedländer : « Elle n'aspire dans l'aimé qu'à ce qu'il a de plus pur ; comme le soleil elle consume et transforme en cendre par la flamme de la vie la plus prodigieuse tout ce qui refuse d'être lumière. Cet œil-soleil de l'amour, etc... »

[25] Buber, *loc. cit.*, p. 45.

Fig. 41. *Dieu solaire bouddhique.*

Extrait de A. von Le Coq : *Die Buddhistische Spätantike in Mittelasien.*
V^e partie: *Neue Bildwerke.* Berlin 1926, planche 14.

Fig. 42. *La marche du soleil.*

La déesse de l'ouest, qui se tient dans la barque du soir, tend à
la déesse de l'est, qui se tient dans la barque du matin, le disque
du soleil. (Berlin.)

Extrait de H. Haas: *Bilderatlas zur Religionsgeschichte*
2/4. livraison: Religion égyptienne. Leipzig 1924, fig. 15.

« Je le suivis et mon esprit désira embrasser l'idéal contemplé, mais il ne le trouva point en tant que créature et il ne
réussit pas à sortir des créatures pour embrasser cette clarté
incréée et insaisie. Cependant il erra partout s'efforçant de la
contempler. Il sonda les airs, parcourut le ciel, franchit les
abîmes, scruta, lui semble-t-il, les confins du monde [26]. Mais

---

[26] Cette image contient le point de départ psychologique de
ce qu'on nomme « le voyage céleste de l'âme », dont la représentation remonte à la plus lointaine antiquité. C'est une image du
Soleil errant (course solaire) *(fig. 42)* qui marche du lever au coucher
au-dessus du monde tout entier. Cette fantaisie est ineffaçablement imprimée dans l'imagination des humains, ainsi que le montre
ce poème de Wesendonck:

Douleurs

« Soleil, tu pleures chaque soir
Et tes beaux yeux en rougissent
Quand tu te baignes au miroir de la mer
Et que la mort prématurée t'attend.

» Mais dans toute ta splendeur tu renais,
Gloire du monde obscur,
Tu t'éveilles à nouveau le matin
Comme un héros fier et vainqueur.

» Pourquoi me plaindre, hélas ?
Comment, mon cœur, te voir si lourd
Quand le soleil doit se décourager,
Quand le soleil doit disparaître ?

Comment medee Jetta en la mer les mē
bres de son frere poᵘ faire arrester son pere
qui le sieunoit. Et comment la Forne
rsiphile se Jetta en la mer du plus haut

Fig. 43. *L'expédition des Argonautes.*
L'Histoire de Jason.
xvᵉ siècle. Bibliothèque de l'Arsenal. Paris.
Manuscrit 5067, fol. 117 v.

nulle part il ne trouva rien car tout était créé. Et je me lamentais
et m'affligeais et brûlais au fond de moi et je vivais tel un
aliéné. Mais Lui vint quand il voulut et descendant comme un

        « Et si seule la mort faisait vivre,
        Si seules les douleurs donnaient la joie,
        Oh ! comme je suis reconnaissant
        Que la nature m'ait donné de telles douleurs ! »

Du même genre, ce poème de Ricarda Huch :

        « Comme la Terre se séparant du soleil
        S'éloigne dans la nuit furieuse en son vol hâtif,
        Le corps nu étoilé de neige glacée
        Muette, privé des voluptés de l'été,

brillant nuage de brume, Il sembla assiéger toute ma tête, de sorte que bouleversé je me mis à crier. Mais Lui s'enfuyant à nouveau me laissa seul. Et quand je le cherchai à grand-peine j'appris soudainement qu'il était en moi-même et il apparut au sein de mon cœur comme la lumière d'un disque de soleil. »

Nous retrouvons un symbolisme dans son ensemble tout à fait analogue dans « Gloire et éternité » de Nietzsche (*Ecce homo*, p. 284, Trad. H. Albert, *Mercure de France*, 1909).

« Silence !
Devant les grandes choses — je les vois ! —
On doit se taire
Ou parler grandement:
Parle grandement, ma sagesse ravie !

Je regarde en haut —
des flots de lumière roulent:
— O nuit ! ô silence ! ô bruit de mort !
Je vois un signe —
Des lointains les plus éloignés
Descend vers moi lentement une constellation étincelante.»

» Et que s'enfonçant encore dans l'ombre de l'hiver,
Elle s'approche soudain de ce qu'elle fuit
Se voit chaudement embrassée de lumière de rose
Et se précipite vers l'époux perdu,

» Ainsi j'allais, souffrant d'être puni d'exil
Loin de ton visage dans la souffrance
Tournée sans protection vers le nord désert,

» Sans cesse me penchant plus loin vers le sommeil de mort
Quand je m'éveillai sur ton cœur
Eblouie de la splendeur de l'aurore. »

La course céleste est un cas particulier de la *course du héros* *(fig. 43)* qui se prolonge en motif de la pérégrination jusque dans l'alchimie. Il est probable que l'apparition la plus ancienne de ce motif se trouve dans la « pérégrination céleste » de Platon (?), dans le traité harranitique « Platonis Liber Quartorum » (*Theatr. Chem.*, 1622, voir p. 145). Cf. aussi: Jung: *Psychologie und Alchemie*, Rascher, Zurich 1944, p. 502. (Traduction en préparation).

Ne nous étonnons pas que la grande solitude de Nietzsche redonne vie à certaines images que l'expérience religieuse des vieux cultes avait élevées au rang de représentations rituelles. Les visions de la liturgie de Mithra sont des représentations tout à fait analogues où il nous est maintenant aisé de voir des symboles extatiques de la libido.

« Mais après que tu auras dit la deuxième prière où il est commandé deux fois de *se taire*, et la suivante, alors siffle deux fois et claque deux fois de la langue et aussitôt tu verras descendre du disque solaire des étoiles à cinq dents très nombreuses et remplissant toute l'atmosphère.
Répète alors: Silence — Silence »
etc. [26*].

Le sifflement et le claquement de langue sont une survivance archaïque, un moyen d'attirer la divinité thériomorphe. Même signification pour le mugissement : « Alors toi, lève tes regards vers lui et pousse un long *mugissement* comme avec une corne et soufflant de toutes tes forces, en comprimant tes flancs, et baise l'amulette», etc.[26**]. «Mon âme rugit avec la voix d'un lion affamé » dit Mechtild de Magdebourg; et le Psaume 42, 2: « Comme le cerf soupire après les sources d'eau, ainsi mon âme soupire après toi, ô Dieu ! » L'usage culturel, comme il arrive souvent, est tombé au rang de métaphore. Mais la schizophrénie anime à nouveau le vieil usage dans les « mugissements miraculeux » (Brüllwunder)

Fig. 44. *Image solaire.*

Extrait de J. G. Breitkopf: *Recherches sur l'origine des cartes à jouer, l'introduction du papier de fil et le commencement de l'art de la gravure sur bois en Europe.* Leipzig 1784, p. 20; Carte n° XVIII.

[26*] Dieterich: *Mithrasliturgie*, p. 8 sq.
[26**] *Loc. cit.*, p. 13.

de *Schreber* (V. ses *Mémoires d'un névropathe*, 1903) au moyen desquels il donne à connaître son existence au dieu mal informé de l'humanité.

On ordonne le silence et la vision apparaît. L'analogie entre la situation du myste et la vision de Nietzsche est surprenante. Nietzsche dit « Constellation » (Sternbild). Or on sait que le plus souvent les constellations sont thériomorphes ou anthropomorphes. Le papyrus dit: ἀστέρας πενταδακτυλιαίους (étoiles à cinq doigts comme: Eos « aux doigts de rose ») ce qui n'est pas autre chose qu'une image anthropomorphe. On peut donc s'attendre, si on la regarde plus longuement, à voir l'image de flamme se transformer en être animé, en « constellation » de nature thériomorphe ou anthropomorphe *(cf. fig. 44)*. Car la symbolique de la libido ne s'en tient pas au soleil, à la lumière et au feu; elle dispose de tous autres moyens d'expression. Je laisse la parole à Nietzsche.

Le signe de feu

« Ici, où parmi les mers l'île a surgi,
Pierre du victimaire se dressant escarpée,
Ici sous le ciel noir, Zarathoustra
Alluma son feu des hauteurs.

— — — — — — — — — — — — — — —

Cette flamme aux courbes blanchâtres
— Vers les froids lointains élève les langues de son désir,
Elle tourne sa gorge vers des hauteurs toujours plus pures
Semblable à un serpent dressé d'impatience:
Ce signe, je l'ai placé devant moi.

Mon âme elle-même est cette flamme:
Insatiable, vers de nouveaux lointains,
Sa tranquille ardeur s'élève plus haut.

— — — — — — — — — — — — — — —

Vers tout ce qui est solitaire, je jette maintenant l'hameçon:
Répondez à l'impatience de la flamme.
Pêchez pour moi, le pêcheur des hautes montagnes,
Ma septième, ma *dernière* solitude. »

(Trad. H. Albert.)

Fig. 45. *Disque solaire ailé.*

Extrait de H. CARTER et A. C. MACE: *Tut-Ench-Amun.*
Une tombe royale égyptienne. Leipzig, 1924, T. I, planche 49.

Ici la libido devient feu, flamme et *serpent.* Le symbole
égyptien du « disque solaire vivant », le disque avec les
deux serpents Uraeus *(fig. 45)*, renferme en lui la combinaison des deux analogies de la libido. Le disque solaire
avec sa chaleur fécondante est l'analogue de la chaleur

183

Fig. 46. *Idole solaire germanique.*
Extrait de: *Abgötter der alten Sachsen.* Magdebourg 1570, p. 10.

fécondante de l'amour. La comparaison de la libido au soleil et au feu est « analogue » dans son essence. Mais il y a aussi en elle un élément « causatif », car soleil et feu en tant que puissances bienfaisantes sont objets de l'amour humain (par exemple le héros solaire de Mithra s'appelle le « Bien-aimé ») .Dans le poème de Nietzsche, la comparaison est également causative, mais cette fois dans l'ordre inverse: la comparaison avec le serpent est indiscutablement phallique. Le phallus est source de vie et libido, créateur et thaumaturge, et c'est en cette qualité qu'il fut partout vénéré *(fig. 28)*. Nous avons donc trois sortes de symbolisation de la libido:

1° La *comparaison analogique:* comme le soleil et le feu *(fig. 46)*.

2° Les *comparaisons causatives:* a) comparaison au moyen de l'objet: la libido est désignée par son objet, par exemple le soleil bienfaisant; b) comparaison au moyen du sujet: la libido est désignée *par son instrument ou son analogon*, par exemple par le phallus ou son analogon le serpent *(fig. 28)*.

En même temps que ces trois formes fondamentales de comparaison, opère encore une quatrième: la *comparaison d'activité*, dans laquelle le tertium comparationis est l'activité (par exemple la libido est féconde comme le taureau, dangereuse — par la violence de sa passion — comme le lion ou le sanglier, lubrique comme l'âne, etc.). Ces comparaisons représentent autant de possibilités symboliques, et, par suite, l'infinité des différents symboles, dans la mesure où ils sont des images de libido, peut se ramener à une source très simple: *la libido et ses caractères*. Cette réduction et cette simplification psychologiques correspondent à l'effort historique des civilisations en vue d'une fusion et d'une simplification syncrétiques du nombre infini des dieux. *Cette tentative se rencontre déjà dans l'Egypte ancienne* où l'excès de polythéisme des divers démons locaux contraignit finalement à une simplification. Les différents dieux locaux furent identifiés au dieu *Soleil, Rê;* ainsi Amon de Thèbes, Horus de l'est, Horus d'Edfou, Chnum d'Eléphantine, Atum d'Héliopolis, etc. [27]. Dans les hymnes au soleil, le produit de la fusion Amon-Rê-

---

[27] On identifia même à Rê: Sobk, le dieu aquatique apparaissant sous la forme du crocodile.

Harmachis-Atum était invoqué comme dieu unique vivant en vérité [28].

C'est Amenhotep IV (XVIIIe dynastie) qui alla le plus loin dans ce sens: il remplaça tous les dieux existant jusqu'alors par le « grand disque solaire vivant » dont le titre officiel fut: « Soleil qui domine les deux horizons, qui jubile à l'horizon dans son nom: éclat résidant dans le disque solaire ». « Et pourtant, ajoute Erman [29], il ne s'agissait pas d'honorer un dieu solaire, mais l'astre soleil lui-même qui par ses mains-rayons communique aux êtres vivants l'infinité de vie qui est en lui [30] *(fig. 47 et aussi fig. 6 et 49).* »

Par sa réforme, Amenhotep IV réalisa un travail d'interprétation d'une grande valeur psychologique. Il fusionna dans le disque solaire tous les dieux: taureau [31], bélier [32] crocodile [33], pieu [34] etc., déclarant ainsi que leurs attributs spéciaux étaient conciliables avec ceux du soleil [35]. Le polythéisme hellénique et romain eut le même sort à la suite des efforts syncrétistes des siècles ultérieurs. La belle prière de Lucius [36] à la reine du ciel en est une excellente preuve:

« Regina coeli, sive tu Ceres, alma frugum parens, seu tu coelestis Venus — seu Phoebi soror — seu nocturnis ululatibus horrenda Proserpina — lista luce feminea conlustrans cuncta moenia [37]. »

---

[28] ERMAN: *Aegypten*, p. 354.
[29] *Loc. cit.*, p. 355.
[30] Voir plus haut: « ἀστέρας πεντακδεκτυλιαίους ».
[31] Bœuf Apis, manifestation de Ptah.
[32] Amon.
[33] Sobk de Faijum.
[34] Le dieu de Dedu, dans le delta, honoré sous la forme d'un pieu de bois.
[35] Cette réforme mise en œuvre avec beaucoup de fanatisme ne tarda pas à s'effondrer.
[36] APULÉE: *Métamorphoses*, lib. XI.
[37] « Reine du ciel, ou Cérès, si c'est ton nom — vénérable mère des fruits des champs, ou toi Vénus, ou toi sœur de Phébus — ou Proserpine qui crées la frayeur par ton hululement nocturne — qui éclaires toutes les villes de ta douce lumière féminine ». Il

Fig. 47. *Le soleil dispensateur de vie.*
Amenhotep assis sur son trône.
Extrait de E. A. WALLIS BUDGE: *The Gods of the Egyptians.*
Londres 1904, Vol. II. p. 74.

Les tentatives faites pour rassembler en un petit nombre d'unités les archétypes, dispersés en des variantes innombrables et personnifiés en dieux singuliers d'après leurs multiplications et divisions polythéistes, indiquent bien que déjà à des époques lointaines les analogies s'étaient formellement imposées. Hérodote déjà, on le sait, nous présente une grande abondance de relations de ce genre, sans parler des systèmes du monde hellénico-romain. A cette tendance à rétablir l'unité s'oppose une tendance si possible encore plus forte à recréer toujours la multiplicité,

est remarquable que les humanistes eux-mêmes (je pense à une parole de Mutianus Rufus) soient arrivés au même syncrétisme et prétendent qu'en fait l'antiquité n'a eu que deux dieux, l'un mâle, l'autre femelle.

Fig. 48. *Le serpent de Mercure.*
Dragon, serpent, salamandre sont dans l'alchimie
des symboles du processus de métamorphose psychique.

Extrait de J. K. BARCHUSEN: *Elementa Chymicae*,
1718, Imprimés. Bibl. Nat. Paris, R. 6927, fig. 62

de sorte que, même dans les religions que l'on dit mono-
théistes rigoureusement, comme le christianisme, il a été
impossible de supprimer la tendance polythéiste. La divinité est scindée en trois parties, à quoi viennent encore
s'ajouter les hiérarchies célestes. Ces deux tendances, au
polythéisme et au monothéisme, sont en continuelle lutte
l'une avec l'autre ; tantôt il s'agit d'*un dieu unique* avec
de nombreux attributs ou ce sont plusieurs dieux dont le
nom seul diffère selon le lieu, personnifiant tantôt l'un,
tantôt l'autre des attributs de leur archétype, comme nous
l'avons vu par exemple plus haut pour les dieux égyptiens.
Nous revenons ainsi encore au poème de Nietzsche : le
signe du feu. Nous y avons rencontré comme image de la
libido, la flamme, dont la représentation thériomorphe est
le serpent (en même temps image de l'âme [38] *(fig. 48)*,

---

[38] Ce n'est pas seulement à la divinité mais aussi à l'âme qu'on
attribuait une substance, lumière ou feu : p. ex., dans le système

Fig. 49. *Mains solaires.*
Image solaire de Tubingue.
Extrait de: « Zweites Nordisches Thing ».
Brême 1934, fig. 13, p. 142.

« mon âme elle-même est cette flamme »). Nous avons vu
que le serpent avait non seulement un sens phallique, mais
qu'il était aussi un attribut de l'image solaire égyptienne,
c'est-à-dire un symbole de la libido. Aussi peut-il arriver
que le soleil soit muni, non seulement de mains et de pieds
(fig. 49 et 6), mais aussi d'un phallus. Nous en avons la
preuve dans une étrange vision de la liturgie de Mithra :
ὁμοίως δὲ καὶ ὁ καλούμενος αὐλός, ἡ ἀρχὴ τοῦ λειτουργοῦντος ἀνέμου.
Ὄψει γὰρ ἀπὸ τοῦ δίσκου ὡς αὐλὸν κρεμάμενον [39].

de Mani et aussi chez les Grecs où on la caractérisait: « un souffle
d'air ardent ». Le Saint-Esprit du Nouveau Testament apparaît
sous forme de flamme sur la tête des apôtres (cf. fig. 88) car on imaginait le pneuma sous forme de feu. (Cf. aussi Dieterich: *Mithraslit.*, 1910, p. 116.) Tout à fait semblable est la représentation ira-
nienne de Hvarenô, où il faut entendre « grâce du ciel » par laquelle
règne un monarque. On se représentait la « grâce » de façon toute
substantielle comme une sorte de feu ou d'auréole lumineuse (voir
Cumont: *Mystères de Mithra*, 1903, p. 70). Des représentations de
caractère voisin se retrouvent dans la *Voyante* de Prévorst de
Kerner.

[39] De même manière sera aussi visible ce qu'on appelle le tuyau,
origine du vent favorable. « Car tu verras comme un tube descendant du disque solaire ». Dieterich, *loc. cit.*, p. 6, 7.

Cette étonnante vision d'un tuyau pendant du soleil ferait dans un texte religieux comme la liturgie de Mithra une étrange impression si l'on ne donnait à ce tuyau un sens phallique : le tuyau est le lieu d'origine du vent. Au premier abord on ne saisit pas le sens phallique de cet attribut. Mais souvenons-nous que le vent, comme le soleil, est fécondant et créateur [40]. Chez un peintre allemand du moyen âge nous trouvons la représentation suivante de la fécondation : du ciel descend un tube, ou un tuyau, qui se glisse sous la robe de Marie ; dans ce tube vole, sous forme de colombe, le Saint-Esprit venant féconder la mère de Dieu [41] *(fig. 50 et aussi fig. 19)*.

Voici la vision que j'ai observée chez un malade mental : Il voit au soleil un « membrum erectum » (phallus érigé). Quand il agite sa tête de-ci de-là, le pénis solaire penche aussi de-ci de-là : alors se *produit le vent*. Cette étrange idée me fut absolument incompréhensible jusqu'au moment où je connus les visions de la liturgie de Mithra. Cette vision délirante me semble jeter une lumière explicative sur un passage bien obscur du texte qui suit le passage cité plus haut : εἰς δὲ τὰ μέρη τὰ πρὸς λίβα ἀπέραντον οἶον ἀπηλιώτην. Ἐὰν ᾖ κεκληρωμένος εἰς τὰ μέρη τοῦ ἀπηλιώτου ὁ ἕτερος, ὁμοίως εἰς τὰ μέρη τὰ ἐκείνου ὄψει τὴν ἀποφορὰν τοῦ ὁράματος.

Dieterich (p. 7) traduit ici :

« Und zwar nach den Gegenden gen Westen, unendlich als Ostwind : wenn die Bestimmung nach den Gegenden des Ostens der andere hat, so wirst du in ähnlicher Weise nach den Gegenden jenes die Umdrehung (Fortbewegung) des Gesichtes sehen. »

(Et cela vers les régions de l'ouest, infini comme vent d'est ; mais si c'est l'autre vent vers la région de l'est qui est en service, de la même manière tu verras le renversement de la vision.)

---

[40] Une vieille croyance populaire prétend que les juments de la Lusitanie et les vautours égyptiens étaient fécondés par le vent.

[41] Au sujet de Mithra, qui naît de façon étrange sur un rocher, Hiéronimus remarque que cette génération s'est faite « solo aestu libidinis ». (Cumont : *Textes et Mon.*, 1899, I, p. 163.)

Fig. 50. *Obumbratio Mariae*.
Tapis rhénan tissé. Fin du XVᵉ siècle.
Musée national de Bavière, Munich.

Extrait de K. v. SPIESZ: *Marksteine der Volkskunst*,
IIᵉ partie, Berlin 1942, fig. 112.

Mead traduit [42]:

« And towards the regions Westward, as though it were an infinite Eastwind. But if the other wind, toward the regions of the East, should be in service, in the like fashion shall thou see, toward the regions of that (side) the converse of the sight. »

Ὅραμα est la vision, la chose vue, ἀποφορά signifie, à vrai dire, emporter au loin, enlever. Le sens devrait donc

---

[42] G. R. S. MEAD: *A Mithriac Ritual*, 1907, p. 22.

être: selon la direction du vent la chose vue est portée ou emportée tantôt là, tantôt ailleurs. L'ὅραμα est le tube, le lieu d'origine du vent qui se tourne tantôt vers l'est tantôt vers l'ouest et, peut-être, produit le vent convenable. La vision du malade concorde étrangement avec le mouvement du tube [43]. Ce cas remarquable m'a incité à faire quelques recherches sur des aliénés nègres [44]. J'ai pu me convaincre que le motif d'Ixion à la roue solaire (motif bien connu) *(v. fig. 200)* s'est présenté dans le rêve d'un nègre sans culture. Cette expérience et quelques autres suffirent pour m'orienter; il ne s'agissait pas d'une hérédité caractéristique de race, mais d'un trait généralement humain. Il ne s'agit pas non plus le moins du monde de *représentations héritées*, mais d'une disposition fonctionnelle à produire des représentations semblables ou analogues. C'est cette disposition que j'ai plus tard appelée Archétype [45].

Les divers attributs du soleil se présentent successivement dans la liturgie de Mithra. Après la vision d'Hélios apparaissent sept jeunes femmes à visage de serpent, et sept dieux à visage de taureau noir. La jeune femme se comprend aisément: c'est une comparaison causative de la libido. On conçoit aisément comme féminin le serpent du paradis, principe séducteur en la femme (représenté aussi comme femelle par les artistes anciens) [46] *(fig. 51)*. A la suite d'une évolution sémantique analogue, le serpent devint aussi dans l'antiquité symbole de la terre

---

[43] Je dois à mon collègue, le Dr F. RIKLIN (†), la connaissance d'un cas qui offre un symbolisme intéressant pour nous: il s'agit d'une malade paranoïde qui évolua de la façon suivante vers une manifeste folie des grandeurs; elle vit soudain une *forte lumière*, un *vent souffla sur elle*, elle sentit son *cœur se retourner* et à partir de ce moment elle sut que Dieu était entré *en elle et était en elle*.

[44] Le directeur du *Government Hospital* à Washington, D.C. 11e, Dr A. White, m'en avait aimablement donné l'autorisation. Je l'en remercie ici.

[45] Voir pour de plus amples détails JUNG-KERENYI: *Introduction à l'essence de la mythologie*, Payot, Paris 1953, p. 94, et JUNG: *Der Geist der Psychologie, Eranos-Jahrbuch*, 1947, p. 428 sq.

[46] Cf. mon ouvrage: *Psychologie und Religion*, Rascher, Zurich 1940, p. 110 sq.

Fig. 51. *La tentation d'Eve.*

du: « Speculum humanae salvationis » de Günther Zainer,
Augsbourg 1470.

Extrait de W. WORRINGER: *Die altdeutsche Buchillustration.*
Munich 1919, fig. 6, p. 37.

qui de son côté fut toujours conçue comme féminine. Le
taureau est le symbole bien connu de la fécondité.
Les dieux taureaux s'appellent dans la liturgie de Mithra
κυνδακοφύλακες, « gardiens de l'axe du monde », ceux qui
font tourner l'axe du cercle céleste. Ce même attribut
est aussi celui de Mithra qui devient tantôt le Sol invictus
lui-même, tantôt compagnon et souverain d'Hélios (*v.*
fig. 109 et 167) : il tient à la main droite « la constellation
de l'ours qui meut et retourne le ciel ». Les dieux à tête
de taureau, également ἱεροὶ καὶ ἄλκιμοι νεανίαι (des jeunes
hommes sacrés et capables de porter les armes) comme
Mithra lui-même à qui l'on adjoint l'attribut de νεώτερος
(le plus jeune) ne sont qu'une seule et même divinité
séparée selon divers attributs. Le principal dieu de la
liturgie de Mithra se divise lui-même en Mithra et Hélios
(*v. fig. 109*) dont les deux attributs sont très proches
l'un de l'autre (de Hélios): ὄψει θεὸν νεώτερον εὐειδῆ πυρινότριχα
ἐν χιτῶνι λευκῷ καὶ χλαμύδι κοκκίνῃ, ἔχοντα πύρινον στέφανον [47] ; (de
Mithra): ὄψει θεὸν ὑπερμεγέθη, φωτεινὴν ἔχοντα τὴν ὄψιν, νεώτερον,

---

[47] DIETERICH: *Mithrasliturgie*, 1910, p. 11. « Tu verras un dieu
jeune, beau, avec une chevelure flamboyante dans un vêtement
blanc et un manteau de pourpre, avec une couronne de feu. »

Fig. 52. *Le fils de l'homme entre les sept chandeliers.*
Beatus Kommentar. Bibliothèque nationale, Berlin.
Theol. lat. fol. 561. — 2ᵉ moitié du XIIᵉ siècle.

Extrait de O. Schmitt: *Reallexikon zur deutschen Kunstgeschichte.*
Stuttgart 1937, T. I. p. 765, fig. 12.

χρυσοκόμαν, ἐν χιτῶνι λευκῷ καὶ χρυσῷ στεφάνῳ καὶ ἀναξυρίσι, κατέχοντα τῇ δεξιᾷ χειρὶ μόσχου ὦμον χρύσεον. ὅς ἐστιν ἄρκτος ἡ κινοῦσα καὶ ἀντιστρέφουσα τὸν οὐρανόν, κατὰ ὥραν ἀναπολεύουσα καὶ καταπολεύουσα. ἔπειτα ὄψει αὐτοῦ ἐκ τῶν ὀμμάτων ἀστραπάς, καὶ ἐκ τοῦ σώματος ἀστέρας ἀλλομένους [48].

Si nous posons que or et feu sont d'essence analogue, la concordance est grande entre les attributs des deux dieux. Sans doute les visions guère plus anciennes de l'Apocalypse de saint Jean méritent-elles d'être rapprochées de ces images pagano-mystiques:

« Alors je me retournai pour voir quelle était la voix qui me parlait et quand je me fus retourné, je vis sept chandeliers d'or, et, au milieu des chandeliers, quelqu'un qui ressemblait à un fils d'homme; il était vêtu d'une longue robe, portait à la hauteur des seins une ceinture d'or; sa tête et ses cheveux étaient blancs comme la laine blanche, comme de la neige et

---

[48] Dieterich, *loc. cit.*, p. 14, 15: « Tu verras Dieu dans sa toute puissance, au visage lumineux, jeune, à la chevelure d'or, dans un vêtement blanc, avec une couronne d'or, avec des pantalons bouffants, tenant dans sa main droite l'épaule d'or d'un bœuf, qui est la constellation de l'ours, qui meut et tourne le ciel montant et descendant chaque heure, alors tu verras jaillir de ses yeux des éclairs et de son corps des étoiles ».

Fig. 53. *Mithra avec glaive et flambeau.*

Extrait de Cumont: *Textes et Monuments figurés relatifs aux mystères de Mithra.*
Bruxelles 1899, Tome II, fig. 28, p. 203.

ses yeux étaient comme une flamme de feu; ses pieds étaient semblables à de l'airain qu'on aurait embrasé dans une fournaise, et sa voix était comme la voix des grandes eaux. Il tenait dans sa main droite sept étoiles [49], de sa bouche sortait un glaive [50] aigu, à deux tranchants, et son visage était comme le soleil lorsqu'il brille dans sa force. » (Apocalypse, I. 12 sq.)

« Et voici que parut une nuée blanche et sur la nuée quelqu'un était assis qui ressemblait au fils de l'homme; il avait sur sa tête une couronne d'or [51] (couronne d'or / στέφανον χρυσοῦν) et dans sa main une faucille tranchante » (Apocalypse, 14, 14).

« Ses yeux étaient comme une flamme ardente; il avait sur la tête plusieurs diadèmes »...

---

[49] La grande ourse est composée de sept étoiles.

[50] On représente souvent Mithra tenant un glaive court dans une main et un flambeau dans l'autre *(fig. 53)*. Le glaive, instrument de sacrifice, joue un certain rôle dans son mythe, de même dans la symbolique chrétienne. Voir mes remarques à ce sujet dans: Das Wandlungssymbol in der Messe. *Eranos-Jahrbuch*, 1940, p. 109 sq.

[51] Exactement « une guirlande d'or ».

« Il était revêtu d'un vêtement teint de sang [52].

Les armées du ciel le suivaient sur des chevaux blancs, vêtues de fin lin [53]. De sa bouche sortait un glaive affilé. » (19, 12 sq.)

Nul besoin de supposer entre l'Apocalypse et les représentations mithriaques un rapport de dépendance directe. Les images visionnaires des deux textes sont puisées à une source qui ne coule pas qu'à un seul endroit, mais se trouve dans l'esprit de beaucoup d'hommes. Les symboles qui en découlent sont trop typiques pour pouvoir être l'œuvre d'un individu unique.

Je signale ces images pour montrer comment peu à peu, au fur et à mesure que s'approfondit la vision, le symbolisme de la lumière évolue en image de héros solaire « bien-aimé » [54], [55]. Ces processus visionnaires sont les sources psychologiques du couronnement du soleil que l'on rencontre dans les mystères *(cf. fig. 36* et Apulée: *Métamorphoses*, lib. XI). Leur rite est un événement religieux vécu, figé en forme liturgique, qui, à cause de sa régularité, a pu prendre une forme extérieure de valeur

---

[52] Cf. *Le manteau écarlate d'Hélios*. Les rites de divers cultes comportent l'enveloppement dans les peaux sanglantes des animaux sacrifiés ; ainsi dans les Lupercales, les Dionysiaques et les Saturnales. Ces dernières nous ont laissé le carnaval dont le personnage typique était à Rome le Pulcinello priapique.

[53] Cf. la suite d'Hélios vêtue de byssus. Les dieux à tête de taureau portent des περιζώματα (tabliers) blancs.

[54] Titre de Mithra in *Vendidad*, XIX, 28. Cité par Cumont, *Textes et Monuments*, 1899, I, p. 37.

[55] L'évolution de la symbolique solaire dans le « Faust » ne va pas jusqu'à la vision anthropomorphe ; elle s'arrête (dans la scène du suicide) au char d'Hélios. (Un char de feu, sur des ailes rapides descend vers moi). Pour recevoir le héros mourant ou sur le point de partir vient le char de feu comme lors de l'ascension d'Elie ou de Mithra (id. Fr. d'Assise). Le vol de Faust le conduit par-dessus les mers, de même celui de Mithra. Les représentations sculpturales de l'ascension d'Elie dans le christianisme ancien se rattachent en partie aux représentations correspondantes de Mithra : « Les chevaux du char solaire, gravissant le ciel, quittent la terre ferme et prennent leur route *(fig. 54)* par-dessus un dieu des eaux, Océanos qui gît à leurs pieds » (Cumont : *Textes et Monuments*, 1899, I, p. 178).

Fig. 54. *Char solaire.*

Extrait de F. Cumont: *Textes et monuments figurés relatifs
aux mystères de Mithra.*
Bruxelles 1899, Tome I, fig. II, p. 178.

générale. Cela étant, il est facile de comprendre que l'Eglise
ancienne d'une part se trouvait en relation spéciale avec
le Christ, en tant que Sol invictus, et que, d'autre part,
elle avait quelque peine à se défendre du symbole païen.
Philon d'Alexandrie voyait déjà dans le soleil l'image du
logos divin ou de la divinité en général (*De somniis*, I. 83).
Dans un hymne ambrosien on s'adresse au Christ de la
manière suivante: « O sol salutis, etc. ». A l'époque de Marc
Aurèle, Meliton, dans son ouvrage περὶ λούτρου appelait le
Christ Ἥλιος ἀνατολῆς... μόνος ἥλιος οὗτος ἀνέτειλεν ἀπ' οὐρανοῦ [56].

---

[56] « Soleil de l'est... il est monté vers le ciel comme le *soleil
unique* ». Cf. Pitra: *Analecta sacra*, cité par Cumont, *Textes et
Monuments*, 1899, p. 355.

Fig. 55. *Soleil ailé avec lune et arbre de vie.*
Relief hittite.
Orthostat von Saktsche Gözu.

Extrait de A. Jeremias: *Das Alte Testament im lichte des alten Orients.*
IVᵉ éd. Leipzig 1930, fig. 28, p. 95.

Un passage du Pseudo Cyprien [57] est encore plus clair:

« O quam praeclara providentia ut illo die *quo factum est sol*, in ipso die nasceretur Christus, V. Kal. Apr. feria IV et ideo de ipso ad plebem dicebat Malachias propheta: « Orietur vobis sol iustitiae et curatio est in pennis ejus, hic est sol iustitiae cujus in pennis curatio praeostendebatur [58] ». »

Dans un écrit attribué à saint Jean Chrysostome: « De Solstitiis et Aequinoctiis » il est dit:

« Sed et dominus nascitur mense Decembri hiemis tempore, VIII kal. Januarias, quando oleae maturae praemuntur ut unctio, id est *chrisma*, nascatur — sed et *Invicti natalem* appellant. Quis utique tam invictus nisi dominus noster qui

---

[57] Usener: *Weihnachtsfest*, 1911, p. 5.

[58] « O combien merveilleuse est la providence puisque à ce jour où le soleil fut créé, ce jour-là même naquit le Christ, le 28 mars et c'est pourquoi le prophète Malachie dit au peuple à son sujet: Il se lèvera un soleil de justice et la guérison sera dans ses rayons. Il est le soleil de justice dans les ailes de qui la guérison vous a été prédite ». Le passage de Malachie se trouve au 4, 2. « Mais pour vous qui craignez mon nom, se lèvera un soleil de justice et la guérison sera dans ses rayons ». Cette image rappelle le disque solaire ailé des Egyptiens *(fig. 55 et 45).*

198

mortem subactam devicit ? Vel quod dicant solis esse natalem, ipse est sol iustitiae, de quo Malachias propheta dixit. — Dominus lucis ac noctis conditor et discretor qui a propheta Sol iustitiae cognominatus est [59]. »

Selon le témoignage d'Eusèbe d'Alexandrie [60], les chrétiens prirent part à l'adoration du soleil levant qui se pratiqua jusqu'au Ve siècle :

Οὐαὶ τοὺς προσκυνοῦσι τὸν ἥλιον καὶ τὴν σελήνην καὶ τοὺς ἀστέρας· πολλοὺς γὰρ οἶδα τοὺς προσκυνοῦντας καὶ εὐχομένους εἰς τὸν ἥλιον· Ἤδη γὰρ ἀνατείλαντος τοῦ ἡλίου, προσεύχονται καὶ λέγουσιν· « Ἐλέησον ἡμᾶς » καὶ οὐ μόνον Ἡλιογνῶσται καὶ αἱρετικοὶ τοῦτο ποιοῦσιν ἀλλὰ καὶ χριστιανοὶ καὶ ἀφέντες τὴν πίστιν τοῖς αἱρετικοῖς συναναμίγνυναι [61].

Saint Augustin objecte expressément à ses chrétiens : « Non est Dominus sol factus sed per quem sol factus est. » (Ce n'est pas le Christ notre seigneur qui est devenu soleil, mais c'est par lui que le soleil a été créé.) [62]

L'art religieux a conservé beaucoup du culte solaire : [63] ainsi l'éclat rayonnant autour de la tête du Christ et l'au-

---

[59] « Mais le seigneur aussi est né le 24/25 du mois de décembre alors que l'on presse les olives mûres pour que l'onction puisse se faire (huile servant à l'onction). Or on l'appelle aussi jour de naissance de l'invaincu. Mais qui donc est aussi totalement invaincu que Notre Seigneur, qui a soumis et vaincu la mort ? Ou si on l'appelle le jour de naissance du soleil, alors c'est le soleil même de justice dont parle le prophète Malachie. Le seigneur de la lumière et de la nuit, créateur et ordonnateur, nommé par le prophète « Soleil de justice ». Cumont, loc. cit., p. 366.

[60] Or. VI. περὶ ἀστρονομίας: cf. Cumont, loc. cit., p. 356.

[61] « Malheur à ceux qui se prosternent devant le soleil et devant la lune et les astres. J'ai vu en effet beaucoup de gens qui se prosternaient devant le soleil et le priaient. Dès le lever du soleil, ils font leurs prières en disant : « Aie pitié de nous » et non seulement les héliognostes et les hérétiques font cela, mais aussi les chrétiens, oubliant leur foi, se mêlent aux hérétiques ».

[62] Evangile selon saint Jean, Tract. XXXIV, 2.

[63] Les gravures des Catacombes contiennent aussi beaucoup de symbolique solaire. La croix svastique p. ex., (roue solaire) se trouve sur le vêtement du Fossor Diogène dans le Coemeterium de Petrus et Marcellinus. Les symboles du soleil levant, taureau et bélier, se rencontrent dans la fresque d'Orphée du Coemeterium

Fig. 56. *Serpent représentant le cours de la lune.*
Borne assyrienne de Suze.

Extrait de ROSCHER: *Lexicon der Griechischen und Römischen Mythologie.*
T. IV, col. 1475, Leipzig 1909-15.

réole des saints en général. La légende chrétienne attribue
à ses saints de nombreux symboles de feu et de lumière [64].
Les douze apôtres ont été comparés aux douze signes du
Zodiaque, et par suite représentés avec une étoile au-dessus
de la tête [65]. Il n'est pas étonnant que les païens, ainsi que

---

de Sante Domitilla; de même bélier et paon (comme le phénix,
symbole du soleil) sur une épitaphe des catacombes de Caliste.

[64] Plusieurs exemples dans GOERRES: *La mystique chrétienne*,
1836-42.

[65] LEBLANT: *Sarcophages de la Gaule*, 1880. Dans les homélies
de Clément de Rome (Hom. II, 23, cit. CUMONT: *Textes et monuments*, I, p. 356, il est dit: Τῷ κυρίῳ γεγονάσιν δώδεκα ἀπόστολοι τῶν
τοῦ ἡλίου δώδεκα μηνῶν φέροντες τὸν ἀριθμόν. On voit que cette image
concerne le cours du soleil à travers le zodiaque. Ce dernier était
représenté par un serpent (de même que le cours de la lune chez
les Assyriens, *fig. 56*) portant sur son dos les signes du zodiaque.
(Analogue au *Deus leontocephalus* du mystère de Mithra, fig. 182.)
Cette idée est confirmée par un passage du *Codex vaticanus* édité
par CUMONT (190, saec. XIII, p. 229, in *Textes et Monuments*, I,
p. 85): τότε ὁ πάντοτε; δημιουργὸς ἄκρῳ νεύματι ἐκίνησε τὸν μέγαν δράκοντα
σὺν τῷ κεκοσμημένῳ στεφάνῳ, λίγω δὴ τὰ ιβʹ ζῴδια, βαστάζοντα ἐπὶ τοῦ
νώτου αὐτοῦ.

Le système manichéen lui aussi attribuait au Christ la figure
du serpent, à savoir du serpent à l'arbre du paradis (cf. Saint Jean,
3, 14): « Comme Moïse a élevé le serpent dans le désert, il faut de
même que le fils de l'homme soit élevé » *(fig. 57 et 246).*

Fig. 57. *Le serpent suspendu.*
Thaler de Pest de Jérôme de Magdebourg, orfèvre à Annaberg.
Archives de la Revue Ciba, Bâle.

le rapporte Tertullien (Apol. 16: « Alii humanius et veri-
similius Solem credunt deum nostrum »), aient pris le soleil
pour le Christ Dieu. Chez les Manichéens il était même
réellement le soleil. Un des monuments les plus étranges
en ce domaine où se mêlent paganisme asiatique, hellé-
nisme et christianisme, c'est l'Ἐξήγησις περὶ τῶν ἐν Περσίδι
πραχθέντων édité par Wirth [66], livre de contes qui permet
de pénétrer à fond le symbolisme syncrétistique. On y
trouve, p. 166,22 la dédicace magique suivante: Διì Ἡλίῳ
θεῷ μεγάλῳ βασιλεῖ Ἰησοῦ [67]. Dans certaines contrées d'Arménie, aujourd'hui encore, les chrétiens implorent le soleil
levant « pour qu'il veuille bien laisser reposer son pied
sur le visage de l'implorant » [68].

Sous le symbole de « mite et soleil » nous avons creusé
les profondeurs historiques de l'âme et ce travail nous a
mis en présence de l'idole ensevelie du jeune et beau héros

---

[66] « *Die Geheimnisse in Persien.*» D'après un manuscrit de
Munich du XIᵉ siècle. Albrecht WIRTH: *Aus orientalischen Chroniken*,
1894, p. 151.

[67] Au grand Dieu Hélios, au roi de Jésus.

[68] ABEGHIAN: *Der armenische Volksglaube*, 1899, p. 41.

Fig. 58. *Attis d'Andrianopolis.*
Louvre, Paris.

Extrait de G. PRAMPOLINI:
La mitologia nella vita dei popoli.
Milan, 1938, T. II, p. 44.

solaire à la chevelure de feu, à la couronne rayonnante qui, inaccessible aux mortels, tourne éternellement autour de la terre, faisant succéder au jour, la nuit; à l'été, l'hiver; à la vie, la mort — et qui renaît avec sa splendeur rajeunie pour éclairer de nouvelles générations. C'est vers lui que va l'aspiration de la rêveuse, dissimulée dans la mite.

La sphère culturelle antique d'Asie Mineure pratiquait une vénération du soleil sous la forme du Dieu qui meurt et ressuscite (Osiris, *fig. 140 et 195*), Tamnuz, Attis-Adonis *(fig. 58)* [69], le Christ, Mithra [70], Phénix *(fig. 89)*, etc. On honorait dans le feu autant la puissance bienfaisante que la puissance destructrice. Les forces de la nature présentent toujours deux aspects, ainsi que nous l'avons déjà vu avec le dieu de Job. Ce revers nous ramène au poème de miss Miller. Les réminiscences confirment notre supposition que l'image

[69] Plus tard on assimila Mithra et Attis. On le représentait aussi comme Mithra avec le bonnet phrygien (fig. 53 et 134). CUMONT: *Mystères de Mithra*, p. 81. D'après le témoignage de JÉRÔME la grotte de la naissance à Bethléhem était autrefois un sanctuaire (spelaeum) d'Attis (USENER: *Weihnachtsfest*, 1911, p. 283).

[70] CUMONT: *Mystères de Mithra*, p. VII, dit: « Les deux adver-

de la mite et du soleil est une condensation de deux figures dont nous venons d'examiner l'une; l'autre c'est la mite et la flamme. Titre d'une pièce de théâtre sur le contenu de laquelle l'auteur ne nous dit rien, « *Mite et flamme* » doit avoir le sens bien connu: voler autour du feu de la passion jusqu'à s'y brûler les ailes. Le désir passionné a deux faces: il est la force qui embellit tout et aussi, le cas échéant, détruit tout. Il est donc compréhensible qu'un désir violent soit déjà accompagné ou suivi d'angoisse ou annoncé par elle. La passion fait les destinées et crée l'irréparable. Elle pousse devant elle la roue du temps et accable le souvenir de passé à jamais révolu. L'angoisse devant le destin n'est que trop compréhensible; il est imprévisible et illimité; il recèle des dangers ignorés et l'hésitation du névrosé à s'aventurer dans la vie s'explique sans peine par le désir de pouvoir rester en dehors pour ne point être engagé dans le dangereux combat. Qui renonce à tenter de vivre doit en étouffer en lui le désir, donc réaliser une sorte de suicide partiel. C'est là ce qui explique les fantaisies de mort qui accompagnent si volontiers le renoncement au désir. Dans son poème, miss Miller a déjà exprimé ces fantaisies; elle ajoute encore ceci à ses matériaux: « J'avais lu un recueil de morceaux choisis de Byron qui m'avait beaucoup plu et que j'ai eu très souvent sous les yeux. Or il y a une grande similitude de rythme entre mes deux vers: « For I, the source, etc » et ces deux-ci de Byron:

> « Now let me die as I have lived in faith
> Nor tremble tho' the universe should quake. »

Cette réminiscence, qui termine la série des idées spontanées, confirme les fantaisies de mort résultant du renoncement. La citation provient — miss Miller ne le dit pas — d'un poème inachevé de Byron: « Heaven and Earth »[71]. En voici le passage au complet:

---

saires reconnurent avec étonnement les similitudes qui les rapprochaient, sans en apercevoir l'origine. »

[71] *The Poetical Works of Lord Byron*, Pearl Edition, London, 1902, p. 421.

« Still blessed be the Lord,
For what is past,
For what which is;
For all are His.
From first to last —
Time — Space — Eternity — Life — Death —
The vast Known and immeasurable Unknown
He made and can unmake,
And shall I for a little gasp of breath
Blaspheme and groan ?
*No, let me die as I have lived in faith
Nor quiver though the universe may quake.* »

« Toujours béni soit le Seigneur
Pour ce qui est passé
Pour ce qui est:
Car tout est sien.
Du premier au dernier —
Temps — Espace — Eternité — Vie — Mort —
Le connu immense et l'inconnu incommensurable
Il les a faits et peut les défaire,
Et moi, pour un peu de souffle
Blasphémerai-je et gémirai-je ?
Non, que je meure comme j'ai vécu dans la foi
Et que je ne tremble pas même si l'univers était ébranlé. »

Ces paroles sont contenues dans une sorte de glorification ou de prière, prononcées par un « mortel » fuyant désespérément devant un déluge grandissant. Par sa citation, miss Miller se met dans la même situation, c'est-à-dire: elle laisse entrevoir que sa situation sentimentale est comparable au désespoir des malheureux qui se voient menacés par les eaux montantes du déluge. Elle nous permet ainsi de jeter un regard dans les obscurs arrière-plans de son aspiration vers le héros solaire. Aspiration vaine, nous le voyons, parce qu'elle est une mortelle qu'une aspiration élève pour un instant vers la lumière et qu'elle est vouée à mourir ou plutôt à être emportée par l'angoisse de la mort, comme les hommes du déluge, et, malgré sa lutte désespérée, abandonnée, sans espoir de salut, à la perte *(fig. 59)*. Cet état d'esprit rappelle fortement la scène finale de *Cyrano de Bergerac*.

Fig. 59. *Le déluge.*

Extrait de A. Kircher: *Arca Noë in tres libros digesta.*
Amsterdam 1669, p. 126/127.

Cyrano:

« Oh mais !... puisqu'elle est en chemin,
Je l'attendrai debout, et l'épée à la main !

— — — — — — — — — — — — — — — —

Que dites-vous ?... C'est inutile ?... Je le sais !
Mais on ne se bat pas dans l'espoir du succès !
Non, non. C'est bien plus beau lorsque c'est inutile !

— — — — — — — — — — — — — — — —

Je sais bien qu'à la fin vous me mettrez à bas ! »

Son attente, humainement comprise, est inutile, car
son désir vise le divin, le « Bien-aimé », vénéré sous l'image
du soleil. D'après le matériel en présence, on ne peut
affirmer qu'il s'agisse d'une décision, ou d'un choix conscient. Miss Miller est bien plutôt mise en présence du fait
qu'à la place du chanteur, sans qu'elle le veuille et sans
qu'elle ait rien fait pour cela, un héros divin est apparu.
Est-ce là quelque chose d'avantageux, ou non ? La
question reste ouverte.

« Heaven and Earth » de Byron est un « Mystery founded on the following passage in Genesis : « And it came » to pass... that the Sons of God saw the daughters of » men, that they were fair; and they took them wives of » all which they choose. » [72] En outre, Byron met en épigraphe à son poème le passage suivant de Coleridge : « And woman wailing for her demon lover. » Le poème de Byron est composé de deux grands événements, l'un psychologique, l'autre tellurique : d'une part la passion qui abat toutes les barrières et, d'autre part, les horreurs des forces naturelles déchaînées. Les anges Samiasa et Azaziel brûlent d'une passion coupable pour les belles jeunes filles de Caïn, Anah et Aholibamah, et brisent ainsi les barrières élevées entre mortels et immortels. Ils se révoltent, comme jadis Lucifer, contre Dieu et l'archange Raphaël élève sa voix pleine d'avertissements [73].

« But man hath listen'd to his voice
And ye to woman's — beautiful she is,
The serpent's voice less subtle than her kiss.
The snake but vanquish'd dust; but she will draw
A second host from heaven to break heaven's law ! »

(« Mais l'homme a écouté sa voix
Et vous, celle de la femme — belle elle est,
La voix du serpent moins subtile que son baiser
Le serpent n'est que poussière vaincue, mais la femme attirera
Des cieux un deuxième hôte pour briser la loi des cieux. »)

La puissance de Dieu est menacée par les égarements de la passion; le ciel est menacé d'une nouvelle déchéance de ses anges. Retraduisons cette projection en le psychique d'où elle avait pris son point de départ : cela veut dire que la puissance du bien et du raisonnable, qui régissent le monde par de sages lois, est menacée par la puissance chaotique originelle de la passion. Aussi faut-il l'extirper,

---

[72] « ... Les fils de Dieu virent que les filles des hommes étaient belles, et ils en prirent pour femmes parmi toutes celles qui leur plurent.» Genèse, 6, 2.

[73] *Loc. cit.*, p. 419.

ce qui veut dire en projection mystique: la race de Caïn et tout le monde coupable doit être anéanti jusqu'au dernier par le déluge. C'est la conséquence nécessaire de la passion, qui a abattu toutes les barrières. Elle est comme la mer qui a rompu ses digues et comme les eaux des profondeurs et les eaux de la pluie [74] *(fig. 59 et aussi 63)* génératrices, fécondantes, « maternelles » comme les nomme la mythologie hindoue. Alors elles quittent leurs bornes naturelles, se gonflent par-dessus les hautes montagnes et noient tout ce qui vit. Force qui transcende la conscience, la libido ressemble au δαίμων, au dieu bon comme au diable. Donc si le méchant pouvait être détruit totalement, le « divin », ou le « démoniaque » en général, subirait une perte considérable; ce serait une amputation au corps de la divinité. Puis la plainte de Raphaël s'adresse aux deux révoltés Samiasa et Azaziel:

> « — — — Why,
> Cannot this earth be made, or be destroy'd,
> Without involving ever some vast void
> In the immortal ranks ? — — — »

---

[74] La nature, l'objet en général reflète tout ce qui est contenu de notre conscience, mais qui n'est pas conscient en tant que tel. Bon nombre de tonalités de plaisir ou de peine de la perception sont attribuées par nous sans plus à l'objet, sans que nous réfléchissions dans quelle mesure on peut l'en rendre responsable. Un exemple de projection immédiate se trouve dans un chant populaire:

« Là-bas sur la grève, là-bas sur la rive
Là une fille lavait le drap de son mari
Et un doux vent d'ouest souffla sur la rive
Souleva un peu sa jupe de son souffle
Et fit voir un peu sa cheville.
Et la rive devint, et le monde entier devint lumineux. »

(Chant populaire néogrec extrait de: SANDERS, *Das Volksleben der Neugriechen*, 1844, p. 81, cit. in *Zeitschrift des Vereins für Volkskunde*, XII, 1902, p. 166.) Ou sous une version germanique:

« Je vis dans la ferme de Gymir
Aller ma douce jeune fille

(— — Mais, cette terre ne peut-elle être créée ou détruite sans entraîner toujours quelque immense vide dans les rangs des immortels ?)

La passion élève l'homme non seulement au-dessus de lui-même mais aussi au-dessus des limites de son caractère mortel et temporel; mais en même temps qu'elle l'élève, elle le détruit. Cette « présomption » s'exprime mythologiquement dans la construction de la tour de Babel, haute comme le ciel *(fig. 60)* qui crée chez les hommes la confusion [75], ou dans la révolte de Lucifer. Dans le poème de Byron, c'est l'ambition de la race de Caïn, dont l'aspiration met les étoiles à son service et qui séduit même les fils de Dieu. En admettant que l'aspiration aux choses suprêmes soit légitime, le fait même qu'elle vise au delà des bornes fixées à l'homme constitue cependant le dépassement coupable et par suite la perdition. L'aspiration de la mite aux étoiles ne saurait être regardée comme pure sous prétexte que celles-ci se trouvent là haut dans le ciel; c'est l'aspiration d'une mite à qui de si nobles désirs ne font nullement perdre sa nature. Finalement l'homme reste toujours homme. Par l'exagération de son désir, il peut entraîner même le divin dans la ruine de sa passion [76]. Il semble certes s'élever vers lui, mais abandonne en même temps son humanité. Ainsi l'amour d'Anah et d'Aholibamah pour leurs anges cause la disparition des dieux et des hommes. La prière par laquelle les filles de Caïn conjurent les anges est, pourrait-on dire, exactement parallèle au poème de miss Miller.

Le ciel brûlait de l'éclat de ses bras
Ainsi que toute la mer éternelle ».

(Tiré de « l'Edda », trad. H. Gering, p. 53, *Zeitschr. f. Volkskunde*, XII, 1902, p. 167.) Il faut ranger également ici les récits merveilleux sur « les événements cosmiques lors de la naissance et de la mort des héros ».

[75] Comparable aux héros mythiques qui, une fois accomplis leurs exploits, sont atteints de troubles mentaux.

[76] L'histoire des religions nous offre de multiples exemples d'erreurs de ce genre.

Fig. 60. *La tour de Babel*.
(Genèse, I, 4 sq)
Estampe de la Bible de Merian. Francfort 1704.

Anah : [77]

 « Seraph !
From thy sphere !
Whatever star contain thy glory [78];
In the eternal depths of heaven
Albeit thou watchest with « the seven »
Though through space infinite and hoary
Before thy bright wings worlds be driven,
 Yet hear !
Oh, think of her who holds thee dear !
And though she nothing is to thee,
Yet think that thou art all to her.

Eternity is in thine years,
Unborn, undying beauty in thine eyes;

[77] Anah est l'amante de Japhet, fils de Noé. Elle l'abandonne pour l'amour de l'ange.

[78] Celui à qui l'on s'adresse est en fait une *étoile*. Cf. « L'étoile du matin » de miss Miller.

209

With me thou canst not sympathise,
Except in love, and there thou must
Acknowledge that more loving dust
Ne'er wept beneath the skies.
Thou walk'st thy many worlds [79] thou seest
The face of him who made thee great,
As he hath made me of the least
Of those cast out from Eden's gate;
Yet Seraph dear !
oh hear !
For thou hast loved me, and I would not die
Until I know what I must die in knowing,
That thou forgett'st in thine eternity
Her whose heart death could not keep from
      O'erflowing
For thee, immortal essence as thou art
Great is their love in sin and fear;
And such, I feel, are waging in my heart
A war unworthy: to an Adamite
Forgive, my Seraph ! that such thoughts appear.
For sorrow is our element...

— — — — — — — — — — — — — — — —

      The hour is near
Which tells me we are not abandon'd quite.
      Appear ! Appear !
My own Azahiel ! be but here,
And leave the stars to their light. »

Aholibamah :

« I call thee, I await thee and I love thee.

— — — — — — — — — — — — — — — —

Though I be form'd of clay
And thou of beams
More bright, than those of day on Eden's streams,
Thine immortality cannot repay
With love more warm than mine
My love. There is a ray [80]

---

[79] En fait un attribut du soleil en mouvement.
[80] Substance lumineuse de son âme.

In me, which, though forbidden yet to shine,
I feel was lighted at thy God's and thine [81]
It may be hidden long: death and decay
Our mother Eve bequeath'd us — but my heart
Defies it: though this life must pass away,
Is that a cause for thee and me to part ?

I can share all things even immortal sorrow;

For thou hast ventured to share life with me,
And shall I shrink from thine eternity ?
No ! though the serpent's sting should pierce
        Me thorough;
And thou thyself wert like the serpent, coil
Around me still [82] ! And I will smile,
And curse thee not but hold
Thee in as warm a fold
As — but descend, and prove
A mortal's love
For an immortal !... »

(Traduction: « Séraphin ! Depuis ta sphère ! Quelle que soit
l'étoile qui contienne ta gloire, Dans les éternelles profondeurs
du ciel, Quoique tu veilles avec « les sept », Bien que, à travers
l'espace infini et chenu, Devant tes ailes brillantes, le monde
soit poussé, Et bien qu'elle ne soit rien pour toi, Cependant
écoute ! Oh ! pense à elle qui te chérit ! Cependant pense que
tu es tout pour elle — — — — — L'éternité est dans tes ans,
La beauté pas encore née et immortelle dans tes yeux; Avec
moi tu ne peux pas sympathiser, Excepté dans l'amour et alors
tu dois Reconnaître que jamais poussière plus aimante n'a
jamais pleuré sous les cieux. Tu parcours tes mondes divers,
tu vois La face de celui qui t'a fait grand, Comme elle m'a
fait des moindres de ceux qui sont rejetés des portes de
l'Eden; Cependant, Séraphin aimé Oh écoute !

---

[81] L'union de deux substances-lumière indique la communauté
d'origine. Ce sont des images de la libido. Selon Mechtild de MAG-
DEBOURG, (*Das fliessende Licht der Gottheit*, publ. Escherich, 1909),
l'âme est faite d'amour (Minne).
[82] Cf. les gravures de STUCK: *Le péché, le vice et la sensualité*
(*fig. 61)* où le corps nu de la femme est enlacé par un serpent. Au
fond c'est l'image de l'angoisse de mort.

Fig. 61. *La sensualité*.
Tableau de Franz Stuck
(1863-1928).

Car tu m'as aimée et je ne voudrais pas mourir Avant de
savoir ce que je dois savoir en mourant Que tu oublies dans
ton éternité Celle dont la mort ne pourra pas empêcher le
cœur de déborder Pour toi, essence immortelle comme tu l'es
Grand est l'amour de qui aime dans le péché et dans la peur;
Et ceux-ci, je le sens se livrent dans mon cœur une guerre
indigne; Pardonne à une Adamite, mon Séraphin, que de telles
pensées surviennent, car la tristesse est notre élément — — — —
L'heure est proche qui me dit que nous ne sommes pas tout à
fait abandonnés. Parais ! Parais ! Mon Azahiel ! sois seulement
ici Et laisse les étoiles à leur propre lumière.»

212

Je t'appelle, je t'attends et je t'aime. — — — — Bien que je sois faite d'argile Et toi de rayons plus brillants que ceux de la lumière du jour sur les cours d'eau de l'Eden, ton immortalité ne peut pas par un amour plus ardent répondre à mon amour. Il y a en moi un rayon qui, bien qu'empêché encore de brûler, fut allumé je le sens, à celui de ton Dieu et au tien. Il peut être caché longtemps, la mort et la décrépitude, notre mère Eve nous les a léguées — mais mon cœur brave cela: bien que cette vie doive passer, Est-ce une raison pour que nous nous séparions toi et moi ? — — — — Je peux partager toute chose, même la tristesse immortelle Car tu t'es risqué à partager la vie avec moi. Et me déroberai-je à ton éternité ? Non ! que la piqûre du serpent me perce de part en part. Et que toi-même tu sois comme le serpent enroulé encore autour de moi ! Et je sourirai et je ne te maudirai pas, mais je te prendrai comme dans un pli chaud — mais viens ici-bas et éprouve ce qu'est un amour de mortelle pour un immortel... »)

L'apparition des deux anges provoquée par l'invocation est comme toujours une brillante vision de lumière.

Aholibamah:

   « The clouds from off their pinions flinging,
   As though they bore to-morrow's light.

Anah:

   But if our father see the sight.

Aholibamah:

   He would but deem it was the moon
   Rising unto some sorcerer's tune
   An hour too soon.

— — — — — — — — — — — — — — —

Anah:

   Lo ! They have kindled all the west,
   Like a returning sunset !...

— — — — — — — — — — — — — — —

   On Ararat's late secret crest
   A mild and many-colour'd bow,
   The remnant of their flashing path,
   Now shines !... »

(Traduction: Aholibamah: Les nuages s'élancent de leurs ailes, Comme s'ils portaient la lumière de demain.

Anah: Mais si notre père voit ce spectacle

Aholibamah: Il penserait seulement que c'était la lune se levant au chant de quelque sorcier Une heure trop tôt.

Anah: Regarde! Ils ont allumé tout l'ouest comme un couchant qui reviendrait. — — — — Sur la crête secrète de l'Ararat un doux arc multicolore, reste de leur sentier étincelant, maintenant brille. »)

En présence de ces deux visions aux couleurs lumineuses, où les deux femmes ne sont qu'aspiration et attente, Anah emploie une parabole pleine de pressentiment qui, à nouveau, ouvre brusquement une vue dans la profondeur sinistre d'où apparaît pour un moment l'effrayante nature thériomorphe du doux dieu de la lumière:

« ... and now, behold! it hath
Return'd to night, as rippling foam
Which the *leviathan* hath lash'd
From *his unfathomable* home
When sporting on the face of the calm deep,
Subsides soon after he again hath dash'd
Down, down, to where the ocean's fountain sleep. »

(Traduction: «Et maintenant, regarde! il est retourné à la nuit, comme les rides d'écume que le Léviathan a fouettées depuis sa demeure insondable quand, jouant sur la surface des calmes profondeurs, il se calme bientôt après qu'il a sombré, sombré précipitamment là où dorment les sources de l'Océan. »)

Nous nous rappelons ce poids écrasant dans la balance des droits de Dieu sur l'homme Job. Là où sont les sources profondes de l'océan, demeure le Léviathan *(fig. 62)*, de là monte le flot qui détruit tout, la mer de la passion. La sensation d'écrasement qu'inspire la pulsion pressante semble projetée sous forme de flot montant qui détruit tout ce qui vit pour faire sortir de cet anéantissement une nouvelle et meilleure création *(fig. 63)*.

Fig. 62. *L'antéchrist assis sur le Léviathan.*
Du Liber Floridus, xiie siècle, Manuscrit 92.
Bibliothèque de l'Université, Gand.

Extrait de O. Schmitt: *Reallexikon zur deutschen Kunstgeschichte*,
Stuttgart 1937, T. I.p. 726; fig. 5.

Japhet: [83]

« The eternal will
Shall deign to expound this dream
Of good and evil; and redeem
Unto himself all times, all things;
And, gather'd under his almighty wings,
Abolish hell!
And to the expiated Earth
Restore the beauty of her birth.

---

[83] Byron, *loc. cit.*, p. 415.

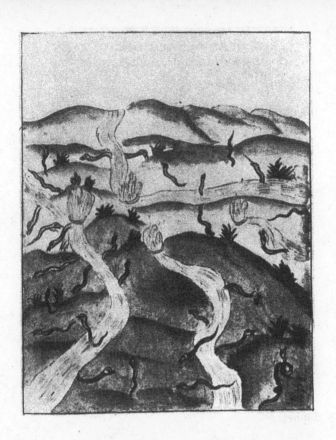

Fig. 63. *Les instincts représentés par des serpents dans les flots.*
Manuscrit illustré du XVIIe siècle.
Bibliothèque de l'Arsenal.
Paris, Ms. Fasc. Nr. 3047, feuillet 7.

Spirits:

And when shall take effect this wondrous spell?

Japhet:

When the Redeemer cometh; first in pain
And then in glory.

Spirits :

> New times, new climes, new arts, new men, but still,
> The same old tears, old crimes, and oldest ill,
> Shall be amongst your race in different forms;
> But the same moral storms
> Shall oversweep the future, as the waves
> In a few hours the glorious giants' graves. »

(Traduction : « La volonté éternelle daignera exposer ce rêve du bien et du mal; et libérera pour elle-même tous les temps et toutes choses, et rassemblés sous ses ailes toutes puissantes abolira l'enfer, et à la Terre purifiée restaurera la beauté de sa naissance.

Les Esprits : Et quand ce charme merveilleux opérera-t-il ?

Japhet : Quand le Rédempteur viendra; d'abord dans la douleur et puis dans la gloire.

Les Esprits : De nouveaux temps, de nouveaux climats, de nouveaux arts, de nouveaux hommes, mais toujours les mêmes vieilles larmes, les vieux crimes et les maux les plus vieux seront dans votre race sous différentes formes; mais les mêmes tempêtes morales balaieront l'avenir comme les vagues en quelques heures les splendides tombeaux des géants. »)

Les perspectives prophétiques de Japhet doivent en premier lieu être expliquées sur le plan sujet : [84] avec la mort de la mite dans la lumière, le danger est évidemment écarté pour une fois; mais le problème n'est pas pour cela résolu. Le conflit recommence au début; mais il y a « promesse dans l'air », pressentiment du « Bien-aimé » qui monte vers les hauteurs de midi pour redescendre ensuite vers la nuit et le froid, Dieu qui meurt prématurément et à qui, depuis des temps lointains, se rattachent des espérances de renouvellement et d'au-delà.

---

[84] L'interprétation des productions de l'inconscient, p. ex., d'un personnage de rêve, présente un double aspect : ce que celui-ci signifie en soi (plan de l'objet) et ce qu'il signifie en tant que projection (plan du sujet). Cf. *Psychologie de l'inconscient*, tr. fr. 1952, p. 165).

DEUXIÈME PARTIE

Fig. 64. *La « Table du dieu soleil »*.
Nabù-apal-iddina, roi de Babylone (vers 870 av. J.-C.), sacrifie
au dieu soleil. British Museum, Londres.

Extrait de *A Guide to the Babylonian and Assyrian Antiquities*
Londres, 1922, planche XXVI.

I

INTRODUCTION

Avant de m'occuper des matériaux qui servent de base
à cette deuxième partie, il me semble indiqué de jeter un
rapide regard sur l'originale suite d'idées révélée par
l'analyse du poème « the moth to the sun ». Bien qu'au
premier abord ce poème soit très différent de l'hymne au
Créateur, un examen plus minutieux de l'aspiration au
soleil nous a conduit à des fondements mythologiques qui
se rattachent étroitement aux réflexions faites à propos
du premier poème: le dieu créateur dont la double nature
apparaît nettement chez Job, reçoit dans les fondements
du deuxième poème une nouvelle qualification d'un genre

astral mythologique, ou mieux d'un genre astrologique. Le dieu devient soleil *(fig. 33)* et trouve par suite au-delà de la division morale son expression naturelle dans le père céleste éclatant de lumière et dans le diable. Ainsi que le remarque Renan, le soleil est à vrai dire la seule image

Fig. 65. *Simon vainqueur du lion.*
Tympan de l'église Sainte-Gertrude de Nivelles. xiie siècle.
Extrait de Th. EHRENSTEIN: *Das Alte Testament im Bilde.*
Vienne 1932, chap. XXI, fig. 38, p. 493.

divine « raisonnable », que nous nous placions au point de vue du primitif ou à celui des sciences naturelles d'aujourd'hui. Dans les deux cas, le soleil est le dieu-père dont vit tout ce qui vit, fécondateur et créateur, source d'énergie de notre monde. Dans le soleil, être naturel qui ne connaît nulle division intérieure, se résout harmonieusement le conflit auquel l'âme humaine est en proie. Le soleil n'est pas seulement bienfait; il est aussi bien capable de détruire — et c'est pourquoi la figure zodiacale de la chaleur d'août est le lion qui ravage les troupeaux et que tue le héros juif Simon [1] *(fig. 65)* pour délivrer de cette calamité la terre languissante. Mais la nature propre du soleil est de brûler et il semble tout naturel à l'homme qu'il le fasse. De même il éclaire indistinctement le juste et l'injuste et laisse grandir les êtres vivants utiles ainsi que les nuisibles. Aussi le soleil semble-t-il propre à représenter le dieu visible de ce monde, c'est-à-dire la force active de notre

---

[1] Simon, dieu solaire. Voir STEINTHAL: Die Sage von Simon, in *Zeitschrift für Völkerspsychologie*, t. II. La mise à mort du lion, comme le sacrifice du taureau de Mithra, est une anticipation du sacrifice personnel du dieu. Voir plus loin.

Fig. 66. *Représentation péruvienne du soleil.*

Céramique de Chimbote.

Extrait de E. Fuhrmann: *Reich der Inka.*
Hagen in W. 1922, planche 21.

âme que nous appelons libido et dont l'essence est de produire l'utile et le nuisible, le bien et le mal. Cette comparaison n'est pas un simple jeu de mots : les mystiques nous l'ont appris : quand leur recueillement les plonge dans la profondeur de leur être le plus intime, ils trouvent « dans leur propre cœur » l'image du *soleil ;* ils trouvent leur propre volonté de vivre, qu'on nomme à bon droit, et même, peut-on dire, avec un droit « physique », *soleil,* puisque le soleil est la source de notre énergie et de notre vie *(fig. 41 et 44).* Ainsi en tant qu'elle est un processus énergétique, notre vie physiologique est entièrement *soleil (fig. 66).* Quelle est la nature spéciale de cette « énergie solaire » vue intérieurement par les mystiques, un exemple pris dans la mythologie hindoue nous le montre. Nous empruntons à la deuxième partie de l'Upanishad Shvetâshvatar les passages suivants qui concernent Rudra [2] :

« 2. Yea, the one *Rudra* who all these worlds with ruling powers doth rule, stands not for any second. Behind those that are born he stands ; at ending time ingathers all the worlds he hath evolved, protector (he).

3. He hath eyes on all sides, on all sides surely hath faces, arms surely on all sides, on all sides feet. With arms, with wings, he tricks them out, creating heaven and earth, the only God.

4. Who of the gods is both the source and growth, the lord of all, the Rudra, mighty seer ; who brought the shining germ of gold into existence—may he with reason pure conjoin us. » [3]

A ces attributs on reconnaît aisément le créateur de l'univers et en lui le soleil ailé qui épie le monde de ses mille yeux [4] *(fig. 67).* Les passages suivants confirment ce

---

[2] Rudra, en réalité dieu du vent ou de la tempête, père des Maruts (vents), apparaît ici en tant que créateur unique ainsi que le montre la suite du texte. Dieu du vent, c'est à lui que revient le rôle de créateur et de fécondateur. Je renvoie aux remarques faites dans la première partie sur Anaxagore et plus loin.

[3] Ces textes et les suivants sont cités d'après : *The Upanishads*, trad. par G. R. S. Mead and J.-C. Chattopadhyâya, 1896.

[4] De même le dieu solaire de la Perse, Mithra, est doté d'une

que nous venons de dire et y ajoutent l'importante particularité que le dieu est également contenu dans la créature singulière.

« 7. Beyond this (world), the Brahman beyond, the mighty one, in every creature hid according to its form, the one encircling lord of all—Him having known, immortal they become.

8. I know this mighty man, sun-like, beyond the darkness, Him (and him) only knowing one crosseth over death; no other path (at all) is there to go.

11. ... spread over the universe is He, the lord. Therefore as allpervader, He's benign. »

Fig. 67. *Bès avec les yeux d'Horus.*
Extrait de R. V. Lanzone:
Dizionario di Mitologia Egizia.
Turin 1881, fac. LXXX, fig. 3.
Vers le VIe siècle.

Le puissant dieu, semblable au soleil, est en chacun, et qui le connaît est immortel [5]. Continuant la lecture du texte nous arrivons à de nouveaux attributs qui nous apprennent sous quelle forme et sous quelle apparence Rudra demeure en l'homme :

« 12. The mighty monarch, He the Man, the one who doth the essence start towards that peace of perfect stainlessness lordly, exhaustless light.

13. The Man, the size of a thumb, the inner Self, sits ever in the heart of all that's born; by mind, mind-ruling in the

quantité innombrable d'yeux. Faut-il rappeler ici la vision d'Ignace de Loyola et son serpent aux multiples yeux ? Cf. mes conférences sur « Der Geist der Psychologie » (L'esprit de la psychologie), *Eranos-Jahrbuch*, 1946, p. 428 sq.

[5] Qui porte en lui le dieu soleil est immortel comme le soleil. Cf. Ire partie, § V.

heart, is He revealed. That they who know, immortal they become.

14. The Man of the thousands of heads, (and) thousands of eyes, (and) thousands of feet, covering the earth on all sides, He stands beyond ten finger-breadths *(fig. 68)*.

15. The Man is verily this all, (both) what has been and what will be, lord (too) of deathlessness which far all else surpasses. »

On trouvera de nombreux passages analogues dans le Kathupanishad, section II, partie IV.

« 12. The Man of the size of a thumb, resides in the midst, within the Self, of the past and the future the lord.

13. The Man of the size of a thumb, like flame free of smoke, of past and of future the lord, the same is to-day, to-morrow the same will He be. »

Poucets, Dactyles et Cabires ont un aspect phallique ; ce qui est compréhensible puisque ce sont des forces formatrices dont le *Phallus* est aussi le symbole. Ce dernier représente la libido, l'énergie psychique sous son aspect créateur *(fig. 28)*. Ce que nous venons de dire vaut en général de beaucoup de symboles sexuels qui apparaissent, non seulement dans les fantaisies oniriques, mais encore dans le langage. Il n'est pas nécessaire, ni dans un cas ni dans l'autre, de les prendre au pied de la lettre ; ils ne sont pas *sémiotiques*, c'est-à-dire qu'ils ne sont pas des *signes* d'une chose déterminée ; il faut les comprendre en tant que *symboles*. Cette dernière notion veut dire qu'il s'agit d'une expression indéterminée, voire équivoque, indiquant quelque chose que l'on n'a pas entièrement compris. Le « signe » a un sens ferme, parce qu'il est une abréviation (conventionnelle) pour une chose connue ou une référence à cette même chose. Aussi un symbole a-t-il de nombreuses variantes analogues et plus il en a à sa disposition, plus est complète et pertinente l'image qu'il esquisse de son objet. La force créatrice symbolisée par le poucet, etc., peut aussi être représentée par le phallus ou par d'autres symboles *(fig. 69 et aussi 71)* qui décrivent des aspects différents du processus lui servant de base. Les *nains* aux traits caractéristiques travaillent dans le secret ; le *Phallus* engendre un être vivant et cela dans l'ombre, et la *clé* par exemple ouvre des portes interdites et secrètes derrière lesquelles il y a des découvertes à faire. Nous retrouvons ces mêmes relations dans le *Faust* (scène des mères).

Méphistophélès :

« Je te félicite avant de me séparer de toi,
Et vois que tu connais bien le Diable ;
Prends cette clé.

Fig. 68. *L'Etre aux cent yeux.*
Extrait de C. NETTO et G. WAGNER:
Japanischer Humor.
Leipzig 1901, p. 85, fig. 76.

Faust :

Cette petite chose !

Méphistophélès :

Commence par la prendre avant de la dédaigner.

Faust :

Elle grandit dans ma main ! Elle luit, elle jette des éclairs ! [6]

Méphistophélès :

As-tu compris maintenant ce qu'en elle on possède ?
La clé saura découvrir la vraie place,
Suis-la, elle te conduira chez les mères ! »

(*Faust*, II 6257-6234)

A nouveau le diable met l'étrange instrument dans la main de Faust, de même qu'au début il l'avait rejoint

---

[6] Voir plus loin, ch. IV de la II⁰ partie, la symbolique de la lumière dans l'étymologie de φαλλός.

227

Fig. 69. *Frey, dieu de la fécondité.*
Statuettes phalliques en bronze,
du pays de Söderman, en Suède.

Extrait de H. Haas:
Bilderatlas zur Religionsgeschichte.
1ᵉ livraison: Germanische Religion,
Leipzig 1924, fig. 46.

sous la figure du chien noir,
et à sa question: «Qui donc
es-tu ?», il avait répondu:

« Une partie de cette force
Qui toujours veut le mal et
crée toujours le bien. »

La libido décrite ici n'est
pas seulement celle qui crée,
forme et engendre; elle possède aussi un pouvoir de
flairer comme un être vivant
autonome (aussi peut-on la
personnifier). C'est une poussée vers un but, comme la
sexualité qui est en général
un objet de comparaison
recherché. Le « royaume des
mères » a des relations non
négligeables avec la « matrice » *(fig. 70)* qui en tant que
telle symbolise fréquemment l'*inconscient* dans son aspect
plastique créateur. Cette libido est une force de la nature,
bonne et mauvaise à la fois, autrement dit moralement
indifférente. Uni à cette force, Faust réussit à accomplir le
vrai devoir de sa vie, d'abord dans des aventures désas-
treuses, ensuite pour le bonheur de l'humanité. Au royaume
des mères, il trouve le trépied, le vase hermétique dans
lequel doit être célébré le «mariage royal». Ici Faust a besoin
de la baguette magique phallique pour réaliser le grand
œuvre qui est la création de Pâris et d'Hélène [7]. L'instrument insignifiant dans la main de Faust représente l'obscure puissance créatrice de l'inconscient, qui se révèle quand
on lui obéit et qui est à même d'accomplir des miracles [8].
Cette impression paradoxale semble être générale car les

---

[7] Voir *Psychologie und Alchemie*, 1944. Index s. v. coniunctio.
J'ai donné une description psychologique du phénomène in *Psychologie der Uebertragung*, 1946.
[8] Goethe se réfère ici au « miraculum » de Chrysopoee.

Fig. 70. *La grotte qui enfante.*
D'après un Lienzo mexicain.

Extrait de T. W. DANZEL: *Symbole, Dämonen und Heilige Türme.*
Hambourg, 1930, planche 87.

Upanishads rapportent, elles aussi, ce qui suit au sujet
du dieu nain :

« 19. Without hands, without feet, He moveth, He graspeth ;
eyeless He seeth, (and) earless He heareth ; He knoweth what is
to be known, yet is there no knower of Him. Him call the
first, mighty the Man.

20. Smaller than small, (yet) greater than great,... etc. »

Le symbole phallique est souvent mis à la place de la
divinité créatrice *(fig. 28)*, ce dont *Hermès* est un magnifique exemple. Le phallus est conçu comme indépendant
(fig. 71), ce qui n'était pas simplement une représentation
courante dans l'antiquité, mais qui ressort encore des
dessins de nos enfants et de nos artistes. Rien d'étonnant
par conséquent si quelques caractéristiques de même genre
se retrouvent dans le voyant mythologique, l'artiste et le
thaumaturge. Héphaïstos, Wieland, le forgeron et Mâni
(fondateur du manichéisme, mais dont on vante aussi le
talent artistique) ont des pieds difformes. Car la force
créatrice miraculeuse est aussi une caractéristique du pied,
comme je le montrerai plus loin. Il semble aussi typique
que les voyants soient aveugles et que l'antique voyant
Melampos, qui aurait, dit-on, institué le phallus cultuel,
porte le nom si caractéristique de Pied noir [9]. Insignifiance

---

[9] On dit aussi de lui que pour le remercier d'avoir inhumé la

229

et difformité sont devenues des traits marquants de ces dieux chtoniques secrets, fils d'Héphaïstos, auxquels on attribuait une énorme puissance miraculeuse, les *Cabires* [10] *(fig. 72)*. A Samothrace leur culte est intimement confondu avec celui d'*Hermès ithiphallique* qui, selon Hérodote, fut

Fig. 71. *Amulette phallique*
trouvée en 1842 à Londres.

Extrait de J. A. DULAURE: *Die Zeugung in Glauben, Sitten
und Bräuchen der Völker.*
Leipzig 1909, fig. n° 137.

apporté en Attique par les Pélasges. On les appelait aussi les μεγάλοι θεοί, les grands dieux. Leurs proches parents sont les Dactyles idaeiques, doigts ou Poucets [11], à qui la mère des dieux enseigna l'art du forgeron (« La clé saura discerner la vraie place; elle te conduira chez les mères ». Ils furent les premiers sages, les maîtres d'Orphée; ils inventèrent les formules magiques d'Ephèse et les rythmes musicaux [12]; la disparité caractéristique que nous avons signalée plus haut dans le texte des *Upanishads* et dans le *Faust* se trouve également ici, puisque le puissant

---

mère des serpents, les jeunes serpents lui auraient nettoyé les oreilles de sorte qu'il devînt clairvoyant.

[10] Cf. l'image sur un vase du Kabeiron de Thèbes où les Cabires sont représentés en caricatures (in ROSCHER, *Lexikon s. v. Megaloi Theoi*), voir aussi KERENYI: Mysterien der Kabiren, *Eranos-Jahrbuch*, 1944, t. XI, p. II sq. *(fig. 73)*.

[11] Une notice de PLINE, 37, 170, nous fournit la raison pour laquelle on nomme poucets les dactyles; il y avait en Crète des pierres précieuses couleur de fer et en forme de pouce que l'on appelait Idaei Dactyli.

[12] D'où le mètre du dactyle.

Fig. 72. *Ulysse comme monstre cabirique.*

Skyphos (coupe). Attribué au peintre des Cabires. Vers 400. Londres.

Extrait de E. Pfuhl: *Tausend Jahre Griechischer Malerei.*
Munich 1940, planche 249, fig. 616.

Héraclès (Hercule) passait pour un dactyle idaeique. Les géants phrygiens, ingénieux serviteurs de Rhéa [13], étaient également des Dactyles. Les deux Dioscures ont des ressemblances avec les Cabires [14]; ils portent, eux aussi, l'étrange coiffure pointue [15] (pileus) *(v. fig. 108)* propre à ces dieux mystérieux et qui à partir de là se perpétue comme signe secret de reconnaissance. Attis porte le pileus; Mithra aussi *(fig. 53 et 118).* C'est la coiffure traditionnelle de nos dieux chthoniques infantiles, les lutins.

Le personnage du nain conduit à celui de l'enfant divin, du *puer aeternus*, du παῖς, du jeune Dionysos, de Jupiter Anxurus, de Tages, etc. Sur les poteries peintes signalées tout à l'heure, nous trouvons un Dionysos barbu appelé ΚΑΒΙΡΟΣ et à côté une figure de jeune garçon appelé Παῖς, puis une autre caricature de jeune homme appelé ΠΡΑΤΟΛΑΟΣ, puis une figure d'homme barbu appelée ΜΙΤΟΣ [16] *(fig. 73).* Μίτος signifie en fait « fil », mais est uti-

---

[13] Voir Roscher, *Lex. d. gr. u. röm. Mythologie,* sub Daktyloi.

[14] Varron identifie les μεγάλοι θεοί et les Pénates. Les Cabires seraient « simulacra duo virilia Castoris et Pollucis » au port de Samothrace *(v. fig. 114).*

[15] A Prasies, sur la côte de Laconie, et à Pephnos il y avait quelques statues hautes seulement d'un pied avec des bonnets sur la tête.

[16] A côté de lui un personnage féminin appelé ΚΡΑΤΕΙΑ dont le sens (orphique) est « celle qui enfante ».

Fig. 73. *Festin de Kabiros.*
Skyphos (coupe) du peintre des Cabires. Vers 435. Athènes.

Extrait de E. Pfuhl: *Tausend Jahre griechischer Malerei.*
Munich 1940, planche 249, fig. 613.

lisé dans le langage orphique pour semence (sperme). On
suppose que cet ensemble représente un groupe cultuel de
personnes dans un temple. Cette supposition concorde avec
l'histoire du culte, pour autant que nous la connaissions :
ce serait, admet-on, un culte phénicien primitif du *père et
du fils* [17], d'un vieux et d'un jeune Cabires qui furent plus
ou moins complètement assimilés aux dieux grecs. Cette
assimilation était favorisée surtout par la double figure
de Dionysos adulte et enfant. Ce culte pouvait aussi être
appelé culte du grand et du petit homme. Or Dionysos,
sous ses divers aspects, est un dieu dans le culte duquel
le phallus était une composante importante *(fig. 74)* par
exemple dans le culte de Dionysos-taureau, d'Argos. En
outre l'Hermès phallique du dieu a donné lieu à une personnification de Dionysos-phallus en la figure du dieu
Phalès qui n'est autre qu'un Priape. Il s'appelle ἑταῖρος ou
σύγκωμος βακχίου [18]. Le paradoxe de grand et petit, de nain
et géant souligné par les Upanishads est exprimé ici par
les termes plus bénins de : garçon et homme, ou fils et père.
Le motif de la difformité *(fig. 72)*, très utilisé dans le

---

[17] Roscher, *Lexikon, sub Megaloi theoi.*
[18] « Compagnon qui suit Bacchus. » Roscher, *Lex. sub Phalès.*
Aujourd'hui on considère comme plus vraisemblable qu'il soit de
vieille origine méditerranéenne des premiers temps de la Grèce. Voir
K. Kerenyi, *Die Geburt der Helena*, 1945, p. 59.

culte des Cabires, se trouve aussi peint sur le vase puisque les figures correspondant à Dionysos et au Παῖς sont les caricatures Μίτος et Πρατόλαος [19]. Comme plus haut la différence de taille devient motif de scission, de même ici la difformité.

Fig. 74. *Faune.*
Statuette de bronze
d'origine inconnue.

Extrait de J. A. Dulaure :
*Die Zeugnung in Glauben,
Sitten und Bräuchen des Völker.*
Leipzig 1909, planche XVIII,
fig. 14.

Cette suite de réflexions montre que le terme de « libido », introduit par Freud, n'est certes pas dénué de connotation sexuelle [20], mais en même temps qu'il faut absolument écarter toute définition exclusivement et unilatéralement sexuelle de cette notion. L'appetitus et la compulsio sont des propriétés communes à tous les instincts et à tous les automatismes. De même que nous ne pouvons prendre littéralement les métaphores sexuelles du langage, de même non plus les analogies correspondantes des symptômes et des rêves. La théorie sexuelle des automatismes psychiques est un préjugé insoutenable. Déjà le simple fait qu'il est impossible que la totalité des phénomènes psychiques découle d'*un seul* instinct, interdit toute définition unilatérale de la libido. J'emploie cette notion dans le sens que la langue classique lui a déjà prêté. Libido est pris par Cicéron [21] en un sens très large :

---

[19] Egalement chez Kerenyi: *Eranos-Jahrbuch*, 1944, reprod. p. 10.

[20] Dans un essai publié par Freud en même temps que ma première partie (Remarques psychoanalytiques sur un cas de paranoïa, *Jahrbuch* V. III., p. 68), on trouve une remarque de Freud analogue

(Suite page suivante)

[21] *Tusculanarum disputationum*, lib. IV.

« (Volunt ex duobus opinatis) bonis (nasci) *libidinem* et
laetitiam: ut sit laetitia praesentium opinione versatur, cum
Libido ad id, quod videtur bonum, illecta et inflammata rapia-
tur. Natura enim omnes ea quae bona videntur, sequuntur,
fugiuntque contraria. Quamobrem simul objecta species
cuiuspiam est quod bonum videatur, ad id adipiscendum
impellit ipsa natura. Id cum constanter prudenterque fit,
ejusmodi appetitionem stoici βούλησιν appellant, nos appel-
lamus voluntatem; eam illi putant in solo esse sapiente, quam
sic definiunt; voluntas est quae quid cum ratione desiderat:
quae autem ratione adversa incitata est vehementius, ea *libido*
est, vel *cupiditas effrenata*, quae in omnibus stultis invenitur » [22.]

Le sens de libido est ici *désir* et, selon les stoïciens qui
la distinguent du vouloir, *avidité sans frein (fig. 27)*. C'est
en un sens analogue que Cicéron [23] emploie *libido:* « Agere
rem aliquam libidine, non ratione. » (Faire une chose par
libido, non par raison.) Dans le même sens Salluste dit:

(Suite de la note 20)

aux miennes au sujet de la théorie de la « libido » résultant des fantaisies
de l'aliéné Schreber: « Les rayons de dieu de Schreber, composés
par *condensation de rayons solaires, de fibres nerveuses et de sperma-
tozoïdes*, ne sont à vrai dire rien d'autre que les représentations et
projections concrètes des objets dont se préoccupe la libido; elles
donnent à sa folie une concordance frappante avec notre théorie.
Le monde doit disparaître parce que le moi du malade attire à lui
tous les rayons; plus tard, au cours du processus de reconstruction,
il est en proie à un souci angoissant, craignant que dieu ne rompe le
lien de rayons qu'il a avec lui; ces particularités et d'autres chimères
de Schreber ressemblent beaucoup aux processus de perceptions
endopsychiques dont je considère l'hypothèse comme nécessaire pour
comprendre la paranoïa. »

[22] « Ils pensent que joie et volupté proviennent de deux biens
qui se présentent à l'imagination et que la joie s'en tient à l'idée des
biens acquis, tandis que la volupté se laisse emporter par ce qui
paraît bon, s'en laisse attirer et enflammer. Car tous les hommes
tendent de nature vers ce qui leur apparaît comme un bien tandis
qu'ils évitent son opposé. Donc, dès que se présente l'idée de quelque
chose qui semble être un bien, la nature elle-même pousse (l'homme)
à la rechercher. Si cela se fait avec prudence et circonspection, les
stoïciens appellent un tel désir « βούλησις » et nous l'appelons vouloir;
celui-ci ne se trouve que chez l'homme sage et on le définit comme
suit: le vouloir est le désir raisonnable; mais ce qui est incité contre
la raison et trop véhémentement, cela est la *libido* ou *cupidité effrénée*, que l'on rencontre chez tous les fous. »

[23] Pro Quint, 14.

« Iracundia pars est libidinis. » (La fureur fait partie de la libido.) Ailleurs en un sens plus mitigé et plus général qui se rapproche de l'emploi que nous en faisons : « Magisque in decoris armis et militaribus equis, quam in scottis et conviviis libidinem habebant. » (Ils avaient plus de plaisir aux belles armes et aux chevaux de guerre qu'aux prostituées et aux banquets.) De même : « Quod si tibi bona libido fuerit patriae, etc. » (Si tu avais un véritable intérêt pour ton pays.) L'emploi du mot libido est si général que la phrase : « libido est scire » ne signifie que « je veux », « il me plaît » [24]. Dans la phrase : « aliquam libido urinae lacessit » libido a le sens d'envie. Le sens de désir sexuel se rencontre aussi dans l'antiquité (*v. fig. 75*). Très justement saint Augustin dit que libido est « generale vocabulum omnis cupiditatis »; voici comme il s'exprime :

« Est igitur libido ulciscendi, quae ira dicitur; est libido habendi pecuniam, quae avaritia; est libido quomodo cumque vincendi, quae pervicacia; est libido gloriandi, quae iactantia nuncupatur. Sunt multae variae que libidines, quarum nonnullae habent etiam vocabula propria, quaedam vero non habent. Quis enim facile dixerit, quid vocetur libido dominandi, quam tamen *plurimum valere* in tyrannorum animis, etiam civilia bella testantur ? » [25]

Libido désigne donc pour lui un appetitus comme la faim et la soif; quant à ce qui concerne la sexualité, il dit : « Voluptatem vero appetitus praecedit quidam, qui sentitur in carne quasi cupiditas eius, sicut fames et sitis », etc. [26].

---

[24] C'est le sens qu'a encore aujourd'hui le mot « libidine » dans le toscan populaire.

[25] « Il y a un désir de vengeance qui s'appelle colère, un désir de posséder de l'argent qui s'appelle avarice, un désir de l'emporter de toute manière qui s'appelle entêtement, un désir de se vanter qui s'appelle jactance. Il y a donc des tendances nombreuses et diverses dont certaines ont des noms à elles propres, d'autres non. Qui par exemple pourrait trouver une expression pour la tendance à dominer, qui pourtant, on peut le prouver, joue le plus grand rôle dans l'esprit des tyrans et dans les guerres civiles. »

[26] « Un appétit précède le plaisir (libido) que l'on ressent dans sa chair comme un désir, comme la faim et la soif. » *De civ. Dei*, lib. XIV, cap. XV.

Fig. 75. *Jupiter, métamorphosé en Flamme, enlève Egine.*
Extrait de Benserade: *Métamorphoses d'Ovide en Rondeaux.*
Paris 1697, p. 173.

Le contexte étymologique du mot libido coïncide avec cet emploi classique tout à fait général du concept:

Libido ou lubido (avec libet, plus anciennement lubet, il plaît et libens ou lubens = volontiers, volontairement, de bon gré, de bonne grâce), sanscrit. lùbhyati = ressentir un violent désir, lôbhayati = excite le désir, lubdha-h = avide, lôbha-h = désir, avidité, got. liufs, anc. haut all. liob = lieb = aimant. En outre on y rattache le got. lubains = espérance et l'anc. haut allemand lobôn = loben, louer, lob = prix, renommée. Ancien bulgare ljubiti = aimer, ljuby = amour, lituanien, liaupsinti = chanter la louange [27].

---

[27] Walde: *Lat. etymol. Wörterbuch*, 1910, sub libet. Nazari (*Riv. di Fil.*, XXXVI, 573 sq.) rapproche liberi = enfants, de libet. Si cela était confirmé, Liber, dieu italique de la génération qui se rattache indubitablement à liberi, devrait aussi être rattaché à libet.

On peut dire que dans le domaine psychologique le concept de libido a la même signification que celui d'*énergie* dans le domaine de la physique depuis *Robert Mayer* [28].

Libitina est la *déesse des cadavres* qui n'aurait rien de commun avec Lubentina et Lubentia (attributs de Vénus) qui se rattache à libet. Ce nom n'est pas encore expliqué. (Voir plus loin de plus amples détails.)

[28] Voir à ce sujet mes explications dans: *Ueber psychische Energetik und das Wesen der Träume*, 1947, p. 36 sq.

Fig. 76. *Kâma, dieu hindou de l'amour*.
Musée d'Ethnologie, Berlin.
Extrait de H. v. Glasenapp: *Der Hinduismus*.
Munich 1922, p. 112.

II

DU CONCEPT DE LIBIDO

Dans les « Trois essais sur la théorie sexuelle » Freud a introduit son concept de Libido et, on le sait, il a défini celle-ci comme *sexuelle*. La libido paraît capable de se scinder et de se communiquer à d'autres fonctions et domaines sous forme « d'apports de libido », bien que ces domaines n'aient en eux-mêmes aucun contact avec la sexualité. Cette constatation a conduit Freud à comparer la libido à un fleuve qui peut se diviser, qu'on peut arrêter et qui se déverse dans des lits collatéraux, etc.[1] Donc

[1] Voir Freud: *Trois essais*. Traduction: Dr. Reverchon, Gallimard 1945, Paris.

quoiqu'il ait défini la libido comme sexualité, Freud ne déclare pas que « tout » est « sexuel »; il reconnaît au contraire qu'il existe des forces instinctives dont on ne connaît pas trop la nature, mais auxquelles il a dû reconnaître la capacité de recevoir de ces « apports de libido ». L'image hypothétique qui lui sert de base est celle d'un « faisceau de tendances » [2] où la tendance sexuelle figure comme tendance partielle. Son empiétement dans le domaine d'autres tendances est un fait d'expérience [3]. La théorie freudienne résultant de cette conception et selon laquelle les forces tendantielles d'un système névrotique correspondent précisément à ces apports de libido vers d'autres fonctions tendancielles (non sexuelles) [4] est devenue le fondement de la théorie psychanalytique des névroses (c'est-à-dire de la doctrine de l'école de Vienne). Peu après cependant Freud a dû se demander si finalement la libido ne concordait pas avec l'intérêt en général. Je dois remarquer que ce fut un cas de schizophrénie paranoïde qui fit naître cette réflexion. Le passage dont il s'agit, que je reproduis textuellement, est le suivant [5] :

---

[2] Idée que Möbius, on le sait, a tenté de remettre en valeur. Parmi les auteurs récents, Fouillée, Wundt, Benecke, Spencer, Ribot, etc., reconnaissent au système des tendances le primat dans la vie psychologique.

[3] Mais il en est de même de la faim. J'avais à peu près réussi à libérer une de mes malades de ses symptômes. Un jour elle revint soudain, paraissant retombée complètement dans sa névrose d'autrefois. Je ne pus d'abord m'expliquer la chose; finalement il apparut qu'une fantaisie l'avait si vivement préoccupée qu'elle en avait oublié d'aller déjeuner. Un verre de lait et un morceau de pain eurent rapidement raison de cet « apport supplémentaire de la faim ».

[4] Freud : Trois essais, 1925. Je dois dire d'abord que ces psychonévroses, aussi loin que s'étendent mes expériences, reposent sur des forces instinctives sexuelles. Je ne veux pas dire que l'énergie de l'instinct sexuel livre un complément aux forces qui entretiennent les phénomènes morbides; je veux au contraire affirmer expressément que cette participation est la seule source constante et la plus importante de l'énergie névrotique, de sorte que la vie sexuelle des personnes en question s'exprime soit exclusivement, soit de façon prédominante, soit en partie seulement par ces symptômes.

[5] Jahrbuch für psychoanalytische und psychopathologische Forschung, t. III, p. 63.

« Une troisième considération qui s'impose sur la base des idées développées ici, suscite la question de savoir si nous devons considérer que le détachement général de la libido du monde extérieur est suffisamment efficace pour expliquer par lui « la fin du monde » et si, dans ce cas, les accaparements du moi (Ichbesetzungen) auxquels on se tient ne devraient pas suffire pour maintenir le rapport avec le monde extérieur. On devrait alors ou bien *faire coïncider avec l'intérêt en général ce que nous appelons occupation par la libido (intérêt d'origine érotique)* ou bien tenir compte du fait qu'un trouble important dans le placement de la libido peut aussi provoquer un trouble correspondant dans les accaparements du moi. Or ce sont là des problèmes auxquels notre impuissance ou notre maladresse ne nous permettent pas de répondre. Il en serait autrement si nous avions pour point de départ une doctrine solide des tendances. Or en vérité nous ne disposons de rien de semblable. Nous considérons la tendance comme le concept limite du somatique et du psychique, voyons en elle le représentant psychique des forces organiques et acceptons la distinction courante entre tendance du moi et tendance sexuelle qui paraît concorder avec la double position biologique de l'individu qui tend à sa propre conservation et à celle de l'espèce. Mais tout le reste est construction que nous élevons et laissons à notre gré tomber en ruine pour nous orienter dans le labyrinthe des obscurs processus psychiques, et c'est justement des recherches psychanalytiques sur des phénomènes psychiques morbides que nous espérons que s'imposeront à nous certaines décisions dans la question de la doctrine des tendances. Comme les recherches de ce genre sont encore récentes et rares, cette attente ne peut encore être satisfaite. »

Finalement Freud décide que la modification paranoïde est pourtant suffisamment expliquée par le retrait de la libido sexuelle. Il dit (p. 66) :

« ...c'est pourquoi je considère qu'il est beaucoup plus probable que c'est seulement ou surtout par la perte de l'intérêt libidineux qu'il faut expliquer le changement de relation avec le monde ».

Dans le passage cité ci-dessus, Freud se demande si la notoire perte du réel du paranoïaque (et du schizophrène) [6], sur laquelle j'ai attiré l'attention dans ma « Psychologie de la démence précoce [7] doit être ramenée à un retrait de « l'état libidineux » seul ou si au contraire elle se confond avec ce qu'on appelle intérêt objectif en général. On ne peut guère admettre que la « fonction du réel » (Janet [8]) normale ne soit entretenue que par des rapports de libido, c'est-à-dire par l'intérêt érotique. A vrai dire, dans de très nombreux cas, la réalité en général disparaît, de sorte que les malades ne manifestent pas la moindre apparence d'adaptation psychologique. (La réalité dans ces états est étouffée par des contenus de l'inconscient.) On est donc contraint de dire que c'est non seulement l'intérêt érotique, mais bien l'intérêt en général, c'est-à-dire toute relation avec le réel, à l'exception de quelques restes sans importance, qui a disparu. Si la libido n'est vraiment que sexualité, que dire des castrats ? Chez eux il n'y a précisément plus d'intérêt « libidineux » pour le réel, et pourtant, il n'est nullement nécessaire qu'ils réagissent par de la schizophrénie. L'expression « apport supplémentaire de libido » désigne une grandeur très problématique. Bien des contenus d'apparence sexuelle ne sont que des métaphores et des analogies, comme par exemple: « feu » pour passion, « chaleur » pour colère, « mariage » pour union étroite, etc. Il n'est guère possible de croire que tous les couvreurs qui posent des « moines » sur des « nonnes », et tous les Romans qui manient des clés « mâles » et « femelles » soient comblés d'une abondance d'« apport de libido ».

Jadis, dans ma *Psychologie de la démence précoce*, je me suis tiré d'affaire en employant l'expression « énergie psychique » parce que ce qui disparaît est plus que le simple intérêt érotique. Si l'on voulait expliquer cette perte de relation, cette séparation schizophrène de l'homme et du monde uniquement par le retrait de l'érotisme, on en arriverait à gonfler le concept de sexualité, qui caractérise,

---

[6] Le cas Schreber, dont il s'agit ici, n'est pas une paranoïa. Voir D. P. SCHREBER: *Denkwürdigkeiten eines Nervenkranken*, 1903.

[7] Id. in *Inhalt der Psychose*.

[8] Cf. JUNG: *Psychologie der Dementia praecox*, 1907, p. 114.

il est vrai, la conception freudienne. Il faudrait alors déclarer d'une façon générale que sont sexuelles toutes les relations avec le monde extérieur. Le concept de sexualité s'évaporerait alors de telle sorte que l'on ne saurait plus guère quel sens donner au terme. Le terme « psychosexualité » est un symptôme très net de cette inflation conceptuelle. Dans la schizophrénie il manque au réel beaucoup plus que ce qu'on pourrait attribuer à la sexualité, sensu strictiori. Il manque une telle masse de « fonction du réel » que la perte doit englober des fonctions instinctives auxquelles on ne peut attribuer aucun caractère sexuel, car personne n'admettra que la réalité ne soit qu'une fonction sexuelle. D'autre part, si elle l'était, l'introversion de la libido (sensu strictiori) devrait provoquer déjà dans la névrose une perte du réel que l'on pourrait comparer à celle de la schizophrénie. Or ce n'est pas du tout le cas. Comme Freud lui-même l'a montré, l'introversion et la régression de la libido sexuelle ou érotique conduisent tout au plus à la névrose, *mais pas à la schizophrénie.*

L'attitude réservée que je pris dans la préface à ma *Psychologie de la démence précoce* vis-à-vis de la théorie sexuelle, tout en reconnaissant les mécanismes psychologiques indiqués par Freud, était dictée par la place qu'avait prise alors la théorie de la libido, dont la conception ne me permettait pas d'expliquer par une théorie unilatéralement sexualiste des troubles fonctionnels touchant tout autant le domaine d'autres tendances que celui de la sexualité. A la place de la théorie sexuelle des *Trois essais*, une conception énergétique me parut plus convenable. Elle me permit d'identifier l'expression « énergie psychique » et le terme « libido ». Cette dernière exprime un désir, ou une impulsion que n'entrave aucune instance morale ou autre. La libido est un « appetitus » dans son état naturel. Dans l'histoire de l'évolution, ce sont les besoins corporels, comme la faim, la soif, le sommeil, la sexualité, ou les états émotionnels, les affects, qui constituent l'essence de la libido. Tous ces facteurs ont leurs différenciations et leurs délicates ramifications dans la psyché humaine si hautement compliquée. Il est absolument hors de doute que les plus hautes différenciations elles-mêmes sont nées à l'origine de formes premières plus simples. Ainsi bon nombre de fonctions compliquées, auxquelles nous devons aujourd'hui dénier tout caractère sexuel, proviennent à l'origine de la tendance reproductrice. On sait que dans la série animale ascendante un important déplacement s'est effectué dans les principes de la propagation : l'abondance des produits générateurs, ainsi que le hasard de la fécondation qui lui était joint, se restreignit de plus en plus en faveur d'une plus grande sûreté de fécondation et d'une protection plus efficace de la progéniture. La réduction de la formation des œufs et du sperme eut pour effet de libérer une énorme masse d'énergie ; celle-ci chercha et trouva de nouvelles utilisations. C'est ainsi que nous voyons les premières tendances artistiques dans la série animale mises au service de la tendance reproductrice, mais uniquement à la saison du rut. Le caractère sexuel originel de ces phénomènes biologiques disparaît avec leur fixation organique et leur autonomie fonctionnelle. S'il est indéniable qu'à l'origine la musique dépend étroitement de la sphère génératrice, ce serait cependant envisager les choses d'une étrange façon que rien ne justifierait, que de ranger la *musique* dans la catégorie sexualité. En vertu de cette façon de penser, il faudrait étudier la cathédrale de Cologne dans la minéralogie sous prétexte qu'elle est aussi faite avec des pierres.

Quand nous parlons de la libido en tant qu'instinct de reproduction, nous nous tenons dans les limites de la conception qui oppose libido à faim, comme on oppose l'instinct de conservation de l'espèce à celui de conservation de l'individu. Evidemment cette distinction artificielle n'existe pas dans la nature. Là, nous ne voyons qu'*un instinct continu de vie*, une volonté d'être qui par la conservation de l'individu cherche à réaliser la propagation de toute l'espèce. A ce point de vue cette conception coïncide avec le concept de *volonté* de Schopenhauer, de même que nous ne pouvons saisir de l'intérieur que comme vouloir, ou désir, ou envie ce que nous voyons de l'extérieur comme mouvement. Cette introduction dans l'objet de représentations psychologiques est désignée dans le langage philosophique par le terme d'*introjection* [9]. L'introjection a pour effet de subjectiver l'image du monde. C'est à cette même introjection que la notion de force doit son existence. *Galilée* l'a déjà dit clairement: « il faut chercher son origine dans la perception subjective de notre propre force musculaire ». De même le concept de libido en tant que *cupiditas* ou *appetitus* est une *interprétation* du processus psychoénergétique que nous éprouvons sous la forme d'un « appetitus » *(cf. fig. 86)*. Ce qu'il y a au fond de lui, nous ne le savons pas plus que nous ne savons ce qu'est en elle-même la psyché.

Une fois parvenu à l'audacieuse supposition que la libido originairement consacrée à la production des œufs et de la semence (sperme) est ensuite solidement organisée pour la fonction de construction du nid et qu'elle n'est plus capable d'aucune autre utilisation, alors nous sommes également contraint de considérer du point de vue énergétique toute aspiration ou désir, donc aussi la faim et tout ce que nous pouvons appeler tendance.

Et cela nous conduit à un concept de libido qui s'élargit d'une façon générale jusqu'à la notion de « *tendre vers* ». La citation de Freud faite plus haut montre bien que nous savons trop peu de choses sur la nature et le dynamisme des instincts humains pour avoir l'audace d'accorder à un seul d'entre eux le primat. Aussi est-il plus prudent, quand on parle de libido, d'entendre par ce terme une valeur énergétique qui peut se communiquer à un domaine quelconque, puissance, haine, faim, sexualité, religion, etc., sans être une tendance spécifique: comme le dit excellemment Schopenhauer: « La volonté, chose en soi, est absolument différente de son phénomène et complètement indépendante de toutes les formes de celui-ci en lequel cependant elle pénètre en se manifestant, mais qui par conséquent ne concernent que sa manifestation objective et lui sont étrangères à elle-même » [10].

---

[9] Par contre le concept d'introjection de Ferenczi désigne l'acte d'englober le monde extérieur dans le monde intérieur. Cf. FERENCZI: *Introjektion und Uebertragung*; *Jahrbuch*.

[10] *Le Monde comme volonté et représentation*, t. I, § 23.

Nombreuses sont les tentatives, tant mythologiques que philosophiques, pour formuler et rendre sensible cette force créatrice que l'homme connaît parce qu'il la vit subjectivement. Pour en donner quelques exemples, je rappelle la signification cosmogonique de l'*Eros* dans Hésiode [11] ainsi que le personnage orphique de *Phanès (fig. 77)*, « le lumineux », le tout premier, « père d'Eros ». Phanès a aussi le sens orphique de Priape; il est bisexué et on l'identifie au *Dionysos* thébain Lysios [12]. La signification orphique de Phanès est la même que celle du Kâma hindou, dieu d'amour en même temps que principe cosmogonique *(fig. 76)*. Pour le néoplatonicien Plotin, l'âme universelle est l'énergie de l'intellect [13]. Plotin compare l'*UN* (principe créateur premier) à la lumière en général, l'intellect, au *soleil* (♂); l'âme universelle à la lune (♀). Autre comparaison: pour Plotin l'*UN* est le père, l'intellect, le fils [14]. L'*UN* est appelé Ouranos et est transcendant. Le fils, en tant que Kronos, gouverne le monde visible. L'âme universelle (appelée Zeus) semble lui être subordonnée. L'*UN* ou Ousia de l'existence tout entière est dite par Plotin hypostase, de même que les trois formes d'émanation, donc μία οὐσία ἐν τρισὶν ὑποστάσεσιν (un seul être en trois hypostases). Or c'est là, Drews l'a fait remarquer, la formule de la trinité chrétienne (Dieu-père, Dieu-fils, et Saint-Esprit) telle qu'elle fut établie aux conciles de Nicée et de Constantinople [15]. Point n'est besoin d'ajouter que certains sectaires du début du christianisme donnaient au Saint-Esprit (âme universelle, lune) une *signification maternelle*. L'âme universelle a chez Plotin *un penchant à l'être séparé et à la divisibilité*, condition *sine qua non* de tout changement, de toute création et propagation; elle est « un tout infini de vie » et toute énergie; elle est un organisme vibrant des idées qui par-

---

[11] Théogonie.
[12] Cf. ROSCHER: *Lex.*, III, p. 2248 sq.
[13] DREWS: *Plotin*, 1907, p. 127.
[14] *L. c.*, p. 132.
[15] *L. c.*, p. 135.

viennent en elle à leur efficacité et à leur réalité [16]. L'intellect est son générateur, son père, ce qu'elle voit en lui elle le traduit en le développant dans le sensible [17]. « Ce qui est enclos dans l'intellect se développe en tant que logos dans l'âme universelle, la remplit de contenus et la rend en quelque sorte ivre de nectar » [18]. Le nectar est analogue au Soma, boisson de fécondité et de vie *(v. fig. 194)*. L'âme en tant qu'âme « supérieure » s'appelle *Aphrodite céleste*; âme « inférieure », elle est *Aphrodite terrestre*. Elle connaît « les douleurs de l'enfantement », etc. [19].

Le point de vue énergétique libère l'énergie psychique de l'étroitesse trop grande d'une définition. L'expérience montre que des processus instinctifs d'un genre quelconque peuvent être souvent démesurément grandis par un afflux d'énergie venu de n'importe où. Cela est vrai non seulement de la sexualité, mais encore de la faim et de la soif. Il peut arriver qu'une sphère instinctuelle perde temporairement son potentiel énergétique au bénéfice d'une autre. Si nous admettions que c'est toujours la sexualité seule qui subit la dépotentialisation, nous aurions une conception analogue à celle du phlogistique dans le domaine de la physique et de la chimie. Avec raison, Freud se montrait sceptique sur l'état actuel de notre doctrine des tendances. La tendance est une manifestation vitale mystérieuse de caractère en partie psychique en partie physiologique, appartenant aux fonctions les plus conservatrices de la psyché, et il est difficile, voire impossible, de la modifier. Les troubles pathologiques d'adaptation comme les névroses, etc., devront donc s'expliquer plus par l'attitude prise vis-à-vis de la tendance que par une modification de cette dernière. Mais l'attitude est un problème compliqué, éminemment psychologique : ce n'en serait pas un si l'attitude dépendait de l'instinct. Les forces actives de la névrose proviennent de toutes sortes de propriétés du caractère et d'influences

---

[16] PLOTIN : *Ennéades*, II, 5, 3.
[17] *Enn.*, IV, 8, 3.
[18] *Enn.*, III, 5, 9.
[19] DREWS : *l. c.*, p. 141.

Fig. 77. *Phanès dans l'œuf.*
Image cultuelle orphique. Musée de Modène.
Reproduction d'après la *Revue archéologique*, 1902, I, IX, planche 1.

du milieu qui produisent ensemble une attitude rendant impossible une ligne de vie qui donne satisfaction aux instincts. L'absurdité instinctuelle névrotique de l'homme jeune tient donc à une disposition analogue de ses parents et le trouble de sa sphère sexuelle est un phénomène secondaire et nullement primaire. Par conséquent, il n'y a pas de théorie sexuelle, mais il y a une *théorie psychologique des névroses*.

Nous revenons ainsi à notre hypothèse selon laquelle ce n'est pas l'instinct sexuel, mais une énergie en soi indifférente qui donne lieu à la formation de symboles de lumière, feu, soleil, etc. Ainsi, par la disparition de la fonction du réel dans la schizophrénie, ce n'est pas une intensification de la sexualité qui apparaît, mais un monde imaginaire portant des traits archaïques évidents [20]. Cela ne veut pas dire que n'apparaissent pas occasionnellement et, notamment au début de la maladie, des troubles sexuels même violents; mais ils peuvent également se présenter dans tous les événements possibles s'ils sont intenses, dans la panique, la fureur, l'extase religieuse. Dans la schizophrénie, quand une fantaisie archaïque se glisse à la place de la réalité, cela n'indique rien de la nature de la fonction du réel; cela démontre tout au plus ce fait biologique bien connu par ailleurs que, quand un système récent vient à disparaître, un système primitif, donc de caractère plus ancien, peut prendre sa place — pour nous en tenir à la comparaison de Freud: on tire avec des arcs et des flèches au lieu de tirer avec des fusils. La perte des dernières acquisitions de la fonction du réel (ou adaptation) est compensée — si tant est qu'elle le soit — par un mode d'adaptation plus ancien. Nous trouvons déjà ce principe dans la doctrine des névroses: à savoir que l'adaptation ratée est remplacée par un mode d'adaptation ancien, par une *réanimation régressive de l'imago parentale (fig. 38)*. Dans la névrose, le produit de remplacement est une fan-

[20] Cf. Spielrein: Ueber den psychologischen Inhalt eines Falles von Schizophrénie. *Jahrbuch für Psychoan. u. Psychopath. Forschung*, t. III, p. 329.

taisie de provenance et de portée individuelles, et, à l'exception de quelques traces, manquent les traits caractéristiques des fantaisies schizophréniques. Dans les névroses il n'est jamais question d'une véritable perte du réel, mais seulement d'une altération de la réalité, tandis que dans la schizophrénie elle est perdue dans une très large mesure. Un simple exemple m'en a été donné par le travail d'un de mes disciples, malheureusement trop tôt disparu: Honegger [21].

Un paranoïde de bonne intelligence, qui connaît très bien la rotondité de la terre et sa rotation autour du soleil, remplace dans son système les idées astronomiques modernes par un système, fouillé jusque dans les détails, où la terre est un disque plat au-dessus duquel le soleil se meut. Mme la doctoresse Spielrein donne également quelques exemples intéressants des définitions archaïques qui, dans la maladie, viennent étouffer le sens *des mots modernes*. Ainsi, par exemple, sa malade présente l'analogie mythologique de l'alcool et de la boisson enivrante en parlant d'« éjaculation » (autrement dit: Soma) [22]. Elle a aussi un symbolisme de la cuisson analogue à la vision alchimistique de Zosimos. Ce dernier voyait dans le creux de l'autel de l'eau bouillante où des hommes se métamorphosaient [23]. La malade employait *terre* à la place de mère [24], ou eau pour mère [25] *(fig. 87 et 128)*.

Mes remarques ci-dessus, concernant le remplacement de la fonction du réel troublée par des surrogats archaïques, sont étayées par une remarque de Spielrein. Elle dit à la page 397 de son ouvrage cité: « J'ai eu différentes fois l'illusion que les malades étaient tombés victimes d'« une superstition régnant dans le peuple. ». » De fait les malades remplacent la réalité par des fantaisies analogues aux

[21] Ce travail n'a pas été publié.
[22] SPIELREIN: *l. c.*, p. 338, 353 et 387. Sur soma = éjaculation, voir plus loin.
[23] BERTHELOT: *Collection des anciens alchimistes grecs*, 1881, III, I, 2 sq.
[24] SPIELREIN: *l. c.*, p. 345.
[25] SPIELREIN: *l. c.*, p. 338.

conceptions du passé, mais qui ont eu jadis le sens d'une fonction du réel. Comme le montre la vision de Zosimos, les vieilles superstitions étaient des *symboles* [26] qui tentaient d'exprimer de façon adéquate l'inconnu du monde (et de l'âme). La com « préhension » (Auf « fassung ») rend possible une « préhension » des choses, un concept, ce qui traduit une prise de possession. Le concept correspond dans sa fonction au *nom à effet magique* qui s'empare de l'objet. Ainsi, non seulement ce dernier devient inoffensif, mais en plus il est incorporé au système psychique de sorte que l'importance et la puissance de l'esprit humain en sont accrues (*cf.* l'importance accordée à la dénomination dans l'Alvissmâl de l'ancienne Edda). C'est à une signification analogue du symbole que pense Spielrein quand elle écrit : [27]

« Il me semble donc qu'un symbole doit en général son origine au désir qu'a un complexe de se dissoudre dans la totalité générale de la pensée. Le complexe perd ainsi de son caractère personnel. Cette tendance à se dissoudre (transformation) qu'a chaque complexe particulier est le ressort de la poésie, de la peinture, de chaque sorte d'art. »

Remplaçons le terme « complexe » par celui de valeur énergétique (= valeur affective du complexe) et la conception de Spielrein concorde aisément avec la mienne.

Il semble que ce soit par la voie des formations analogiques que s'est peu à peu modifié le trésor des représentations et des noms. Il en résulte un élargissement de l'image du monde. Des contenus particulièrement accentués (« complexes affectivement teintés ») se reflètent en de multiples analogies et synonymes créés, dont les objets se trouvent ainsi poussés dans le domaine d'action magique de la psyché. C'est ainsi que se produisirent ces rapports analogiques que Lévy-Bruhl a si pertinemment appelés « participation mystique ». Il est évident que cette tendance à la découverte d'analogies, qui prend son point

---

[26] Il me faut aussi rappeler ces Indiens qui voyaient l'origine de l'homme dans l'union d'une poignée d'épée et d'une navette.

[27] *L. c.*, p. 399.

de départ dans les contenus affectivement teintés, doit avoir une importance énorme pour le développement de l'esprit humain. Aussi nous faut-il donner raison à Steinthal qui pense qu'il faut reconnaître au petit mot « comme » (gleichwie) une importance tout à fait extraordinaire dans l'histoire du développement de la pensée. On peut facilement se représenter que le passage de la libido à l'analogie a conduit l'humanité primitive à une série de découvertes de la plus haute importance.

Fig. 78. *Héphaïstos et les Cyclopes*.
Relief romain.
Extrait de F. GUIRAND : *Mythologie générale*.
Paris 1935, p. 121.

III

LA MÉTAMORPHOSE DE LA LIBIDO

Dans ce qui va suivre, je vais essayer de décrire, au moyen d'un exemple concret, comment se métamorphose la libido. J'ai traité jadis une malade atteinte de dépression catatonique. Comme il s'agissait d'une psychose assez légère, il n'était pas surprenant d'y rencontrer de nombreux traits hystériques. Au début du traitement, alors qu'elle faisait le récit d'une circonstance douloureuse, elle tomba dans un état d'obnubilation hystérique où elle manifesta tous les signes de l'excitation sexuelle. (Bien des choses indiquaient que, durant cet état, elle avait perdu conscience de ma présence.) L'excitation aboutit à un acte masturbatoire. Cet acte était accompagné d'un geste étrange : *avec l'index de la main gauche, elle faisait continuellement de vifs mouvements de rotation à sa tempe gauche, comme si elle voulait creuser un trou à cet endroit.* Puis c'était l'amnésie complète de ce qui s'était passé; impossible aussi d'obtenir le moindre renseignement sur l'étrange geste de la main. Quoiqu'il fût aisé de reconnaître en lui un déplacement vers la tempe du geste de creuser du doigt bouche, nez ou oreille, que l'on peut considérer comme analogues à un acte masturbatoire, il me sembla cependant que cette impression devait avoir une certaine importance: pourquoi ? Je ne le compris pas au premier abord. Bien des semaines plus tard, j'eus l'occasion de m'entretenir avec la mère de la malade. Elle m'apprit que celle-ci avait été une enfant bien étrange: à l'âge de 2 ans déjà, elle aimait se placer *pendant des heures* le dos contre la porte ouverte d'une armoire et à la pousser en cadence, de la tête [1], ce qui désespérait son entourage. Peu après, au lieu de jouer comme les autres enfants, elle se mit à *creuser du doigt un trou dans l'enduit du mur de la maison.* Elle le faisait par petits mouvements rotatifs, en grattant; elle restait des heures à ce travail. C'était une véritable énigme pour ses parents. (Aux environs de la quatrième année apparut la masturbation.) Il est clair que nous devons considérer le comportement de la première enfance comme le prélude de l'acte ultérieur.

On peut poursuivre le geste de creuser jusqu'à une période de la toute première enfance, avant l'époque de la masturbation. Ce temps est encore psychologiquement bien obscur, parce que les souvenirs individuels manquent. Un comportement à ce point individuel est en tout cas frappant chez une si jeune enfant. Par la suite, le *curriculum vitae* nous apprit que son développement, comme toujours intriqué dans des événements extérieurs parallèles, a conduit à ce trouble mental, bien connu pour l'individualisme original de ses produits: la schizophrénie. La singularité de cette maladie consiste en ce qu'elle fait ressortir clairement une psychologie archaïque. De là, les ressem-

---

[1] J'ai vu chez une catatonique cette même cadence de la tête se développer progressivement par transposition des mouvements du coït. Freud a décrit cela sous le nom de transfert vers le haut.

blances nombreuses avec les produits de la mythologie et ce que nous prenons fréquemment pour des créations individuelles originales ne sont bien souvent que des formations comparables à celles de la plus lointaine antiquité. Sans doute devrait-on appliquer ce critère à toutes productions de cette étrange maladie et peut-être aussi à ce symptôme particulier du *creusement*. Ce geste de creuser de notre malade provient du temps de sa première jeunesse, ce qui veut dire qu'il a été rappelé de ce temps passé quand la malade, qui fut mariée pendant plusieurs années, retomba dans sa masturbation d'autrefois, après la mort de son enfant à qui elle s'était identifiée par suite de sa tendresse exagérée. Quand l'enfant mourut, les symptômes de la première enfance réapparurent chez la mère, encore en bonne santé à ce moment, sous forme d'accès de masturbation, joints précisément à ce geste de creuser. Ainsi que nous l'avons remarqué déjà, le creusement primaire apparut *à une époque antérieure à la masturbation infantile.* C'est là une constatation d'importance puisque le creusement est ainsi distinct d'une habitude ultérieure analogue qui apparaît après l'onanisme.

Nous avons déjà indiqué que chez le jeune individu la libido exerce son activité d'abord uniquement dans la zone de la fonction nutritive, puisque dans l'acte de téter, des mouvements rythmiques permettent de prendre la nourriture. En même temps aussi dans le domaine de la motricité apparaît déjà un mouvement rythmique agréable des bras et des jambes (trépigner, etc.). A mesure que l'individu grandit et que ses organes se forment, la libido se fraie de nouvelles voies d'action. Alors le modèle premier de l'activité rythmique créatrice de satisfaction et de plaisir est transféré dans la zone d'autres fonctions avec but final provisoire et partiel dans la sexualité; ce qui ne veut pas dire que l'activité rythmique est issue de l'acte nutritif. Une part considérable de l'énergie de nutrition et de croissance doit se transposer en libido sexuelle et autres formes. Ce passage ne se fait pas brusquement à l'époque de la puberté, comme le profane le suppose; il se fait très progessivement au cours de la plus grande partie de l'enfance. Dans cette période de transition il faut distinguer, pour autant que je puisse en juger, deux phases : la phase du sucement et celle de l'activité rythmique en elle-même. D'après son genre, le sucement appartient encore totalement au domaine de la fonction de nutrition ; mais il la dépasse pourtant en ce sens qu'il n'est plus fonction de nutrition, mais activité rythmique sans prise de nourriture. Comme organe auxiliaire, c'est la main qui apparaît. Dans la phase d'activité rythmique en elle-même, le rôle auxiliaire de la main apparaît avec plus de netteté encore ; l'activité rythmique quitte la zone buccale et se tourne vers d'autres domaines. Les possibilités sont alors multiples. On sait par expérience que, le plus souvent, ce sont d'autres ouvertures corporelles qui accaparent l'intérêt ; puis la peau et certaines de ses zones et finalement des mouvements rythmiques de n'importe quelle sorte. L'activité, qui peut prendre la forme de *frotter, creuser, tirer*, etc., s'exerce en un certain rythme. Il est clair que quand elle atteint la zone sexuelle, cette activité peut provoquer les premiers essais masturbatoires. Au cours de sa mutation, la libido entraîne avec elle des éléments de la phase nutritive dans ses nouveaux domaines d'application, ce qui permet d'expliquer les nombreuses et profondes liaisons entre la fonction de nutrition et la fonction sexuelle. Qu'une résistance s'élève contre l'activité adulte, contraignant celle-ci à reculer, la régression se fait vers le degré antérieur d'évolution. En général la phase d'activité rythmique en elle-même coïncide avec l'*époque du développement de l'esprit et du langage*. Je proposerais donc de désigner la période allant de la naissance jusqu'à celle des premières manifestations évidentes (c'est-à-dire non supposées) de la sexualité, donc la période de la première à la quatrième année environ, du nom de *période présexuelle*, comparable au stade de chrysalide du papillon. Elle est caractérisée par le *mélange alternatif d'éléments des phases nutritive et sexuelle*. Certaines régressions peuvent remonter jusqu'à cette phase présexuelle ; à en conclure du moins par les expériences faites jusqu'ici, il semble que ce soit la règle pour la régression de la schizophrénie et de l'épilepsie.

Je vais en donner deux exemples. Le premier cas concerne une jeune fille atteinte de catatonie au moment de ses fiançailles. Quand elle me vit pour la première fois, elle vint brusquement vers moi, m'embrassa et me dit : « Papa, donne-moi à manger ! ». L'autre cas est celui d'une jeune servante qui se plaignait qu'on la poursuivît avec de l'électricité, produisant dans son sexe une étrange sensation : « Comme si là-bas ça mangeait et buvait ! ».

Ces phénomènes montrent que les phases anciennes peuvent être réanimées par régression. Cette voie non seulement paraît praticable, mais a, semble-t-il, été bien des fois suivie. Donc — si cette supposition est exacte — on pourrait s'attendre à constater qu'à des degrés anciens de développement de l'humanité, cette métamorphose, non seulement ne fut pas un symptôme morbide, mais fut un processus normal fréquent. Il serait donc intéressant de savoir si l'histoire n'en a pas conservé des traces.

Fig. 79. *Prométhée.*

Extrait de Roscher: *Lexikon der Grieschischen und Römischen Mythologie.* t. III, IIe part., col. 3101.

C'est une étude d'Abraham [2] qui a attiré notre attention sur la relation entre le creusage et la préparation du feu dans l'histoire des peuples. Ce fait a été spécialement étudié dans un écrit d'Adalbert Kuhn [3]. Ces recherches nous font apparaître comme possible que Prométhée qui apporta le feu *(fig. 79)* soit peut-être un frère du *pra-*

---

[2] *Traum und Mythus*, 1909.

[3] A. Kuhn: *Mythologische Studien*, 1886, t. I. Die Herabkunft des Feuers und des Göttertrankes *(fig. 96)*. On trouvera un résumé du contenu dans Steinthal: *Die ursprüngliche Form der Sage von Prometheus. Zeitschrift für Völkerpsychologie und Sprachwissenschaft*, t. II, 1862; id. in Abraham: *l. c.*

mantha hindou, morceau de bois mâle qui fait le feu par
frottement. Le chercheur de feu hindou s'appelle Mâtariçvan et la technique de préparation du feu est toujours
désignée dans les textes hiératiques par le verbe *manthâmi* [4]
qui signifie *secouer, frotter, produire par frottement*. Kuhn
a rapproché ce verbe du grec μανθάνω, qui signifie « apprendre » et expliqué la parenté de ces concepts [5]. Le *tertium
comparationis* doit se trouver dans le rythme (mouvement de va et vient de l'esprit). Selon Kuhn, la racine
manth ou math, en passant par μανθάνω (μάθημα, μάθησις)
προ-μηθέομαι, doit aboutir à Προμηθεύς, le ravisseur grec du
feu bien connu. On insiste sur le fait que semblable à Zeus
thurique qui porte le surnom particulièrement intéressant
ici de Προ-μανθεύς, Προ-μηθεύς pourrait ne pas être du tout
un radical indogermanique originel, en relation avec le
sanscrit pramantha, mais simplement un surnom. Une
autre glose d'Hésychius semble confirmer cette idée: Ἰθάς:
ὁ τῶν Τιτάνων κήρυξ Προμηθεύς. Une autre glose de même
source explique ἰθαίνομαι (ἰαίνω échauffer) par θερμαίνομαι
devenir chaud, ce qui donne à Ἰθάς le sens de « flamboyant », analogue à Αἴθων ou φλεγύας [6]. Ainsi le rapport de
Prométhée à pramantha est donc douteux. Προμηθεύς, surnom de Ἰθάς, est, il est vrai, significatif, puisque le « flamboyant » est aussi « celui qui pense avant » [7] (Pramati = prévoyance, est aussi un attribut d'Agni, quoique pramati
ait une autre origine). Prométhée appartient aussi à la
tribu des Phlégiens qui, selon Kuhn, doivent incontesta-
blement être rapprochés de la famille des Bhrgu [8]. Les
Bhgru, comme Mâtariçvan (celui qui enfle dans la mère)

---

[4] Et aussi mathnâmi et mâthâyati. Le radical en est manth ou
math.

[5] *Zeitschrift für vergleichende Sprachforschung*, II, p. 395, et
IV, p. 124.

[6] K. Bapp, in Roscher: *Lex.*, III, sp. 3034.

[7] Une analogie intéressante est le dieu flamboyant des Balinais
qui siège dans le cerveau de l'homme et est toujours représenté
dansant sur une roue enflammée (symbole du feu). Il passe pour le
dieu suprême et le plus populaire des Balinais *(fig. 80)*.

[8] Bhrgu = φλεγυ. La ressemblance phonétique est reconnue.
Cf. Roscher, t. III, 3034, 54.

sont aussi des « chercheurs de feu ». Kuhn cite un passage selon lequel Bhrgu naît de la flamme à la manière d'Agni. (« Dans la flamme naquit Bhrgu, Bhrgu grillé ne fut pas consumé. ») Cette façon de voir nous mène à un radical apparenté à Bhrgu: le sanscrit bhrây = luire, lat. *fulgeo*, grec φλέγω (sanscrit bhargas = éclat, lat. *fulgur*). Par conséquent Bhrgu serait l'éclatant, le «lumineux». On nomme Φλεγύας une certaine espèce d'aigle à cause de sa couleur jaune feu. La relation avec φλέγειν = brûler est évidente. Les phlégiens sont donc les aigles du feu [9] *(fig. 81 et 75)*. Prométhée fait également partie des Phlégiens. Il est vrai que ce n'est pas le terme lui-même qui fait passer de pramantha à Prométhée, mais probablement l'idée, voire l'image, et il peut se faire que Prométhée ait le même sens que pramantha [10]; en d'autres termes, il pourrait y avoir là une analogie archétypique sans qu'il soit question de transmission linguistique.

Fig. 80. *Tjintya, dieu du feu des Balinais.*
Sculpture en bois.
Extrait des *Archives de la Revue Ciba*, Bâle.

Pendant un certain temps on a pensé que Prométhée n'avait pris que très tard, et après coup, sa signification

[9] L'aigle, totem du feu chez les Indiens, voir Roscher, t. III, 3034-60.

[10] Selon Kuhn, le radical « manth » donne en allemand mangeln,

Fig. 81. *Représentation symbolique du feu.*
D'après un Fasciculus d'images magiques et hermétiques du milieu
du XVIIᵉ siècle.
Manuscrit n° 3047. Bibliothèque de l'Arsenal, Paris.

de « celui qui pense avant » (confirmé par le personnage
d'Epiméthée) et qu'à l'origine il avait quelque rapport
avec pramantha, manthâmi, mathâyati, et que par contre
on ne devait pas le rattacher étymologiquement à

―――

calandrer (le linge). Manthara est le battant de la baratte (moulinet)
(fig. 95). Quand les dieux produisirent l'amrta (breuvage d'immortalité) en barattant l'océan, ils employèrent comme moulinet le
mont *Mandara* (voir Kuhn, *Mythol. Studien*, 1886). Steinthal attire
l'attention sur l'expression de la langue poétique latine : mentula =
membre viril, où ment serait l'égal de manth. J'ajoute encore :
mentula doit être considéré comme diminutif de *menta* ou mentha
(μίνθα), menthe ; dans l'antiquité, la menthe s'appelait « Couronne
d'Aphrodite » (*Dioscoride*, II, 154). Apulée la nomme « Mentha

259

Fig. 82. *Agni avec les deux bois.*
Musée Guimet, Paris.

Extrait de G. PRAMPOLINI: *La mitologia nella vita dei popoli* Milan 1938, t. II, p. 240.

προμηθέομαι, μάθημα, μαν-θάνω. Inversement, pramati = prévoyance, rattaché à Agni ne devrait pas l'être à manthâmi. Mais depuis peu on incline à faire venir Prométhée de μανθάνω [11]. Donc, ce que l'on peut constater avec certitude dans cette situation embrouillée, c'est que nous trouvons la pensée ou la prévoyance, la réflexion en relation avec le forage du feu, sans qu'il soit actuellement possible d'établir des relations étymologiques certaines entre les mots employés pour les désigner. Pour l'étymologie, il faudra tenir compte, en même temps que des migrations des radicaux, de la réapparition autochtone de certaines images primordiales.

Le pramantha, instrument du Manthana (sacrifice du feu), est considéré comme sexuel dans les Indes : le pramantha

venera »; c'était un aphrodisiaque. On trouve un sens tout opposé chez Hippocrate: « Si quis eam saepe comedat, ejus genitale semen ita colliquescit, ut effluat et arrigere prohibet et corpus imbecillum reddit (Si l'on en mange souvent, la semence génitale se liquéfie au point qu'elle s'écoule, que l'érection est empêchée et que le corps

[11] Cf. KERENYI: *Prometheus*, 1946.　　*(suite de la note page 261)*

est phallus ou homme, le bois creusé placé au-dessous est vulve ou femme; le feu obtenu par creusage est l'enfant, le fils divin Agni *(fig. 82)*. Dans le langage cultuel les deux morceaux de bois s'appellent Purûravas et Urvaçi; on les personnifie homme et femme. C'est du sexe de la femme que naît le feu [12]. Weber nous donne une description de la production cultuelle du feu (manthana) [13].

« Par frottement de deux morceaux de bois, on allume un certain feu de sacrifice. On prend un morceau de bois en disant: « Tu es le lieu de naissance du feu. » On met dessus deux brins d'herbe: « Vous êtes les deux testicules. » Sur ceux-ci l'adharârani — le bois de dessous — « tu es Urvaçi », on oint de beurre l'uttarârani (la bûche à placer dessus): « tu es la force » (semen), on la pose ensuite sur l'adharârani: « tu es Purûravas » et on les frotte trois fois tous les deux: « Je te frotte avec le

---

devient sans force). Et, d'après Dioscoride, la menthe est aussi un remède *anticonceptionnel* (voir AIGREMONT: *Volkserotik und Pflanzenwelt*, t. I, p. 127). Mais les anciens disaient aussi à propos de la menta: « Menta autem appellata, quod suo odore *mentem* feriat — mentae ipsius odor animum excitat. » (La menthe, cependant, est ainsi appelée parce qu'elle stimule l'esprit par son parfum — l'odeur même de la menthe excite l'âme.) Cela nous conduit au radical ment = in mens: esprit (angl. mind), ce qui indiquerait une évolution analogue à celle de pramantha. Ajoutons encore que l'on appelle *mento* un menton fortement développé (ordinairement: mentum). On sait que les figures priapiques du polichinelle sont dotées d'un menton particulièrement développé; de même les barbes pointues (et les oreilles) des satyres et autres démons priapiques, comme en général toutes les proéminences du corps masculin et tous les creux du corps féminin peuvent prendre une signification mâle ou femelle.

[12] Ce qu'on appelle le gulya (sexe-pudendum), c'est le yoni (lieu de naissance) du dieu; le feu qui prend naissance à cette place est dit « porte bonheur ». Kâtyâyanas Karmapradîpa, I, 7, trad. Kuhn, *Herabkunft des Feuers*, 1886, p. 67. La relation étymologique bohrengeboren (creuser-enfanter) est possible. Il y a une lointaine parenté entre le germanique borôn (bohren), le latin forare et le grec φαράω = labourer. On suppose un radical indogermanique bher signifiant porter, en sanscrit bhar, en grec φερ et latin fer; d'où l'ancien haut allemand bearn = enfanter; l'anglais to bear, le latin fero et fertilis, fordus (gravide), le grec φορός; (id.). WÜLDE (*Lat. Etym. sub ferio*) rattache, il est vrai, forare au radical bher. Voir plus loin le symbolisme de la charrue *(fig. 84)*.

[13] WEBER: *Indische Studien*, I, p. 197, cité par KUHN: *l. c.*, p. 71.

Fig. 83. *Moulinet à feu.*

Extrait de H. A. Bᴇʀɴᴀᴛᴢɪᴋ: *Zwischen weissem Nil und Congo.*
Vienne 1943, fig. 72.

Gâyatrîmetrum, je te frotte avec le Trishtubhmetrum, je te frotte avec le Jagatîmetrum ».

Le symbolisme sexuel de cette production du feu est clair. Un chant du Rigveda (III, 29 XXX 1-3) nous offre la même conception et le même symbolisme:

« Voici le bois tournant, le procréateur est préparé, apporte la souveraine du clan [14], tournons Agni au moulinet selon la vieille coutume.

« Dans les deux morceaux de bois se trouve le jâtavedas, comme dans les femmes enceintes le fruit de la chair bien protégé; chaque jour les hommes offrent des sacrifices avec sollicitude: ils devront chanter la louange d'Agni.

« Fais pénétrer (le bâton) dans celle qui est étendue, toi qui sais ce qu'il faut faire; aussitôt elle conçoit, elle a enfanté celui qui féconde; avec la pointe rouge qui brille sur sa route le fils d'Ilâ est né dans le bois excellent [15]. »

---

[14] Ou des hommes en général. Viçpatni est le bois femelle, viçpati le bois mâle, attribut d'Agni.

[15] Le bois comme symbole de la mère. Cf. Fʀᴇᴜᴅ: *Science des rêves*, Traduction Meyerson, Alcan, Paris, chap. VI, 5e partie.

Fils d'Ilâ: Ilâ est le nom de la fille de Manu, l'unique qui au moyen de son poisson échappa au déluge et qui ensuite avec sa fille engendra à nouveau les hommes.

Nous remarquons ici que Pramantha, en même temps qu'Agni, est le fils engendré: c'est le phallus qui est le fils, ou le fils, le phallus. Aujourd'hui encore, dans la langue allemande nous avons conservé des échos de ces anciens symboles. Un jeune garçon s'appelle « Bengel » (gourdin); dans la Hesse, « Stift » (cheville) ou « Bolzen » (flèche) [16]. L'*Artemisia Abrotanum L.*, qui s'appelle en allemand « Stabwurz » (carline), se nomme en anglais « boy's love » (Grimm et autres ont déjà signalé que le vulgaire appelle « garçon » le pénis). La production cultuelle du feu s'est conservée comme coutume superstitieuse en Europe jusque dans le courant du 19e siècle. Kuhn en signale encore un cas qui se déroule en Allemagne en 1828. On appelait cet acte magique solennel « Nodfyr », Notfeuer, feu d'alarme [17] et on employait ce sortilège principalement contre les épizooties. Kuhn signale, dans la chronique de Lanercost de 1268, un cas particulièrement curieux de Notfeuer [18] dont les cérémonies laissent aisément reconnaître les analogies sexuelles:

« Pro fidei divinae integritate servanda recolat lector, quod cum hoc anno in Laodonia pestis grassaretur in pecudes armenti, quam vocant usitate Lungessouth, quidam bestiales, habitu claustrales non animo, docebant idiotas patriae ignem confrictione de lignis ducere et simulacrum priapi statuere, et per haec bestiis succurrere. Quod cum unus laicus Cisterciensis apud Fentone fecisset ante atrium aulae, ac intinctis testiculis canis in aquam benedictam super animalia sparsisset etc. [19]. »

---

[16] Cf. HIRT: *Etymol. der neuhochd. Sprache*, 1909, p. 348.

[17] Le Capitulare Carlomanni de 942 interdit « illos sacrilegos quos niedfyr vocant » (Ces sacrilèges que l'on appelle niedfyr). Cf. GRIMM: *Mythol.*, 1877, p. 502. On y trouvera aussi des descriptions de ces cérémonies du feu.

[18] KUHN: *Mythol. Stud.*, 1886, p. 43.

[19] Pour conserver sa croyance en Dieu que le lecteur se souvienne que cette année-là se répandit sur les troupeaux de bestiaux à Laodonia la maladie que l'on appelle ordinairement consomption. Certains propriétaires de bestiaux, religieux de leur état, mais pas de sentiment, enseignèrent aux indigènes à faire du feu en frottant du bois, et à dresser une image de Priape et à venir ainsi au secours des

Fig. 84. *Charrue phallique.*
Collection de vases du musée archéologique de Florence.

Extrait de A. DIETERICH: *Mutter Erde, Ein Versuch über Volksreligion.*
Leipzig 1905, p. 108.

Ces exemples proviennent d'époques très diverses et
de peuples très différents; ils prouvent qu'il existait un
penchant général à mettre en parallèle la production du
feu et la sexualité. La répétition cultuelle ou magique des
très antiques inventions montre combien l'esprit humain
persévère dans les vieilles formes et combien est profondément enracinée la réminiscence du « creusage du feu »
(fig. 83). Peut-être sera-t-on enclin à voir dans le symbolisme sexuel de la production cultuelle du feu une addition
faite ultérieurement par le savoir des prêtres. Sans doute
cela est-il fondé en ce qui concerne certaines élaborations
du mystère du feu. Mais la question est de savoir si la
création du feu n'est pas dès l'origine en relation très
étroite avec la sexualité. Des rites cultuels de cette sorte
se rencontrent chez des peuples primitifs: nous le savons
en ce qui concerne le clan australien des Watschandies [20].
Ils exécutent au printemps le sortilège fécondateur que
voici: Ils creusent dans le sol un trou fait et entouré
de buissons de manière à imiter un sexe féminin. Autour

bêtes. Lorsqu'un frère lai Cistercien, à Feuton, eut fait cela devant
l'entrée de sa ferme et qu'il eut aspergé le bétail avec les testicules
d'un chien plongé dans l'eau bénite, etc.

[20] PREUSZ: *Globus*, LXXXVI, 1905, p. 358.

de ce trou, ils dansent toute la nuit tenant leurs lances devant eux, dressées comme pour rappeler un pénis en érection. Ils dansent autour de ce trou dans lequel ils frappent avec leurs lances en même temps qu'ils crient: pulli nira, pulli nira wataka (non fossa, non fossa, sed cunnus !). De telles danses obcènes ont lieu aussi dans d'autres clans [21].

Dans ce sortilège printanier [22], on représente une sorte de coït sacramentel où le trou dans la terre est le féminin

---

[21] Cf. Fr. SCHULTZE: *Psychologie der Naturvölker*, 1900, p. 161 sq.

[22] Ce jeu primitif conduit au *symbolisme phallique de la charrue*. 'Αcoύν signifie labourer, mais a en outre le sens poétique de féconder. Le latin arare ne signifie plus que labourer; mais la phrase « fundum alienum arare » signifie: « cueillir des cerises dans le jardin du voisin ». Une excellente image de la charrue phallique se trouve représentée sur un vase du musée archéologique de Florence: une rangée de six hommes ithiphalliques nus portent une charrue de forme phallique *(fig. 84)* (DIETERICH: *Mutter Erde*, 1905, p. 107 sq.). Le « carus navalis » (carnaval) de nos fêtes du printemps était parfois une charrue, au moyen âge (HAHN: *Demeter und Baubo*, cité par DIETERICH, *l. c.*, p. 109). Le professeur Abegg, de Zurich, appelle mon attention sur le travail de R. MERINGER: *Wörter und Sachen. Indogermanische Forschungen*, 16, 179/84, 1904. Nous y prenons connaissance de très profondes fusions de symboles de libido avec des matières et des activités extérieures, ce qui vient confirmer dans une extraordinaire mesure nos réflexions de tout à l'heure. Ses remarques partent de deux radicaux indogermaniques: uen et uenti. Indog. uen, bois; ai, van, vana. Agni est garbhas vanam, fruit du corps des arbres. L'indog. uento signifiait: il laboure. Ce qui exprime le creusage du sol au moyen d'un bois pointu et l'arrachage qui suit. Nous n'avons aucune vérification de ce verbe parce que le travail primitif du labourage qu'il désigne (culture à la houe) a disparu très tôt. Quand on eut appris un meilleur procédé de labourage, on appliqua à l'herbage le terme par lequel on désignait primitivement le sol à cultiver; d'où le gothique vinja, νομή; ancien isl. vin, lieu de pacage, prairie. Il faut peut-être ajouter l'isl. Vanem comme dieu de l'agriculture, puis l'indog. uenos, « joie d'amour », lat. venus. Le sens émotionnel de uenos se rapproche de l'anc. haut-allemand vinnan: être furieux, puis le goth. vens, ἐλπίς, anc. haut-allemand Wân, attente, espoir, sanscrit: van, désirer; puis Wonne (volupté), anc. isl. vinr, amant, ami. Du sens de « cultiver » (ackern) vient: wohnen (demeurer): cette transposition ne s'est produite que dans le germanique. De wohnen-gewöhnen (s'habituer), être habité; anc. isl. vanr, gewohnt, habitué. De « ackern » (labourer) vient en outre

et la lance le masculin. Ce hiérosgamos (mariage sacré) formait un élément de nombreux cultes et jouait aussi un grand rôle dans bien des sectes [23]. On peut aisément s'imaginer que si les nègres d'Australie accomplissent une sorte d'hiérosgamos avec la terre, ce même hiérosgamos, ou une idée analogue, peut tout aussi bien être représenté par la production du feu au moyen de deux morceaux de bois. Au lieu de figurer l'union au moyen de deux êtres humains, on la figure par deux simulacres: le bois mâle et le bois femelle (fig. 82).

Fig. 85. *Le moulinet à creuser.*
D'après une peinture hiéroglyphique du Vieux-Mexique. (D'après Keyland).
Archives de la Revue Ciba, Bâle.

Il est hors de doute que la sexualité se range parmi les contenus psychiques le plus fortement teintés d'affect. Il serait facile pour certaines conceptions de considérer que tout ce qui présente avec elle quelque analogie, doit en découler et l'on utiliserait pour cela l'hypothèse que, se heurtant quelque part à une barrière, la libido sexuelle ait été contrainte ainsi de chercher une activité de remplacement sous la forme d'une analogie rituelle. Pour expliquer le

s'efforcer, se donner du mal, anc. isl. vanr vinna, travailler; anc. winnan, se tuer au travail; goth. vinnan πάσχειν, vunns, πάθημα. De ackern (labourer) vient en outre « gewinnen », gagner, atteindre; anc. haut-allemand « giwinnan »; mais aussi « vunds » (blessé). Dans son sens primitif, « Wund » désignerait donc le champ ouvert par l'agriculture. De « verletzen » (blesser) vient ensuite « schlagen », battre, vaincre (besiegen), anc. haut-allemand winna, querelle; vieux saxon winnan, lutter *(fig. 85).*

[23] La vieille coutume du « lit de noce » dans le champ, destiné à rendre le champ fertile, traduit avec la plus grande clarté cette analogie. De même que je féconde la femme, je féconde aussi la terre. Le symbole transpose la libido vers la culture et la fécondation de la terre *(fig. 69).* Cf. Mannhardt: *Wald- und Feldkulte,* t. I, où l'on trouvera de nombreux exemples.

renversement partiel et la métamorphose de la libido Freud, on le sait, a supposé que la barrière fut *l'interdiction de l'inceste*. Plus exactement, il s'agit, dans l'interdiction de l'inceste, d'une restriction de la tendance *endogamique*. Or, pour contraindre un instinct à un retour, ou simplement pour le restreindre partiellement, il faut qu'il y ait du côté opposé une énergie d'une puissance correspondante. Cette énergie, Freud suppose à juste raison qu'elle se trouve dans l'*angoisse* et pour l'expliquer, il imagine le mythe plus ou moins plausible de la horde primitive tyrannisée par le vieux mâle, à la façon d'une horde de singes. Il faudrait bien compléter cette image en ajoutant en contrepartie une matrone, elle aussi redoutable, représentant la terreur des filles, comme le père primitif tient férocement en respect la bande des fils. Nous aurions ainsi deux *sources d'angoisse*; l'une *patrilinéaire* et l'autre *matrilinéaire*, selon les conditions primitives de vie. Je puis me représenter que parmi les hommes primitifs les névrosés ont pu « penser » ainsi.

Cependant il me semble pour le moins douteux que telle ait pu être l'origine de la force qui a contraint la tendance, pour cette simple raison d'abord que les tensions, à l'intérieur d'un groupe primitif, ne sont jamais supérieures à celles qu'impose au groupe tout entier la lutte pour la vie. S'il en était autrement, le groupe disparaîtrait sans retard. La tendance endogamique est pour lui un très grand danger, que la restriction de cette tendance veut précisément conjurer. Le moyen semble en être le cross-cousin-marriage [24] qui équilibre les tendances endogamiques et exogamiques. Quel danger menace le groupe, on le voit aux avantages obtenus par restriction de la tendance endogamique dont le tabou de l'inceste fait partie. Le groupe y gagne une consolidation intérieure des possibilités d'extension et, par suite, une plus grande sécurité. Car la source de l'angoisse ne se trouve pas à l'intérieur du groupe, mais en dehors, dans les risques très réels qu'apporte avec elle la lutte pour l'existence.

---

[24] Cf. mon étude: *Psychologie der Uebertragung*, 1946, p. 103.

La peur des ennemis et de la faim l'emporte même sur la sexualité, qui, on le sait, n'est pas un problème pour le primitif, car il lui est plus facile d'avoir une femme que les aliments dont il a besoin. La peur des conséquences de l'inadaptation donne le motif convaincant de la restriction de la tendance. Quand on est mis en présence des périls, il faut bien s'occuper de savoir comment on pourra les surmonter. La libido que les obstacles rencontrés contraignent à régresser en revient toujours aux possibilités existantes dans l'individu. Un chien qui trouve la porte fermée gratte jusqu'à ce qu'on lui ouvre et un homme qui ne trouve pas la réponse se frotte le nez, pince la lèvre inférieure, se gratte derrière l'oreille, etc. Si l'impatience le prend, toutes sortes d'autres rythmes apparaissent: il tambourine avec les doigts, agite les pieds, etc. En même temps surgissent toutes sortes d'analogies plus ou moins nettement sexuelles, comme par exemple des gestes masturbatoires. Koch (dessins rupestres de l'Amérique du Sud) raconte que les Indiens assis sur les rochers y gravent avec des pierres des rainures tandis qu'on transporte leurs canoës au-delà des rapides du fleuve. De là sont nés, au cours des temps, des dessins chaotiques — gravures linéaires — comparables peut-être aux dessins des papiers buvards. Cet enchaînement permet de comprendre ce que Maeterlinck raconte dans *l'Oiseau bleu*. Les deux enfants qui cherchent l'oiseau bleu au pays de ceux qui ne sont pas nés, y rencontrent un garçon qui *creuse son nez*. On dit que de lui naîtra un feu nouveau quand la terre sera refroidie. La malade de Spielrein [25] rapprochait l'acte du creusage d'abord du feu, puis de la procréation. Elle disait: « On a besoin du fer pour percer la terre. » « Avec le fer on peut faire sortir des hommes froids des pierres. » « Avec le fer rouge on peut transpercer la montagne. Le fer devient rouge quand on l'enfonce dans une pierre. »

La libido refoulée par un obstacle ne régresse pas nécessairement vers des utilisations sexuelles antérieures, mais bien plutôt vers des activités rythmiques infantiles

---

[25] *Jahrbuch f. Psychoanal. u. Psychopathol. Forschung*, III, p. 371.

qui sont les modèles primitifs tant de l'acte nutritif que de l'acte sexuel. D'après les matériaux que nous possédons, il ne semble pas exclu que la découverte de la manière de produire du feu ait eu lieu de cette façon, c'est-à-dire par la réanimation régressive du rythme [26] *(fig. 206)*. Cette hypothèse me paraît psychologiquement fort possible. Mais cela ne veut pas dire que l'invention du feu ait été faite uniquement ainsi. Elle peut avoir eu lieu aussi bien par la frappe de la pierre à feu. Je ne voulais constater ici que le processus psychologique dont les allusions symboliques semblent indiquer une possibilité de ce genre pour l'invention des moyens de préparer le feu.

En présence de ces activités rythmiques, on éprouve l'impression qu'il s'agit d'un jeu; cependant on ne peut qu'être fortement frappé par la puissance énergique de ce prétendu jeu. On sait que de tels rites (car il s'agit bien de quelque chose de ce genre) sont en général sérieux et s'accomplissent avec une dépense peu commune d'énergie; ce qui contraste singulièrement avec la paresse notoire des primitifs. Ainsi le prétendu jeu acquiert un caractère de *contention* voulue. Si certains clans peuvent danser une nuit entière sur les trois tons d'une mélodie monotone, à notre sens on ne peut trouver là de caractère ludique; il nous semble bien plutôt qu'il s'agit d'un *exercice intentionnel*. Et c'est en effet cela, car le rythme est le mode classique de l'imprégnation de certaines représentations ou autres activités, et ce qui doit être imprégné, c'est-à-dire fortement organisé, c'est le passage de la libido vers une nouvelle forme d'activité. Après la phase nutritive de développement, l'activité rythmique ne trouve plus à s'employer dans l'acte de nutrition; alors elle pénètre non seulement dans le domaine de la sexualité *sensu strictiori*, mais aussi dans celui des « mécanismes de séduction », musique, danse et finalement dans celui du travail au sens propre. Il est très impressionnant de voir combien, chez les primitifs, le rendement est étroitement lié, voire dépendant de la musique, du chant, de la danse, du tambour et,

---

[26] Cf. les documents de BÜCHER: *Arbeit und Rhythmus*, 1899.

en général, du rythme *(fig. 206)*. Cette relation forme le pont qui conduit à la sexualité, d'où la possibilité de détours et de déviations de la tâche proprement dite. Comme une digression de ce genre n'est nullement rare et qu'elle apparaît même dans tous les domaines culturels, on en vient aisément à l'idée de considérer toutes les activités différenciées en quelque sorte comme des surrogats de formes quelconques de la sexualité. Je crois que c'est une erreur, d'ailleurs compréhensible, vu l'énorme importance psychique de cette tendance. J'ai, jadis, été d'un avis analogue, en ce sens que j'admettais du moins que les multiples formes d'activité de séduction et de protection des petits provenaient de la scission et de la différenciation d'une libido primitive sexuelle, donc de l'instinct de propagation en général, et qu'elles formaient ainsi les premiers degrés des activités culturelles dans la mesure où elles ont le caractère de tendances. L'une des raisons de cette erreur était l'influence de Freud; l'autre, d'un plus grand poids, était le facteur de rythme inhérent assez souvent aux fonctions de cette sorte. Ce n'est que plus tard que je reconnus que le penchant au rythme ne provient pas du tout de la phase nutritive d'où il passait ensuite dans la phase sexuelle, mais qu'au contraire *il représente un caractère particulier de tous les processus émotifs en général.* Toute excitation, peu importe dans quelle phase de la vie, a tendance aux manifestations rythmiques, c'est-à-dire à des *persévérations répétitives*, ce qui apparaît même dans les expériences associatives, quand les inducteurs sont complexuels, sous la forme de répétitions, d'assonances et d'allitérations [27]. Par conséquent, la forme rythmique n'est pas une raison d'admettre que la fonction qui en est influencée provient de la sexualité.

L'importance psychique de la sexualité aussi bien qu'une plausible analogie avec elle rendent aisé le retour vers elle en cas de régression, et il semble alors naturel qu'il s'agisse d'un désir sexuel, auquel (injustement) on

[27] EBERSCHWEILER: Untersuchungen über den Einfluss der sprachlichen Komponenten auf die Assoziation. *Allg. Zeitschrift für Psychiatrie*, 1908.

Fig. 86. *Démon dévorant à couronne de feu.*
Sculpture d'un chapiteau de Vézelay.
XIIᵉ siècle.

Extrait de A. FRANK-DUQUESNE: *Réflexions sur Satan en marge de la tradition judéo-chrétienne.* In « Etudes Carmélitaines » (vol. Satan). Bruges 1948, fig. 9, p. 281.

interdit de se réaliser. C'est là la suite d'idées typiques de la névrose. Les primitifs semblent connaître instinctivement le danger de ce détour: les Watschandies cités plus haut, lors de la célébration de l'hiérosgamos, ne doivent regarder aucune femme pendant la cérémonie. Dans un certain clan indien existait la coutume qu'avant de s'engager sur le sentier de la guerre, les hommes entourassent en cercle une belle jeune fille placée au milieu d'eux. Celui qui, au cours de cet acte, avait une érection était écarté comme impropre au métier de la guerre. Il arrive, sinon toujours, du moins fréquemment, que le détour dans la sexualité serve à dissimuler le vrai problème. On fait accroire à soi-même et aux autres qu'il s'agit d'un problème

271

sexuel depuis longtemps mal résolu et dont les causes se trouvent dans le passé. Ainsi, on a découvert un moyen pour sortir, ou pour se détourner du problème présent en déplaçant la question vers un autre domaine exempt de danger. Mais ce bénéfice irrégulier a fait perdre l'adaptation à la place de laquelle s'est glissée une névrose.

Nous avons plus haut ramené la restriction des tendances à la peur des dangers très réels de l'existence en ce monde. Cependant la réalité extérieure n'est pas l'unique source de l'angoisse restrictive des tendances, car bien souvent le primitif craint encore davantage une réalité « intérieure », c'est-à-dire le monde des rêves, les esprits des morts, les démons *(fig. 86)*, les dieux et, « last but not least », les magiciens et les sorcières, quoique notre rationalisme s'imagine tarir cette source d'angoisse en attirant l'attention sur l'irréalité de tout cela. Or il s'agit toujours de réalités psychiques intérieures dont le caractère irrationnel n'est pas accessible à des motifs raisonnables. On peut certes enlever à l'entendement primitif certaines superstitions, mais des paroles n'arracheront jamais le primitif à son ivrognerie, à sa dépravation morale, à sa désespérance. Il y a une réalité psychique aussi impitoyable, aussi insurmontable que le monde extérieur, et aussi utile et secourable que lui, quand on connaît les voies et moyens d'éviter les dangers et de découvrir les trésors. « Magic is the science of the jungle » a dit un jour un célèbre explorateur. Certes le civilisé regarde avec mépris la superstition primitive; ce qui est aussi sot que de mépriser les armures et les hallebardes ainsi que les châteaux forts et les sveltes cathédrales du moyen âge. Les moyens primitifs sont aussi efficaces dans des circonstances primitives qu'une mitrailleuse ou la radio dans les conditions d'aujourd'hui. Nos religions et nos idéologies socio-politiques peuvent être considérées comme des mesures salutaires et propitiatoires et comparées aux représentations magiques des primitifs, et là où manquent ces « représentations collectives » apparaissent, comme correspondants, des idiosyncrasies confuses, individualistes, des obsessions, des phobies et autres états de possession qui ne laissent rien à désirer en primitivité, sans parler des épidémies spirituelles de notre temps en présence desquelles pâlit même l'épidémie de noire sorcellerie du 15e siècle.

Malgré toutes les tentatives de la raison pour en modifier l'interprétation, la réalité psychique est et reste une source originale d'angoisse dont le danger augmente au fur et à mesure qu'on la nie. Les pulsions biologiques se heurtent donc non seulement à une barrière externe, mais aussi à une barrière interne. Le même système psychique qui repose d'une part sur la concupiscence des tendances, repose, d'autre part, sur une contre-volonté au moins aussi puissante que l'instinct biologique.

La volonté de refoulement ou de répression des tendances naturelles, c'est-à-dire, plus exactement, de leur prédominance et de leur incoordination, à savoir de la superbia et de la concupiscentia, provient — pour autant que le motif ne soit pas issu de la misère extérieure — de la source spirituelle, c'est-à-dire d'images psychiques toutes-puissantes. Ces images, convictions, conceptions ou idéaux agissent par le moyen de l'énergie propre à l'individu qui, il est vrai, n'en dispose pas toujours volontairement dans cette intention, mais que ces images, pourrait-on dire, lui arrachent. L'autorité paternelle elle-même est rarement assez forte pour suffire à tenir à l'écart, de façon durable, l'esprit des fils. Cela se produit en effet uniquement quand le père invoque ou exprime l'image en général sacrée pour les humains, ou du moins qui a l'appui du *consensus omnium*. La suggestion du milieu est en soi une conséquence du caractère sacré de l'image, qu'à son tour elle accroît. Sans suggestion du milieu à ce point de vue, l'effet collectif de l'image est faible, voire nul, malgré la grande intensité qu'elle peut avoir en tant qu'événement individuel. Je signale cette circonstance parce que la question est controversée de savoir si les images intérieures, les « représentations collectives », ne sont que des suggestions du milieu ou au contraire des événements naturels vécus spontanément. La première conception, il faut le dire, ne fait que reculer la réponse, car il faut bien que le contenu de la suggestion ait une fois pris naissance. Il fut un temps où les affirmations mythiques furent originales, c'est-à-dire des événements primitifs divins; qui ne se laisse pas rebuter par la difficulté de la recherche peut observer encore aujourd'hui ces événements primitifs subjectifs. J'ai donné plus haut un exemple de la manière dont une affirmation mythique (phallus solaire) se reproduit dans des conditions où l'on ne peut découvrir aucune possibilité de transmission. Le malade était un petit employé de commerce dont l'instruction ne dépassait pas le niveau secondaire. Il avait grandi à Zurich et le plus grand effort d'imagination ne put me permettre même de supposer où il avait pu puiser l'idée du phallus solaire, du mouvement de va-et-vient et de la naissance du vent. Moi-même, qui pourtant aurais bien davantage été en état, vu une certaine formation générale, de connaître cette suite d'idées, je l'ignorais complètement et ce n'est que quatre ans après ma première observation (1906) que je découvris l'analogie dans Dieterich: *Eine Mithrasliturgie*, publié en 1910 [28].

Cette observation n'est pas restée isolée [29]: il ne s'agit évidemment pas de représentations héritées, mais d'une disposition innée à former des représentations analogues, c'est-à-dire de structures universelles identiques de la psyché que j'ai plus tard appelées: *inconscient collectif*. J'ai appelé *archétypes* ces structures. Elles correspondent au concept biologique de « pattern of behaviour ».

La propriété de l'archétype, ainsi que le montre un regard jeté sur l'histoire des phénomènes religieux, est d'avoir un effet « divin », ce qui veut dire que le sujet est saisi de la même façon que par l'instinct, que même ce dernier peut être refoulé, parfois dominé par cette force. Il serait superflu d'en fournir des preuves.

Dès qu'un instinct se trouve limité ou entravé, il se produit une accumulation et une *régression* de cet instinct, ce qui veut dire, en termes plus clairs: si par exemple la

[28] Voir mes remarques ultérieures sur ce cas dans: *Seelenprobleme der Gegenwart*, 1931, p. 161 sq.

[29] Cf. Jung und Kerenyi: Introduction à l'essence de la mythologie, *ouv. cité*, et Jung: *Psychologie und Alchemie*, 1944, p. 79 sq.

sexualité se trouve inhibée, la régression qui pourrait éventuellement se produire consiste en ce que l'énergie de la sexualité abandonne le domaine de son utilisation pour animer la fonction d'un autre domaine, ou se communiquer à elle. Elle change donc de forme. Prenons comme exemple la cérémonie des Watschandies. Selon toute vraisemblance, le trou dans la terre est l'analogue du sexe maternel; car lorsqu'il est interdit à un homme de regarder une femme, son Eros se tourne vers sa mère. Mais comme il faut éviter l'inceste, le trou dans la terre remplace en quelque sorte la mère. L'accomplissement du cérémonial enlève donc à la sexualité la somme d'énergie incestueuse et la ramène ainsi à un stade infantile; si l'opération réussit, elle trouve là une autre forme, ce qui veut dire une autre fonction. Il faut admettre cependant que l'opération ne se peut effectuer qu'avec difficulté car la tendance primitive était aussi bien endogame (incestueuse) qu'exogame et qu'il fallait en quelque sorte la scinder. Cette scission est liée à la conscience et à la prise de conscience. La régression a quelque difficulté à s'effectuer parce que l'énergie, force spécifique, est fixée à son sujet; c'est pourquoi lorsqu'elle se transforme, elle transfère à sa nouvelle forme quelques traits de son caractère antérieur [30]. La conséquence en est que les phénomènes qui en surgissent portent certes dans notre cas le caractère de l'acte sexuel, bien qu'ils n'en soient pas de fait. Le creusement du feu n'est lui aussi qu'un analogue de l'acte sexuel et dans le langage courant celui-ci sert souvent de comparaison pour des activités d'une tout autre nature. Le stade présexuel de la première enfance, où mène la régression, est caractérisé par ses nombreuses possibilités d'application parce que la libido retrouve là sa polyvalence primitive indifférenciée. Il semble donc facile à comprendre qu'une masse de libido qui, par régression, « s'empare » à nouveau de ce stade, se trouve en présence de multiples possibilités d'emploi.

---

[30] Appelé dans l'ancienne énergétique « facteur d'extensité ». Cf. Ed. v. HARTMANN: *Weltanschauung der modernen Physik*, 1909, p. 5.

Fig. 87. *La Terre mère nourricière.*
Peinture murale de la cathédrale de Limbourg, vers 1235.

Extrait de P. CLEMEN: *Die romantische Wandmalerei der Rheinlande*
Düsseldorf 1905, planche 51.

Dans la cérémonie des Watschandies, comme il s'agit d'une libido liée à un objet, la sexualité, cette libido emporte dans les nouvelles formes comme caractère essentiel au moins une partie de cette destination première. La conséquence en est qu'un objet analogue est « occupé » et prend la place du refoulé. L'idéal d'un objet de ce genre est représenté par *la terre maternelle dispensatrice de nourriture (fig. 87 et 30).* La psychologie du stade présexuel porte le caractère qui lui convient de nutrition, tandis que la sexualité trouve sa forme caractéristique dans l'hiérosgamos. De là viennent les très antiques symboles de l'agriculture. Dans l'acte de cultiver le champ se mêlent la faim et l'inceste. Les cultes de la terre maternelle voyaient dans le labourage de la terre la fécondation de la mère. Mais le but de l'acte était la production de la moisson et son caractère était magique, nullement sexuel. Dans ce cas, le régression mène à la réanimation de la mère en tant que but du désir, mais cette fois sous la forme symbolique de la *nourrice*.

Peut-être est-ce à une régression tout à fait analogue vers le stade présexuel, c'est-à-dire vers le stade de l'activité rythmique que nous devons la découverte du feu. La libido, qu'une restriction de l'instinct fait régresser, une fois parvenue au stade présexuel, réanime le *creusage infantile* auquel cette fois, conformément à sa destination première, elle donne une matière extérieure: c'est **pour**quoi elle porte le nom de *materia*, puisqu'à ce stade l'**objet** était la mère. Ainsi que j'ai tenté de le montrer ci-dessus, il faut, pour l'acte de creuser, la force et la persévérance d'un homme adulte et aussi le « matériel » approprié pour produire le feu. Evidemment on ne peut jamais en apporter une preuve véritable; mais on peut penser que quelque part se sont conservées les traces de cet exercice préparatoire primitif de la production du feu. J'ai eu la chance de trouver dans un monument de la littérature hindoue un texte indiquant ce passage de la libido à la production du feu. Il se trouve dans l'« Upanishad Brhadâranyaka » [31] cité d'après la traduction de Deussen [32].

« En effet il (Atman [33]) était grand comme une femme et un homme quand ils se tiennent embrassés. Son soi, il le divisa en deux parties: de là naquirent époux et épouses [34]. Il s'unit

------

[31] Les Upanishads appartiennent à la théologie des écrits védiques dont elles contiennent la partie théosophique spéculative des doctrines. Les écrits ou collections védiques remontent en partie à une antiquité indéterminée et peuvent même, vu qu'elles furent longtemps transmises oralement, remonter à un passé très lointain.

[32] Deussen: *Die Geheimlehre des Veda*, 1909, p. 23.

[33] Être premier et universel dont la notion, traduite en termes psychologiques, concorde avec le concept de libido.

[34] L'Atman est donc conçu originairement bisexué, donc comme un être hermaphrodite. Le monde naquit du désir. Cf. Brhadâranyaka Upanischad, I.4, 1 (Deussen).

1. « Au commencement ce monde seul était Atman. — Il regarda autour de lui: alors il ne vit pas autre chose que lui-même. » — 2. « Alors il eut peur, et c'est pourquoi celui qui est seul a peur. Alors il pensa: « De quoi aurais-je peur ? puisqu'il n'y a rien d'autre » que moi ? » — 3. « Mais il n'avait non plus aucune joie; et c'est pourquoi il n'a aucune joie celui qui est seul. Alors il désira un *deuxième*. » Puis vient la description citée plus haut de la division. L'idée que se fait Platon de l'âme universelle est voisine de l'image hindoue. « D'yeux en effet il n'avait nul besoin, car de visible il ne

à elle et de là naquirent les humains. Mais elle réfléchit: Comment peut-il s'unir à moi puisqu'il m'a engendrée de lui-même ? Eh bien ! je vais me cacher ! Alors elle se transforma en vache; alors lui devint taureau et il s'accoupla avec elle; de là naquirent les bovins. Alors elle se fit jument; mais lui devint étalon; elle se fit ânesse, lui, âne et il s'accoupla avec elle: de là naquirent les solipèdes. Elle devint chèvre, lui, bouc; elle devint brebis, lui, bélier et s'accoupla avec elle; de là naquirent les chèvres et les brebis. Et ainsi, il arriva qu'il créa tout ce qui s'accouple jusqu'aux fourmis. Alors il reconnut: « Vraiment je suis moi-même la création, car j'ai créé tout le monde de l'univers. *Alors il se frotta ainsi (les mains devant la bouche) et il engendra de sa bouche comme sein maternel et de ses mains, le feu.* »

J'ai observé chez un enfant d'un an environ un geste étrange et habituel: il tenait une main devant la bouche et de l'autre frottait continuellement la première. Cette habitude disparut au bout de quelques mois. Les cas de ce genre montrent que l'interprétation d'un mythologème comme celui ci-dessus, en le considérant comme un geste originaire de la première enfance, n'est nullement dépourvue de fondement.

D'ailleurs cette observation présente encore de l'intérêt à un autre point de vue: c'est la mise en relief de la *bouche* qui, à ce stade de développement, a encore un sens exclusivement *nutritif*. Le plaisir de la nourriture à prendre, et prise, est localisé à cet endroit. Faut-il considérer ce plaisir comme sexuel ? Rien ne le permet. La prise de nourriture est une activité originale qui trouve en elle-même sa satisfaction, et, comme elle est une nécessité vitale, la nature y a joint la récompense du plaisir. A cet âge la bouche commence à prendre une autre valeur: elle est *l'organe de la parole*. La fonction extrêmement importante du langage double, pourrait-on dire, la signification de la bouche chez le petit enfant. L'activité rythmique accomplie par elle traduit une concentration à cet endroit des formes émotionnelles, c'est-à-dire de la libido. Ainsi la bouche

restait rien hors de lui. — Il ne pouvait en effet rien perdre, ni rien recevoir du dehors, puisqu'il n'y avait rien. » (TIMÉE, trad. L. Robin: *Œuvres de Platon*, t. 2, p. 448. Ed. de la Pléiade.)

(comme d'ailleurs aussi, mais à un moindre degré, l'anus)
devient un lieu de naissance primitif. Nous l'avons vu
plus haut, c'est d'elle que provient même l'invention
essentielle des premiers hommes, selon la relation hindoue:
celle du *feu*. Aussi trouvons-nous des textes qui mettent
sur le même plan *feu* et *parole*. Dans l'Upanishad Aitareya
(I. I, 3): « Alors il alla chercher dans l'eau un Purusha
(Manu) et lui donna forme. Il le couva; alors qu'il le
couvait, sa bouche se fendit comme un œuf et de cette
bouche surgit la parole, et de la parole, Agni [35] » *(fig. 82
et 94)*.

Il est donc dit une fois, ici, que c'est de la parole que
vient le feu, et l'autre fois que c'est le feu qui devient parole.
La même relation entre feu et parole se retrouve dans
l'Upanishad Brhadâranyaka (III, 2):

« Yâyñavalkya, dit-il, quand après la mort de cet homme
sa parole se transforme en feu, sa respiration en vent, son œil
en soleil, etc. » Un autre passage du même ouvrage dit (4, 3):
« Mais quand le soleil est couché, ô Yâyñavalkya, et que la lune
est couchée et que le feu est éteint, qu'est-ce qui sert de lumière
à l'homme ? Alors la parole lui sert de lumière; car à la lumière
de la parole, il est assis et va de-ci de-là, fait son travail et
rentre chez lui. Mais quand le soleil est couché, ô Yâyñavalkya
et que la lune est couchée et que le feu est éteint et la voix
muette, qu'est-ce qui sert de lumière à l'homme ? Alors il se
sert à lui-même (Atman) de lumière; car à la lumière du soi,
il est assis et va de-ci de-là, fait son travail et rentre chez lui. »

L'association, étrange au premier abord, de bouche,
feu et parole se retrouve encore dans notre langage d'aujourd'hui: Les paroles sont « enflammantes » et « ardentes ».
Dans le langage de l'Ancien Testament, l'union de bouche
et feu est fréquente. Par exemple: Samuel II, 22, 9:
« Une fumée sortait de ses narines et un feu sortait de sa
bouche ». Isaïe 30, 27: (Le nom du Seigneur) « Ses lèvres
respirent la fureur et sa langue est comme un feu dévorant ».
Psaume 29, 7: « La voix de Jéhovah fait jaillir des flammes
de feu. » Jérémie, 23, 29: « Ma parole n'est-elle pas comme

---

[35] *Deussen: Sechzig Upanischads des Veda*, 3e éd., 1938, p. 16.

un feu, dit Jéhovah ? ». De la bouche des deux témoins prophétiques sort du feu, selon l'*Apocalypse* II, 5.

Toujours le feu est dit « dévorant », « mordant », ce qui montre la fonction de la bouche; *cf.* aussi Isaïe 9, 18: « Par le courroux de Jéhovah des armées, le pays est embrasé, le peuple est devenu la proie des flammes. » De même dans Ezéchiel 15, 4. On en trouve un bon exemple dans les Actes des Apôtres, 2, 3: « Et ils virent paraître comme des langues (γλῶσσαι) de feu qui se partagèrent et se posèrent sur chacun d'eux... et ils furent tous remplis du Saint-Esprit et ils se mirent à parler en d'autres langues (γλώσσαις)... » *(fig. 88)*. La γλῶσσα de feu provoque la glossolalie des apôtres. Dans un sens négatif, l'épître de saint Jacques 3, 6 dit: « La langue aussi est un feu, un monde d'iniquité. N'étant qu'un de nos membres, la langue est capable d'infecter tout le corps; elle enflamme le cours de notre vie, enflammée qu'elle est elle-même du feu de l'enfer. » De même dans les Proverbes (16, 27) il est dit du vaurien: « L'homme pervers prépare le malheur, et il a sur les lèvres comme un feu ardent. » Les dragons, les chevaux (Apoc. 9, 17) et le Léviathan (Job. 41, 10) crachent du feu *(fig. 62)*.

La relation bouche-langue et feu est donc sans équivoque. Il faut tenir compte du fait que les dictionnaires étymologiques citent un radical indogermanique bhâ dans le sens de luire, briller. Ce radical se trouve en grec: φάω, φαίνω, φάος, dans l'ancien irlandais bân = blanc, dans le nouveau haut allemand bohnen = rendre brillant. Le radical de même son, bhâ, signifie aussi parler; il se retrouve dans le sanscrit bhan = parler, arménien: ban = mot, dans le nouveau haut allemand Bann, bannen, dans le grec φᾰ-μί, ἔφαν, φᾶτις; lat. fa-ri, fâtum.

Le radical lâ, dans le sens de retentir, aboyer, se trouve dans le sanscrit *las lásati* = *retentir* et *las lásati, briller.*

Il semble que l'on retrouve une fusion archaïque des significations dans ces familles de mots égyptiennes qui dérivent du radical très voisin *ben* et *bel* et du redoublement *benben* et *belbel.* Le sens primitif de ces mots est: *jeter dehors, sortir, gonfler, faire sortir* (avec l'idée accessoire

de *jaillir*, *bouillonner* et *forme arrondie*). Belbel accompagné
du signe de l'obélisque signifie source de lumière. L'obélisque avait comme nom, à côté de teschenu et men,
benben, plus rarement *berber* et *belbel* [36]. Le radical indogermanique *vel*, dans le sens de wallen (feu), se trouve
dans le sanscrit *ulunka* = incendie, grec Fαλέα att. ἀλέα =

Fig. 88. *Les langues de feu du Saint-Esprit.*
Sculpture d'ivoire de Salerne.

Extrait de J. WILPERT: *Die römischen Mosaiken und Malereien der
kirchlichen Bauten vom IV. bis XIII. Jahrhundert*, T. II.
Fribourg-en-Brisgau 1917, fig. 433, p. 908.

chaleur solaire, gothique vulan = wallen, ancien haut
all. et all. moderne walm = chaleur ardente. Le radical
indogermanique apparenté velkô, dans le sens de *briller*,
embraser, se retrouve dans le sanscrit ulka = incendie, le
grec Fελχᾶνος = Vulcanus. Or, ce même radical *vel* signifie
aussi *retentir*; sanscrit vâni = bruit, *chant*, *musique*, en
tchèque volati = appeler. Le radical *svéno* = *retentir*,
sonner se trouve dans le sanscrit svan, svánati = bruire,
retentir; zend. qanañt, lat. sonare, anc. iran. senm, cam-
brien sain, lat. sonus, anglo-saxon svinsian = retentir. Le
radical apparenté svénos = bruit, son, se trouve dans le
védique svánas = bruit, lat. sonor, sonorus. Comme autre

[36] BRUGSCH: *Rel. u. Myth. der alten Aegypter*, 1891, p. 255 sq.
et *Das Aegyptische Wörterbuch*.

radical voisin nous avons svonós = ton, bruit, anc. iran. son = mot. Le radical *své(n)*, loc. *svéni*, dat. *sunéi* signifie *soleil* en zend.qeng = soleil (voir plus haut svéno, zend qanant) goth. sun-na, sunnô [37]. Bien que les étoiles ne soient perçues que par leur lumière, on parle cependant de la musique des sphères et de leur harmonie, comme le fit déjà Pythagore. On trouve cette même idée dans les vers de Gœthe:

« Le soleil, selon le rite antique,
Mêle sa voix au chœur harmonieux des sphères,
Et il achève sa carrière prescrite
A pas tonnants.   *(Faust*, I, 243)

Ecoutez, écoutez l'ouragan des Heures !
En une puissante harmonie, pour les oreilles de l'esprit
Est né déjà le jour nouveau.
Les portes de rocher grincent en bruissant
Le char de Phébus roule en crépitant,
Quel fracas la lumière apporte !
Fanfares de clairons, sonneries de trompettes
L'œil cligne ébloui et l'oreille s'étonne
L'inouï ne saurait être entendu.
Glissez donc vers les corolles des fleurs
Tout au fond, tout au fond pour nicher tranquilles
Dans les rochers sous la feuillée;
Si l'éclat vous atteint, vous voilà sourds. »
                                    (Faust, II, 4666-4678)

Nous ne devons pas non plus oublier ces vers de Hölderlin:

« Où es-tu ? Mon âme s'éveille ivre
De toute ta volupté; cependant je viens
d'entendre, comme rempli de sons dorés,

---

[37] Le mot allemand *Schwan* (cygne) doit être rangé ici, car lui aussi *chante* au moment de mourir. Cygne, aigle, phénix *(fig. 89)* apparaissent dans l'alchimie comme symboles voisins. Ils signifient soleil et en même temps: or philosophique. Cf. aussi les vers de HEINE:

« Le cygne chante sur l'étang
Et rame et va et vient
Et chantant de plus en plus bas
Plonge dans sa tombe aquatique. »

Fig. 89. *Phénix.*

Extrait du manuscrit: *Tractatus qui dicitur Thomae Aquinatis de Alchimia.*
Cod. Vossianus Chemicus Nr. 29 (vers 1520). Fol. 82 a.
Bibliothèque de l'Université, Leyde.

Le ravissant éphèbe solaire
Jouer son chant du soir sur une lyre céleste;
Et tout autour retentissent forêts et collines. »

Ces images renvoient au dieu solaire Apollon, que sa
lyre désigne comme musicien *(fig. 90)*. La confusion des
sens de retentir, parler, briller, feu, se traduit même physio-
logiquement dans le phénomène de l'audition colorée,
c'est-à-dire de la qualité acoustique des couleurs et de la
coloration des sons. On est donc contraint, en présence
de cette relation, de penser à l'existence d'une *identité
préconsciente*; autrement dit les deux phénomènes ont, en
dépit de leur complète différence réelle, quelque chose
de commun. Il s'agit là d'une communauté psychique et
même — et sans doute n'est-ce pas un hasard — des
deux découvertes les plus importantes qui distinguent
les hommes de tous les autres vivants: le langage et
l'utilisation du feu. Tous deux sont des produits de l'énergie
psychique, de la libido ou Mana, pour employer une notion
primitive. En sanscrit il existe un concept pour désigner
dans toute son ampleur l'état préconscient dont il est
question: c'est le mot *têjas*. Il signifie:

Fig. 90. *Apollon avec sa lyre s'envole sur le trépied ailé.*
D'après un vase du Musée étrusque. Cité du Vatican.

Extrait de G. PRAMPOLINI: *La mitologia nella vita dei popoli.*
Milan 1937, t. I, p. 332.

1° tranchant, coupant, fil;
2° feu, éclat, lumière, ardeur, chaleur;
3° mine florissante, beauté;
4° force ardente créatrice de couleur dans l'organisme
humain (supposé dans la bile);
5° force, énergie, force vitale;
6° Être violent, ardeur;
7° force spirituelle et *magique*; influence, apparence,
dignité;
8° sperme de l'homme.

Le mot têjas décrit donc l'état de fait psychologique
que désigne aussi le terme «libido». C'est l'*intensité*
subjectivement perçue des faits les plus divers. Tout ce
qui est fortement accentué, donc tous les contenus chargés
d'énergie ont donc une signification symbolique étendue.
Pour le langage, qui, de toute façon, exprime tout, cela
se comprend. Mais il n'est certainement pas superflu de
parler un peu du symbolisme du feu.

Le mot sanscrit pour feu est agnis (le latin ignis) [38];
le feu personnifié est le dieu Agni, le médiateur divin
(fig. 82 et 94) dont le symbole a quelques points communs
avec les idées chrétiennes.

Le nom iranien du feu est Nairyôçagha = *mot masculin*.
Hindou: Narâçamsa = désir des hommes [38*]. A propos
d'Agni, le feu, Max Müller dit dans son introduction à la
science comparée des religions:

« C'était pour l'Hindou une représentation courante de
considérer le feu sur l'autel en même temps comme sujet et
objet. Le feu consumait la victime et se trouvait ainsi l'égal du
prêtre, le feu portait le sacrifice aux dieux, et se trouvait être
ainsi l'intermédiaire entre les hommes et les dieux; mais le feu
représentait aussi quelque chose de divin en lui-même, un
dieu, et quand il s'agissait de rendre hommage à ce dieu,
il était à la fois sujet et objet du sacrifice. D'où la première idée
qu'Agni se sacrifiait lui-même, c'est-à-dire s'offrait à lui-même
son propre sacrifice, mais ensuite qu'il s'offrait lui-même en
sacrifice. »

La ressemblance entre cette suite d'idées et le symbole
chrétien est évidente. Krischna exprime cette même idée
dans la Bhagavad-Gîtâ b IV.

Tout est donc dieu !

Brahman est l'oblation, Brahman est l'offrande de nourriture, par Brahman elle est offerte dans le feu de Brahman,
Brahman est cela même qui doit être atteint par le samâdhi
(extase yoguique) dans l'action de Brahman. (Trad. de C. Rao
et J. Herbert.)

La conception qu'a la sage *Diotima*, dans le Symposion
de Platon, du messager et médiateur divin est certes
différente. Elle enseigne à Socrate qu'Eros a pour fonction: « de faire connaître et de transmettre aux dieux ce
qui vient des hommes et aux hommes ce qui vient des
dieux: les prières et les sacrifices des premiers, les injonc-

---

[38] En relation avec ag-ilis, mouvant. Voir M. MULLER: *Vorl.
über den Ursprung und die Entwicklung der Religion*, 1880, p. 237.

[38*] F. SPIEGEL: *Erânische Altertumskunde*, 1871-78, t. II, p. 49.

Fig. 91. *Eros.*
Amphore attique, vers 490-480 av. J.-C. D'après BEAZLEY:
Der Berliner Maler. Planche 10.

Extrait de J. LAYARD: *The Lady of the Hare.*
Londres 1944, fig. 19.

tions des seconds et leurs faveurs en échange des sacrifices;
et d'un autre côté, étant intermédiaire entre les uns et
les autres, ce qui est démoniaque en est complémentaire,
de façon à mettre tout en liaison avec lui-même ». *Diotima*
donne une parfaite description de l'amour: « Il est vaillant,
aventureux, tendant toutes ses forces *(fig. 91); chasseur
habile* (archer, v. plus loin) ourdissant sans cesse quelque

ruse; curieux de pensée et riche d'idées expédientes, passant toute sa vie à philosopher; habile comme sorcier, comme inventeur de philtres magiques, comme sophiste; de plus sa nature n'est ni d'un immortel, ni d'un mortel, mais le même jour tantôt, quand ses expédients ont réussi, il est en fleur, il a de la vie, tantôt, au contraire, il est mourant; puis derechef il revient à la vie grâce au naturel de son père (renaissance) tandis que d'autre part, coule de ses mains le fruit de ses expédients. » (Trad. Robin, p. 727.)

Dans l'Avesta et dans les Vedas, le feu est le messager des dieux. Dans la mythologie chrétienne certains détails se rapprochent beaucoup du mythe d'Agni. Le prophète Daniel (3, 91 sq.) *(fig. 92)* raconte l'histoire des trois hommes jetés dans la fournaise :

Fig. 92. *Les trois jeunes hommes dans le four.*

Relief de sarcophage.
Lat.-Mus., Rome.

Extrait de Th. EHRENSTEIN:
Das Alte Testament im Bilde, Vienne
1923, chap. XXXVII, fig. 6, p. 818

« Alors le roi Nabuchodonosor fut dans la stupeur et se leva précipitamment. Il prit la parole et dit à ses conseillers: « N'avons-nous pas jeté au milieu du feu trois hommes liés ? » Ils répondirent au roi: « Certainement, ô roi ». Il reprit et dit: « *Eh bien, moi, je vois quatre hommes sans liens marchant au milieu du feu et n'ayant aucun mal; l'esprit du quatrième est comme celui d'un fils des dieux.* »

A ce sujet la *Biblia pauperum* remarque (d'après l'édition de 1471):

« On lit dans le prophète Daniel III que Nabuchodonosor le roi de Babylone fit mettre trois enfants dans une fournaise ardente et lorsque le roi vint près de la fournaise et regarda dedans, alors il vit auprès du troisième un quatrième qui était

287

Fig. 93. *Estomac humain comme vase alchimique.*

Extrait de J. Bornit : *Emblematum ethico-politicorum sylloge prior*,
Heidelberg 1664. — Archives de la Revue Ciba, Bâle.

semblable au fils de Dieu. Les trois signifient pour nous la
sainte trinité de la personne et le quatrième l'unité de l'être.
Donc le Christ désigne dans son explication la trinité de la
personne et l'unité de l'être. »

Selon cette interprétation, la légende des trois hommes
dans la fournaise semble être un procédé magique
où un quatrième apparaît. La fournaise ardente (comme
le trépied ardent dans *Faust*) est un symbole maternel.
De ce dernier naissent Pâris et Hélène, couple royal de
l'alchimie; dans le premier, selon la tradition populaire,
on cuit les enfants. L'athanor des alchimistes, le fourneau
à fondre représente le corps, tandis que l'alambic ou la
cucurbite, le vase Hermetis, représentent l'utérus *(fig. 93)*.
Le quatrième dans la fournaise apparaît comme un fils
de dieu, devenu visible dans le feu [39]. Jahvé lui-même
est feu. Du sauveur d'Israël il est dit (Isaïe, 16-17): « Et
la lumière d'Israël deviendra feu et son saint, *flamme.* »
Dans un hymne du Syrien Ephraïm on dit de Jésus-Christ:

[39] Les alchimistes se sont aussi occupés de cette histoire et ont
vu dans le quatrième le filius philosophorum. Cf. *Psychologie und
Alchemie*, 1944, p. 472 sq.

Fig. 94. *Agni, dieu du feu, sur le bélier.*
Extrait de H. L. GRAY et J. A. MACCULLOCH: *The Mythology of all Races.*
Boston 1917, t. VI. fig. 1, p. 42.

« Toi, qui es tout feu, aie pitié de moi. » Cette idée repose
sur cette parole (apocryphe) du Seigneur: « Qui est près
de moi est près du feu. »

Agni est la flamme du sacrifice, *sacrificateur et victime (fig. 94)*. De même que le Christ laissa dans le vin
comme φάρμακον άθανασίας (philtre d'immortalité) son sang
rédempteur, de même Agni est aussi le *Soma*, breuvage
sacré d'exaltation, nectar d'immortalité [40]. Soma et feu
sont considérés comme identiques dans la littérature
védique. Les anciens Hindous voyaient dans le feu un
symbole de l'énergie toute-puissante du dieu, donc une
image intérieure. Ils reconnaissaient de même dans la
boisson enivrante (eau de feu, soma-Agni: pluie et feu)
le même dynamisme psychique. La définition védique du
soma: éjaculation [41], confirme cette idée. Le sens de soma
donné à Agni est l'analogue de l'idée chrétienne du sang
eucharistique conçu comme corps de Jésus.

---

[40] Cet aspect d'Agni rappelle Dionysos qui a de grandes ressemblances tant avec la mythologie chrétienne qu'avec la mythologie
hindoue.

[41] « Or tout ce qui au monde est humide, il le créa par l'éjaculation
(jet de sperme), or ce dernier est soma. » *Brhadâranyaka* (1, 4),
DEUSSEN.

Fig. 95. *Le barattage de la mer de lait.*
D'après un tableau hindou du Musée Guimet, Paris.

Extrait de la *Mythologie asiatique*, publiée par la Librairie de France.
Paris 1928, p. 68.

Le Soma aussi est la « boisson nourrissante ». Ses caractéristiques mythologiques concordent avec celles du feu: c'est pourquoi tous deux sont réunis en Agni. De même le breuvage d'immortalité (Amrta) est fait au moulinet par les dieux hindous, comme le feu *(fig. 95)*.

Dans les explications données jusqu'ici et qui avaient pour point de départ le pramantha du sacrifice d'Agni, nous ne nous sommes occupé que d'un seul sens du mot manthâni ou mathnâmi: celui qui exprime le geste de *frotter*. Mais comme le montre Kuhn, ce mot a aussi le sens d'*arracher, attirer à soi, ravir* [42]. D'après lui, ce sens existe déjà dans les textes védiques. La légende de la découverte considère toujours la production du feu comme un *rapt* (il fait donc partie du *motif du bijou difficile à atteindre*, répandu sur toute la terre) *(fig. 244)*. A bien des endroits, la préparation du feu est quelque chose de défendu, d'usurpé ou de punissable que l'on ne peut faire que par ruse ou violence (le plus souvent par ruse) [43]. Les prescriptions rituelles des Hindous menacent d'une grave punition qui ne prépare pas le feu selon les rites. Dans l'Eglise catholique, il était autrefois d'usage de préparer un nouveau feu à Pâques. Par conséquent la préparation du feu fait aussi partie du mystère rituel en Occident, ce qui confirme son caractère symbolique, c'est-à-dire aux multiples sens. Il faut que les règles de l'acte rituel soient minutieusement observées pour qu'elles aient l'efficacité magique désirée. Le rite a le plus souvent un sens protecteur, apotropéique et son exécution ou son emploi incorrects peuvent provoquer le danger que le rite a précisément pour rôle d'écarter. Langage aussi bien que production du feu signifièrent un jour triomphe sur l'inconscience animale et furent, à partir de là, les plus puissants procédés magiques pour dominer les puissances « démoniaques » toujours menaçantes de l'inconscient. Ces deux activités de la libido exigeaient de l'attention, c'est-à-dire concentration et discipline de la libido et rendaient possible un développement ultérieur de la conscience. L'exécution et l'utilisation incorrectes du rite, au contraire, provoquaient un mouvement rétrograde de la libido, autrement dit une régression, par laquelle l'état ancien, instinctif et incons-

---

[42] La question est de savoir si ce sens ne s'est développé qu'en second lieu. D'après Kuhn, il semble que ce soit admis; il dit (Herabkunft des Feuers, *Mythol. Studien*, I, 1886, p. 18): « A côté du sens du radical manth développé jusqu'ici, s'est développée aussi, déjà dans les védas, la représentation d'arracher, etc., qui découle naturellement du procédé. »

[43] Exemples in Frobenius: *Das Zeitalter des Sonnengottes*, 1904.

cient, menaçait de se reproduire. Le danger consiste en ces « perils of the soul » bien connus, à savoir la « scission de la personnalité » (perte d'une âme) et l'abaissement de la conscience, qui ont l'un et l'autre pour conséquence un renforcement automatique de l'inconscient. Les conséséquences de cette sorte ne sont pas un grand danger spirituel pour le seul primitif; elles déclenchent aussi, chez l'homme dit civilisé, des troubles psychiques: états de possession et épidémies psychiques.

Le reflux de la libido augmente l'instinctivité, animant aussi toutes les possibilités et tendances qui conduisent aux excès et aux aberrations des genres les plus divers. Parmi eux, comme on doit s'y attendre et comme l'expérience le montre, les troubles sexuels sont très fréquents. On en a un exemple particulièrement instructif dans la psychologie de l'incendiaire: l'incendie volontaire est réellement une « production régressive du feu » et se combine en même temps dans certains cas avec la masturbation. H. Schmid rapporte le cas suivant [44]: un valet de ferme imbécile provoqua plusieurs incendies. Lors de l'un d'eux, il éveilla les soupçons par son attitude pendant le feu: il avait les mains dans les poches de son pantalon et se tenait à l'entrée d'une maison située en face, regardant l'incendie d'un air réjoui. Par la suite, durant l'instruction, il avoua qu'il se masturbait chaque fois qu'il prenait plaisir à un incendie qu'il avait allumé.

La préparation du feu est une coutume pratiquée durant de nombreux siècles en tous lieux; elle n'eut probablement bientôt plus rien de mystérieux. Mais une tendance subsista cependant toujours à préparer de temps en temps du feu par une sorte de cérémonial mystérieux (analogue aux repas rituels), qu'il fallait accomplir exactement, selon des prescriptions dont personne ne devait s'écarter. Ce rite rappelle le caractère sacré originel de la préparation du feu. L'anamnèse de cette préparation est sur le même plan que le souvenir des ancêtres au stade primitif et celui des

[44] Hans Schmid: *Zur Psychologie des Brandstifters. Psychol. Abhandlungen*, publiées par C. G. Jung: t. I, 1914, p. 80.

Fig. 96. *Les bœufs de Géryon.*
Coupe attique dessinée en noir, du peintre Euphronius.
Vers 510 av. J.-C. Glyptothèque, Munich.

dieux au stade civilisé. Du point de vue psychologique,
la cérémonie a la valeur d'une institution significative
puisqu'elle représente la procédure exactement circonscrite
d'un transfert de libido. Cette représentation a la valeur
fonctionnelle d'un paradigme: il s'agit de montrer comment il faudrait procéder en cas de reflux de la libido. Ce
que nous désignons ainsi est pour le primitif un fait immédiatement saisi: la vie ne se déroule plus, les choses ont
perdu leur éclat; plantes, animaux et humains ne pros-
pèrent plus. La vieille philosophie chinoise du I Ging [45] a
trouvé pour cela des images claires: l'homme moderne
éprouve dans ce cas un arrêt (« I am stuck »), une diminution de sa joie de vivre et de son énergie (« ma libido a
disparu ») ou une dépression. Il n'est pas rare que l'on
doive attirer sur ce fait l'attention du malade parce que
l'introspection de l'homme civilisé d'aujourd'hui laisse
trop souvent tout à désirer. Si, dans le rite pascal de nos

---

[45] Ouvrage traduit du chinois en allemand et commenté par
Richard Wilhelm, Ed. Diederichs, Iena. Il existe une édition en
langue française: « Le Yih-King, livre des mutations » traduit par
C. de Harlez, Bruxelles, 1889.

jours, on allume encore le feu nouveau, c'est pour rappeler la signification rédemptrice et salvatrice de l'antique creusage du feu. Ainsi, l'homme a arraché ou *ravi* à la nature un secret (rapt du feu par Prométhée !). Il s'est permis, pourrait-on dire, une atteinte illégale à la nature et a incorporé à sa conscience une partie de l'inconscience primitive. Il s'est approprié, par une sorte de vol, quelque chose de précieux, portant ainsi atteinte au domaine des dieux. Quand on connaît la peur qu'éprouve le primitif en présence d'innovations imprévisibles, on peut aisément se représenter quelle est son incertitude et quelle est sa mauvaise conscience en présence de cette découverte. Le résidu de cette lointaine expérience est sans doute conservé dans le motif du *rapt* (rapt des bœufs du soleil *(fig. 96)*, des pommes du jardin des Hespérides, de l'herbe de vie). Dans le culte de Diane d'Aricie, celui-là seul pouvait devenir prêtre qui avait l'audace de *couper* des branches dans le bois sacré de la déesse.

Fig. 97. *Les trois premiers travaux d'Hercule.*
D'après un relief de sarcophage dessiné par Gori
(*Inscriptiones antiquae graecae et romanae*).

Extrait de C. ROBERT: *Die antiken Sarkophag-Reliefs.* t. III, 1ʳᵉ part.
Berlin 1897, table XXXIX, fig. 128 (en partie).

IV

LA NAISSANCE DU HÉROS

Le plus noble de tous les symboles de la libido est la
figure humaine, démon ou héros. Avec elle la symbolique
quitte le domaine neutre, qui est celui de l'image astrale
et météorique, pour prendre forme humaine, donc la
figure de l'être qui passe de la souffrance à la joie et de la
joie à la souffrance, qui tantôt, tel le soleil, se tient au
zénith, tantôt est plongé dans la noire nuit et renaît de
cette nuit même pour un nouvel éclat [1]. De même que le
soleil, dans un mouvement et par une loi interne qui lui
sont propres, s'élève du matin jusqu'au midi, franchit le
midi et se tourne vers le soir, laissant derrière lui son éclat
pour descendre ensuite dans la nuit qui enveloppe tout;

---

[1] De là sans doute le beau nom du héros solaire Gilgamesh:
« homme souffrant et joyeux » (*cf. fig. 215*); cf. JENSEN: *Gilgamesch
Epos.* 1906.

de même, selon des lois inéluctables, l'homme va son chemin, et une fois son cours achevé, s'enfonce dans la nuit pour renaître au matin dans ses enfants, et accomplir une nouvelle révolution. Le passage symbolique du soleil à l'homme est facile à réaliser. C'est aussi cette voie que prend la troisième et dernière création de miss Miller. Elle appelle ce morceau: «Chiwantopel, drame hypnagogique». Voici ce qu'elle raconte sur la création de cette fantaisie:

«Après une soirée de trouble et d'angoisse, je suis venue me coucher à 11 h. et demie. Je me sentais agitée, incapable de dormir quoique très fatiguée. J'avais l'impression d'être dans un état réceptif. Pas de lumière dans la chambre. Je fermai les yeux et eus le sentiment d'être dans l'attente de quelque chose qui allait se produire. Puis j'éprouvai une grande détente, et je restai aussi passive que possible. Des lignes, des étincelles et des spirales de feu m'ont passé devant les yeux, symptômes de nervosité et de fatigue oculaire, suivies d'une revue kaléidoscopique, par fragments, d'incidents triviaux et récents.»

Le lecteur déplorera avec moi de ne pouvoir connaître ce qu'était l'objet de ses soucis et de ses angoisses. Il aurait été important pour la suite d'être renseigné à ce sujet. Cette lacune dans notre savoir est d'autant plus regrettable que depuis le premier poème (1898) jusqu'à la fantaisie à étudier maintenant (1902) quatre années se sont écoulées. Sur l'intervalle, durant lequel il est certain que le problème n'a pas sommeillé dans l'inconscient, nous n'avons pas le moindre renseignement. Peut-être cette lacune a-t-elle cependant son bon côté, en ce sens que notre intérêt n'est pas détourné de l'importance générale de la fantaisie en gestation par une participation intéressée au destin personnel de l'auteur. Ainsi tombe ce qui souvent empêche le médecin, dans son travail quotidien, d'élever son regard au-dessus des pénibles fatigues de détail pour atteindre les vastes enchaînements par lesquels tout conflit névrotique se rattache à l'ensemble de la destinée humaine.

L'état que nous décrit ici notre rêveuse correspond à celui qui précède d'ordinaire le somnambulisme voulu, celui donc que décrivent souvent des médiums spirites [2]. Sans doute faut-il admettre un certain penchant à écouter les voix discrètes de la nuit, autrement ces sortes d'événements délicats et à peine sensibles passent inaperçus. Dans cette écoute, nous reconnaissons un courant de libido vers l'intérieur, qui commence à s'écouler vers un but mystérieux encore invisible. On dirait qu'elle a soudain découvert dans les profondeurs de l'inconscient un objet qui l'attire puissamment. Parce qu'elle est tournée vers l'extérieur, la vie humaine ne permet pas d'ordinaire de telles introversions; il faut admettre déjà, pour qu'elles se produisent, un certain état d'exception, par exemple un manque d'objets extérieurs, qui contraint l'individu à chercher en son âme de quoi les remplacer. Evidemment, il est difficile de croire que ce monde si riche puisse être pauvre au point de ne pouvoir offrir un objet à l'amour d'un être humain. Il offre à chacun un espace infini. C'est bien plutôt l'incapacité d'aimer, qui enlève à l'homme ses possibilités. Notre monde n'est vide que pour qui ne sait pas diriger sa libido sur les choses et les hommes et se les rendre vivants et beaux. Donc, ce qui nous contraint à créer de nous-mêmes un substitut, ce n'est pas le manque extérieur d'objets, c'est notre incapacité de saisir avec amour une chose hors de nous. Certes, les difficultés des conditions d'existence, les contrariétés de la lutte pour la vie nous accableront, mais, d'autre part des situations extérieurement pénibles ne contrarieront pas l'amour; au contraire; elles peuvent nous éperonner pour de plus grands efforts. Jamais de réelles difficultés ne pourront contraindre la libido à reculer durablement au point qu'il en puisse naître une névrose par exemple. Il y manque le conflit, condition de la névrose. La résistance qu'oppose au vouloir son non-vouloir peut seule produire la régression qui deviendra le point de départ d'un trouble psychogène. La résistance à l'amour

[2] Cf. les recherches de H. SILBERER: *Jahrbuch*, t. I., p. 513 sq.

engendre l'incapacité d'aimer, ou bien cette incapacité même agit comme résistance. La libido ressemble à un fleuve continu qui déverse largement ses eaux dans le monde du réel; de même considérée dynamiquement, la résistance ne ressemble pas à un rocher se dressant dans le lit du fleuve et que submerge ou-entoure le flot; elle ressemble à un reflux qui repousse les eaux vers la source au lieu de les laisser couler vers l'embouchure. Une partie de l'âme désire sans doute l'objet extérieur; mais une autre voudrait revenir en arrière vers le monde subjectif où lui font signe les palais aériens aisément construits par la fantaisie. Cette scission du vouloir humain, que Bleuler a désignée du point de vue psychiatrique par le concept d'*ambitendance*[3], on pourrait supposer qu'elle est toujours et partout présente, et se souvenir que même la plus primitive des impulsions motrices est déjà antithétique, puisque, par exemple, dans l'acte d'extension les muscles fléchisseurs sont également innervés; mais cette ambitendance normale n'aboutit jamais à rendre difficile, ni à entraver l'acte intentionné; elle est au contraire la condition indispensable de sa coordination et de sa perfection. Pour que de l'harmonie de cette opposition finement réglée naisse une résistance qui troublerait l'action, il faudrait un plus ou un moins anormal d'un côté ou de l'autre. C'est de ce tiers intervenant que provient la résistance. Cela est vrai également de la scission du vouloir qui causa à l'homme tant de difficultés. C'est seulement le tiers anormal qui sépare les *couples d'opposés* étroitement liés dans le normal et les manifeste sous forme de tendances séparées; ainsi elles deviennent le vouloir et le non-vouloir[4] qui se barrent réciproquement la route. L'harmonie devient alors disharmonie. Ce n'est pas à moi de rechercher ici d'où provient ce tiers inconnu ni quel il est. Freud voit le « complexe central » dans le problème de l'inceste, car

---

[3] Voir BLEULER: *Psychiatr.-neurol. Wochenschrift*, XII. Jg., n° 18 à 21.

[4] Voir les avertissements de Krishna au chancelant Arjuna dans la Bhagavad-Gîtâ: « But thou, be free of the pairs of opposites! » (Mais vous, libérez-vous des couples d'opposés.) T. II.

la libido en régression vers les parents produit non seulement des symboles mais aussi des symptômes et des situations que l'on ne peut considérer que comme incestueux. De cette source proviennent tous les rapports incestueux dont fourmille la mythologie. La facilité de cette régression semble venir de l'*inertie* si importante de la libido qui ne veut abandonner aucun objet du passé et voudrait au contraire les conserver pour toujours. La « marche sacrilège en arrière » dont parle Nietzsche, une fois débarrassée de son enveloppe incestueuse, se dévoile être une fixation originelle passive de la libido aux premiers objets de l'enfance. Cette inertie, de son côté, est aussi une passion, comme l'explique La Rochefoucauld : [5]

« De toutes les passions, celle qui est la plus inconnue à nous-mêmes, c'est la paresse; elle est la plus ardente et la plus maligne de toutes, quoique sa violence soit insensible, et que les dommages qu'elle cause soient très cachés: si nous considérons attentivement son pouvoir, nous verrons qu'elle se rend en toutes rencontres maîtresse de nos sentiments, de nos intérêts et de nos plaisirs: c'est la rémore qui a la force d'arrêter les plus grands vaisseaux, c'est une bonace plus dangereuse aux plus importantes affaires que les écueils et que les plus grandes tempêtes. Le repos de la paresse est un charme secret de l'âme qui suspend soudainement les plus ardentes poursuites et les plus opiniâtres résolutions. Pour donner enfin la véritable idée de cette passion il faut dire que la paresse est comme une béatitude de l'âme, qui la console de toutes ses pertes et qui lui tient lieu de tous ses biens. »

C'est cette passion dangereuse qui apparaît sous le masque scabreux de l'inceste. Elle vient à nous sous la figure de la mère redoutable [6] *(fig. 98 et aussi 157)*. Elle est la génératrice d'une infinité de maux, dont les troubles névrotiques ne sont pas les seuls. Car c'est tout particulièrement des valeurs des résidus libidineux fixés que se dégagent ces dangereux brouillards de la fantaisie qui voilent la réalité au point de rendre l'adaptation impos-

---

[5] *Pensées*, LIV.
[6] Cf. le chapitre suivant.

Fig. 98. *Le dragon et la mère terrible.*
Bas-relief de la cathédrale de Bamberg.
Collection de l'auteur.

sible. Mais nous n'avons pas à rechercher ici les fondements
des fantaisies incestueuses; nous nous contenterons de
cette allusion provisoire au problème dé l'inceste. La seule
question dont nous ayons à nous occuper est celle de
savoir si la résistance qui conduit notre auteur à la régression est, ou non, l'indice d'une difficulté extérieure consciente. S'il s'agissait d'une difficulté extérieure, il y aurait
certes un refoulement de libido; il aboutirait à des fantaisies qu'on ne pourrait mieux désigner que par le nom
de *plans:* des plans pour savoir comment surmonter
l'obstacle. Ce seraient des représentations cherchant à se
frayer en jouant des voies de solution. Peut-être serait-ce
un effort de réflexion, conduisant à tout autre chose qu'à
un drame hypnagogique. L'état passif décrit plus haut ne
convient absolument pas à un obstacle extérieur réel;
sa soumission indique au contraire une tendance qui
repousse les solutions réelles et leur préfère un substitut
fantaisiste. Par conséquent il doit finalement s'agir essen-

tiellement d'un conflit intérieur, un peu du genre des impressions de jadis qui ont conduit aux deux premières créations inconscientes. Nous sommes par conséquent contraints de conclure que l'objet extérieur ne *peut* pas être aimé parce qu'une masse plus grande de libido préfère un objet intérieur qui monte des profondeurs de l'inconscient pour prendre la place de la réalité défaillante.

Les phénomènes visionnaires de la première phase d'introversion se rangent parmi les manifestations bien connues [7] des visions hypnagogiques (ce qu'on appelle phénomènes entoptiques de l'œil). Ils forment le fondement des visions proprement dites, des autoperceptions de la libido sous forme de symboles, comme nous pouvons dire aujourd'hui.

Miss Miller continue:

« Puis l'impression qu'il y a quelque chose qui est sur le point de m'être communiqué. Il me semble que ces mots se répètent en moi: « Parle, Seigneur, car ta servante écoute. Ouvre toi-même mes oreilles. »

Ce passage décrit très clairement l'intention: l'expression « communiqué » est même un terme courant dans les cercles spirites. Les paroles bibliques contiennent une invocation ou « prière », c'est-à-dire un *désir* tourné vers la divinité *(fig. 26)*, une concentration de la libido sur le personnage divin. La prière concerne le passage (Samuel I. 3, I) où Samuel, durant la nuit, appelé trois fois par Dieu, croit que c'est Elie qui l'a appelé, jusqu'à ce qu'Elie lui apprenne que c'est Dieu qui l'appelle et lui dise que s'il entend encore son nom, il devra répondre: « Parlez, car votre serviteur écoute. » En fait, notre rêveuse utilise cette parole dans le sens inverse, puisque de cette façon elle conduit ses désirs, sa libido, dans les profondeurs de l'inconscient.

Nous savons que si les individus sont fort distincts les uns des autres par la diversité des contenus de leur cons-

---

[7] Cf. Joh. MÜLLER: *Uber die phantastischen Gesichtserscheinungen*, 1826.

cience, ils sont d'autant plus semblables quand on les considère du point de vue de l'inconscient. Le psychothérapeute est profondément impressionné quand il aperçoit l'uniformité que présentent les images inconscientes, en dépit de toute leur richesse. La diversité n'apparaît que par suite de l'individuation. C'est là ce qui donne à toute une partie essentielle de la philosophie de *Schopenhauer*, *Carus*, *Hartmann* une profonde signification psychologique. Le fondement psychique de ces idées est l'évidente uniformité de l'inconscient. Celui-ci est composé entre autres des « restes » de la psyché archaïque non différenciée, y compris les stades antérieurs animaux. Les réactions et produits de la psyché animale sont d'une uniformité et d'une fixité très généralement répandues que nous ne pouvons, semble-t-il, redécouvrir que partiellement chez l'homme. Car l'homme nous paraît plus individuel que l'animal. Ce pourrait, il est vrai, être aussi une illusion, car nous avons une tendance opportune à ne voir guère que la diversité des choses qui nous intéressent. L'adaptation psychologique, impossible sans une minutieuse différenciation des impressions, nous l'impose. En présence de cette tendance, nous avons même énormément de peine à saisir dans leurs relations générales les objets dont nous nous servons quotidiennement. Cela nous est beaucoup plus facile pour les objets plus éloignés. Par exemple, un Européen est d'abord incapable de distinguer les visages dans une foule populaire chinoise; et pourtant les visages chinois ont leur individualité, comme les visages européens; mais ce qu'il y a de commun dans leur forme inhabituelle frappe beaucoup plus l'étranger que leur diversité individuelle. Mais si nous vivons parmi les Chinois, l'impression d'uniformité disparaît de plus en plus et finalement ils sont pour nous aussi des individus. L'individualité appartient à ces réalités conditionnées que l'on surestime à cause de leur importance pratique. Elle ne fait pas partie de ces réalités générales dont la clarté écrasante s'impose et sur lesquelles une science peut dès l'abord se fonder. Le contenu de la conscience individuelle est donc l'objet le plus désavantageux qu'on puisse imaginer pour la psychologie, précisément parce qu'il a différencié, jusqu'à le rendre méconnaissable, ce qu'il y a de général. L'essence des processus conscients, c'est évidemment le processus adaptatif qui se déroule dans de minutieux détails. Au contraire, l'inconscient, c'est le général, ce qui relie les individus non seulement entre eux pour faire un peuple, mais aussi, loin en arrière, aux hommes du passé et à leur psychologie. Donc, dans sa généralité [8] dépassant l'individu, l'inconscient est en tout premier lieu l'objet d'une psychologie réelle qui a la prétention de n'être pas une *psychophysique*.

En tant qu'individu, l'homme est un phénomène suspect dont on pourrait, d'un point de vue biologique, contester le droit à l'existence, puisque ainsi considéré, il n'a de sens que comme être collectif, ou comme partie d'une masse. Or le point de vue culturel accorde à l'homme une valeur qui le sépare de la masse et qui, au cours des millénaires, a abouti à former la personnalité en même temps que se développait parallèlement le culte du héros. La tentative faite par la théologie rationnelle pour maintenir le Jésus personnel comme reste dernier et précieux de la divinité qui s'évanouit dans le non-représentable, correspond à cette tendance. A ce point de vue, l'Eglise catholique s'est mieux adaptée puisque, répondant au besoin général, elle a su aller au-devant du héros visible en légitimant sur terre un substitut sacerdotal. La perception sensible d'un personnage religieux soutient en un certain sens la transition de la libido vers le symbole, étant admis que la vénération ne s'en tiendra point à l'objet sensible. Cependant, même dans ce dernier cas, elle reste au moins accrochée à la figure humaine de remplacement et est privée de sa forme originelle première, même quand elle n'a pas atteint la figure symbolique à laquelle elle tend. Ce besoin d'une réalité évidente s'est maintenu secrètement dans une certaine théologie protestante personnelle avec son Jésus qu'elle veut absolument historique. Ce qui ne

---

[8] Dans mes œuvres ultérieures je parle, à cause de cela, d'inconscient collectif.

veut pas dire que les hommes aiment le dieu *visible*; ils ne l'aiment pas tel qu'il apparaît, c'est-à-dire comme homme; car si les hommes pieux voulaient aimer un homme, ils n'auraient qu'à se tourner vers leurs voisins ou leurs ennemis. La figure religieuse ne peut être homme simplement, car elle doit représenter ce qu'elle est en fait, l'ensemble des images primordiales qui, partout et en tous les temps, expriment « ce qui agit avec une puissance extraordinaire ». Ce n'est pas du tout l'homme que l'on cherche dans la forme humaine visible, mais le surhomme, le héros ou le dieu, l'entité *analogue à l'homme* qui traduit les idées, formes et forces qui s'emparent de l'âme et la façonnent. Pour l'expérience psychologique, ce sont les contenus archétypiques de l'inconscient (collectif), restes, semblables en tous les hommes, de l'humanité immémoriale, bien commun qui subsiste après toutes les différenciations et les développements progressifs et donné à tous les hommes comme la lumière du soleil et l'air. En aimant ce patrimoine, ils aiment ce qui est commun à tous; ils retournent ainsi vers la mère des hommes, la psyché, qui fut bien avant qu'il y eût une conscience, et ils retrouvent de cette façon un peu de cette relation et de cette force mystérieuses et irrésistibles que d'ordinaire donne le sentiment de cohésion avec le tout. C'est le problème d'Antée qui conserve sa force de géant par le simple contact de la terre maternelle. Ce retour temporaire en soi-même semble, dans certaines limites, avoir un effet favorable sur l'état psychique de l'individu. En général, il faut s'attendre à ce que les deux mécanismes fondamentaux de la psyché, l'extraversion et l'introversion, soient dans une large mesure les modes de réaction normaux et bien adaptés contre les complexes; l'extraversion, un moyen de fuir le complexe en se réfugiant dans la réalité; l'introversion, un moyen de se débarrasser, grâce au complexe, de la réalité extérieure.

Le récit de Samuel (I. 3; I) montre comment la libido est dirigée vers l'intérieur: l'invocation exprime l'introversion et l'attente certaine que Dieu parlera, déplace l'activité de la conscience sur l'entité constellée par l'invocation et qui, à notre entendement empirique, se dévoile être une image primordiale. L'expérience a constaté cette particularité de tous les contenus archétypiques de posséder une certaine autonomie, puisque d'une part ils apparaissent spontanément et que, d'autre part, ils peuvent exercer une certaine contrainte, parfois même une contrainte insurmontable. (Ici, je dois renvoyer mes lecteurs à mes travaux ultérieurs.) L'espoir que « Dieu » puisse assumer l'activité et la spontanéité de la conscience n'a donc en soi rien d'insensé puisque les images primordiales sont parfaitement capables de ce travail.

Maintenant que nous nous sommes renseigné sur les intentions générales de la prière, nous sommes armé pour saisir la suite des visions de notre rêveuse: après la prière apparaît une « tête de sphinx... avec un décor égyptien », pour s'effacer rapidement. Ici la rêveuse fut interrompue et s'éveilla pour un instant. La vision rappelle la fantaisie de la statue égyptienne du début *(fig. 11)* dont le geste figé est tout à fait à sa place ici comme phénomène de ce qu'on appelle *catégorie fonctionnelle* (Silberer). Les stades de légère hypnose portent le nom technique d'engourdissement. Le mot « sphinx » éveille l'idée d'énigme; un être énigmatique qui pose aussi des énigmes, comme le sphinx d'Œdipe *(fig. 2)* et qui se tient au début d'une destinée comme annonce symbolique de l'inéluctable. Le sphinx est une représentation mithériomorphe de l'imago maternelle que l'on peut appeler la « mère terrible » *(fig. 102)*; on en trouve encore de nombreuses traces dans la mythologie. On m'objectera que rien en dehors du mot « sphinx » ne peut justifier l'allusion au sphinx d'Œdipe. Vu le manque de contexte, toute interprétation individuelle est évidemment exclue. L'indication d'une « fantaisie égyptienne » (1re part., chap. 3) est trop insuffisante pour que nous puissions l'utiliser ici. C'est pourquoi nous sommes contraint — si toutefois nous voulons tenter de comprendre cette vision — de nous tourner, peut-être un peu trop audacieusement, vers les matériaux que nous fournit l'histoire des peuples, en supposant que l'inconscient crée ses symboles, aujourd'hui encore, comme il le fit dans le passé le plus lointain. Pour ce qui concerne le sphinx, je renvoie d'abord aux développements de la première partie où il était question de la représentation thériomorphe de la libido *(fig. 9 et 24)*. Le médecin connaît fort bien ce mode de représentation grâce aux rêves et aux fantaisies de ses malades. Volontiers on y représente la tendance par un taureau, un cheval, un chien, etc. Un de mes malades, qui avait avec les femmes des rapports fâcheux et qui vint au traitement rempli de la crainte que je ne lui interdise ces aventures, rêva que moi (son médecin) je piquais très habilement au mur un étrange animal, mi-porc, mi-crocodile. Les rêves fourmillent de telles représentations thériomorphes de la libido. Les êtres mixtes comme ceux de ce rêve ne sont pas rares non plus. Bertschinger [9] nous a donné une série d'exemples où, en particulier, la partie inférieure (animale) est représentée thériomorphiquement. La libido ainsi figurée est l'instinctivité « animale » [10] à l'état de refoulement. Dans le cas présenté, on se demande, il est vrai, avec quelque étonnement, d'où un tel homme tire son refoulement puisqu'en fait il vit au maximum ses tendances. Mais la sexualité n'est pas la seule tendance et l'on ne peut identifier tout uniment instinctivité et sexualité. Il est donc fort possible que mon malade, avec son absence marquée de refoulement sexuel, lèse précisément son instinct. Son rêve traduit un peu trop directement, pour ne pas être suspect, la crainte que je ne lui impose certaines interdictions en tant que médecin. Les rêves qui répètent avec trop d'insistance la réalité, ou insistent trop nettement sur une réalité anticipée, utilisent le contenu conscient comme moyen d'expression. Son rêve exprime donc une projection : il projette sur le médecin la mise à mort de l'animal, c'est-à-dire

---

[9] Bertschinger: *Illustrierte Halluzinationen*. Jahrb. V. III, p. 69 sq.

[10] Au moyen âge, le sphinx passait pour l'emblème « de la volupté » *(fig. 99)* : Andreas Alciatus (*Emblema Patavii*, 1661), p. 801) dit : « il signifie « corporis voluptas, primo quidem aspectu blandies sed asperrima, tristisque, postquam gustaveris. De qua sic... meretricius ardor   Egregiis iuvenes sevocat a studiis ».

Fig. 99. *Sphinx comme symbole de la volupté.*
Emblema CLXXXVIII de A. ALCIATI: *Emblemata cum Commentariis.*
Padoue 1661.

que cela lui paraît ainsi parce qu'il ignore que c'est lui-même qui lèse son instinct. L'instrument pointu indique d'ordinaire l'épingle avec laquelle le savant pique et classe le scarabée. Il a des idées « modernes » sur la sexualité et ignore qu'existe en lui la crainte que je puisse lui enlever les idées qui lui sont chères. Il a raison de redouter cette éventualité, car si elle ne se trouvait pas déjà en lui, il n'aurait sans doute pas eu ce rêve. Les symboles thériomorphes concernent toujours des manifestations *inconscientes* de la libido.

L'inconscience des élans instinctifs repose sur deux sortes de fondements : l'un est l'inconscience générale dont ils participent tous plus ou moins ; l'autre est une inconscience secondaire, résultant du refoulement de contenus incompatibles. Ce phénomène n'est pas cause, mais déjà symptôme d'une attitude névrotique qui préfère ne pas s'arrêter à certaines réalités désagréables et ne craint pas d'échanger toute une chaîne de phénomènes morbides contre un petit avantage momentané.

Le refoulement, nous l'avons vu, ne concerne pas toujours la sexualité, mais d'une façon générale les instincts. Ces derniers sont les fondements vitaux, les lois de la vie. La régression déclenchée par refoulement de l'instinct ramène toujours au passé psychique et aussi par conséquent à la phase de l'enfance où les puissances prépondérantes étaient en apparence et, pour une part aussi, réellement les parents. Cependant, en même temps qu'eux, les impulsions des instincts innés de l'enfant jouent un certain rôle; on le voit en ce que les parents n'ont pas une influence égale sur leurs divers enfants; ce qui veut dire que les enfants réagissent différemment à leurs parents. Ils ont par conséquent des déterminantes individuelles. La conscience enfantine qui est vide doit naturellement croire que toutes les actions déterminantes viennent de l'extérieur. Les enfants sont incapables de distinguer leurs propres instincts de l'influence de la volonté de leurs parents. Et cette incapacité propre à l'état d'enfant de faire la distinction est cause que les *animaux* qui représentent les instincts sont en même temps des *attributs des parents* qui apparaissent alors sous forme animale, le père comme taureau *(fig. 100)*, la mère comme vache, etc. [11] *(fig. 211)*.

La régression continue-t-elle au delà de la phase de l'enfance, c'est-à-dire jusqu'à la phase préconsciente (« prénatale »)? alors ce sont des images archétypiques qui apparaissent, non plus liées aux souvenirs individuels, mais appartenant au trésor de *possibilités représentatives* héritées qui renaissent à nouveau avec chaque être humain. C'est alors que naissent des images d'être « divin » partiellement humaines, partiellement animales. Le mode d'apparition de ces figures dépend de l'attitude de la conscience; est-elle négative dans son rapport avec l'inconscient ? les animaux sont créateurs d'angoisse; positive, au

[11] Il se peut que le motif de « l'animal secourable » ait quelque rapport avec l'imago parentale.

Fig. 100. *Jupiter, métamorphosé en taureau, enlève Europe.*
Métope du temple de Sélinonte.
VIᵉ siècle av. J.-C. Musée national, Paris.
Extrait de F. GUIRAND: *Mythologie générale.*
Paris 1935, p. 95.

contraire ? ce sont par exemple des animaux secourables.
Souvent aussi il arrive qu'une attitude par trop tendre et
soumise à l'égard des parents, à laquelle naturellement ces
derniers participent de façon décisive, se compense en
rêve par des animaux angoissants, correspondant aux
parents. Le sphinx est un de ces animaux créateurs d'angoisse où l'on peut aisément découvrir des traits manifestes
de leur dérivation maternelle. Dans la légende d'Œdipe,
le sphinx était *envoyé par Héra* qui haïssait Thèbes à
cause de la naissance de Bacchus. Œdipe croyait avoir
vaincu le sphinx descendant de la déesse maternelle en
trouvant la solution d'une énigme d'une facilité enfantine

309

(fig. 2): or, c'est précisément à partir de là qu'il fut en proie à l'inceste matriarcal, qu'il dut épouser sa mère Jocaste, puisque le trône et la main de la reine veuve appartenaient à celui qui aurait libéré le pays de la calamité du sphinx. Ainsi se produisirent les conséquences tragiques qui auraient été évitées si Œdipe ne s'était pas laissé terroriser par la dangereuse apparition du sphinx. Celui-ci est la personnification formelle de la mère « terrible » ou « dévorante » (v. plus loin) *(fig. 98)*. Œdipe ignorait encore l'étonnement philosophique de Faust : « Les mères ! Les mères, comme cela sonne étrangement ! » Il ne savait pas que l'esprit de l'homme n'est jamais à la hauteur de l'énigme du sphinx.

La généalogie du sphinx est riche en rapports avec le problème qui nous occupe : il est l'enfant d'Echidna, être mixte, belle jeune femme par en haut, serpent horrible par le bas. Cet être double correspond à l'image de la mère : en haut la moitié humaine, digne d'être aimée, attirante, en bas, la moitié animale, terrible, que l'interdiction de l'inceste a transformée en animal angoissant [12]. Echidna descend de la *mère universelle*, la terre maternelle, Gè, qui l'enfanta avec les Tartares, personnification des enfers. Echidna elle-même est la mère de toutes les horreurs, de la Chimère, de Scylla, de la Gorgone *(fig. 101)*, de l'horrible Cerbère, du lion de Némée et de l'aigle qui dévorait le foie de Prométhée *(fig. 294)* ; elle a engendré en outre toute une suite de dragons. Un de ses fils est Orthrus, le chien du monstrueux Géryon qui fut tué par Héraclès. Avec ce chien, son fils, Echidna engendra le sphinx, grâce à un commerce sexuel incestueux. Tout cela doit suffire pour caractériser la complexité symbolique du sphinx. Il est clair qu'un facteur de cette sorte ne saurait être éliminé par la solution d'une énigme enfantine. Cette énigme était précisément le piège tendu par le sphinx au voyageur. Parce qu'il surestimait son intelligence, il s'est précipité très virilement dans le piège, commettant,

---

[12] La figure d'Echidna devint, dans le synchrétisme hellénique, un symbole cultique de l'Isis maternelle.

sans le savoir, l'inceste sacrilège. L'énigme du sphinx *(fig. 102)*, c'était lui-même, image de la mère terrible dont Œdipe n'a pas compris l'avertissement.

S'il nous est permis, malgré l'absence de matériaux personnels, de tenter malgré tout de tirer quelques conclusions au sujet du sphinx symbolique de notre rêveuse, peut-être serons-nous autorisé à dire que la signification du sphinx est la même que dans le cas d'Œdipe, quoique celui-ci fût un homme. Dans notre cas, nous aurions dû nous attendre à un sphinx mâle. Il y a en effet en Egypte des sphinx mâles et des sphinx femelles, ce que miss Miller savait peut-être (cependant il est indubitable que le sphinx de Thèbes était femelle). C'est pourquoi nous aurions dû nous attendre à un monstre masculin parce que,

Fig. 101. *Gorgone.*
Détail d'un vase grec.
Extrait de F. GUIRAND : *Mythologie générale*, Paris 1935, p. 173.

pour une femme, le danger vient en premier lieu du père et non de la mère. Laissons cette question en suspens et tournons-nous vers le récit des faits. Quand miss Miller se fut à nouveau concentrée, ses visions continuèrent à se dérouler.

« Soudain, apparition d'un personnage aztèque, complet dans tous ses détails: main ouverte à larges doigts, tête de profil, armure, coiffure ressemblant aux crêtes de plumes des Indiens d'Amérique, etc. Le tout est semblable aux sculptures des monuments mexicains. »

Notre hypothèse qu'une figure d'homme se dissimule dans le sphinx se confirme ici. L'Aztèque est un Indien ou un Américain primitif. Il représente sur le plan personnel

Fig. 102. *Le Sphinx de Gisèh.*
Collection de l'auteur.

l'aspect primitif du père; car miss Miller est américaine.
Je dois remarquer à ce propos que j'ai souvent observé,
durant des analyses d'Américains, que la partie inférieure
de la personnalité (ce qu'on appelle « ombre ») [13] est représentée par un nègre ou un Indien, c'est-à-dire que là où

---

[13] Quand elle est inconsciente, l'« ombre » correspond à la notion
d'inconscient personnel. Cf. mon ouvrage : *Psychologie de l'inconscient.*
Ouv. cité.

un Européen représente en rêve un substitut quelque peu négatif de sa propre espèce, l'Américain met un Indien ou un nègre. Le personnage d'une peuplade inférieure traduit la partie inférieure de la personnalité de l'homme. Miss Miller est une femme; son ombre devrait donc être un personnage féminin. Or il s'agit ici d'un personnage masculin, qui, en vertu du rôle qu'il joue dans la fantaisie millérienne, doit être considéré comme une personnification de ce qu'il y a de masculin dans la personnalité féminine *(fig. 201)*. Dans mes écrits ultérieurs j'ai donné à ces personnifications le nom « d'animus » [14].

Il vaut la peine de s'arrêter aux détails de la vision, parce que bien des choses en elle sont remarquables. La parure de tête en plumes d'aigle a un sens magique. L'Indien s'approprie un peu du caractère solaire de cet oiseau en se parant de ses plumes, de même

Fig. 103. *Danseur indien en parure de fête.*

Extrait d'une publication à l'occasion de l'« Inter-Tribunal-Indian-Ceremonial » in Gallup, New Mexico, 1949.

qu'on s'empare du courage et de la force de l'ennemi en dévorant son cœur et en lui enlevant son scalp. En outre la couronne de plumes a la même valeur que la couronne de rayons solaires *(fig. 103)*. Nous avons vu dans la première partie quelle importance a l'identification au soleil. Nous en trouverons d'autres exemples non seulement dans de très

---

[14] Cf. Emma JUNG: *Ein Beitrag zum Problem des Animus, in : Wirklichkeit der Seele, Psych. Abhandlungen.* T. IV., 1934, p. 296 sq.

nombreuses coutumes anciennes, mais aussi dans de vieilles images analogues du langage religieux; par exemple sagesse de Salomon (5, 16): « C'est pourquoi ils recevront de la main du Seigneur... le splendide diadème. » Il y a dans la Bible de nombreux passages de ce genre. Dans un cantique d'Allendorf il est dit de l'âme:

> « Elle est désormais délivrée de toute misère,
> Sa douleur, ses soupirs se sont enfuis;
> Elle est devenue couronne de joie,
> Elle se tient, fiancée et reine
> Dans l'or de merveilles éternelles
> Au côté du grand roi. »

Et encore:

> « Elle voit son lumineux visage
> Son être aimable et plein de joie
> La fait guérir entièrement;
> Elle est lumière dans sa lumière. »

> « Maintenant l'enfant voit son père,
> Il sent le doux instinct d'amour,
> Il peut maintenant comprendre la parole de Jésus:
> Lui-même, le Père, t'aime.
> Une mer insondable de bonté,
> Un abîme d'éternels flots de bénédiction
> S'ouvrent à l'esprit illuminé;
> Il regarde Dieu face à face
> Et sait ce qu'est l'héritage de Dieu dans la lumière
> Et un cohéritier du Christ.
> Le corps engourdi repose en terre;
> Il dort jusqu'à ce que Jésus l'éveille.
> Alors la poussière deviendra soleil,
> Elle qui maintenant couvre la tombe obscure;
> Alors avec tous les hommes pieux
> Nous nous réunirons qui sait quand,
> Et serons près du seigneur en l'éternité [15]. »

---

[15] La couronne joue également un rôle dans l'alchimie. Elle doit y être venue de la Kabbale. (Cf. à ce sujet le grand tableau de E. R. GOODENOUGH: « The crown of victory in judaism », *The Art Bulletin*, vol. XXVIII, 1946, p. 139 sq.) Le plus souvent l'hermaphrodite est représenté couronné *(fig. 104)*. J'ai rassemblé tout le

Fig. 104. *L'hermaphrodite couronné*.
Du manuscrit illustré en couleurs: « Tractatus qui dicitur
Thomae Aquinatis de Alchimia » (vers 1520).
Codex Vossianus Chemicus, n° 29, fol. 91.
Bibliothèque de l'Université de Leyde.

Dans un chant de Laurentius Laurentii il est dit
(également au sujet de l'âme):

« A la fiancée, parce qu'elle l'a emporté,
On confie maintenant la couronne. »

matériel alchimistique concernant la corona dans un livre encore
inédit: « Mysterium Coniunctions ».

Dans un chant de Sacer nous trouvons le passage que voici :

« Parez mon cercueil de couronnes,
Comme resplendit d'ordinaire un vainqueur —
De ces printemps célestes,
Mon âme a atteint
L'éternelle couronne verte;
La valeureuse parure de victoire
Provient du fils de Dieu
Qui m'a ainsi donné ma part. »

Le rôle de la main dans la vision paraît important. Elle se tient, dit-on, « ouverte » et ses doigts sont « larges » (à larges doigts). Il est remarquable que ce soit justement de la main que l'on parle avec précision. On se serait peut-être attendu plutôt à une description de l'expression du visage. On sait l'importance du geste de la main; malheureusement, on ne nous en dit pas davantage. Signalons ici une fantaisie analogue concernant la main. Dans l'état hypnagogique, le patient vit sur le mur le portrait de sa mère peint à la façon d'un tableau religieux byzantin; elle tenait une main élevée, largement ouverte et les doigts écartés. Ceux-ci étaient très longs, massués aux extrémités et munis chacun d'une petite couronne de rayons. La première idée spontanée à leur sujet fut celle de doigts de grenouille avec les suçoirs aux extrémités; puis la ressemblance à un phallus. La forme vieillotte de cette image maternelle est d'importance elle aussi. Vraisemblablement, dans cette fantaisie, la main a le sens de génératrice et de créatrice. Cette interprétation se voit confirmée par une autre fantaisie du même malade: il voit s'élever, de la main de sa mère, comme une fusée qui, à y regarder de plus près, est un oiseau lumineux aux ailes d'or, un faisan doré, comme il dit alors. Nous avons déjà vu que la main a effectivement le sens d'engendrer et que dans la préparation du feu elle joue un rôle correspondant à ce sens. C'est avec la main que l'on creuse le feu, c'est donc de la main qu'il provient. On glorifie Agni, le feu, sous la figure d'un oiseau aux ailes d'or [16].

[16] Incendier c'est « poser un coq rouge sur le toit ».

De l'Aztèque, miss Miller dit: « *Dans mon enfance, je m'intéressais tout particulièrement aux fragments aztèques et à l'histoire du Pérou et des Incas.* » Malheureusement elle n'en dit pas davantage. Mais l'apparition de l'Aztèque nous autorise à conclure que l'inconscient s'est complaisamment emparé des impressions faites par ces lectures : de toute évidence parce que ce matériel s'accordait aux contenus inconscients à cause de leur parenté d'essence et qu'il était à même de les exprimer de façon satisfaisante. De même que nous avons cru découvrir la mère dans le sphinx, nous devons voir dans l'Aztèque un aspect du père. Puisque la mère influence surtout l'Eros du fils, le mariage d'Œdipe avec sa mère en est la conclusion logique. Or, le père influence l'esprit (« Logos ») de la fille, en l'élevant, parfois, jusqu'à une intensité pathologique: cet état, je l'ai désigné dans des travaux ultérieurs par l'expression « possession par l'animus ». Cette détermination spirituelle a joué chez notre auteur un rôle qui n'est pas sans importance et l'a conduite finalement, comme on l'a vu dans la préface de la deuxième édition de cet ouvrage, à un trouble mental. Quoique ce soit la figure masculine et avec elle l'influence du père qui apparaisse nettement dans l'Aztèque, le sphinx féminin avait cependant plus d'importance que lui. Pour une Américaine, il ne serait pas impossible qu'il y eût là l'indication d'une certaine prévalence de l'élément féminin. En effet, le complexe maternel est fréquent en Amérique; il est souvent très accentué, tant à cause de la forte prédominance de l'influence maternelle dans la famille qu'à cause de la situation faite d'ordinaire à la femme. Le fait que plus de la moitié du capital américain est entre les mains des femmes donne à penser à ce propos. Par suite de ces conditions, bon nombre d'Américaines développent surtout leur côté viril que compense alors, dans l'inconscient, une exquise instinctivité féminine, le sphinx précisément.

Le personnage de l'Aztèque est déjà qualifié d'« héroïque ». Il représente l'idéal viril pour la féminité primitive de notre auteur. Nous avons déjà trouvé cet idéal lors de la rencontre avec l'officier de marine italien disparu sans le moindre bruit. Il correspondait en quelque sorte à l'idéal inconscient qui hantait miss Miller; mais il ne put soutenir la concurrence avec celui-ci parce qu'il n'avait pas le charme mystique du « demon-lover », cet ange qui s'intéresse aux femmes des hommes comme le font à l'occasion les anges. C'est pourquoi dans l'église où les anges sont présents, les femmes doivent voiler leurs cheveux. Nous comprenons maintenant ce qui s'est tourné contre le marin: c'est la destinée spirituelle personnifiée par l'Aztèque, qui ne trouve que rarement, voire jamais d'amant parmi les fils des hommes, parce que l'espérance est placée beaucoup trop haut. Quelque raisonnable et modeste que soit dans un tel cas l'espérance consciente, elle n'influence pas le moins du monde l'attente inconsciente. Même si l'on en vient à ce qu'on appelle un mariage normal après avoir surmonté les difficultés et résistances les plus grandes, on découvre simplement plus tard les intentions de l'inconscient, et celles-ci finissent toujours par s'accomplir, soit par un changement de style de vie ou sous la forme de névrose ou de psychose.

Après cette vision, miss Miller sentit que se formait en elle un nom, « morceau par morceau », qui semblait appartenir à cet Aztèque, fils d'un Inca du Pérou. Ce nom est « Chi-wan-to-pel » [17]. L'auteur nous apprend qu'il y a

---

[17] L'identité du héros divin et du myste est indubitable. Une prière à Hermès, dans un papyrus dit: « σὺ γὰρ, ἐγὼ καὶ ἐγω σύ · τὸ σόν ὄνομα ἐμὸν καὶ τὸ ἐμὸν σόν · ἐγὼ γάρ εἰμι τὸ εἴδωλόν σου. (car tu es moi et je suis toi. Ton nom est mon nom et mon nom est le tien, car je suis ton image. » (KENYON, Greek Papyr. in the Brit. Mus. 1893, p. 116. Pap. CXXII, 2 sq., cit. par DIETERICH: Eine Mithrasliturgie, 1910, p. 79.) Le héros en tant qu'image de la libido est excellemment représenté par la tête de Dionysos de Seiden. (ROSCHER, V. t. V., 1128), où les cheveux se dressent en spirales de flamme. Il est — comme une flamme: Isaïe 10, 17: « La lumière d'Israël sera un feu et son saint une flamme. » Firmicus MATERNUS (De errore profanarum religionum, XIX) rapporte que Dieu est salué comme fiancé et jeune lumière. Il transmet cette phrase: « δε νυμφίε χαῖρε νυμφίε χαῖρε νέον φῶς. » (Salut fiancée, salut lumière nouvelle) en face de laquelle il place la conception chrétienne: « Nullum apud te lumen est nec aliquis qui sponsus mereatur

quelque chose de ce genre dans ses réminiscences. L'acte de dénomination, comme le baptême, est quelque chose d'extrêmement important pour la création de la personnalité parce qu'on a, de tout temps, attribué au nom une puissance magique. Connaître le nom secret de quelqu'un, c'est avoir pouvoir sur lui. Je rappelle, exemple connu de tous, le conte de Rumpelstilzchen. Dans un mythe égyptien, Isis ravit à jamais la puissance du dieu solaire Rê en le contraignant à lui faire connaître son vrai nom. Donner un nom, c'est donner du pouvoir, attribuer une personnalité ou une âme déterminée [18]. Puis l'auteur remarque que ce nom lui rappelle vivement celui du Popocatepetl, qui est un souvenir inoubliable pour les écoliers et qui réapparaît occasionnellement dans un rêve ou une idée spontanée, à la grande indignation du patient. Si l'on ne craint pas de considérer sans idée préconçue cette plaisanterie impie, il faudra bien chercher comment elle se justifie. Il faudra bien aussi poser la question contraire et se demander pourquoi est-ce toujours justement le Popocatepetl et non l'Iztaccihuatl, son voisin, ou encore l'Orizaba, plus haut encore et son voisin également. Ce dernier a même un nom plus beau et plus facile à prononcer. Popocatepetl fait impression à cause de l'onomatopée de son nom. En anglais c'est le mot to pop = claquer (popgun = canonnière) qui intervient comme onomatopée. En allemand et en français les mots Hinterpommern, Pumpernickel, bombe, pétard (le pet = flatus). Le mot popo, courant en allemand, n'existe pas en anglais ; par contre le flatus s'appelle « to poop », dans le langage enfantin « to poopy » (américain). L'acte de la défécation s'appelle souvent « to pop » chez les enfants. Comme nom

---

audire : unum lumen est, unus est sponsus. Nominum horum gratiam Christus accepit. » (Il n'y a nulle lumière auprès de la tienne ni de fiancé méritant d'être nommé : il n'y a qu'une lumière, qu'un fiancé. C'est le Christ qui a reçu la faveur de ces dénominations.)

[18] La dénomination transfère certaines qualités, sinon l'âme même ; d'où la vieille coutume de donner aux enfants des noms de saints.

plaisant du postérieur, nous avons « the bum » (poop est aussi la partie arrière du bateau). En français pouf est une onomatopée, pouffer = éclater, la poupe, partie arrière du bateau; le poupard = enfant dans les langes, la poupée. On donne le nom d'amitié de poupon à un enfant joufflu; en hollandais pop c'est la poupée; en latin *puppis* = la poupe (pont arrière), mais employé aussi plaisamment par Plaute pour désigner le derrière; pupus, c'est l'enfant; pupula, la fillette, la petite poupée. Le grec ποππύζω désigne un bruit de claquement, de battement ou de soufflement. On l'emploie pour le baiser, mais aussi pour les bruits accessoires que fait le joueur de flûte (chez Théocrite).

Quand il était jeune garçon, un de mes malades joignait toujours des fantaisies à l'acte de la défécation: son postérieur était un volcan; il y avait une violente éruption, des explosions gazeuses et des coulées de lave. Les désignations de ces événements naturels élémentaires sont à l'origine très peu poétiques — qu'on se rappelle le beau phénomène du météore que la langue allemande désigne du nom peu poétique de Sternschnuppe (mouchure d'étoile). (Certains Indiens de l'Amérique du Sud l'appellent « urine des étoiles ».) La cascade du Voile de la Vierge, dans le Valais, et dont la beauté est célèbre, ne porte ce nom que depuis peu de temps. Auparavant elle s'appelait Pissevache. On prend les dénominations à la source la plus voisine.

Au premier abord on ne comprend pas que le personnage de Chiwantopel, que l'on attendait très mystique et que miss Miller, dans une remarque, compare à l'esprit de contrôle des spirites, tombe en une compagnie si irrévérencieuse que son essence (nom) semble être en relation avec ces lointaines parties du corps. Pour en comprendre la possibilité, il faut se dire: parmi les productions de l'inconscient, ce qui remonte en premier lieu, c'est le matériel de l'époque infantile que la mémoire avait perdu. Aussi doit-on se placer au point de vue de l'époque où ce matériel était encore à la surface. Si donc un objet très vénéré est placé par l'inconscient dans le voisinage de l'anus, il faut en conclure qu'ainsi se traduisent une attention et une valorisation du genre de celles que l'enfant accorde à ces fonctions passées sous silence par l'adulte. Quoi qu'on fasse, il subsiste toujours quelques restes de cet intérêt infantile. La question est de savoir si cela correspond aussi à la psychologie de l'enfant. Avant de nous y arrêter, constatons que l'anal est très proche de la vénération: un conte oriental rapporte que les chevaliers chrétiens s'oignaient d'excrément des prêtres pour se rendre terribles. Une malade que caractérisait une vénération spéciale du père eut cette fantaisie: elle voyait son père dignement assis sur la chaise percée tandis que les passants le saluaient avec dévotion. Signalons encore qu'il existe entre excrément et or une relation intime [19]. L'extrêmement futile se joint à l'extrêmement précieux. Les alchimistes cherchaient entre autres dans les excréments («in stercore invenitur») leur prima materia d'où sortait la figure mystique du *filius philosophorum*. Une jeune malade élevée religieusement vit en rêve le crucifix représenté au fond d'un pot de chambre orné de fleurs bleues. Le constraste est si énorme qu'il faut admettre que les appréciations du jeune âge doivent être bien différentes des nôtres. Elles le sont aussi réellement. Les enfants vouent à l'acte de la défécation et à ses produits un intérêt que l'hypocondre seul leur accorde plus tard [20]. Nous comprenons un peu cet intérêt quand nous voyons que très tôt déjà l'enfant rattache à la défécation une théorie

---

[19] De Gubernatis, se fondant sur le folklore, dit qu'excrément et or sont toujours ensemble. Freud dit de même, en se fondant sur son expérience de psychologie individuelle. Grimm rapporte la coutume magique suivante: «Si l'on veut avoir de l'*argent* dans sa maison durant toute l'année, il faut manger des *lentilles* le premier de l'an.» Cette étonnante relation s'explique simplement par le fait physiologique que les lentilles sont difficiles à digérer et qu'elles réapparaissent avec la forme de la monnaie. On est ainsi devenu un ch... d'argent (Geldsch...).

[20] Un père de langue française qui prétendait en ma présence que son enfant (naturellement) n'avait pas cet intérêt, me signala pourtant que, quand l'enfant parlait de cacao, il ajoutait toujours « lit »; il pensait en effet: caca-au-lit.

de la génération [21], ce qui donne à cet intérêt un aspect tout différent. L'enfant pense: c'est la voie de la production, la voie par où quelque chose sort.

L'enfant dont j'ai parlé dans la petite brochure: « Conflits de l'âme enfantine » et qui avait comme on sait une théorie de la naissance par l'anus, comme le petit Hans dont Freud conte l'histoire, prit plus tard l'habitude de rester assez longtemps aux W.C. Un jour son père s'impatienta et cria: « Sors donc enfin, que fais-tu donc ? » Et du dedans vint la réponse: « Une petite voiture et deux poneys ! » La petite « fait » donc une petite voiture et deux poneys, choses qu'elle désirait avoir depuis longtemps. De cette façon on peut faire ce que l'on désire avoir. L'enfant désire ardemment une poupée ou (au fond) un enfant, c'est-à-dire elle s'exerce en vue de sa tâche biologique future. Utilisant le moyen par lequel on produit, elle fait la poupée à la place de l'enfant ou, d'une façon générale, de ce qu'elle désire. Une malade m'a raconté une fantaisie analogue datant de son enfance: les W.C. avaient une fente dans le mur; elle imagina qu'une fée sortait de cette fente et lui donnait tout ce qu'elle désirait. On sait que le « locus » est l'endroit où l'on rêve, où l'on crée bien des choses auxquelles plus tard on ne voudrait plus attribuer ce lieu d'origine. Lombroso [22] rapporte à propos de deux aliénés une fantaisie pathologique qui est ici à sa place:

« Chacun d'eux se tenait pour Dieu lui-même et le maître du monde. Ils créaient ou engendraient le monde en le faisant sortir de leur rectum comme les oiseaux font sortir leur œuf de leur oviducte (c'est-à-dire: cloaque). L'un de ces deux artistes était doué d'un réel sens artistique. Il peignit un tableau où il se trouvait en plein acte créateur; le monde sort de son anus; son membre viril est en pleine érection; il est nu, entouré de femmes et de tous les insignes de la puissance. »

Ce n'est que quand j'eus saisi ces rapports que s'éclaira une observation faite bien des années plus tôt, que je

[21] FREUD: *Jahrbuch*, t. I., p. 1 sq. JUNG: *Jahrbuch*, t. II, p. 33 sq.
[22] *Génie et folie*, 1887.

n'avais jamais bien comprise, et qui, pour cette raison, me préoccupait beaucoup. La malade était une femme cultivée, qui avait dû se séparer de son mari et de son enfant dans des circonstances tragiques, et que l'on amena dans l'asile d'aliénés. Elle manifestait une inaffectivité typique et une « impudence » qui semblait relever de l'affaiblissement affectif. Comme je doutais de ce dernier état et étais enclin à y voir une attitude secondaire, je m'efforçai tout spécialement de découvrir comment je pourrais atteindre la source oblitérée de l'affect. Finalement, après plus de trois heures d'efforts, je réussis à découvrir un cheminement d'idées qui amena la malade à un affect parfaitement adéquat et pour cette raison émouvant. A ce moment, le rapport affectif avec elle fut tout à fait établi. Cela se passait le matin. Quand le soir, à l'heure fixée, je me rendis dans la section pour la chercher, elle s'était, pour me recevoir, barbouillée d'excréments de la tête aux pieds et elle cria: « Est-ce que je te plais maintenant ? » Elle ne s'était jamais comportée ainsi auparavant: c'était donc un geste qui m'était destiné. L'impression que j'en ressentis fut si profonde que, pendant des années, je fus persuadé de la stupidité affective des cas de cette sorte. En réalité ce cérémonial de salutation marquait un violent refus du transfert. Car la malade agissait en adulte. Mais comme elle agissait au niveau d'un infantilisme régressif, ce cérémonial avait le sens d'une explosion sentimentale positive. D'où sa question à double sens: « Est-ce que je te plais maintenant ? »

La naissance de Chiwantopel du Popocatepetl signifierait donc, d'après l'explication ci-dessus: « Je le fais, je le produis, je l'invente. » Il s'agit là d'une espèce de création des humains ou de la naissance par des voies infantiles. Les premiers hommes furent faits d'argile ou de boue. Le latin *lutum*, qui signifie exactement: terre détrempée, a aussi le sens dérivé de saleté. Chez Plaute, il est même une injure comme: « Saleté ! » La naissance anale rappelle aussi le motif de jeter derrière soi. Un exemple connu est l'oracle reçu par Deucalion et Pyrrha *(fig. 105)*, seuls survivants du grand déluge: ils devaient

Fig. 105. *Deucalion et Pyrrha.*

Extrait de BENSERADE: *Métamorphoses d'Ovide en Rondeaux*, Paris 1697, p. 19.

jeter derrière eux les ossements de la grand-mère. Alors ils jetèrent derrière eux les pierres d'où naquirent des hommes. C'est de la même manière que, selon une légende, les Dactyles naquirent de la poussière que la nymphe Anchiale jetait derrière elle. Pensons encore à un sens plaisant du produit anal: l'excrément est souvent considéré par la plaisanterie populaire comme un monument ou un souvenir (ce qui joue un rôle chez le criminel sous la forme du *grummus merdae*). Je rappelle le récit plaisant de l'homme qu'un esprit conduit à travers les passes d'un labyrinthe vers un trésor caché et qui, pour marquer une dernière fois son chemin, après s'être débarrassé de tous ses vêtements, dépose pour finir un excrément. Dans des temps très lointains certes un tel signe avait autant d'importance que l'excrément des animaux comme signe de leur présence ou de la direction prise par le troupeau. De simples tas de pierre (« bonshommes de pierre ») auront remplacé sans doute ce signe éphémère.

Il faut encore mentionner que miss Miller signale un autre cas analogue à la venue à la conscience de Chiwantopel et où un nom s'impose à elle brusquement: A-ha-ma-ra-na, avec l'impression qu'il s'agit de quelque chose d'assyrien. Comme source possible, elle pensa à un: « Asurabama — qui fabriqua des briques cunéiformes ». Cette circonstance m'est inconnue. Certes Assurbanaplu ou Asurbanipal a laissé la bibliothèque cunéiforme déterrée à Kujundschik. Peut-être Asurabama a-t-il quelque rapport avec ce nom. En outre il faut considérer le nom Aholi-bamah que nous avons trouvé dans la première partie. Le mot « Aharabama » trahit également des relations avec Anah et Aholibamah, filles de Caïn, prises d'une passion coupable pour les fils de dieu. Cette éventualité ferait de Chiwantopel le fils désiré de Dieu. Byron pensa-t-il aux sœurs prostituées Ohola et Oholiba ? (Ezéchiel, 23, 4.) Oholibamah est le nom d'une femme d'Esaü (Genèse, 36, 2 et 4). Une autre de ses femmes s'appelle Adah. La doctoresse R. Schärf appelle mon attention sur une dissertation de Breslau (1887) de George Mayne sur « Heaven and Hell » de Byron. L'auteur prétend qu'il est très vraisemblable qu'Anah s'appela d'abord Adah. Byron aurait changé ce nom en Anah parce que le nom Adah se trouve déjà dans le drame de Caïn. D'après le sens du mot, Aholibamah a à peu près la même résonance que Oholah et Oholibah dans Ezéchiel 23, 4 sq. Oholah signifie: « (elle a) sa (propre) tente », c'est-à-dire son propre temple. Oholibah signifie: « Ma tente est dedans (en elle) », c'est-à-dire en Jérusalem (Ezéchiel, 3, 4 sq.). Ohola y est le nom de Samarie. Dans la Genèse 36, 4, c'est aussi le nom d'un clan édonite. Les cultes cananéens se tenaient sur des hauteurs, des « bamoth », comme on le voit en particulier chez les prophètes. Un synonyme pour hauteur est « ramah ». Faut-il rapprocher de tout cela le néologisme de miss Miller ? La question reste posée.

Miss Miller remarque qu'avec « Asurabama » lui est encore venu à l'esprit le nom de « Ahasvérus ». Cette idée conduit à un tout autre aspect du problème de la personnalité inconsciente. Si les matériaux livrés jusqu'ici nous révélaient quelque chose de la théorie infantile sur la création des hommes, cette dernière idée nous ouvre une vue sur le dynamisme de la création inconsciente de la personnalité. Ahasver, on le sait, est le Juif errant. Sa caractéristique, c'est d'errer sans fin et sans repos jusqu'à la fin du monde. Puisque notre auteur a pensé précisément à ce nom, nous sommes autorisé à suivre cette piste.

La légende d'Ahasver, dont les premières traces littéraires datent du xiiie siècle, semble être d'origine occidentale. Le personnage du Juif errant a subi plus de remaniements littéraires que celui de Faust, et ces remaniements appartiennent presque tous aux siècles récents. Si ce personnage ne s'appelait pas Ahasver, il se présenterait malgré tout sous un autre nom, peut-être celui du comte de Saint-Germain, ce mystérieux rose-croix dont on affirme qu'il est immortel et dont on connaîtrait même le séjour actuel (c.-à-d. le pays) [23]. Bien que l'on ne puisse trouver de traces d'Ahasver avant le xiiie siècle, il se peut que la tradition orale remonte plus loin et il ne serait pas impossible qu'un pont conduisît vers l'Orient. Nous trouvons là-bas la figure analogue de Chidr ou al Chadir, le Chidher, « l'éternellement jeune » chanté par Rückert. La légende est purement islamique [24]. L'étrange est que non seulement Chidr passe pour un saint, mais soit même élevé au rang d'un dieu dans les cercles souffis. Etant donné le rigoureux monothéisme de l'Islam, on est enclin à penser à propos de Chidher à une divinité arabe préislamique non reconnue officiellement par la nouvelle religion, mais tolérée pour diverses raisons. Toutefois, on ne peut l'établir. Les premières traces de Chadir se trouvent chez les commentateurs du Coran: Buchâri (mort en 870 ap. J.-C.) et Tabari (mort en 923 ap. J.-C.) dans le commentaire d'un étrange passage de la 18e sourate du Coran. Elle est intitulée « la caverne », d'après la caverne

---

[23] Le peuple ne renonce pas à ses héros solaires errants. Ainsi, on a prétendu que Cagliostro était sorti de Bâle au même instant par toutes les portes de la ville avec quatre chevaux blancs.

[24] Voir sur ce point mon étude sur: « die Wiedergeburt » dans: *Gestaltungen des Unbewussten*, 1950, Rascher, Zurich, p. 39 sq.

des sept dormeurs qui, selon la légende, y dormirent trois cent neuf ans, échappant ainsi à la persécution pour se réveiller dans une ère nouvelle. Or il est curieux de voir comment, après de longues considérations éthiques au cours de ce chapitre, le Coran en arrive au passage suivant particulièrement important pour l'apparition du mythe de Chidher. Je cite le Coran textuellement:

« 59. Je ne cesserai de marcher, dit Moïse à son serviteur (Josué, fils de Nûn), jusqu'à ce que je sois parvenu à l'endroit où les deux mers se joignent, quand je devrais marcher pendant quatre-vingts ans.

60. Lorsqu'ils y furent arrivés, ils oublièrent leur poisson (qu'ils avaient emporté pour se nourrir) qui s'en retourna dans la mer par une voie souterraine.

61. Ils passèrent outre et Moïse dit à son serviteur: « Apporte-nous de la nourriture; notre voyage a été fatigant. »

62. Avez-vous fait attention, lui répondit le serviteur, à ce qui est arrivé auprès du rocher où nous avons passé ? J'y ai laissé le poisson, Satan me l'a fait oublier et il est miraculeusement retourné dans la mer.

63. C'est ce que je désirais, reprit Moïse, et ils s'en retournèrent.

64. Ils rencontrèrent un serviteur de Dieu, que nous [25] avons comblé de nos grâces et éclairé de notre science.

65. Permets-moi de te suivre, lui dit Moïse, afin que je m'instruise dans la vraie doctrine qui t'a été révélée.

66. Tu ne seras point assez constant, lui répondit le sage, pour rester avec moi.

67. Comment pourras-tu t'abstenir de m'interroger sur des événements que tu ne comprendras point ? »

Moïse accompagne alors le mystérieux personnage, serviteur de Dieu, qui fait toutes sortes de choses que Moïse ne peut comprendre; finalement l'inconnu prend congé de Moïse et lui dit ce qui suit:

« 82. Les Juifs t'interrogeront au sujet d'Alexandre (Dhulqarnein) [26], dis-leur: je vous raconterai son histoire.

---

[25] Allah.

[26] Le « bi-encorné ». D'après les commentateurs, il s'agit d'Alexandre le Grand qui joue dans la légende arabe à peu près le

83. Nous affermîmes sa puissance sur la terre et nous leur donnâmes les moyens de surmonter tous les obstacles.

84. Il marcha jusqu'à ce qu'il fût arrivé *au couchant*. Il vit le soleil disparaître *dans une fontaine de boue noire*. Ces contrées étaient habitées par un peuple... »

Puis après une considération morale, le récit continue :

« 88. Il continua de marcher.

89. Jusqu'à ce qu'il fût arrivé aux régions où le soleil se lève... »

Fig. 106. *Alexandre encorné.*
Monnaie de Lysimaque.

Extrait de I. I. BERNOUILLI : *Die erhaltenen Darstellungen Alexanders des Grossen.* Munich, 1905, Table VIII, fig. 4.

Si maintenant nous voulons savoir qui est le serviteur inconnu de Dieu, voici le passage qui nous renseigne : « C'est Dhulqarnein, Alexandre, il va du lieu du coucher au lieu du lever, comme le soleil. Le passage du serviteur inconnu de Dieu est interprété par les commentateurs comme étant Chidher « le verdoyant », voyageur jamais fatigué, qui enseigne et console les hommes pieux, sage en les choses divines — l'immortel [27]. L'autorité de Tabari rapproche Chadir de Dhul-

___

rôle de Dietrich de Berne *(fig. 259)*. Le « bi-encorné » concerne la force de l'animal solaire. Sur les monnaies on trouve souvent Alexandre muni des cornes de Jupiter Ammon *(fig. 106)*. C'est là de ces identifications du souverain autour de qui se tissent des légendes qui le rapprochent du soleil du printemps sous le signe du bélier. Il est indubitable que l'humanité a un très fort besoin d'enlever à ses héros ce qu'ils ont de personnel et d'humain pour en faire, par une μετάστασις, les émules du soleil, autrement dit des symboles de libido. Si nous pensons avec SCHOPENHAUER, nous dirons : symboles de la libido. Avec GŒTHE, nous disons Soleil ; car nous sommes, parce que le soleil nous voit.

[27] VOLLERS : *Chidher. Arch. f. Religionswissenschaft*, p. 235 sq.,

Fig. 107. *Le char d'Hélios.*
Cratère dessiné en rouge, vers 430 av. J.-C.
British Museum, Londres.

Extrait de H. Haas: « Bilderatlas zur Religionsgeschichte », livraisons 13/14:
Die Religion der Griechen. Leipzig 1928, fig. 38.

qarnein: Chadir aurait atteint le fleuve de vie dans l'expédition d'Alexandre et tous deux auraient, sans le savoir,
bu dans ce fleuve, de telle sorte qu'ils seraient devenus
immortels. En outre, les anciens commentateurs identi-
fient Chadir et Elie qui ne mourut pas non plus, mais fut
emporté au ciel sur un char de feu. Elie a, en commun
avec Hélios, le char [28] *(fig. 107 et aussi 54)*. Il est à
remarquer que l'on soupçonne qu'Ahasverus doit son existence à un passage obscur de l'Ecriture sainte. Il se trouve
dans Matthieu, 16, 28. Il est précédé de la scène où le Christ
fait de Pierre le rocher de son Eglise et le nomme représentant de sa puissance; puis vient la prophétie de mort,
puis le passage:

« Je vous le dis en vérité, plusieurs de ceux qui sont ici
présents ne goûteront point la mort, qu'ils n'aient vu le fils
de l'homme venant dans l'éclat de son règne. »

Puis vient la scène de la transfiguration:

« Et il fut transfiguré devant eux: son visage resplendit
comme le soleil et ses vêtements devinrent blancs comme la

t. XII, 1909. C'est à cet ouvrage que j'emprunte les opinions des
commentateurs du Coran.

[28] De même Mithra et le Christ, voir 1re partie.

lumière. Et voilà que Moïse et Elie leur apparurent conversant avec lui. Prenant la parole, Pierre dit à Jésus: « Seigneur, il » nous est bon d'être ici: si vous le voulez, faisons-y nos tentes » une pour vous, une pour Moïse, une pour Elie. »

Il ressort de ces passages que le Christ est de quelque façon identifié à Elie, sans cependant être confondu avec lui [29], bien que le peuple le tienne pour Elie. L'ascension, cependant, établit une ressemblance entre le Christ et Elie. Sa prédiction permet de reconnaître qu'à part lui il y a encore un ou plusieurs immortels qui resteront en vie jusqu'à la parousie. Selon saint Jean 21, 21 *sq.*, on considérait le disciple Jean comme cet immortel et dans la légende en effet, il n'est pas mort, mais seulement endormi dans la terre jusqu'à la parousie; il respire de telle sorte que la poussière tourbillonne sur sa tombe [30].

On rapporte quelque part [31] qu'Alexandre aurait conduit son « ami Chadir » à la source de vie pour lui faire boire l'immortalité [32]. (Alexandre aussi s'est baigné dans le fleuve de vie et y a accompli les ablutions rituelles.) Dans la légende arabe, Chidr est « le compagnon », ou paraît accompagné. (Chidr avec Dhulqarnein ou avec Elie, « comme » ceux-ci ou identique à eux.) [33] Ce sont deux analogies, mais encore distinctes. Nous trouvons la situation analogue dans la scène du Jourdain où saint Jean conduit Jésus « à la source de vie »; Jésus y est d'abord le baptisé, dans le rôle inférieur, saint Jean dans le rôle supérieur, comme Dhulqarnein et Chadir ou Chidr et Moïse et aussi Elie. La dernière relation est telle que Vollers [34] compare Chidr et Elie d'une part à Gilgamesh et son frère primitif Eabani ou Enkidu, d'autre part aux

---

[29] Au contraire, selon saint Matthieu 17, 11 sq., c'est Jean-Baptiste qu'il faut considérer comme étant Elie.

[30] Voir la légende du « Kyffhäuser ».

[31] Vollers, *loc. cit.*

[32] Ailleurs on dit qu'Alexandre aurait été sur la montagne d'Adam, dans les Indes, avec son « ministre » Chidr.

[33] Ces équations mythologiques suivent entièrement les règles du rêve où le rêveur peut se scinder en plusieurs personnages.

[34] *Loc. cit.*

Dioscures *(fig. 108)* dont l'un est mortel aussi et l'autre immortel. C'est le même rapport que nous trouvons entre Jésus et saint Jean-Baptiste [35] d'une part, entre le Christ et Pierre d'autre part. Ce dernier rapport, il est vrai, ne sera expliqué que par la comparaison avec le mystère de Mithra dont le contenu ésotérique nous est au moins révélé par des monuments. Sur le relief de marbre de Klagenfurt [36] on représente Mithra couronnant d'une au-réole rayonnante Hélios age-nouillé devant lui ou s'élevant d'en bas vers lui, ou bien on le représente le menant vers en haut. Sur le monument mi-thraïque d'Osterburken, Mi-thra est représenté tenant de la main droite l'épaule du bœuf mystique au-dessus d'Hé-lios incliné devant lui, tandis que la main gauche repose sur la poignée du glaive. Par terre, entre eux deux, une couronne. Cumont [37] remarque, à propos

Fig. 108. *Les Dioscures.*
Bas-relief en marbre du Musée de Piali.

Extrait de F. CHAPOUTHIER : *Les Dioscures au service d'une déesse.* Paris 1935, planche VI, fig. 38.

de cette scène, qu'elle représente vraisemblablement le prototype divin de la cérémonie d'initiation au grade de Miles, durant laquelle on remettait au myste un glaive et une couronne. Hélios est donc nommé miles (soldat) de Mithra. D'une façon générale, Mithra semble jouer vis-à-vis d'Hélios le rôle de bienfaiteur, ce qui rappelle l'audace d'Héraclès vis-à-vis d'Hélios. Dans son expédition contre Géryon, Hélios est trop ardent ; furieux, Héraclès le menace de ses flèches qui ne manquent jamais le but. Hélios est donc obligé de céder et prête au héros le vaisseau solaire avec lequel il traverse d'ordinaire les mers. Héraclès arrive ainsi à Erythée, près des troupeaux de bœufs de Géryon [38].

[35] « Il faut qu'il croisse et que je diminue », saint Jean, 3, 30.
[36] CUMONT: *Textes et monuments*, 1899, p. 172 sq.
[37] *Loc. cit.*, p. 173.
[38] On peut pousser plus loin encore le parallélisme entre Héraclès

Sur le monument de Klagenfurt, Mithra est en outre représenté au moment où il serre la main d'Hélios comme pour un adieu ou une confirmation *(fig. 109)*. Dans une autre scène, Mithra monte dans le char d'Hélios pour le voyage céleste, ou pour la traversée maritime [39]. Cumont est d'avis que Mithra donne à Hélios (ou Sol) une sorte d'investiture solennelle et consacre sa puissance divine en le couronnant de sa propre main [40]. Ce rapport correspond à celui du Christ et de Pierre. Par son attribut, le coq, Pierre a un caractère solaire. Après l'ascension du Christ, il reste le représentant visible de la

Fig. 109. *Mithra et Hélios.*
Fragment du sanctuaire
de Mithra à Klagenfurt.
Musée local de Klagenfurt.

Extrait de J. Burckhardt: *Die Zeit Constantins des Grossen.* Vienne, Ed. Phaidon, fig. 139.

et Mithra. Comme Héraclès, Mithra est un excellent archer. A en juger par certains monuments, ce n'est pas, semble-t-il, uniquement la jeunesse d'Héraclès qui fut menacée par un serpent, mais aussi celle de Mithra. Le sens des travaux d'Hercule se confond avec le mystère mithriaque de la domination et du sacrifice du taureau *(fig. 97 et 291)*.

[39] Ces trois scènes sont mises à la suite l'une de l'autre sur le monument de Klagenfurt, de sorte que l'on est autorisé à y voir un ensemble dramatique. Gravures in : Cumont: *Mystères de Mithra* (v. *fig. 109*).

[40] Cumont: *Mithra.* Roscher: *Lex.* II, 3048, 42 sq.

divinité, aussi subit-il la même mort (crucifixion) que le Christ. Il remplace le dieu principal de l'empire romain, le *sol invictus (fig. 37)*, devient le chef de l'Eglise militante et triomphante; dans la scène de Malachie, il se montre déjà le miles du Christ à qui l'on remet l'épée. Le successeur de Pierre porte la triple couronne (tiare) *(fig. 110)*. Or la couronne est un attribut solaire et le pape est un « solis invicti comes » symbolique, comme un César romain. Le soleil déclinant nomme un successeur auquel il transmet la puissance solaire. Dhulqarnein donne à Chidr la vie éternelle, Chidr transmet à Moïse la sagesse; il y a même un récit d'après lequel l'oublieux serviteur Josué boit à la source de vie, devient ainsi immortel et (en punition) est placé par Chidr et Moïse sur un bateau et envoyé en mer — encore un fragment de mythe solaire: le motif de la traversée [41].

Fig. 110. *Représentation de Jupiter avec la tiare papale.*
Emprunté à l'« Ovide moralisé ».
Bibliothèque de Lyon.

Extrait de J. Seznec: *La survivance des dieux antiques, essay sur le rôle de la tradition mythologique dans l'humanisme et dans l'art de la Renaissance.* Warburg Inst. Londres 1940, p. 98, fig. 33.

Le symbole désignant la partie du zodiaque où le soleil, au solstice d'hiver, recommence le cours de l'année, est le poisson-bélier, l'αἰγόκερως (aux cornes de chèvre); le soleil, telle une chèvre, gravit les plus hautes montagnes et est tel un poisson dans la profondeur des mers *(fig. 111)*. Il arrive que dans les rêves, le poisson ait le sens d'enfant à naître [42], car avant de naître celui-ci vit dans l'eau comme

---

[41] Cf. Frobenius: *Das Zeitalter des Sonnengottes*, 1904.

[42] Cette interprétation est encore un peu mythologique; plus exactement le poisson symbolise un contenu (autonome) de l'inconscient. Manu a un poisson cornu. Le Christ est un poisson comme le fils Ἰχθύς de Derketo syrophénicienne. Josué ben Nûn s'appelle fils du poisson. Le « bi-encorné » Dhulqarnein = Alexandre pénètre dans la légende de Chidr *(cf. fig. 106)*.

Fig. 111. *Dieu poisson assyrien.*

Extrait de A. Jeremias: *Das Alte Testament im Lichte des alten Orients.*
Leipzig 1930, fig. 194, p. 465.

un poisson; et en se plongeant dans la mer, le soleil devient
en même temps enfant et poisson. Le poisson est donc en
relation avec le renouvellement et la renaissance.

Le voyage de Moïse avec son serviteur Josué est un
voyage de vie (80 ans). Ils deviennent vieux et perdent
leur force vitale, c'est-à-dire le poisson « qui retourne
miraculeusement dans la mer ». Ce qui veut dire: le soleil
se couche. Lorsque tous deux ils remarquent cette perte,
là où est la source de vie (c'est-à-dire là où le poisson
mort se ranima et sauta dans l'eau) ils trouvent Chidr
emmitouflé dans son manteau [43], assis par terre ou,
d'après une autre version, sur une île dans la mer ou à
« l'endroit le plus humide de la terre », c'est-à-dire venant
d'être mis au monde, sortant de la profondeur des eaux
maternelles. Là où le poisson disparut naît Chidr, « le
verdoyant », fils de la profondeur des eaux, la tête enve-
loppée, annonciateur de la sagesse divine, comme le
babylonien Oannès-Ea *(fig. 112)* qu'on représentait sous

---

[43] L'enveloppement signifie invisibilité, c'est-à-dire être « Esprit ».
D'où l'enveloppement dans les mystères *(fig. 29 et 223)*. Les enfants
qui naissent avec ce qu'on appelle le bonnet de félicité (enveloppe
amniotique) passent pour particulièrement heureux. (Il est né
coiffé !)

la figure d'un poisson et qui sortait chaque jour de la mer pour enseigner au peuple la vérité [44].

On rapproche son nom de celui de saint Jean. Par l'ascension du soleil renouvelé, ce qui était poisson et vivait dans l'obscurité entouré de toutes les terreurs de la nuit, et de la mort [45] devient un astre du jour au flamboyant éclat. Aussi, ces paroles de Jean Baptiste prennent un sens particulier:

Saint Matthieu 3, II: « Moi je vous baptise dans *l'eau* pour le repentir, mais celui qui doit venir après moi *est plus puissant que moi*... il vous baptisera dans l'Esprit saint et dans le *feu*. »

Avec Vollers nous pouvons comparer Chidr et Elie (Moïse et son serviteur Josué) à Gilgamesh et son père Eabani. Gilgamesh parcourt le monde poussé par l'angoisse et le désir ardent de trouver l'immortalité *(fig. 113)*. Sa route le conduit par delà les mers chez le sage Utnapishtin (Noé) qui connaît le moyen de passer au delà des eaux de la mer. Là, il faut que Gilgamesh plonge au fond des eaux pour trou-

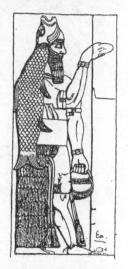

Fig. 112. *Prêtre muni d'un masque de poisson représentant Oannès.*

Extrait de JEREMIAS: *Das Alte Testament im Lichte des alten Orients* Leipzig 1930, fig. 2.

---

[44] Le Tages étrusque, le garçon « récemment issu du champ » qui naît justement du sillon nouvellement tracé est aussi un maître de sagesse. Dans le mythe de Litaolane des Bassoutos (Frobenius: *Zeitalter des Sonnesgottes*, 1904, p. 105) on rapporte qu'un monstre a englouti tous les hommes et que seule une femme subsista qui accoucha d'un fils, le héros, dans une étable (au lieu de la grotte. Cf. plus bas l'étymologie de ce mythe). Durant qu'elle préparait une couche pour le nouveau-né, celui-ci avait déjà grandi et prononçait des paroles de sagesse. La rapide croissance du héros, motif qui revient souvent, semble montrer que la naissance et l'apparente

(Suite de la note page 337)

[45] Combat de Rê avec le serpent nocturne.

Fig. 113. *Gilgamesh tenant l'herbe d'immortalité.*
Relief du palais d'Ashur-nasir-apal II (885-860) à Kalhu, Assyrie.
Maintenant au Metropolitan Museum of Art, New York.

ver la plante magique qui doit le reconduire au pays des hommes. Revenu dans son pays, un serpent lui vole l'herbe magique (le poisson se glisse à nouveau dans la mer). Pendant son retour du pays des bienheureux cependant, un marin immortel l'accompagne qui, banni par une malédiction d'Utnapishtim, ne doit pas retourner au pays des bienheureux. En perdant l'herbe magique, Gilgamesh a aussi perdu la raison de son voyage; mais par contre il est accompagné d'un immortel, dont, il est vrai, les fragments de l'épopée ne nous permettent pas de savoir davantage. Cet immortel en exil est le prototype d'Ahasver, suppose Jensen [46].

Nous retrouvons ici le motif des Dioscures: mortel et immortel, soleil couchant et soleil levant *(fig. 114)*. Le *sacrificium mithriacum* (sacrifice du taureau) dans sa représentation cultuelle est souvent flanqué des deux *Dadophores*, Cautes et Cautopates, l'un avec une torche dressée, l'autre avec une torche renversée *(fig. 115)*. Ils représentent une sorte de couple fraternel qui exprime son caractère par la position de la torche. Cumont les rapproche, non sans raison, des *Erotes sépulcraux* qui, génies aux torches opposées, ont un sens traditionnel. L'un serait donc la mort, l'autre la vie. Je ne puis me dispenser ici de passer du *sacrificium mithriacum* (où le sacrifice du taureau, au centre, est flanqué de chaque côté des deux dadophores) au sacrifice de l'agneau chrétien (bélier). Le crucifix est aussi, selon la tradition, flanqué

---

enfance du héros sont si étranges parce que sa naissance est en réalité une renaissance, et c'est pourquoi il s'habitue ensuite si bien à son rôle de héros. Pour une explication plus précise de la légende de Chidr, voir mon étude « Ueber Wiedergeburt. Gestaltungen des Unbewussten, 1950, p. 73 sq.

[46] Das Gilgameshepos in der Weltliteratur, 1906, t. I, p. 50. Mon exposé, qui se fonde essentiellement sur JENSEN, est resté dans sa forme première lors de la revision de mon livre. Il faudrait la compléter dans certains détails au moyen des résultats récents de la recherche. Je renvoie à Alex. HEIDEL: The Gilgamesh Epic and Old Testament Parallels, 1946, Albert SCHOTT: Das Gilgamesh-epos, 1934 et surtout à la remarquable traduction de R. Campbell THOMPSON: The Epic of Gilgamesh, 1928.

Fig. 114. *Le couple des Dioscures, Castor et Pollux*
Extrait du *Temple des Muses*, publié par Z. CHATELAIN.
Amsterdam 1733, XXVIIᵉ tableau.

des deux larrons, dont l'un montera au paradis et l'autre descendra en enfer [47]. Les dieux sémitiques sont assez souvent représentés flanqués de deux Paredroi, par exemple le Baal d'Edessa accompagné d'Aziz et de Monimos (Baal = soleil accompagné dans son cours de Mars et de Mercure, comme l'explique l'interprétation astrologique). Selon la conception babylonienne, les dieux sont groupés en triades. Les deux larrons font donc, de quelque manière, partie du Christ. Les deux dadophores *(fig. 115)*, ainsi que le démontre Cumont, sont des dédoublements [48] de la

[47] La différence avec le sacrifice de Mithra est caractéristique. Les dadophores sont d'anodins dieux de la lumière qui ne prennent pas part au sacrifice. La scène chrétienne est beaucoup plus dramatique. Le rapport intime des dadophores à Mithra, dont je parlerai plus loin, permet de supposer quelque chose d'analogue pour le Christ et les criminels.

[48] P. ex. Un monument porte la dédicace suivante: D(eo) I(nvicto) M(ithrae) Cautopati. On trouve tantôt Deo Mithrae Caute ou Deo Mithrae Cautopati ou inversement Deo invicto Mithrae ou sim-

Fig. 115. *Les Dadophores avec la torche baissée et levée.*
Figures latérales d'un bas-relief mithriaque en marbre.
Musée de Palerme.

Extrait de CUMONT: *Textes et monuments relatifs aux mystères de Mithra.*
Bruxelles 1899, t. II, p. 270, fig. 111 et 113.

figure centrale de Mithra qui a ainsi un caractère de triade.
Selon une indication de Denys l'Aréopagite, les mages
célébraient une fête τοῦ τρι-πλασίου Μίθρου [49] (c'est-à-dire:
du triple Mithra).

_____

plement Deo Invicto ou même uniquement Invicto. Il arrive
aussi que les deux dadophores soient munis de couteaux et d'arcs,
attributs de Mithra. On peut en conclure que les trois figures représentent comme trois états différents d'une même personne. Cf.
CUMONT: *Textes et monuments*, 1899, t. I, p. 208 sq.
    [49] CUMONT: *Textes et monuments*, t. I, p. 208.

Ainsi que le rapporte Cumont [50], Cautes et Cautopates portent occasionnellement dans les mains l'un une tête de taureau, l'autre un scorpion. Taurus et scorpio sont des signes équinoxiaux [51], ce qui indique que la scène du sacrifice concerne en premier lieu le cours du soleil; le soleil ascendant, le soleil se sacrifiant lui-même à la hauteur de l'été et le soleil déclinant. Dans la scène du sacrifice l'ascension et la descente étaient difficilement représentables et c'est pourquoi cette idée fut placée en dehors de l'image même du sacrifice [52].

Nous avons donné à entendre, ci-dessus, que les Dioscures représentaient une idée analogue, mais sous une forme quelque peu différente: un des soleils est mortel, l'autre immortel. Comme toute cette mythologie solaire exprime une projection psychologique dans le ciel, la proposition qui lui sert de base doit être la suivante: de même que l'homme se compose d'un élément mortel et d'un élément immortel, le soleil lui aussi est composé d'un couple fraternel dont un frère est mortel, l'autre immortel *(fig. 114)*. Certes l'homme est mortel, mais il y a des exceptions, c'est-à-dire des hommes qui sont immortels, ou bien il y a en nous quelque chose d'immortel. Ainsi les dieux, ou un Chidr, ou un comte de Saint-Germain, sont ce caractère immortel qui reste insaisissable on ne sait où. La comparaison avec le soleil nous enseigne toujours à nouveau que la dynamique des dieux est énergie spirituelle; elle est l'immortel en nous, puisqu'elle exprime le lien par lequel l'homme sent qu'il ne s'éteint jamais dans la continuité de la vie [53]. C'est la vie de la vie de l'humanité. Ses sources, qui jaillissent des profondeurs

---

[50] *Textes et monuments*, t. I, p. 210.

[51] Ce sont les signes équinoxiaux de l'ère de 4300 à 2150 av. J.-C. Ces signes, depuis longtemps dépassés, furent conservés dans le culte jusqu'après l'époque chrétienne.

[52] Pour ce qui concerne le drame représenté par la triade symbolique, voir mes remarques dans *Symbolik des Geistes*, chapitre IV. Rascher, Zurich.

[53] Voici la parabole qu'emploie l'Upanishad Shvetâshvatara, IV, 6 sq. (Deussen: *Sechzig Upanishads des Veda*, 1938, p. 301 sq.)

de l'inconscient, proviennent du tronc de l'humanité
entière puisque, biologiquement tout au moins, l'individu
n'est jamais qu'une branche séparée de sa mère et trans-
plantée.

La force vitale psychique, la libido, est symbolisée par
le soleil [54], ou personnifiée dans des personnages de héros
avec des attributs solaires. Mais
en même temps elle s'exprime aussi
en symboles phalliques. Les deux
possibilités se rencontrent sur une
gemme de la fin de l'époque babylonienne que décrit Lajard *(fig. 116)*.
Debout au milieu, un dieu androgyne. Du côté mâle un serpent avec
un halo solaire autour de la tête;
du côté femelle également un serpent avec la lune au-dessus de la
tête. Cette gravure a encore un
suffixe sexuel: du côté mâle, il y a
un losange, symbole courant du
sexe féminin; du côté femelle, une
roue sans jante. Les rayons sont
renflés aux extrémités périphériques
ce qui a, comme les doigts de tout à

Fig. 116. *Divinité
androgyne.*

Gemme de la fin de
Babylone.

Extrait de F. LAJARD :
*Mémoire sur une représen-
tation figurée de la Vénus
orientale androgyne.* « Nouvelles annales de l'Institut
archéologique » 187-3, t. I,
p. 161.

pour caractériser l'âme individuelle et l'âme universelle et l'Atman
personnel et surpersonnel:

> Deux amis unis bien ailés
> Embrassent un seul et même arbre;
> L'un d'eux mange la douce baie
> L'autre ne mange rien et regarde seulement en bas.
>
> L'esprit effondré, vers un tel arbre
> Impuissant s'évertue, saisi de folie
> Mais quand il vénère et voit la toute-puissance de l'autre
> Et sa majesté, son chagrin disparaît.
>
> De là proviennent les hymnes, sacrifices et vœux
> Le passé, l'avenir, les doctrines védiques;
> Il a comme enchanteur créé ce monde
> Dans lequel l'autre est pris au filet par les illusions.

[54] Parmi les éléments composant l'homme, dans la mythologie
de Mithra on met surtout l'accent sur le feu comme élément divin

l'heure, une signification phallique; il semble que ce soit une roue phallique, assez répandue dans l'antiquité. Il existe des gemmes obcènes sur lesquelles Amor fait tourner une roue faite de nombreux phalli [55]. Pour ce qui concerne la signification du soleil, je me permets de signaler l'exemple suivant: au musée d'antiquités de Vérone, j'ai découvert une inscription de la fin de l'époque romaine où se trouve la représentation suivante: [56]

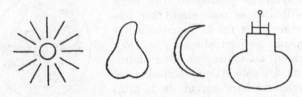

Il est aisé de lire ce symbolisme: soleil = phallus, lune = utérus, vase. Cette interprétation est confirmée par un autre monument de la même collection: on y trouve la même représentation, mais le vase [57] y est remplacé par l'image d'une *femme*. De la même manière, sans doute, s'expliquent certaines gravures des monnaies. On trouve dans *Lajard* (Recherches sur le culte de Vénus) une monnaie de Perga où Artémis est représentée par une pierre conique, flanquée d'un homme (soi-disant Men) et une figure de femme (Artémis peut-être). Sur un bas-relief attique, on trouve Men (celui qu'on appelle Lunus) avec un javelot, flanqué de Pan avec une massue et une figure

---

et on l'appelle τὸ εἰς ἐμὴν χράσιν θεοδώρητον (ce qui est donné par dieu pour ma composition). DIETERICH: *Mithraslit*, 1910, p. 58.

[55] Traduction du phénomène périodique de la sexualité: le rythme.

[56] Ces figures ne sont pas des photographies mais des dessins au crayon de l'auteur.

[57] Dans un mythe bakairi apparaît une femme née d'un mortier à maïs. Dans un mythe zoulou il est dit: une femme doit prendre une goutte de sang dans un pot, puis fermer le pot, le mettre de côté pendant huit mois, l'ouvrir le neuvième. Elle suit le conseil, ouvre le pot au bout de neuf mois et y trouve un enfant. (FROBENIUS: *Zeitalter des Sonnengottes*, I, p. 23.)

Fig. 117. *Le dieu Men sur le coq.*
Relief sacré attique.

Extrait de ROSCHER: *Lexikon der Griechischen und römischen Mythologie,*
t. II 2ᵉ partie, Leipzig 1894-1897, col. 2731.

de femme [58]. Nous voyons donc qu'outre le soleil, la
sexualité est utilisée aussi pour symboliser la libido.

Une autre trace spéciale mérite encore qu'on la signale.
Le dadophore qui remplace Mithra est représenté avec
un coq [59] et une pomme de pin. Or ce sont là les attributs
du dieu phrygien Men *(fig. 117)* dont le culte était très
répandu. On le représentait avec le pileus [60], le bonnet
« phrygien », des pommes de pin et un coq, et aussi sous
la figure d'un jeune garçon, comme les dadophores qui
sont aussi des figures de jeunes garçons (cette dernière
propriété les rapproche, ainsi que Men, des Cabires) et
des dactyles. Or, Men a de très proches relations avec
Attis, fils-amant de Cybèle. Du temps de l'empire romain,

---

[58] ROSCHER: *Lexikon*, II, col. 2733/4, sub Men.
[59] Animal solaire bien connu.
[60] Comme Mithra et les Dadophores.

343

on confondit Men et Attis. Ainsi que nous l'avons signalé plus haut, Attis porte aussi le pileus, comme Men, Mithra et les Dadophores. Fils-amant de sa mère, il nous conduit au problème de l'inceste. Logiquement, l'inceste mène à la castration sacrée dans le culte d'Attis Cybèle, puisque selon la légende, le héros, rendu furieux par sa mère, se serait mutilé lui-même. Je m'interdis d'aller ici plus loin, puisque je n'aborderai le problème de l'inceste qu'à la fin de mon étude. Pour l'instant je me bornerai donc à indiquer que le motif de l'inceste doit logiquement apparaître, puisque la libido en régression, introvertie en vertu des nécessités intérieures ou extérieures, réanime toujours les imagines et rétablit à nouveau, en apparence du moins, les relations de l'enfance. Mais ce dernier événement ne peut aboutir parce qu'il s'agit maintenant de la libido d'un adulte déjà attaché à la sexualité et qui par suite introduit inévitablement dans la relation secondaire, c'est-à-dire réanimée, avec les parents, un caractère sexuel incomplet, voire incestueux [61]. C'est lui qui donne lieu au symbolisme de l'inceste. Comme il faut en tout cas éviter ce dernier, il en résulte obligatoirement soit la mort du fils-amant, ou son auto-castration comme châtiment de l'inceste consommé, ou le *sacrifice de l'instinctivité*, surtout de la sexualité, comme moyen d'éviter ou de châtier le penchant à l'inceste *(fig. 118)*. Comme la sexualité est un exemple des plus concluants de l'instinctivité, c'est aussi elle qui est tou-

Fig. 118. *Cybèle et son fils-amant Attis.* D'après une monnaie romaine.

Extrait de ROSCHER : *Lexikon der griechischen und römischen Mythologie*, t. II, 1re partie, Leipzig, 1890-94. col. 1647.

---

[61] Cette explication n'est pas satisfaisante. Malheureusement, il ne m'a pas été possible de dérouler ici le problème archétypique de l'inceste avec toutes ses complications. Je m'en suis expliqué plus abondamment dans ma «Psychologie der Übertragung». Rascher, 1946.

chée la première par les mesures de sacrifice, c'est-à-dire
par l'abstinence. Les héros sont souvent des voyageurs [62] :
Le voyage est une image de l'aspiration [63], du désir
jamais éteint, qui ne rencontre jamais son objet, de la
recherche de la mère perdue. La comparaison avec le
soleil se comprend aisément sous cet aspect. C'est pourquoi les héros sont toujours semblables au soleil et l'on se
croit finalement autorisé à dire que le mythe du héros
est un mythe solaire. A ce qu'il me semble, il est en
premier lieu l'autoreprésentation de l'aspiration de l'inconscient qui cherche, qui a un désir insatisfait et rarement apaisable de la lumière de la conscience. Cette dernière cependant, toujours exposée à être entraînée par sa
propre lumière et à devenir un feu follet sans racine,
aspire à la puissance salutaire de la nature, source profonde de l'existence et à la communauté non consciente
avec la vie des formes innombrables. Il me faut laisser
ici la parole au maître qui a su saisir les racines de l'aspiration faustienne :

« A contre cœur je révèle un suprême mystère —
Des déesses trônent, formidables dans la solitude,
Autour d'elles il n'est point de lieu, encore moins de temps ;
Ce sont les mères !
— — — — — — — Déesses inconnues
De vous autres mortels, par nous à regret nommées.
Pour trouver leur demeure, plonge au plus profond des abîmes ;
C'est à toi la faute si nous avons besoin d'elles.
Où s'ouvre le chemin ?
                          Point de chemin ! Vers l'inexploré
A jamais inexplorable ; vers l'inobtenu
A jamais inobtenable. Es-tu prêt ?
Point de serrures, point de verrous à repousser,
tu vogueras à travers les solitudes.
— — — — — — — — — — — — — — — — — —
Et quand tu aurais passé à la nage l'Océan,
Et contemplé, là, l'immensité sans bornes,

---

[62] Gilgamesh, Dionysos, Héraclès, Mithra, etc.
[63] Voir GRAF : « R. Wagner dans *le Hollandais volant* ». *Schriften
zur angewandten Seelenkunde*, 1911.

Du moins là pouvais-tu voir, parmi l'épouvante de la mort,
La vague succéder à la vague.
Du moins pouvais-tu voir quelque chose, voir dans l'émeraude
De la mer aplanie bondir les dauphins;
Voir les images qui passent, voir le soleil, les étoiles;
Mais ici tu ne verras rien dans le lointain éternellement vide,
Le pas que tu fais tu ne l'entendras point,
Tu ne trouveras rien de solide là où tu t'arrêteras.

Prends cette clé.

La clé saura découvrir la vraie place,
Suis-la, elle te conduira chez les mères !

Enfonce-toi donc dans l'abîme. Je pourrais aussi bien dire
C'est tout un. Quitte le monde créé   [monte vers les hauteurs !
Pour fuir vers les espaces indéfinis des formes possibles !
Goûte le spectacle de ce qui depuis longtemps n'est plus;
Comme un fleuve de nuages serpente cette foule,
Brandis la clé, écarte-les de toi !

Un trépied ardent t'annoncera enfin
Que tu as atteint le fond le plus reculé de l'abîme;
A sa clarté tu verras les Mères,
Les unes assises, les autres debout ou marchant;
Comme cela se trouve. Formation, transformation,
Voilà l'éternel entretien de leur pensée éternelle.
Autour d'elles planent les images de toute créature.
Elles ne te voient pas, car elles ne voient que des schèmes.
Rassemble alors ton courage, car le danger est grand,
Va droit au trépied,
Touche-le avec la clé ! »

(Faust, IIe partie, v. 6212 sq.

Trad. H. Lichtenberger, Ed. Montaigne.*)*

Fig. 119. *La nouvelle Jérusalem.*
(Apoc. XXI, 2 sq.)
Estampe de la bible de Merian. Francfort 1704.

V

SYMBOLES
DE LA MÈRE ET DE LA RENAISSANCE

Miss Miller décrit la vision succédant à la création du
héros: « un fourmillement de personnages ». Nous connaissons cette image qui est pour nous d'abord symbole du
secret [1] ou mieux de l'inconscient. La possession de secrets
sépare de la communauté des hommes. Comme il est très
important pour l'économie de la libido que les rapports
avec le milieu soient autant que possible sans frottement
et complets, la possession de secrets subjectivement
importants produit d'ordinaire des effets troublants.

---

[1] Freud : *Science des Rêves*, 1909. Traduction citée.

Aussi le névrosé en traitement éprouve-t-il un bien-être tout particulier à pouvoir enfin se débarrasser de ses secrets. Le symbole de la foule, en particulier de la foule qui s'écoule et s'agite, je l'ai bien souvent constaté, est la traduction d'un grand mouvement de l'inconscient. Les symboles de cette sorte indiquent toujours une animation de l'inconscient et marquent le début d'une dissociation entre le moi et l'inconscient.

La vision du fourmillement se développe: des *chevaux* apparaissent, une *bataille* se livre.

Je serais tout d'abord tenté de ranger, avec Silberer, le sens de cette vision parmi les «catégories fonctionnelles»; car l'idée fondamentale du fourmillement confus est d'exprimer la masse de pensées qui maintenant surgit, de même que la bataille et aussi les chevaux concrétisent le mouvement, c'est-à-dire l'énergie. La signification plus profonde de l'apparition des *chevaux* se dégagera au fur et à mesure que nous étudierons les symboles de la mère. La vision suivante a un caractère plus précis et son contenu est plus important: Miss Miller voit une «cité de rêve». L'image ressemble à celle qu'elle a vue peu auparavant sur la couverture d'un «magazine». Malheureusement elle ne nous en dit pas davantage. Nous pouvons en toute sécurité imaginer en cette «cité de rêve» quelque chose de beau que l'on désire, une sorte de Jérusalem céleste comme en rêvait l'auteur de L'Apocalypse [2]. *(Fig. 119)*.

La ville est un *symbole maternel*, une femme qui renferme en elle ses habitants comme autant d'enfants. On comprend donc que les deux déesses mères, Rhéa et Cybèle, portent l'une et l'autre une couronne de murs *(fig. 120)*. L'Ancien Testament traite les villes de Jérusalem, de Babel, etc., comme des femmes. Isaïe (II. 47, I) s'écrie:

« Descends, assieds-toi dans la poussière,
Vierge, fille de Babylone !
Assieds-toi par terre sans trône,

---

[2] Nous parlerions aujourd'hui de « Mandalas » comme symboles du Soi.

Fig. 120. *Diane d'Ephèse avec couronne de murs.*
Musée national, Naples.
Extrait de J. BURCKHARDT: *Die Zeit Constantins des Grossen.*
Vienne, Ed. Phaidon. Fig. 112.

Fille des Chaldéens !
Car on ne t'appellera plus
La délicate, la voluptueuse.
Prends la meule et mouds la farine;
Ote ton voile,
Relève les pans de ta robe, mets à nu tes jambes
Pour passer les fleuves.

Que ta nudité soit découverte, qu'on voie ta honte !
Je veux me venger, je n'épargnerai personne.
Notre Rédempteur se nomme Jéhovah des armées,
Le Saint d'Israël !

Assieds-toi en silence, entre dans les ténèbres,
Fille des Chaldéens;
Car on ne t'appellera plus
La souveraine des royaumes. »

Jérémie dit de Babel (50, 12):

« Votre mère est couverte de confusion;
Celle qui vous a enfantés rougit de honte. »

Les villes fortes, jamais vaincues, sont des *vierges*; les
colonies sont les fils et les filles d'une mère. Des villes
sont aussi des *prostituées*; Isaïe dit de Tyr (23,16):

« Prends ta harpe
Et fais le tour de la ville, courtisane oubliée. »

et (1, 21):

« Comment elle est devenue une prostituée
La cité fidèle, elle, pleine d'équité. »

Nous retrouvons une symbolique du même genre dans
le mythe d'Ogygès, roi des temps très lointains, qui régnait
dans la Thèbes d'Egypte et dont la femme s'appelait,
comme il convient, Thébé. La Thèbes de Béotie fondée par
Cadmos reçut le surnom d'ogygienne. Ce surnom est aussi
celui du *grand flot*, appelé ogygien parce qu'il eut lieu sous
Ogygès. On verra plus loin que cette rencontre n'est pas
du tout fortuite. Le fait que la ville et la femme d'Ogygès
portent le même nom indique qu'il doit y avoir une relation
quelconque entre la ville et la femme; ce qu'il est aisé de
voir puisque la ville est tout simplement identique à la
femme. Nous retrouvons une idée analogue aux Indes, où
Indra *(fig. 194 et 282)* passe pour l'époux de Urvarâ.
Or Urvarâ signifie « pays fertile ». De même la prise de
possession d'un pays par un roi est conçue comme un
mariage avec la terre cultivable. Lors de leur avènement,

Fig. 121. *Union de Çiva et de Parvati.*
Çiva-Ardhanari (Kangra), « Çiva, hermaphrodite ».
Commencement du xixᵉ siècle.

Extrait de H. ZIMMER: *Myths and Symbols in Indian Art and Civilization.*
Bollingen-Series VII, New-York 1946, fig. 70.

les princes devaient garantir une bonne récolte. Le roi
suédois Domaldi fut même mis à mort parce que la récolte
n'avait pas réussi (légende d'Yngling 18). Dans la légende
de Râma, le héros Râma se marie avec Sîta, le sillon du
champ. C'est aussi dans ce cycle représentatif qu'il faut
ranger la coutume chinoise qui veut qu'au moment de
son avènement l'empereur laboure un champ. L'idée que
le sol est féminin renferme en soi la pensée de l'union constante avec les femmes, d'une vie corporelle l'un en l'autre.

Çiva, qui est dieu, est mâle et femelle en tant que Mahadeva et Parvati; il a même donné à son épouse Parvati une moitié de son corps comme demeure *(fig. 121)*. Le *motif de la cohabitation perpétuelle* est aussi exprimé par le symbole bien connu du Lingam que l'on trouve dans de nombreux temples indiens: La base est un symbole féminin dans lequel est placé le phallus *(fig. 122)*[3]. Ce symbole ressemble aux paniers et caissettes phalliques grecs. La caisse, ou le tiroir, est un symbole féminin *(fig. 124 et 227)*. C'est le corps de la mère, conception bien connue des mythologies d'autrefois[4]. Caisse, tonneau ou petit panier au contenu précieux, on se les représente volontiers nageant sur les eaux, quelque chose d'analogue au cours du soleil. Le soleil flotte sur la mer, dieu immortel qui se replonge chaque soir dans la mère maternelle et renaît renouvelé chaque matin.

Frobenius dit[5]:

« Si pour la montée sanglante du soleil l'idée naît qu'ici a lieu une naissance, la naissance du jeune soleil, indubitablement vient s'y joindre la question de savoir d'où provient la paternité, comment cette femme est devenue enceinte. Et comme elle symbolise la même chose que le poisson, à savoir la mer (puisque nous partons de l'hypothèse que le soleil disparaît dans la mer comme il surgit d'elle) la réponse, qui n'a rien de surprenant, est que cette mer a auparavant englouti le vieux soleil. Alors se forme le mythe-conséquence: puisque la femme « mer » a préalablement englouti le soleil, et qu'elle met maintenant au monde un nouveau soleil, c'est qu'elle est évidemment devenue grosse. »

---

[3] Une autre forme du même motif est donnée dans la conception perse de l'arbre de vie, dans le lac des pluies de Vourukasha. Les graines de cet arbre se mêlent à l'eau, ce qui entretient la fécondité de la terre. Vendidâd, 57 sq., il est dit: les eaux coulent « au lac Vourukasha jusqu'à l'arbre Hvâpa; là croissent tous les arbres de toutes les espèces; je les laisse tomber comme aliments pour l'homme pur, comme pâture pour la vache bien conditionnée ». Autre arbre de vie, le blanc Haoma qui pousse dans la source d'Ardîçura, l'eau de vie. Spiegel: *Eran. Altertumskunde*, 1871, t. I, p. 465 sq.

[4] Rank en apporte des preuves dans: *Le mythe de la naissance du Héros*, 1909.

[5] *Das Zeitalter des Sonnengottes*, 1904, p. 30.

Fig. 122. *Lingam et Yoni.*
Seven Pagodas. Madras, Indes.
(Collection de l'auteur.)

Tous ces dieux qui parcourent les mers sont des dieux
solaires. Pour la « traversée maritime nocturne » (Frobenius) ils sont enfermés dans une caissette ou dans une
arche, souvent en compagnie d'une femme *(fig. 123 et 296)*
(encore un renversement des rapports réels, mais conforme
au motif de la cohabitation perpétuelle, que nous avons
rencontré plus haut). Pendant la traversée maritime nocturne, le dieu solaire est enfermé dans le sein maternel et
assez souvent menacé de toutes sortes de dangers.

Fig. 123. *Couple englouti par la mère terrible.*
Amulette chamane
du clan des Tingit, sud-est de l'Alaska. (XIXᵉ siècle.)
American Museum of Natural History. Nᵒ 19/470.

Extrait de G. C. VAILLANT : *Indian Arts in North America.*
New-York 1939, planche 91.

A la place de nombreux exemples particuliers, je me contente de reproduire le schéma que Frobenius [5*] a construit pour d'innombrables mythes de cette sorte :

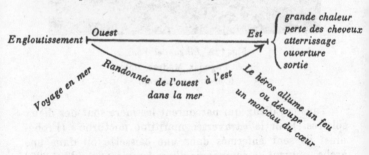

Voici la légende jointe par Frobenius à ce schéma :

« Un héros est englouti à l'ouest par un monstre des eaux (engloutissement). L'animal va avec lui vers l'est (traversée).

[5*] Table accompagnant *Das Zeitalter des Sonnengottes.*

Entre temps le héros allume un feu dans le ventre du monstre (allumer du feu) et il lui coupe, parce qu'il a faim, un morceau du cœur en suspens (couper le cœur). Bientôt après, il remarque que l'animal glisse sur le sec (atterrir); aussitôt il se met à le déchiqueter de l'intérieur (ouvrir); puis il se glisse dehors (sortir). Dans le ventre du poisson il a fait si chaud que tous ses cheveux sont tombés (chaleur, cheveux). Bien souvent le héros délivre encore en même temps tous ceux qui avaient été engloutis auparavant (dévorer tout) et qui tous alors sortent (sortie générale). »

Comme scène très voisine, nous avons la traversée de Noé durant le déluge: tout ce qui vit y meurt. Lui seul et les vies conservées par lui sont conduits vers une nouvelle création. Dans une légende mélapolynésienne [5**] il est dit que le héros dans le ventre de Kombili (roi-poisson) prend son obsidienne et ouvre le ventre du poisson: « Il se glissa dehors et vit une lueur. Il s'assit et réfléchit: je suis surpris de me trouver ici, dit-il. Alors le soleil surgit tout d'un coup et se jeta d'un côté à l'autre. » Le soleil s'est à nouveau glissé dehors. Frobenius [5***] signale, dans le Râmâyana, l'histoire du singe Hanumân qui représente le héros solaire: « Le soleil sur lequel Hanumân traverse rapidement les airs, jette une ombre sur la mer; un monstre marin la voit et, grâce à elle, attire Hanumân vers lui. Quand celui-ci s'aperçoit que le monstre veut l'avaler, il allonge *tout à fait démesurément sa taille;* le monstre prend les mêmes proportions gigantesques. Alors Hanumân se fait aussi petit qu'un *pouce,* se glisse dans le grand corps du monstre et ressort par l'autre côté. » Dans un autre passage du poème, il est dit qu'il sortit par l'*oreille droite* du monstre (comme le Gargantua de Rabelais, qui vint lui aussi au monde par l'oreille de sa mère). Hanumân reprend alors son vol et rencontre un autre obstacle en un autre monstre marin, la *mère* de Rahu (démon dévorant le soleil). Celle-ci attire également

---

[5**] FROBENIUS: *loc. cit.*, p. 61.
[5***] *Loc. cit.*, p. 173 sq.

à elle l'ombre [6] d'Hanumân qui recourt encore à son ancienne ruse de guerre, se rapetisse et se glisse dans son corps. Mais à peine y est-il entré, qu'il grandit pour devenir une masse gigantesque, gonfle, la déchire, la tue et s'enfuit. Ainsi nous comprenons pourquoi le chercheur de feu

Fig. 124. *Noé dans l'arche*.
Autel d'émail de Nicolas de Verdun, 1186.
Eglise collégiale de Klosterneuburg, près de Vienne.

Extrait de Th. EHRENSTEIN: *Das Alte Testament im Bilde.*
Vienne 1923, chap. IV, fig. 31, p. 106.

hindou Mâtariçvan est appelé: « celui qui enfle dans la mère ». L'arche *(fig. 124)* (caissette, tiroir, tonneau, bateau, etc.) est l'analogon du corps maternel, comme la mer dans laquelle le soleil est englouti pour renaître. Celui qui enfle dans la mère ce peut être également sa domination et sa mort. La préparation du feu est un acte de conscience « par excellence » et il « tue » l'état obscur d'attachement à la mère.

[6] Ombre = sans doute simplement âme. Il n'y a probablement là aucune considération morale.

Ce cycle de représentations nous fait comprendre les déclarations mythologiques au sujet d'Ogygès: il est celui qui possède la mère, la ville, par conséquent qui est uni à la mère; c'est pourquoi le grand flot vint sous son règne, puisqu'une partie typique du mythe solaire veut que le héros, une fois uni à la femme difficilement accessible, soit exposé sur la mer dans un tonneau, ou quelque chose d'analogue, et qu'il atterrisse, pour une nouvelle vie, sur un lointain rivage. L'épisode central, la « traversée nocturne » dans l'arche, manque dans la tradition d'Ogygès. Mais c'est en mythologie la règle que les parties typiques spéciales d'un mythe puissent s'assembler les unes avec les autres dans toutes les variations imaginables; cela rend l'interprétation de chaque mythe extrêmement pénible si l'on ignore les autres. Le sens du cycle mythique ici éveillé est clair: c'est l'aspiration à retrouver la renaissance par retour dans le sein maternel, c'est-à-dire à devenir immortel comme le soleil. Cette aspiration à la mère s'exprime abondamment dans notre Écriture sainte. Je rappelle d'abord le passage de l'Épître aux Galates où il est dit (4, 26 sq.):

« Mais la Jérusalem d'en haut est libre: c'est elle qui est notre mère; car il est écrit: « Réjouis-toi, stérile, toi qui n'en- » fantais point; éclate en cris de joie et d'allégresse toi qui ne » connaissais pas les douleurs de l'enfantement ! Car les enfants » de la délaissée seront plus nombreux que les enfants de celle » qui avait l'époux. » Pour vous, frères, vous êtes à la manière d'Isaac, enfants de la promesse. Mais de même qu'alors celui qui était né selon la chair persécutait celui qui était né selon l'esprit, ainsi en est-il encore maintenant. Mais que dit l'Ecriture ? « Chasse l'esclave et son fils, car le fils de l'esclave ne » saurait hériter avec le fils de la femme libre. » C'est pourquoi frères, nous ne sommes pas enfants de la servante, mais de la femme libre. » (5, I): « Dans la liberté dans laquelle le Christ nous a affranchis... »

Les chrétiens sont les enfants de la ville d'en haut, et non les fils de la ville-mère, qu'il faut rejeter car celui qui a été engendré par la chair s'oppose à celui qui a été engendré par l'esprit, qui, lui, n'est pas issu d'une mère de chair, mais d'un symbole de la mère. Il faut à nouveau ici penser aux Indiens qui faisaient naître le premier homme d'un pommeau d'épée et d'une navette. Le processus de la formation du symbole met à la place de la mère: ville, source, grotte, église, etc. *(fig. 119 et 135)*. Cette substitution vient de ce que la régression de la libido réanime des voies et des processus de l'enfance et surtout les rapports avec la mère[7]. Mais ce qui jadis était naturel, et utile pour l'enfant, représente pour l'adulte un danger spirituel exprimé par le symbole de l'inceste. Comme le tabou de l'inceste s'oppose à la libido, et la maintient en une voie régressive, elle peut se laisser transférer vers des analogies maternelles produites par l'inconscient. La libido redevient progressive et même sur un plan conscient un peu plus élevé que le précédent. L'opportunité de cette translation est particulièrement claire quand c'est la *ville* qui prend la place de la mère. L'arrêt infantile (primaire ou secondaire) est pour l'adulte limitation et paralysie, alors que l'attachement à la ville stimule ses vertus de citoyen et lui facilite au moins une existence utile. Chez les primitifs, on trouve à la place de la ville, le clan. Nous trouvons la symbolique de la ville bien développée dans l'Apocalypse de saint Jean, où deux villes jouent un rôle important, l'une étant insultée et maudite par lui, l'autre, au contraire, désirée. Nous lisons (Apocalypse, 17, 1 sq.):

« ... Viens, je te montrerai le jugement de la grande prostituée qui est assise sur les grandes eaux, avec laquelle les rois de la terre se sont souillés et qui a enivré les habitants de la terre du vin de son impudicité. Et il me transporta en esprit dans un désert.

Et je vis une femme assise sur une bête écarlate, pleine de noms de blasphèmes, et ayant sept têtes et dix cornes. Cette femme était vêtue de pourpre et d'écarlate; et richement parée d'or, de pierres précieuses et de perles; elle tenait à la main une coupe d'or remplie d'abominations et des souillures de sa

---

[7] Naturellement celles qui relient au père aussi. Mais la relation à la mère a la prédominance, pour des raisons évidentes. Elle est plus primitive et plus profonde.

Fig. 125. *La grande Babylone.*
Estampe de H. Burgkmair pour le Nouveau Testament.
Augsbourg 1423.

Extrait de W. Worringer: *Die altdeutsche Buchillustration,*
Munich 1919, fig. 88, p. 136.

prostitution. Sur son front était un nom mystérieux : « Babylone
» la Grande », la mère des impudiques et des abominations de
la terre. Je vis cette femme ivre du sang des saints et du sang
des martyrs de Jésus; et je fus saisi, en la voyant, d'un grand
étonnement. » *(fig. 125).*

Dans le texte vient ensuite une interprétation de la
vision que nous avons peine à comprendre et dont nous

ne voulons indiquer que ceci: les sept têtes du dragon désignent sept montagnes sur lesquelles la femme est assise. Sans doute s'agit-il d'une allusion claire à Rome, la ville donc, dont la puissance terrestre écrasait le monde à l'époque de l'Apocalypse. Les eaux sur lesquelles est assise la femme, la « mère », ce sont des peuples, des masses,

Fig. 126. *Oiseaux-âmes.*

Hydrie chaldéenne (détail).

Extrait de J. Sieveking et R. Hackl: *Die Königliche Vasensammlung zu München.* 1er vol. Munich 1912. Planche 24, n° 594.

des nations et des langues. Cela aussi semble concerner Rome, car elle est la mère des peuples et possède tous les pays. Comme dans le langage courant les colonies s'appellent les « filles », de même les peuples soumis à Rome sont comme les membres d'une famille soumise à la mère; dans une autre version de l'image, les rois des peuples, donc les « fils », commettent la luxure avec la mère: L'Apocalypse continue (18, 1 sq.):

« Elle est tombée, elle est tombée, Babylone la Grande. Elle est devenue une habitation de démons, un séjour de tout esprit impur, un repaire de tout oiseau immonde et odieux, parce que toutes les nations ont bu du vin de la fureur de son impudicité. »

Ainsi cette mère est non seulement mère de toutes les horreurs, elle est aussi en même temps le réceptacle de tout ce qui est mauvais et impur. Les oiseaux sont des images de l'âme [8] *(fig. 126 et 235)*, il s'agit donc de toutes

---

[8] Dans l'enfer babylonien par exemple, les âmes portent un vêtement de plumes (ailes). Voir Gilgamesh.

les âmes des damnés et des esprits mauvais. La mère devient ainsi enfer, ville des damnés eux-mêmes. Nous reconnaissons dans l'image antique de la femme sur le dragon [9], Echidna, mère de toutes les frayeurs des enfers, que nous avons mentionnée plus haut. Babylone est l'image de la mère terrible qui, par une diabolique séduction, mène tous les peuples à la prostitution et les rend ivres de son vin *(fig. 125)*. La boisson enivrante est ici en étroite relation avec la luxure; elle est aussi un symbole de la libido, comme nous l'avons déjà vu dans l'exemple analogue du feu et du soleil.

Après la chute et la malédiction de Babylone, nous trouvons dans l'Apocalypse (19, 6 sq.) l'hymne qui nous conduit de la moitié inférieure à la moitié supérieure de la mère, où doit devenir possible tout ce qui aurait été impossible sans l'interdiction de l'inceste:

« Alleluia ! car il règne le seigneur notre Dieu, le Tout-Puissant ! Réjouissons-nous; tressaillons d'allégresse et rendons-lui gloire, car les noces de l'agneau [10] sont venues et son épouse

---

[9] Dans un livre d'évangiles du 14e siècle, de Bruges, on trouve une miniature où la femme aimable comme la mère de Dieu est enclose *à mi-corps* dans un dragon.

[10] En grec τὸ ἀρνίον, le chevreau, diminutif de ἀρήν, bélier, peu usité. (Chez Théophraste, employé dans le sens de jeune pousse, jeune rejeton.) Le mot ἄγνις, qui lui est apparenté, désigne une fête célébrée à Argos chaque année en souvenir de Linos où l'on chantait le chant de deuil nommé λίνος en souvenir de Linos, nouveau-né de Psamathe et d'Apollon, dévoré par les chiens. La mère avait exposé l'enfant par peur de son père Krotopos. Par vengeance, Apollon envoya un dragon, Poinè, dans le pays de Krotopos. L'oracle de Delphes ordonna que chaque année les femmes et les jeunes filles fissent des lamentations à propos du défunt Linos. Psamathe reçut une part de la vénération. La lamentation pour Linos est, selon Hérodote, analogue à la coutume phénicienne, cypriote et égyptienne des lamentations d'Adonis (Tammuz). En Égypte, remarque Hérodote, Linos s'appelle Maneros. BRUGSCH pense que Maneros vient du cri plaintif égyptien maa-n-chru, « réponds à l'appel ». La Poinè a comme particularité qu'elle arrache à toutes les mères les enfants de leurs corps. Nous retrouvons cet ensemble de motifs dans l'Apocalypse (12, 1 sq.) où il est question de l'astre-femme qui enfante, dont l'enfant est menacé par un dragon, mais est enlevé au ciel. Le meurtre des enfants sous Hérode est une forme humanisée de

Fig. 127. *Apollon tue Python.*
Extrait de Benserade: *Métamorphoses d'Ovide en Rondeaux.*
Paris 1697, p. 21.

s'est préparée et il lui a été donné de revêtir le lin fin, éclatant
et pur.

Ce fin lin ce sont les vertus des saints. Et l'ange me dit:
« Ecris: heureux ceux qui sont invités au festin des noces de
» l'agneau ! »

----

cette lointaine image. (Cf. Brugsch: *Die Adonisklage und das Linos-
lied*, Berlin, 1852.) Dieterich (Abraxas, *Studien zur Religionsgeschichte des späteren Altertums*, 1891), pour expliquer ce passage
renvoie au mythe d'Apollon et de Python, qu'il reproduit comme
suit (d'après Hyginus): « Python, fils de la terre, le grand dragon,
avait reçu la prédiction que le fils de Leto le tuerait. Leto était
enceinte de Jupiter (Zeus); mais Héra fit en sorte qu'elle ne pût
accoucher que là où le soleil ne luisait pas. Quand Python s'aperçut
que Leto était sur le point d'accoucher, il se mit à la poursuivre
pour la tuer. Mais Borée porta Leto chez Poseidon. Celui-ci l'emporta
à Ortygie et couvrit l'île des flots de la mer. Ne trouvant pas Leto,
Python retourna au Parnasse. Leto accoucha sur l'île dressée par
Poseidon. Quatre jours après sa naissance, Apollon se vengea et
tua Python *(fig. 127).*

L'agneau est le fils de l'homme; il fête les noces avec la « femme ». Qui est la « femme » ? Cela reste d'abord obscur. Mais l'Apocalypse (21, 9) nous apprend quelle femme est la fiancée du bélier:

« ... Viens, je te montrerai la nouvelle mariée, l'épouse de l'agneau [11]. Et il me transporta en esprit sur une grande et haute montagne et il me montra la ville sainte, Jérusalem, qui descendait du ciel d'auprès de Dieu, brillante de la gloire de Dieu. » (fig. 119.)

Après tout ce qui précède, ce passage doit faire comprendre que la ville, la fiancée céleste que l'on annonce ici au fils, c'est la mère, c'est-à-dire, l'imago maternelle [12]. A Babylone, pour parler comme l'Épître aux Galates, on chasse la servante impure pour conquérir d'autant plus sûrement ici dans la Jérusalem céleste, la mère-fiancée. Avec leur flair psychologique très fin, les Pères de l'Église qui établirent le canon ne voulurent pas laisser perdre l'Apocalypse. Elle est une mine précieuse pour la formation des symboles essentiels du Christianisme primitif [13].

---

[11] Apocalypse, 21, 2. « Et je vis descendre du ciel, d'auprès de Dieu, la ville sainte vêtue comme une nouvelle mariée parée pour son époux. »

[12] La légende de Shaktideva, dans Somadeva Bhatta, raconte que le héros, après avoir heureusement évité d'être dévoré par un poisson monstrueux (mère terrible), voit finalement la ville dorée et épouse la princesse qu'il aime. (FROBENIUS: *Zeitalter des Sonnengottes*, 1904, p. 175.)

[13] Dans les actes apocryphes de saint Thomas (IIe siècle) l'Eglise est conçue comme la vierge mère-épouse du Christ. Dans une invocation de l'apôtre, il est dit:

« Viens, nom sacré du Christ, qui es au-dessus de tous les noms.
Viens, puissance du très haut et clémence suprême
Viens, dispensateur de la bénédiction suprême,
Viens, mère pleine de grâce;
Viens, économie de la virilité,
Viens, femme, toi qui découvres les mystères cachés, » etc.

Une autre invocation dit:

« Viens, grâce extrême,
Viens, épouse (litt. communauté) des virils,
Viens, femme, toi qui montres les choses cachées,

Quant aux autres attributs donnés à la Jérusalem céleste, ils mettent hors de doute son sens de mère [14].

« Puis il me montra un fleuve d'eau de la vie, clair comme du cristal, jaillissant du trône de Dieu et de l'Agneau. Au milieu de la rue de la ville; et de part et d'autre du fleuve des arbres de vie qui donnent douze fois leurs fruits, les rendant une fois par mois et dont les feuilles servent à la guérison des nations. Il n'y aura plus aucun anathème... »

Nous trouvons dans ce passage le symbole de l'*eau* que nous avons trouvé en relation avec la ville à propos d'Ogygès. Le sens maternel de l'eau *(fig 128)* est une des interprétations symboliques les plus claires de la mythologie [15]. Les anciens disaient : ἡ θάλασσα - τῆς γενέσεως σύμβολον (la mer — symbole de la naissance). C'est de l'eau que vient la vie [16]. C'est pourquoi viennent aussi d'elle les deux dieux qui nous intéressent le plus ici : le Christ et Mithra ; ce dernier est toujours représenté naissant auprès d'un fleuve ; le Christ vient « renaître » dans le Jourdain ; en outre il est né de la Πηγή [17], sempiterni fons amoris, mère de Dieu, que la légende païenne a transformée en nymphe des sources. La « source » se rencontre aussi dans le Mithraïsme : une inscription votive pannonienne

---

Viens, femme, toi qui connais le mystère de l'élu,
Et qui révèles les choses indicibles, Sainte
Colombe, toi qui produis les oiseaux du nid des jumeaux,
Viens, « mère secrète ». »

F. C. CONYBEARE : « Die jungfräuliche Kirche und die jungfräuliche Mutter ». *Arch. f. Religionswissenschaft*, IX, 77.
Le rapport entre l'Eglise et la mère n'est pas douteux *(cf. fig. 135)*. De même la conception de la mère comme épouse. La « communauté du viril » rappelle le motif de la perpétuelle vie commune. Les « oiseaux du nid des jumeaux » rappellent la vieille légende selon laquelle Jésus et Thomas étaient jumeaux. Il s'agit d'une conception de Jésus et de son Ka, originaire d'Egypte (v. Pistis Sophia).

[14] Apocalypse, 22, 1 sq.

[15] Voir FREUD : « Science des rêves » et Abraham : *Traum und Mythus*, 1909, p.22 sq.

[16] Isaïe, 48, I. « Écoutez ceci, maison de Jacob, vous qui êtes appelés des noms d'Israël et qui êtes sortis de la source de Juda... »

[17] WIRTH : *Aus orientalischen Chroniken*, 1894.

Fig. 128. *La fontaine de jouvence*
Icone du XVIIe siècle. Ecole de Constantinople.
Extrait de la collection d'illustrations du Dr S. AMBERG, Ettiswil près Lucerne.

dit: « fonti perenni ». Une inscription d'Apulum est consacrée [17]* à la « Fons Aeterni ». En Perse, Ardvîçûra est la source contenant l'eau de la vie. Ardvîçûra-Anâhita est une déesse de l'eau et de l'amour (de même qu'Aphrodite est « celle qui naquit de l'écume »). Dans les Védas, les eaux sont appelées mâtritamâh : les maternelles. Tout ce qui vit, s'élève, comme le soleil, hors des eaux et s'y replonge à nouveau le soir. Né des sources, des fleuves, des mers, l'homme atteint en mourant les eaux du Styx pour entreprendre la « traversée nocturne ». Les eaux noires de la mort sont des eaux de la vie ; la mort avec son froid enlacement est le sein maternel, comme la mer qui engloutit le soleil, mais le réenfante de son sein maternel. La vie ne connaît nulle mort :

> « Dans les flots de la vie, dans l'ouragan de l'action,
> Je chemine en haut, en bas
> Souffle de-ci de-là.
> Naissance et tombe
> Une mer éternelle,
> Une trame changeante
> Une vie ardente...

La projection de l'imago maternelle sur l'eau confère à cette dernière une série de qualités divines ou magiques, telles qu'elles sont propres à la mère. Le symbolisme de l'eau baptismale de l'Eglise en est un exemple *(fig. 129)*. Dans les rêves ou les fantaisies, la mer, ou toute étendue d'eau assez vaste, désigne l'*inconscient*. L'aspect maternel de l'eau coïncide avec la nature de l'inconscient en ce sens que ce dernier (surtout chez l'homme) peut être regardé comme la mère, la matrice de la conscience. Ainsi quand on interprète sur le plan du sujet [18], l'inconscient a, comme l'eau, une signification maternelle.

Un symbole maternel presque aussi fréquent que celui de l'eau est celui du bois de vie (ξύλον ζωῆς) et de l'*arbre de vie*. L'arbre de vie est en premier lieu sans doute un

[17] * CUMONT: *Textes et Monuments*, I, p. 106 sq.

[18] A propos du terme « plan du sujet », voir mon ouvrage: *Types psychologiques*, tr. fr. 1950. Déf. 43, p. 479.

Fig. 129. *Fonts baptismaux anglo-saxons de Kilpeck, Angleterre.*
Collection du Dr C. A. MEIER, Zurich.

arbre généalogique portant des fruits, donc une sorte de mère des générations. De nombreux mythes font descendre les hommes des arbres, beaucoup représentent le héros enfermé dans l'arbre maternel: ainsi Osiris mort dans la bruyère; Adonis, dans la myrrhe, etc. *(fig. 140 et 150)*. De nombreuses divinités féminines étaient vénérées sous forme d'arbres: d'où le culte des bois et des arbres sacrés. Il est par conséquent compréhensible que ce soit sous un pin qu'Attis s'émascule: cela signifie qu'il le fait à cause de sa mère — ou en relation avec elle. La Junon de Thespie était une branche d'arbre; celle de Samos, une planche; celle d'Argos, une colonne; la Diane de Carie, un morceau de bois mal dégrossi; l'Athéné de Lindus, une colonne polie. Tertullien appelle la Cérès de Pharos: « *rudis palus et informe lignum sine effigie* ». Athenaeus remarque au sujet de la Latone de Délos qu'elle est un ξύλινον ἄμορφον, un morceau de bois informe. Tertullien nomme une Pallas attique: « *crucis stipes* », pieu en forme de croix (ou mât). Le simple pilier de bois *(fig. 130)* est phallique, comme l'indique déjà le nom (Pfahl, palus, φάλης) [19]. Le φαλλός est un pieu, lingam cultuel taillé le plus souvent dans du bois de figuier *(fig. 131)* comme l'étaient aussi les statues priapiques des Romains. Φάλος c'est le rebord, la garniture du casque appelée plus tard κῶνος. Φάλληνος, à travers φάλλός, a le sens de « en bois »; φαλ-άγγημα = cylindre, φάλαγξ poutre ronde; on donne le même nom à l'ordre de bataille macédonien renommé pour sa puissance de choc; en outre, l'articulation du doigt porte aussi le nom de phalange φάλαγξ [20]. Et il faut encore considérer que φάλος

---

[19] A la place de colonne on a aussi *coni*, dans le culte de Cypris d'Astarté, par exemple.

[20] Pour la symbolique de la .phalange, je renvoie aux remarques sur les Dactyles, 2e part., chap. I. Je signale encore ceci, que j'emprunte à un mythe Bakairi: « Nimagakaniro avala deux os d'un doigt de Bakairi, dont il y avait beaucoup dans la maison, parce que Oka les utilisait comme pointes de flèches et tuait beaucoup de Bakairi dont il mangeait la chair; et c'est par eux uniquement et non par Oka que la femme devint grosse. » (Cit. par Frobenius, *Zeitalter des Sonnengottes*, 1904, p. 236.)

Fig. 130. *Patère phallique.*
Le milieu est vraisemblablement un symbole solaire.
Nouvelle-Guinée du Nord. Sculpture en bois.
Museum v. Land en Volkenkunde, Rotterdam.

Extrait de E. FUHRMANN: *Neu Guinea,* 1922, p. 69.

a aussi le sens de lumineux et brillant. Le radical indogermanique est bhale = regorger, enfler [21]. Qui ne penserait à *Faust :*

« Elle grandit dans ma main, elle luit, elle jette des éclairs. »

C'est la symbolique primitive de libido qui montre combien immédiate est la relation entre libido et lumière. On trouve des rapports analogues dans les invocations de Rudra, dans le Rigveda (1, 114, 3) :

Fig. 131. *Bétyle sacré des Kamaon Hills, Indes.*

Extrait de V.C.C. COLLUM : *Die schöpferische Muttergöttin.* Eranos-Jahrbuch 1938, p. 312, planche VI, fig. *a.*

« Puissions-nous obtenir ta faveur, ô toi le maître des hommes, ô Rudra qui urines.

4 : Le flamboyant Rudra, qui accomplit le sacrifice, celui qui tournoie (qui court en cercle dans le ciel), le voyeur ; c'est lui que nous appelons en bas à notre secours.

2, 33, 5 : — Celui qui procure la douceur, celui que l'on n'appelle pas en vain, le brun rouge qui est muni d'un si beau casque, qu'il ne nous livre pas à la jalousie.

6 : Il m'a réjoui, le taureau uni au Marut, en donnant à celui qui l'implore une plus puissante force de vie.

8 : pour le taureau rouge brun, pour le blanc étincelant que retentisse un puissant chant de louanges ; honorons de nos chants le flamboyant, nous chantons l'être lumineux de Rudra.

14 : que le trait (flèche) de Rudra passant près de nous se détourne, que la grande défaveur du lumineux passe sans nous atteindre ; détends les solides (arcs ou les dures flèches) pour les princes, toi qui bénis (avec ton urine) (toi qui engendres avec puissance), sois clément pour nos fils et petits-fils [22]. »

Les aspects les plus divers de l'être à vie puissante et spirituelle, de celui qui a un effet extraordinaire, du concept personnifié de Mana, s'unissent ici dans le person-

---

[21] Autres exemples chez PRELLWITZ : *Etymol. grecque,* 1905.
[22] SIEKE : « Der Gott Rudra im Rigveda ». *Archiv. für Religionswissenschaft,* t. I, p. 287 sq.

nage de Rudra: le soleil flamboyant, au blanc éclat, le beau casque, le taureau puissant générateur et l'urine (urere = brûler).

Considérés du point de vue de leur dynamique, ce ne sont pas uniquement les dieux qui sont symboles de libido: les déesses le sont également. La libido s'exprime de même manière par les paraboles du soleil, de la lumière, du feu, de la sexualité, de la fécondité, de la croissance. C'est ainsi qu'il arrive que des déesses aussi, comme nous l'avons vu, soient dotées de symboles phalliques, bien que ces derniers soient essentiellement de nature virile. Une raison essentielle en est que, tout comme quelque chose de féminin est caché en l'homme *(fig. 132)*, de même il y a quelque chose de masculin en la femme [23]. La fémi-

Fig. 132. *Déesse dans le lingam.*

Cambodge, xive siècle.
Musée Guimet, Paris.

Extrait de H. ZIMMER: *Myths and Symbols in Indian Art and Civilization.* New-York 1946, pl. 64.

nité de l'arbre qui représente la déesse *(fig. 136 et 286)* est mêlée de symbolique phallique, comme le montre l'arbre généalogique poussant du ventre d'Adam. Dans mon livre *Psychologie et Alchimie*, j'ai reproduit, empruntée à un manuscrit du Vatican, une image d'Adam où l'arbre n'est autre que le membre viril *(fig. 133)*. L'arbre a donc, pourrait-on dire, un caractère bisexué, ce qui est aussi indiqué par le fait qu'en latin les noms d'arbres ont une terminaison masculine et sont cependant du genre féminin [24].

---

[23] Voir à ce sujet la théorie de l'*animus* et de l'*anima* dans mes ouvrages ultérieurs.

[24] Le *figuier* est l'arbre phallique. A remarquer que Dionysos planta un figuier à l'entrée de l'Hadès, comme on plaçait des phalli

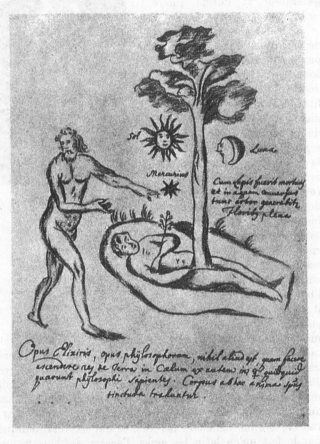

Fig. 133. *Arbor philosophica sortant de l'homme.*
Manuscr. British Museum, Londres.

Ms. Sloane Nr. 1316: *Emblematical Figures of the Philosophers Stone.*
XVIIᵉ siècle, feuillet 12.

L'arbre se présente avec un caractère hermaphrodite analogue [25] dans le rêve suivant d'une jeune femme:

Elle se trouvait dans un jardin, où se dressait un étrange arbre exotique avec de bizares floraisons ou fruits rougeâtres et charnus. Elle en cueillit et les mangea. A sa grande terreur, elle s'en trouva empoisonnée.

Dans le mariage de cette rêveuse s'étaient rencontrées certaines difficultés sexuelles par suite desquelles sa fantaisie se mit à se préoccuper d'un jeune homme de sa connaissance. C'est l'arbre du paradis, qui joue pour les premiers parents un rôle analogue à celui qu'il joue dans ce rêve. Il est l'arbre de la libido, représentant dans le cas actuel aussi bien le côté féminin que le côté masculin, puisqu'il traduit simplement le mode de relation qu'ils ont l'un avec l'autre.

Une énigme norvégienne dit:

« Un arbre se dresse sur le mont Billin
Il s'égoutte au-dessus d'une mer,
Ses branches brillent comme de l'or;
Tu ne devineras pas aujourd'hui. »

La fille du soleil ramasse, le soir, les branches d'or tombées du chêne miraculeux.

« Amèrement pleure le petit soleil
Dans la pommeraie.
Du pommier est tombée
La pomme d'or,
Ne pleure pas petit soleil
Dieu en fera une autre
D'or, d'airain
Et d'argent. »

Le sens d'étincelant qu'a l'arbre — soleil, arbre du paradis, mère, phallus — s'explique par le fait qu'il est un symbole de libido et non une allégorie de tel ou tel

---

sur les tombes. Le *cyprès* voué à la déesse Aphrodite (cypris) devint finalement signe de mort puisqu'on le plaçait à la porte de la maison mortuaire.

[25] Sur l'hermaphroditisme, cf. *Psychologie et Alchimie*, ouv. cit., 1944.

objet concret. Par conséquent un symbole phallique ne désigne pas l'organe sexuel, mais la libido, de même que, lorsqu'il apparaît clairement comme tel, il ne se désigne pas lui-même, mais est un symbole de libido. Les symboles ne sont pas des signes, ni des allégories remplaçant une chose connue, ils cherchent à annoncer un état de fait peu connu, ou même inconnu. Le tertium comparationis de tous ces symboles, c'est la libido. L'uniformité de sens gît uniquement dans la parabole de la libido. Dans ce domaine cesse le sens solide des choses. La seule réalité à cet endroit, c'est la libido, dont nous ne saisissons l'essence qu'à travers ce qui se passe en nous. Il ne s'agit donc pas de la vraie mère, mais de la libido du fils dont l'objet fut jadis la mère. Nous prenons ces symboles mythiques dans un sens beaucoup trop concret et nous nous étonnons à chaque pas des infinies contradictions des mythes. C'est que nous oublions toujours que c'est la force créatrice inconsciente qui s'enveloppe en images. Si donc on dit « Sa mère était une méchante sorcière », cela signifie: le fils n'est pas à même de détacher sa libido de l'imago maternelle: il souffre de résistances parce qu'il est resté attaché à sa mère.

Fig. 134. *Cybèle, Attis et le pin.*
D'après un autel de Cybèle du IIIe siècle ap. J. C., aujourd'hui détruit.

Extrait de F. CREUZER: *Symbolik und Mythologie der alten Völker.* Leipzig et Darmstadt 1819, planche II, fig. 2.

Le symbolisme de l'eau et de l'arbre, ajouté comme attributs supplémentaires au symbole de la ville, renvoie également à la libido ancrée inconsciemment à l'imago de la mère. A certains passages essentiels, l'Apocalypse laisse transparaître ce regret de la mère [26]. L'espérance de

---

[26] Le rapport du fils et de la mère fut le fondement psychologique de nombreux cultes *(fig. 134)*. ROBERTSON (Evang. Myth..

l'Apocalypse aboutit à la mère : καὶ πᾶν κατάθεμα οὐκ ἔσται ἔτι, et il n'y aura plus de malédiction. Il n'y aura plus de péché, plus de refoulement, plus de désaccord avec soi, plus de faute, plus d'angoisse de mort et plus de douleur de la séparation, parce que grâce au mariage de l'agneau, le fils est uni à la mère-épouse, et qu'ainsi est atteint l'état bienheureux définitif. Ce symbole se retrouve dans les *nuptiae chymicae*, la *coniunctio* de l'alchimie.

Ainsi l'Apocalypse aboutit au même accord mystique rayonnant qui fut retrouvé deux millénaires plus tard par l'inspiration poétique: c'est la dernière prière du Dr Marianus :

> « Levez vos yeux vers le regard sauveur
> Ames tendres et repentantes
> Afin de vous métamorphoser, reconnaissantes,
> Et de vous élever à la félicité
> Que tout esprit supérieur
> S'offre à te servir ;
> Vierge, mère, reine
> Déesse, reste-nous propice ! »
> *Faust*, 12096-12104, trad. H. Lichtenberger.

En présence de la beauté et de la grandeur du sentiment, une question de principe se pose : La conception causale, que soutient Freud, est-elle exacte ? La formation du symbole s'explique-t-elle uniquement par l'entrave faite à la tendance incestueuse primaire et ne serait-elle qu'un simple produit de substitution ? La soi-disant prohibition de l'inceste qui serait ici active n'est en soi rien de primaire, mais dépend du système du mariage de classe, qui est bien plus important et qui fut, en son temps aussi, une nécessité

1910, p. 36) a été frappé des rapports du Christ avec Marie et il fait la supposition que ce rapport rappelle probablement un vieux mythe où un dieu palestinien, appelé peut-être Joshua, apparaît dans le rapport alternatif d'amant et de fils vis-à-vis d'une Marie mythique — fluctuation naturelle dans la très antique théosophie et qui se présente avec des variantes dans les mythes de Mithra, Adonis, Attis, Osiris et Dionysos, qui tous sont en relation avec des déesses mères ou une épouse ou un double féminin en ce sens qu'il arrive que mère et épouse sont identifiées l'une à l'autre.

vitale de l'organisation des clans. Il s'agit donc là plutôt de phénomènes à expliquer téléologiquement que de simple causalité. Il faut en outre insister sur le fait que le mythe solaire, en particulier, montre combien peu le désir « incestueux » repose sur la cohabitation, mais sur l'idée spéciale de redevenir enfant, de retourner sous la protection maternelle, de revenir dans la mère, pour être à nouveau réenfanté par elle. Or sur la voie qui conduit à ce but, il y a l'inceste, c'est-à-dire la nécessité de retourner, par quelque voie que ce soit, dans le sein maternel. Une des voies les plus simples serait de féconder la mère et de se reproduire ainsi identique à soi-même. Ici la prohibition de l'inceste intervient comme obstacle et c'est pourquoi les mythes solaires ou de la renaissance inventent toutes sortes d'analogies de la mère pour permettre à la libido de s'écouler en de nouvelles formes et pour barrer efficacement la route à une régression jusqu'à un inceste plus ou moins véritable. Un de ces moyens consiste à métamorphoser par exemple la mère en un autre être ou à la rajeunir [27] pour la faire disparaître à nouveau, c'est-à-dire la remétamorphoser une fois la naissance accomplie. Ce qui est recherché, ce n'est pas la cohabitation incestueuse, mais la renaissance. L'obstacle de la prohibition de l'inceste rend la fantaisie inventive ; par exemple : on essaie au moyen de la magie de la fécondation de féconder la mère. L'aboutissement du tabou de l'inceste et des tentations de transposition, c'est l'exercice de l'imagination qui, peu à peu, en créant des possibilités, trace des voies le long desquelles la libido peut s'activer. Elle se trouve ainsi transférée insensiblement en des formes spirituelles. La force « qui veut toujours le mal » crée ainsi la vie spirituelle. C'est pourquoi les religions ont érigé cette voie en système. Il est donc instructif de voir comment elles s'efforcent de favoriser la traduction du symbole [28]. Un excellent exemple

---

[27] RANK a montré les beaux exemples du mythe de la vierge au cygne. *Die Lohengrinsage*, Schriften zur angewandten Seelenkunde.

[28] MUTHER (*Geschichte der Malerei*, 1909, t. II, p. 355) dit au chapitre intitulé : Die ersten spanischen Klassiker : « Tieck écrit

à ce point de vue nous est offert par le Nouveau Testament. Dans la conversation sur la renaissance, Nicodème [29] ne put s'empêcher de considérer la chose de façon réaliste :

« Comment un homme, quand il est déjà vieux, peut-il naître ? Peut-il entrer une seconde fois dans le sein de sa mère et naître de nouveau ? »

Jésus s'efforce par ses éclaircissements d'élever la vision sensuelle de l'esprit de Nicodème engourdi dans une lourdeur matérialiste et il lui annonce au fond la même chose — et pourtant pas la même chose :

« En vérité, en vérité, je te le dis, nul, s'il ne renaît de l'eau et de l'Esprit ne peut entrer dans le royaume de Dieu. Car ce qui est né de la chair est chair, et ce qui est né de l'Esprit est esprit. Ne t'étonne pas de ce que je t'ai dit. Il faut que vous naissiez de nouveau. Le vent souffle où il veut et tu entends sa voix; mais tu ne sais d'où il vient, ni où il va : ainsi en est-il de quiconque est né de l'Esprit. »

(Saint Jean, III, 3, 4, 5, 6, 7, 8.)

---

une fois : La volupté est le plus grand mystère de notre être. La sensualité est la première roue motrice de notre machine. Elle pousse notre existence en avant, la rend joyeuse et vivante. Tout ce que nous rêvons beau et noble s'y rattache. Sensualité et volupté font l'esprit de la musique, de la peinture et de tous les arts. Tous les désirs des hommes tournent autour de ce pôle, comme des moustiques autour de la lumière. Sens de la beauté et sentiment artistique n'en sont que d'autres dialectes, d'autres prononciations. Ils ne désignent rien d'autre que la tendance de l'homme vers la volupté. Je tiens même le recueillement pour un canal dérivé de la tendance sensuelle. » Ici est exprimé quelque chose qu'on ne doit jamais oublier quand on porte un jugement sur l'art religieux ancien : l'effort fait pour effacer la limite entre amour terrestre et amour céleste, pour faire passer insensiblement l'un dans l'autre, a été de tout temps l'idée directrice, le procédé d'agitation le plus puissant de l'Eglise catholique. Je désire ajouter qu'il est à peu près impossible de s'en tenir trop étroitement à la sexualité. Il s'agit surtout de l'instinctivité primitive, c'est-à-dire de libido encore insuffisamment différenciée, qui s'empare, il est vrai, de préférence de la forme sexuelle. La volupté n'est pas du tout l'unique forme du sentiment de bien-être vital. Il y a diverses passions qu'on ne peut dériver de la sexualité.

[29] Saint Jean, 3, 3 sq.

Etre né de l'eau signifie à l'origine: être né du sein de la mère; être né de l'Esprit: être engendré par le souffle fécondant du vent *(fig. 17)*. Un texte grec dans lequel esprit et vent sont rendus par le même mot: πνεῦμα nous renseigne à ce sujet: το γεγεννημένον ἐκ τῆς σαρκὸς σάρξ ἐστίν, καὶ τὸ γεγεννημένον ἐκ τοῦ πνεύματος πνεῦμά ἐστίν. – Tὸ πνεῦμα ὅπου θέλει πνεῖ, etc.

Cette symbolique est portée par le même besoin que la légende égyptienne du vautour qui, toujours femelle seulement, est fécondé par le vent. On reconnaît comme fondement de ces affirmations mythologiques l'exigence suivante: Il faut dire de ta mère qu'elle n'a pas été fécondée par un homme selon la voie ordinaire, mais par un être qui est un souffle, par un moyen extraordinaire. Exigence en opposition stricte avec la vérité empirique: le mythe est donc un pont analogique convenable: on dit que c'était un héros qui est mort et qui a ainsi conquis l'immortalité. Le besoin qui pose cette exigence est, de toute évidence, une tendance à dépasser la réalité: un fils peut naturellement penser qu'un père l'a engendré par voie charnelle, mais pas que lui-même féconde sa mère et que, semblable à lui-même, il se fasse à nouveau mettre au monde pour une nouvelle jeunesse. A cause du danger de régression, cette dernière pensée est interdite et remplacée par l'exigence ci-dessus de s'exprimer (sous certaines conditions) symboliquement sur le problème de la renaissance. Dans l'invitation faite par Jésus à Nicodème, nous reconnaissons cette exigence: « Ne pense pas charnellement, sinon tu es chair, mais pense symboliquement, alors tu es esprit. » On voit aisément la valeur éducative et stimulante de cette contrainte au symbole. Nicodème resterait plongé dans la platitude quotidienne s'il ne parvenait pas à s'élever par le symbole au-dessus de son concrétisme. S'il n'avait été qu'un sot instruit, il se serait heurté à l'irrationalité et à l'irréalisme de cette invitation et aurait pris la chose au pied de la lettre pour la repousser finalement comme incompréhensible et impossible. Les paroles de Jésus cependant ont une très grande force suggestive parce qu'elles expriment des vérités symboliques fondées dans la structure psychique de l'homme. La vérité empirique ne libère pas l'homme de son enchaînement sensuel, car elle lui montre qu'il en fut toujours ainsi et qu'il ne pourrait pas en être autrement. Au contraire, la vérité symbolique qui met l'eau à la place de la mère, l'esprit ou le feu, à celle du père, offre à la libido, prise dans ce qu'on appelle la tendance incestueuse, une nouvelle pente, la délivre et la fait passer dans une forme spirituelle. Ainsi en tant qu'être spirituel, l'homme redevient enfant et renaît dans un cercle de frères et de sœurs; mais sa mère c'est la «communauté des saints», l'Église *(fig. 135)* et le cercle de ses frères et sœurs, c'est l'*humanité* avec laquelle il se lie à nouveau dans l'héritage commun de la vérité symbolique. Il semble qu'à l'époque de l'apparition du christianisme ce processus ait été particulièrement nécessaire, car cette époque où existaient les incroyables contrastes entre l'esclavage et la liberté du bourgeois et du seigneur, ignorait totalement la communauté de condition des humains.

Fig. 135. *Mère l'Eglise.*
Extrait du livre *Scivias* de Hildegard VON BINGEN, XIIᵉ siècle. Abbaye de Sainte-Hildegard.
Collection de l'auteur.

Quand nous voyons les efforts de Jésus pour faire accepter de Nicodème la conception symbolique des choses — donc une sorte de dissimulation de la réalité des faits, et quand nous voyons combien il était important pour l'histoire de la civilisation que l'on ait pensé et que l'on pense encore de cette façon, alors on ne comprend plus pourquoi on s'oppose à bien des endroits aux efforts faits par la psychologie moderne pour comprendre la symbolique. Il est aussi nécessaire aujourd'hui que jamais que la libido sorte du seulement-rationnel et réaliste. Non pas parce que le bon sens et le réalisme ont quelque peu gagné du terrain (ils ne l'ont pas fait) mais parce que les gardiens et conservateurs des vérités symboliques, à savoir les religions, ont perdu leur efficacité en face de la science. Même les gens intelligents ne comprennent plus à quoi peut servir la vérité symbolique et les représentants des religions ont négligé de faire une apologétique adaptée au moment. Se maintenir à un simple concrétisme du dogme, ou à une éthique pour elle-même, ou même à une humanisation de la figure du Christ sur laquelle on fait même des essais biographiques insuffisants, tout cela n'intéresse guère. La vérité symbolique est aujourd'hui livrée sans protection à la mainmise de la pensée des sciences de la nature parfaitement inadaptées à cet objet et, dans son état actuel, se découvre absolument incapable de soutenir la concurrence. La preuve de la vérité ne se fait pas. En appeler exclusivement à la foi, c'est faire une pétition de principe sans espoir, puisque c'est précisément l'évidente invraisemblance de la vérité symbolique qui arrête la foi. Au lieu de s'en tenir à la commode exigence de foi, les théologiens, ce me semble, devraient plutôt s'efforcer de montrer comment rendre cette foi possible. Pour cela il faudrait d'abord découvrir une nouvelle institution de la vérité symbolique, une institution parlant non seulement au sentiment, mais aussi à l'entendement. Or cela ne se peut que si, revenant en arrière, on se rappelle comment l'humanité éprouva le besoin d'une invraisemblance des vérités religieuses et ce que cela signifiait de placer, au-dessus de l'être tel quel du monde perceptible et tangible, une réalité spirituelle d'une tout autre nature.

Les tendances opèrent avec le maximum de tranquillité quand nulle conscience n'entre en collision avec elles ou quand la conscience existante est entièrement attachée à elles. Ce dernier état, il est vrai, n'existe même plus chez l'homme primitif; car nous trouvons partout à l'œuvre des systèmes psychiques en quelque mesure opposés à la pure instinctivité. Et même si le clan primitif ne présente que des traces de culture, nous trouvons cependant la fantaisie créatrice occupée à produire des analogies de processus tendanciels tels qu'ils puissent libérer la libido de sa simple instinctivité en la transférant sur des représentations analogues. Il faut que ces systèmes soient faits de telle sorte qu'ils offrent, pourrait-on dire, à la libido, une nouvelle pente. Car la libido n'accepte pas n'importe quoi, sinon il serait possible de l'orienter vers la première chose venue. Or cela ne se produit que pour le processus de volonté et encore dans une mesure limitée seulement. La libido est un penchant naturel; elle est comme l'eau qui a besoin d'une pente pour s'écouler. La nature des analogies est pour cette raison un problème d'un grand poids; car il faudra, comme nous l'avons dit, que ce soient des représentations capables d'attirer la libido. Je crois reconnaître leur caractère spécial en ce que ce sont des *Archétypes*, c'est-à-dire des formes héritées universellement présentes dont l'ensemble constitue la structure de l'inconscient. Quand le Christ parle à Nicodème d'esprit et d'eau, ce ne sont pas là des représentations quelconques; ce sont des représentations typiques exprimant, depuis les temps les plus reculés, des fascinora (charmes). Il touche à l'archétype — s'il en fut — et c'est ce qui va persuader Nicodème, car les archétypes sont les formes ou lits dans lesquels depuis toujours coule le flot de l'événement psychique.

Le problème de la formation des symboles ne peut être traité si l'on ne tient compte des processus instinctifs; car c'est de ces derniers que provient la force qui met le symbole en mouvement. Le symbole lui-même perd tout sens quand il n'a pas contre lui la tendance qui lui résiste, de même que les instincts désordonnés n'aboutiraient qu'à la ruine de l'humanité si le symbole ne leur donnait pas forme. C'est pour cette raison que nous avons à nous expliquer avec la plus forte des tendances : la sexualité. Car il est probable que la plupart des symboles sont plus ou moins ses représentations analogiques. Traiter de la formation des symboles en partant des processus instinctifs, c'est là un procédé correspondant à celui des sciences naturelles qui ne prétend nullement être le seul possible. Je reconnais sans plus que l'on pourrait expliquer l'apparition des symboles en partant du spirituel. Il suffit pour cela d'admettre l'hypothèse que l'« esprit » est une réalité autonome disposant d'une énergie spécifique assez puissante pour infléchir les tendances et les contraindre dans des formes spirituelles. Evidemment une telle hypothèse ne va pas sans anicroche pour le point de vue des sciences naturelles ; mais finalement nous sommes si mal renseignés sur la nature de la psyché qu'on ne saurait imaginer aucune raison décisive contre elle. Conformément à mon attitude empirique, et restant parfaitement conscient de la probable unilatéralité de mon point de vue, je préfère cependant décrire et expliquer la formation du symbole comme un processus naturel.

Ainsi que nous l'avons déjà dit, la sexualité joue un rôle important dans la formation des symboles, même religieux. Deux mille ans à peine se sont écoulés depuis le moment où florissait plus ou moins ouvertement le culte du sexe. Il est vrai qu'il s'agissait de païens qui ne connaissaient rien de mieux. La nature des forces créatrices de symboles ne se modifie pas de siècle en siècle. Une fois qu'on s'est fait une idée de ce que contenaient de sexuel les cultes antiques, et quand on se représente que l'événement de l'union avec le dieu était considéré plus ou moins comme un coït concret, alors il est impossible de s'imaginer que les forces pulsionnelles de la fantaisie créatrice de symboles soient brusquement devenues tout autres. Le fait même que le christianisme primitif s'écarta avec la plus grande énergie de toute nature et de toute instinctivité, et en particulier de la sexualité, en utilisant ses tendances ascétiques, prouve précisément l'origine de ses forces motivantes. Par conséquent il n'y a pas de quoi s'étonner si ces transformations ont laissé des traces considérables dans la symbolique chrétienne. Autrement, cette religion non plus n'aurait jamais réussi à métamorphoser la libido. Elle y a réussi dans une mesure très large parce que ses analogies archétypiques étaient parfaitement adaptées à l'instinct à modifier. On m'en a beaucoup voulu de n'avoir pas hésité à mettre les images spirituelles les plus sublimes en rapport avec ce qu'on pourrait appeler le sous-humain en nous. Ce qui m'importait avant tout, c'était de comprendre les représentations religieuses dont je saisissais trop la valeur pour m'en débarrasser par des arguments rationalistes. Que cherche-t-on finalement avec les choses incompréhensibles ? On ne s'adresse, en ce qui les concerne, qu'à ceux dont ce n'est pas l'affaire de penser et de comprendre. On en appelle à la foi aveugle et on la prise au maximum. On aboutit ainsi à cultiver l'absence de pensée et de critique. Ce que la foi aveugle si longtemps prêchée a pu faire en Allemagne une fois qu'elle se fut inéluctablement détournée du dogme chrétien, l'histoire contemporaine en a apporté une assez sanglante démonstration. Le danger, ce ne sont pas les grands hérétiques et incroyants, ce sont les nombreux petits penseurs, capables uniquement de ratiociner et qui finissent par découvrir un jour combien irrationnelles sont les affirmations religieuses. On en a vite fini avec ce que l'on ne comprend pas et ainsi se perdent à tout jamais les hautes valeurs de la vérité symbolique. Que peut faire un sophiste avec le dogme de la naissance virginale, celui de la mort-sacrifice, de la trinité ?

De nos jours le médecin psychothérapeute est vraiment obligé d'expliquer à ses malades instruits les fondements de l'événement religieux vécu et même de leur indiquer la voie qui les conduira là où un tel événement peut encore être vécu. Si donc, médecin et naturaliste, j'analyse les symboles religieux complexes et recherche leur origine, c'est uniquement dans l'intention de conserver par la compréhension les valeurs qu'ils représentent et de redonner aux gens la possibilité de penser symboliquement comme le pouvaient faire encore les penseurs de l'ancienne Église. Et ma foi ce n'était pas là dogmatique desséchée. Mais quand aujourd'hui on pense de cette manière, c'est quelque chose de désuet qui ne touche plus l'homme moderne. C'est pourquoi il faut trouver pour lui une voie qui lui permette de participer à nouveau au contenu du message chrétien.

A une époque où une grande partie de l'humanité commence à abandonner le christianisme, il vaut sans doute la peine de voir pour quelles raisons on l'a accepté. Ce fut pour échapper à la sauvagerie et à l'inconscience de l'antiquité. Si nous l'abandonnons, alors renaîtra la sauvagerie première dont l'histoire nous a donné de nos jours un exemple impossible à dépasser. La marche vers ce but n'est pas progrès, mais regrès. Il en est comme de l'individu qui quitte un mode d'adaptation sans en avoir un autre à sa disposition; il régresse infailliblement vers une voie ancienne, à son grand désavantage, car le milieu s'est, depuis, sensiblement transformé. Donc quiconque est rebuté par l'inconsistance philosophique de la dogmatique chrétienne et par le vide religieux de l'idée d'un Jésus uniquement historique, sur la personne contradictoire de qui nous savons trop peu et sommes en outre troublés encore dans notre jugement humain par ce peu que nous savons, repousse le christianisme et par là même le fondement de la morale, celui-là se trouve en présence du problème antique de la sauvagerie. Nous avons vu ce qui se produit quand un peuple trouve trop sot le masque de la morale. Alors la bête est lâchée et toute une civilisation disparaît dans la folie de la corruption des mœurs.

De nos jours, quantité de gens sont névrosés uniquement parce qu'ils ignorent pourquoi ils ne pourraient pas être heureux à leur manière; ils ne savent même pas que c'est cela qui leur manque. Outre ces névrosés, il existe encore plus de normaux — et même des gens de la meilleure espèce — qui se sentent oppressés et mécontents, parce qu'ils ne disposent plus d'aucun symbole qui offrirait une voie à la libido. Pour tous ces gens il faut entreprendre une réduction aux faits primitifs pour qu'ils apprennent à connaître à nouveau leur personnalité primitive et sachent comment et à quel endroit il faut la faire entrer en ligne de compte. C'est uniquement de cette manière qu'on pourra remplir certaines exigences, tandis que d'autres reconnues déraisonnables parce qu'infantiles seront repoussées. Nous nous imaginons que notre primitivité a depuis longtemps disparu et qu'il n'en subsiste plus rien. Sous ce rapport notre déception a été cruelle. Le mal a submergé notre culture comme il ne le fit jamais. Cet horrible spectacle nous permet de comprendre en face de quoi le christianisme s'est trouvé et ce qu'il s'est efforcé de transformer. Ce processus de transformation, il est vrai, s'est déroulé dans des siècles tardifs et surtout de façon inconsciente. Si plus haut (1re partie) j'ai fait remarquer qu'une transformation inconsciente de la libido, comme celle dont il s'agit ici, est sans valeur au point de vue éthique, et que je lui opposais le christianisme des premiers temps de Rome, dont on sait clairement contre quelles puissances d'immoralité et d'abrutissement il se dressait, il me faudrait aussi dire que la simple croyance n'est plus un idéal éthique parce qu'elle est une transformation inconsciente de la libido. La foi est un charisma (don de grâce) pour qui la possède; mais elle n'est pas une issue pour qui a besoin de comprendre quelque chose avant de croire. C'est là un tempérament que l'on ne peut déclarer sans valeur. Car finalement l'homme pieux croit aussi que Dieu a donné l'entendement aux hommes et pour autre chose que pour le mensonge et la tromperie. Bien qu'à l'origine et naturellement, on *croie* à des symboles, il est possible aussi de les *comprendre*, et c'est l'unique voie praticable pour tous ceux qui n'ont pas reçu la grâce (charisma) de la foi.

Le mythe religieux nous apparaît donc comme une des acquisitions les plus hautes et les plus importantes qui donnent aux hommes sécurité et force pour qu'ils ne soient pas submergés par la monstruosité de l'univers. Considéré du point de vue du réalisme, le symbole n'est pas une vérité extérieure, c'est une vérité psychologique; car il fut et est le pont qui mène à toutes les grandes conquêtes de l'humanité [30].

[30] Sur l'importance fonctionnelle du symbole, cf.: Über psychische Energetik und das Wesen der Träume, Rascher 1948, p. 80 sq.

La vérité psychologique n'exclut nullement une vérité métaphysique. Cependant la psychologie en tant que science doit s'abstenir de toute affirmation métaphysique. Son objet est la psyché avec ses contenus. Tous deux sont des réalités puisqu'ils agissent. Nous ne possédons aucune physique de l'âme; nous ne sommes même pas capables d'observer ni de juger l'âme d'un point archimédique extérieur: nous ne connaissons donc d'elle rien d'objectif, et d'ailleurs tout ce que nous connaissons de l'âme, c'est précisément elle-même: et pourtant elle est notre immédiate expérience de vie et d'existence. Elle est à elle-même l'unique et immédiate expérience et la condition *sine qua non* de la réalité subjective du monde en général. Elle crée des symboles qui ont pour base l'archétype inconscient et dont la figure naissante surgit des représentations acquises par la conscience. Les archétypes sont des éléments structuraux de caractère divin de la psyché; ils possèdent une certaine indépendance et une énergie spécifique grâce à laquelle ils peuvent attirer les contenus de la conscience qui leur conviennent. Les symboles fonctionnent comme des *transformateurs* en ce sens qu'ils font passer la libido d'une forme « inférieure » à une forme « supérieure ». Cette fonction a une telle importance que le sentiment lui attribue les valeurs les plus hautes. Le symbole agit par suggestion; autrement dit, il persuade et exprime en même temps le contenu de ce dont on est persuadé. Il persuade au moyen du numen, c'est-à-dire de l'énergie spécifique propre à l'archétype. L'expérience que l'on fait de ce dernier est, non seulement impressionnante, elle est à proprement parler « saisissante ». Elle engendre tout naturellement la *foi*.

La foi « légitime » remonte toujours à l'expérience vécue. Cependant il est à côté d'elle une foi qui repose uniquement sur l'autorité de la tradition. On peut dire aussi de cette foi qu'elle est « légitime » puisque la puissance de la tradition est aussi une expérience vécue dont on ne peut mettre en doute l'importance pour la continuité de la culture. Certes cette forme de foi est exposée au danger de devenir une simple habitude, une paresse d'esprit, une

Fig. 136. *L'arbre de vie.*
Vase de la 26me dynastie. Egypte.
Louvre, Paris.
Collection de l'auteur.

persistance sans pensée, mais commode qui menace d'aboutir à un arrêt, donc à un recul de la culture. Cette dépendance devenue mécanique marche la main dans la main avec une régression psychique vers l'infantilité, car les contenus traditionnels perdent peu à peu leur véritable sens pour ne conserver qu'une foi formelle sans aucune espèce d'action sur la vie. Il n'y a plus derrière elle la moindre puissance vitale. La naïveté tant vantée de la foi n'a de sens que si le sentiment de l'expérience vécue est encore vivace. Une fois perdu, le danger est grand que la foi ne soit plus qu'une dépendance infantile habituelle remplaçant tout effort de nouvelle compréhension, ou même l'entravant. Il me semble que c'est là la situation d'aujourd'hui.

Comme il s'agit, dans la foi, de « représentations supérieures » centrales et d'importance vitale, qui seules donnent à la vie son sens nécessaire, le premier devoir qui s'impose au psychothérapeute est de saisir le sens nouveau des symboles afin de comprendre ses malades dans leurs efforts compensatoires inconscients pour découvrir une attitude exprimant la totalité de l'âme humaine.

*

Revenons maintenant à notre auteur.

A la vision de la ville succède celle d'un étrange arbre à aiguilles, aux branches noueuses. Cette image n'a plus rien d'insolite pour nous, maintenant que nous avons compris ce que signifie l'arbre de vie et son association avec mère, ville, et eau qui donne la vie. L'attribut « étrange » doit probablement exprimer, comme dans les rêves, une accentuation particulière, un caractère de divinité (numinosität). Malheureusement l'auteur ne nous donne à ce sujet aucun renseignement individuel. Cependant comme le développement suivant de la vision donne ici à l'arbre, déjà esquissé dans la symbolique de la ville, un relief particulier, je me vois obligé de présenter encore d'autres fragments concernant l'histoire du symbole de l'arbre.

Fig. 137. *Marsyas pendu.*
Sarcophage de San Paolo fuori le mura. Rome.
(D'après un dessin ancien.)

Extrait de C. ROBERT : *Die antiken Sarkophag-Reliefs.*
T. III, 2me part., planche LXIX, fig. 212.

On sait que les arbres ont joué de tout temps un grand rôle dans le culte et le mythe *(fig. 136)*. L'arbre mythique type est l'arbre du paradis, ou arbre de vie ; on connaît le pin d'Attis *(fig. 285)*, l'arbre, ou les arbres, de Mithra, le frêne nordique universel Yggdrasill, etc. La suspension de la statue d'Attis à un pin *(fig. 284)*, la pendaison de Marsyas *(fig. 137)* qui est devenue un motif artistique célèbre, la suspension des offrandes chez les Germains, etc., nous apprennent que la pendaison à l'arbre de la croix n'est pas chose unique dans la mythologie religieuse, mais qu'elle appartient au même cycle représentatif que les autres. Dans cette suite d'idées, la croix du Christ est au

même instant arbre de vie et bois de mort *(fig. 153)*.
S'il existait des mythes affirmant que l'homme descend
des arbres, il existait des coutumes d'inhumation selon
lesquelles on ensevelissait dans des arbres creux; c'est de
là que vient l'habitude d'employer pour cercueil l'expression « arbre de mort ». Si l'on considère que l'arbre est
surtout symbole maternel *(fig. 138)*, le sens de ce mode
d'ensevelissement devient compréhensible. *Le mort est en
quelque sorte enfermé dans la mère en vue d'une renaissance
(fig. 140, 172 et 257)*. Nous trouvons ce symbole dans le
mythe d'Osiris que Plutarque nous a transmis [31]. Rhéa est
enceinte d'Osiris en même temps que d'Isis; Osiris et Isis
s'accouplent déjà dans le sein maternel (motif de la traversée nocturne avec inceste). Ils ont un fils, Arueris,
nommé plus tard *Horus*. On dit d'Isis qu'elle est née
dans le temps de la « grande humidité » τετάρτη δὲ τὴν Ἴσιν ἐν
πανύγροις γενέσθαι. A propos d'Osiris, on dit qu'un certain
Pamyles, à Thèbes, alors *qu'il puisait de l'eau*, avait
entendu une voix venant du temple de Zeus et cette voix
lui ordonnait de proclamer que le μέγας βασιλεὺς εὐεργέτης
Ὄσιρις (le grand roi bienfaiteur Osiris) était né. En l'honneur de ce Pamyles on fêtait les Pamylées, analogues,
dit-on, aux *phallophories*. Pamyles semble donc avoir été
originairement, comme Dionysos, un démon phallique.
En tant que phallus, Pamyles représente la force créatrice
qui « puise » dans l'inconscient (à savoir l'eau) et, ce
faisant, produit comme contenu conscient le dieu Osiris.
Cette suite d'idées peut aussi être comprise comme événement individuel vécu: Pamyles puise de l'eau. C'est là un
acte symbolique, c'est-à-dire qu'il peut être vécu comme
archétype; il consiste à prendre au fond et à monter
de la profondeur ; ce qu'on est allé chercher dans la
profondeur, c'est un contenu divin, auparavant inconscient, qui en soi serait obscur si une voix d'en haut ne
venait l'annoncer comme naissance divine. On retrouve
ce type dans le baptême du Jourdain. (Saint Matthieu:
8, 17.)

---

[31] De Iside et Osiride.

Osiris fut tué insidieusement par le dieu des enfers Typhon, qui l'enferma dans une caisse; celle-ci fut exposée sur le Nil et de cette façon envoyée dans la mer. Mais Osiris s'accoupla aux enfers avec sa deuxième sœur Nephthys. On voit comment le symbolisme se développe

Fig. 138. *L'arbre de vie et de mort.*
D'après Diez Lopez Cogolludo: *Historia de Yucatan*, 1640.
Extrait de E. Kenton: *The Book of Earths.*
New-York 1928, planche XXXV.

ici: c'est dans le sein maternel, avant l'existence extra-utérine, qu'Osiris commet l'inceste; dans la mort, deuxième existence intra-utérine, Osiris commet à nouveau l'inceste, chaque fois avec une sœur, car épouser une sœur était non seulement accepté dans la lointaine antiquité, mais était même quelque chose de distingué. Zarathoustra recommandait le mariage entre parents.

Le méchant Typhon attire insidieusement Osiris dans le tiroir ou la caisse: ce qui est au début « méchant » en l'homme veut revenir à la mère, ce qui veut dire que la tendance incestueuse vers la mère, interdite par la loi, se présente sous l'aspect de la ruse soi-disant inventée par Typhon. Il est d'ailleurs remarquable que ce soit justement le mal qui veuille attirer Osiris dans la caisse, car à la lumière de la téléologie de ce motif, être enfermé désigne la latence avant la naissance qui renouvelle. Le méchant, comme s'il reconnaissait son incomplétude, aspire à la renaissance qui rend parfait ! — « Une partie de cette force qui veut toujours le mal et crée toujours le bien ! » Il est significatif que ce soit une ruse: comme par une ruse trompeuse, l'homme veut d'une manière quelconque s'approprier la renaissance pour redevenir enfant. Du moins est-ce ainsi qu'il apparaît au jugement « raisonnable ». Un hymne égyptien [32] élève même une plainte contre Isis, la mère, parce qu'elle fait périr par trahison le dieu solaire Rê: On reproche à la mère comme volonté mauvaise d'avoir repoussé et trahi son fils. L'hymne décrit comment Isis forma un serpent, le mit sur le chemin de Rê et comment ce serpent blessa le dieu solaire de sa morsure venimeuse. Il ne guérit jamais plus de cette blessure de sorte qu'il dut se coucher sur le dos de la vache céleste. Or la vache, c'est la déesse mère à tête de vache (*fig. 139*), comme Osiris est le bœuf Apis. On accuse la mère comme si elle était cause que l'on doive se réfugier près d'elle pour guérir la blessure qu'elle a faite. La blessure résulte du tabou de l'inceste [33] qui a ainsi frustré l'homme de la sécurité pleine d'espoir de l'enfance et de la première jeunesse, de toute l'activité instinctive

---

[32] ERMAN: *Ägypten;* 1885, p. 360 sq.

[33] Il me faut rappeler ici que je donne encore au mot tabou une signification autre que celle qui, à vrai dire, lui reviendrait. L'inceste, c'est ce qui tend à retourner vers l'enfance. Pour l'enfant ce n'est pas encore l'inceste. C'est seulement pour l'adulte en possession d'une sexualité pleinement formée que ce retour en arrière devient inceste, puisqu'il n'est plus un enfant et qu'au contraire il possède une sexualité qui ne supporte plus la moindre utilisation régressive.

inconsciente qui permet à l'enfant de vivre comme suspendu à ses parents sans qu'aucune responsabilité ne vienne l'accabler. Il doit y avoir là beaucoup de souvenirs de nature sentimentale de l'époque animale où il n'y avait encore ni « tu dois » ni « tu peux » et où tout n'était que simple événement. Il semble que subsiste encore dans l'homme une profonde irritation d'avoir été jadis séparé par une loi brutale de l'instinctivité sans entraves et de la beauté de la nature animale harmonieuse en elle-même. Cette séparation s'est manifestée entre autres dans l'interdiction de l'inceste et ses corrélats (lois du mariage, tabous de certains mets, etc.). Tant que l'enfant se trouve dans cette identité inconsciente avec sa mère, il est encore un avec l'âme animale, autrement dit aussi inconscient qu'elle. Le développement de la conscience conduit inévitablement non seulement à la distinction d'avec la mère, mais à la distinction d'avec les parents et la famille en général et ainsi à une séparation relative de l'inconscient et du monde de l'instinct. Or l'aspiration à ce monde perdu continue de subsister et d'attirer toujours, quand de difficiles travaux sont nécessaires pour s'adapter, parce qu'elle permet de se dérober ou de reculer, de régresser vers les temps lointains de l'enfance; et c'est

Fig. 139. *Hathor à la tête de vache.*

Le Caire.

Extr. de H. Haas: *Bilderatlas zur Religionsgeschichte.* Livraison 2./4. Religion égyptienne. Leipzig 1924, fig. 31.

ainsi que se produit la symbolique incestueuse. Si cette tentation était univoque, une volonté énergique pourrait sans grands efforts s'en libérer. Or elle ne l'est pas, parce qu'une nouvelle adaptation et une nouvelle orientation d'importance vitale ne peuvent avoir quelque chance de succès que si elles se produisent sous une forme qui corresponde aux instincts. Cette correspondance manque-t-elle, il n'apparaît rien de solide, mais bien un produit artificiel issu d'une volonté contractée qui, à la longue, se trouve être incapable de subsister. L'homme ne peut se tourner par simple raison vers n'importe quoi, mais uniquement vers ce qui est déjà en lui une possibilité. Quand la nécessité d'une telle modification se fait sentir, la voie d'adaptation employée jusqu'alors et qui s'effrite peu à peu est inconsciemment compensée par l'archétype d'une autre forme d'adaptation. Si alors la conscience réussit à interpréter l'archétype constellé d'une manière conforme à la fois au sens et au moment, alors apparaît une métamorphose capable de subsister. C'est ainsi que la plus importante des formes de relation de l'enfance, la relation à la mère, est compensée par l'archétype de la mère au moment où s'annonce la rupture avec l'enfance. De l'interprétation résulte par exemple la *Mère Église (fig. 135)* qui jusqu'à présent s'est manifestée avec succès. Mais si dans cette forme se manifestaient des signes de vieillissement, une autre interprétation deviendrait avec le temps inévitable.

Quand une métamorphose se produit, la forme antérieure ne perd pas pour cela sa force attractive: qui se sépare de sa mère aspire à revenir près d'elle. Cette aspiration peut se transformer en passion dévorante qui met en danger tout le gain. Dans ce cas, la « mère » apparaît d'une part comme le but suprême et d'autre part, comme menace très dangereuse, la « mère terrible » [34].

Une fois terminée la traversée nocturne, la caisse d'Osiris est jetée au rivage près de Byblos et vient échouer dans les branches d'une bruyère qui pousse autour du cercueil et devient un arbre magnifique *(fig. 140)*. Le roi du pays fait placer cet arbre comme colonne sous son toit [35]. C'est à cette époque où Osiris est perdu (solstice d'hiver) que tombe la lamentation sur le dieu défunt, en usage depuis des millénaires, et son εὕρεσις (découverte) est une fête joyeuse.

---

[34] Cf. Frobenius: *Das Zeitalter des Sonnengottes*, 1904.

[35] Ce qui rappelle beaucoup les colonnes phalliques dressées dans des temples d'Astarté. De fait, une version prétend que la femme du roi se serait appelée Astarté. Ce symbole rappelle les croix nommées à juste titre ἐγκόλπια (enkolpia) qui renferment en elles une relique.

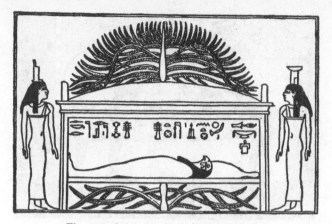

Fig. 140. *Osiris dans le cercueil de bruyère.*
D'après un relief de Denderah.

Extrait de E. A. WALLIS BUDGE: *Osiris and the Egyptian Resurrection.*
Londres 1911, p. 5.

Typhon dépèce le cadavre et en disperse les morceaux.
Nous trouvons le *motif du dépècement* dans de nombreux
mythes solaires [36] en opposition à l'assemblage de l'enfant
dans le ventre de la mère. De fait, Isis la mère rassemble
les morceaux du cadavre avec l'aide d'Anubis à tête de
chacal. Ici les dévoreurs nocturnes de cadavres, chacals,
chiens, se transformèrent en auxiliaires de l'assemblage,
c'est-à-dire de la régénération [37]. C'est sans doute à cette
fonction de dévoreur de cadavres que le *vautour* égyptien
doit d'avoir la signification symbolique de *mère*. En Perse,
aux époques les plus lointaines, on jetait les cadavres en
pâture aux chiens, comme on le fait aujourd'hui encore

---

[36] SPIELREIN (*Jahrbuch f. Psychoanal. u. Psychopath. Forsch.*,
t. III, p. 358 sq.) a montré l'existence, chez une démente, de nombreuses allusions au motif du dépècement. On « cuit », on « brûle »
des morceaux de diverses choses ou matières. « La cendre peut être
transformée en être humain. » La malade voyait « des enfants mis
en pièce dans des cercueils de verre ».

[37] Déméter rassembla les membres de Dionysos dépecé et le
reconstitua.

Fig. 141. *Le dieu Anubis à tête de chacal se penche sur un mort.*
Tombe de Deir el Medineh. Thèbes.

Extrait de A. Gaddis et G. Seif: *The Book of the Dead.* Louqsor.
(Sans date.) Table 19.

dans le Thibet, ou dans les tours mortuaires des Parsis,
où l'on confie aux vautours le soin de faire disparaître les
morts. En Perse, on avait coutume d'amener un chien
au chevet du mourant qui devait lui donner à manger [38].
Cette coutume, de toute évidence, signifie en premier lieu
que le chien doit recevoir à manger afin qu'il épargne le
corps du mourant, tout comme on apaise Cerbère avec
un gâteau de miel que lui tend Héraclès lors de la traversée
des enfers. Mais si nous considérons Anubis à tête de
chacal *(fig. 141)*, dont les bons offices contribuèrent à la
reconstitution d'Osiris dépecé, et le sens maternel du
vautour, nous sommes obligé de nous demander si cette
cérémonie ne renferme pas un sens plus profond. Creuzer [39]
s'est, lui aussi, préoccupé de cette idée et en est venu à la
conclusion que la forme astrale de la cérémonie du chien,
à savoir l'apparition de la *constellation du chien* à l'époque

---

[38] Cf. *Diodore*, III, 62.
[39] Symbolik, 1810/12.

où le soleil est le plus haut, est en relation avec elle ; l'acte d'amener un chien n'aurait pas une valeur compensatoire en ce sens qu'ainsi la mort est mise sur le plan de la position la plus haute du soleil. C'est là une idée tout à fait psychologique résultant du fait très général que la mort est considérée comme une rentrée dans le ventre de la mère, en vue de renaître. La fonction par ailleurs très énigmatique du chien dans le *sacrificium mithriacum* viendrait à l'appui de cette interprétation. Sur les monuments, près du taureau tué par Mithra, bondit souvent un chien. Or dans la légende perse ou sur les monuments, ce *sacrificium* est considéré comme le moment de la plus haute fécondité. La plus belle expression qui en soit donnée est sans doute celle du relief mithriaque de Heddernheim *(fig. 142)*. Sur un côté d'une grande table de pierre (autrefois tournante) sont représentés le renversement stéréotype et le sacrifice du taureau ; de l'autre côté nous avons Sol avec une grappe dans la main, Mithra avec la corne d'abondance, les Dadophores avec des fruits, selon la légende qui veut que toute fécondité provienne du taureau mort : de ses cornes, les fruits ; de son sang, le vin ; de sa queue, les céréales ; de son sperme, la race des bovins ; de son naseau, l'ail, etc. Au-dessus de cette scène, on voit Silvanus avec les animaux de la forêt qui naissent de lui.

Il peut se faire que ce soit dans cet enchaînement qu'apparaît le sens soupçonné par Creuzer. Hécate, déesse des enfers, a aussi une tête de chien comme Anubis. Sous le nom de Canicula, elle recevait des sacrifices de chiens pour détourner la peste. Comme elle est en relation avec la déesse lunaire, on peut penser qu'elle a aussi le pouvoir de favoriser la croissance. C'est Hécate qui la première apporte à Déméter la nouvelle que sa fille a été ravie ; elle rappelle par là le rôle joué par Anubis. Comme Hécate, Eileithyia, déesse de la naissance, reçoit aussi des sacrifices de chiens. Il arrive même qu'Hécate *(fig. 248)* soit une déesse du mariage et de l'accouchement. Le chien est aussi un fidèle compagnon du dieu sauveur Asclépios qui, en tant qu'homme, réanima un mort et fut, en punition, frappé d'un éclair.

Fig. 142. *Fécondité succédant au sacrifice mithriaque.*
Relief de Heddernheim.

Extrait de F. Cumont: *Textes et Monuments figurés relatifs
aux mystères de Mithra.* Bruxelles 1896, planche VIII.

Ces rapports sont expliqués par le passage suivant de
Pétrone (Sat. c. 71) « Valde te rogo, ut secundum pedes
statuae meae catellam pingas — ut mihi contingat tuo
beneficio post mortem vivere. » (Je te prie vivement de
peindre une petite chienne au pied de ma statue — pour
que j'aie le bonheur, par ton bienfait, de vivre après
la mort.)

Revenons au mythe d'Osiris ! En dépit de l'effort
fait par Isis pour reconstituer le cadavre, le résultat
reste imparfait puisque l'on n'a pu retrouver le phallus

d'Osiris; il avait été dévoré par les *poissons :* la force vitale manque [40]. Osiris s'accouple il est vrai comme ombre, une fois de plus avec Isis, mais le fruit en est Harpocratès, « faible des membres inférieurs », c'est-à-dire, d'après le sens de γυῖον, des pieds. Dans l'hymne cité plus haut, Rê est aussi blessé au pied par le serpent d'Isis. Le pied, organe le plus près de la terre, représente également dans les rêves la relation avec la réalité terrestre et a souvent une signification de fécondité, donc phallique [41]. Οἰδίπους (Œdipe = pieds enflés) est suspect en ce sens. Osiris, ombre il est vrai, arme le jeune soleil, son fils Horus, en vue du combat contre Typhon. Osiris et Horus correspondent au symbolisme père-fils signalé au début. Osiris est

Fig. 143. *Ulysse crève l'œil du cyclope.*

D'après un vase à boire de Sparte.

Extrait de C. ROBERT: *Archäolog. Hermeneutik*, Berlin 1919, fig. 141, p. 182.

flanqué du personnage harmonieux et du personnage laid : Horus et Harpocratès qui le plus souvent est représenté estropié et défiguré parfois jusqu'au grotesque. Il n'est pas invraisemblable que le motif des deux frères inégaux ait quelque relation avec la représentation pri-

---

[40] FROBENIUS (*Zeitalter des Sonnengottes*, 1904, p. 393) remarque que les dieux du feu (héros solaires) sont souvent *privés d'un membre*. Il en donne l'analogie suivante : « Comme le dieu déboîte à l'ogre (géant) un bras, Ulysse arrache un œil au noble Polyphème *(fig. 143)*. Après quoi le soleil monte mystérieusement au ciel. Faut-il rapprocher ce déboîtement du bras du forage du feu ? » En premier lieu il s'agit d'une *mutilation*, puis d'un mouvement *tournant* que Frobenius a sans doute raison de rapprocher du forage du feu. La mutilation est une castration dans le cas d'Attis, et chez Osiris, c'est quelque chose d'analogue.

[41] Cf. AIGREMONT: *Fuss- und Schuhsymbolik*, 1909.

mitive bien connue selon laquelle le *placenta* est le frère jumeau du nouveau-né.

Dans la tradition, Osiris se confond avec Horus. Horpi-chrud — tel est le vrai nom de ce dernier [42] — est composé de chrud = enfant et de Hor (de hri = sur, au-dessus, en haut) et signifie « l'enfant qui va vers en haut », c'est-à-dire le soleil montant, en face d'Osiris qui est le soleil descendant, le soleil « à l'ouest » personnifié. Osiris et Horpichrud ou Horus sont un seul et même être, tantôt époux, tantôt fils de la mère *(fig. 270)*. Chnum-Rê, dieu solaire de la Basse Egypte, représenté sous la figure d'un bélier, a, à côté de lui, la déesse féminine Hatmehit, qui porte le *poisson* sur la tête. Elle est la mère-épouse de Bi-neb-did (bélier, nom local de Chnum-Rê). Dans l'hymne de Hibis [43] on invoque Amon-Rê:

« Ton (Chnum-bélier) séjourne en Mendès, uni quadruple dieu en Thmuis. Il est le phallus, le seigneur des dieux. Le taureau se réjouit de sa mère, la vache (ahet, la mère) et l'homme féconde au moyen de son sperme. »

Sur d'autres inscriptions [44], Hatmehit est appelée directement « mère de Mendes » (Mendes est la forme grecque de Bi-neb-did: bélier). On l'invoque aussi comme la « bonne » avec le sens secondaire de ta-nofert, « jeune femme ». On trouve la vache comme symbole de la mère *(fig. 211)* sous toutes les formes et variétés possibles d'Hathor-Isis *(fig. 139)* et surtout dans la féminine Nun (analogue: la déesse primitive Nit, ou Neith) matière primitive humide, à la fois de nature mâle et femelle. C'est pourquoi on appelle Nun: [45] « Amon, les eaux premières [46], ce qui est au commencement ». On l'appelle

---

[42] BRUGSCH: *Religion und Mythologie der alten Ägypter*, 1891, p. 354.

[43] BRUGSCH, *loc cit.*, p. 320.

[44] BRUGSCH, *loc. cit.*, p. 310.

[45] BRUGSCH, *loc. cit.*, p. 112 sq.

[46] Dans la Thébaïde où se trouve le dieu suprême Chnum, celui-ci remplace dans ses composantes cosmogoniques le *souffle du vent* d'où se développa plus tard « l'esprit (πνεῦμα) planant sur les eaux »

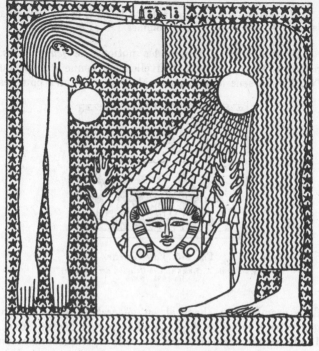

Fig. 144. *Nit enfantant le soleil*.

Extrait de A. WALLIS BUDGE: *The Gods of the Egyptians*.
Londres 1904, vol. II, p. 101.

aussi père des pères, mère des mères. Cela correspond à
l'invocation de la forme féminine de Nun-Amon: Nit
ou Neith:

« Nit, la vieille, mère de dieu, souveraine d'Esne, père des
pères, mère des mères, c'est le scarabée et le vautour, l'être
comme commencement. »

« Nit, la vieille, mère qui enfanta Rê, dieu de la lumière,
qui enfanta la première, alors qu'il n'y avait rien qui enfantât. »

(fig. 17), image primitive des dieux cosmiques gisant l'un sur l'autre
jusqu'à ce que le fils les sépare l'un de l'autre.

« La vache, la vieille qui enfanta le soleil et qui conserva les germes des dieux et des hommes. »[47] *(Fig. 144.)*

Le mot « nun » désigne les notions de *jeune, frais, nouveau*, ainsi que l'eau nouvellement venue du flot du Nil. En un sens dérivé, on emploie aussi « nun » pour les

Fig. 145. *Vache céleste.*
Extrait de A. ERMAN: *Die Religion der Ägypter.*
Berlin 1934, p. 15.

flots premiers du chaos et en général pour la matière génératrice primitive[48] personnifiée par la déesse Nunet. D'elle naquit Nut, la déesse du ciel, représentée avec un corps étoilé ou comme *vache céleste (fig. 145)*, elle aussi au corps étoilé.

Quand donc le dieu solaire se retire peu à peu sur le dos de la vache céleste, cela signifie: il retourne dans sa mère pour réapparaître sous la figure d'Horus. Le matin la déesse est mère, le midi sœur-épouse et le soir à nouveau mère, recevant le mort dans son giron.

Ainsi s'explique le destin d'Osiris: il entre dans le ventre de la mère — tiroir, mer, arbre — colonne d'Astarté; il est démembré, formé à nouveau pour réapparaître dans son fils Horpi-chrud.

Avant de nous occuper des autres mystères que nous dévoile ce mythe, il nous faut dire encore quelques mots

---

[47] BRUGSCH, *loc. cit.*, p. 114 sq.
[48] BRUGSCH, p. 128.

du symbole de l'arbre. Osiris gît sous les branches de l'arbre [49] qui poussent autour de lui. Le motif de l'enlacement et du recouvrement *(fig. 140)* se rencontre assez souvent dans les mythes solaires ou de *renaissance*. Exemple: la belle au bois dormant, puis la légende de la jeune fille [50] enfermée entre l'arbre et l'écorce. Une légende primitive raconte qu'un héros solaire dut être délivré des plantes qui grimpaient sur lui [51]. Une jeune fille rêve que son amant est tombé à l'eau; qu'elle cherche à le sauver; mais qu'il lui faut d'abord tirer de l'eau des fucus et du varech, puis elle le saisit. Dans une légende africaine, le héros, après sa mort, doit être débarrassé du fucus dont il est entouré. Un récit polynésien raconte que le vaisseau du héros est enlacé par les tentacules d'un polype géant. Le vaisseau de Rê pendant la traversée nocturne est enlacé par le serpent de nuit. Dans un récit poétique racontant l'histoire de la naissance de Bouddha, par sir Erwin Arnold *(The light of Asia,* p. 5 sq.), on retrouve également le motif de l'enlacement:

> « Queen Maya stood at noon, her days fulfilled,
> Under a Palso in the Palace-grounds,
> A stately trunk, straight as temple-shaft,
> With down of glossy leaves and fragrant blooms
> And knowing the time come—for all things knew
> The conscious tree bent down its bows to make
> A bower about Queen Maya's Majesty:
> And Earth put forth a thousand sudden flowers
> To spread a couch; while ready for the bath
> The rock hard by gave out a limpid stream
> Of crystal flow. So brought she forth the child. » [52]
>
> *(Fig. 146.)*

---

[49] Voir le motif analogue dans le conte égyptien de Bata.

[50] Chanson serbe à laquelle se réfère Grimm: *Myth*, 1877, IIᵉ part., p. 544.

[51] FROBENIUS: *Zeitalter der Sonnengottes*, 1904.

[52] Cf. la naissance du héros germanique Aschanes, où rochers, arbres et eau assistent à la scène de la naissance. Dans son Prométhée, SPITTELER a utilisé ce motif de l'arbre aimant pour montrer comment la nature reçoit « le bijou » mis sur terre *(fig. 150).* Emprunt fait à l'histoire de la naissance de Bouddha. Cf. « Om mani padme hum » = O le bijou dans le lotus !

Fig. 146. *Bouddha naît du flanc de Maya.*

Extrait de A. von Le Coq: *Die Buddhistische Spätantike in Mittelasien.*
Iʳᵉ part.: « Die Plastik ». Berlin 1922, planche 14 *b.*

(« La reine Maya à midi, ses jours accomplis / se tenait sous un palso dans les jardins du palais / tronc majestueux droit comme un fût de temple / avec un duvet de feuilles luisantes et de fleurs embaumées / Et sachant que l'heure arrivait / — car toutes choses savaient / que l'arbre conscient baissait ses branches pour faire / un berceau autour de la Majesté, la reine Maya / et la terre produisait un millier de fleurs / pour déployer une couche, tandis que préparant le bain / le rocher tout proche, fit jaillir un cours d'eau limpide / Au flot de cristal. Ainsi mit-elle au monde l'enfant. ») *(Trad. S. Muff.)*

Nous retrouvons un motif très analogue dans la légende cultuelle de Héra de Samos. Tous les ans, sa statue « disparaît » du temple: on l'attachait quelque part au bord de la mer à un tronc de lygos dans les branches duquel on l'entourait *(fig. 140)*. On l'y « trouvait » et on lui faisait un festin de gâteaux de mariage. Cette fête est d'abord un ἱερὸς γάμος (mariage cultuel). Car la légende courait à Samos que Zeus avait d'abord entretenu en secret des relations amoureuses avec Héra. A Platée et à Argos on représentait même le cortège nuptial avec demoiselles d'honneur, festin, etc. La fête avait lieu durant le mois nuptial Γαμηλιών (début de février). Mais à Platée et à Argos aussi, on portait la statue en un lieu solitaire dans la forêt, à peu près comme dans la légende rapportée par Plutarque, selon laquelle Zeus aurait ravi Héra et l'aurait cachée dans une grotte du Cithairon. Nos remarques faites jusqu'à présent nous conduisent il est vrai à un rapprochement avec un autre ordre d'idées: celle du charme de rajeunissement qui se rattache à celle du hiéros-gamos. Disparaître, se cacher dans la forêt, dans la grotte *(fig. 225)* au bord de la mer, être enlacé par le lygos [53] est signe de mort et de renaissance. Le commencement du printemps (époque des mariages), au Γαμηλιών y convenait parfaitement. De fait Pausanias rapporte (II, 38, 2) que chaque année l'Héra d'Argos redevenait vierge après un bain à la source de Kanathos. Le sens de ce bain est encore souligné par l'indication que, dans le culte platéen d'Héra Teleia, apparaissaient comme porteuses d'eau des Nymphes tritons. Dans le récit de l'*Iliade* XIV, 294-296 et 346 sq. où l'on décrit ainsi le lit nuptial de Zeus, sur l'Ida *(fig. 147)*:

> « Alors Zeus plein d'ardeur étreignit son épouse
> En bas la terre sacrée produit des herbes verdissantes
> Lotos et fleurs couvertes de rosée, crocus et hyacinthe
> Epais et légèrement gonflés qui les soulevaient du sol:
> Tous deux reposaient là-dessus et s'enveloppaient d'un
> [brouillard
> Aux beaux rayons d'or; et la rosée tombait en parfums
> [brillants
> Alors que le père sommeillait doucement sur la hauteur
> [du Garvaros
> Ivre de sommeil et d'amour, son épouse dans les bras. »

Drexler croit découvrir dans cette description [54] une allusion au jardin des dieux à l'extrême ouest, au bord de

---

[53] Λύγος est l'osier, en général toute branche que l'on peut ployer et tisser. λυγόω signifie: tresser.

[54] Chose étrange, c'est à ce passage même, v. 288, que l'on trouve la description du *sommeil*, couché au sommet du pin: « En ce lieu il se tenait entouré de branches remplies d'aiguilles pointues. Tel l'oiseau chantant qui, la nuit, vole par les montagnes. » Il semble

l'Océan; cette idée serait empruntée à un hymne hiéro-
gamique préhomérique [55]. Ce pays d'occident est celui où
se couche le soleil. C'est vers lui que se hâtent Héraclès
et Gilgamesh, là où soleil et mer maternelle s'unissent

Fig. 147. *Mariage de Héra et de Zeus.*
Métope du temple de Sélinonte.
Musée national de Palerme.

Extrait de F. GUIRAND : *Mythologie générale.*
Paris 1935, p. 98.

pour le mariage qui rajeunit à jamais. Par conséquent, il
semble que se confirmerait notre hypothèse de l'union du
hiérosgamos et du mythe de renaissance. Pausanias
(III, 16, 11) cite un fragment de mythe apparenté, d'après
lequel l'image d'Artémis Orthia est aussi appelée *Lygo-
desma* (enchaînée par l'osier) parce qu'elle aurait été
trouvée dans un buisson d'osier. Il semble que ce récit
établisse quelque rapport entre la fête du hiérosgamos,

que ce motif faisait partie du hiérosgamos. Voir aussi le filet magique
avec lequel Héphaistos enserre Arès et Aphrodite surpris en flagrant
délit et les enferme sous la raillerie des dieux.

[55] Cf. ROSCHER : *Lex.*, t. I, 2102, 52 sq.

Fig. 148. *Démon dévorant le soleil.*
Musée ethnologique de Leyde.

Extrait de la revue " Cultureel Indie ". Leyde.
1re année, février 1939, p. 41.

générale en Grèce, et les coutumes que nous avons
examinées plus haut.

Le motif de « l'engloutissement » *(fig. 148 et 149)*,
dont Frobenius a montré qu'il constitue un élément régu-
lier des mythes solaires, est ici très voisin (même au
figuré). Le dragon-baleine « engloutit » toujours le héros.
L'engloutissement peut aussi être partiel. Une fillette de
6 ans qui n'aime pas aller à l'école rêve qu'un gros ver
rouge lui enlace la jambe. Contrairement à ce qu'on aurait
pu attendre, elle manifeste un tendre intérêt pour cet
animal. Une malade adulte, par suite d'un transfert
maternel sur une amie plus âgée dont elle ne peut se

407

séparer, fait le rêve suivant : elle est sur le point de franchir un large ruisseau. Il n'y a pas de pont. Mais elle découvre un endroit où elle peut passer. Au moment où elle entreprend de le faire, une grosse écrevisse cachée sous l'eau, la saisit au pied et ne la lâche plus [56].

Cette image existe même dans l'étymologie. Il y a un radical indogermanique vélu-, vel- signifiant entourer, enfermer, tourner, virer. En sont dérivés : sanscrit : val, valati = couvrir, enfermer, envelopper, enlacer, enrouler ; valî = plante grimpante ; ulûta = *boa constrictor* = latin : volutus ; lit. velù, velti = *envelopper* ; slave d'église : vlina = ancien haut allemand : velle = Welle (onde). Au radical velu se rattache aussi le radical vlvo dans le sens d'enveloppe, chorion, utérus. Le sanscrit ulvo,

Fig. 149.

Lion dévorant le soleil dans l'alchimie.
D'après un manuscrit de St-Gall.
XVIIe siècle.

Archives de la *Revue Ciba*, Bâle.

ulba, dans le même sens. Lat. volva, volvula, vulva. A vélu se rattache également la racine ulvorâ, dans le sens de fruit des champs, enveloppe des plantes ; sanscrit : urvarâ = champ ensemencé. Zend. urvara = plante. Le même radical vel a aussi le sens de wallen = bouillonner ; sanscrit : ulmuka = feu, embrasement. Fαλέα, Fέλα, got. vulan = bouillonner ; ancien haut allemand et moyen haut allemand walm = chaleur [57], brasier. (Il est typique qu'en état d'« involution » la chaleur fasse toujours tomber les

[56] Cf. mes remarques à ce sujet dans *Psychologie de l'inconscient*, ouv. cité p. 159 et suiv.

[57] FICK : *Indog. Wörterbuch*, 1890, p. 132 sq.

cheveux du héros solaire.) En outre, on trouve la racine vel dans le sens de « retentir » [58], et de vouloir, désirer.

Le motif de l'enlacement appartient au symbolisme de la mère [59]. Les arbres qui enlacent sont aussi des mères qui enfantent (fig. 150 et 162). Ainsi, dans la légende grecque, les μελίαι νύμφαι, les frênes, sont les mères de la race humaine d'airain. Le Bundehesh symbolise les premiers hommes, Meschia et Meschiane, par l'arbre Reivas. La matière que le dieu anima, selon le mythe nordique, lorsqu'il créa les hommes, est désignée sous le nom de trê = bois, arbre [60] [61]. Je rappelle aussi ὕλη = bois. C'est dans le bois du frêne cosmique Yggdrasill que, lors de la fin du monde, se cache un couple humain dont descendent ensuite

---

[58] Cf. le « soleil retentissant ».

[59] C'est au motif de l'engloutissement que se rattache celui des « rochers qui se referment ». (Frobenius: Zeitalter des Sonnengottes, 1904, p. 405.) Avec son vaisseau, le héros doit passer deux rochers qui se referment (analogues: les portes qui mordent, les troncs d'arbres qui se referment). Le plus souvent la queue de l'oiseau est coupée au passage (ou l'arrière du bateau, etc.). On reconnaît là le motif de la mutilation (« torsion du bras »). Scheffel utilise cette image dans son poème bien connu: « Un hareng aimait une huître », etc. Le chant se termine ainsi: « en lui donnant un baiser, l'huître lui écrase la tête ». Les pigeons qui apportent l'ambroisie à Zeus doivent passer par des rochers qui se referment. Frobenius remarque aussi qu'il y a relation très étroite entre les rochers ou les collines qui s'entr'ouvrent au prononcé d'un mot magique et le motif des rochers qui se referment. Une légende sudafricaine est à ce point de vue tout ce qu'il y a de plus caractéristique (Frobenius, p. 407): « Il faut appeler le rocher par son nom et crier à haute voix: « Rocher Utunjambili, ouvre-toi, pour que je puisse entrer. » Mais le rocher, s'il ne veut s'ouvrir pour l'homme présent, peut répondre par ces mots: « Le rocher ne peut être ouvert par des enfants; ce » sont les hirondelles volant dans les airs qui l'ouvrent. » Ce qui est remarquable, c'est que nulle puissance humaine ne peut ouvrir ce rocher et que seule une formule y parvient — ou un oiseau. Cette version indique déjà que l'ouverture du rocher est une entreprise qu'il ne s'agit pas de réaliser vraiment, mais que l'on désire seulement. « Désirer » en moyen haut allemand, c'est « être déjà à même de faire quelque chose d'extraordinaire ». L'oiseau représente « l'idée désir ».

[60] Grimm: Myth., 1877, I, p. 474.

[61] Il y avait à Athènes une race des Ἀϊγειροτόμοι: ceux qui ont été taillés dans le peuplier.

Fig. 150. *Myrrha métamorphosée en arbre enfante Adonis.*
Estampe extraite de la traduction française
des *Métamorphoses* d'Ovide de Pierre DURYER.
T. III. 1728. La Haye.

Archives de la *Revue Ciba*, Bâle.

les races du monde nouveau [62]. Au moment de la fin du
monde, le frêne cosmique se transforme en mère préserva-
trice, en arbre de mort et de vie, ἐγκολπίον [63]. Cette fonction

---

[62] HERMANN: *Nord. Myth.*, 1903, p. 589.
[63] Des tribus javanaises ont l'habitude de placer l'image de
leur dieu dans un creux fait dans un arbre. Dans le mythe perse,
le sage Haoma est un arbre céleste qui pousse dans le lac Vuru-
kasha; le poisson Khar-mâhi tourne autour pour le protéger et le

de renaissance attribuée au frêne cosmique éclaire l'image que nous trouvons au chapitre du « Livre des morts » égyptien et qui s'appelle « porte de la connaissance des âmes de l'orient ».

« Je suis le pilote de la sacrée carène, je suis le timonier qui ne s'accorde nul repos sur le navire de Rê [64]. Je connais l'arbre couleur d'émeraude du milieu duquel Rê s'élève à la hauteur des nuages. [65] »

Navire et arbre (navire de mort et arbre de mort) *(fig. 151 et 152)* sont ici très près l'un de l'autre. L'image dit que Rê, né de l'arbre, s'élève vers en haut. C'est sans doute de la même manière qu'il faut comprendre la représentation du dieu solaire Mithra, qui, sur le relief de Heddernheim, sort à mi-corps de la cime d'un arbre *(fig. 167)*. De même manière sur d'autres monuments, il est enfoncé jusqu'à mi-corps dans un rocher, ce qui rend sensible la mise au monde par un rocher. Assez souvent on trouve à côté du lieu de naissance de Mithra un fleuve. Ce conglomérat symbolique est celui de la naissance d'Achanès, premier roi des Saxons, qui surgit du rocher du Harz au milieu de la forêt autrichienne, près d'une fontaine jaillissante [66]. Ici sont réunis tous les symboles maternels: terre, bois et eau. Rien de plus logique donc si au moyen âge la poésie donne à l'arbre le titre honorifique de « femme ». De même, il ne faut pas s'étonner que la légende chrétienne ait fait de l'arbre de mort qu'est la croix, le bois de vie, l'arbre de vie, de sorte que l'on a

---

défendre contre le crapaud d'Ahriman. Il donne la vie éternelle; aux femmes, des enfants; aux vierges, des époux et des coursiers aux hommes. Dans le Minôkhired l'arbre est appelé « apprêteur des cadavres ». (SPIEGEL: *Erân. Altertumskunde*, II, p. 115.)

[64] Navire solaire qui conduit soleil et âme dans leur ascension par-dessus la mer des morts.

[65] BRUGSCH: *Religion und Mythologie der Aegypter;* 1891, p. 177.

[66] De même Isaïe 51, I: « Considérez le rocher dont vous avez été taillés et le creux de la fontaine d'où vous avez été tirés. » Autres exemples dans A. von LOEWIS OF MENAR: « Nordkaukasische Steingeburtsagen, *Archiv für Religionswissenschaft*, XIII, p. 509 sq.

[67] GRIMM: *Myth.*, 1877, I, p. 474.

Fig. 151. *Vaisseau mortuaire égyptien.*
British Museum, Londres.

Extrait de J. H. BREASTED jun.: *Egyptian Servant Statues.*
New-York 1948, pl. 65 a.

assez souvent représenté le Christ crucifié à un arbre de
vie verdoyant et portant des fruits *(fig. 153)*. Cette
réduction de la croix à l'arbre de vie, qui se trouve déjà
comme symbole cultuel chez les Babyloniens, le spécialiste
de l'histoire de la croix, Zöckler [68], la considère comme
tout à fait vraisemblable. La signification préchrétienne
du symbole (universellement répandu) n'y contredit pas,
bien au contraire, car son sens est précisément *vie*. De
même la présence de la croix dans le culte solaire (ici aux
bras égaux, ou croix svastika comme représentation de
la roue solaire), ainsi que dans le culte de la déesse de
l'amour, n'est d'aucune façon en contradiction avec le
sens (historique) ci-dessus. La légende chrétienne a abondamment utilisé ce symbolisme. Quiconque connaît
l'histoire de l'art médiéval est familiarisé avec le tableau
où la croix pousse de la tombe d'Adam *(fig. 154)*. La
légende voulait qu'Adam soit enterré sur le Golgotha.
Seth avait planté sur sa tombe une branche de l'arbre du
paradis qui devint l'arbre de la croix et de la mort du

---

[68] *Das Kreuz Christi*. Rel.-hist.-kirchl.-archäol. Untersuchungen,
1875.

Fig. 152. *Arbre de mort bouddhique.*
Musée d'ethnologie, Berlin.

Extrait de G. MENSCHING : *Buddhistische Symbolik.*
Gotha 1929, planche 32.

Fig. 153. *Le Christ sur l'arbre de vie.*
Galerie de Strasbourg.
Collection de l'auteur.

Fig. 154. *La croix sortant de la tombe d'Adam.*
Portail ouest de la cathédrale de Strasbourg, vers 1820.

Extrait de O. Schmitt: *Reallexikon zur deutschen Kunstgeschichte.*
Stuttgart 1937, t. I, fig. 2, p. 157.

Christ [69]. On sait que c'est par la faute d'Adam que péché et mort vinrent au monde et qu'en mourant, Jésus nous a rachetés du péché. Si l'on demande en quoi a consisté la faute d'Adam, il faudrait répondre que cette faute impardonnable, qu'il fallait payer de la vie, était d'avoir eu l'audace de manger des fruits de l'arbre du paradis [70]. Quelles en furent les conséquences ? une légende juive

---

[69] On trouve la légende de Seth in : Jubinal : *Mystères inédits du XVe siècle*, t. II, p. 16 sq. Cité par Zöckler : *Das Kreuz Christi*, 1875, p. 241.

[70] Les arbres sacrés des Germains étaient aussi sous la loi d'un tabou absolu : on ne devait en arracher nulle feuille et ne rien cueillir aussi loin que leur ombre s'étendait.

nous le décrit: « Un homme qui, après la chute, eut le bonheur de jeter un dernier regard dans le paradis, y aperçut l'arbre et les quatre fleuves. Mais l'arbre était desséché et parmi les branches gisait un petit enfant. *La mère était devenue enceinte* » [71].

A cette remarquable légende correspond la tradition juive selon laquelle Adam aurait eu, avant Eve, une femme démoniaque du nom de Lilith, avec qui il luttait pour le pouvoir. Par la magie du nom de Dieu, cette femme s'éleva dans les airs et se cacha dans la mer. Mais Adam, *aidé de trois anges*, l'obligea à revenir [72]. Lilith devint une « mar » ou une lamie *(fig. 155)* qui menace les femmes enceintes et ravit les enfants nouveau-nés. Le mythe similaire est celui des Lamies, fantômes nocturnes, qui épouvantent les enfants. La légende primitive racontait que Lamia attira Zeus, mais la jalouse Héra fit en sorte que Lamia n'accouchât que d'enfants morts. Depuis lors, Lamia, furieuse, poursuit les enfants qu'elle tue chaque fois qu'elle le peut. Ce motif réapparaît souvent dans les contes: la mère est souvent représentée directement comme meurtrière [73], voire cannibale *(fig. 157)*. Le conte

---

[71] Selon la légende allemande (GRIMM: *Myth.*, t. II, p. 809), le héros sauveur vient au monde lorsque l'arbre qui, pour l'instant, rameau encore frêle, pousse sur un mur, a grandi et quand avec son bois on confectionne le berceau dans lequel le héros sera bercé. La formule est la suivante: « Il faut planter un tilleul qui poussera à sa cime deux branches avec lesquelles on fera une « poie » (un berceau). L'enfant qui y couchera le premier est destiné à passer de vie à trépas par l'épée; puis viendra la rédemption. » Dans les légendes germaniques également, il est remarquable que l'arrivée d'un événement futur se rattache au *bourgeonnement d'un arbre*. Cf. la désignation du Christ sous le nom de « branche » ou de « verge ».

[72] Peut-être faut-il voir là le motif de « l'oiseau secourable ». Les anges sont en somme, des oiseaux *(fig. 156)*; cf. la parure d'oiseau, le plumage des âmes des enfers, « les âmes-oiseaux » *(fig. 126)*. Dans le sacrifice mithriaque le messager des dieux est ailé, l'ange est un corbeau. D'ailleurs, dans la tradition juive, les anges sont mâles. Le symbole des trois anges est important en ce sens qu'il indique la triade supérieure, triade de l'air ou de l'esprit, luttant avec *une* puissance inférieure, femelle. Cf. mes remarques in *Symbolik des Geistes*, 1948, contribution n° 1.

[73] FROBENIUS: *Zeitalter des Sonnengottes*, 1904.

allemand de Hänsel et Gretel en est un exemple. Λάμια est aussi le nom d'un gros *poisson de mer* glouton [74], ce qui fait un pont vers le motif du dragon - baleine, étudié par Frobenius. Nous retrouvons ici la figure de la mère terrible [75] sous la forme du poisson glouton, personnification de la mort. Frobenius donne de nombreux exemples où le monstre a englouti non seulement des hommes *(fig. 157)* mais aussi des animaux, des plantes, même un pays entier, toutes choses que le héros ramène à une glorieuse renaissance.

Les Lamies *(fig. 155)* sont des monstres nocturnes typiques dont la nature femelle est abondamment attestée [76]. Leur particularité partout répandue est qu'elles chevauchent leurs victimes.

Fig. 155.

Lamia emportant un nouveau-né.

Frise de la « Tombe des harpies », Acropole de Xanthos. British Museum, Londres.

Extrait de F. GUIRAND : *Mythologie générale*, Paris 1935, p. 1941 (détail).

Leurs répliques, ce sont les chevaux fantômes qui emportent leur cavalier dans un galop effréné. Il est facile

---

[74] Λάμος = gorge, caverne. τά λαμία = gouffres terrestres.

[75] Il faut remarquer ici combien δελφίς = dauphin est proche de δελφύς = utérus. C'est à Delphes que se trouvent le gouffre terrestre et le trépied (δελφινίς = table à trois pieds en forme de dauphin) *(fig. 251)*. Cf. au dernier chapitre Mélicerte sur le dauphin et le sacrifice crématoire de Melkarth.

[76] Voir l'abondante documentation rassemblée par E. JONES : « On the Nightmare ». *American Journal of Insanity*, t. LXVI, 383 sq.

Fig. 156. *Anges volants.*
Détail d'une fresque de Giotto.
Chapelle Scrivegni à Padoue. Début du xive siècle.

Extraits de R.P.R. REGAMEY, O.P.: *Anges.*
Paris 1946, p. 17.

de reconnaître dans ces formes symboliques le type même
du *rêve d'angoisse* dont l'étude de Laistner [77] a montré
l'importance pour l'explication des contes. La chevauchée
acquiert un aspect tout particulier grâce aux résultats des
études sur la psychologie des enfants: deux études s'y
rapportant, l'une de Freud, l'autre de moi-même [78] ont
démontré d'une part que les chevaux traduisent l'angoisse,
d'autre part que les fantaisies de chevauchées semblent
avoir une signification sexuelle. L'essentiel en serait le
rythme qui n'acquiert qu'en second lieu sa signification
sexuelle. Tenant compte de cette expérience, nous ne pouvons plus être étonnés d'apprendre que le frêne maternel
cosmique *Yggdrasill* signifie en allemand «cheval effrayant».
Cannegieter [79] dit au sujet des monstres nocturnes: « Abi-

[77] LAISTNER: *Das Rätsel des Sphinx*, 1889.
[78] FREUD: *Jahrbuch f. Psychoanal. u. Psychopath. Forsch.*, t. I.
JUNG: *Conflits de l'âme enfantine*, Montaigne, Paris, 1935.
[79] «Epistola de ara ad Noviomagum reperta, p. 25. (Cit. par
GRIMM, *Myth*, 1877, t. II, p. 1041.

Fig. 157. *La mère dévorant les hommes.*

Amulette chamane du clan de Tlingit. Alaska du sud-est.
(Moderne.) American Museum of Natural history. N° E/2708.

Extrait de G. C. VAILLANT: *Indian Arts in North America.*
New-York 1939, planche 92.

gunt eas numphas *(matres deas, mairas)* hodie rustici osse *capitis equini* tectis injecto, cujusmodi ossa per has terras in rusticorum villis crebra est animadvertere. Nocte autem ad concubia equitare creduntur et equos fatigare ad longinqua itinera [80]. » La réunion de mar et cheval semble d'ailleurs se justifier étymologiquement dès l'abord — Nightmare et mare (angl.). Le radical indogermanique de mâhre est mark. Mähre, c'est le cheval, angl. mare, ancien haut allemand marah (étalon) et meriha (jument), anc. nord.: merr (mara = cauchemar); anglo-saxon: myre (maira). Le français cauchemar vient de calcare = fouler (sens itératif, d'où le sens de pressurer, all. keltern) se dit aussi du coq qui côche la poule. Ce mouvement est typique pour la mar, aussi dit-on du roi Vanlandi: « Mara trad han », la mare le piétine à mort pendant son sommeil [81]. Autre synonyme de *alp* ou mar, troll ou « treter » (fouleur) en allemand. Ce mouvement (calcare) est encore attesté par Freud et mon expérience des enfants, chez qui le piétinement *(fig. 206)* ou « trépignement » revêt un sens sexuel secondaire particulier, tandis que de toute évidence le rythme est l'élément primaire. Comme la « mara », la « stempe » trépigne aussi [82].

Le radical aryen commun *mar* signifie mourir, d'où « mara » la « morte » ou la mort. De là provient mors, μόρος = destin (et aussi μοῖρα ?) [83]. On sait que les *Nornes* assises sous le frêne cosmique représentent le destin, comme Klotho, Lachesis et Atropos. Chez les Celtes également le concept de fatae se convertit en celui de *matres* et *matronae* [84] qui avaient chez les Allemands une valeur divine. Un passage connu de César (de *Bello gallico*, 1, 50) nous dit à propos de l'importance des mères: « Ut matres

---

[80] Les paysans chassent les esprits femelles, déesses mères, avec l'os d'une tête de cheval qu'ils jettent sur le toit et l'on peut souvent, dans ce pays, voir des os sur les maisons des paysans.

[81] GRIMM, *loc. cit.*, t. II, p. 1041.

[82] GRIMM, *loc. cit.*, t. II, p. 1041.

[83] Cf. HERMANN: *Nord. Myth.*, 1903, p. 64 et FICK: *Wörterbuch der indog. Sprache*, t. I, 1890.

[84] GRIMM: *loc. cit.*, t. I, p. 345 sq.

familias eorum sortibus et vaticinationibus declararent utrum proelium commiti ex usu esset, nec ne. » [85]

A l'étymologie de mar ajoutons que le français mère se rapproche phonétiquement beaucoup de mutter et de mar, ce qui étymologiquement ne prouve évidemment rien. En slave, mara, c'est la sorcière, en polonais, mora = cauchemar. Mor ou more, en Suisse alémanique, signifie truie (c'est aussi une insulte). Le bohémien mura signifie furie nocturne et papillon du soir, sphinx. Cette relation étrange s'explique sans doute par le fait que le papillon est à la fois allégorie et symbole de la psyché. Les sphingidés sont des papillons crépusculaires. Ils viennent dans l'obscurité comme la mare. Enfin, il faut signaler que l'olivier sacré d'Athéna s'appelait μορία qui vient de μόρος, destin. Halirrhotios voulant abattre l'arbre se tua avec sa hache.

La ressemblance tonale, étymologiquement toute fortuite, entre mère et mar et le latin mare est remarquable. Nous renverrait-elle par hasard à la « grande image » première de la mère qui fut pour nous tout d'abord l'unique monde et devint par la suite le symbole de l'univers ? Gœthe dit des mères qu'elles sont « entourées d'images de toutes les créatures ». Les chrétiens eux-mêmes n'ont pu se dispenser de rapprocher de l'eau la mère de Dieu: « Ave maris stella » est le commencement d'un hymne à Marie. Il ne doit pas être sans importance que le mot enfantin « maman » mama (sein maternel) se répète dans toutes les langues possibles et que les mères des deux héros religieux s'appellent Marie et Maja. La mère est le cheval de l'enfant comme il apparaît très nettement dans la coutume primitive de porter l'enfant sur le dos ou à cheval sur une hanche. C'est au frêne cosmique, sa mère, qu'Odin suspendit son « coursier d'épouvante ».

Nous avons déjà vu que pour la pensée égyptienne, Isis, mère du dieu, joua au dieu solaire un mauvais tour

---

[85] « ... pour que les femmes consultassent le sort et rendissent des oracles pour savoir si le moment de combattre était venu ou non ». Cf. la signification mantique du gouffre delphique, de la source de Mimir, etc.

Fig. 158. *Combat de Zeus avec Typhon.*
Hydrie chalcidique.

Extrait de: *Die königliche Vasensammlung zu München.*
Publié par J. Sieveking et R. Hackl.
Tome I. « Die älteren nichtattischen Vasen ».
Munich 1912, table 24, nº 596.

au moyen du serpent venimeux. Isis se comporte exactement de la même manière dans ce que nous transmet
Plutarque: elle se conduit traîtreusement à l'égard de son
fils Horus: Celui-ci, en effet, subjugue le méchant Typhon
qui tua insidieusement Osiris. Cependant Isis le délivre.
Indigné, Horus porte la main sur sa mère et lui arrache
de la tête sa parure royale [86], par suite de quoi Hermès lui
donne une tête de vache *(fig. 139)*. Puis Horus vainc
Typhon pour la seconde fois. Dans la légende grecque, ce
Typhon est un dragon *(fig. 158)*. Mais même en dehors
de cette constatation, il est clair que le combat d'Horus
est le combat typique du héros solaire avec le dragon-
baleine. Or nous savons que ce dernier est une image de la
mère terrible, la vorace gorge de mort qui broie et dépèce
les hommes [87] *(fig. 157)*. Qui a vaincu ce monstre a gagné
par sa victoire une jeunesse nouvelle ou éternelle. Mais
pour ce faire, il faut, bravant tous les dangers, descendre
dans le ventre du monstre [88] (voyage aux enfers) et y séjour-

---

[86] Plutarque: de *Iside et Osiride*, 19, 6.
[87] Cf. in Frobenius *(Zeitalter des Sonnengottes)*, les mythes
exotiques où le ventre de la baleine est le pays des morts.
[88] Une constante particularité de Mar est de ne pouvoir sortir
que par le trou d'entrée. Ce motif, on le voit, fait partie d'un mythe
de renaissance.

ner un certain temps («prison nocturne de la mer», Frobenius). *(Cf. p. 354, et fig. 123.)*

Le combat avec le serpent nocturne exprime donc le *triomphe remporté sur la mère* à qui l'on impute le crime infamant d'avoir trahi son fils. Les fragments de l'épopée babylonienne de la création du monde, provenant pour la plupart de la bibliothèque d'Assurbanipal, que découvrit George Smith, confirment entièrement ces rapports. Les textes doivent avoir été composés au temple d'Hammurabi (2000 ans av. J.-C.). Ce récit de la création [89] nous apprend que Ea, que nous connaissons déjà, fils de la profondeur des eaux et dieu de la sagesse [90], a vaincu Apsû. Celui-ci est le créateur des grands dieux. Il a donc vaincu son père. Mais Tiâmat songeait à se venger; elle s'arme pour la guerre contre les dieux:

«Mère Hubur qui forma tout,
Ajouta des armes irrésistibles, enfanta des serpents géants
Aux dents pointues, impitoyables à tous points de vue (?);
Avec du poison au lieu de sang elle remplit leur corps
Des salamandres géantes et furieuses elle les vêtit de caractère
[redoutable;
Elle les fit déborder d'un éclat effrayant, les fit énormes,
Qui les verrait mourrait de terreur;
Leurs corps devaient se cabrer sans se détourner pour fuir.
Elle plaça des salamandres, des dragons, des Lahamas
Ouragans, chiens furieux, hommes-scorpions
Orages puissants, hommes-poissons et béliers
Avec des armes sans merci, sans crainte du combat,
Puissants sont les ordres (de Tiâmat) ils sont irrésistibles.»

———————————————————————

«Après que Tiâmat eut accompli puissamment son œuvre
Elle imagina des méchancetés contre les dieux, sa descendance;
Pour venger Apsû, Tiâmat fit du mal.»

———————————————————————

———————————

[89] Selon GRESSMANN: *Altorient. Texte u. Bilder zum Alten Testament*, 1909, t. I, p. 4 sq.
[90] Abîme de sagesse, fontaine de sagesse, source de fantaisie. Voir plus loin.

« Et quand Ea apprit la chose
Il fut douloureusement angoissé et il s'assit tristement. »

⸻

Il se rendit devant son père, Ansar qui l'engendra,
Pour lui faire connaître ce que Tiâmat avait projeté:
Tiâmat notre mère a conçu de l'aversion pour nous;
Elle a organisé un attroupement, dans une colère furieuse. »

⸻

Contre l'effrayante armée de Tiâmat, les dieux finissent
par dresser le dieu du printemps, Mardouk, le soleil victo-

Fig. 159. *Combat de Mardouk avec Tiâmat.*
Extrait de H. Gressmann: *Altorientalische Texte und Bilder
zum Alten Testament.* Tubingue 1909, fig. 168, p. 91.

rieux. Mardouk s'arme pour le combat *(fig. 159).* On dit de
l'arme de mort qu'il se forge:

« Il créa le vent mauvais, Imhullu, la tempête du sud et l'ou-
[ragan,
Le quatrième vent, le septième vent, le tourbillon et le vent
[du malheur,
Laissa partir les vents qu'il avait créés, au nombre de sept;
Pour susciter du trouble au cœur de Tiâmat, ils s'avancèrent
derrière lui;
alors le seigneur leva le cyclone, la grande arme,
Il prit comme char le vent du midi, l'incomparable, l'effrayant. »

Son arme principale est le vent et un filet avec lequel il veut enlacer Tiâmat. Il s'approche d'elle et la provoque en duel [91].

« Alors s'avancèrent Tiâmat et le sage parmi les dieux, Mardouk,
Se dressant pour le combat (?), s'approchant pour la bataille;
Puis le seigneur étendit son filet et la prit;
Il lança Imhullu dans sa suite contre son visage,
Lorsque Tiâmat ouvrit la bouche, autant qu'elle put (?),
Il fit entrer Imhullu pour qu'elle ne puisse plus fermer les lèvres.
Il remplit son corps des vents furieux;
Son intérieur était saisi (?) et elle ouvrait largement la bouche.
Il poussa sa lance (?), brisa son corps,
Déchira son intérieur, découpa son cœur,
La dompta et mit fin à sa vie;
Il jeta son cadavre qu'il piétina. »

Après que Mardouk eut abattu sa mère, il songea à la création du monde.

« Puis le seigneur se reposa considérant son cadavre,
Puis divisa le colosse (?), projetant des choses sérieuses;
Il la brisa comme un poisson plat (?) en deux parties [92];
Il en prit une moitié avec laquelle il couvrit le ciel. »

C'est de cette manière que Mardouk créa l'univers, au moyen de sa mère *(fig. 278)*. On voit que le meurtre de la mère-dragon se fait ici sous l'aspect d'une *fécondation par le vent* avec indice négatif. Le monde naît de la mère, c'est-à-dire de la libido enlevée à la mère (par le sacrifice) et empêchant la régression qui menace de subjuguer le héros. Nous aurons à éclaircir encore davantage cette formule importante dans notre dernier chapitre. Dans la littérature de l'Ancien Testament, on trouve des ressem-

---

[91] « Alors le seigneur s'approcha, guettant le milieu (?) de Tiâmat. »

[92] Division de la mère, voir *Kaineus*.

blances intéressantes à ce mythe, comme l'a montré Gunkel [93]. C'est ainsi qu'il est dit dans Isaïe (51, 9-10) :

« Réveille-toi, réveille-toi, revêts-toi de force
Bras de Jéhovah !
Réveille-toi comme aux jours anciens,
Comme aux âges d'autrefois.
N'est-ce pas toi qui taillas en pièces Rahab,
Qui transperças le dragon ?
N'est-ce pas toi qui desséchas la mer,
Les eaux du grand abîme ?
Qui fis des profondeurs de la mer un chemin
Pour faire passer les délivrés ? »

Dans l'Ancien Testament, le nom de Rahab est souvent employé pour désigner l'Egypte ; de même dragon (Isaïe, 30, 7, appelle l'Egypte « Rahab la silencieuse ») ; il veut donc désigner quelque chose de méchant et d'hostile. Ici Rahab apparaît comme vieux dragon, Tiâmat, contre la puissance néfaste de qui Mardouk ou Jahvé se dresse. L'expression « les délivrés » concerne les Juifs délivrés de l'esclavage, mais a aussi un sens mythologique puisque le héros délivre ceux qui ont été engloutis déjà auparavant par la baleine-dragon (Frobenius, *loc. cit.*).

Psaume 89, 11 :

« C'est toi qui écrases Rahab comme un cadavre. »

Job, 26, 12 :

« Par sa puissance, il soulève la mer,
Par sa sagesse il en brise l'orgueil,
Son esprit a orné les cieux,
Sa main a formé les replis du dragon. »

Gunkel pense que Rahab n'est autre chose que le chaos, autrement dit Tiâmat. Le dragon Rahab apparaît aussi sous l'image de Léviathan, monstre marin et personnification de la mère *(fig. 62)*.

---

[93] *Schöpfung und Chaos*, p. 30 sq.

Ainsi psaume 74, 13 sq. :

« C'est toi qui as divisé la mer par ta puissance,
Toi qui as brisé la tête des monstres dans les eaux;
C'est toi qui as écrasé les têtes du Léviathan
Et l'as donné en pâture au peuple du désert.
C'est toi qui as fait jaillir la source et le torrent,
Toi qui as mis à sec des fleuves qui ne tarissent pas. »

Nouveau parallèle dans Isaïe 27, 1 :

« En ce jour-là Jéhovah visitera
De son épée, de sa dure, grande et forte épée
Léviathan le serpent tortueux
Et il tuera le monstre qui est dans la mer. »

Puis dans Job 40, 25 :

« Tireras-tu Léviathan avec un hameçon
Et lui serreras-tu la langue avec une corde ?
Lui passeras-tu un jonc dans les narines
Et lui perceras-tu les mâchoires avec un anneau ? »

On trouvera chez Frobenius *(loc. cit.)* de nombreuses
analogies puisées dans des mythes primitifs où le monstre
marin est aussi pris avec un hameçon.

Nous avons vu que la prohibition de l'inceste au figuré
interdit au fils de se réengendrer par le moyen de sa mère.
Mais ce n'est pas l'homme lui-même tel qu'il est qui doit
être réengendré et réenfanté comme un tout renouvelé;
c'est le héros ou le dieu qui, au dire de la mythologie, se
rajeunit. Ces personnages sont d'ordinaire exprimés par
des symboles de libido (lumière, feu, soleil, etc.) ou caractérisés par eux, de sorte qu'il semble qu'ils représentent
l'énergie psychique ou vitale. En effet, ils personnifient la
libido. Or l'expérience psychiatrique confirme que toutes
les parties de la psyché, dans la mesure où elles jouissent
d'une certaine autonomie, présentent des caractères de
personnalité, comme les produits de la scission dans
l'hystérie et la schizophrénie, les « esprits » des spirites,
les personnages des rêves, etc. Toute masse de libido
scindée, c'est-à-dire tout complexe, a ou est personnalité

427

(fragmentaire). C'est ainsi que les choses apparaissent quand on les voit du point de vue de l'observation pure. Mais quand on va au fond des choses on s'aperçoit qu'il s'agit de formations archétypiques. Aucun argument définitif ne s'oppose à l'hypothèse que les figures archétypiques posséderaient a priori leur caractère de personnalité, qui ne serait par conséquent pas secondaire. Car, dans la mesure où ils ne représentent pas uniquement des relations fonctionnelles, les archétypes se manifestent sous forme de δαίμονες, d'agentia personnels. C'est sous cette forme qu'on les expérimente d'abord. On ne les invente pas comme le voudrait le rationalisme. Par conséquent, ce n'est qu'en second lieu, pourrait-on dire, que l'homme fait provenir le caractère de sa personnalité, comme dit le mythe, de la descendance des héros et des dieux, c'est-à-dire en langage psychologique: la conscience de sa personnalité provient d'archétypes à caractère de personne [94]. On pourrait apporter de nombreuses preuves mythologiques en faveur de cette conception.

En premier lieu, c'est le dieu qui se métamorphose et par lui l'homme prend aussi part à la transformation. Ainsi Chnum « formateur, potier, architecte » fabrique sur son tour de potier son œuf *(fig. 160 et 161)*, car il est la croissance immortelle, la propre production et le propre enfantement de soi-même, créateur de l'œuf qui sort de l'eau primordiale. Il est dit, dans le *Livre des morts* « Je suis le noble faucon [95] qui sortit de son œuf. » Un autre passage du *Livre des morts* dit: « Je suis le créateur de Nun qui a pris sa place dans les enfers. Mon nid, on ne le regarde pas, et mon œuf ne se brise pas. » Un autre passage: « Ce Dieu grand et sublime qui est son propre créateur pour ce qui est issu de lui [96]. » *(Fig. 260.)* C'est pourquoi le dieu s'appelle aussi Nagaga-uer, le « grand

---

[94] Dans notre domaine représenté par la quaternité Père-mère-parrain et marraine, ces derniers correspondent au couple des dieux.

[95] C'est-à-dire le dieu solaire.

[96] BRUGSCH: *Religion und Mythol. der alten Ägypter*, 1891, p. 161 sq.

Fig. 160.

Le dieu Khnemu (Chnum) façonne un homme sur le tour de potier.

Extrait de E. A. WALLIS BUDGE: *The Gods of the Egyptians.*
Tome II, Londres 1904, p. 50.
Archives de la *Revue Ciba*, Bâle.

caqueteur » (*Livre des morts*, 98, 2: « Je caquette comme l'oie et siffle comme le faucon. »).

Le passage de la libido en régression sur le dieu permet d'affirmer directement que c'est un dieu ou un héros qui commet l'inceste. A un stade antique, il n'est besoin d'aucune autre symbolisation. Elle ne devient nécessaire que quand l'affirmation directe commence à discréditer le dieu, ce qui ne peut se produire évidemment qu'à un degré plus élevé de moralité.

Ainsi Hérodote raconte: [97]

« Voilà donc ce qui se passe à Boubastis. J'ai dit plus haut comment à Bousiris on célèbre la fête d'Isis. Après le sacrifice,

―――――

[97] Livre II, 61 sq.

tous et toutes se frappent, par myriades et myriades; en l'honneur de qui ils se frappent, j'aurais scrupule à le dire.

» A Paprémis, sacrifices et actes sacrés s'accomplissent comme ailleurs; mais à l'heure où le soleil décline, tandis que des prêtres en petit nombre sont occupés autour de la statue du dieu, la plupart d'entre eux, armés de massues de bois, se tiennent à l'entrée du sanctuaire, d'autres hommes qui accomplissent des vœux, au nombre de plus de mille, ayant eux aussi chacun un bâton, se tiennent groupés du côté opposé. La statue, contenue dans une petite chapelle en bois doré, a été transportée d'avance, la veille, dans un autre édifice sacré. Les quelques prêtres laissés autour d'elle traînent un char à quatre roues qui porte la chapelle et la statue que la chapelle contient; les autres prêtres, qui se tiennent dans les propylées, interdisent d'entrer; ceux qui s'acquittent de vœux prêtent main forte au dieu, tapent sur eux et eux se défendent. Alors s'engage une violente bataille à coups de bâtons; des têtes sont fracassées, et même, je suppose, plus d'un meurt de ses blessures, bien que les Egyptiens m'aient affirmé qu'il ne meurt personne. Voici d'après les gens du pays quelle serait l'origine de cette fête: dans le sanctuaire en question habitait, disent-ils, la mère d'Arès [98]. Après avoir été élevé à l'écart, quand il fut arrivé à l'âge d'homme, il vint à Paprémis, voulant s'entretenir avec sa mère; les serviteurs de celle-ci, qui ne l'avaient pas vu jusqu'alors, ne consentirent pas à le laisser

Fig. 161.
Façonnage de l'œuf cosmique.

Extrait de E. A. WALLIS BUDGE:
The Gods of the Egyptians, tome I.
Londres 1904, p. 500.
Archives de la *Revue Ciba*, Bâle.

---

[98] Par Arès, il faut vraisemblablement entendre le Typhon égyptien.

passer, mais le repoussèrent; lui, amena des hommes d'une autre ville, traita durement les serviteurs et malmena les serviteurs et pénétra chez sa mère. De là viendrait, disent-ils, la coutume de cet échange de coups au moment de la fête d'Arès. » (Texte établi et traduit par Ph. E. Legrand, membre de l'Institut, professeur honoraire de l'Université de Lyon.)

Un texte des Pyramides, qui décrit le combat du pharaon mort pour la domination du Ciel dit ceci [99]:

« Le ciel pleure, les étoiles tremblent, les gardiens des dieux frémissent, quand ils voient le roi se dresser comme esprit, comme un dieu qui vit de ses pères et s'empare de sa mère. »

Il est clair que les fidèles se battent ici, et peut-être même se tuent, pour participer au mythe de l'inceste divin [100]. Ainsi participent-ils à leur manière à l'activité du dieu [101]. La mort de Balder à la suite d'une blessure faite par une branche de gui, mort qui ressemble à celle d'Osiris, semble appeler une explication analogue. La légende raconte que toutes les créatures étaient obligées d'épargner Balder. Seul le gui fut oublié, soi-disant, parce qu'il était trop jeune. Mais ce fut une branche de gui qui abattit Balder. Le gui est un parasite. C'est avec le bois d'une plante parasite, ou grimpante, que l'on faisait le morceau de bois femelle nécessaire au forage du feu [102], donc la mère du feu. C'est sur la « märentakken », que Grimm suppose être le gui, que repose la mar [103]. Le gui

---

[99] Cité par DIETERICH: Mithraslit; 1910, p. 100.
[100] Dans la légende polynésienne de Mani il est dit: que le héros ravit à sa mère sa ceinture. Même signification au rapt du voile dans le mythe de la vierge au cygne. Dans une légende africaine de Joruba, le héros châtie simplement sa mère (FROBENIUS, loc. cit.).
[101] Le mythe indiqué plus haut d'Halirrhotios, qui se tue lui-même au moment où il voulait abattre l'arbre sacré d'Athènes, la Moria, renferme la même psychologie, ainsi que la castration des prêtres au service de la grande mère. La tendance ascétique dans le christianisme (autoémasculation d'Origène) est un phénomène du même genre.
[102] Cf. KUHN: Herabkunft des Feuers.
[103] Loc. cit., II, p. 1041.

était un remède contre la stérilité [104]. En Gaule, le druide ne devait monter sur le chêne sacré pour y couper le gui rituel qu'au cours de cérémonies solennelles et après avoir accompli des sacrifices. Ce qui pousse sur l'arbre *(fig. 162)* c'est l'enfant que l'on serait soi-même, image renouvelée et rajeunie, et c'est précisément ce que l'on ne peut avoir parce que la prohibition de l'inceste s'y oppose. Le gui, qui est encore trop jeune, est un danger pour Balder. Le gui, parasite poussant sur un arbre, est comme « l'enfant de l'arbre ». L'arbre ayant, nous l'avons vu, une *signification d'origine*, comme la mère, représente commencement et source de vie, c'est-à-dire cette force vitale magique si familière au primitif, dont on fêtait le renouvellement annuel par la vénération d'un fils divin, d'un *puer aeternus*. Le noble Balder est un personnage du même genre. Les êtres de ce type n'ont en partage qu'une courte vie, car ils ne sont que des anticipations de quelque chose que l'on désire et espère. C'est là une réalité telle qu'un certain type « fils à maman » présente *in concreto* les caractères du jeune dieu florissant, au point qu'il est emporté par une mort prématurée [105]. La raison en est qu'il ne vit que sur et par sa mère, qu'il ne pousse de lui-même aucune racine dans le monde, par conséquent qu'il vit dans un inceste perpétuel. Il est, pourrait-on dire, un rêve de la mère — donc aussi l'anticipation d'un but exemplaire — bientôt englouti à nouveau. Nous en avons des exemples excellents dans les fils dieux de l'Asie mineure comme Tammuz, Attis, Adonis et le Christ. Le gui représente ce que représente Balder, « l'enfant de la mère », c'est-à-dire la force vitale renouvelée à laquelle on aspire, qui prend source dans la « mère ». Mais séparé de son hôte, le gui se fane. Par conséquent le druide qui le coupe le tue aussi, renou-

[104] C'est pourquoi sans doute en Angleterre, à Noël, on suspend des branches de gui. Pour le gui, verge de vie, voir AIGREMONT : *Volkserotik und Pflanzenwelt.*

[105] Le délicieux petit livre de l'aviateur SAINT-EXUPÉRY : *Le petit prince*, donne une brillante description du « *puer aeternus* ». Le complexe maternel personnel qu'avait cet auteur m'a été confirmé par des informations de première source.

Fig. 162. *L'arbre dit « Wak-Wak »* avec ses fruits humains.

Extrait de E. KENTON: *The Book of Earths.*
New-York 1928, planche XIX.

Fig. 163. *Adonis blessé par le sanglier.*
Sarcophage de la Galleria Lapidaria au Vatican, Rome.
(D'après un dessin ancien.)

Extrait de C. Robert : *Die antiken Sarkophag-Relief.*
Tome III, 1ʳᵉ partie, planche II/III, fig. 12 (détail).

velant par cet acte l'autocastration mortelle d'Attis et la
blessure que fit à Adonis la dent du sanglier *(fig. 163)*.
Tel est le rêve de la mère à l'ère matriarcale, alors qu'il
n'y avait pas encore de père qui se tînt à côté du fils.

Mais pourquoi le gui tue-t-il Balder, dont il est pour
ainsi dire le frère ou la sœur ? La gracieuse apparition du
puer aeternus est une manière d'illusion. En réalité, il est
un parasite de la mère, une créature de sa fantaisie qui ne
vit que dans la mesure où il est enraciné dans le corps
maternel. Dans l'expérience intérieure immédiate, la mère
correspond à l'inconscient (collectif), le fils à la conscience
qui se croit libre, mais qui est toujours contrainte de
retomber au pouvoir du sommeil et de l'inconscient. Or
le gui correspond au *frère fantôme* que T. A. Hoffman
décrit si magistralement dans son « Elixir du diable » et
que le psychothérapeute rencontre régulièrement comme
personnification de « l'inconscient personnel »[106]. De même
que le soir les ombres s'allongent et prennent le dessus, de
même le gui marque la fin de Balder. Analogue de Balder,
c'est en tant que « bijou difficilement accessible » (v. plus
loin) que les druides vont le chercher sur l'arbre. L'ombre

---

[106] Voir « Le moi et l'inconscient ». Gallimard, Paris.

a un effet mortel quand on a trop peu de force vitale ou trop peu de conscience pour achever l'œuvre héroïque.

Tant qu'il n'est simplement qu'un homme, le « fils de la mère » meurt tôt ; mais en tant que dieu, il peut réaliser ce qui n'est pas permis, ce qui est surhumain, commettre l'inceste magique et acquérir ainsi l'immortalité. Il est vrai que dans bien des mythes le héros ne meurt pas ; par contre il lui faut vaincre le dragon de la mort.

Comme le lecteur l'a compris depuis longtemps, le dragon, image négative de la mère, exprime la *résistance* contre l'inceste, ou l'angoisse de l'inceste. Dragon et serpent sont les représentants symboliques de l'angoisse en présence des conséquences qu'aurait une transgression du tabou, autrement dit une régression vers l'inceste. Aussi, n'avons-nous pas à nous étonner de trouver continuellement réunis l'arbre et le serpent. Ser-

Fig. 164. *Le serpent gardien de l'arbre des Hespérides.* Relief de la Villa Albani, Rome.
Extrait de F. GUIRAND : *Mythologie générale*, Paris 1935, p. 169.

pent et dragon ont surtout le sens de gardiens et défenseurs du trésor *(fig. 164)*. C'est de même manière qu'apparaît le *cheval noir* Apaosha, dans le chant perse ancien de Tishtrya : ce cheval occupe les sources du lac des pluies. Le cheval blanc Tishtrya attaque deux fois vainement Apaosha ; la troisième fois, il réussit à le dominer avec l'aide d'Ahuramazda [107]. Alors s'ouvrent les écluses du ciel et une pluie

---

[107] On trouve le même motif utilisé différemment dans une

effrayante se déverse sur la terre [108]. Dans la symbolique de ce chant, on voit nettement comment libido s'oppose à libido, tendance à tendance, comment l'inconscient est en désaccord avec lui-même et comment l'homme mytho-logique percevait cet inconscient dans toutes les adversités et op-positions de la nature extérieure, sans savoir qu'il apercevait l'arrière-fond paradoxal de sa conscience.

Fig. 165. *L'arbre enlacé par le serpent.*

Extrait de Th. INMAN: *Ancient Pagan and Modern Christian Symbolism.* New-York 1874, planche IX, fig. 6.

L'arbre enlacé par le serpent *(fig. 165 et 244)* doit donc être considéré comme le symbole de la mère protégée par l'angoisse de l'inceste. Ce symbole n'est pas rare sur les monuments mithriaques. C'est de la même façon qu'il faut interpréter le rocher enlacé par le serpent, car Mithra (Men aussi) est né du ro-cher. La menace faite au nouveau-né par le serpent (Mithra, Apol-lon, Hercule) s'explique par la légende de Lilith et de Lamia. Python, le dragon de Léto, et Poinè, qui dévaste le pays de Krotopos, sont envoyés par le père du nouveau-né. Ce fait indique bien que le père est la cause de l'angoisse, et c'est là, on le sait, ce qui a incité Freud à imaginer son mythe étiologique de la horde primitive

légende de la Basse-Saxe: un frêne va grandir, dont on n'a encore rien vu; mais un petit bourgeon imperceptible pousse hors du sol. Chaque année, dans la nuit du nouvel an, un blanc cavalier, sur un cheval blanc, vient pour couper cette nouvelle pousse. Mais en même temps vient aussi un cavalier noir qui s'y oppose. Après une longue lutte, le blanc réussit à mettre le noir en fuite et coupe la pousse. Mais, une fois, le blanc ne réussira plus et le frêne poussera; quand il sera assez grand pour qu'on puisse attacher dessous un cheval, alors viendra un puissant roi et une gigantesque bataille (fin du monde) commencera. GRIMM, II, IV, p. 102.

[108] Ed. v. LEHMANN in CHANTEPIE DE LA SAUSSAYE: *Lehrbuch der Religionsgeschichte.* T. II, 1915, p. 185.

avec, à sa tête, le vieux mâle jaloux. Le modèle immédiat en est naturellement la jalousie de Jahvé qui veut préserver sa femme Israël de la prostitution avec les dieux étrangers. Le père représente le monde des ordres et des défenses moraux ; mais dans ce cas, vu notre manque d'information sur les circonstances des temps primitifs, la question doit rester ouverte de savoir si certains états de misère n'expliquent pas les premières lois morales, plus que les préoccupations familiales du père ancestral. En tout cas il serait plus facile de garder une boîte pleine d'araignées que les femelles d'une horde primitive. Le père est le représentant de l'*esprit* qui barre la route à la *puissance instinctuelle*. C'est là le rôle archétypique qui lui revient absolument, indépendamment de ses qualités personnelles; aussi est-il souvent l'objet des angoisses névrotiques du fils. Confor-

Fig. 166. *Chumbaba*.
Plaquette de terre cuite
du Musée du Louvre, Paris.
Extrait de F. GUIRAND:
Mythologie générale, Paris 1935, p. 61.

mément à cet état de fait, le monstre que le héros doit surmonter est souvent un *géant* gardien du trésor. Le géant Chumbaba dans l'épopée de Gilgamesh *(fig. 166)* en est un excellent exemple: gardien du jardin d'Ishtar[109], il est vaincu par Gilgamesh qui conquiert ainsi Ishtar. Elle fait alors comprendre à Gilgamesh son désir sexuel[110]. Ces données doivent suffire pour faire comprendre le rôle

---

[109] Autres exemples dans FROBENIUS. *Loc. cit.*
[110] Cf. JENSEN: *Das Gilgameshepos*. 1906.

Fig. 167. *Mithra sacrifiant le taureau.*
Relief de Heddernheim.

Extrait de F. CUMONT: *Textes et Monuments figurés relatifs aux Mythes de Mithra.* Bruxelles 1899, t. II, planche VII.

d'Horus chez Plutarque, et surtout le traitement brutal que subit Isis. En triomphant de la mère, le héros s'égale au soleil; il se réengendre lui-même. Il acquiert la puissance du soleil invincible en même temps que le rajeunissement éternel. Nous sommes ainsi amené à comprendre une série d'images de la légende de Mithra, sur le relief de Heddernheim *(fig. 167).* On y voit d'abord Mithra naissant de la cime d'un arbre. L'image suivante le montre portant le taureau vaincu *(fig. 199)*; le taureau désigne le monstre (comparable au taureau vaincu par Gilgamesh), le « père » qui, paradoxalement géant et animal dangereux, obtient de force la prohibition de l'inceste. Plein de contradictions comme la mère, qui donne la vie pourtant et la reprend en tant que mère « terrible » ou « dévorante », il est, semble-t-il, l'instinctivité sans entrave bien qu'incarnant la loi restrictive de l'instinct. La différence délicate, mais essentielle, consiste en ce que le père ne commet pas d'inceste, tandis que le fils trahit une tendance à le commettre. Contre lui se dresse la loi paternelle avec la violence impétueuse de la force instinctuelle sans entrave. Freud ne voit pas que l'*esprit* aussi est *dynamique*; et il faut qu'il le soit pour que la psyché ne perde pas son auto-régulation, autrement dit son équilibre. Mais comme « le père » en tant que loi morale n'est pas, dans le fils, uniquement facteur spirituel et objectif, mais aussi facteur subjectif, la mise à mort du taureau indique évidemment que l'instinctivité animale a été vaincue; mais en outre dans le secret et dans l'ombre, c'est aussi une victoire remportée sur la puissance de la loi, donc une usurpation sacrilège de droit. Comme le mieux est toujours l'ennemi du bien, toute innovation radicale porte toujours atteinte au droit traditionnel et par conséquent, le cas échéant, c'est un crime capital. On sait que ce dilemme joue un rôle essentiel dans la psychologie des débuts du christianisme, notamment dans les discussions avec la loi judaïque. Nul doute qu'aux yeux des Juifs, Jésus violait la loi. Non sans raison, il est un Adam *secundus*, et si le premier Adam par son péché (c'est-à-dire en mangeant des fruits de l'arbre), rendit possible la conscience, le second a établi la relation nécessaire avec un autre dieu fondamentalement différent [111].

---

[111] Le moyen âge a déjà nettement senti et exprimé cette transformation de l'image de Dieu (v. « Psychologie u. Alchemie », p. 592 sq.). La transformation se prépare déjà dans Job: Jahvé se laisse déterminer par Satan, n'agit pas loyalement à l'égard de Job, se trompe dans son jugement et doit reconnaître son erreur. Par contre Job doit certes se soumettre à la puissance, mais remporte la victoire morale. Là gît déjà le germe de la conscience du Christ de saint Jean: « Je suis la voie, la vérité et la vie. »

La troisième image représente Mithra saisissant la parure de tête du soleil, la couronne rayonnante. Cet acte rappelle la pensée chrétienne selon laquelle ceux qui ont vaincu gagnent la couronne de la vie éternelle.

Sur la quatrième image, Sol s'agenouille devant Mithra *(fig. 109)*. Ces deux dernières images montrent que Mithra a pris pour lui la force solaire de sorte qu'il est devenu le maître du soleil. Il a surmonté son « instinctivité animale » (le taureau). L'animal représente l'instinct et l'interdiction, et l'homme est homme parce qu'il surmonte l'instinctivité animale. Mithra a donc sacrifié sa nature animale (solution déjà préparée dans l'épopée de Gilgamesh par le renoncement du héros à la terrible Ishtar) *(fig. 168)*. Dans le *sacrificium mithriacum*, la domination de l'instinct ne se produit plus sous forme d'une domination archaïque de la mère, mais par renoncement à sa propre instinctivité. L'idée primordiale d'une régénération par pénétration dans le ventre maternel s'est déjà

Fig. 168. *Ishtar.*
Terre cuite d'Asnunak.
Louvre, Paris.

Extrait de G. Prampolini:
La mitologia nella vita dei popoli.
Milan 1937, t. I, p. 147.

ici déplacée de telle sorte que le héros, qui a déjà suffisamment progressé dans la domestication, au lieu de commettre l'inceste, cherche à acquérir l'immortalité en faisant le sacrifice de sa tendance incestueuse. Cette métamorphose capitale ne trouve son accomplissement que dans le symbole du dieu crucifié. Pour le péché d'Adam on suspend à l'arbre de vie une victime humaine sanglante [112] *(fig. 153)*. Bien que l'arbre de vie ait une signification maternelle, il n'est pourtant plus la mère elle-même, mais équivalent symbolique auquel le héros sacrifie sa vie. Il n'est guère possible d'imaginer un symbole qui écrase davantage l'instinct. Le genre de mort lui-même exprime le contenu symbolique de l'acte: le héros se suspend, pourrait-on dire, dans les branches de l'arbre maternel en se faisant attacher aux bras de la croix. Il s'unit, en quelque sorte, dans la mort avec sa mère en même temps qu'il nie l'acte d'union et paie sa faute du tourment de la mort. Par cet acte du plus grand courage et du plus grand renoncement, la nature animale est réprimée au maximum, et c'est pourquoi l'humanité doit y trouver son suprême salut; car seule une telle action semble de nature à racheter la faute d'Adam qui résidait en une instinctivité indomptée. Le sacrifice n'est pas du tout signe de régression, mais d'une réussite du transfert de la libido sur l'équivalent de la mère et par conséquent vers le *spirituel*.

Comme nous l'avons signalé, la suspension des victimes à des arbres était une coutume rituelle dont on trouve d'abondants exemples, chez les Germains surtout [113]. Il fallait en outre que les victimes fussent transpercées avec un javelot. Ainsi on dit d'Odin (Edda, Havamal):

« Je sais que je fus suspendu à l'arbre agité par le vent
Durant neuf nuits,
Blessé par le javelot, consacré à Odin,
Moi-même à moi-même. »

---

[112] Le Christ meurt sur le bois même où Adam avait jadis péché. Zöckler: *Das Kreuz Christi*, 1875, p. 241.

[113] On suspendait, par exemple aux arbres du sacrifice, des peaux d'animaux sur lesquelles on lançait des javelots.

La suspension des victimes à des croix était un usage religieux de l'Amérique centrale. Müller [114] cite un manuscrit de *Fejervary* (codex hiéroglyphique mexicain); on trouve à la fin de ce manuscrit une croix au milieu de laquelle est suspendue une divinité sanglante. Même importance à la croix de Palenque [115] *(fig. 169)*: en haut se trouve un oiseau; de chaque côté, un personnage humain regardant la croix et tendant vers elle un enfant (pour le sacrifice ou pour le baptême ?). Les anciens Mexicains, dit-on, imploraient la faveur de Centeotl « fille du ciel et déesse des céréales » à chaque printemps, en clouant sur une croix un éphèbe ou une vierge sur qui on tirait des flèches [116]. Le nom de la croix mexicaine signifie: « *Arbre de notre vie et de notre chair* » [117]. Une effigie de l'île de Philae représenterait Osiris sous la figure d'un crucifix, pleuré par Isis et Nephthys, ses sœurs épouses [118].

Comme nous l'avons déjà laissé entendre, l'idée d'arbre de vie n'épuise pas le sens de la croix. Müller *(loc. cit.)* y voit un signe de pluie et de fécondité [119]. Il ne faut pas oublier qu'elle est un moyen très efficace d'écarter tous les malheurs (signe de la croix).

Etant donné que la croix ressemble à un homme les bras étendus horizontalement, il vaut la peine de remarquer que, sur les gravures du christianisme primitif, le Christ n'est pas représenté cloué à la croix, mais debout

---

[114] Geschichte der Amerikanischen Urreligionen, 1867, p. 498.

[115] STEPHENS: *Zentralamerika*. II, 346. (Cité par Müller: *loc. cit.*, p. 498.)

[116] ZÖCKLER: *Das Kreuz Christi*. 1875, p. 34.

[117] H. H. BANKROFT: *Native Races of the Pacific States of North America*, II, 506. (Cité par Robertson: « Evang. Myth. », 1910, p. 139.)

[118] ROSCELLINI: *Monumenti dell'Egitto*, etc. T. 3, tav. 23. (Cité par Robertson: *loc. cit.*, p. 142.)

[119] ZÖCKLER: *loc. cit.*, p. 7 sq. Dans la représentation de la naissance d'un roi à Louqsor, on voit ce qui suit: « le Logos et messager des dieux, Thoth à tête d'oiseau, annonce à la vierge reine Mautmes qu'elle enfanterait un fils ». Dans la scène suivante, Kneph et Athor lui tiennent la croix ansée contre la bouche et la fécondent ainsi symboliquement par l'esprit *(fig. 171)*. SHARP: *Egyptian Mythology* p. 18 sq. (Cité par Robertson: « Evangelien Mythen », 1910, p. 43.

Fig. 169. *La croix de Palenque.*

Extrait de L. H. GRAY : *The Mythology of All Races.* Vol. XI.
Boston 1920, planche X X *b.*

devant elle, les bras étendus [120]. Maurice [121] apporte à
l'appui de cette interprétation un document de première
importance : « It is a fact not less remarkable, than well
attested, that the Druids in their groves were accustomed
to select the most stately and beautiful tree as an emblem
of the deity they adored, and having cut off the side
branches, they affixed two of the largest of them to the
highest part of the trunk, in such manner that those
branches extended on each side *like the arms of a man,*

---

[120] ROBERTSON (*loc. cit.*, p. 140) rapporte que le prêtre sacrificateur mexicain s'enveloppe dans la peau d'une femme tuée à
l'instant même et se place devant le dieu de la guerre, *les bras
étendus en forme de croix.*

[121] *Indian Antiquities*, 1796, VI. 68.

Fig. 170. *L'homme croix*.

Extrait de Agrippa VON NETTESHEIM: *De Occulta Philosophia*.
Cologne 1533, p. 157.

and together with the body, presented the appearance of
a huge cross *(v. fig. 170)*; and in the bark in several
places was also inscribed the letter , tau '. » [122]

« C'est un fait non moins remarquable que bien attesté, que
les Druides dans leurs bocages avaient coutume de choisir le
plus majestueux et le plus beau des arbres comme emblème de
la divinité qu'ils adoraient, et ayant coupé les branches latérales, ils fixaient deux des plus grandes à la partie la plus haute
du tronc, de telle façon que ces branches s'étendaient de chaque
côté comme les bras d'un homme, et unies au corps formaient
une énorme croix et dans l'écorce, en plusieurs endroits, était
aussi inscrite la lettre « tau ». »

---

[122] Il s'agit de la forme primitive de la croix égyptienne: T

L'arbre de la science de la secte indienne des Dschainas a aussi la forme humaine; on le représente comme un tronc énorme ayant la forme d'une tête d'homme; du sommet partent deux assez longues branches pendant de chaque côté et une autre plus courte dressée verticalement, couronnées d'un renflement comme un bourgeon ou une fleur [123]. Robertson (Evang. Myth., p. 133) signale que la figuration de la divinité sous forme de croix existe également dans le système assyrien, où la poutre verticale correspond à une figure humaine et la poutre horizontale à une paire d'ailes devenues conventionnelles. Des idoles de la Grèce antique, comme on en a trouvé en abondance, par exemple à Egine, ont un caractère analogue: tête démesurément longue et bras s'écartant en forme d'ailes et légèrement relevés devant des seins nettement dessinés [124].

Le symbole de la croix a-t-il, comme on le prétend, quelque rapport avec les deux bois servant à la production rituelle du feu ? Il me faut laisser de côté cette question. Mais il semble bien qu'en fait, le symbole de la croix renferme encore en lui le sens d'union. Car le charme magique de fécondité se rattache finalement à l'idée du renouvellement, très étroitement jointe à la croix. Cette idée d'union exprimée par le symbole de la croix, nous la retrouvons dans le Timée de Platon où le démiurge unit les deux parties de l'âme universelle par deux sutures qui prennent la forme d'un X (chi). D'après Platon, l'âme universelle contient en soi le monde en tant que corps. Cette image rappelle inévitablement les mères [124*]:

« Pour ce qui est de l'âme, il la plaça au centre du monde, puis l'étendit à travers toutes ses parties et même en dehors, de sorte que le corps en fût enveloppé; cercle entraîné dans une rotation circulaire, c'est là comme il établit le ciel; rien qu'un seul solitaire capable en vertu de son excellence d'être

---

[123] Zöckler: *loc. cit.*, p. 19.
[124] Je dois la communication de ces découvertes au professeur E. Fiechter, autrefois à l'Ecole Polytechnique de Stuttgart.
[124*] Platon, *Timée*, trad. L. Robin, éd. de la Pléiade, t. II, p. 449.

en union de soi à soi sans avoir besoin de rien d'autre, objet de connaissance et d'amitié pour soi-même, à en être comblé ! C'est par tous ces moyens qu'il le fit naître dieu bienheureux. »

Ce degré suprême d'inactivité (inertie) et d'absence de besoin, symbolisé par *l'inclusion en soi-même*, c'est la béatitude divine. Dans cet état, l'homme est comme enfermé dans un vaisseau, tel un dieu hindou dans le lotus ou dans l'embrassement de sa Shakti. Conformément à cette conception mythologico-philosophique, l'enviable Diogène habitait un tonneau pour donner une expression mythologique à la béatitude et à la ressemblance aux dieux que lui trouve son absence de besoins. Quant au rapport de l'âme universelle avec le corps universel, voici ce qu'en dit Platon :

« Or l'âme, si c'est maintenant en second lieu que nous entreprenons d'en parler, ce n'est point de même que l'a combinée le dieu, seconde en âge ; il n'eût point permis en effet, formant un assemblage, que le plus vieux y fût sous la dépendance du plus jeune. C'est nous plutôt dont le hasard et l'aventure sont assez le partage qui parlons assez de même façon ; mais lui tant par la naissance que par l'excellence, c'est première et plus ancienne qu'il a constitué l'Ame, du corps pour être maîtresse et lui commander, l'ayant sous sa dépendance. » (449.)

Il semble aussi, à en juger par d'autres allusions, que l'image de l'« âme » concorde de quelque manière avec l'image maternelle [125]. Dans le Timée, le développement ultérieur de l'âme universelle se poursuit d'une manière mystérieuse et contradictoire [126]. L'opération terminée, il se produit ceci :

---

[125] Voir à ce sujet : « Types psychologiques », VIII ; « Ame et image de l'âme », définitions 4 et 28 et « L'*anima* est l'archétype du féminin qui joue un rôle d'une importance toute particulière dans l'inconscient de l'homme », V. « Le moi et l'inconscient, p. 138 » « Pour l'âme universelle du Timée » : cf. *Symbolik des Geistes*, 1948, Rascher, Zurich, p. 244 sq.

[126] Cf. mes remarques in *Symbolik des Geistes*, 1948, IV.

« La série ainsi obtenue, d'un bout à l'autre il la fendit en deux dans le sens de la longueur; ces deux bandes, il les fixa l'une sur l'autre par leur milieu en forme d'X... »

« Une fois que, au gré de son auteur, toute la composition de l'âme fut réalisée, après cela c'est tout le monde corporel qu'à l'intérieur de l'âme il se mit à construire; les faisant coïncider par leur milieu, l'une à l'autre il les ajusta. » (P. 451.)

On trouve une étrange utilisation du symbole de la croix chez les Indiens Muyska: ils tendent au-dessus d'une nappe d'eau (étang ou fleuve) deux cordes qui se croisent et au point d'intersection, ils jettent des fruits, de l'huile et des pierres précieuses, offrandes qui tombent dans l'eau [127]. Ici c'est évidemment l'eau qui est la divinité et non la croix, dont le point d'intersection marque seulement le lieu du sacrifice. Ce symbolisme est quelque peu obscur. En général, l'eau, et en particulier l'eau profonde, a un sens maternel: elle est pour ainsi dire le « sein » (giron). Le point d'intersection des deux cordes est le « point de réunion » où a lieu le croisement. (Remarquer le double sens du mot ! Selon toute analogie, il s'agit d'offrandes en vue de provoquer la fécondité ou l'abondance des choses désignées par l'offrande.)

Sous la forme de la *crux ansata* (croix ansée), la croix se trouve fréquemment dans la main de Tum, dieu égyptien suprême, l'Hégémon des Ennéades. Elle signifie « vie » et veut dire que le dieu donne la vie *(fig. 171)*. Il n'est pas sans importance de connaître les qualités distinctives de ce dieu dispensateur de vie. La Tum d'On-Héliopolis porte le nom de « père de sa mère ». La déesse Jusas ou Nebit-Hotpet qui l'accompagne est appelée tantôt mère, tantôt fille, tantôt épouse du dieu. Le premier jour de l'automne s'appelle, dans les inscriptions d'Héliopolis, « la fête de la déesse Jusasit »: c'est l'arrivée de la *sœur* qui se prépare à s'unir à son *père*. C'est le jour où « la déesse Mehnit termine son œuvre pour permettre au dieu Osiris de pénétrer dans son œil gauche » [128]. Ce jour

---

[127] Zöckler: *loc. cit.*, p. 33.

[128] Il faut entendre ici la lune. Voir plus loin: la lune, lieu de rassemblement des âmes *(v. fig. 208)*.

s'appelle aussi « Avitaillement du saint œil » avec l'indispensable. La vache céleste à l'œil de lune, Isis, prend en elle, à l'équinoxe d'automne, le sperme qui engendrera Horus [129]. (La lune comme gardienne du sperme.) L'« œil » représente évidemment le sein maternel, comme il ressort du mythe d'Indra qui, à cause du sacrilège commis sur Bathseba, devait porter, étalées sur tout son corps, les images du yoni (vulve) mais qui fut gracié par les dieux, en ce sens que les images déshonorantes du yoni se transformèrent en *yeux* (similitude de forme). Dans l'œil il y a la « pupilla » c'est-à-dire le petit reflet, un « enfant ». Le grand dieu redevient un enfant, il entre dans le sein maternel pour se renouveler [130]. *(Voir fig. 172.)* Il est dit dans un hymne :

Fig. 171. *La croix ansée dispensatrice de vie.*

Extrait de E. A. Wallis Budge:
The Gods of Egyptians. Londres 1904, t. II, p. 24.

« Ta mère, le ciel,
Etend les bras vers toi. »

A un autre endroit, il est dit :

« Tu rayonnes, ô père des dieux, sur le dos de ta mère ; chaque jour ta mère te reçoit dans ses bras, quand tu resplendis dans la demeure de la nuit, tu t'unis à ta mère, le ciel [131]. »

[129] Brugsch: *Religion und Mythol. der Aegypter*, 1891, p. 281 sq.

[130] Retrait de Rê sur la vache céleste. Dans un rite indien de lustration, le pénitent doit ramper à travers une vache artificielle afin de renaître.

[131] Schulze: *Psychologie der Naturvölker*, 1900, p. 338.

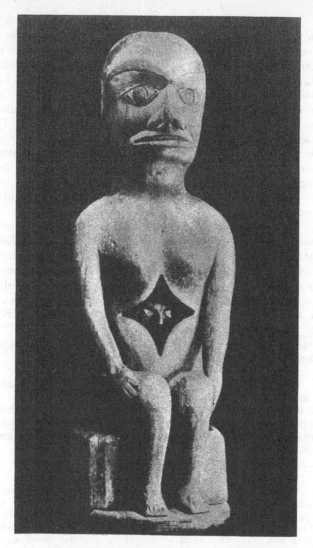

Fig. 172. *Renouvellement dans le sein maternel.*

Plastique du clan des Nootka, Vancouver, Canada. (Moderne.)
American Museum of Natural History. N° 16/2005.

Extrait de G. C. VAILLANT: *Indian Arts in North America.*
New-York 1939, planche 80.

Le Tum de Pitum-Heroopolis non seulement porte sur lui la *crux ansata* comme symbole, mais il l'a aussi souvent comme surnom, ānχ ou ānχi, qui signifie « vie » ou « vivant ». On le vénère souvent sous l'image du démon serpent Agatho (Agathodaimôn) *(fig. 262)* dont on dit: « Le démon serpent Agatho vient de la ville de Nezi. » Le serpent est (à cause de sa mue) le symbole du renouvellement, de même que le scarabée (symbole solaire) *(fig. 173)* dont on prétend qu'il est toujours du sexe mâle et qu'il se recrée toujours lui-même. Le nom de Chnum (autre nom de Tum, désignant toujours le dieu solaire) vient du verbe *num*, signifiant *se joindre, s'unir* [132]. Chnum est présenté comme potier qui façonne lui-même son propre œuf *(fig. 161)*.

La croix paraît donc être un symbole composé de multiples couches: une de ses significations essentielles est celle d'« arbre de vie » et de « mère ». On comprend donc pourquoi elle est symbolisée par une figure humaine. Les diverses formes de la croix ansée ont le sens de « vie », de « fécondité », ainsi que de « réunion », qu'il faut se représenter comme hiérosgamos du dieu avec sa mère, en vue de surmonter la mort et de renouveler la vie [133]. On sait que ce récit fabuleux est passé dans la conception chrétienne. C'est ainsi que saint Augustin dit:

« Procedit Christus quasi sponsus de thalamo suo, praesagio nuptiarum exiit ad campum saeculi; pervenit usque ad crucis torum et ibi firmavit ascendendo coniugium; ubi cum sentiret anhelantem in suspiriis creaturam commercio pietatis se pro conjuge dedit ad poenam; et copulavit sibi perpetuo iure matronam [134]. »

---

[132] Brugsch: *loc. cit.*, p. 209 sq.

[133] Cette formule ne doit pas surprendre, car c'est l'homme primitif en nous dont les forces originelles apparaissent dans la religion. Ainsi comprises, les remarques de Dieterich (*Mithraslit.*, 1910, p. 108) acquièrent un aspect particulièrement significatif: « *D'en bas*, les vieilles idées acquièrent de nouvelles forces dans l'histoire de la religion; la révolution crée d'en bas une nouvelle vie pour elle en des formes antiques indestructibles. »

[134] Serm. Suppos. 120, 8. « Tel un fiancé Jésus sortit de sa

L'analogie est si claire qu'elle n'a guère besoin de plus ample commentaire. Aussi est-ce un symbolisme non seulement touchant, mais d'une profonde signification dans sa naïveté que nous trouvons dans une lamentation de Marie, en anglais ancien [135], où elle accuse la croix d'être un arbre faux qui a injustement et sans raison détruit, au moyen d'un breuvage empoisonné, « le pur fruit de ses entrailles, son doux oiselet », au moyen du breuvage de mort que seuls devaient boire les descendants du pécheur Adam, souillés d'un péché. Elle se lamente :

Fig. 173.
Scarabée d'or.

De la chambre mortuaire de Tout-ankh-Amon.

Extrait de H. CARTER et A. C. MACE: *Tut-ench-Amun.* Leipzig 1924, planche 51, fig. c.

« Croix, tu es la méchante marâtre de mon fils; tu l'as suspendu si haut que je ne peux même pas lui baiser les pieds ! Croix, tu es mon ennemie mortelle; tu m'as abattu mon petit oiseau bleu ! »

Sancta crux répond :

« Femme, c'est à toi que je dois mon honneur; ton fruit superbe que je porte maintenant rayonne dans une rouge floraison. Ce n'est pas pour toi seule, non, c'est pour sauver le monde entier que cette fleur précieuse fleurit en toi. »

Au sujet du rapport entre les deux mères Sancta crux dit :

« Tu fus couronnée reine du ciel pour l'amour de l'enfant que tu enfantas. Quant à moi, relique rayonnante, j'apparaîtrai

chambre et s'avança prédisant son mariage dans la plaine du monde. Il s'avança jusqu'au lit de la croix et en y montant, il confirma son union. Et quand il sentit les lourds soupirs de la créature, en un pieux abandon il s'est sacrifié pour racheter son épouse, et il s'est fiancé à la femme pour l'éternité. » La « femme » c'est l'Eglise.

[135] Dispute between Mary and the Cross, in R. MORRIS: *Legends of the Holy Rood*, 1871. (Cité par Zöckler: *loc. cit.*, p. 240 sq.)

au monde entier au jour du jugement; alors je ferai entendre ma plainte au sujet de ton fils sacré et innocent immolé sur moi. »

Ainsi s'unissent dans leurs lamentations la mère de vie et la mère de mort autour du dieu mourant et, comme signe manifeste de leur union, Marie baise la croix et se réconcilie avec elle [136]. La naïve antiquité grecque a encore conservé l'union des tendances opposées dans la figure maternelle d'Isis. La séparation du fils et de la mère marque l'adieu de l'homme à l'inconscience de l'animal. Ce n'est que par l'intervention de la « prohibition de l'inceste » [137] que l'individu conscient de lui-même a pu apparaître alors qu'auparavant, dépourvu de pensée, il ne faisait qu'un avec le clan, et c'est de cette façon seulement que put naître l'idée d'une mort individuelle et définitive. C'est donc par la faute d'Adam, qui consista en la prise de conscience, que la mort vint dans le monde. Le névrosé qui ne peut se libérer de sa mère a pour cela de bonnes raisons : en dernier lieu, *c'est l'angoisse de mourir qui l'y retient*. Il semble qu'aucun concept, qu'aucun mot ne soit assez puissant pour traduire l'importance de ce conflit. Cette lutte pendant des millénaires à la recherche d'une expression ne peut puiser sa force dans le fait trop étroitement circonscrit par le vulgaire concept d'inceste; bien au contraire, il est probable que la loi qui, en dernier lieu, et originairement s'exprime par la « prohibition de l'inceste », doit être considérée comme une *contrainte à la domestication* et le système religieux, comme une institution destinée à intercepter les forces de nature animale qui ne servent pas à des buts culturels, à les organiser et les rendre progressivement aptes à une utilisation dans la sublimation.

---

[136] En Grèce on appelait ἑκάτη (Hécate) le poteau du martyre où l'on exécutait ou punissait le criminel.

[137] Le tabou de l'inceste fait partie d'un tout complexe, le système des mariages par classe dont le plus élémentaire est le cross-cousin-marriage. Ce dernier forme un compromis entre les tendances endogamiques et exogamiques. (Voir à ce sujet: *Psychologie der Uebertragung*, Rascher, Zurich, 1945, p. 95 sq.)

Les visions qui apparaissent ensuite chez Miss Miller n'ont pas besoin de commentaires plus détaillés. La vision suivante est celle « d'une baie à l'eau empourprée ». La symbolique de la mer continue directement ce qui précède. On pourrait en outre penser ici aux réminiscences concernant le golfe de Naples que nous avons trouvées dans la première partie. Mais en rapport avec l'ensemble, nous ne devons pas oublier la signification de la « baie ». En français, on appelle « une baie » ce qui correspond à peu près à ce qui s'appelle « bay » dans le texte anglais. Commençons par jeter un regard furtif sur l'étymologie de cette représentation. « Baie » s'emploie pour désigner quelque chose qui reste ouvert, comme le catalan badia (Bai) vient de badar = ouvrir. En français « bayer », c'est rester la bouche ouverte. Un autre mot pour désigner la même chose est l'allemand « Meerbusen » (sein de mer) en latin *sinus* et comme troisième mot nous avons golfe qui, en français, est très proche de gouffre = précipice. Golfe est apparenté à κόλπος [138] qui signifie sein, giron, sein maternel. Il peut signifier aussi pli d'un vêtement et poche (en Suisse alémanique, Buese est la poche du manteau). Κόλπος peut aussi désigner une vallée profonde entre de hautes montagnes. Ces désignations indiquent très nettement quelle représentation primitive est à la base. Elles font comprendre le choix des mots fait par Gœthe dans le passage où Faust voudrait, de son aspiration ailée, poursuivre le soleil pour « boire la lumière éternelle » dans un jour sans fin.

> « Ma course divine ne serait pas arrêtée
> Par les montagnes sauvages avec toutes leurs gorges;
> Déjà la mer avec ses anses réchauffées
> S'ouvre devant mes yeux étonnés. » (P. 31.)

La nostalgie de Faust va, comme toujours chez le héros, vers le mystère de la renaissance, de l'immortalité; aussi son chemin le conduit-il sur mer, et au fond des

---

[138] Diez: *Etym. Wörterbuch der Roman. Sprachen*, 1887, p. 90 sq.

abîmes de mort dont l'angoisse et le resserrement sont à la fois les indices du nouveau jour:

> « Vers la pleine mer un courant m'entraîne,
> Le miroir des flots resplendit à mes pieds
> Vers de nouveaux rivages m'attire un jour nouveau.
> Un char de feu sur des ailes rapides
> Descend vers moi ! Je me sens prêt
> A m'élancer à travers l'éther sur une voie nouvelle,
> Vers des sphères nouvelles de pure activité.
> Cette vie sublime, cette félicité divine !

> Pousse hardiment la porte
> Devant laquelle tous cherchent à s'esquiver !
> Voici l'instant venu de prouver par l'acte
> Que l'humaine dignité ne le cède pas à la grandeur divine,
> D'aller sans trembler vers cette sombre caverne
> Où l'imagination se condamne à des tourments qu'elle
> [s'inflige elle-même,
> *De descendre vers ce passage*
> Dont la bouche étroite flamboie des feux de l'enfer,
> De franchir ce pas d'un cœur serein,
> Fût-ce au péril de te dissoudre dans le néant. » (P. 24-25.)

Il semble que la vision suivante « d'une falaise à pic » (cf. gouffre) vienne en apporter confirmation. Toute la série des visions se termine, nous dit l'auteur, par une confusion de sons comme Wa-ma, Wa-ma, etc. Ce sont des sons d'allure fort primitive. Comme elle ne nous dit rien de leur source subjective, il ne reste à notre disposition qu'une hypothèse: on pourrait se demander si, vu la relation de l'ensemble, ce son ne serait pas une légère déformation du cri universellement connu: « ma-ma » (voir plus loin).

Après une courte pause dans la production des visions, l'activité de l'inconscient reprit avec énergie.

Fig. 174. *Cadmus tue le dragon.*

Gravure sur cuivre pour le livre III,
Métamorphose 28 des « Métamorphoses de P. Ovidii Nasonis,
ou poèmes spirituels des métamorphoses ». Nuremberg 1698.

VI.

LA LUTTE POUR SE DÉLIVRER DE LA MÈRE

Apparaissent une forêt, des arbres et des broussailles.
D'après les explications du précédent chapitre, il suffit
d'indiquer que la signification de la forêt se confond en
substance avec celle de l'arbre tabou. L'arbre sacré se
trouve souvent dans une enceinte de forêt, ou Jardin de
paradis. Le bosquet interdit est fréquemment à la place
de l'arbre tabou dont il prend toutes les caractéristiques.
La forêt a un sens maternel, comme l'arbre. Dans la vision
qui suit, la forêt constitue la scène où se déroulera la
représentation dramatique de la fin de Chiwantopel. Je
commence par reproduire le début du drame dans le texte
original, autrement dit la représentation du premier essai

de sacrifice. Au début du chapitre suivant le lecteur trouvera la suite, le monologue et la scène du sacrifice.

« Le personnage de Chiwantopel surgit du midi, à cheval avec autour de lui une couverture aux vives couleurs, rouge, bleue et blanche. Un Indien dans un costume de peau de daim à perles, et orné de plumes, s'avance en se blottissant et se prépare à tirer une flèche contre Chiwantopel. Celui-ci présente sa poitrine dans une attitude de défi, et l'Indien, fasciné à cette vue, s'esquive et disparaît dans la forêt. »

Chiwantopel apparaît *à cheval*. Ce doit être quelque chose d'important, car, le développement ultérieur du drame le montre (v. chap. VII), le cheval ne joue pas un rôle indifférent ; il subit au contraire la même mort que le héros qui l'appelle « frère fidèle ». Ce sont là les indications d'une étonnante ressemblance entre *coursier et cavalier*. Il semble qu'il existe entre eux une relation intime qui les conduit au même destin. Déjà nous avons appris que la libido visant la mère symbolise celle-ci sous la figure du cheval [1]. L'image de la mère est un symbole de libido comme le cheval, et en certains points, les deux symboles se rencontrent au croisement des concepts. C'est dans la libido que se trouve le trait commun entre les deux images. Ainsi compris, le héros et son cheval nous paraissent représenter l'idée de l'homme avec la sphère instinctuelle à lui soumise. (Représentations analogues: Agni sur le bélier *(fig. 94)* ; Wotan sur Sleipnir *(fig. 175)* ; Ahuramazda sur Angromainyu [2], le Christ sur l'âne [3] ; Mithra sur le taureau,

---

[1] Par exemple Hécate, déesse des enfers, est représentée avec une tête de cheval. Déméter et Philyra voulant se soustraire aux embûches de Kronos ou de Poseidon se métamorphosent en cheval. Les sorcières subissent volontiers la même métamorphose et c'est pourquoi on peut trouver sur leurs mains des marques de clous faites par la ferrure. Le diable chevauche les chevaux des sorciers *(fig. 176)* ; les cuisinières des curés sont métamorphosées en juments après leur mort. NEGELEIN: *Zeitschrift des Vereines für Volkskunde*, XI, p. 406 sq.

[2] De même le roi primitif légendaire Tahmuraht chevauche Ahriman, le diable.

[3] L'ânesse et son ânon doivent provenir de l'astrologie; car le

Fig. 175. *Wotan sur Sleipnir aux huit pattes.*
Pierre tombale de Tjangvide Götland, Suède.
(1000 A.D.)

Extrait de L. H. GRAY et J. A. MacCULLOCH:
The Mythology of All Races, Boston 1930, t. II, pl. VIII.

le lion et le serpent, ses animaux symboliques *(fig. 292)*
courant à côté; Men sur un cheval aux pieds humains,
Freir sur le sanglier au poil d'or, etc.). Les animaux mythologiques ont toujours une grande importance parce qu'ils
sont souvent anthropomorphisés; par exemple, le cheval
de Men a des jambes humaines comme pattes de devant;
l'âne de Balaam possède le langage humain; le taureau, sur
le dos duquel bondit Mithra pour le poignarder (Tauro-
catapsie) [4] *(fig. 167)*, a la valeur d'un divin dispensateur

---

Cancer du Zodiaque (solstice d'été) était, dans l'antiquité, appelé:
l'âne et son petit. (Cf. ROBERTSON: *Evang. Myth.*, 1910, p. 19.)

[4] Image empruntée sans doute aux jeux de cirque. Le matador

Fig. 176. *Le diable avec une sorcière sur le cheval.*

D'après Olaus Magnus: « Historia de gentibus septentrionalibus,
Rome 1555.

Extrait de G. DE GIVRY: *Le musée des sorciers.*
Paris 1929, fig. 164.

de vie. Le crucifix satirique du Palatin représente le crucifié avec une tête d'âne *(fig. 177)*, peut-être en souvenir
de la légende antique selon laquelle, dans le temple de
Jérusalem, on vénérait le portrait d'un âne [5]. Sous la
figure de Drosselbart (c'est-à-dire: barbe de cheval),
Wotan est moitié homme, moitié cheval. Une vieille
énigme allemande exprime très joliment cette unité du
coursier et de son cavalier [6]: « Qui sont les deux qui
courent vers Thing ? Ensemble ils ont trois yeux [7], dix pieds

---

espagnol a gardé une valeur de héros. SUÉTONE (Claud. 21) : « Feros
tauros per spatia circi agunt insiliuntque defessos et ad terram
cornibus detrahunt. » (Ils pourchassent des taureaux sauvages par
les arènes du cirque, les attaquent fatigués et les jettent à terre par
leurs cornes.)

[5] Cette légende fait partie de l'aspect astrologique du dieu juif
(Saturne) que je ne tiens pas à étudier ici.

[6] Cf. l'étude approfondie de ce thème dans MAX JAEHNS: *Ross
und Reiter*, 2 vol., 1871.

[7] Wotan n'a qu'un œil. Cf. W. SCHWARTZ: *Indogermanischer
Volksglaube*, 1885, p. 164 sq.

Fig. 177. *Le crucifix satirique.*
Grafitto du Paedagogium du Palatin.
Collection du jésuite Athanasius Kircher,
maintenant au Musée de la villa du pape Jules
à Rome.

Extrait de J. BURCKHARDT: *Die Zeit Constantins des Grossen.*
Vienne, Ed. Phaidon, fig. 48.

et une queue et ils voyagent ainsi à travers le pays ? » [8]
Les légendes attribuent au cheval des caractères qui
reviennent psychologiquement *à l'inconscient de l'homme*:
les chevaux sont doués de clairvoyance et de clairoyance
ils sont des guides pour l'égaré qui ne sait se tirer d'affaire: ils ont des facultés mantiques; dans l'Iliade (19) le cheval prononce des paroles prophétisant le malheur; ils entendent les paroles prononcées par le cadavre quand on le porte en terre, et que les humains ne perçoivent pas; c'est par son cheval aux pieds d'homme (probablement par suite d'une identification au Men phrygien) que César apprend qu'il conquerra le monde. C'est un âne qui prophétise à Auguste la victoire d'Actium. Le cheval voit aussi les fantômes: tout cela correspond à des manifestations caractéristiques de l'inconscient. Il est donc compréhensible que le cheval,

Fig. 178.
Le diable dans le cœur.
D'après P. CARUS:
History of the devil. Chicago, fig. 5.

représentant les composantes animales de l'homme, ait
des rapports nombreux avec le diable. Celui-ci a des pieds
(fig. 178) et parfois même une tête de cheval. Dans les
moments critiques, il montre soudain son pied de cheval
(proverbe), de même que lors de l'enlèvement de Hadding,

---

[8] Odin pose cette énigme au roi Heidrek (légende d'Hervarar):

« Qui nam sunt illi duo	(Qui sont donc ces deux
qui in conventus eunt	qui vont en accord
tres coniunctim	conjointement ils
habent oculos	ont trois yeux
decem pedes	dix pieds
et ambo caudam unam » etc.	et tous deux une seule queue ?)

(SCHWARTZ: *loc. cit.*, p. 183.)

Sleipnir apparaît soudain sous le manteau de Wotan [9]. Le succube chevauche l'homme endormi; de même le diable; c'est pourquoi l'on dit de ceux qui sont saisis d'un cauchemar, que le diable les chevauche. Chez les Perses, le diable est la monture de Dieu. Le diable représente aussi l'instinct sexuel: aussi apparaît-il au sabbat des sorcières sous l'aspect d'un bouc ou d'un cheval. La nature sexuelle du diable se communique aussi au cheval: c'est pourquoi ce symbole n'apparaît que dans les relations qui ne peuvent s'expliquer que de cette manière. Il ne faut pas oublier que Loki prend la forme du cheval pour procréer, comme le diable qui fait de même sous la même forme (en tant que vieux dieu du feu). La représentation thériomorphe de *l'éclair* est aussi le cheval [10]. Une hystérique sans instruction me raconta qu'enfant elle avait souffert d'une violente peur de l'orage, parce qu'à l'endroit où la foudre était tombée, elle avait vu chaque fois, immédiatement après, un *cheval noir* immense qui allait jusqu'au ciel. La légende hindoue connaît le cheval noir du tonnerre de Yama, dieu des morts qui habite avec son enfer, dans le sud, dans la contrée mythique de l'orage [11]. On dit aussi, dans le folklore germanique, que le diable, dieu des éclairs, jette sur les toits *le pied de cheval* (éclair). Conformément au sens qu'a l'orage de fécondateur de la terre, l'éclair, ou le pied de cheval, a un sens phallique. Une malade sans culture, que son mari avait originairement très brutalement contrainte au coït, rêva souvent qu'un cheval furieux sautait sur elle, lui piétinant le ventre de ses pattes de derrière. Plutarque nous a transmis ces paroles d'une prière pour les orgies dionysiennes: ἐλθεῖν ἥρως Διόνυσε Ἅλιον ἐς ναὸν ἁγνὸν σὺν χαρίτεσσιν ἐς ναὸν τῷ βοέῳ ποδὶ θύων ἄξιε ταῦρε, ἄξιε ταῦρε. (« Viens, ô Dionysos, dans ton temple d'Elis, viens avec les Charites dans ton temple sacré, déchaîné (fou d'orgie) avec tes pieds de taureau. » [12] En frappant du pied, Pégase fait jaillir une source, Hippo-

[9] NEGELEIN: *loc. cit.*, p. 412.
[10] NEGELEIN: *loc. cit.*, p. 419.
[11] W. SCHWARTZ: *Indogermanischer Volksglaube*, 1885, p. 88.
[12] PRELLER: *Griech. Mythol.*, I, 1854, p. 432.

crène. Sur une sculpture corinthienne représentant Bellé-
rophontès [13] et qui était en même temps fontaine, l'eau
sortait du sabot du cheval *(fig. 179)*. Le cheval de Balder
fait, d'une ruade, jaillir une source. Le pied de cheval est
donc le dispensateur du
liquide fécondant. [14] Une
légende de la Basse-
Autriche, rapportée par
Jæhns (*loc. cit.*, p. 27),
raconte que l'on voit
souvent un géant che-
vaucher par-dessus les
montagnes, monté sur un
cheval blanc, et que cela
est signe de pluie pro-
chaine. Dans la légende
allemande Frau Holle,
déesse de l'accouchement,
arrive sur un cheval. Les
femmes enceintes sur le
point d'accoucher ont
coutume de donner dans
leur tablier de l'avoine à
un cheval blanc, en le
priant de veiller à leur
prochaine délivrance; la
coutume primitive vou-
lait que le cheval touchât
le sexe de la femme. Le
cheval (comme l'âne)
était généralement consi-

Fig. 179.
Bellérophon et Pégase.
Bas-relief du Palais Spada, Rome.
Extrait de GUIRAND:
Mythologie générale. Paris 1935, p. 173.

déré comme un animal priapique [15]. Les empreintes des
sabots sont des idoles qui dispensent bénédiction et
abondance. Elles fondaient la propriété et servaient à
établir les frontières, tout comme les priapes de l'antiquité

---

[13] Ou Bellérophon.
[14] Autres exemples in AIGREMONT: *Fuss- und Schuhsymbolik*,
1909.
[15] AIGREMONT: *loc. cit.*, p. 17.

Fig. 180. *Centaures.*

Amphore d'Argos.

Extrait de la collection royale de vases de Munich.
Publié par J. SIEVEKING et R. HACKL.
Vol. I.: *Die älteren nichtattischen Vasen.*
Munich 1912, p. 59, fig. 70.

latine. Semblable aux Dactyles, c'est un cheval qui découvrit les richesses minérales du Harz. Le fer à cheval, réduction du pied de cheval [16], est un porte-bonheur et une protection contre le mal. Dans les Pays-Bas, on suspend une patte de cheval dans les étables pour protéger des sorts. On connaît l'effet analogue du phallus. Aussi en mettait-on sur les portes. La cuisse de cheval, notamment, détournait les éclairs selon le principe: *similia similibus.*

A cause de leur rapidité (intensité!) les chevaux ont le sens de vent, c'est-à-dire que le *tertium comparationis* est encore le symbole de libido. La légende allemande voit dans le vent un sauvage et lubrique coureur de filles. Wotan poursuit dans l'orage Frigg, la fiancée du vent qui s'enfuit devant lui [17]. Certains points battus des vents portent volontiers des noms de chevaux (Hingstbarge = mont de l'étalon): ainsi, par exemple, le Schimmelberge (mont du cheval blanc) de la lande de Lunebourg. Les centaures sont entre autres des dieux du vent [18] *(fig. 180).*

[16] NEGELEIN: *loc. cit.,* p. 386 sq.

[17] SCHWARTZ: *loc. cit.,* p. 113.

[18] On trouvera des informations sur les centaures, dieux du vent, chez E. H. MEYER: *Indogermanische Mythen,* 1883, p. 447 sq.

Fig. 181. *Sur un quadrige, Echelos revit Basilè.*
Relief votif du Musée national d'Athènes.

Extrait de J. CHARBONNEAUX: *La sculpture grecque classique.*
Lausanne 1942; fig. 98.

Les chevaux signifient *feu* et *lumière*. Comme exemple
nous avons les chevaux fougueux du soleil *(fig. 54 et 107)*.
Les coursiers d'Hector s'appellent Xanthos (jaune, clair),
Podargos (aux pieds agiles), Lampos (le lumineux) et
Aithon (le brûlant). Siegfried saute par-dessus le brasier
flamboyant (Waberlohe) monté sur Grani, le cheval du
tonnerre, qui descend de Sleipnir et qui seul ne se dérobe
pas au feu de Waberlohe [19]. On trouve un très clair symbolisme du feu représenté par le quadrige mystique [20] cité
par *Dion Chrysostome*: le dieu suprême conduit son char
toujours en rond. Le char est attelé de quatre chevaux.
Celui qui court à la périphérie se meut très vite. Il a la
peau brillante et il y porte tracés tous les signes des pla-
nètes et des constellations [21]. Le deuxième cheval va un

---

[19] SCHWARTZ: *loc. cit.*, p. 113.
[20] Or. XXXVI, § 39 sq., cité par CUMONT: *Myst. de Mithra*, p. 87.
[21] C'est là un motif particulier qui doit avoir en lui quelque

peu plus lentement et n'est éclairé que d'un côté; le troisième marche encore plus lentement et le quatrième tourne sur lui-même. Mais tout à coup, de son haleine enflammée, le cheval extérieur met le feu à la crinière du second et le troisième inonde d'un flot de sueur le quatrième. Alors ils se séparent et se fondent dans la substance du plus fort et du plus ardent qui devient alors le conducteur du char. Les chevaux représentent aussi les quatre éléments. La catastrophe est conflagration universelle et déluge, qui met fin à la scission du dieu en plusieurs (polytomie) et refait l'unité divine [22]. Indubitablement, le quadrige *(fig. 181)* doit être considéré, du point de vue astronomique, comme *un symbole du temps*. N'avons-nous pas vu déjà dans la première partie que la représentation stoïcienne du destin était un symbole de feu ? c'est donc poursuivre avec conséquence cette idée que de voir dans le concept de *temps*, si étroitement apparenté à celui de destin, un autre symbole de libido.

L'Upanishad Brhadâranyaka I, 1, dit:

« L'aurore, vraiment, est la tête du cheval de sacrifice. Le soleil est son œil, le vent, sa respiration; sa gorge, le feu partout répandu, *l'année est le corps du cheval de sacrifice.* Le ciel est son dos; l'atmosphère, la cavité de son ventre; la terre, la convexité de son ventre; les pôles sont ses flancs, entre les pôles sont les côtes, les saisons sont ses membres, *les mois et les demi-mois, ses articulations; les jours et les nuits, ses pieds.* Les astres, ses os; les nuées sa chair. La pâture qu'il digère, ce sont les sables du désert, les fleuves, ses veines; son foie et ses poumons, les montagnes; les herbes et les arbres sont ses cheveux. Le soleil levant, son avant-train; le soleil couchant, son arrière-train. » — « L'océan est son berceau. »

chose de typique. Une schizophrène (Cf. ma: *Psychologie der Dementia praecox*, p. 165) prétendait que ses chevaux avaient des demi-lunes sous la peau comme des bouclettes. En Chine, le I Ging aurait été apporté par un cheval ayant sur son pelage les signes magiques (« The river map »). La peau de la déesse égyptienne du ciel, ou vache céleste, est parsemée d'étoiles *(fig. 145)*. L'Aion mithriaque (v. plus loin) porte sur sa peau les signes du Zodiaque *(fig. 182)*.

[22] Cette transformation se fait par une catastrophe universelle. Dans la mythologie, le verdoiement et la mort de l'arbre de vie marquent aussi le tournant dans la suite des temps.

Il est indubitable qu'ici le cheval est considéré comme symbole du temps, et en outre comme l'univers entier. Dans la religion de Mithra, nous trouvons un étrange dieu du temps: Aion *(fig. 182)*, Kronos, appelé aussi *deus leontocephalos*, parce que sa représentation stéréotype le montre en une forme humaine à tête de lion, toute droite, enlacée par un serpent dont la tête réapparaît derrière sur sa tête de lion. Il tient à chaque main une clé, sur sa poitrine repose la foudre, sur le dos se trouvent les quatre ailes des vents; en outre il porte sur le corps quelque chose d'analogue aux signes du zodiaque. Il a comme attributs un coq et des outils. Dans le psaltérium carolingien d'Utrecht, qui a eu des modèles antiques, Saeculum-Aion est figuré par un homme nu tenant un serpent dans la main [23]. Le nom indique déjà que c'est un symbole du temps composé d'une foule d'images de la libido. Le lion, zodion de la plus grande chaleur d'été [24], est le symbole de la « concupiscentia effrenata », du désir le plus effréné. (« Mon âme rugit avec le cri d'un lion affamé », dit Mechthilde de Magdebourg.) Dans le mystère de Mithra, le serpent est assez souvent représenté opposé au lion, selon le mythe universel du combat du soleil avec le dragon. Dans le Livre des morts d'Egypte, on appelle Tum le matou parce que c'est sous cette forme qu'il lutte contre le serpent Apophis. L'enlacement, nous l'avons vu, c'est « l'engloutissement », l'entrée dans le corps de la mère. Le temps est aussi défini par le lever et le coucher du soleil, c'est-à-dire par la mort et le renouvellement de la libido, l'éveil et la disparition de la conscience. L'adjonction du *coq* indique de nouveau le temps, et celle des outils, l'action créatrice du temps (« durée créatrice » de Bergson). Ormuzd (Ahuramazda) et Ahriman sont engendrés par Zrwan akarana, la « durée infiniment longue ». Le temps,

---

[23] CUMONT: *Textes et Monuments*, 1899, I, p. 76.
[24] C'est pourquoi Samson tue le lion *(fig. 65)* et recueille plus tard le miel venant de son cadavre. La fin de l'été marque la fécondité de l'automne. C'est un analogue du sacrificium mithriacum. A propos de Samson, voir STEINTHAL: « die Sage von Simson ». *Zeitschrift für Völkerpsych*, t. II.

Fig. 182. *Aion avec le zodiaque.*
Museo profano, Vatican, Rome. IIe et IIIe siècles.)
Collection de l'auteur.

ce vide purement formel, est donc exprimé dans le mystère par la métamorphose de la force créatrice, la libido, en conformité avec le fait physique de son identification au cours du processus énergétique. Macrobe dit (1. 20, § 15): « Leonis capite monstratur *praesens tempus* — quia conditio ejus valida fervensque est. »[25] Philon d'Alexandrie est, semble-t-il, mieux renseigné:

« Tempus ab hominibus pessimis putatur deus volentibus Ens essentiale abscondere — pravis hominibus tempus putatur causa rerum mundi, sapientibus vero et optimis non tempus sed Deus. »[26]

Pour Firdusi, le temps est souvent symbole du destin[27]. Le texte hindou cité ci-dessus va, il est vrai, encore plus loin: son cheval-symbole renferme en lui l'univers: parent proche et berceau du cheval est la mer, la mère, mise au même rang que l'âme universelle. Si Aion représente la libido dans l'« enlacement », autrement dit au stade de la mort et de la renaissance, le berceau du cheval est ici encore la mer, ce qui veut dire que la libido se trouve dans la mère, c'est-à-dire dans l'inconscient où elle meurt pour renaître.

Déjà Yggdrasill nous a montré le rapport qui existe entre le cheval et la symbolique de l'arbre. Le cheval est aussi un « arbre de mort »; au moyen âge la civière s'appelait « cheval de saint Michel » et en néo-persan, le mot désignant le cercueil signifie: « cheval de bois »[28]. Le

---

[25] « C'est par la tête du lion qu'est désigné le moment présent parce que son état est à la fois fort et brûlant. »

[26] « Les hommes mauvais considèrent que le temps est dieu, parce qu'ils veulent dissimuler le véritable être de dieu. — Les hommes aux idées erronées font du temps la cause du cosmos, par contre les sages et les bons considèrent que (cette cause) c'est Dieu et non le temps. » PHILON: *In Genesim*, I, 100. (Cité par Cumont, *Textes et Monuments*, 1899, t. I, p. 82.)

[27] SPIEGEL: *Eran. Altertumskunde*, 1871, II, p. 193. Dans l'ouvrage Περὶ Φύσεως attribué à Zoroastre, l'Ananké, l'inéluctabilité du destin, est représentée par l'air. CUMONT: *loc. cit.*, I, p. 87.

[28] La malade de SPIELREIN (*Jahrbuch f. Psychoanal. u. Psychopath. Forsch.*, III, p. 394) parle de chevaux qui dévorent des hommes et même des cadavres déterrés.

cheval joue aussi le rôle de *psychopompe*; il est la monture qui conduit au pays de l'au-delà; des femmes-centaures emportent les âmes (Walkyries) *(fig. 265)*. Des chants néo-grecs décrivent Charon *à cheval*.

Il faut encore tenir compte d'une autre forme symbolique: il arrive que le diable monte *un cheval à trois pattes*. En temps de peste, Hel, déesse de mort, chevauche aussi un cheval à trois pattes [29]. L'âne géant qui se tient dans le Vourukasha, lac céleste des pluies, a aussi trois pattes; son urine purifie l'eau du lac; son braiement féconde tous les animaux utiles et fait avorter les nuisibles. Le contraste symbolique de Hel est dans cet âne du Vourukasha fondu en une image unique. La libido féconde autant qu'elle détruit.

*

Dans le drame millérien, un Indien s'approche du héros, prêt à tirer sur lui une flèche. Mais d'un geste fier, Chiwantopel découvre à l'ennemi sa poitrine. Cette scène rappelle à l'auteur celle qui se passe entre Cassius et Brutus dans le *Jules César* de Shakespeare [30]. Un malentendu s'est élevé entre les deux amis, parce que Brutus reproche à Cassius de lui refuser de l'argent pour ses légions. Cassius, susceptible et irrité, éclate en lamentations:

« Viens, Marc Antoine et viens Octave aussi !
Vengez-vous donc de Cassius,
Car Cassius est las de vivre:
Haï de celui qu'il aime; défié
Par son frère; réprimandé comme un enfant.
On épie toutes mes fautes; on les inscrit
Dans un aide-mémoire, on les apprend par cœur,
On me les jette en plein visage. — O mon âme
Pourrait s'écouler dans mes larmes !
Voici mon poignard, voici nue ma poitrine;
Dedans il y a un cœur, plus riche que la fosse de Plutus,

---

[29] NEGELEIN: *loc. cit.*, p. 416. Cf. également mes remarques sur le cheval à trois pattes in *Symbolik des Geistes*, 1948, p. 38 sq.
[30] Acte IV, scène II.

Plus précieuse que l'or: si tu es un Romain,
Arrache-le. Moi, qui te refuse de l'or,
Je t'offre mon cœur. Frappe, comme jadis
Tu frappas César ! car je sais avec quelle force
Tu le haïssais, et pourtant tu l'aimais plus que jamais
Tu n'as aimé Cassius. »

Le matériel qui conviendrait ici serait incomplet si je
ne signalais que ce discours de Cassius présente plusieurs
analogies avec le délire de Cyrano agonisant; sauf que
Cassius est bien plus théâtral. Dans sa façon d'agir il y a
quelque chose d'enfantin et d'hystérique. Car Brutus ne
pense pas du tout à le tuer; il lui verse une douche froide
dans le dialogue suivant:

« Brutus:

Rengainez votre poignard !
Soyez en colère si vous voulez; vous êtes libre !
Faites ce que vous désirez; l'outrage passera pour
                              [mauvaise humeur.
O Cassius ! Vous aurez pour compagnon un agneau
Qui se met en colère, comme le silex prend feu,
Qui, frappé souvent, lance des étincelles rapides
Et redevient ensuite tout froid.

Cassius:

Est-ce que je vis
Pour n'être que douleur et risée pour mon cher Brutus,
Alors que chagrin et bile me tourmentent ?

Brutus:

Quand j'ai parlé, j'étais aussi en de mauvaises dispo-
                              [sitions.

Cassius:

Vous l'avouez ? Donnez-moi la main.

Brutus:

Et mon cœur aussi.

Cassius:

O Brutus !

Brutus:

Que voulez-vous ?

Cassius:

Ne m'aimeriez-vous pas assez pour avoir patience
Quand cette humeur violente, héritée de ma mère,
Me conduit à m'oublier ?

Brutus:

Oui, Cassius; à l'avenir quand vous serez trop rigoureux
Avec votre cher Brutus, il pensera
Que c'est votre mère qui gronde en vous et vous
[emporte. »

L'explication de la susceptibilité de Cassius nous
conduit à reconnaître qu'à ce moment il s'identifie à sa
mère et se comporte tout à fait comme une femme; on le
voit nettement à ses paroles [31]. Car sa soumission efféminée,
avide d'amour et pleine de désespoir, à la volonté crâne
et mâle de Brutus, autorise ce dernier à faire la remarque
amicale que Cassius « a un agneau pour compagnon »,
c'est-à-dire qu'il y a encore dans son caractère quelque
chose d'impuissant qui provient de sa mère. On n'a point
de peine à reconnaître ici l'existence d'une disposition
infantile, caractérisée comme toujours par la prépondé-
rance de l'imago parentale, dans le cas présent: celle de
la mère. Un individu est infantile, parce qu'il s'est insuffisamment ou pas du tout libéré de son milieu infantile,
donc de son adaptation aux parents et c'est pourquoi, en
face du monde, d'une part il réagit comme un enfant en
présence de ses parents, cherchant toujours à obtenir
amour ou récompense sentimentale immédiate; d'autre
part, identifié à ses parents par sa liaison étroite avec eux,
l'infantile se comporte comme son père et comme sa mère.
Il n'est pas à même de vivre sa propre vie ni de trouver le
caractère qui est le sien. C'est pourquoi Brutus suppose à
juste raison que, par la bouche de Cassius, c'est sa mère
qui gronde, et non lui-même. Ce qui est psychologiquement

---

[31] C'est un cas d'identité à l'anima. On sait que la mère est le
premier support de l'image de l'anima.

important ici, et que nous soulignons, c'est la preuve de l'infantilisme de Cassius et de son identification à sa mère. Son comportement hystérique provient de ce qu'il est encore un « agneau », donc un enfant innocent et candide ; en ce qui concerne ses sentiments, il est encore en arrière de lui-même, comme nous le voyons souvent chez les hommes puissants en apparence et maîtres de la vie et des hommes : ils en sont au stade infantile en ce qui concerne les exigences de leur sentiment.

Les figures du drame de Miss Miller, enfants de sa fantaisie créatrice, représentent tous tel ou tel trait de caractère de l'auteur [32]. Le héros Chiwantopel représente le personnage idéal projeté ici dans le masculin — ce qui veut dire que Miss Miller voit encore en l'homme son idéal. Ce trait correspond à sa jeunesse. Il semble bien qu'à ce point de vue elle n'ait pas encore subi de désillusion qui la guérisse et qu'elle se réjouisse encore d'avoir des illusions. Elle ne sait pas que son personnage idéal devrait être femme parce qu'ainsi il la concernerait quelque peu. L'idéal représenté par l'homme ne l'engage à rien ; il ne fait que rendre possible des exigences imaginatives. Au contraire, si cet idéal était de son sexe, elle pourrait découvrir qu'elle ne lui correspond pas tout à fait. Ce serait gênant, mais salutaire. Le geste de Cyrano [33] est certes beau et impressionnant ; mais celui de Cassius est théâtral. Les deux héros se préparent à une mort spectaculaire ; Cyrano y réussit. Cette orientation vers la mort anticipe l'inévitable fin de l'illusion qui fait de l'autre l'homme idéal. Son personnage idéal se prépare, semble-t-il, à changer de place et à s'établir dans notre auteur elle-même. Ce serait un point très critique dans le cours de sa vie. En effet, quand un personnage idéal, dont l'importance est si grande pour la vie, se prépare à se transformer, c'est tout à fait comme s'il devait mourir. Il provoque alors dans l'individu des pressentiments de mort et des senti-

---

[32] Cette conception se justifie ici ; car dans cette fantaisie millérienne il ne s'agit pas d'une création voulue et formée consciemment, mais bien d'une production involontaire.

[33] Voir première partie.

ments de mal du siècle difficiles à comprendre parce qu'ils semblent n'avoir aucun fondement. Ces tendances se sont déjà manifestées dans le chant de la mite; elles précisent ici leur définition. Son monde infantile veut finir pour laisser la place à la phase de l'âge adulte. La volonté de mort de certaines jeunes filles n'est souvent qu'une expression indirecte, qui reste attitude même en cas de mort réelle, car on peut dramatiser même la mort. Une telle issue ne fait que souligner plus fortement la pose en question. On sait fort bien que l'apogée de la vie s'exprime par le symbolisme de la mort; car se dépasser soi-même, c'est en somme mourir. Il peut se faire que Miss Miller, être infantile, ne puisse prendre conscience de la tâche de sa vie: elle ne peut se fixer ni but ni norme de vie dont elle se sentirait responsable. Aussi n'est-elle pas encore prête à accueillir le problème de l'amour qui exige conscience et responsabilité, vue d'ensemble et prévoyance. Il s'agit d'une décision pour la vie, et celle-ci se termine par la mort. Amour et mort ont bien des choses en commun.

Le geste fier par lequel le héros s'offre à la mort peut fort bien exprimer indirectement la recherche de la pitié d'autrui et ainsi succomber à une froide réduction, comme celle qu'entreprend Brutus. Le geste de Chiwantopel lui aussi est suspect, car la scène de Cassius qui lui sert de modèle trahit sans discrétion le caractère simplement infantile de la chose. En effet, quand un geste est par trop théâtral, on est fondé à soupçonner qu'il n'est pas authentique et que par suite, quelque part, œuvre une contre-volonté dont l'intention est toute différente.

Dans le drame, en opposition à la nature inactive des symboles précédents, la libido entreprend une activité menaçante puisqu'un conflit se dévoile dans lequel l'une des parties menace l'autre de mort. Le héros, image idéale de la rêveuse, est disposé à mourir et ne craint pas la mort. Vu son caractère infantile, le moment serait certes venu où il devrait quitter la scène. La mort doit lui venir sous forme d'une flèche tirée sur lui. Etant donné que les héros sont souvent des archers fameux, ou succombent à

473

des coups de flèches, il ne devrait pas être superflu de se demander ce que signifie la mort à coups de flèches (*fig. 183*).

Dans la biographie de la nonne hystérique stigmatisée Catherine Emmerich [34] nous lisons (p. 63) la description suivante de son affection cardiaque:

« Déjà du temps de son noviciat, elle reçut de notre Seigneur Jésus en cadeau de Noël, une très pénible affection cardiaque pour toute la durée de sa vie monastique. Dieu lui en montra en elle-même le but: c'était pour la déchéance de l'esprit de l'ordre et surtout pour les péchés de ses consœurs. Mais ce qui rendait cette souffrance extrêmement pénible, c'était le don qu'elle avait depuis sa jeunesse de voir devant ses yeux l'être intime des humains selon leur véritable nature. Cette souffrance cardiaque, elle l'éprouvait dans son corps comme si des flèches perçaient continuellement son cœur [35]. Ces flèches — et c'était une souffrance spirituelle plus pénible encore — elle les reconnaissait en les voyant de près, comme les idées, plans, paroles secrètes de médisance, calomnies, sécheresse de cœur où ses compagnes se complaisaient sans raison et sans scrupule contre elle et sa vie dans la crainte de Dieu. »

Il est difficile d'être une sainte: la nature patiente et longanime supporte mal un comportement si différent et se défend à sa manière. L'opposé de la sainteté, ce sont les tentations sans lesquelles ne peut vivre une sainte véritable. Nous savons que ces tentations peuvent aussi se dérouler inconsciemment de sorte que seuls des équivalents en parviennent à la conscience sous forme de symptômes. La sagesse des nations nous a appris que « cœur » rime avec « douleur ». (Herz und Schmerz sich reimen.) On sait depuis longtemps qu'à la place d'une douleur morale non ressentie, c'est-à-dire refoulée, l'hystérique met la douleur corporelle. Cela, le biographe de Catherine

---

[34] P. Thomas a Villanova Wegener: « Das wunderbare äussere und innere Leben der Dienerin Gottes Anna Catherina Emmerich », usw., 1891.

[35] Le cœur de la mère de Dieu est percé par un glaive « et ainsi seront révélées les pensées cachées dans le cœur d'un grand nombre ». Saint Luc, 2, 35.

Emmerich l'a vu plus ou moins exactement. Seulement l'interprétation donnée par Emmerich repose, comme d'ordinaire, sur une projection : ce sont toujours les autres qui, en secret, disent d'elle toutes sortes de méchancetés et c'est cela qui cause ses douleurs. Or il en va tout autrement : le renoncement à toutes les joies de la vie, cette mort lente avant la floraison, voilà ce qui, en général, est douloureux, et le sont en particulier les désirs non satisfaits et les tentatives de la nature pour briser la puissance du refoulement sans laquelle une telle différenciation serait impossible. Naturellement les bavardages et les pointes moqueuses des compagnes prennent toujours plaisir à faire allusion à ces choses pénibles, de sorte que la sainte pouvait avoir l'impression que ses souffrances venaient de là. Elle ne pouvait naturellement pas savoir que la rumeur assume volontiers le rôle de l'inconscient qui, adversaire habile, vise toujours les défauts réels, mais à nous inconscients, de notre cuirasse.

Fig. 183.
La mort tirant de l'arc.
Gravure de 1464. (Détail.)

Extrait de K. v. SPIESZ :
Marksteine der Volkskunst.
Berlin 1937, p. 225.

C'est ce qu'exprime un passage des discours en vers de Gautama Bouddha : [36]

[36] K. E. NEUMANN : Die Reden Gotamo-Buddhos aus der Sammlung der Bruchstücke Suttanipâto des Pāli-Kanons übersetzt. 1911.

« Un désir cependant encore, sérieusement désiré,
Entretenu, nourri dans la volonté,
S'il faut peu à peu y renoncer,
Fouille sauvagement comme flèche en chair. »

Les flèches qui blessent et font mal ne viennent pas
de l'extérieur par des rumeurs qui ne peuvent attaquer
que du dehors; elles viennent de l'arrière-plan de notre
propre inconscient. Ce sont nos propres désirs qui, telles
des flèches, se plantent dans notre chair [37]. Sous un autre
rapport, ceci devient évident pour notre nonne et même
très littéralement. Il est bien connu que les scènes d'union
mystique avec le sauveur reçoivent en général un fort
apport érotique supplémentaire [38]. La scène de stigmatisation signifie incubation par le sauveur, très peu modifiée
si on la compare à la conception antique de l'*unio mystica*,
cohabitatio avec le dieu: voici ce que raconte la nonne au
sujet de sa stigmatisation (p. 77-78).

« J'eus une contemplation des souffrances du Christ et je
l'implorai de me faire sentir ses souffrances et priai cinq Notre-
Père en l'honneur des cinq sacrées plaies. Sur mon lit, les
bras étendus, j'éprouvai une grande douceur et une soif infinie
des souffrances de Jésus. Alors je vis une lueur descendre sur
moi; elle venait obliquement d'en haut. C'était un corps crucifié tout vivant et diaphane, les bras étendus, mais sans croix.
Les plaies resplendissaient plus que le corps; elles étaient trois
cercles de gloire surgissant de toute sa gloire. J'étais toute
ravie et mon cœur était tout ému d'une grande douleur et
pourtant aussi de la douceur du désir de souffrir des souffrances

---

[37] De la même manière les considérant comme des douleurs
exogènes, THÉOCRITE, 27, 28, appelle les douleurs de l'accouchement
« traits d'Ilithyia ». On trouve la même comparaison dans le sens
d'un désir chez Jésus SIRACH, 10, 12: « Comme une flèche plantée
dans la cuisse d'un homme, tel est un mot à l'intérieur d'un fou. »
Ce qui veut dire qu'il ne lui laisse nul repos tant qu'il n'a pas été
enlevé.

[38] Mais cela ne prouve pas du tout que l'événement vécu de
l'*unio mystica* provienne uniquement de sources érotiques. L'érotisme qui s'y met ainsi en évidence prouve uniquement que le déplacement de la libido n'a pas complètement réussi. Dans ces conditions,
des résidus non assimilés de la première forme y restent perceptibles.

Fig. 184. *La chasse aux cœurs.*

Gravure extraite de DE LA SERRE: *Les amours des dieux.*
Paris 1626. Vignette du frontispice.

de mon sauveur. Et comme mon désir des souffrances du rédempteur à la vue de ses plaies augmentait de plus en plus, et que de ma poitrine, par mes mains, mes flancs et mes pieds, j'aspirais à des plaies sacrées, alors tombèrent d'abord des mains, puis des flancs, puis des pieds de l'image de triples

Fig. 185.

Le cœur de Jésus transpercé par la lance de Longinus.

Extrait de A. Fah: *Kolorierte Frühdrucke aus der Stiftsbilbiothek*
in St. Gallen. Strasbourg 1906, n° 31.

rayons rouges lumineux, terminés à leur extrémité d'en bas en forme de flèches, vers mes mains, mon flanc et mes pieds. »

Les rayons sont triples, terminés en bas en *pointe de flèches* [39]. Comme l'Amour, le soleil a aussi son carquois rempli de flèches destructrices ou fécondantes [40]. La

---

[39] Apulée (*Métam. lib.*, II, 31) emploie le symbolisme de la flèche et de l'arc de manière brutale: « Ubi primam sagittam saevi cupidinis in ima praecordia mea delapsam excepi, arcum meum en ! »

[40] Tel Apollon qui apporte la peste. En ancien haut allemand: flèche = strala.

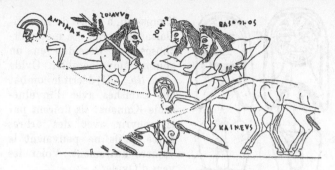

Fig. 186. *Groupe de Kaineus du vase dit de François.*

Extrait de ROSCHER: *Lexikon der Griechischen und Römischen Mythologie.*
T. II, 1ᵉ partie, Leipzig 1890-1894, col. 895.

flèche a un sens mâle. C'est sur ce sens que repose la
coutume orientale de désigner les fils courageux comme les
flèches ou les javelots des parents. « Faire des flèches
acérées » est une expression arabe pour dire « engendrer
des fils courageux ». Pour annoncer la naissance d'un fils,
le Chinois suspendait arc et flèches devant sa demeure.
De là aussi le passage des Psaumes (127-4): « Comme les
flèches dans la main d'un guerrier, ainsi sont les fils de la
jeunesse. » Grâce à cette signification de la flèche, on
comprend pourquoi le roi scythe Ariantas, voulant faire
un recensement du peuple, exigea de chaque Scythe la
pointe d'une flèche [41]. La lance a une signification analogue
(fig. 185): c'est d'elle que descendent les humains. Le
frêne est mère des lances et c'est pourquoi la race des
hommes d'airain descend de lui. Kaineus [42] *(fig. 186)*
donna l'ordre de vénérer sa lance. A propos de ce Kaineus,
Pindare nous raconte la légende que voici: Il serait descendu
dans les profondeurs « en grattant la terre de son pied
droit » [43]. Originairement, il aurait été une jeune vierge

---

[41] HÉRODOTE: IV, 81.

[42] Cf. ROSCHER: s. v. *Kaineus*, II, 894 sq.

[43] La malade de SPIELREIN (*Jahrbuch* III, p. 371) a aussi l'idée
de fendre la terre; et dans une relation du même genre: « On a besoin
du fer pour creuser la terre — Avec le fer on peut créer des hommes

479

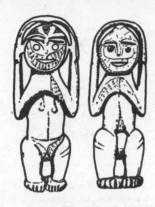

Fig. 187.

Statuette hermaphrodite
du Nouveau-Mecklembourg
du sud (Océanie).
Face et dos. Craie.

Musée ethnographique, Leipzig.

Extrait de T. W. DANZEL:
Symbole. Dämonen und Heilige
Türme. Hambourg 1930, pl. 94.

Kainis qui, à cause de sa complaisance, aurait été métamorphosée par Poseidon en un homme invulnérable. Ovide (*Mét. lib.*, XII) décrit le combat des Lapithes avec l'invulnérable Kaineus: ils finirent par le couvrir avec des arbres parce qu'ils ne pouvaient le vaincre autrement. Voici les vers d'Ovide:

« Exitus in dubio est: alii sub inania corpus
Tartara detrusum silvarum mole ferebant
Abnuit Ampycides: medioque ex aggere fulvis
Vidit avem pennis liquidas exire sub auras. » [44]

Roscher [45] tient cet oiseau pour le pluvier (Charadrius pluvialis) *(fig. 234)* qui tire son nom de ce qu'il demeure dans le χαράδρα, la fente terrestre. Son chant annonce la pluie prochaine. Kaineus est métamorphosé en cet oiseau.

Dans ce mythe encore nous retrouvons les composantes typiques du mythe de la libido: bisexualité originelle *(fig. 187)*, immortalité (invulnérabilité) par rentrée dans

— La terre se fend, éclate — L'homme est divisé — L'homme est dépecé, puis rassemblé — Pour mettre fin à l'enterrement vivant, Jésus ordonna à ses disciples de creuser la terre. » Le motif de « fendre » a une valeur générale. Le héros persan Tichtria, qui apparaît sous la forme d'un cheval blanc, ouvre le lac des pluies et rend ainsi la terre féconde. Il porte aussi le nom de Tîr = flèche. On le représente aussi femelle avec arc et flèches. (CUMONT: *Textes*
(Suite de la note page 481)

[44] « ... Incertaine est sa mort; car certains disent que son corps aurait sombré dans le silencieux Tartare sous le fardeau des arbres. Mopsus le nie, il a vu s'envoler du milieu du tas, haut dans les airs, un oiseau brunâtre... »

[45] *Götting. Gelehrt. Anzeig.*, 1884, p. 155.

la mère (fendre la mère avec le pied), résurrection sous forme d'âme-oiseau *(fig. 235)* et rétablissement de la fécondité. Si le héros de cette sorte fait vénérer sa lance, on doit bien penser que celle-ci est pour lui l'expression d'un équivalent d'importance.

De notre point de vue actuel, nous comprenons le passage de Job [46] que j'ai cité dans la première partie, chapitre IV, et nous lui donnons un sens nouveau:

> « Il m'a posé en but à ses traits:
> Ses flèches volent autour de moi
> Il perce mes flancs sans pitié
> Il répand mes entrailles sur la terre.
> Il me fait brèche sur brèche,
> Il fond sur moi comme un géant. »

Là Job exprime le tourment de son âme causé par l'assaut de désirs inconscients; la libido fouille dans sa chair *(fig. 15 et 16)*; un dieu cruel s'est emparé de lui et le transperce de traits douloureux, d'idées qui le pénètrent et le subjuguent.

On retrouve cette même image chez Nietzsche: [47]

> « Etendue, frissonnante
> Pareille au moribond dont on chauffe les pieds —
> Secouée, hélas ! de fièvres inconnues,
> Tremblante devant les glaçons aigus des frimas;
> Chassée par toi, pensée !
> Innommable ! Voilée ! Effrayante !
> Chasseur derrière les nuages !
> foudroyée par toi,
> Œil moqueur qui me regarde dans l'obscurité
> Ainsi je suis couchée,

---

et Mon., 1899, I, p. 136.) Avec une flèche, Mithra fait jaillir l'eau du rocher pour mettre fin à la sécheresse. Sur des monuments mithriaques, on trouve occasionnellement *le couteau enfoncé dans la terre;* autrement il est l'instrument de sacrifice qui tue le taureau. (CUMONT: *loc. cit.*, p. 165, 116.)

[46] 16, 12 sq.

[47] *Ecce homo*, p. 277 (trad. H. Albert).

Je me courbe et je me tords, tourmentée
Par tous les martyrs éternels,
Frappée
Par toi, chasseur le plus cruel,
Toi, le Dieu — inconnu...

Frappe plus fort !
Frappe encore une fois !
Transperce, brise ce cœur !
Pourquoi me tourmenter
De flèches épointées ?
Que regardes-tu encore,
Toi que ne fatigue point la souffrance humaine,
Avec un éclair divin dans tes yeux narquois ?
Tu ne veux pas tuer,
Martyriser seulement, martyriser ?
Pourquoi — *me* martyriser ?
Dieu narquois, inconnu ? »

Il n'est pas besoin de longue explication pour reconnaître en cette parabole l'image de la victime divine martyrisée que nous avons déjà rencontrée dans le supplice mexicain de la croix et dans celui d'Odin [48]. C'est encore la même image que nous retrouvons dans le martyre de saint Sébastien *(fig. 188)* où la tendre chair virginale et florissante du jeune saint laisse deviner toute la douleur du renoncement que la sensibilité de l'artiste a su mettre. L'artiste ne peut éviter de mêler à son œuvre un peu de la psychologie de son temps. Cela est vrai dans une mesure encore plus grande du symbole chrétien du crucifix transpercé par la lance *(fig. 189)*, image de l'homme torturé par ses désirs et crucifié en Jésus-Christ.

Ces tourments qui touchent l'homme ne viennent pas de l'extérieur; il est son propre chasseur, son sacrificateur, le glaive de son sacrifice. Un autre poème de Nietzsche nous le montre (*Poésies*, p. 268, trad. H. Albert), dans lequel le dualisme apparent du conflit spirituel se résout par l'emploi du même symbolisme.

---

[48] La malade de Spielrein dit également que Dieu l'a transpercée (trois flèches): « puis se produisit une résurrection — de l'esprit. »

Fig. 188. *Martyre de saint Sébastien.*

Extrait de la collection « Die Quelle » (La source), vol. 13: *Le vieux livre et sa décoration.* Vienne (sans date), p. 69.

« O Zarathoustra,
Toi le plus cruel des Nemrods !
Jadis chasseur de Dieu,
Filet où se prenaient toutes les vertus,
Flèche du mal !
Aujourd'hui —
Harcelé par toi-même,
Ton propre butin
Blessé par ta propre flèche...

Aujourd'hui —
Solitaire avec toi-même,
En désaccord avec ton propre savoir,
Au milieu de cent miroirs
Faux devant toi-même,
Incertain
Parmi cent souvenirs,

Souffrant de toutes les blessures,
Refroidi par toutes les gelées,
Etranglé par ta propre corde.
Connaisseur de toi-même
Bourreau de toi-même !

Pourquoi t'es-tu lié
Avec la corde de ta sagesse ?
Pourquoi t'es-tu attiré
Dans le paradis du vieux serpent ?
Pourquoi t'es-tu glissé
Dans toi-même — dans toi-même ? »

Ce n'est pas du dehors que les flèches mortelles viennent blesser le héros: c'est lui-même qui se pourchasse, qui se combat et se martyrise. C'est en lui qu'instinct se tourne contre instinct — aussi le poète dit-il: « enfoncé en soi-même », c'est-à-dire « blessé par sa propre flèche ». Comme nous avons reconnu en la flèche un symbole de libido, l'image du creusement s'éclaircit: c'est un acte d'union avec soi-même, une sorte d'autofécondation et aussi un viol de soi-même, un suicide; aussi Zarathoustra peut-il se dire « bourreau de lui-même » (comme Odin qui se sacrifie à Odin). Il ne faut cependant pas donner à ce psychologème un aspect trop volontariste; ce n'est pas intentionnellement que l'homme se crée de tels tourments; ils se produisent en lui. Si l'on compte que l'inconscient est une partie de sa personnalité, il faut alors admettre qu'il sévit en effet contre lui-même. Mais dans la mesure où le symbolisme de sa souffrance est archétypique, c'est-à-dire collectif, il faut le considérer comme l'indice qu'un tel homme ne souffre plus de lui-même, mais bien plutôt de l'esprit de son temps. Il souffre d'une cause objective, impersonnelle, à savoir de l'inconscient collectif qu'il possède en commun avec tous les hommes.

La blessure qu'il se fait avec sa propre flèche indique donc en premier lieu un état d'*introversion*. Ce qui signifie, nous le savons déjà: la libido plonge dans « sa propre profondeur » (image bien connue propre à Nietzsche) et trouve là-bas, dans l'obscurité, un substitut du monde

Fig. 189. *Le Christ crucifié par les vertus.*

Miniature du « Psautier de Bonmot », XIIIe siècle.
Collection de l'auteur.

d'en haut qu'elle a quitté: le *monde des souvenirs* (« parmi cent souvenirs ») où les plus puissants et les plus efficaces sont les images-souvenirs d'autrefois. C'est le monde de l'enfant, cet état paradisiaque de la toute première enfance d'où nous chassa la loi du temps qui se déroule. Dans ce royaume souterrain sommeillent les sentiments du foyer et les espérances de tout ce qui devient. Ainsi que le dit Heinrich de la « Cloche engloutie » de G. Hauptmann:

> « Il résonne un chant perdu et oublié,
> Chant du pays, chant d'amour enfantin
> Puisé aux profondeurs des sources des légendes
> Connu de chacun et pourtant jamais entendu. »

Cependant le « danger est grand » [49], comme dit Méphistophélès, car la profondeur est attirante. Quand la libido quitte le lumineux monde d'en haut, soit en vertu d'une décision, ou parce que la force vitale a diminué, ou parce que la destinée humaine est ainsi, elle retombe dans sa propre profondeur, à la source d'où elle jaillit jadis et retourne au point de rupture, le nombril, par où jadis elle pénétra dans ce corps *(fig. 190)*. Ce point de rupture s'appelle mère, parce que c'est par là que nous vint le courant vital. Si donc il s'agit d'exécuter une œuvre énorme devant laquelle l'homme recule parce qu'il doute de sa force, alors sa libido reflue vers ce point de jaillissement — et c'est alors l'instant dangereux où il faut choisir entre anéantissement et vie nouvelle. Si la libido reste fixée au royaume merveilleux du monde intérieur [50], alors

Fig. 190.

Déesse au nombril avec pigeons.

Parure d'or de Mycène.

Extrait de U. Holmberg: *Der Baum des Lebens*, in « Annales Academiae Scientiarum Fennicae ». T. XVI, Helsinki 1922-1923, p. 95, fig. 39.

---

[49] *Faust*, II, Scène des Mères.
[50] On en trouvera la description mythologique dans la légende

Fig. 191. *La fleur de lotus portant Brahma sort du nombril de Vichnou.*
Bas-relief de Hampi, Madras.
Extrait de F. Guirand : *Mythologie générale.*
Paris 1935, p. 320.

l'homme est devenu une ombre pour le monde d'en haut,
il est comme mort ou gravement malade. Mais si la libido
réussit à se libérer et à remonter vers le monde d'en haut,
alors se produit un miracle: le voyage aux enfers a été pour
elle une fontaine de jouvence et de la mort apparente
surgit une nouvelle fécondité. Cette idée est traduite par
un mythe hindou: Un jour Vichnou tomba en extase et
dans cet état de sommeil, il mit au monde Brahma qui,
trônant dans une fleur de lotus, jaillit du nombril de
Vichnou, apportant les Védas, qu'il lisait avec ardeur
(naissance de l'idée créatrice par introversion). Un démon,

---

de Thésée et de Pirithoos, qui voulaient conquérir la souterraine
Proserpine. Dans cette intention, ils descendirent dans le gouffre
terrestre du bosquet de Colonos, pour parvenir aux enfers. Quand
ils y furent descendus, ils voulurent se reposer un peu, mais, ensor-
celés, ils restèrent suspendus au rocher, c'est-à-dire restèrent fixés
à la mère et furent perdus pour le monde d'en haut. Plus tard,
Thésée du moins fut sauvé par Hercule, celui-ci assumant ainsi le
rôle du sauveur qui surmonte la mort. Son mythe exprime un processus d'individuation (voir plus loin).

profitant de l'occasion, déroba les Védas à Brahma et les cacha dans la profondeur. Brahma éveilla Vichnou et celui-ci se métamorphosa en *poisson (fig. 192)*, plongea dans le flot, lutta avec le démon, le vainquit et reconquit les Védas.

Cette série primitive de pensées décrit l'entrée de la libido dans le domaine intime de l'âme, l'inconscient. Par l'introversion et la régression de la libido se trouvent constellés des contenus auparavant latents. Ce sont, l'expérience en fait foi, les images primordiales, les archétypes que l'introversion de la libido a tellement enrichis de la matière individuelle des souvenirs, que la conscience peut les percevoir comme dans l'eau mère devient visible un réseau cristallin lorsque la molécule se cristallise. Comme de telles régressions et introversions n'ont lieu qu'au moment où une nouvelle orientation et une nouvelle adaptation s'avèrent indispensables — il s'agit toujours, avec l'archétype constellé, de l'image première de la difficulté du moment. Pour si infiniment diverses que puissent paraître à notre entendement les situations changeantes, leurs possibilités cependant ne dépassent jamais les limites naturelles; elles conservent toujours des formes se répétant plus ou moins typiquement. La structure archétypique de l'inconscient correspond à la moyenne des événements et au cours général des choses. Les changements subis par l'homme ne sont pas infinis dans leur variété: ils représentent des variantes de certains types d'événements. Le nombre en est restreint. Qu'apparaisse une situation de détresse, alors se trouve constellé dans l'inconscient un type correspondant à cette détresse. Comme celui-ci a caractère de « numen », c'est-à-dire qu'il possède une énergie spécifique, il attire les contenus conscients, les représentations conscientes au moyen desquelles il devient perceptible, donc apte à pénétrer dans la conscience. Quand il y passe, il produit comme une illumination, une révélation ou une inspiration salutaire. L'expérience répétée de cette relation a pour conséquence que, d'une façon générale, dans une situation difficile, le mécanisme de l'introversion entre artificiellement en action

Fig. 192. *Vichnou-poisson.*
Musée hindou, Londres.

Extrait de G. PRAMPOLINI: *La mitologia nella vita dei popoli.*
Milan 1938, t. II, p. 278.

et cela par des actes rituels qui marquent une préparation spirituelle, comme par exemple: usages magiques, sacrifices, invocations, prières, etc. Ces actes rituels ont pour but d'orienter la libido vers l'inconscient et ainsi de la contraindre à l'introversion. Si cette libido se rapporte à l'inconscient, c'est comme si elle se rapportait à la mère, et contre cela se dresse le tabou. Mais comme l'inconscient est une grandeur au delà de la mère, qui ne fait que le symboliser, l'angoisse incestueuse devrait, en fait, être surmontée pour qu'on atteigne les contenus salutaires (« trésor difficile à atteindre »). Le fils n'ayant pas conscience de sa tendance incestueuse, celle-ci se projette sur la mère ou sur son symbole. Mais comme ce symbole n'est pas la mère elle-même, il n'existe en fait aucune possibilité d'inceste et ainsi le tabou n'a plus de raison d'être une cause de résistance. La mère représente l'inconscient; alors la tendance à l'inceste, surtout quand elle apparaît comme désir de la mère (p. ex. Ishtar et Gilgamesh) *(fig. 168 et 215)* ou de l'anima (p. ex. Chrysé et Philoctète) [51] représente une exigence de l'inconscient qui veut qu'on tienne compte de lui. Son refus d'ordinaire a des conséquences peu favorables: si l'on n'y prend garde, ses forces instinctives entrent dans l'opposition, ce qui veut dire que Chrysé se métamorphose en un serpent venimeux.

---

[51] Quand les Grecs partirent pour Troie, ils voulurent, comme jadis les Argonautes et Héraclès, faire un sacrifice sur l'autel de Chrysé, nymphe de l'île de même nom, pour assurer une fin heureuse à leur traversée. Or parmi eux Philoctète était le seul qui sût découvrir le sanctuaire caché de Chrysé. Or il y rencontra le malheur. Un serpent — dit une version — qui gardait l'autel se précipita sur lui et le mordit au pied *(fig. 193)*; selon une autre version, il se blessa lui-même par mégarde avec une de ses flèches empoisonnées (qu'il avait reçues d'Héraclès) et tomba en une longue consomption: c'est cet épisode que traite Sophocle dans son *Philoctète*. Un scoliaste nous apprend que Chrysé offrit son amour au héros qui le refusa et fut, pour cette raison, maudit par elle; cette malédiction se réalisa comme nous venons de l'indiquer. Philoctète (comme son prédécesseur Héraclès à qui il a été fait allusion) est le prototype du roi blessé et malade; ce motif se continue jusque dans la légende du Graal et dans le symbolisme des alchimistes. (*Psychologie und Alchemie*, 1944, p. 403 sq.)

Fig. 193. *Philoctète blessé par le serpent.*
Cruche. Louvre. Paris.

Extrait de ROSCHER: *Lexikon der Griechischen und Römischen Mythologie.*
T. III, 2ᵉ partie, col. 2330.

Plus l'attitude de la conscience par rapport à l'inconscient est faite de refus, plus ce dernier devient dangereux. La malédiction de Chrysé se réalise en ce sens que Philoctète, en s'approchant de son autel, selon une des versions, se blesse au pied avec une de ses propres flèches garnie d'un poison mortel, ou, selon d'autres versions [52] (mieux et plus abondamment démontrées), est mordu au pied par un serpent venimeux [53]. A partir de ce moment, il dépérit, comme on sait [54]. Voici la description que donne

[52] Cf. ROSCHER, sub voc. *Philoktetes*, 2318, 15 sq.

[53] Lorsque le héros solaire russe Oleg s'approche du crâne du cheval abattu, un serpent en sort qui le pique au pied. Il en tombe malade et meurt. Lorsque Indra *(fig. 194)*, sous la figure de Cyena (le faucon), ravit le Soma, Krçânu, gardien, le blesse au pied avec une flèche. (DE GUBERNATIS: *Die Tiere in der Indogermanischen Mythologie*, 1874, p. 479 sq.)

[54] Comparable au roi du Graal qui garde le vase, symbole de la mère, le mythe de Philoctète est emprunté à une longue série: les mythes d'Héraclès. Héraclès a deux mères, la secourable Alcmène et Héra, la persécutrice, au sein de qui il a bu l'immortalité. Héraclès

Fig. 194. *Le dieu Indra avec la boisson du Soma.*
Statuette de bronze du Bengale.
Archives de la *Revue Ciba*. Bâle.

un hymne égyptien de cette blessure tout à fait typique,
qui détruit aussi Rê :

> « L'âme du dieu lui agitait la bouche,
> Sa salive tombait par terre
> Et ce qu'il crachait, tombait sur le sol.
> Cela, Isis le pétrit de sa main
> Avec de la terre, qui y était mêlée ;
> Elle en forma un *ver* respectable
> Et lui donna la forme d'un *javelot*.

---

réussit à vaincre les serpents d'Héra, alors qu'il est encore au berceau,
c'est-à-dire : il se libère de l'inconscient. Mais Héra lui envoie de
temps en temps des accès de folie, durant l'un desquels il tue ses

(Suite de la note, page 493)

Elle ne le plaça pas animé autour de son visage,
Mais le jeta enroulé sur le chemin
Sur lequel le Grand Dieu voyageait.
Selon son bon plaisir à travers ses deux pays
Le Dieu vénérable s'avançait resplendissant,
Les dieux, serviteurs du Pharaon, l'accompagnaient,
Et il se promenait comme tous les jours.
Alors le ver vénérable le piqua...
Le dieu divin ouvrit la bouche,
Et la voix de sa majesté pénétra jusqu'au ciel;
Et les dieux crièrent: Regarde !
Il ne put leur répondre;
Ses mâchoires cliquetèrent
Tous ses membres tremblèrent
Et le poison s'empara de sa chair,
Comme le Nil s'empare de son domaine. »

Dans cet hymne, l'Egypte nous a conservé une rédaction primitive du motif de la morsure du serpent. Le vieillissement du soleil en automne, image de la vieillesse de l'homme, est ramené symboliquement à un empoisonnement dû au serpent. A la mère on fait le reproche d'avoir, par sa perfidie, causé la mort du dieu solaire (fig. 196).

---

enfants. Ainsi elle se manifeste indirectement comme une Lamie. Selon une tradition, l'acte se produit au moment où Héraclès refuse d'exécuter la grande œuvre pour le service d'Eurystée. Par suite de ce recul, la libido prête pour ce travail régresse vers l'imago maternelle inconsciente; la conséquence en est la folie. Dans cet état Héraclès s'identifie à Lamia, et tue ses enfants. L'oracle delphique lui fait savoir qu'il s'appelle « Héraclès » parce qu'il doit à Héra sa renommée immortelle, puisque c'est sa persécution qui le contraint à ses grands travaux. On comprend le sens de ce grand travail: surmonter la mère et ainsi parvenir à l'immortalité. Son arme caractéristique, la massue, il l'a taillée dans l'olivier maternel. Comme soleil il possédait les flèches d'Apollon. Il tue le lion de Némée dans son antre: son sens est « tombe dans le sein maternel » (voir la fin du présent chapitre). Puis vient le combat contre l'hydre (fig. 195 et 97) et ses autres travaux héroïques qui tous sont des mauvais tours que lui joue Héra. Ils représentent tous sans exception, la lutte contre l'inconscient. A la fin de sa carrière cependant, selon un oracle delphique, il devient l'esclave d'Omphale (ὀμφαλός = nombril) ce qui veut dire qu'il lui faut encore se soumettre à l'inconscient.

Fig. 195. *Hercule et l'hydre.*
Terre cuite romaine. Città del Vaticano.

Extrait de G. Prampolini : *La mitologia nella vita dei popoli.*
Milan 1938, t. II, p. 211.

Le serpent rend visible l'influence (numen) sinistre de la
« mère » (et d'autres daimonia), qui tue, mais représente
aussi la seule possibilité de protéger quelqu'un de la
mort, puisqu'elle est aussi la source de vie [55]. Par suite

[55] On pourra voir in Attilio Gatti : *South of the Sahara*, 1945,
p. 225 sq., combien ce mythologème est concret pour le stade

Fig. 196. *Le dieu solaire enfermé.*

Extrait de E. A. WALLIS BUDGE: *The Egyptian Heaven and Hell*,
vol. III. Londres 1905, p. 149.

seule la mère peut guérir celui qui est blessé à mort. C'est
pourquoi l'hymne décrit le rassemblement des dieux qui
tiennent conseil:

> « Et Isis vint aussi avec sa sagesse,
> Elle dont la bouche est pleine du souffle de vie,
> Dont la parole chasse la souffrance,
> Dont le verbe anime celui qui ne respire plus,
> Elle dit: «Qu'est-ce là ? qu'est-ce cela ? père divin ?
> Vois, un ver t'a apporté la souffrance, etc. »

> « Dis-moi ton nom, père divin,
> Car l'homme reste en vie, que l'on appelle de son
> [nom. »

Là-dessus Rê réplique:

> « Je suis celui qui créa ciel et terre et plissa les montagnes
> Et fit tous les êtres dessus.
> Je suis celui qui fit l'eau et créa le grand flot,
> Qui fit le taureau à sa mère,
> Qui est le procréateur », etc.

> « Le poison ne céda pas, il continua sa route
> Le grand dieu ne guérit point
> Alors Isis dit à Rê:
> Ce n'est pas ton nom que tu m'as dit.
> Dis-le moi, pour que le poison sorte,
> Car l'homme reste en vie que l'on appelle de son nom. »

primitif. (Description d'une medicine-woman au Natal, qui garde,
comme animal familier, un boa constrictor de 7 mètres de long.)

Enfin Rê se décide à dire son vrai nom. Il ne guérit qu'à peu près cependant, tel Osiris que l'on ne reconstitua qu'incomplètement, mais il avait perdu sa puissance et finit par se retirer sur le dos de la vache céleste.

Le ver venimeux est une forme de libido qui tue au lieu de faire vivre. Son vrai nom est « âme ou force magique » (= libido). Ce qu'Isis demande, c'est le transfert de la libido sur la mère. Ce désir se réalise littéralement puisque le dieu vieillissant retourne à la vache céleste, symbole de la mère.

Cette symbolique s'éclaire par ce que nous avons dit plus haut. La libido qui tend vers l'avant, qui domine la conscience du fils exige la séparation d'avec la mère; mais l'aspiration de l'enfant à la mère dresse sur sa route un obstacle sous la forme d'une résistance psychique, qui, selon l'expérience que nous en avons, s'exprime dans la névrose par toutes sortes d'appréhensions, autrement dit par la peur de vivre. Plus l'homme s'écarte du travail d'adaptation, plus son angoisse grandit: elle l'accable partout et de plus en plus en lui opposant des obstacles. La peur du monde et des hommes, en vertu d'un *circulus vitiosus*, provoque un recul encore accru qui ramène à l'infantilisme et « dans la mère ». Généralement on en projette la raison à l'extérieur, sur les événements du dehors, ou l'on en rend les parents responsables. Il reste en effet à mesurer combien de responsabilité revient à la mère dans le cas d'un fils qu'elle ne veut pas laisser aller. Il tentera bien de s'expliquer en invoquant la conduite fautive de sa mère, mais il préfère renoncer à ces vains efforts et accuser sa mère (ou son père) pour s'illusionner lui-même sur son incapacité.

La peur de la vie n'est pas un fantôme imaginaire, mais une panique très réelle qui ne paraît si démesurée que parce que sa source véritable est inconsciente et par conséquent projetée. La perte de la jeune personnalité que l'on empêche de vivre et retient en arrière crée l'angoisse et se métamorphose en angoisse. Cette angoisse paraît provenir de la mère; en réalité il s'agit de la peur de mourir qu'éprouve l'homme instinctif inconscient, qu'un

496

recul continuel devant la réalité a exclu de la vie. Si l'on considère que la mère est un obstacle, elle se transforme, semble-t-il, en une perfide persécutrice. Naturellement, il ne s'agit pas de la vraie mère, bien que la tendresse maladive avec laquelle elle poursuit son enfant jusqu'à l'âge adulte, en le maintenant dans une attitude infantile incompatible avec son âge, puisse lui nuire énormément. Il s'agit bien plutôt de l'imago maternelle qui se transforme en Lamia *(fig. 155)* [56]. Or l'imago maternelle représente l'inconscient; c'est tout autant pour lui une nécessité vitale d'être rattaché à la conscience que c'en est une pour cette dernière de ne pas perdre sa relation avec l'inconscient. Chez l'homme rien ne met plus en danger cette relation qu'une vie remplie de succès où il oublie cette dépendance de l'inconscient. Le cas de Gilgamesh est à ce point de vue lumineux: en présence de ses succès, les dieux, représentants de l'inconscient, se croient obligés de tenir conseil pour savoir comment ils pourraient provoquer la chute de Gilgamesh. Leurs tentatives échouent d'abord, mais lorsque le héros a conquis l'herbe d'immortalité *(fig. 113)* et qu'ainsi il a presque atteint son but, un serpent lui dérobe, pendant son sommeil, son élixir de vie.

La prétention de l'inconscient agit d'abord comme un poison paralysant sur la force active et l'esprit d'entreprise; sans doute est-ce pour cela qu'on peut la comparer à la morsure d'un serpent venimeux *(fig. 197)*. Il semble que ce soit un ennemi démoniaque qui ravisse la force active; mais en réalité, c'est l'inconscient lui-même dont la tendance différemment orientée se met à entraver le progrès conscient. La cause de ce processus est souvent fort obscure, et d'autant plus qu'elle se complique de toutes sortes de circonstances, conditions et causes secon-

---

[56] Le mythe d'Hippolyte a des composantes analogues: sa belle-mère, Phèdre, devient amoureuse de lui. Il la repousse; elle l'accuse auprès de son mari d'avoir voulu l'outrager; celui-ci prie Poseidon, dieu des eaux, de châtier Hippolyte. Alors un monstre sort de la mer. Les chevaux d'Hippolyte s'emballent et le traînent et le tuent. Mais Esculape le ranime et les dieux le transportent près de la sage nymphe Egérie, conseillère de Numa Pompilius.

Fig. 197. *Quetzalcoatl
dévore un homme.*

Détail du Codex Borbonicus,
Paris. (xvɪᵉ siècle.)

Extrait de T. W. Danzel:
Altmexikanische Symbolik.
« Eranos Jahrbuch », 1937,
fig. 11, p. 235.

daires, par exemple de pénibles tâches extérieures, de désillusions, insuccès, etc., avec diminution de la capacité de travail par suite de l'âge, de pénibles situations de famille qui déclenchent, on le comprend, des dépressions. Or, selon le mythe ce serait la femme qui, en secret, paralyserait l'homme, la femme dont il n'est plus capable de se libérer et auprès de laquelle il redevient enfant [57]. Sans doute est-il aussi très significatif qu'Isis, sœur-épouse du dieu solaire, crée l'animal venimeux avec la salive du dieu, qui a une signification magique, comme toutes les sécrétions du corps (= libido). Elle crée l'animal avec la libido du dieu et c'est ainsi qu'elle l'affaiblit et le met sous sa dépendance. Dalila agit de la même manière lorsqu'elle coupe les cheveux de Samson, donc les rayons solaires, privant ainsi le héros de sa force *(fig. 198)*. Cette femme démoniaque du mythe est en réalité la « sœur-épouse-mère », le féminin en l'homme, qui s'annonce de façon inattendue dans la deuxième moitié de la vie et tente de provoquer une certaine transformation de la personnalité. J'ai tenté de décrire des fragments de cette transforma-

---

[57] Cf. Héraclès et Omphale.

498

Fig. 198. *Samson et Dalila.*

D'après la Chronique du monde de Rudolf von Ems. Cod. Germ. 6406.
Bibliothèque d'Etat, Munich. Début du xive siècle.

Extrait de Th. EHRENSTEIN: *Das Alte Testament im Bilde.*
Vienne 1923, chap. XXII, fig. 6, p. 511.

tion dans mon étude sur le « tournant de la vie » [58]. Il
s'agit d'une féminisation partielle de l'homme et d'une
masculinisation de la femme. Cette transformation se produit souvent dans des circonstances très dramatiques,
parce que la puissance de l'homme, son principe du
« Logos », se tourne contre lui et, pourrait-on dire, le trahit.
Il en est de même de l'« Eros » de la femme, qui lui correspond. Le premier se durcit et se raidit de la façon la plus
dangereuse dans l'attitude qu'il avait jusqu'alors. Le
second reste suspendu à ses attaches affectives, oubliant
de développer entendement et raison, que vient remplacer
l'« animus », c'est-à-dire des opinions aussi capricieuses
que sans valeur. Le processus de fossilisation de l'homme
s'entoure, par suite d'humeurs, de sensiblerie ridicule, de
sentiments de méfiance et de ressentiments qui prétendent
justifier ce raidissement. Un cas de psychose qui démontre
brillamment les caractères de cette psychologie nous est

[58] Le tournant de la vie, in *Seelenprobleme der Gegenwart*,
Rascher, Zurich, 1950, p. 220.

499

donné par Schreber qui l'a décrite dans ses *Mémoires d'un névropathe* [59].

La paralysie de l'énergie progressive présente, en fait, des aspects très désagréables. Elle survient comme un hasard malencontreux, ou même comme une catastrophe, qu'évidemment on préférerait éviter. Le plus souvent la personnalité consciente se dresse contre le coup de l'inconscient et combat contre ses exigences qui, on le sent nettement, se tournent non seulement contre les points faibles du caractère mâle, mais menacent aussi la « vertu principale » (la fonction différenciée et l'idéal). On voit d'après les mythes d'Héraclès et de Gilgamesh que l'attaque de l'inconscient devient précisément la source où le *combat héroïque* puise sa force ; cela est tellement net que l'on est obligé de se demander si l'apparente inimitié de l'archétype maternel ne serait pas justement une ruse de la *mater natura* pour exciter son enfant préféré à réaliser ses travaux sublimes. La persécutrice Héra jouerait donc le rôle de la sévère « âme maîtresse », qui accable son héros des œuvres les plus pénibles en le menaçant de mort s'il ne s'élève pas jusqu'aux actions les plus nobles et ne devient ce qu'il fut toujours *in potentia*. La victoire que remporte le héros sur la mère et son substitut démoniaque (Dragon, etc.) est toujours provisoire. Ce qui doit passer aux yeux de l'homme jeune pour une régression, à savoir la féminité de l'homme (identité partielle à la mère) et la masculinité de la femme (identité partielle au père) prend un sens tout différent dans la deuxième moitié de la vie. L'assimilation de la tendance du sexe opposé devient une tâche qu'il faut résoudre pour maintenir la libido en progression. Cette tâche consiste à intégrer l'inconscient, c'est-à-dire à faire la synthèse du « conscient » et de l'« inconscient ». J'ai appelé ce processus : *processus d'individuation* et renvoie à son sujet à mes travaux antérieurs. A ce stade, le symbole

---

[59] Le cas fut étudié jadis de façon très insuffisante par Freud, à qui j'avais signalé ce livre. (Voir « Psychoanal. Bemerkungen, über einen autobiographisch beschriebenen Fall von Paranoia (démence paranoïde). » *Jahrbuch für Psychoanal. und Psychopathol. Forschung*, t. III, 1911, p. 9.

maternel ne remonte plus en arrière vers les commence-
ments; il va vers l'inconscient en tant que matrice créatrice de l'avenir. « Rentrer dans la mère » signifie alors:
établir une relation entre le moi et l'inconscient; c'est sans
doute ce que veulent exprimer ces vers de Nietzsche:

> « Pourquoi t'es-tu attiré
> Dans le paradis du vieux serpent ?
> Pourquoi t'es-tu glissé
> Dans toi-même, dans toi-même ?
>
> Un malade maintenant,
> Que le venin du serpent a rendu malade; [60]
> Un prisonnier maintenant
> Qui a choisi le sort le plus dur;
> Travaillant courbé
> Dans son propre puits de mine,
> Emmuré en toi-même
> T'attaquant toi-même à coups de pioche,
> Inhabile,
> Rigide,
> Un cadavre —,
> Accablé de cent fardeaux
> Accumulés par toi,
> Toi qui sais,
> Connaisseur de toi-même !
> Toi le sage Zarathoustra !...
> Tu cherchais le plus lourd fardeau:
> Alors tu te trouvas toi-même —. »
>
> (*Ecce homo*, p. 269, trad. H. Albert.)

Celui qui s'enfonce en lui-même est comme enfoui dans
la terre; c'est un mort en quelque sorte qui est retourné
dans la terre maternelle [61]; c'est un Kaineus *(fig. 186)*
« accablé de cent peines » et écrasé dans la mort; c'est un
homme qui porte en gémissant le lourd fardeau de son soi

---

[60] La malade de Spielrein souffre aussi du poison du serpent.
Jahrbuch III, p. 385. Schreber est infecté par le « poison du cadavre »;
on commet sur lui un meurtre moral.
[61] La malade de Spielrein (*Jahrbuch*, III, p. 336) emploie des
images analogues; elle parle d'une « raideur de l'âme sur la croix »,
de « figures de pierre » qu'il faut « délivrer ».

et de son destin. Qui ne pense à la taurophorie de Mithra qui prend sur son dos, fardeau écrasant, son taureau (comme dit l'hymne égyptien : le « taureau de sa mère »), autrement dit son amour pour sa *mater natura* et entreprend ainsi la marche douloureuse, le *transitus* [62] ? Ce chemin de passion conduit à la grotte où l'on sacrifie le taureau. De même Jésus doit porter sa croix [63] jusqu'au lieu du sacrifice où, selon la version chrétienne, on sacrifie l'agneau sous la figure du dieu pour l'enfouir ensuite dans le tombeau souterrain [64]. La croix, ou lourd fardeau, que porte

---

[62] W. Gurlitt : « La Taurophorie *(fig. 199)* est un des durs ἆθλα qu'accomplit Mithra au service de l'humanité à délivrer ; s'il est permis de comparer une petite chose à une grande, cela correspond à peu près à Jésus portant sa croix. » (Cité par Cumont : *Textes et Monuments*, 1899, I, 172.

[63] Robertson nous donne quelques précisions sur la question du symbole du port de la croix *(Evang. Myth.*, 1910, p. 130) : « Samson soutenait les piliers des portes de Gaza et mourut entre les colonnes de la salle des Philistins. Héraclès porta ses colonnes à la place (Gadès) où, selon la version syrienne de la légende, il termina sa vie. (Les colonnes d'Hercule désignent le point occidental où le soleil s'enfonce dans la mer.) Dans l'art antique, il est en effet représenté portant sous les bras les deux colonnes, de telle sorte qu'elles forment une croix ; peut-être sommes-nous ici en présence de l'origine du mythe de Jésus portant sa croix au lieu du sacrifice. Il est étonnant que les trois synoptiques substituent à Jésus, comme porteur de croix, un homme qui porte le nom de *Simon* de Cyrène. Cyrène, en Libye, est le théâtre légendaire où Hercule accomplit le travail du port des colonnes, ainsi que nous l'avons vu, et Simon (Simson) est la première forme grecque du nom Samson... mais en Palestine Simon, Semo ou Sem était en fait le nom d'un dieu qui représentait le vieux dieu solaire Semesch, identifié de son côté à Baal. De son mythe est, sans aucun doute, issu le mythe de Samson ; le dieu Simon jouissait en *Samarie* d'une vénération particulière. » J'ai reproduit ici les paroles de Robertson, mais je dois signaler que la liaison étymologique de Simon à Simson est problématique. La croix d'Héraclès est probablement la roue solaire que les Grecs représentaient par le symbole de la croix. La roue solaire, sur le relief de la petite métropole à Athènes, renferme même une croix qui ressemble beaucoup à la croix de Malte. (Cf. Thiele : *Antike Himmelsbilder*, 1898, p. 59.) Je renvoie ici à la symbolique des Mandala. Voir entre autres : *Psychologie und Alchemie*, 1944 et Wilhelm und Jung : *Das Geheimnis der goldenen Blüte*, 1929.

[64] La légende grecque d'Ixion *(fig. 200)* qui fut attaché à la

Fig. 199. *Mithra portant le taureau.*
Bas-relief du Castel Stockstadt.

Extrait de F. CUMONT: *Les mystères de Mithra,*
3ᵉ éd., Bruxelles 1913, p. 54.

toujours le héros, *c'est lui-même,* ou plus exactement, son soi,
sa totalité, dieu autant qu'animal, non seulement homme
empirique, mais la plénitude de son être qui prend racine
dans la nature animale et, dépassant ce qui est seulement
humain, s'élève jusqu'à la divinité. Sa totalité indique une
immense opposition qui apparaît unie en elle-même, comme

---

roue solaire et crucifié aux quatre rayons (Pindare) représente
quelque chose d'analogue. Ixion assassina d'abord son beau-père,
fut plus tard délivré par Zeus qui le combla de faveurs; mais l'ingrat
tenta de séduire Héra, la mère. Zeus le trompa en obligeant la reine
des nuages, Néphélé, à prendre le forme d'Héra. (De cette union
seraient nés les centaures.) Ixion se vanta de son action; pour le
punir, Zeus le précipita dans les enfers où il fut attaché à la roue que
le vent fait tourner sans arrêt.

Fig. 200. *Ixion sur sa roue.*
Gravure sur un vase, Berlin.

Extrait de ROSCHER: *Lexikon der Griechischen und Römischen Mythologie.*
T. II, 1ʳᵉ partie, col. 770, Leipzig 1890-1894.

la croix qui en est le symbole le plus parfait. Ce qui chez Nietzsche semble figure poétique est en réalité mythe extrêmement ancien. On dirait qu'a été donné au poète le pressentiment, ou l'aptitude, de sentir et de réaliser à nouveau, sous les mots de notre langue d'aujourd'hui et dans les images qui se pressent à sa fantaisie, les ondes impérissables de mondes spirituels depuis longtemps disparus. G. Hauptmann dit: « Faire de la poésie, c'est faire résonner derrière le mot actuel le verbe originel. » [65]

Le sacrifice, dont nous pressentons plus que nous ne comprenons le sens secret et universel, passe d'abord incomplet devant la conscience de notre auteur. La flèche ne part pas, le héros Chiwantopel n'est pas empoisonné, ni prêt à se sacrifier lui-même. Maintenant déjà nous sommes autorisés à dire que, d'après le matériel dont nous disposons, ce sacrifice signifie vraisemblablement abandon de l'attachement à la mère, c'est-à-dire renoncement à tous les liens et toutes les limitations que l'âme a emportés

---

[65] Voir *Zentralblatt für Psychoanalyse*, Jahrgang II, p. 365.

depuis l'époque de l'enfance jusqu'à l'âge adulte. Il ressort de diverses allusions de Miss Miller qu'à l'époque de ses fantaisies, elle vivait encore dans le cadre de sa famille à un âge où, évidemment, elle aurait eu besoin d'indépendance. Il est donc caractéristique que l'apparition de ses fantaisies coïncide justement avec un voyage dans le vaste monde, donc durant qu'elle est sortie du milieu de son enfance. Ce n'est pas sans un certain danger pour la santé morale que l'on vit trop longtemps dans le milieu infantile ou bien dans le sein de la famille. La vie appelle l'homme au dehors, à l'indépendance et quiconque, par commodité ou crainte infantile, n'obéit pas à cet appel est menacé de névrose. Une fois que celle-ci a éclaté, elle deviendra progressivement une raison plus que suffisante pour fuir le combat de la vie et rester à jamais embourbé dans la prison morale de l'atmosphère infantile.

C'est dans cette lutte pour l'indépendance personnelle qu'il faut ranger la fantaisie du tir de la flèche. Chez notre rêveuse, la pensée de cette décision ne s'est pas encore réalisée. La flèche de Cupidon, qui marque le destin, n'a pas encore atteint son but. Chiwantopel, qui joue le rôle de notre auteur, n'a encore été ni blessé ni tué. Il est l'être audacieux et entreprenant qui réalise ce à quoi Miss Miller, de toute évidence, se soustrait; il s'offre volontairement comme but à la flèche mortelle. Si ce geste de l'offrande personnelle est attribué ici à une figure d'homme, cela prouve, précisément, que notre rêveuse n'a pas encore conscience de cette nécessité du destin. Chiwantopel, en effet, est une figure typique de l'« animus », c'est-à-dire une personnification de ce qu'il y a de mâle dans l'âme féminine. C'est une figure archétypique qui s'anime surtout lorsque, pour des raisons obscures, la conscience ne peut plus suivre les sentiments et les instincts provenant de l'inconscient: au lieu et place de l'amour et de l'abandon, apparaissent masculinité, humeur querelleuse, affirmation entêtée de soi-même et le démon de l'opinion aux formes extrêmement variées. (Puissance, au lieu d'amour!) L'animus n'est pas un homme réel, mais un héros infantile quelque peu hystérique, dont les défauts de la cuirasse laissent transparaître le désir d'être aimé. C'est sous cette forme que Miss Miller a vêtu ses décisions capitales, ou plutôt ces décisions n'ont pas encore dépassé le stade d'une fantaisie inconsciente, ce qui veut dire que la conscience ne les reconnaît pas encore comme siennes *(fig. 201)*.

Si l'assassin se laisse influencer par le geste héroïque de Chiwantopel, c'est que la fin, déjà décidée, de ce héros de substitution, est remise à plus tard, autrement dit que la conscience n'est pas encore prête à prendre une décision personnelle, mais préfère l'inconscience puisque, sans le savoir, elle pratique la politique de l'autruche. Chiwantopel doit mourir pour que la puissance de décision, encore enchaînée dans l'inconscient qui soutient pour le moment le personnage sans force du héros, puisse profiter à la conscience; car sans la coopération de l'inconscient et de ses forces instinctives, la personnalité consciente serait trop faible pour s'arracher au passé infantile et, d'autre part, pour oser s'aventurer dans un monde étranger avec ses possibilités incommensurables. La libido tout entière est indispensable dans la lutte de la vie. Cette décision qui doit rompre tous les liens sentimentaux avec l'enfance, avec père et mère, notre rêveuse ne peut pas encore la prendre et pourtant, il faudrait qu'elle le fît, si toutefois elle veut obéir à l'appel de son propre destin.

Fig. 201. *Les images fantaisistes sortant de la tête.*
Symbole royal avec coupe de parfums
du clan des Benins, Côte d'or, Afrique occidentale.
Musée national de Hesse, Darmstadt.

Extrait de E. FUHRMANN: *Das Tier in der Religion.*
Munich 1922, fig. 31.

Fig. 202. *Hercule conduisant un taureau au sacrifice.*
Amphore du peintre Andocide.
Vers 515 av. J.-C. Musée de Boston.

Extrait de E. Pfuhl: *Tausend Jahre Griechischer Malerei.*
Munich 1940, pl. 89, fig. 316.

VII

LE SACRIFICE

L'assaillant disparu, Chiwantopel commence le monologue suivant:

« Du bout de l'épine dorsale de ces continents, de l'extrémité des basses terres, j'ai erré pendant une centaine de lunes,
après avoir abandonné le palais de mon père, toujours poursuivi
par mon désir fou de trouver « celle qui comprendra ». Avec
des joyaux, j'ai tenté beaucoup de belles, avec des baisers j'ai
essayé d'arracher le secret de leur cœur, avec des actes de
prouesse j'ai conquis leur admiration. (Il passe en revue les
femmes qu'il a connues:) Chi-Ta, la princesse de ma race...
c'est une bécasse, vaniteuse comme un paon, n'ayant autre
chose en tête que bijoux et parfums. Ta-nan, la jeune paysanne...
bah, une pure truie, rien de plus qu'un buste et un ventre, et
ne songeant qu'au plaisir. Et puis Ki-ma, la prêtresse, une
vraie perruche, répétant les phrases creuses apprises des

prêtres; toute pour la montre, sans instruction réelle ni sincérité, méfiante, poseuse et hypocrite!... Hélas! pas une qui me comprenne, pas une qui soit semblable à moi, ou qui ait une âme sœur de mon âme. Il n'en est pas une d'entre elles toutes qui ait connu mon âme, pas une qui ait pu lire ma pensée, loin de là; pas une capable de chercher avec moi les sommets lumineux, ou d'épeler avec moi le mot surhumain d'Amour! »

Ici Chiwantopel dit lui-même que ses longs voyages et ses longues pérégrinations ont pour but de rechercher l'autre et le sens de la vie qui gît dans son union avec lui. Dans la première partie de ce travail, nous n'avons fait qu'indiquer cette possibilité. Rien d'étonnant que celui qui cherche soit du sexe mâle et ce qui est recherché, du sexe féminin, puisque dès l'abord, le principal objet de l'aspiration inconsciente est la mère, ainsi qu'on a dû le comprendre d'après ce que nous avons appris. « Celle qui comprendra » désigne dans le langage infantile, la mère. Le sens premier et concret de « comprendre », « saisir », « embrasser », c'est prendre ou retenir avec les mains ou les bras. C'est ce que fait la mère avec l'enfant qui cherche secours et protection, et c'est ce qui attache l'enfant à sa mère. Mais plus ce dernier grandit, plus grandit aussi le danger que cette façon de « comprendre » n'aboutisse à entraver le développement naturel. Au lieu d'accomplir le travail nécessaire d'adaptation à de nouvelles conditions de milieu, la libido de l'enfant rétrograde vers les bras de la mère qui le protège et facilite les choses et ce faisant, il manque son adaptation à l'époque. Il se passe alors ce que nous dit un vieux texte hermétique: « Ego vinctus ulnis et pectori meae matris et substantiae eius continere et quiescere meam substantiam facio, et invisibile ex invisibili compono »[1]. Lorsqu'un homme reste attaché à sa mère,

_____

[1] « Enchaîné dans les bras et à la poitrine de ma mère, je laisse ma substance fondre en sa substance et se reposer et je compose de l'invisible avec de l'invisible. » Le sujet de la phrase (Mercure ou substance secrète) doit être compris comme activité intérieure de la fantaisie. Naturellement, dans le texte primitif la citation a un sens analogique beaucoup plus vaste, mais elle utilise l'image primordiale du rapport avec la mère. Elle provient du « Septem-

la vie qu'il aurait dû vivre se déroule sous l'aspect de fantaisies conscientes et inconscientes qui, chez une femme, sont en général attribuées à un personnage héroïque, c'est-à-dire qu'elles sont mises en action par ce personnage, comme dans notre cas. Il éprouve alors la plus violente nostalgie de l'âme qui comprendra, il est à sa recherche, subit les épreuves que la personnalité consciente s'efforce d'éviter; dans un geste sublime, il offre sa poitrine aux flèches du monde hostile qui l'entoure et fait preuve, à lui seul, de ce courage dont la conscience manque tellement. Malheur à l'homme qui, par une ruse quelconque du destin, se trouve auprès de cette femme enfantine: il sera aussitôt identifié au héros de l'*animus* et impitoyablement élevé au rang de figure idéale, menacé des plus lourds châtiments, s'il fait seulement mine de s'écarter si peu que ce soit de cet idéal !

C'est à ce stade que se trouve notre auteur. Chiwantopel est un diable d'homme: il brise les cœurs en série, toutes les femmes raffolent de lui. Il en connaît tellement, qu'il peut les « passer en revue ». Naturellement aucune ne l'atteint, car il en cherche une, que seule notre auteur s'imagine connaître: en secret, elle croit être celle que l'on cherche. En cela, il est vrai, elle se trompe, car ce lièvre court à sa guise, ainsi que le montre l'expérience. Ce n'est pas à elle seule que pense ce « fils », héros et *animus* typique; mais selon le modèle primordial, c'est à sa *mère*. Ce jeune héros est toujours le fils-amant, qui meurt prématurément, de la déesse-mère *(fig. 118 et 134)*. La libido, qui ne déverse pas son flot dans la vie contemporaine, parvient en rétrogradant au monde mythique des archétypes et anime les images qui, depuis les temps les plus anciens, expriment la vie non humaine des dieux d'en haut et d'en bas. Lorsque cette régression se produit chez l'homme jeune, le drame archétypique des dieux vient remplacer sa vie individuelle; ce qui pour lui est d'autant plus désastreux que l'éducation de sa conscience ne lui met en main aucun moyen de

---

tractatus aurei », 1566, ch. IV, p. 24. Au sujet de Mercure, voir *Symbolik des Geistes*, 1948, 2ᵉ partie.

comprendre ce qui se passe et par conséquent aucune possibilité de se libérer de cette fascination. La signification vivante du mythe était de faire comprendre à l'homme désemparé ce qui se passait dans son inconscient dont il ne pouvait se libérer. Le mythe lui disait : « Ce n'est pas toi, ce sont les dieux. Jamais tu ne les atteindras, aussi tourne-toi vers ta vie humaine et crains et vénère les dieux. » Le mythe chrétien, qui contient certainement ces éléments, est trop voilé pour avoir pu éclairer notre auteur. D'autre part, le catéchisme n'en parle pas. « Les sommets lumineux » sont inaccessibles aux mortels et « le mot surhumain d'amour » trahit la nature divine de la *dramatis personae*, puisque déjà le simple amour humain est pour le mortel un problème si épineux qu'il préfère fuir n'importe où devant lui, plutôt que d'en saisir la moindre parcelle. Les paroles citées indiquent combien notre auteur est enclavée dans le drame inconscient et combien elle succombe à sa fascination. Ainsi considéré, le pathos sonne creux et le geste semble hystérique.

L'affaire prend un autre aspect lorsque nous ne la considérons plus du point de vue personnaliste, autrement dit comme état personnel de Miss Miller, mais du point de vue de la vie propre à l'archétype. Comme nous l'avons déjà indiqué, on peut considérer les phénomènes de l'inconscient comme des manifestations plus ou moins spontanées d'archétypes autonomes; dans ce cas, cette hypothèse, peut-être un peu étrange pour le profane, s'appuie sur le fait que l'archétype possède un caractère de divinité: il fascine, il apparaît en contraste actif par rapport à la conscience; il bâtit même des destinées de longue haleine par l'influence inconsciente qu'il exerce sur notre pensée, notre sentiment, notre action, et qu'on ne reconnaît que très tard. On peut en effet dire de l'image primitive (qui représente un « modèle de comportement », « pattern of behaviour » [2]) qu'elle arrive à ses fins avec, sans ou contre la personnalité consciente. Bien que le récit de Miss Miller nous permette de soupçonner comment un archétype

---

[2] Der Geist der Psychologie. *Eranos-Jahrbuch*, 1946, p. 385.

s'approche peu à peu de la conscience pour, finalement, s'en emparer, son matériel est cependant trop pauvre pour nous donner une idée complètement claire de ce processus. C'est pourquoi je renvoie mon lecteur à une série de rêves que j'ai étudiés dans *Psychologie und Alchemie* (1944). On y voit apparaître peu à peu un archétype déterminé avec tous les signes de l'autonomie et de l'autorité qui lui sont propres.

Considéré de ce point de vue, le héros Chiwantopel représente une entité psychique comparable à une personnalité fragmentaire et douée par conséquent d'une conscience et d'une volonté relatives. Ces conséquences sont inévitables quand les prémisses de l'autonomie et de la signification du complexe existent réellement. Dans ce cas, il est possible d'étudier aussi bien les intentions de Chiwantopel que celles de l'imago maternelle que nous devons supposer derrière et au-dessus de lui. Chiwantopel semble s'accomplir totalement dans le rôle de l'acteur. Figure idéale, il attire sur lui l'intérêt de notre auteur, dont il exprime les idées et les désirs les plus secrets, comme Cyrano, en un langage qui jaillit du cœur même de Miss Miller. Aussi est-il sûr de réussir et d'évincer tous ses rivaux. Il conquiert l'âme de notre rêveuse, non pour la conduire à une vie ordinaire, mais en vue d'un destin spirituel, car il est un fiancé de mort, un de ces fils-amants qui meurent prématurément, parce qu'ils n'ont pas de vie propre et ne sont rien de plus qu'une floraison bientôt passée sur l'arbre maternel. Son sens et sa force de vie sont enfermés dans la déesse mère. Donc quand le « Ghostly lover » [3] (amant spirituel) détourne Miss Miller du chemin quotidien de la vie, il le fait en quelque sorte au nom de l'imago maternelle qui personnifie chez les femmes un aspect particulier de l'inconscient. Elle ne représente pas, comme l'*anima*, la vie chaotique de l'inconscient dans tous ses aspects, mais l'arrière-plan fascinant et particulier de l'âme, le monde des images primordiales. Le danger est grand pour celui qui pénètre dans ce monde de s'accrocher

---

[3] Cf. Esther HARDING: *Femmes de demain* (Traduction d'Elisabeth Huguenin, A la Baconnière, Neuchâtel).

au rocher, comme Thésée et Pirithoos, qui tentaient de ravir la déesse des enfers. On ne revient pas si facilement du royaume des mères. Comme je l'ai déjà indiqué, Miss Miller a subi ce destin. Mais ce qui est désastreux pourrait tout aussi bien être salutaire, s'il existait dans la conscience des moyens de comprendre convenablement les contenus inconscients. Chez notre auteur, il est vrai, ce n'est pas le cas. Pour elle, ces fantaisies sont les produits « étonnants » d'une activité inconsciente en présence de laquelle elle est comme désarmée, bien que, nous le verrons plus loin, le contexte de sa fantaisie renferme toutes les indications nécessaires qui la mettraient à même, si elle y réfléchissait un peu, de deviner ce que signifient ses personnages fantaisistes et d'utiliser la possibilité que lui offrent les symboles d'une assimilation des contenus inconscients. Mais notre civilisation n'a, pour cela, ni œil ni cœur. Ce qui provient de la psyché est de toute façon suspect et ce qui ne dévoile pas aussitôt son utilité matérielle en est pour ses frais.

Le héros, figure de l'*animus*, agit comme remplaçant de l'individu conscient, autrement dit, il fait ce que le sujet devrait, pourrait ou désirerait faire, mais néglige de faire. Ce qui pourrait se produire, mais ne se produit pas dans la vie consciente, s'exécute dans l'inconscient et apparaît ensuite sous forme de figure projetée. Chiwantopel est dépeint : le héros qui s'arrache à sa famille et à sa maison paternelle pour chercher son complément spirituel. Il représente donc ce qui devrait normalement se produire. Le fait même que cela se produise par l'intermédiaire d'un personnage fantaisiste prouve précisément combien peu l'auteur agit par elle-même. Ce qui se déroule dans la fantaisie est donc la compensation de l'état ou de l'attitude de la conscience. C'est la règle dans les rêves.

L'exactitude de notre supposition qu'il s'agit, dans l'inconscient de Miss Miller, d'un combat pour l'indépendance, nous est prouvée quand elle indique que le départ du héros de sa maison paternelle lui rappelle le destin du jeune Bouddha qui abandonna tout le bien-être de sa patrie pour s'en aller par le monde et vivre entièrement selon sa destinée [4]. C'est le même modèle héroïque que le Christ, qui se sépare de toute parenté et prononce même ces paroles amères (saint Matthieu, 10, 34 sq.) :

« Ne pensez pas que je sois venu apporter la paix sur la terre ; je suis venu apporter non la paix, mais le glaive. Je suis venu mettre en lutte le fils avec son père, la fille avec sa mère et la belle-fille avec sa belle-mère. On aura pour ennemi les gens de sa propre maison. Celui qui aime son père ou sa mère plus que moi n'est pas digne de moi. »

Horus arrache à sa mère la parure de tête qui est le signe de sa puissance. Nietzsche dit : [5]

« On peut s'attendre à ce qu'un esprit dans lequel le type d'« esprit libre » doit un jour devenir mûr et savoureux jusqu'à la perfection ait eu son aventure décisive dans un grand coup de partie, et qu'auparavant il n'en ait été que davantage un esprit serf, qui pour toujours semblait enchaîné à son coin et à son pilier. Quelle est l'attache la plus solide ? Quels liens sont presque impossibles à rompre ? Chez les hommes d'une espèce rare et exquise, ce sont les devoirs : ce respect tel qu'il convient à la jeunesse, la timidité et l'attendrissement devant tout ce qui est anciennement vénéré et digne, la reconnaissance pour le sol qui l'a portée, pour la main qui l'a guidée, pour le sanctuaire où elle apprit la prière — ses instants les plus élevés même seront ce qui la liera le plus solidement, ce qui l'obligera le plus durablement. Le grand coup de partie arrive, pour les serfs de cette sorte, soudainement, etc. »

« Plutôt mourir que vivre ici » — ainsi parle l'impérieuse voix de la séduction : et cet « ici », ce « chez nous » est tout ce qu'elle a aimé jusqu'à cette heure ! Une peur, une défiance soudaines de tout ce qu'elle aimait, un éclair de mépris envers ce qui s'appelait pour elle le « devoir », un désir séditieux, volontaire, impétueux comme un volcan, de voyager, de s'expatrier, de s'éloigner, de se rafraîchir, de se dégriser, de se mettre à la glace, une haine pour l'amour, peut-être une

---

[4] Miss Miller donne ici une autre source que je n'ai pu contrôler. Sam. JOHNSON : *Histoire de Rasselas, prince d'Abyssinie*.

[5] *Humain trop humain*, préface, trad. fr. de H. Albert.

514

démarche et un regard sacrilège *en arrière* [6], là-bas, où elle a jusqu'ici prié et aimé, peut-être une brûlure de honte sur ce qu'elle vient de faire, et un cri de joie en même temps pour l'avoir fait, un frisson, et d'ivresse et de plaisir intérieur, où se révèle une victoire — une victoire ? sur quoi ? sur qui ? victoire énigmatique, problématique, sujette à caution, mais qui est enfin la première victoire: — voilà les maux et les douleurs qui composent l'histoire du grand coup de partie. C'est en même temps une maladie qui peut détruire l'homme, que cette explosion première de force et de volonté de se déter-miner soi-même. »

Comme l'explique Nietzsche, le danger, c'est *l'isolement en soi-même:*

« La solitude le tient dans son cercle et dans ses anneaux toujours plus menaçante, plus étouffante, plus poignante, cette redoutable déesse et *Mater saeva cupidinum.* »

La libido enlevée à la mère et qui ne suit qu'à contre-cœur devient menaçante comme un serpent, symbole de l'angoisse de mort, car il faut que *meure* la relation avec la mère et de cela *on meurt presque soi-même.* En effet, la violence de la séparation est fonction de la puissance qui attache le fils à sa mère, et, plus était fort le lien brisé, plus sa mère lui apparaît dangereuse sous la forme de son inconscient. C'est là précisément la *Mater saeva cupidinum* la mère sauvage des désirs, qui menace de dévorer, sous une autre forme, celui qui vient de lui échapper (se rappe-ler le symbolisme du serpent) *(fig. 203).*

Miss Miller nous indique encore un autre matériel qui aurait influencé sa création d'une manière plus générale: c'est la grande épopée indienne de Longfellow: *The song of Hiawatha.* Mon lecteur aura souvent été surpris de voir

---

[6] Cf. l'attentat sacrilège d'Horus contre Isis, dont Plutarque s'indigne (De Iside et Osiride, 20); voici ce qu'il dit à ce sujet: « Mais si quelqu'un voulait admettre et affirmer que tout cela se soit vraiment produit et présenté par rapport à la bienheureuse et indestructible nature selon laquelle on imagine le plus souvent le divin, alors, pour parler comme Eschyle, «il faut cracher et se laver la bouche. »

Draco mulierem, & hæc illum interimit, ſimulque ſanguine perfunduntur.

Fig. 203. *Le dragon qui enlace.*
Emblème L. du Scrutinum Chymicum de M. Majeri.
Francfort 1687, p. 148.

que je vais chercher extrêmement loin, semble-t-il, mes comparaisons et combien j'élargis la base sur laquelle s'élèvent les créations de Miss Miller. Des doutes se seront élevés en lui sur le bien-fondé d'un procédé qui consiste, en partant de quelques maigres indications, à établir des explications de principe sur les fondements mythiques de ces fantaisies. Car, dira-t-on, on a quelque peine à chercher de telles choses derrière les fantaisies millériennes. Je n'ai pas besoin de dire combien de telles comparaisons me paraissent, à moi-même, osées; mais dans le cas présent, tout au moins, je peux me réclamer du fait que c'est

Miss Miller elle-même qui nomme ses sources. Tant que nous suivons ses indications, nous nous mouvons sur un terrain solide. Les références que nous recevons de nos malades sont rarement complètes; ne nous est-il pas à nous-mêmes fort difficile de nous rappeler d'où proviennent certaines de nos représentations ou de nos idées ? Les cryptomnésies ne sont pas rares dans ces cas-là. Mais il est plus que probable que toutes nos représentations ne sont pas des acquisitions individuelles, même si nous ne pouvons nous rappeler où nous les avons prises. Il en est autrement de la façon dont nos représentations se sont formées et des rapports dans lesquels elles ont été rangées. Cela, on peut, sans aucun doute, l'apprendre et le retenir; mais il n'est pas nécessaire que ce soit toujours le cas puisque l'esprit humain présente des modes de comportement typiques et universels, correspondant au « pattern of behaviour » biologique. Ces formes, a priori innées (archétypes), peuvent produire chez les individus les plus divers des représentations et des relations pratiquement identiques, dont l'origine ne saurait être attribuée à aucune expérience individuelle. Il y a dans les psychoses des idées et des images qui étonnent le malade et son entourage à cause de leur étrangeté absolue, mais qui ne sont nullement inhabituelles pour le connaisseur, parce que leur motif est apparenté à certains mythologèmes. La structure fondamentale de la psyché est partout plus ou moins la même; on peut, par exemple, comparer des motifs oniriques d'apparence individuelle à des mythologèmes de n'importe quelle provenance. C'est pourquoi je n'hésite pas à comparer aussi le mythe indien à ce que l'on appelle l'âme américaine d'aujourd'hui.

Je n'avais jamais lu Hiawatha auparavant; j'ai attendu que le cours de mes recherches me conduise à ce poème que j'avais réservé jusqu'au moment où la suite de mon travail en rendrait la lecture indispensable. Hiawatha, compilation poétique de mythes indiens, me montra, à ma grande satisfaction, combien étaient justifiées les remarques faites précédemment: car cette épopée renferme une rare richesse de motifs mythologiques. Elle pouvait donc expliquer abondamment la richesse des rapports des fantaisies millériennes. Il est donc indiqué de regarder de plus près le contenu de cette épopée.

Nawadaha chante les chants du héros Hiawatha, l'ami des hommes [7] :

> « There he sang of Hiawatha,
> Sang the song of Hiawatha,
> Sang his wondrous birth and being,
> How he prayed and how he fasted,
> How he lived, and toiled, and suffered,
> That the tribes of men might prosper,
> That he might advance his people ! »

(« Alors il chanta Hiawatha / Il chanta la chanson de Hiawatha / Il chanta sa naissance et son existence merveilleuses / Comment il pria et comment il jeûna / Comment il vécut, et peina et souffrit / Afin que les tribus des hommes pussent prospérer / Afin de faire progresser son peuple. »)

Ici, on a anticipé la signification téléologique du héros en tant que figure symbolique qui rassemble en elle la libido sous forme d'admiration et de vénération, pour la conduire, en passant par les ponts symboliques du mythe, vers des utilisations supérieures. Ainsi nous apprenons que Hiawatha est un *rédempteur* et nous sommes préparés à entendre tout ce qui convient à un tel être, sa naissance merveilleuse, les grands exploits de sa jeunesse et son sacrifice pour ses semblables. Le premier chant commence par un « évangile » : Gitche Manito, le « master of life » (maître de la vie), fatigué de la discorde entre les enfants des hommes, rassemble ses peuples et leur annonce une joyeuse nouvelle :

> « I will send a Prophet to you,
> A deliverer of the nations,
> Who shall guide you and shall teach you,
> Who shall toil and suffer with you.

---

[7] Pour le motif de « l'ami », voir mon étude : « Sur la renaissance » in *Gestaltung des Unbewussten*, Rascher, 1950, p. 53.

If you listen to his counsels,
You will multiply and prosper;
If his warnings pass unheeded,
You will fade away and perish ! »

« Je vous enverrai un prophète, / Un libérateur des nations, /
Qui en vérité vous guidera et vous enseignera, / qui peinera et

Fig. 204. « *Man anciently contained
in his mighty limbs all things in Heaven and Earth.* » (Blake.)
(L'homme jadis renfermait dans ses membres puissants toutes les
choses du ciel et de la terre.)

Extrait de W. BLAKE: *Jerusalem*, 1794, p. 25.

souffrira avec vous. / Si vous écoutez ses conseils, / Vous mul-
tiplierez et prospérerez; / Si ses avertissements passent
inaperçus, / Vous disparaîtrez et périrez. »)

Gitche Manito, le puissant, « the creator of the
nations » [7*] (le créateur des nations), est représenté debout,
« on the great Red Pipestone Quarry » (sur la grande
carrière de Pierre Rouge):

[7*] On peut considérer que le personnage de Gitche Manito est une
sorte d'homme primitif (Anthropos). *(Fig. 204.)*

« From his footprints flowed a river,
Leaped into the light of morning,
O'er the precipice plunging downward
Gleamed like Ishkoodah, the comet. »

(« De l'empreinte de ses pieds s'écoula un fleuve, / Il bondit dans la lumière du matin, / Plongeant par-dessus le bord du précipice, / Etincela comme Ishkoodah, la comète. »)

Cette image se retrouve dans certaines représentations égyptochrétiennes. Il est dit, dans les *Mysteries of Saint John and Holy Virgin* [8]:

« (The Cherubin) answered and said unto me: « Seest
» thou that the water is under the feet of the Father ? If
» the Father lifteth up His feet, the water riseth upwards;
» but if at the time when God is about to bring the water
» up, man sinneth against Him, He is wont to make the
» fruit of the earth to little because of the sins of
» men, » etc.

(Mystères de saint Jean et de la Sainte Vierge. (Le Chérubin) répondit et me dit: « Tu vois que l'eau est sous les pieds du Père ? Si le Père soulève ses pieds, l'eau se soulève; mais si au moment où Dieu va soulever l'eau, l'homme pèche contre lui, il rendra petit le fruit de la terre à cause des péchés des hommes. »)

L'eau désigne la source du Nil, dont dépend la fertilité de l'Égypte.

Ce ne sont pas seulement les pieds mais aussi leur activité, le piétinement qui a également, semble-t-il, une signification de fécondité. Dans les danses des Pueblo, le pas de danse, ainsi que je l'ai remarqué, consiste à « calcare terram » (fouler la terre aux pieds) et c'est en effet un véritable et continuel labour de la terre avec le talon (« nunc pede libero pulsanda tellus ») (maintenant d'un pied libre il faut frapper la terre). Caineus s'enfonce dans

---

[8] Wallis BUDGE: *Coptic Apocrypha in the Dialect of Upper Egypt*, 1913, p. 244.

la profondeur « en fendant la terre de son pied ». Faust
parvient chez les mères en trépignant:

> « Enfonce-toi en trépignant et en trépignant tu remonteras. »

Dans le mythe de l'engloutissement du soleil, les héros
trépignent ou s'arc-boutent dans la gorge du monstre.

Fig. 205. *Tor dans la barque.*
Bas-relief du cimetière de Gosforth, Cumberland.
(Angleterre.)

Gravure extraite de L. H. GRAY et J. A. MACCULLOCH:
Mythology of all Races. Boston 1930, vol. II, planche X.

Tor *(fig. 205)* perce, en trépignant, le fond du navire
lorsqu'il lutte avec le monstre et arrive ainsi jusqu'au
fond de la mer. La régression de la libido a pour conséquence
que le geste rituel du piétinement dans le pas de danse
semble être comme une répétition du « trépignement »
infantile. Ce dernier est en relation avec la mère et avec
des sentiments de plaisir, en même temps qu'il représente

521

un mouvement qui s'exerce déjà dans la vie intra-utérine [9]. Le pied et le piétinement ont un sens fécondateur [10], celui de la rentrée dans le sein maternel; autrement dit, le rythme de la danse met le danseur dans un état inconscient (« sein maternel »). Les danses des derviches chamanes et d'autres danses primitives confirment ce que nous venons de dire *(fig. 206)*. La comparaison à une comète de l'eau qui coule des empreintes du pied est un symbolisme de lumière, voire de libido pour l'humidité fécondante. D'après une note de A. v. Humboldt (Cosmos), certains clans indiens de l'Amérique du Sud appellent les météores : « urine des étoiles ». On signale encore comment Gitche Manito fait du *feu* : il souffle sur une forêt de sorte que les arbres s'enflamment en se frottant les uns contre les autres. Cette divinité est donc également un symbole de libido : elle engendre aussi le feu.

Après ce prologue, viennent, dans le chant II, les antécédents du héros. Le grand guerrier Mudjekeewis, père de Hiawatha, a vaincu par ruse le grand Ours, « The terror of the nations », et lui a dérobé la magique « Belt of Wampoum », une ceinture de coquillages. Nous trouvons ici le motif du *trésor difficilement accessible* que le héros enlève au monstre *(fig. 244)*. Les comparaisons du poète nous montrent à quoi l'ours est mythiquement identique : Mudjekeewis frappe l'ours sur la tête après lui avoir ravi sa parure :

> « With the heavy blow bewildered,
> Rose the great Bear of the mountains;
> But his knees beneath him trembled,
> And he whimpered like a woman. »

(« Bouleversé par ce coup violent, / Se dressait le grand Ours des montagnes; / Mais ses genoux sous lui tremblaient, / Et il geignait comme une femme. »)

---

[9] Sur le sens du piétinement, cf. *Psychologie und Erziehung*, Rascher, 1945, p. 164. Traduction en préparation.

[10] Cf. sur ce point les exemples in AIGREMONT : *Fuss und Schuhsymbolik*, 1909.

Fig. 206. *Danse de la cérémonie du serpent.*
Dessin en couleurs d'un Indien Hopi de Chimopari, Arizona.
En possession de l'auteur.

Mudjekeewis lui dit ironiquement :

> « Else you would not cry and whimper
> Like a miserable woman !
> But you, Bear ! sit here and whimper,
> And disgrace your tribe by crying,
> Like a wretched Shaugodaya,
> Like a cowardly old woman ! »

(« Ailleurs vous ne pleureriez pas, vous ne geindriez pas /
comme une malheureuse femme ! / Mais vous, Ours, restez là
et geignez, / Et déshonorez en pleurant votre tribu, / Comme

523

une malheureuse Shaugo-daya, / comme une vieille femme poltronne ! »)

Ces trois comparaisons à une femme se trouvent les unes à côté des autres, sur la même page. Ce que Mudjekeewis abat, c'est le *féminin*, l'image de l'*anima* dont la mère est le premier soutien. Véritable héros, il a une fois encore soustrait la vie à l'engloutissement de la mort, c'est-à-dire de la mère terrible qui dévore tout. Cet exploit qui, nous l'avons vu, est aussi représenté par la descente aux enfers, la « traversée nocturne » (v. p. 354), la domination du monstre de l'intérieur, est en même temps le signe d'une renaissance *(fig. 217)* dont les conséquences sont remarquables pour Mudjekeewis

Fig. 207.

Pazuzu, démon du vent d'ouest.

Statuette de bronze de Babylone.
Paris, Louvre.

Extrait de G. PRAMPOLINI:
La mitologia nella vita dei popoli.
Milan, 1937; t. I, p. 127.

lui-même. Comme dans la vision de Zosimos, celui qui entre devient aussi πνεῦμα, souffle du vent : Mudjekeewis devient *vent d'ouest*, souffle fécondant, père des vents [11] *(fig. 207)*. Ses fils devinrent les autres vents. Un intermezzo parle d'eux et de leur histoire d'amour. Je ne veux

---

[11] PORPHYRE: *de antro nympharum* (cité par DIETERICH: *Mithraslit.*, 1910, p. 63) dit que, selon la doctrine de Mithra, des vents étaient destinés aux âmes à leur naissance puisque ces âmes avaient absorbé le souffle du vent (πνεῦμα) et par conséquent une

en citer que la cour de Wabun, le vent d'est, parce que, ici, la caresse du vent est décrite de façon particulièrement vivante. Il voit chaque matin une jolie jeune fille dans une prairie et il la courtise :

> « Every morning, gazing earthward,
> Still the first thing he beheld there
> Was her blue eyes looking at him,
> Two blue lakes among the rushes. »

(« Chaque matin, regardant vers la terre, / La première chose qu'il apercevait / Etait toujours ses yeux bleus le regardant, / deux lacs bleus parmi les joncs. »)

La comparaison à l'eau n'est pas accessoire, car c'est « du vent et de l'eau » que l'homme renaîtra.

> « And he wooed her with caresses,
> Wooed her with his smile of sunshine;
> With his flattering words he wooed her,
> With his sighing and his singing,
> Gentlest whispers in the branches,
> Softest music, sweetest odors », etc.

(Et il la courtisait avec des caresses, / La courtisait avec son sourire de soleil; / Avec ses mots flatteurs, il la courtisait, / Avec ses soupirs et ses chants, / Le doux chuchotement dans les branches, / La musique la plus délicate, les odeurs les plus suaves », etc.)

Ces vers remplis d'onomatopées traduisent excellemment la cour caressante du vent [12].

Le chant III nous apporte les antécédents des mères de Hiawatha. Jeune fille, sa grand-mère vivait dans la lune. Là elle se balançait un jour sur une liane; un amou-

---

essence de cette même nature : ψυχαῖς δ'εἰς γένεσιν ἰούσαις καὶ ἀπὸ γενέσεως χωριζομέναις εἰκότως ἔταξαν, ἀνέμους διὰ τὸ ἐφέλκεσθαι καὶ αὐτὰς πνεῦμα καὶ οὐσίαν ἔχειν τοιαύτην.

[12] Dans la liturgie de Mithra, le souffle spirituel fécondant vient du soleil, vraisemblablement du « tube solaire ». En accord avec cette représentation, le Rigveda appelle le soleil le « solipède » (celui qui n'a qu'un pied). Voir aussi la prière arménienne demandant que le soleil veuille bien poser son pied sur le visage de celui qui prie. (ABEGHIAN : *Der armenische Volksglaube*, 1899, p. 41.)

Fig. 208.

La lune comme séjour des âmes.

D'après une gemme du Musée
de Berlin.

Extrait de F. Chapouthier :
*Les Dioscures
au service d'une déesse.*
Paris 1935, fig. 67, p. 324.

Fig. 209.

*La lune comme lieu d'origine
de la vie.*

Modèle de tatouage
des Indiens Haisa.
(Amérique du Nord.)

Extrait de T. W. Danzel :
*Symbole, Dämonen
und Heilige Türme.*
Hambourg 1930, planche 35.

reux jaloux la coupa et Nokomis, grand-mère de Hiawatha,
tomba sur la terre. Les hommes
qui la virent tomber la prirent
pour une *étoile filante.* Un
passage ultérieur du même
chant précise cette origine merveilleuse de Nokomis. Là le
petit Hiawatha demande à sa
grand-mère ce que c'est que
la lune : la lune est *le corps
d'une grand-mère* qu'un petit-
fils batailleur a jeté là-haut
dans un moment de colère.
Dans la croyance antique, la
lune est un lieu de rassemblement des âmes disparues [13]
(fig. 208), réceptacle où se
conserve le sperme, et c'est
pourquoi elle est aussi un lieu
d'origine de la vie à signification féminine *(fig. 209).*
L'étonnant est que Nokomis,
en tombant sur la terre, met
au monde une fille, Wénonah,
qui sera plus tard la mère de
Hiawatha. La projection de la
mère vers en haut, la chute et
la naissance semblent avoir
quelque chose de typique.
Une histoire du XVIIe siècle
raconte qu'un taureau furieux
projeta une femme enceinte

---

[13] Firmicus Maternus (*Mathes,* I, 5.9): Cui (animo) descensus
per orbem solis tribuitur, per orbem vero lunae praeparatur ascensus.
Lydus (*de mens.,* IV, 3) rapporte que l'hiérophante Praetextatus
a dit que Janus τὰς θειοτέρας ψυχὰς ἐπὶ τὸν σεληνιακόν χῶρον ἀποπέμπει
(que Janus envoie les âmes les plus divines dans le pays de la lune).
Epiphanius (*Haeres,* LXVI, 52): ὅτι ἐκ τῶν ψυχῶν ὁ δίσκος (τῆς σελήνης)

jusqu'à la hauteur d'une maison, lui déchira le ventre et que l'enfant tomba en parfait état sur la terre. Par suite de sa merveilleuse naissance, on tint cet enfant pour un héros ou un faiseur de miracles; mais il mourut prématurément. On sait que, chez les primitifs, la croyance est très répandue que le soleil est féminin et la lune du genre masculin. Chez les Namaqua, clan hottentot, l'opinion est répandue que le soleil est fait de lard transparent: « les gens qui naviguent sur des bateaux attirent, tous les soirs, magiquement, le soleil vers en bas, en coupent un énorme morceau et lui donnent ensuite un coup de pied pour le faire remonter au ciel » [13*]. La nourriture de l'enfant vient de la mère. Nous rencontrons dans les fantaisies gnostiques une légende sur l'origine des hommes qu'il faut, sans doute, ranger ici: Les archontes féminins attachés à la voûte du ciel ne peuvent, à cause du rapide mouvement circulaire du ciel, conserver auprès d'elles leurs fruits; elles les laissent tomber à terre: les hommes en naissent. Il n'est pas exclu qu'il y ait là quelques relations avec les procédés des accoucheurs barbares (faire tomber par terre la parturiente). Le viol de la mère a déjà été introduit avec l'aventure de Mudjekeewis et continué dans le brutal traitement de la « grand-mère » Nokomis, qui semble être devenue enceinte parce que la liane a été coupée et qu'elle est tombée. Nous avons eu déjà l'occasion de reconnaître que « couper une branche », cueillir, indiquent une violation du tabou (v. plus haut). Ce vers bien connu du « pays de Saxe où les jolies filles poussent sur les arbres » et les locutions comme « cueillir des cerises dans le jardin du voisin » font allusion à la même image. Il vaut la peine de rapprocher la chute de Nokomis de cette image poétique de Heine:

> « Il tombe une étoile en bas
> De sa hauteur étincelante,
> Et c'est l'étoile de l'amour
> Que je vois tomber là-bas.

ἀποπίμπλαται. Il en est de même dans les mythes exotiques. Frobenius, *Zeitalter des Sonnengottes*, 1904, p. 352 sq.

[13*] Waitz: *Anthropologie*, 1860, II, p. 342.

> Il tombe du pommier
> Beaucoup de fleurs et de feuilles.
> Les vents taquins arrivent
> Et font avec elles leurs jeux. »

Wénonah est plus tard courtisée par le vent d'ouest dont elle devient enceinte. Wénonah, jeune déesse de la lune, a la beauté de la lumière lunaire *(v. fig. 5)*. Nokomis la met en garde contre la cour dangereuse de Mudjekeewis, le vent d'ouest; mais Wénonah se laisse séduire et conçoit, du souffle et du vent, un fils, notre héros:

> « And the West-Wind came at evening, —
> Found the beautiful Wenonah,
> Lying there among the lilies,
> Wooed her with words of sweetness,
> Wooed her with his soft caresses,
> Till she bore a son in sorrow,
> Bore a son of love and sorrow. »

(« Et le vent de l'ouest vint le soir, / Trouva la belle Wénonah / Couchée là parmi les lis, / Il la courtisa avec des paroles de douceur. / La courtisa avec ses douces caresses, / Jusqu'à ce qu'elle portât un fils dans la tristesse, / Portât un fils d'amour et de tristesse. »)

L'étoile, ou la comète, semble appartenir à la scène de la naissance. Nokomis aussi vient sur terre sous la forme d'une étoile qui tombe. La fantaisie poétique de Mörike a imaginé une origine divine du même genre:

> « Et celle qui me porta dans son sein maternel,
> Et qui me berça dans des coussins,
> C'était une belle femme brune, audacieuse,
> Elle ne voulait rien savoir des hommes.
>
> Elle plaisantait seulement et riait fort
> Laissant en plan les prétendants:
> Elle préférait être la fiancée du vent
> Plutôt que de s'engager dans le mariage.
>
> Alors vint le vent, alors le vent
> La prit comme amante et de lui
> Elle a conçu dans son sein
> Un joyeux enfant. »

Fig. 210. *Bouddha engendré par l'éléphant blanc.*

Extrait de A. VON LE COQ: *Die Buddhistiche Spätantike
in Mittelasien.* Ire partie: « Die Plastik ».
Berlin 1922, planche 14 *a*.

L'histoire de la naissance merveilleuse de Bouddha
que nous raconte Sir Edwin Arnold [14] s'exprime de façon
analogue :

> « Maya the queen —
> Dreamed a strange dream, dreamed that a star
>   from heaven —
> Splendid, six-rayed, in color rosy-pearl,
> Where of the token was an Elephant
> Six-tusked and white as milk of Kamadhuk
> Shot through the void; and, shining into her,
> Entered her womb upon the right. » [15] *(fig. 210.)*

(« Maya la reine — / Fit un rêve étrange, rêva qu'une
étoile, venue des cieux — / Splendide à six rayons, de couleur
perle rosée / Dont la marque était un éléphant / A six défenses

---

[14] *The Light of Asia or the Great Renunciation* (Mahâbhinishkra-
mana).

[15] Sur les gravures correspondantes, on voit l'éléphant pénétrer
avec sa trompe dans le flanc de Maya. D'après une tradition du
moyen âge, la fécondation a lieu chez Marie, par l'oreille.

et blanc comme le lait de Mamadhuk s'élançait à travers le vide; et la pénétrant de son éclat, / Entra en son sein à droite. »)

Pendant la conception, un vent souffle sur terre et sur mer :

> « A wind blew
> With unknown freshness over lands and seas. »

(« Un vent soufflait / Avec une fraîcheur inconnue sur les terres et les mers. »)

Après la naissance, les quatre génies de l'est, de l'ouest, du sud et du nord viennent remplir leur service de porteurs de palanquin. (La réunion des sages lors de la naissance du Christ.) Pour compléter cette symbolique, on trouve encore dans le mythe de Bouddha la fécondation au moyen d'un symbole thériomorphe, l'éléphant Bodhisattva qui engendre Bouddha. Dans la langue imagée du christianisme, outre la colombe, nous avons aussi la licorne comme symbole du logos ou esprit générateur [16] *(fig. 50)*.

A cet endroit la question se pose d'elle-même de savoir pourquoi la naissance d'un héros doit toujours être entourée de circonstances si particulières. On pourrait aussi penser qu'il naîtrait dans des circonstances ordinaires et s'élèverait, peu à peu, au-dessus de son niveau inférieur et insignifiant, au prix de bien des peines et de bien des dangers. (D'ailleurs, ce motif n'est pas entièrement étranger au mythe du héros.) Mais en général, l'histoire de son apparition est merveilleuse. Les étranges circonstances de sa naissance et de sa conception font tout bonnement partie du mythe du héros. Quelle est la raison de ces affirmations ?

La réponse à cette question est la suivante: le héros n'est pas mis au monde comme un simple mortel, parce que sa naissance représente une renaissance par la mère-épouse. C'est pourquoi le héros a si souvent deux mères.

---

[16] Cf. *Psychologie und Alchemie*, Rascher, 1944, p. 585 sq.

Comme Rank [17] l'a montré par de nombreux exemples, le héros doit souvent être exposé, puis recueilli par des parents adoptifs. C'est de cette façon qu'il arrive à avoir

Fig. 211. *La vache Hathor.*
XIe dynastie. Egypte.

Extrait de A. Jeremias: *Das Alte Testament
im Lichte des alten Orients*
Leipzig 1930, fig. 274.

deux mères. On en a un exemple frappant dans la relation d'Héraclès et d'Héra (v. plus haut). Dans l'épopée de Hiawatha, Wénonah meurt après la naissance[18]; et Bouddha est confié à une mère nourricière. Parfois cette mère nourricière est un animal *(fig. 211, fig. 7)* (la louve de

___

[17] *Der Mythus von der Geburt des Helden*, 1909.

[18] La mort soudaine de la mère, ou la séparation d'avec la mère, fait partie du mythe du héros. Dans le mythe de la jeune femme au cygne, il s'agit de l'idée que la jeune femme au cygne peut disparaître une fois l'enfant mis au monde; elle a alors accompli sa mission.

Romulus et Rémus, etc...). La double mère peut aussi être remplacée par le motif *de la double naissance*. Motif qui, dans diverses religions, a pris une énorme importance. Dans le christianisme, par exemple, c'est le *baptême* qui représente une *renaissance*, ainsi que nous l'avons vu. L'homme ne naît donc pas uniquement de façon banale; il naît encore une fois de façon mystérieuse et participe ainsi de quelque manière au divin. Tout homme qui renaît devient de cette façon un héros, autrement dit une sorte d'être à moitié divin. C'est sans doute pour cela que la mort du Christ sur la croix, génératrice du salut, est considérée comme un baptême, c'est-à-dire comme une renaissance par le moyen de la deuxième mère, symbolisée par l'arbre de mort *(fig. 153 et 154)*. Jésus-Christ dit (saint Luc XII, 50): « Je dois encore être baptisé d'un baptême et quelle angoisse en moi jusqu'à ce qu'il soit accompli. » Par conséquent, il considère symboliquement sa mort comme une renaissance.

Le *motif des deux mères* rappelle l'idée de la double naissance. L'une est la vraie mère humaine; l'autre, la mère *symbolique*, c'est-à-dire qu'elle porte les caractères du divin, du surnaturel, ou de ce qui est de quelque façon extraordinaire. La représentation peut en être thériomorphe. Dans bien des cas, elle a des proportions plus humaines, ce qui veut dire qu'il s'agit là de projections de l'idée archétypique sur certaines personnes de l'entourage donnant le plus souvent naissance à des complications. Le symbole de renaissance est volontiers projeté (naturellement inconsciemment) sur la marâtre, ou la belle-mère, et de son côté, la belle-mère a souvent beaucoup de peine à ne pas considérer son beau-fils comme un fils-amant à la façon de la mythologie. Les variantes de ce motif sont infinies, notamment si, aux événements mythologiques collectifs, nous ajoutons les événements individuels.

Celui qui descend de deux mères est un héros: la première naissance fait de lui un homme, la deuxième un demi-dieu immortel. C'est à cela que tendent les nombreuses allusions concernant l'histoire de la conception du héros. Le père de Hiawatha domine d'abord la mère sous le

Fig. 212. *La déesse Artio avec un ours.*
Analogue d'Artémis, à Rome.
Groupe de bronze romain consacré à la déesse Licinia Sabinilla.
De Muri près de Berne. — Musée bernois historique à Berne.

symbole effrayant de l'ours [19], puis devenu dieu lui-même,
il engendre le héros. Ce que Hiawatha devrait faire en tant
que héros, Nokomis le lui indique par la légende de l'origine
de la lune: il doit projeter sa mère en l'air, puis elle deviendra grosse par la suite de cette violence et enfantera une
fille. Cette mère rajeunie, selon l'imagination égyptienne,
serait une fille-épouse, destinée au dieu solaire, « père de
sa mère », pour qu'il se réengendre lui-même. Nous verrons
plus loin ce que Hiawatha fait à ce point de vue. Nous
avons déjà vu comment se comportent les dieux de l'Asie
Mineure qui meurent et renaissent. En ce qui concerne la
préexistence du Christ, on sait que l'Evangile selon saint

---

[19] L'ours est adjoint à Artémis; il est donc femelle. Cf. aussi
la Dea Artio gallo-romaine *(fig. 212).* Par ailleurs, voir JUNG et
KERENYI: Introduction à l'Essence de la Mythologie, *ouv. cité,* p. 202.

Jean nous en apporte un témoignage capital; par exemple cette parole du Baptiste (saint Jean, I, 30): «Un homme vient après moi qui est passé devant moi parce qu'il était avant moi!» Le commencement de l'évangile est également important: «Au commencement était le *Verbe* et le Verbe était en Dieu et le Verbe était Dieu. Il était au commencement en Dieu. Tout par lui a été fait, et sans lui n'a été fait rien de ce qui existe.» Puis vient l'annonce de la lumière, une sorte de lever de soleil, de ce *Sol mysticus* qui était avant et qui sera après. Au baptistère de Pise, le Christ est représenté apportant aux hommes l'arbre de vie; sa tête est entourée par la roue solaire. Au-dessus de ce relief sont inscrits ces mots:

INTROITUS SOLIS

Le nouveau-né étant son propre générateur, l'histoire de sa naissance est étrangement voilée sous des événements symboliques qui dissimulent en même temps qu'ils font allusion; parmi eux, il faut ranger l'extraordinaire affirmation de la conception virginale. L'idée d'une conception surnaturelle est considérée comme fait métaphysique; mais psychologiquement, elle signifie qu'un contenu de l'inconscient («Enfant») est né sans la participation naturelle d'un père humain (c'est-à-dire de la conscience) *(fig. 50)*. Au contraire, c'est un dieu qui engendre le fils et, en outre, le fils est identique à son père, ce qui signifie, en langage psychologique, qu'un archétype central, l'image du dieu, s'était renouvelé (renaissance) et incarné à la conscience de façon perceptible. La «mère» correspond à l'*anima virginale* qui, elle, n'est pas tournée vers le monde extérieur et par conséquent n'a pas été corrompue par lui. Elle est tournée vers «le soleil intérieur», l'«image du dieu», autrement dit vers l'archétype de la totalité transcendante, le soi [20].

[20] Voir à ce sujet la description détaillée qu'en donne J. LAYARD: «The Incest Taboo and the Virgin Archetype», *Eranos-Jahrbuch* 1945, XII, p. 254 sq.

En accord avec l'origine du héros et le renouvellement de Dieu par la mer de l'inconscient, Hiawatha passe son enfance entre terre et eau sur la rive du grand lac:

> « By the shores of Gitche Gumee,
> By the shining Big-Sea-Water,
> Stood the wigwam of Nokomis,
> Daughter of the Moon, Nokomis.
> Dark behind it rose the forest,
> Rose the black and gloomy pine-trees,
> Rose the firs with cones upon them;
> Bright before it beat the water,
> Beat the clear and sunny Water,
> Beat the shining Big-Sea Water. »

(« Près des rivages de Gitche Gumee, / Près des grandes eaux de mer brillantes, / Se dressait le wigwam de Nokomis, / Fille de la lune, Nokomis. / Sombre derrière lui s'élevait la forêt, / S'élevaient les pins noirs et sombres, / s'élevaient les sapins avec leurs cônes; / brillante devant lui battait l'eau, / Battait l'eau claire et ensoleillée, / Battaient les grandes eaux de mer brillantes. »)

C'est dans ce milieu que Nokomis l'éleva; là qu'elle lui apprit ses premiers mots, lui raconta les premiers contes, et les bruits de l'eau et de la forêt s'y mêlèrent de telle sorte que l'enfant apprit à entendre, non seulement le langage des hommes, mais aussi celui de la nature:

> « At the door on summer evenings
> Sat the little Hiawatha;
> Heard the whispering of the pine-trees,
> Heard the lapping of the water,
> Sounds of music, words of wonder;
> « Minne-wawa » ! [21] said the pine trees,
> « Mudway-aushka » ! [22] said the water. »

(« A la porte, les soirs d'été / S'asseyait le petit Hiawatha; / Entendait le murmure des pins, / Entendait le clapotis de l'eau, / Des sons de musique, des paroles de merveilles; /

[21] Mot indien désignant le bruit du vent dans les arbres.
[22] Désigne le bruit des flots.

535

« Minne-Wawa ! » disaient les pins, / « Mudway-aushka ! »
disaient les eaux. »)

Hiawatha entend dans les bruits de la nature un langage humain ; il comprend donc le langage de la nature.
Le vent dit : « Wa-Wa ». Le cri de l'oie sauvage est « wa-
wa ». Wah-Wah-taysee est le nom de la petite luciole qui
le ravit. C'est ainsi que le poète décrit comment, peu à
peu, la nature extérieure est absorbée dans le monde du
subjectif ; il décrit aussi la contamination de l'objet primaire, auquel allaient ses balbutiements et d'où venaient
les premiers sons, par l'objet secondaire, la nature qui,
insensiblement, prend la place de la mère, accapare les
sons entendus pour la première fois de la mère et plus
encore ces sentiments que nous découvrons plus tard en
nous dans tout notre amour brûlant pour la *mère nature*.
La fusion ultérieure, panthéistico-philosophique ou sta-
tique de l'homme sensible civilisé avec la nature [23] est,
considérée après coup, une fusion nouvelle avec la mère
qui fut pour nous le premier objet et avec laquelle nous
fûmes réellement *un* jadis. Elle fut pour nous le premier
événement d'un *extérieur* et par conséquent aussi d'un
intérieur : du monde intérieur surgit une image, reflet,
semble-t-il, de l'image maternelle extérieure, mais cependant plus vieille, plus primitive et plus impérissable que
celle-là, image d'une mère qui se retransformera en une
Koré, personnage éternellement rajeuni *(fig. 213)*. C'est
l'*anima* qui personnifie l'inconscient collectif. Il n'y a
donc rien d'étonnant à voir réapparaître dans la langue
imagée d'un philosophe moderne, Karl Joël, les antiques

---

[23] Karl Joël (*Seele und Welt*, 1912, p. 153) : Dans l'artiste et le
prophète, la vie ne s'amoindrit pas, elle grandit. Ils sont les guides
vers le paradis perdu qui ne devient paradis pour nous que quand
nous le retrouvons. Il ne s'agit plus de la vieille et obscure vanité
vitale vers laquelle l'artiste aspire et nous conduit ; il s'agit de la
réunion sentie, non pas une unité vide mais pleine, non pas l'unité
de l'indifférence, mais celle de la « différence ». — « Toute vie est
suppression d'équilibre et aspiration à retrouver cet équilibre. C'est
un *retour chez soi* de ce genre que nous découvrons dans la religion
et dans l'art. »

Fig. 213. *Déméter et Koré.*
Relief votif du Vᵉ siècle av. J.-C.
Musée d'Eleusis.

Extrait de G. PRAMPOLINI: *La mitologia nella vita dei popoli.*
Milan 1937, t. I, p. 417.

images qui symbolisent l'unité avec la mère, en rendant
sensible la fusion du sujet et de l'objet dans l'inconscient.
Voici ce qu'écrit Joël sur l'événement primordial [24]:

---

[24] *Seele und Welt*, 1912: Par événement primordial, il faut
entendre la première distinction faite par l'homme entre sujet et

« Je suis étendu au bord de la mer, le flot bleu scintillant brille dans mes yeux rêveurs ; au loin s'agite l'air qui m'évente — le choc des vagues arrive impétueux, écumant, excitant, endormant jusqu'à la rive — ou jusqu'à l'oreille ? Je n'en sais rien. Lointain et proche se fondent l'un dans l'autre, extérieur et intérieur glissent l'un dans l'autre. De plus en plus près, plus familier, plus intime retentit le bruit des vagues ; tantôt il retentit dans ma tête comme une pulsation de tonnerre, tantôt il se répand sur mon âme, il l'embrasse, il l'engloutit, tandis qu'elle-même, au même moment, navigue tel le flot bleu. Oui, extérieur et intérieur ne sont qu'un. Scintiller et écumer, ruisseler et venter et bourdonner — toute la symphonie des charmes éprouvés meurt en un ton unique, tous les sens se fondent en un seul, qui lui-même s'unit au sentiment ; le monde s'exhale dans l'âme et l'âme se dissout dans le monde. Notre petite vie est baignée dans un grand sommeil. — Le sommeil de notre berceau, le sommeil de notre tombe, le sommeil de notre pays, d'où nous sortons le matin et dans lequel nous rentrons le soir, tandis que notre vie est le court voyage, la tension entre la sortie de l'impureté et la plongée en elle ! — Bleue la mer agite ses flots, la mer infinie dans laquelle la méduse rêve à cette vie première vers laquelle s'en va notre intuition naissante à travers les Eons du souvenir. Car tout événement renferme une transformation et une conservation de l'unité vitale. Au moment où ils ne sont plus confondus, au moment où celui qui le vit, aveugle encore et ruisselant, émerge au-dessus de sa plongée dans le flot de la vie, au moment où il est tout imprégné de ce qu'il a vécu, au moment où l'unité de la vie étonnée, déconcertée, détache d'elle-même le changement, le tient en face d'elle comme quelque chose d'étranger, en cet instant d'aliénation, les aspects du vécu ont pris forme en sujet et objet, à ce moment-là est née la conscience. »

Joël décrit ici, en un symbolisme sans ambiguïté, la fusion du sujet et de l'objet, comme une union nouvelle

---

objet, la première fois que fut consciemment posé l'objet, ce qui ne peut se concevoir psychologiquement sans l'hypothèse d'une scission intérieure de l'animal « homme » d'avec lui-même, acte par lequel il s'est précisément séparé de la nature qui ne faisait qu'un avec lui.

de la mère et de l'enfant. Les symboles concordent, même dans leurs détails, avec la mythologie. On y reconnaît le motif de l'*enlacement* et celui de l'*engloutissement*. Nous connaissons déjà la mer qui engloutit et enfante à nouveau le soleil. L'instant où apparaît la conscience, l'instant de la séparation entre sujet et objet, est une naissance. C'est comme si la pensée philosophique paralysée était suspendue aux quelques rares grandes images primitives du langage humain dont nulle pensée ne peut réellement dépasser la grandeur simple et sublime ! L'image de la méduse, celle du gonflement ne sont pas dues au hasard. Alors que j'expliquais, un jour, à une malade le sens maternel de l'eau, elle éprouva à ce contact avec le complexe maternel, une impression très désagréable: « It makes me squirm, dit-elle, as if I touched a jellyfish. » (Cela me fait frissonner comme si je touchais une méduse.) Le bienheureux état de sommeil avant la naissance et après la mort est, remarque Joël, comme un vieux souvenir vague de cet état de vie inconsciente, de la première enfance où nulle résistance ne troublait l'écoulement tranquille d'une vie encore obscure, où nous rappelle sans cesse notre aspiration intime et dont la vie active doit continuellement se libérer par son combat et son angoisse de mort, pour ne point tomber dans un état de sommeil. Longtemps avant Joël, un chef indien a exprimé cette même idée avec les mêmes mots à l'adresse d'un homme blanc, incapable de s'arrêter: « Ah, mon frère, tu ne connaîtras jamais le bonheur de ne rien penser et de ne rien faire, or c'est avec le sommeil, ce qu'il y a de plus délicieux: ainsi nous étions avant notre naissance, ainsi nous serons après notre mort » [25].

Nous verrons, aux destinées futures de Hiawatha, combien les premières impressions de son enfance furent

---

[25] CRÈVE-CŒUR: *Voyage dans la Haute-Pensylvanie*, I, p. 362. Un chef des Taopueblos m'a dit quelque chose d'analogue: il considérait les Américains comme fous à cause de leur continuelle agitation.

importantes pour le choix de son épouse. Le premier acte de Hiawatha fut d'abattre d'une flèche un chevreuil :

> « Dead he lay in the forest;
> By the ford across the river —. »

(« Mort, il gisait dans la forêt; / Près du gué qui franchit le fleuve. »)

Fait typique pour les actes de Hiawatha: ce qu'il tue gît le plus souvent *près de l'eau ou dans l'eau*, et surtout moitié sur terre [26]. Les aventures ultérieures expliqueront pourquoi il en est ainsi. Le chevreuil lui-même n'était pas un animal ordinaire, mais un animal magique; ce qui veut dire qu'il avait une signification secondaire inconsciente, donc symbolique. Hiawatha s'était confectionné avec son cuir des gants et des mocassins (souliers): les gants donnèrent à ses bras une telle force qu'il pouvait réduire des rochers en poussière, et les mocassins avaient la vertu de bottes de sept lieues. Ainsi, en s'enveloppant dans la peau du chevreuil, il est devenu une sorte de géant. L'animal qui fut tué près du gué [27] était donc un « animal docteur », autrement dit un magicien métamorphosé ou un être démoniaque; ce qui veut dire qu'il est un symbole se rapportant aux forces animales ou autres de l'inconscient. L'animal est abattu auprès du gué, donc au passage, à la frontière entre conscient et inconscient. L'animal est un représentant de l'inconscient. Ce dernier, qui est la matrice de la conscience, a une signification maternelle, et c'est pourquoi aussi la mère est représentée

---

[26] Les dragons des légendes grecques et suisses habitent dans (ou près) des sources ou d'eaux quelconques dont ils sont bien souvent les gardiens. C'est ici qu'il faut ranger le motif du « combat près du gué » *(fig. 222).*

[27] Là où l'on peut traverser le fleuve à pied; voir plus haut les explications relatives aux motifs de l'enlacement et de l'engloutissement. L'eau, qui apparaît comme obstacle dans les rêves, semble désigner la mère, c'est-à-dire la régression de la libido. Traverser l'eau, c'est surmonter l'obstacle, la mère, en tant que symbole du désir d'un état semblable au sommeil ou à la mort. Voir Jung: *Psychologie de l'inconscient,* (p. 172).

par l'ours. Tous les animaux appartiennent à la grand-mère *(fig. 214)* et chaque gibier abattu représente un empiétement sur la mère. Pour le petit enfant, la mère a des proportions gigantesques, de même la « grand-mère » archétypique, *mater natura*, a comme attribut la grandeur. Quiconque réussit à abattre l'animal « magique », représentant symbolique de la mère animale, celui-là conquiert un peu de sa force gigantesque. Cela est exprimé par le héros revêtant la peau de l'animal, ce qui permet aussi à cet animal « magique » une sorte de résurrection. Dans les sacrifices mexicains d'hommes, des criminels représentaient les dieux; on les abattait, les écorchait et les prêtres revêtaient ces enveloppes sanglantes pour représenter la résurrection ou le renouvellement des dieux [28].

Fig. 214.

La « patronne des animaux ».

Anse de l'hydrie de Grächwil (Canton de Berne). 600 ans av. J.-C., œuvre grecque de l'Italie du sud.

Extrait de H. Blœsch: *Antike Kunst in der Schweiz.* Erlenbach (Zürich) 1943. Table 4.

En même temps que son premier chevreuil, Hiawatha a abattu le représentant symbolique de l'inconscient, autrement dit sa propre participation mystique à la nature animale; de là provient sa force gigantesque. Maintenant, il se met en route pour le grand combat avec Mudjekeewis, son père, pour venger sa mère Wénonah. (Cf. le combat de

[28] Voir aussi l'antique coutume d'empailler les taureaux au printemps, les coutumes des Lupercales et des Saturnales.

Gilgamesh avec le géant Chumbaba.) *(Fig. 166.)* Dans ce combat, le père peut aussi être représenté par un animal magique quelconque qu'il faut vaincre *(fig. 215).* Les animaux magiques ont ici l'aspect du père qui peut aussi bien apparaître sous la figure d'un géant ou d'un magicien ou du mauvais tyran. Dans des circonstances convenablement modifiées, ces animaux désignent la mère, la « mater saeva cupidinum » ou cette Isis qui met aimablement sur le chemin de son époux une vipère cornue, donc la « mère terrible » qui détruit et dévore et représente par conséquent la mort [29]. Je me rappelle le cas d'une mère qui s'attachait ses enfants par une affection et une dévotion peu naturelles. Au moment de la ménopause, elle fut atteinte d'une psychose dépressive, avec états délirants, dans laquelle elle croyait être un animal, surtout loup ou porc, et se comportait en conséquence: elle courait à quatre pattes, hurlait comme un loup, grognait comme un porc. Dans sa psychose, elle était devenue elle-même symbole de la mère qui dévore tout.

L'interprétation au moyen des parents n'est cependant en soi qu'une « façon de parler ». En réalité, ce drame se déroule dans une psyché individuelle dans laquelle il ne s'agit pas des parents eux-mêmes, mais de leurs « *imagines* », c'est-à-dire de ces représentations nées de la rencontre des caractéristiques des parents avec les dispositions individuelles de l'enfant [30]. Ces *« imagines »* sont animées et modifiées dans toutes les directions par une force pulsionnelle qui appartient également à l'individu; elle provient de sa sphère instinctive et s'exprime sous forme d'instinctivité.

---

[29] S'appuyant sur ces faits, mon élève, la doctoresse Spielrein, a développé son idée de l'*instinct de mort* qui fut accepté par Freud. A mon avis cependant, il ne s'agit pas du tout d'un instinct de mort, mais tout simplement d'un autre instinct (Gœthe) qui signifie vie spirituelle.

[30] Cette disposition comporte l'existence a priori de facteurs « organisateurs », les archétypes, qu'il faut considérer comme des modes fonctionnels innés et dont l'ensemble constitue la nature humaine. Le poulet n'a pas appris la manière dont il sortira de l'œuf; il la possède a priori.

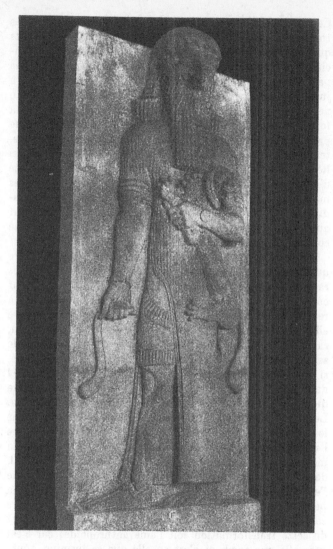

Fig. 215. *Gilgamesh, tueur de lion.*
Relief assyrien du VIIIe siècle av. J.-C.
Collection de l'auteur.

Cette dynamis se traduit dans les rêves par des symboles thériomorphes. Tous les lions, taureaux, chiens et serpents qui animent nos rêves représentent une libido indifférenciée, pas encore domestiquée, formant en même temps une part de la personnalité humaine que l'on peut appeler, à juste raison, *âme anthropoïde*. Comme l'énergie, la libido ne se manifeste pas en elle-même, mais seulement sous la forme d'une « force », c'est-à-dire d'un état énergétique précis de « quelque chose », par exemple de corps agités, tensions chimiques ou électriques, etc. La libido est aussi liée à certaines formes ou états précis. Elle est intensité d'impulsion, d'apport, d'activité, etc. Et comme ces manifestations ne sont jamais impersonnelles, elles traduisent des *portions de personnalité*. Ces remarques sont applicables aussi à la théorie des *complexes*; eux aussi se comportent comme des parties de personnalité.

C'est cette âme anthropoïde qui n'entre pas, ou n'entre qu'à regret et insuffisamment, dans les formes culturelles rationnelles et résiste autant qu'elle peut au développement culturel. On dirait que sa libido aspire continuellement à revenir à l'état originel inconscient de sauvagerie primitive effrénée. Le chemin de retour, c'est-à-dire la régression, ramène à l'enfance et finalement, pourrait-on dire, dans le sein maternel. L'intensité de cette aspiration vers le passé, si parfaitement représentée par la figure d'Enkidu *(fig. 216)* dans l'épopée de Gilgamesh, grandit jusqu'à l'intolérable quand s'accroissent les exigences du travail d'adaptation. Les raisons peuvent en être exogènes ou endogènes. Dans le dernier cas, c'est-à-dire quand l'exigence vient de l'« intérieur », la principale difficulté ne réside pas dans la malignité des événements extérieurs, mais, semble-t-il, dans une aggravation croissant d'année en année de l'exigence subjective et dans une saillie plus forte de la personnalité intime, dite « véritable », restée peut-être cachée jusqu'alors. Il semble bien que le point de départ de cette transformation soit l'âme anthropoïde; car c'est vers elle que tend, et c'est en elle que se termine, toute régression qui débute au moins sous forme d'allusion, dans chaque cas déjà où l'on hésite à dire oui au travail d'adaptation; et nous ne disons rien des cas où il est absolument impossible de conformer sa vie aux exigences extérieures.

C'est parce qu'elles ont flairé avec exactitude cet état de fait que non seulement la morale à fondement religieux

Fig. 216. *Enkidu*
mi-homme, mi-taureau, avec arbre de vie et soleil.
Plaquette de terre cuite d'Ashnunak.
Assyrien-babylonien du VIIe siècle av. J.-C.
Extrait de F. Guirand: *Mythologie générale.*
Paris 1935, p. 45.

et la morale conventionnelle et — last but not least — même la théorie de Freud ont déprécié la régression et son but apparent, le retour à l'infantilisme, à ce qu'on appelle la « sexualité infantile », à l'inceste et à la « fantaisie du sein maternel ». Ici, il est vrai, la raison doit faire halte. Comment, en effet, pourrait-on remonter plus loin que l'utérus maternel ? Le concrétisme se heurte ici à un mur; bien plus, la condamnation morale s'abat sur la tendance régressive et cherche, par tous les artifices de dépréciation, à entraver le retour sacrilège à la mère: l'orientation purement biologique de la psychologie freudienne apporte ici, sans le vouloir, son aide. Ce qui dépasse le cadre de la conscience personnelle reste facilement inconscient et apparaît ensuite en projection, autrement dit: l'âme mi-animale, si violemment combattue, avec son désir de régression est attribuée à la *mère*, tandis que c'est au *père* que l'on attribue la défense contre elle. Or la projection n'est jamais un moyen de guérison; ce n'est qu'en apparence qu'elle empêche le conflit; à sa place elle provoque une névrose qui permet de dévier dans la maladie. Ainsi le diable a été chassé par Belzébuth.

La thérapie, au contraire, doit favoriser la régression et ce jusqu'à ce que celle-ci ait atteint l'être « prénatal », car il faut tenir compte ici de ce que la « mère » est en réalité une « imago », une simple image psychique possédant des contenus inconscients nombreux et divers très importants. La « mère », première incarnation de l'archétype-anima, personnifie même l'inconscient tout entier. Ce n'est donc qu'en apparence que la régression ramène à la mère; cette dernière n'est en réalité que la grande porte qui s'ouvre sur l'inconscient, sur le « royaume des mères ». Quiconque y pénètre soumet la personnalité consciente de son moi à l'influence dominante de l'inconscient, ou, s'il a l'impression d'y être entré par mégarde ou que quelqu'un lui ait fait la mauvaise plaisanterie de l'y précipiter, alors il se défendra désespérément sans que sa résistance puisse lui être de quelque avantage. En effet, quand on ne la trouble pas, la régression ne s'arrête nullement à la mère; elle la dépasse, pour atteindre, pourrait-on dire, un « éternel féminin » prénatal, le monde originel des possibilités archétypiques dans lequel, « entouré des images de toutes créatures », l'enfant divin attend en sommeillant de devenir conscient. Ce fils est le germe de la totalité, désigné par les symboles qui lui sont particuliers.

Lorsque Jonas fut englouti par la baleine *(fig. 217)*, il ne se trouva pas seulement prisonnier dans le ventre du

Fig. 217. *Le destin de Jonas.*
Cathédrale de Ravello.
XIIe siècle.
Collection de l'auteur.

monstre; au contraire, ainsi que le raconte Paracelse, il vit
« d'énormes mystères »[31]. Cette opinion provient sans
doute du *Pirke de Rabbi Elieser*, où il est dit au chapitre X :

« (Jona) qui ingressus est in os eius (piscis) veluti homo
qui intrat Synagogam amplam et subsistit. Erant autem duo
oculi istius piscis veluti fenestras tecti lumen praebentes
Jonae. R. Meir dixit: Margarita quaedam erat suspensa in
visceribus piscis lucem subministrans Jonae instar solis in
meridie splendentis et conspiciendum illi praebuit quicquid in
mari et abyssis erat », etc. [32].

---

[31] *Liber Azoth. Sudhoff*, XIV, 576.

[32] Jonas pénétra dans sa gueule (du poisson) comme un homme
pénétre dans une grande synagogue et s'arrête. Les deux yeux du
poisson étaient comme deux lucarnes donnant de la lumière à Jonas.
Rabbi Meir dit: « Une perle était suspendue dans les entrailles du
poisson; elle donnait à Jonas de la lumière comme le soleil à midi,
lui permettant de tout voir dans la mer et dans l'abîme. » (R. David
GANZ: *Chronol. Sacr. prof. Ludg. Bat.*, 1644, p. 21.

Dans l'ombre de l'inconscient est caché un trésor, le « trésor difficile à atteindre », caractérisé dans notre texte, comme à bien d'autres endroits, par une perle brillante, ou, comme dit Paracelse, par un « mysterium », ce qui indique quelque chose de fascinant par excellence. Ce sont des possibilités d'une vie et d'un progrès spirituels ou symboliques qui constituent le but dernier, mais inconscient, de la régression. Les symboles, expressions, ponts et indications, ont pour effet d'empêcher la libido en régression de s'arrêter au corps physique de la mère. Le dilemme n'est sans doute formulé nulle part avec plus de clarté que dans la conversation de Nicodème : d'une part, impossibilité de pénétrer dans le sein maternel, d'autre part, renaissance par l'eau et l'esprit. Le héros est héros parce que dans chaque difficulté de la vie il aperçoit la résistance contre le but interdit et qu'il combat cette résistance avec toute son aspiration qui tend vers le trésor difficilement accessible ou impossible à atteindre ; cette aspiration paralyse et tue l'homme du commun.

Le père de Hiawatha est Mudjekeewis, le *vent d'ouest* : le combat se *déroule donc à l'ouest*. C'est de là qu'est venue la vie (fécondation de Wénonah) ; c'est de là aussi que vint la mort (de Wénonah). Hiawatha livre donc le combat typique du héros en vue de la renaissance dans la mer occidentale. Il est livré contre son père, l'obstacle sur la voie qui conduit au but. Dans d'autres cas, le combat à l'ouest consiste à vaincre la mère dévorante. C'est donc des deux parents que vient le danger menaçant, ainsi que nous l'avons vu : du père parce que, semble-t-il, il rend la régression impossible, et de la mère, parce qu'elle absorbe en elle-même et retient la libido en régression et que, dans ces cas-là, celui qui cherche à renaître rencontre la mort. Mudjekeewis, qui jadis conquit la nature divine en abattant l'ours « maternel », est maintenant, lui aussi, vaincu par son fils :

> « Back retreated Mudjekeewis,
> Rushing westward o'er the mountains,
> Stumbling westward down the mountains,
> Three whole days retreated fighting

> Still pursued by Hiawatha
> To the doorways of the West-Wind,
> To the portals of the Sunset
> To the earth's remotest border,
> Where into the empty spaces
> Sinks the sun, as a flamingo
> Drops into her nest at nightfall. »

(« Recula Mudjekeewis, / Se ruant vers l'ouest par-dessus les montagnes, / Dégringolant les montagnes vers l'ouest, / Trois jours entiers il recula en se battant / Toujours poursuivi par Hiawatha / Jusqu'aux porches du vent d'ouest, / Jusqu'aux portails du couchant / Jusqu'à la limite la plus lointaine de la terre, / Où dans les espaces vides / Sombre le soleil, tel un flamant / Qui se laisse tomber dans son nid à la tombée de la nuit. »)

Les trois jours sont la forme stéréotypée du séjour dans « la prison de la mer nocturne » (21 au 24 décembre). Le Christ séjourne trois jours dans les enfers *(fig. 218)*. Dans cette lutte à l'ouest, le héros conquiert chaque fois le trésor difficile à atteindre: dans le cas présent, le père est contraint de faire à son fils une grosse concession; il lui donne la nature divine [33], à savoir cette nature de vent dont l'immatérialité seule a protégé Mudjekeewis de la mort [34] et dit à son fils:

> « I will share my kingdom with you,
> Ruler shall you be thenceforward
> Of the Northwest-Wind, Keewaydin,
> Of the home-wind, the Keewaydin. »

(« Je partagerai mon royaume avec vous, / Chef serez-vous désormais / Du vent du Nord-ouest, Keewaydin, / Du vent de chez nous, le Keewaydin. »)

Hiawatha devient donc le maître du vent de son pays. Nous trouvons un parallèle tout à fait semblable dans

[33] Dans l'épopée de Gilgamesh, c'est également l'immortalité que le héros voudrait acquérir.

[34] Cf. ZOSIMOS: *Ueber die Kunst.* BERTHELOT: *Coll. Alch. Grecs*, 1887, III, I, 2: « ἐξ ἀνάγκης ἱερατευόμενος πνεῦμα τελοῦμαι. » (Devenu prêtre par nécessité, j'atteindrai ma perfection dans l'esprit.)

l'épopée de Gilgamesh où celui-ci finit par recevoir du vieux sage Utnapishtim, qui demeure à l'ouest, la plante magique qui le ramène sain et sauf dans son pays, après qu'il a traversé les mers *(fig. 113).* Mais celle-ci, une fois qu'il est rentré chez lui, lui est ravie par un serpent. Comme prix de sa victoire, Hiawatha reçoit un corps « pneumatique », un corps de souffle que la corruption ne peut atteindre, ou « subtle body » (corps subtil). Durant son voyage de retour, Hiawatha s'arrête chez un habile fabricant de flèches qui a une délicieuse fille :

> « And he named her from the river,
> From the water-fall he named her,
> Minnehaha, Laughing Water. »

(« Et il lui donna le nom de la rivière, / Il lui donna le nom de la chute d'eau, / Minnehaha, l'eau qui rit. »)

Dans sa première enfance, quand Hiawatha rêvant sentait les bruits de l'eau et du vent pénétrer son oreille, il reconnaissait dans les bruits de la nature la langue de sa mère. « Minnewawa » disaient les pins murmurant sur la rive du grand lac. Et au-delà du murmure du vent et du bruissement des eaux, il retrouva les tout premiers rêves de son enfance, dans celle qu'il a choisie, « Minnewawa », l'eau riante. Le héros lui aussi, et avant tous les autres, retrouve dans la femme, la mère, pour redevenir enfant et pouvoir ainsi reconquérir l'immortalité. Cet archétype du féminin, l'*anima*, apparaît d'abord sous la figure de la mère et se transfère ensuite de celle-ci à la femme aimée.

Le fait que le père de Minnewawa est un habile fabricant de flèches, dévoile qu'il participe au drame inconscient en tant que père du héros (de même que l'amante est aussi la mère). C'est dans le père qu'apparaît pour la première fois l'archétype du vieil homme (le sage), personnification du sens et de l'esprit dans sa signification créatrice [35], le père du héros est souvent un habile charpentier, ou un

---

[35] Voir à ce sujet: « Zur Psychologie des Geistes », *Eranos-Jahrbuch*, 1945, p. 385. Développé dans *Symbolik des Geistes*, Rascher, 1948, p. 3 sq.

artiste quelconque. D'après une légende arabe, Tare [36], père d'Abraham, aurait été un habile artisan qui s'entendait à tailler, dans n'importe quel bois, des *chevilles*, ce qui veut dire, d'après le parler arabe, qu'il savait engendrer d'excellents fils. En outre il savait faire les images des dieux. Tvashtar, père d'Agni, a formé le monde : il est forgeron et charpentier et inventeur du forage du feu. Joseph, père du Christ, est charpentier, de même Kinyras, père d'Adonis : on dit qu'il aurait inventé le marteau, le levier, les toitures, l'exploitation des mines. Le père d'Hermès aux formes multiples Héphaïstos est un artisan et un sculpteur extrêmement habile *(fig. 78)* (ainsi que Zeus). Dans les contes, le père du héros est modestement le bûcheron traditionnel. D'après le Rigveda, le monde a été taillé dans un arbre par le créateur. Si le beau-père de Hiawatha est un fabricant de flèches, cela veut dire sans doute que l'attribut mythologique caractérisant d'ordinaire le père du héros, est ici transféré au beau-père. Ce qui correspond entièrement au fait psychologique selon

Fig. 218.

Descente du Christ aux enfers.

Maîtres de la grande passion.

Vers 1422.

Extrait de O. Schmitt :
Reallexikon zur deutschen Kunstgeschichte.
Stuttgart 1937, t. I, p. 790, fig. 6.

---

[36] Sepp : *Das Heidentum und dessen Bedeutung für das Christentum*, 1854, III, p. 82, cité par Drews : *Christusmythe*, 1910, I, p. 78.

lequel l'*anima* est toujours, par rapport au vieux sage, dans la situation d'une fille [37]. Pratiquement, il n'est pas rare non plus que le beau-père remplace le vrai père avec une teinte particulière. C'est là-dessous que se trouve la relation archétypique que nous venons d'expliquer.

Enfin, les attributs du père reviennent occasionnellement au héros lui-même, notamment lorsque devient évidente son unité d'être avec son beau-père. Le héros représente le *soi inconscient* de l'homme, et celui-ci se dévoile empiriquement être la somme et la quintessence de tous les archétypes: par conséquent, il englobe aussi le type du « père », autrement dit du vieux sage. Sous cet angle, le héros est son propre père et s'engendre lui-même. Cette union des motifs se retrouve dans Mâni. Il accomplit ses grands exploits comme fondateur de religion, se cache pendant des années dans une caverne, meurt, est écorché, empaillé et pendu; outre cela, il est un artiste au pied difforme. On trouve un ensemble des motifs analogues dans le personnage de Wieland, le forgeron.

Ce que Hiawatha avait vu chez le vieux fabricant de flèches, il ne le fit pas connaître à la vieille Nokomis, lors de son retour; et il ne fait non plus rien d'autre pour conquérir Minnehaha. Et voici que se produit quelque chose que nous nous attendrions à trouver plutôt dans l'anamnèse d'une névrose, que dans une épopée indienne: Hiawatha introvertit sa libido, c'est-à-dire qu'il se met à résister extérieurement au développement naturel des événements; il se construit dans la forêt une cabane pour y jeûner et y avoir des rêves et des visions. Les trois premiers jours, il chemine comme jadis dans sa première jeunesse, à travers la forêt et regarde tous les animaux et toutes les plantes:

> « Master of Life ! he cried, desponding,
> Must our lives depend on these things ? »

(« Maître de la vie, s'écria-t-il, abattu, / Nos vies doivent-elles dépendre de ces choses ? »)

---

[37] Nous en avons un exemple parfait dans l'histoire d'amour de Sophia, rapportée par saint Irénée. (*Adv. Haer.*, I, II, 2.)

La question de savoir si la vie dépend de « ces choses » est bien étrange. Il semble que Hiawatha trouve insupportable que la vie vienne de « ces choses », c'est-à-dire de la nature en général. La nature paraît avoir acquis brusquement un sens bizarre. On ne peut expliquer ce phénomène qu'en supposant que soudain une grosse masse de libido, restée jusqu'ici inconsciente, a été transférée sur la nature ou absorbée par elle. Il s'est produit une quelconque modification décisive de la sensibilité générale qui semble consister en l'entrée en régression de la libido de Hiawatha. Sans avoir rien entrepris, il revient chez Nokomis; mais il lui faut en repartir parce que Minnehaha est déjà sur sa route. Il retourne encore plus loin vers le passé, jusqu'au temps de sa première jeunesse, dont Minnehaha rappelle puissamment à sa mémoire les accents, alors que dans les sons de la nature il apprenait à entendre les accents maternels. Dans cette réanimation de l'impression de la nature, nous reconnaissons la réapparition des très lointaines et très puissantes impressions faites par elle et que ne peuvent dominer que les impressions plus fortes que l'enfant reçut de sa mère. L'éclat de son sentiment est transféré sur les objets qui entourent l'enfant, et dont partiront plus tard les sentiments magiques et bienheureux, propres aux souvenirs de la très lointaine enfance. Donc lorsque Hiawatha se cache à nouveau dans le sein de la nature, c'est comme le réveil de ses relations avec sa mère et de quelque chose de plus ancien encore; nous devons par suite nous attendre à ce que, d'une manière quelconque, il reparaisse comme nouveau-né.

Avant de nous tourner vers cette nouvelle création issue de l'introversion, il nous faut songer encore à un deuxième sens de la question ci-dessus: s'il est nécessaire que la vie dépende de « ces choses ». La vie peut dépendre de « ces choses » tout simplement parce que sans elles on mourrait de faim. Dans ce cas, nous devons conclure que brusquement la question de la nourriture se met à préoccuper le héros. Cette question est prise en considération en ce sens que la régression à la mère rappelle au souvenir nécessairement l'« alma mater » [38], la mère, source de nourriture en quelque sorte *(fig. 219)*. L'inceste n'est pas le seul aspect caractéristique de la régression : il y a aussi la *faim* qui pousse l'enfant vers sa mère. Qui résiste à l'effort d'adaptation, et retourne dans le sein de la famille, c'est-à-dire finalement de sa mère, attend non seulement qu'on le réchauffe et l'aime, mais aussi qu'on le *nourrisse*. Lorsque la régression est de nature infantile, elle vise, il est vrai sans avouer son intention, inceste et nourriture. Mais si la régression n'est qu'apparente, si elle est en réalité *introversion de la libido* vers un but, alors ce rapport endogame, interdit de toute façon par le tabou de l'inceste, se trouve évité et l'exigence de nourriture est remplacée par un jeûne intentionnel, comme dans le cas de Hiawatha. Une telle attitude contraint la libido à dévier vers un symbole ou un équivalent symbolique de l'« alma mater », à savoir vers l'*inconscient collectif*. Solitude et jeûne sont donc, depuis les temps les plus anciens, les moyens connus pour soutenir la méditation qui doit donner accès à l'inconscient.

Le quatrième jour de son jeûne, le héros renonce à se tourner vers la nature ; il gît épuisé, les yeux à demi fermés sur sa couche, profondément plongé dans ses rêves, image de la plus extrême introversion. Nous avons déjà vu que, dans les états de ce genre, ce sont des événements intérieurs qui prennent la place de la vie et de la réalité extérieure. Hiawatha a une vision :

> « And he saw a youth approaching
> Dressed in garments green and yellow
> Coming through the purple twilight,
> Through the splendor of the sunset ;
> Plumes of green bent o'er his forehead,
> And his hair was soft and golden. »

(« Et il vit un jeune homme approcher / Vêtu de vêtements verts et jaunes / venant à travers le crépuscule pourpre, / A travers la splendeur du couchant ; / Des plumes vertes se

---

[38] Almus = nourrissant, vivifiant, bienveillant, qui répand ses bénédictions *(fig. 87)*.

Fig. 219. *Image maternelle bouddhique*.
Stèle d'ivoire de Qyzil. VIIe-VIIIe siècles.

Extrait de A. VON LE COQ: *Die Buddhistische Spätantike
in Mittelasien.* 1re partie: Die Plastik.
Berlin 1922, pl. 27.

penchaient sur son front, / Et sa chevelure était souple et
dorée. »)

Hiawatha s'explique comme suit cette étonnante
personnalité:

« From the Master of Life descending,
I, the friend of man, Mondamin,
Come to warn you and instruct you,

555

How by struggle and by labor
You shall gain what you have prayed for.
Rise up from your bed of branches,
Rise, o youth, and wrestle with me ! »

(« Descendant du Maître de la vie, / Moi, l'ami de l'homme,
Mondamin, / je viens vous avertir et vous instruire, / Comment
par la lutte et le travail / Vous gagnerez ce pour quoi vous
avez prié. / Levez-vous de votre lit de branches, / Levez-vous,
ô jeune homme, et luttez avec moi ! »)

Mondamin, c'est le *maïs (fig. 220).* Un dieu que l'on
mange naît de l'introversion de Hiawatha. Sa faim avec
son double sens, son aspiration à la mère nourricière,
rappelle du fond de l'inconscient un autre héros, un dieu
comestible, le maïs, fils de la terre maternelle. L'analogue
chrétien est parfaitement clair. Il n'est guère nécessaire
de supposer ici une influence chrétienne, puisque déjà
Fray Bernardino de Sahagun, au début du XVIe siècle,
décrit l'eucharistie de Huitzilopochtli chez les Mexicains
anciens [39]. Ce dieu servait aussi à un repas (rituel). Mondamin, cet « ami des hommes » [40], le provoque en un duel
qui a lieu à la tombée de la nuit. Dans la rougeur du
coucher de soleil (ce qui signifie en somme au pays de
l'ouest) commence le combat mythique avec le dieu sorti
de l'inconscient comme un reflet transformé de la conscience
introvertie. Dieu ou homme-dieu, il est l'image de la
destinée héroïque de Hiawatha, ce qui veut dire que non
seulement ce dernier a la possibilité, mais aussi la nécessité
en lui-même de rencontrer son démon. Sur la route qui y
conduit, il vainc ses parents, c'est-à-dire cesse d'être
entravé par les liens infantiles. La relation la plus profonde
est celle qui le lie à sa mère. S'il parvient à la vaincre, en
ouvrant l'accès à son équivalent symbolique, alors il

[39] *Quelques chapitres de l'œuvre de Fray Bernardino de Sahagun.*
Traduit de l'aztèque par Ed. SELER. Publié par C. SELER-SACHS,
1927, p. 258 sq.
[40] Au sujet du personnage ami, voir mes remarques sur Chadir
in « Die verschiedenen Aspekte der Wiedergeburt », *Eranos-Jahrbuch,* 1939, p. 399. Version nouvelle in *Gestaltungen des Unbewussten,*
Rascher, 1950.

Fig. 220. *Le jeune dieu du maïs.*
Fragment de la vieille ville Maya Copan (Honduras).
Maintenant au Musée américain d'histoire naturelle de New-York.
Reproduction autorisée par la direction du musée.

pourra renaître sous une figure renouvelée. Car c'est dans son attachement à son origine maternelle que gît toute la force qui rend le héros capable d'exploits extraordinaires, son génie proprement dit, qu'il délivre des enveloppes de l'inconscient par son audace et son caractère absolu. C'est ainsi que surgit de lui le dieu. Le mystère de la mère, c'est *la force créatrice divine*, qui apparaît ici sous la figure du dieu maïs Mondamin *(fig. 221)*. Une légende des Cherokees « who invoke it (the maize) under the name of « The *old woman* » in allusion to a myth that it sprang from the blood of an old woman killed by her disobedient sons [41] » (qui l'invoquent (le maïs) sous le nom de la vieille femme, faisant allusion à un mythe selon lequel il naquit du sang d'une vieille femme tuée par son fils désobéissant), confirme cette interprétation.

> « Faint with famine, Hiawatha
> Started from his bed of branches,
> From the twilight of his wigwam
> Forth into the flush of sunset
> Came, and wrestled with Mondamin;
> At his touch he felt new courage
> Throbbing in his brain and bosom,
> Felt new life and hope and vigor
> Run through every nerve and fibre. »

(« Affaibli par la famine, Hiawatha / Se leva de son lit de branchage, / Du crépuscule de son wigwam / Sortit dans la rougeur du couchant / Vint et lutta avec Mondamin; / A son contact il sentit un courage nouveau / Palpiter dans son cerveau et dans son sein, / Il sentit une nouvelle vie, un nouvel espoir, une nouvelle vigueur / Parcourir tous ses nerfs, toutes ses fibres. »)

Le combat avec le dieu maïs, au coucher du soleil, donne à Hiawatha de nouvelles forces: il ne peut en être autrement, car le combat contre la force paralysante de l'inconscient procure à l'homme des forces créatrices. N'est-ce pas là en effet la source de toute création ? Mais il faut un courage héroïque pour lutter contre ces puissances et leur arracher le trésor difficile à atteindre.

---

[41] Frazer: *Golden Bough*, part IV, 1907, p. 297.

Fig. 221. *Divinité maïs*.
Céramique Chimbote, Pérou.

Extrait de E. FUHRMANN: *Reich der Inka*.
Hagen i. W. 1922, planche 59.

Celui qui réussit a, il est vrai, atteint le meilleur. Hiawatha lutte contre lui-même pour se créer lui-même [42]. La lutte dure à nouveau les trois jours mythiques. Le quatrième, comme l'a prédit Mondamin, Hiawatha réussit à le vaincre et il tombe inanimé sur le sol. Comme il en a exprimé auparavant le désir, Hiawatha lui creuse une tombe dans la terre maternelle. Et bientôt, de cette tombe, pousse, jeune et frais, le maïs, nourriture des hommes *(fig. 221)*. Si Hiawatha ne l'avait pas vaincu, Mondamin l'aurait « tué », c'est-à-dire remplacé, et Hiawatha serait devenu un être démoniaque nuisible [43].

Or l'étonnant est que ce n'est pas Hiawatha qui traverse la mort et réapparaît renouvelé, comme on devrait s'y attendre, mais le dieu. Ce n'est pas l'homme qui se transforme en dieu, mais le dieu qui subit la métamorphose dans et par l'homme. On dirait qu'il a dormi dans la mère, ou dans l'inconscient de Hiawatha, qu'on l'a réveillé et combattu de sorte qu'il ne puisse vaincre l'homme et que finalement, passant par la mort et la renaissance, il retrouve, sous forme de Maïs, une figure nouvelle bienfaisante pour l'humanité. Donc il apparaît en premier lieu sous une figure ennemie, pourrait-on dire, en être violent et brutal contre lequel le héros doit lutter. Cela correspond à la violence de la *dynamis* inconsciente. C'est en cette dernière que le dieu se manifeste et c'est sous cette forme qu'il doit être vaincu. Le combat trouve son analogue dans la lutte de Jacob avec l'ange de Jahvé au gué de Jaabok *(fig. 222)*. L'agression de la violence pulsionnelle est un événement divin lorsque l'homme *ne succombe pas* à cette surpuissance, autrement dit ne la suit pas aveuglément, mais défend au contraire avec succès sa nature d'homme contre le caractère animal de la force divine. Il est « terrible de tomber aux mains du

---

[42] « Tu cherchais le fardeau le plus lourd, et tu te trouvas toi-même ! » (NIETZSCHE.)

[43] Dans le désert, le Christ a résisté avec succès à la tentation du démon de la puissance. Donc, selon l'hypothèse chrétienne, celui qui préfère la puissance est possédé par le diable ; du point de vue psychologique, il n'y a rien à objecter là contre.

Fig. 222. *Combat de Jacob avec l'ange.*
Mosaïque gréco-byzantine
dans la basilique de Monreale près Palerme.
XIIIᵉ siècle.

Extrait de R. P. Regamey, O. P.: *Anges.*
Paris 1946, fig. 7.

Dieu vivant » et « qui est près de lui est près du feu, et qui est loin de lui est loin du royaume » car « Dieu est un feu dévorant », le Messie est « un lion qui est de la race de Juda ».

« Juda est un jeune lion;
Tu es remonté du carnage, mon fils !

561

> Il a ployé les genoux, il s'est couché comme un lion,
> Comme une lionne — qui le fera lever ? » [44]

« Le diable aussi rôde comme un lion mugissant. »
Ces exemples connus suffiront sans doute pour mettre en
évidence combien cette idée est bien à sa place dans la
sphère judéo-chrétienne.

Dans le mystère mithriaque, le héros du culte combat
avec le taureau; dans le « transitus », il transporte ce
dernier dans la « caverne » où il le tue. De cette mort
provient toute fécondité, en premier lieu tout ce qui est
comestible [45] *(fig. 142)*. La caverne correspond à la
tombe. La même idée est représentée aussi dans le mystère
chrétien sous des formes plus belles et plus humaines. Le
combat spirituel du Christ à Gethsémani, où il lutte
contre lui-même pour accomplir son œuvre, puis le « transitus », le port de la croix [46] durant lequel il prend sur ses
épaules le symbole de la mère de mort et se porte avec
elle en terre, d'où il ressuscite trois jours plus tard; toutes
ces images expriment la même idée fondamentale: le
Christ est un dieu que l'on absorbe dans la communion.
Sa mort le métamorphose en pain et vin, que nous absor-
bons comme nourriture mystique [47]. Nous ne pouvons pas

----

[44] Genèse, 49, 9.

[45] Une caractéristique pour ainsi dire constante est que, dans le
mythe du dragon marin, le héros est très affamé dans le ventre du
monstre et se met à couper des morceaux de l'animal pour s'en
nourrir. Il se trouve précisément dans la « mère nourricière ». Son
premier acte est de faire du feu pour se délivrer. Dans un mythe
des Esquimaux du détroit de Béring, le héros rencontre dans la
baleine une femme, l'âme de l'animal. (Cf. FROBENIUS: *Zeitalter des
Sonnengottes*, passim.)

[46] Le port de l'arbre (la θαλλοφόρια) jouait un grand rôle, ainsi
qu'il ressort d'une note de Strabon X, dans les cultes de Dionysos
et de Cérès (Déméter).

[47] Un texte des pyramides, qui traite de l'arrivée au ciel du pharaon mort, décrit comment ce dernier vainc les dieux pour acquérir
lui-même la nature divine, et même pour devenir le seigneur des
dieux: « Ses serviteurs ont pris les dieux au lasso, les ont *trouvés bons*,
les ont traînés, liés, leur ont coupé la gorge, leur ont enlevé les
entrailles, les ont dépecés et *fait cuire* dans des marmites bouillantes.
Et le roi *dévore leur force* et *mange leurs âmes*. Les grands dieux

nous dispenser de signaler ici les rapports entre Agni et la boisson du Soma *(fig. 194)* et ceux qui existent entre Dionysos et le vin [48]. Du même genre est aussi l'étranglement du lion par Samson *(fig. 65)* et l'occupation du lion mort par des abeilles, ce qui conduit à l'énigme bien connue: « De celui qui mange est sorti ce qui se mange, du fort est sorti le doux. » [49] Dans les mystères d'Eleusis, ces idées semblent avoir aussi joué un rôle *(fig. 223 et 29)*. Outre Déméter et Perséphone, *Iacchos* est un dieu essentiel du culte d'Eleusis: c'était le *puer aeternus*, l'éternellement jeune qu'Ovide invoque comme il suit:

> « Conspiceris coelo tibi, cum sine cornibus astas,
> Virgineum caput est », etc. [50].

---

constituent son déjeuner, les moyens, son dîner; les petits, son souper. Le roi dévore tout ce qu'il rencontre sur sa route. Avidement, il engloutit tout et son pouvoir magique devient supérieur à tous les pouvoirs magiques. Il hérite de la puissance, plus grand que tous les héritiers, il devient le maître du ciel, il dévore toutes les couronnes et tous les bracelets, il dévora ta sagesse de tous les autres dieux, etc. » (WIEDEMANN: *Der alte Orient*, II, 2, 1900, p. 18.) Cité par DIETERICH: *loc. cit.*, p. 101. Cette boulimie traduit fort bien l'instinctivité en régression jusqu'au stade où les parents ont surtout une valeur « nourricière ».

[48] Le sacrifice sacramentel de Dionysos-Zagreus et la consommation de la chair du sacrifice engendra le Διόνυσος, résurrection du dieu, comme il ressort du fragment crétois d'Euripide cité par DIETERICH (*loc. cit.*, p. 105):

> ἁγνὸν δὲ βίον τείνων ἐξ οὗ
> Διὸς ʼΙδαίου μύστης γενόμενην
> καὶ νυκτιπόλου Ζαγρέως βούτας
> τοὺς ὠμοφάγους δαῖτας τελέσας.

(menant une vie sacrée depuis que
je suis devenu myste du Zeus de l'Ida
et bouvier de Zagreus aimant la nuit.
puisque j'ai savouré le repas de chair crue.)

En absorbant la chair crue du sacrifice, les mystes prenaient en eux le dieu, selon la légende cultuelle. (Cf. le rite mexicain de Teoqualo, absorber le dieu. « Le symbole de la métamorphose dans la messe », *Eranos-Jahrbuch*, 1940-41.)

[49] Juges, 14, 14.

[50] « Toi enfant éternel, toi, le plus beau de tous, on te regarde du haut du ciel alors que tu es sans cornes, ta tête est virginale, etc. »

Fig. 223. *Les mystères d'Éleusis.*
Bas-relief d'un sarcophage de marbre de Torre Nuova.
Extrait de L. H. GRAY: *The mythology of all Races.*
Tome I, Boston 1916, planche L.

Dans la grande procession éleusinienne, on portait la
statue de Iacchos. Il n'est pas facile de dire quel dieu il
est; sans doute un jeune garçon ou un fils nouveau-né,
comparable peut-être au Tagès d'Étrurie qui porte le
surnom de « garçon fraîchement labouré » puisque d'après
la légende, il est né d'un sillon, derrière le paysan qui
poussait la charrue. Cette image contient indubitablement
le motif de Mondamin: la charrue a, on le sait, un sens
phallique *(fig. 84)*; le sillon représente (p. ex. chez les
indiens) la femme. Cette image est donc psychologiquement une image du coït: le fils est le fruit comestible du
champ. Les lexicographes l'appellent τῆς Δημήτρος δαίμων. On
l'a identifié à Dionysos, surtout au Dionysos-Zagreus de
Thrace dont on raconte une destinée typique de renaissance:
Héra avait excité les Titans contre Zagreus, qui, se trans-
formant de multiples manières, chercha à leur échapper;
ils finirent par l'atteindre alors qu'il avait pris la forme
d'un *taureau.* Sous cette forme ils le tuèrent, le découpèrent,
et jetèrent ses morceaux dans une marmite; mais Zeus,
d'un éclair, tua les Titans et avala le cœur encore tout
palpitant de Zagreus. Par cet acte, il lui donna une vie nouvelle et Zagreus revint au jour sous la figure de Iacchos.

Fig. 224. *Agitation du van à blé.*
Bas-relief du Kestner-Museum, Hanovre.

Extrait de H. HAAS: *Bilderatlas zur Religionsgeschichte.*
9ᵉ à 11ᵉ livraison: *Die Religionen in der Umwelt des Urchristentums.*
Leipzig 1926, fig. 171.

A la procession d'Éleusis, on portait le *van* à blé
(fig. 224 et 29) (λίχνον, mystica vannus Iacchi). Selon la
légende orphique [51], Iacchos fut élevé près de Perséphone,
où il se réveilla dans le λίχνον, après un sommeil de trois ans.
Le 20 du boédromion (le mois de boédromion va environ
du 5 septembre au 4 octobre) s'appelait Iacchos, en
l'honneur du héros. Le soir de ce jour se déroulait au bord
de la mer la grande fête aux flambeaux où l'on représentait les recherches et les plaintes de Déméter. Le rôle de
Déméter qui, sans prendre ni nourriture ni boisson, erre
par toute la terre à la recherche de sa fille, c'est Hiawatha
qui l'assume dans l'épopée indienne; il s'adresse à tous les
êtres sans recevoir de réponse. Semblable à Déméter qui
n'obtient de nouvelles de sa fille qu'auprès d'Hécate,
déesse de la lune, ce n'est que dans la plus profonde introversion (descente dans la « nuit » chez les mères) que

---

[51] Orph. Hym., 46. Cf. ROSCHER: *Lex. sub Iakchos.*

Hiawatha trouve ce qu'il cherche: Mondamin [52] *(fig. 220)*.
Voici ce que nous apprend sur le contenu des mystères
le récit de l'évêque Asterius (vers 390 ap. J.-C.): « N'y
a-t-il pas là (à Éleusis) la sombre descente et la rencontre
solennelle du hiérophante et de la prêtresse, lui et elle
étant seuls ? Les flambeaux ne sont-ils pas éteints et la
foule innombrable ne considère-t-elle pas comme son salut
ce qui est accompli par ces deux êtres dans l'obscurité? [53] »
Indubitablement, il s'agit d'un hiérosgamos, fêté sous
terre. La prêtresse de Déméter semble y prendre la place
de la déesse de la terre, donc du sillon [54]. La descente à
l'intérieur de la terre est un symbole du sein maternel.
Elle était fréquente et se présentait sous la forme du
culte des grottes *(fig. 225)*. Plutarque raconte que les
mages sacrifiaient à Ahriman εἰς τόπον ἀνήλιον (dans un
lieu sans soleil). Lucien fait descendre le mage Mithro-
barzanes εἰς χωρίον ἔρημον καὶ ὑλῶδες καὶ ἀνήλιον (en un lieu
marécageux, solitaire et sans soleil). D'après le témoignage de Moïse de Khoren, on vénérait, en Arménie, la
sœur flamme et le frère source dans une grotte. Julien
(Or. V) rapporte que, selon une légende d'Attis, avait
lieu une κατάβασις εἰς ἄντρον (descente dans une grotte) où
Cybèle va chercher son fils-amant [55]. La grotte où naquit
le Christ, à Bethléem (« maison du pain ») aurait été un
spelaeum d'Attis.

Un autre symbolisme des Éleusiniens se rattache à la
fête du hiérosgamos: il s'agit de la caisse mystique *(fig. 226)*

---

[52] Comme parallèle exact de cette légende, nous avons celle
d'Izanagi, l'Orphée japonais, qui suit son épouse morte aux enfers
et la prie de revenir. Elle y est prête, mais elle lui demande: « Ne
cherche pas à me regarder ! » Izanagi allume alors avec son peigne,
c'est-à-dire avec une poutre mâle, de la lumière et perd de cette façon
son épouse. (FROBENIUS: *loc. cit.*, p. 343.) Pour épouse, il faut mettre
« mère », anima, inconscient. Au lieu de la mère, le héros apporte le
feu; Hiawatha, le maïs; Odin, les Runes, etc.

[53] Cité par DE JONG: *Das antike Mysterienwesen*, 1909, p. 22.

[54] Iasion est un fils-amant du mythe de Déméter; il embrasse
cette dernière trois fois sur le champ labouré et emblavé. C'est pour
cela que Zeus l'abattit de sa foudre. (OVIDE: *Métamorph.*, IX.)

[55] Voir CUMONT: *Textes et Monuments*, 1899, I, p. 56.

Fig. 225. *Hermès et les nymphes dans la grotte de Pan.*
Bas-relief du ɪvᵉ siècle av. J.-C.
Museo Barrucco. Rome.

Extrait de G. Prampolini: *La mitologia nella vita dei popoli.*
Milan 1938. t. II, p. 40.

qui, selon le témoignage de Clément d'Alexandrie, aurait
contenu des pâtisseries, des dons de sel et de fruits. Le
synthème (profession de foi) du myste, rapporté par
Clément, indique cependant encore autre chose:

« J'ai jeûné, j'ai bu le Kykeon, j'ai pris dans la caisse et
après avoir travaillé, je l'ai remis dans le panier et du panier
dans la caisse. » [56]

A la question: « Qu'y avait-il dans la caisse ? » Dieterich [57] donne une réponse plus précise. « Travailler »
concerne une activité phallique à laquelle le myste devait
procéder. De fait, il existe des dessins du panier mystique

---

[56] « Ἐνήστευσα, ἔπιον τον κυκεῶνα ἔλαβον ἐκ κίστης· ἐργασάμενος ἀπεθέ-
μεν εἰς καλάθον καὶ ἐκ καλάθον εἰς κίστην. » Au lieu de ἐργασάμενος, on lit
aussi, selon la proposition de Lobeck, ἐγγευσάμενος, « après y avoir
goûté ». Dieterich: *Mithraslit.*, p. 125, s'en tient cependant au texte
traditionnel.

[57] *Mithraslit.*, p. 123.

avec dedans un phallus entouré de fruits[58] *(fig. 224)*.
Sur ce qu'on appelle le vase funéraire de Lovatellini,
dont on considère que les reliefs représentent des cérémonies d'Éleusis, un myste est dessiné, caressant un serpent qui s'enroule autour de Déméter. La caresse faite à
un animal donnant de l'angoisse indique une domination

Fig. 226. *Caisse et serpent.*
Tetradrachme kistophore d'argent d'Ephèse, 57 av. J.-C.
British Museum, Londres.

Extrait de H. HAAS: *Bilderatlas zur Religionsgeschichte.*
9ᵉ-11ᵉ livraison: *Die Religionen in der Umwelt des Urchristentums.*
Leipzig 1926, fig. 163.

cultuelle de l'inceste. D'après les témoignages de Clément
d'Alexandrie, il y avait un serpent dans le coffre mystique[59].
Ce serpent représente le danger devenu menaçant par
suite du mouvement régressif de la libido. Rhode (Hermès
XXI, 124) signale que, lors des Arrhétophories, on jetait
des gâteaux en forme de phalli et de serpents dans le
gouffre près de Thesmophorion: la fête concernait la
richesse en enfants et en moissons[60]. Dans les consécrations,
le serpent jouait aussi un grand rôle sous le nom étonnant

---

[58] Par exemple sur un relief de Campana in Lovatelli (*Antichi
monumenti*, 1889, I, IV, fig. 5). De même le Priape de Vérone a
une corbeille remplie de phalli *(fig. 298)*.

[59] DE JONG: *Das antike Mysterienwesen*, 1909, p. 21.

[60] La mère est celle qui distribue la nourriture. C'est pourquoi
saint Dominique se réconforte au sein de la déesse mère (mère de
dieu) ainsi que l'adepte alchimiste. La femme-soleil de Namaqua
est faite de lard. Cf. à ce sujet les idées de grandeur de la malade
qui assurait: « Je suis Germania et Helvetia faite exclusivement de
beurre doux. » (*Psychologie der Dementia praecox*, 1907, p. 136.)

de: ὁ διὰ κόλπου θεός (le dieu
à travers le sein). Clément [61]
signale que le symbole des
mystères de Sabazios *(fig.
228)* est: ὁ διὰ κόλπου θεός
δράκων δὲ ἐστι καὶ οὗτος διελκό-
μενος τοῦ κόλπου τῶν τελουμένων
(Le dieu à travers le sein,
mais c'est un serpent et
celui-ci est tiré à travers le
sein du myste.) Arnobe nous
apprend: « Aureus coluber
in sinum demittitur conse-
cratis et eximitur rursus ab
inferioribus partibus atque
imis. » [62] Dans l'hymne orphique 52, Baccheus est appelé: ὑποκόλπιε, ce qui indique
que le dieu entre dans
l'homme comme à travers
un sexe féminin [63]. Dans le
mystère éleusinien l'hiérophante annonçait *(fig. 29
et 223)* : ἔτεκε πότνια κοῦρον
Βριμὼ βριμόν. (Le sublime a
mis au monde un fils sacré,

Fig. 227.
Panier d'Isis avec serpent.
Autel de marbre du temple d'Isis
élevé à Rome par Caligula.
Extrait de H. GRESSMANN:
*Die orientalischen Religionen
im Hellenistisch-römischen Zeitalter.*
Berlin und Leipzig 1930, fig. 15, p. 40.

Brimo, le Brimos.) [64] Cet évangile de Noël: « Aujourd'hui
un fils nous est né » s'éclaire d'une façon toute particulière

---

[61] Protrept., II, 16. Cité par A. DIETERICH: *Eine Mithrasliturgie*,
1910, p. 123.

[62] « On laisse tomber un serpent d'or dans le pli du vêtement du
consacré et on le tire par en bas. » Cité par DIETERICH: *Mithrasliturgie*, 1910, p. 123.

[63] Cf. chez NIETZSCHE, les images: « Enfoncé dans ta propre
fosse », etc. Une prière à Hermès, dans un papyrus de Londres, dit:
ἐλθέ μοί, κύριε Ἑρμῆ, ὡς τὰ βρέφη εἰς τὰς κοιλίας τῶν γυναικῶν. (« Viens à
moi, Hermès, comme les enfants dans le corps des femmes »).
« Kenyon Greek Papyr. » in the *Brit. Mus.*, 1893, p. 116, Pap. CXXII,
Z, 2 sq. Cité par DIETERICH: *loc. cit.*, p. 97.

[64] Brimo = Déméter. Jupiter aurait, dit-on, consommé l'union
avec sa mère Deo (= Déméter) sous la forme d'un taureau, ce qui mit

par la tradition [65] selon laquelle les Athéniens montraient
en silence à ceux qui prenaient part à la fête le grand

Fig. 228. *Sabazios entouré des objets du culte.*
D'après une plaque de bronze du Musée national de Copenhague.

Extrait de ROSCHER: *Lexikon der Griechischen und Römischen Mythologie.*
T. IV, Leipzig 1905-1015, col. 247.

secret époptique merveilleux le plus parfait — *un épi de
blé* [66] *(fig. 229)*.

Comme analogue de ce motif de la mort et de la résurrection, nous avons celui de « perdre » et « retrouver ».

la déesse en fureur. Pour l'apaiser, il fit semblant de s'émasculer.
ROSCHER, IV, s. v. *Sabazios*, 253, 5.

[65] Cf. DE JONG: *loc. cit.*, p. 22.

[66] Chez les anciens, le dieu du blé était Adonis, dont on fêtait
chaque année la mort et la résurrection. Il était le fils-amant de sa
mère *(fig. 58)*, car le grain est à la fois fils et fécondateur du sein
de la terre, ainsi que Robertson le remarque fort justement. *(Evang.
Myth.*, 1910, p. 36.)

Il apparaît dans le culte exactement à la même place, à savoir dans des fêtes du printemps analogues au hiéros-gamos durant lesquelles on cachait et retrouvait la statue du dieu. Une tradition non canonique prétend qu'à l'âge de douze ans, Moïse abandonna la maison paternelle pour enseigner les hommes. De la même manière le Christ abandonne ses parents qui le retrouvent comme maître de sagesse, tout comme dans la légende mahométane Moïse et Josué perdent le poisson à la place duquel apparaît le sage Chidher; le dieu du blé, que l'on croyait perdu et mort reparaît soudain sortant de terre en une nouvelle jeunesse.

Fig. 229.
Le secret de l'épi.
Monnaie phénicienne
de Ilipa Magna.
Extrait de R. EISLER:
Orpheus — The Fisher.
Londres 1921, planche XXVII.

Ces récits nous font comprendre combien consolants étaient les mystères d'Éleusis pour l'espoir d'au-delà du myste. Une épitaphe d'Éleusis dit:

« En vérité, les dieux bienheureux annoncent un beau secret ! Pour les mortels, la mort n'est pas une malédiction, mais une bénédiction ! »

C'est aussi ce que dit des mystères l'hymne à Déméter [67]:

« Bien heureux qui a vu cela, parmi les hommes habitant la terre ! Mais qui ne participe pas aux actions sacrées a un destin différent aussi dans l'ombre de la mort qui enveloppe tout ! »

Dans un chant liturgique du XIXe siècle, de Samuel Preiswerk, on retrouve le même symbolisme:

« La chose est tienne, Seigneur Jésus-Christ
La chose à laquelle nous nous tenons;
Et puisque c'est ton affaire
Elle ne saurait disparaître.

---

[67] DE JONG: *Das antike Mysterienwesen*, 1909, p. 14.

Mais le grain de froment, avant
De germer fécond vers la lumière,
Doit mourir dans le sein de la terre,
D'abord dégagé de son être.
Tu allas, Jésus, notre maître,
Par la souffrance vers le ciel
Et tu conduis tous ceux qui croient
Avec toi par la même route.
Eh bien, conduis-nous tous en même temps
En partie à la souffrance et au royaume;
Elève-nous par la porte de ta mort
Nous qui sommes à toi vers la lumière. »

Firmicus Maternus (de errore prof. relig. XXII, I,
p. 111) raconte sur le mystère d'Attis : « nocte quadam
simulacrum in lectica supinum ponitur et per numeros
digestis fletibus plangitur; deinde cum se ficta lamenta-
tione satiaverint, lumen infertur: tunc a sacerdote omnium
qui flebant fauces unguentur, quibus perunctis sacerdos
hoc lento murmure susurat : Θαρρεῖτε μύσται τοῦ θεοῦ σεσωσμέ-
νου, ἔσται γὰρ ἡμῖν ἐκ πόνου σωτερία.

(« Durant une nuit déterminée, on couche la statue du dieu
sur le dos en une litière et on la pleure en des lamentations
rythmées; et quand on s'est suffisamment donné à cette fictive
lamentation mortuaire, on apporte une lumière. Alors le
prêtre oint la gorge de tous ceux qui ont pleuré et il murmure
lentement ce qui suit : « Prenez courage vous les mystes, car le
dieu est sauvé et pour vous tous le salut viendra de toutes vos
misères. »)

Les parallèles de ce genre montrent combien peu
d'humain personnel et combien de généralement mythique
est contenu dans la figure du Christ. Le héros est un homme
extraordinaire en qui demeure un δαίμων et c'est ce δαίμων
qui fait de lui un héros. Là est la raison pour laquelle les
déclarations faites au sujet du héros sont le plus souvent
si peu personnelles et si fréquemment typiques et impersonnelles. Le Christ est un être-dieu, comme le dit en
première main l'interprétation chrétienne primitive. A
bien des endroits de la terre, sous les formes les plus diverses
et selon la nuance de l'époque, le héros-sauveur apparaît

comme fruit de la rentrée de la libido dans la profondeur maternelle de l'inconscient. Les initiations bacchiques représentées sur le relief en stuck de Faresina contiennent une scène dans laquelle un myste, enveloppé dans son manteau ramené sur sa tête, est conduit près de Silène qui tient le λίχνον recou-vert d'un drap. La dis-simulation de la tête signifie invisibilité, autre-ment dit: mort [68] (fig. 223). Chez les Nandis de l'Afrique orientale, les nouveaux circoncis, c'est-à-dire les initiés, vont pendant un assez long temps coiffés d'un étrange bonnet conique d'herbes qui les couvre de tous côtés et descend jusqu'à terre (fig. 230). Les cir-concis sont invisibles, c'est-à-dire devenus es-prits. Le voile des nonnes à la même signification. Le myste meurt au figuré comme le grain de se-mence, puis il pousse à nouveau pour venir dans le van à blé. Proclus raconte que l'on enterrait

Fig. 230.
Masques d'une société secrète en Nouvelle-Bretagne.
Archives de la *Revue Ciba*. Bâle.

le myste jusqu'au cou [69]. L'église est en un certain sens une « tombe des héros » (catacombes !). Le fidèle descend dans la tombe pour ressusciter avec le héros. On ne peut guère mettre en doute que l'Église ait comme sens secret celui de « corps de la mère ». L'interprétation tan-trique conçoit l'intérieur du temple comme l'intérieur du

---

[68] DIETERICH: *Mithraslit.*, 1909, p. 167.
[69] DIETERICH: eod. l.

Fig. 231. *La prétendue tombe sacrée de san Stefano
à Bologne.*

Collection de l'auteur.

corps et l'ἄδυτον est appelé garbha ou grha, lieu de germination ou utérus. La vénération du saint sépulcre est
sans doute ce qu'il y a de plus caractéristique à ce
point de vue. Le saint sépulcre de san Stefano, à Bologne
(fig. 231) en est un bon exemple. L'église elle-même,
rotonde polygonale très ancienne, est faite des restes
d'un temple d'Isis. A l'intérieur se trouve un spelaeum
artificiel, sorte de saint sépulcre, où l'on se glisse par
une très petite porte. La vénération dans un tel spelaeum ne peut guère faire autre chose que d'identifier
l'adorant au mort qui ressuscite, autrement dit à celui
qui renaît. Il semble que les cavernes néolithiques de

574

Fig. 232. *Matuta, Pieta étrusque.*
Museo topografico dell'Etruria,
Florence.
Collection de l'auteur.

Hal Saflieni, à Malte, ont servi à des initiations du même genre. Un ossuaire étrusque du musée archéologique de Florence est en même temps une statue de la Matuta *(fig. 232)*, déesse des morts; la statue en terre de la déesse est creuse en dedans pour recevoir de la cendre. La reproduction que nous en donnons permet de reconnaître que la Matuta est la mère; son siège est orné de sphinx comme il convient à la mère des morts (cf. le mythe d'Œdipe).

Un petit nombre seulement des autres exploits de Hiawatha peut nous intéresser; parmi ceux-ci, au VIIIe chant, le combat avec Mishe-Nahma, le dieu poisson; parce qu'il est un combat typique du héros solaire, il mérite qu'on le mentionne. Mishe-Nahma est un poisson monstrueux qui demeure au fond des eaux. Provoqué en combat par Hiawatha, il engloutit le héros en même temps que son vaisseau.

> « In his wrath he darted upward,
> Flashing leaped into the sunshine,
> Opened his great jaws, and swallowed
> Both canoe and Hiawatha.
>
> Down into the darksome cavern
> Plunged the headlóng Hiawatha,
> As a log on some black river
>
> Shoots and plunges down the rapids,
> Found himself in utter darkness,
> Groped about in helpless wonder,
> Till he felt a great heart beating,
> Throbbing in that utter darkness.
>
> And he smote it in his anger,
> With his fist, the heart of Nahma,
> Felt the mighty king of Fishes
> Shudder through each nerve and fibre.
> Crosswise then did Hiawatha
> Drag his birch-canoe for safety,
> Lest from out the jaws of Nahma;
> In the turmoil and confusion,
> Forth he might be hurled and perish. »

Fig. 233. *Combat avec le monstre.*

Chapiteau de la collégiale de Payerne (Suisse, canton de Vaud).

Extrait de J. KUHN: *Mythologische Motive in Romantischen Kirchen.*
« Widar ». Schaffhouse 1945, fig. 28.

(« Dans sa colère, il se dressa comme un éclair, bondit dans le soleil, ouvrit ses grandes mâchoires et engloutit à la fois le canoë et Hiawatha.

Dans sa sombre caverne plongea Hiawatha la tête la première, telle une bûche sur quelque noire rivière s'élance et plonge dans le rapide, il se trouva dans une totale obscurité, chercha à tâtons, désemparé et étonné jusqu'à ce qu'il sentit battre un gros cœur palpitant dans cette totale obscurité.

Et il le frappa dans sa colère, avec son poing, le cœur de Nahma. Il sentit le puissant roi des poissons frissonner dans chaque nerf et chaque fibre. Tira son canoë de bouleau pour se protéger des mâchoires de Nahma; dans le désordre et l'agitation, il aurait pu être précipité et périr. »)

C'est en somme le mythe de l'exploit du héros, tel qu'il est répandu dans le monde entier. Il part en bateau, lutte contre le monstre marin *(fig. 233)*, est avalé par lui, résiste pour ne pas être broyé ou écrasé [70] (motif de la résistance et du trépignement) cherche, une fois parvenu à l'intérieur du dragon-baleine, l'organe vital qu'il coupe ou détruit d'une manière quelconque. Assez souvent, la mise à mort du monstre a lieu parce que le héros fait en secret *du feu* à l'intérieur, c'est-à-dire qu'il produit secrètement la vie dans le corps du mort: le soleil levant. Ainsi le poisson est tué, vient sur le rivage où, avec l'aide d'oiseaux, le héros réapparaît à la lumière du jour [71].

---

[70] *Faust:* « Comme un fleuve de nuages serpente cette foule
Brandis la clé ! Ecarte-les de toi ! »

(V. 6279-6280.)

[71] Je cite ici comme exemple le mythe polynésien de Rata. (Cité par FROBENIUS: *Das Zeitalter des Sonnengottes*, 1904, p. 64-66.) « Poussé par un vent favorable, le navire faisait doucement voile sur l'océan, quand un jour Nganaoa s'écria: « O Rata, voici un ennemi terrible qui surgit de l'océan ! » C'était un coquillage ouvert de dimensions gigantesques. L'une des valves était à l'avant, l'autre à l'arrière du bateau, et le navire se trouvait directement entre les deux. D'un moment à l'autre l'épouvantable coquillage pouvait se refermer et les écraser tous dans sa gueule. Mais Nganaoa était préparé à cette éventualité. Il saisit un long épieu qu'il enfonça rapidement dans le corps, de sorte que, au lieu de se refermer, l'animal aux deux valves s'enfonça aussitôt au fond de la mer. Après avoir échappé à ce danger, ils continuèrent leur route. Cependant, au bout d'un certain temps, on entendit encore la voix de Nganaoa, toujours vigilant: « O Rata, voici que surgit à nouveau des profondeurs de l'océan un terrible ennemi. » Cette fois, c'était un énorme octopus dont les tentacules géantes encerclaient déjà le bateau pour le détruire. En ce moment critique, Nganaoa saisit son épieu et l'enfonça à travers la tête de l'octopus. Flasques, les tentacules retombèrent et le monstre mort s'en alla flottant sur l'océan. Une fois de plus ils continuèrent leur voyage, mais un danger encore plus grand les attendait. Un jour, le courageux Nganaoa s'écria: « O Rata, voici une grosse baleine ! » Son énorme gueule était ouverte, sa mâchoire inférieure était déjà sous le bateau et l'autre au-dessus. Un instant encore et la baleine les avait engloutis. Alors Nganaoa, « le tueur de dragons » (the slayer of monsters), brisa son épieu en deux morceaux et, au moment où la baleine allait les broyer, il plaça les deux bâtons dans la gorge de l'animal ennemi, de sorte qu'il ne put fermer ses mâchoires. Nganaoa sauta rapidement dans la gueule de la grosse baleine (engloutissement du héros) et regarda dans son ventre; et que vit-il ? Là se trouvaient ses deux parents, son père Tairitokerau et sa mère Vaiaroa, qui avaient été engloutis

A cette place l'oiseau doit signifier d'une part la montée renouvelée du soleil, la renaissance du phénix; d'autre part, il doit rappeler ce qu'on nomme les « animaux secourables » (fig. 234) qui, puisque ce sont des oiseaux, représentent des êtres aériens, c'est-à-dire des esprits, ou des anges (fig. 136) (êtres oiseaux), aides surnaturels lors de la naissance. Au moment de la naissance, selon les mythes, apparaissent fréquemment des messagers divins, idée qui se per-pétue encore dans la cou-

Fig. 234.
Les pluviers (Charadrius),
secourables aux malades.
Miniature d'une collection française de romans.
Milieu du XIVe siècle.
British Museum, Londres.
Archives de la *Revue Ciba*, Bâle.

tume du *parrain* (en Suisse alémanique: Götti ou Gotte !).
Le symbole solaire de l'oiseau qui surgit de l'eau est (selon l'étymologie) conservé dans le cygne chantant. « Cygne » (Schwan) provient de la racine « sven », comme le soleil

---

par le monstre alors qu'ils étaient à la pêche. L'oracle était accompli. Le voyage avait atteint son but. Grande fut la joie des parents de Nganaoa quand ils aperçurent leur fils. Ils étaient maintenant persuadés que leur délivrance était proche. Et Nganaoa décida aussi de se venger. Il prit un des deux bâtons dans la gueule de l'animal — un seul suffisait pour empêcher la baleine de la fermer et ainsi de conserver à Nganaoa et à ses parents la voie libre. Cette partie de l'épieu, il la brisa donc en deux parties pour les utiliser comme bois pour la friction du feu. Il pria son père d'en tenir un au-dessous pen-dant que lui-même maniait la partie supérieure, jusqu'à ce que le feu commençât à brûler (allumage du feu) tandis qu'il soufflait pour obtenir la flamme, il se hâta de chauffer avec le feu les parties grasses du ventre (cœur). Le monstre se tordait de douleur, chercha secours en nageant vers la terre proche (traversée). Dès qu'il atteignit le banc de sable (atterrir), père, mère et fils vinrent à terre en passant par la gueule ouverte de la baleine mourante (sortie du héros). » (Voir aussi le schéma p. 354.)

Fig. 235. *L'oiseau de l'âme.*
Ba égyptien, à tête humaine, visite le mort pour s'unir à lui
et le ranimer en le touchant avec la croix ansée.

Peinture sur papyrus du « Livre des morts d'Ani »
(18ᵉ dynastie, 1500 av. J.-C.)
British Museum, Londres.

Archives de la *Revue Ciba*, Bâle.

(Sonne) et les sons (Töne) (v. plus haut). Cette action
signifie Renaissance et recherche de la vie *(fig. 235)* dans
la mère [72] et aussi destruction définitive de la mort qui,
selon ce que rapporte un mythe nègre, est venue dans
notre monde par suite de la méprise d'une vieille femme.
Lors du dépouillement général (car les hommes se rajeu-
nissaient jadis par dépouillement comme les serpents) elle
avait, par distraction, revêtu sa vieille peau au lieu de la
neuve, à la suite de quoi elle mourut.

---

[72] Dans la légende de Maui, en Nouvelle-Zélande (cité par Frobenius, *loc. cit.*, p. 66 sq.), le monstre à vaincre est l'aïeule Hine-
nui-te-po. Maui, le héros, dit aux oiseaux qui viennent à son aide:
« Mes petits amis, si je me glisse maintenant dans la gorge de la
vieille femme, vous ne devez pas rire, mais quand après y être entré,
je sortirai à nouveau de sa bouche, alors vous pourrez me saluer d'un
rire joyeux. » Et Maui se glisse vraiment dans la bouche de la vieille
endormie.

Il est facile de voir ce que signifie la lutte contre le monstre marin ou le poisson monstrueux: c'est un combat pour libérer la conscience du moi de l'enlacement mortel de l'inconscient. C'est ce qu'indique la préparation du feu dans le ventre du monstre. C'est un sortilège apotropéique dirigé contre l'obscurité de l'inconscient. Le sauvetage du héros est en même temps un lever du soleil, c'est-à-dire le triomphe de la conscience *(fig. 236)*.

Malheureusement l'effet d'actions héroïques de ce genre n'est d'ordinaire que de courte durée. Sans cesse et toujours, il faut que les peines du héros se renouvellent, toujours sous le symbole d'une libération de la mère. De même que Héra (mère persécutrice) est en réalité la source des grands exploits d'Hercule, Nokomis ne donne point de répit à Hiawatha et entasse sur son chemin de nouvelles difficultés : ce sont des aventures mortelles, où peut-être

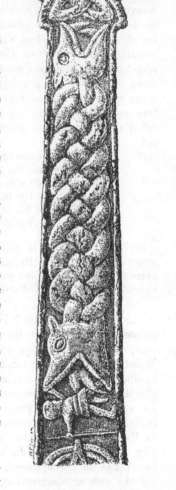

Fig. 236.

Combat de Vidar avec le loup Fenris.
Bas-relief d'une croix dans le cimetière de Gosforth, Cumberland.

Extrait de L. H. Gray & J. A. MacCulloch: *Mythology of all Races.*
Boston 1930, vol. II, planche XXI.

le héros pourra vaincre, mais où peut-être aussi il ira à
sa perte. Avec sa conscience, l'homme est toujours en
arrière des buts inconscients ; il se plonge dans une pares-
seuse inactivité, jusqu'à ce que sa libido l'appelle à de
nouveaux dangers ; ou bien lorsqu'il est parvenu à l'apogée
de son existence, une nostalgie rétrospective se saisit de
lui et le paralyse. Mais s'il se ressaisit pour obéir à la
poussée dangereuse vers l'interdit ou vers ce qui semble
impossible, il succombe ou devient un héros. La mère est
donc le démon qui provoque le héros à des exploits et
aussi qui place sur sa route le serpent venimeux qui le
fera succomber. Aussi au chant IX, au moment où le
soleil descend dans la pourpre, Nokomis l'appelle et lui
dit :

> « Yonder dwells the great Pearl-Feather,
> Megissogwon, the Magician,
> Manito of Wealth and Wampum,
> Guarded by the black pitch-water.
> You can see his fiery serpents,
> Coiling, playing in the water. »

(« Là-bas demeure le grand Père-Plume, Megissogwon le
magicien, Manito de la Richesse et Wampum, gardé par l'eau
noire comme la poix. Vous pouvez voir ses serpents enflammés
s'enrouler, jouer dans l'eau. »)

Le danger qui guette à l'ouest, c'est la mort, à laquelle
personne n'échappe, quelle que soit sa puissance. Le magicien, comme nous l'apprenons, a tué le père de Nokomis.
Maintenant elle envoie son fils venger son père. Grâce aux
symboles adjoints au sorcier, il est facile de comprendre
qui il symbolise. Serpent et eau font partie de la mère.
Le serpent encercle, protecteur et défenseur, le rocher
maternel, habite la caverne, s'enroule en montant autour
de l'arbre maternel, garde le trésor, la « richesse » secrète
(fig. 237). L'eau noire du Styx est, tout comme la source
bourbeuse de Dhulqarnein, le lieu où le soleil s'éteint et
marche vers sa résurrection, mer de la mort et de la nuit
de la mère dévorante. Pour s'y rendre, Hiawatha emporte
l'huile magique de Mishe-Nahma qui aide son navire à

Fig. 237. *Le serpent Python enlaçant Omphale.*
D'après une fresque pompéienne.
Extrait de J. E. HARRISON: *Themis.*
Cambridge 1912, fig. 127, p. 424.

traverser l'eau de mort (c'est donc une sorte de charme
d'immortalité, tel que l'est pour Siegfried le sang .du
dragon). En premier lieu Hiawatha abat le grand serpent.
Il est dit au sujet de la traversée nocturne par les eaux
stygiennes :

> « All night long he sailed upon it,
> Sailed upon that sluggish water,
> Covered with its mould of ages,
> Black with rotting water-rushes,
> Rank with flags and leaves of lilies,
> Stagnant, lifeless, dreary, dismal,
> Lighted by the shimmering moonlight,
> And by will-o'-the-wisps illumined,
> Fires by ghosts of dead men kindled,
> In their weary night-encampments. »

(« Toute la nuit il vogua sur elle, vogua sur cette eau trai-
nante couverte de la moisissure des âges passés, noire des
joncs aquatiques pourrissants, noire de la pourriture des
roseaux, rance de feuilles d'algues et de nymphéas, stagnante,
sans vie, morne, lugubre, éclairée par le clair de lune moiré
et illuminé par les feux follets, feux allumés par les spectres
des morts dans la lassitude de leurs campements nocturnes. »)

Cette description montre nettement le caractère d'une
eau de mort. Les plantes aquatiques en décomposition

rappellent le motif déjà cité de l'enlacement et de l'engloutissement. C'est ainsi que la clé des songes de Jagaddeva [73] nous dit (p. 77): « Celui qui en rêve entoure son corps de fibres végétales, de plantes grimpantes ou de cordes, d'une peau de serpent, de fils ou de tissus, meurt également. » Je renvoie aux exemples précédents sur ce point.

Indubitablement, il s'agit dans cette description du royaume de la « mère terrible » représenté par le magicien, figure négative du père, ou par un principe mâle en la mère, comme le *spiritus rector* secret, qui provoque l'entreprise de Hiawatha, est remplacé par Nokomis, la mère, donc un principe féminin dans le cœur de Hiawatha. Comme ce dernier correspond à l'*animus* de Hiawatha, de même le premier correspond à l'*anima* de la mère terrible.

Arrivé au pays de l'ouest, le héros provoque le magicien au combat. Une lutte terrible commence. Hiawatha est sans pouvoir parce que Megissogwon est invulnérable. Le soir, Hiawatha blessé et désespéré se retire pour prendre du repos:

> « Paused to rest beneath a pine-tree,
> From whose branches trailed the mosses,
> And whose trunk was coated over
> With the Dead-man's Mocassin-leather,
> With the fungus white and yellow. »

(« Il s'arrêta pour se reposer sous un pin, des branches duquel traînaient les mousses et dont le tronc était recouvert du cuir de mocassin du mort, du fungus blanc et jaune. »)

Cet arbre protecteur est décrit comme *revêtu* (du cuir de mocassin des morts, le champignon). Cette anthropomorphisation de l'arbre est un facteur important partout où règne le culte de l'arbre, comme par exemple aux Indes, où chaque village possède un arbre sacré *(fig. 238)* vêtu et en général traité comme un être humain. On les asperge d'eau parfumée, les couvre de poudres, les pare de couronnes et de parures. De même qu'on perce les

---

[73] Publié et rédigé par Julius v. NEGELEIN in *Relig. gesch. Vers. und Vorarb. von* DIETERICH *und* WÖNSCH, t. XI, 1912.

Fig. 238. *L'arbre de l'illumination.*
Relief d'un pilier de Barhut.
Extrait de W. Cohn: *Buddha in der Kunst des Ostens.*
Leipzig 1925, fig. 3, p. XXIV.

oreilles des hommes comme charme apotropéique contre la mort, de même on agit pour l'arbre sacré:

« Of all the trees in India there is none more sacred to the Hindus than the Aswatha (Ficus religiosa). It is known to them as Vriksha Raja (king of trees). Brahma, Vishnu and Mahesvar live in it, and the worship of it is the worship of the Triad. Almost every Indian village has an Aswatha » etc.[74]

(« De tous les arbres aux Indes, aucun n'est plus sacré pour les Hindous que l'Aswatha (Ficus religiosa). Ils le connais-

---

[74] Cité par J. v. Negelein: *Der Traumschlüssel des Jagaddeva*, 1912, p. 256.

sent sous le nom de Vriksha Raja (le roi des arbres). Brahma, Vichnou et Mahesvar vivent en lui et sa vénération est la vénération de la Triade. Presque tous les villages de l'Inde ont un Aswatha », etc.)

Ce « Tilleul du village » que nous connaissons bien, est ici caractérisé d'une façon fort claire comme symbole maternel: il renferme les trois divinités. Donc lorsque Hiawatha se retire sous le pine-tree pour se reposer [75], c'est là un geste qui n'est pas sans inconvénients, car il se rend auprès de la mère dont le vêtement est un vêtement de mort. De même que lors du combat contre le dragon-baleine, le héros a besoin de « l'aide des oiseaux », c'est-à-dire des animaux secourables qui représentent des tendances correspondantes ou des idées spontanées de l'inconscient, donc de la mère secourable:

> « Suddenly from the boughs above him
> Sang the Mama, the woodpecker:
> Aim your arrows, Hiawatha,
> At the head of Megissogwon,
> Strike the tuft of hair upon it,
> At their roots the long black tresses;
> There alone can he be wounded ! » *(Cf. fig. 239.)*

(« Soudain, depuis les rameaux au-dessus de lui chanta la Mama, le pivert: pointez vos flèches Hiawatha vers la tête de Megissogwon, frappez la touffe de cheveux à leurs racines les longues tresses noires; là seulement, il peut être blessé. »)

Et voici que, fait comique doit-on dire, Mama vient à son secours. Or le pivert fut aussi la « Mama » de Romulus et de Rémus puisque, de son bec, il mit de la nourriture dans la bouche des deux jumeaux [76]. Le pivert doit son importance particulière à ce fait qu'il frappe des trous dans les arbres. Il est donc compréhensible que, dans la légende romaine, on le fête comme un vieux roi du pays,

---

[75] Le « pine-tree » prononçait, on le sait, le mot significatif: « Minne-wawa ! ».

[76] Dans le conte de Cendrillon, le petit oiseau secourable vient sur l'arbre qui pousse sur la tombe maternelle.

possesseur et maître de l'arbre sacré, image première de *Pater familias*. Une vieille fable raconte que Circé, épousu du roi Picus, l'avait métamorphosé en *Picus martius*. Elle le tue et le métamorphose en oiseau des âmes. Picus est également considéré comme *démon forestier*, incube [77] et prophétique [78] *(fig. 239)*.

Picus est assez souvent, chez les anciens, mis sur le même pied que Picumnus. Picumnus est l'inséparable compagnon de Pilumnus et tous deux s'appellent précisément « infantium dii », dieux des enfants. C'est spécialement de Pilumnus que l'on raconte qu'il défend les enfants nouveau-nés contre les attaques pernicieuses du dieu des bois Silvanus; l'oiseau secourable conseille au héros de frapper le magicien sous les cheveux,

Fig. 239.
Le pic prophète.
Extrait de J. H. HARRISON: *Themis*. Cambridge 1912. Fig. 16.

où se trouve la seule place vulnérable. Celle-ci est sur le haut de la tête, à l'endroit de la naissance mythique par la tête *(fig. 240)* qui, aujourd'hui encore, réapparaît dans les théories des enfants sur la naissance. C'est là que Hiawatha lance trois flèches [79]; ainsi il abat Megissogwon.

---

[77] ROSCHER: *sub Picus*, 2496, 30.

[78] Le père de Picus se serait appelé Sterculus ou Sterculius, nom qui dérive nettement de stercus: excrément; il aurait été aussi l'inventeur du fumier. Le premier créateur, qui forma la mère, le fit par le moyen de la création infantile que nous connaissons déjà. Le dieu suprême fait un œuf, sa mère, d'où il se réenfante lui-même. Dans l'alchimie, stercus a le sens de *prima materia*.

[79] La malade de Spielrein reçoit de dieu trois coups dans la tête, la poitrine et l'œil, « puis se produisit une résurrection de l'esprit ». (*Jahrbuch*, III, p. 376.) Dans la légende thibétaine de Bogda Gesser Khan, le héros solaire envoie une flèche dans le front de la vieille démoniaque qui l'engloutit et le rejette. Dans une légende kalmouke, le héros envoie la flèche dans l'œil rayonnant « sur le front du taureau ».

Fig. 240. *Naissance d'Athéna.*
Hydrie du peintre de Nausicaa, vers 450 av. J.-C.
Paris.

Extrait de E. PFUHL: *Tausend Jahre Griechischer Malerei.*
Munich 1940, planche 196, fig. 518.

Puis il ravit la cuirasse magique de Wampum qui rend
invulnérable; il laisse le mort au bord de l'eau.

> « On the shore he left the body,
> Half on land and half in water,
> In the sand his feet were buried,
> And his face was in the water. »

(« Sur le rivage il laissa le corps, à demi sur la terre, à demi
dans l'eau, dans le sable ses pieds furent enterrés et son visage
était dans l'eau. »)

La situation est donc la même qu'avec le roi poisson,
le magicien étant la personnification de l'eau de mort qui,
de son côté, représente la mère dévoratrice. A ce très
grand exploit de Hiawatha où, sous la forme négative du
père, il a vaincu aussi la mère, démon porteur de mort,
succède le mariage avec Minnehaha. Il ne peut songer à
son être d'homme qu'après avoir rempli sa destinée de
héros, c'est-à-dire après avoir rendu possible la transformation d'un démon, d'un être naturel indompté, en une
puissance à la disposition de l'homme et d'autre part,
après avoir délivré définitivement la conscience du moi de la
menace mortelle que fait peser sur elle l'inconscient sous
la forme des parents négatifs. Le premier fait concerne

la production de la volonté, le second, la possibilité de l'utiliser librement.

Du chant suivant (XIIᵉ) il n'y a à mentionner qu'une petite fable que le poète y a insérée: un vieillard se métamorphose en jeune homme en *se glissant à travers* [80] un chêne creux. Dans le XIVᵉ chant, on décrit comment Hiawatha inventa *l'écriture*. Je me borne à donner la description de deux signes hiéroglyphiques:

« Gitche Manito the Mighty,
He, the Master of Life, was painted
As an egg, with points projecting
To the four winds of the heavens.
Everywhere is the Great Spirit,
Was the meaning of this symbol. »

(« Gitche Manito le Puissant, lui le maître de la vie, fut peint comme un œuf avec des pointes en saillie aux quatre vents des cieux. Partout est le grand esprit, fut le sens de ce symbole. »)

Le monde est dans l'œuf *(fig. 260)* qui l'entoure de tous côtés; c'est la mère qui enfanta le monde dont Platon, comme les Védas, a utilisé le symbole. Cette mère est semblable à l'air qui est, lui aussi, partout. Or l'air est esprit: la mère du monde est un esprit, une *anima mundi*. Cette image est en même temps un symbole de quaternité qui toujours, psychologiquement, renvoie au *soi*. Il décrit donc l'extérieur et l'intérieur, le très grand et le très petit, en conformité avec l'idée hindoue de l'Atman qui enveloppe l'univers et demeure dans le cœur de l'homme en tant que poucet [81]. Le deuxième signe est le suivant:

« Gitche Manito the Mighty,
He the dreadful Spirit of Evil,
As a serpent was depicted,
As Kenabeek, the great serpent. »

(« Gitche Manito le Puissant, lui le terrible esprit du mal, comme un serpent fut dépeint, comme Kenabeek, le grand serpent. »)

---

[80] Synonyme de rentrée dans la mère, s'enfoncer dans le monde intérieur, traverser, creuser, creuser l'oreille, enfoncer les ongles, avaler des serpents, etc.

[81] Cf. *Psychologie und Religion*, trad. en préparation, Rascher, 1940, p. 104.

L'esprit du méchant, c'est l'angoisse, l'interdiction, l'adversaire qui se dresse comme obstacle sur la route de la vie, qui lutte pour la durée éternelle ainsi que contre tout grand exploit singulier, qui instille au corps, par une morsure perfide de serpent, le poison de la faiblesse et de la vieillesse; il est tout ce qui tend vers l'arrière, qui menace d'attachement à la mère, de dissolution et d'extinction dans l'inconscient *(fig. 257 et 280).* Pour l'homme héroïque, l'angoisse est provocation et devoir, car seule l'entreprise audacieuse peut délivrer de l'angoisse. Et si l'on n'ose pas, quelque chose se brise dans le sens de la vie et tout l'avenir est condamné à une platitude sans espoir, à une pénombre que seuls éclairent encore quelques feux follets.

Le XVe chant décrit comment Chibiados, le meilleur ami de Hiawatha, musicien et chanteur aimable, incarnation de la joie de vivre, est attiré par les mauvais esprits dans un traquenard, s'écroule avec la glace qui se brise, et se noie. Hiawatha le déplore jusqu'à ce que, avec l'aide des magiciens, il réussisse à le rappeler. Mais celui qu'il ranime n'est plus qu'un esprit qui devient le seigneur du pays des esprits. Puis viennent de nouveaux combats: puis la perte d'un deuxième ami, Kwasind, incarnation de la force vitale. Ces événements sont des précurseurs annonçant la fin, comme la mort de Eabani dans l'épopée de Gilgamesh. Au XXe chant viennent la famine et la mort de Minnehaha, annoncées par deux hôtes silencieux du pays des morts: au XXIIe chant, Hiawatha se prépare au voyage définitif vers le pays d'ouest:

> « I am going, O Nokomis,
> On a long and distant journey
> To the portals of the Sunset,
> To the regions of the home-wind,
> Of the Northwestwind, Keewaydin. »

> « One long track and trail of splendor,
> Down whose stream, as down a river,
> Westward, westward, Hiawatha,
> Sailed into the fiery sunset,

Sailed into the purple vapors,
Sailed into the dusk of evening. »

« Thus departed Hiawatha,
Hiawatha the Beloved,
In the glory of the sunset
In the purple mists of evening,
To the regions of the home-wind,
Of the Northwestwind, Keewaydin,
To the Islands of the Blessed,
To the kingdom of Ponemah
To the land of the Hereafter ! »

(« Je pars, O Nokomis, pour un long et lointain voyage, jusqu'aux portails du couchant, jusqu'aux régions du vent, du vent du nord-ouest, Keewaydin. »

« Une seule piste de splendeur et descendant son cours, comme celui d'un fleuve, vers l'ouest, vers l'ouest, Hiawatha pénétra en voguant dans le couchant en feu pénétra en voguant dans les vapeurs pourpres, pénétra en voguant dans les ténèbres du soir. »

« Ainsi partit Hiawatha, Hiawatha le Bien-Aimé, dans la splendeur du couchant, dans les brumes pourpres du soir, jusqu'aux régions du vent, du vent du nord-ouest, Keewaydin, jusqu'aux Iles des Bienheureux, jusqu'au royaume de Ponemah, jusqu'au pays de l'au-delà. »)

Le soleil s'arrache à l'embrassement et à l'enlacement, au sein de la mer qui l'enveloppe; victorieux, il s'élève et, laissant derrière lui la hauteur du midi et toute son œuvre glorieuse, il descend dans la mer maternelle, dans la nuit qui enveloppe et qui réenfante tout *(fig. 42 et 144)*. Cette image fut certainement la première qui fût, la plus profondément qualifiée pour exprimer symboliquement la destinée de l'homme: au matin de la vie, le fils se sépare douloureusement de sa mère et du foyer de son pays pour s'élever en luttant jusqu'à la hauteur à laquelle il était destiné, s'imaginant avoir devant lui son pire ennemi, alors qu'il le porte en lui-même: aspiration dangereuse vers sa propre profondeur, aspiration à périr dans sa propre source, à être attiré vers en bas dans le royaume des mères. Sa vie est lutte continuelle avec la disparition, délivrance

591

violente et momentanée de la nuit continuellement aux
aguets. Cette mort n'est point un ennemi extérieur, mais
une aspiration personnelle intérieure vers le silence et le
calme profond d'un non-être connu, sommeil clairvoyant
dans la mer du devenir et du disparaître. Même au plus
haut degré de son aspiration à l'harmonie et à l'équilibre,
à la profondeur philosophique et à l'« émotion » artistique,
il cherche la mort, l'immobilité, l'accomplissement et le
repos. S'il s'arrête trop longuement, comme Pirithoos,
à ce lieu de repos et de paix, une torpeur le saisit et peut-être
le poison du serpent l'a-t-il paralysé pour toujours. S'il
veut vivre, il lui faut lutter et sacrifier l'aspiration qui le
tire en arrière, pour parvenir à sa propre apogée. Et une
fois arrivé à la hauteur de midi, il lui faut sacrifier aussi
l'amour qu'il éprouve pour sa propre grandeur, car il ne
peut y avoir pour lui de séjour de longue durée. Le soleil
aussi sacrifie sa force la plus grande pour se hâter d'avancer
vers les fruits de l'automne qui sont semence et renaissance.
Le cours naturel de la vie exige d'abord de l'homme jeune
qu'il sacrifie son enfance et sa dépendance infantile de ses
parents naturels, pour ne pas leur rester enchaîné par le
lien de l'inceste inconscient, funeste au corps et à l'âme.
Cette tendance à la régression a été combattue dès les
stades les plus primitifs par les grands systèmes psychothérapeutiques que sont pour nous les religions. En se
séparant du demi-jour de l'enfance, l'homme cherche à
atteindre une conscience autonome. Le soleil se sépare des
nébulosités de l'horizon pour atteindre la clarté sans nuages
de sa fonction de midi [82]. Une fois ce but atteint, alors le
soleil recommence à descendre pour se rapprocher de la
nuit. Ce qui s'extériorise en quelque chose que l'on pourrait
représenter par l'allégorie de l'eau de la vie s'écoulant
goutte à goutte. Il faudrait donc se pencher de plus en plus
bas pour atteindre la source. Quand on est arrivé sur la
hauteur, on ne le fait pas volontiers. On développe une

[82] Cf: Μεσουράνισμα ἡλίου: position de midi du soleil, comme symbole de l'illumination du myste chez Zosimos. (BERTHELOT: *Alch.
grecs*, II, V.)

résistance contre la tendance à la descente, notamment lorsque l'on sent en soi quelque chose qui désirerait obéir à ce mouvement, car on flaire, et avec raison, qu'il n'y a là-dessous rien de bon, mais quelque chose d'obscur, de condamnable et de menaçant. On sent un glissement et l'on se met à lutter contre ce penchant, à se défendre du sombre flot de l'inconscient qui monte et de sa séduction invitant à la régression, qui se dissimule, trompeuse, sous des idéaux sacrés, des principes et des convictions. Si l'on doit s'affirmer sur la hauteur atteinte, il faut faire un effort continu pour y maintenir sa conscience et l'attitude qu'elle a prise. Mais on fera l'expérience que ce combat louable et en apparence indispensable, conduit, à mesure que les années avancent, à un dessèchement et à une rigidité intérieurs. Les convictions se transforment en platitudes, rengaines; les idéaux, en habitudes endurcies; et l'enthousiasme, en un geste automatique. La source d'eau vitale s'écoule goutte à goutte. Si on ne le remarque pas soi-même, l'entourage, lui, s'en aperçoit et cela est pénible. S'il arrive que l'on ose regarder vers l'intérieur, en même temps peut-être que l'on prend un élan énergique pour être, au moins vis-à-vis de soi-même, d'une rare bonne foi, alors on peut avoir un pressentiment de besoins, aspirations et appréhensions, dégoût et obscurité. Le cœur cherche à s'en détourner, mais la vie aimerait à s'y enfoncer. Notre destinée nous en préserve peut-être parce que notre destinée est d'être les colonnes inébranlables qui portent un bâtiment. Mais le δαίμων nous précipite et fait de nous des traîtres à l'idéal qui était nôtre jusqu'alors et à nos meilleures convictions; traîtres à nous-mêmes tels que nous croyons nous connaître. C'est la catastrophe pure et simple parce qu'elle est un *sacrifice non voulu*. Mais les choses se déroulent autrement quand le sacrifice est fait volontairement. Car alors il n'est plus effondrement, « transmutation de toutes les valeurs », destruction de tout ce qui fut une fois sacré, mais *métamorphose et conservation*. Tout ce qui est jeune devient vieux, toute beauté se fane, toute chaleur se refroidit, tout éclat s'éteint et toute vérité devient fade et plate.

Car tout cela prit forme un jour et toutes les formes sont soumises à l'action du temps; elles vieillissent, souffrent, s'écroulent — à moins qu'elles ne se métamorphosent. Or elles peuvent le faire, car l'étincelle invisible qui les produisit jadis est capable d'une production infinie parce que sa puissance est éternelle. Nul ne peut nier le danger de la descente, mais cette descente, on *peut* la tenter. Ce n'est pas un *devoir* de la tenter, mais on est certain que quelqu'un l'osera. Quiconque doit opérer cette descente, devra la faire les yeux grands ouverts. Alors c'est un sacrifice qui fléchit même le cœur des dieux. A chaque descente succède une montée. Les figures qui s'évanouissent se reconstituent et une vérité ne vaut, dans la durée du temps, que si elle se transforme et porte témoignage sous de nouvelles figures, ou de nouveaux langages, comme un vin nouveau que l'on met dans de nouvelles outres.

Le « Song of Hiawatha » renferme des matériaux très propres à mettre en marche l'abondance des possibilités symboliques archétypiques que renferme l'esprit humain, et à stimuler à la formation de figures. Mais ces produits renferment toujours les mêmes problèmes de l'humanité qui, revêtus sans cesse de nouvelles gaines symboliques, montent du monde ombreux de l'inconscient.

Chiwantopel rappelle à Miss Miller un autre héros qui se présenta sur la scène sous la figure du Siegfried de Wagner. Dans son monologue, Chiwantopel s'écrie: « Pas une qui me comprenne, pas une qui soit semblable à moi ou qui ait une âme sœur de mon âme. » Miss Miller dit que le ton sentimental de ce passage a beaucoup d'analogie avec les sentiments que Siegfried éprouve pour Brunhilde. Cette analogie nous offre l'occasion de jeter un regard sur la relation de Siegfried à Brunhilde chez Wagner. On sait que Brunhilde, la Walkyrie, favorise la naissance de Siegfried qui provient de l'inceste frère-sœur. Tandis que Siegelinde est la mère humaine, Brunhilde joue le rôle de la mère symbolique, « la mère spirituelle » (imago maternelle), mais elle n'est pas persécutrice, comme Héra vis-à-vis d'Héraclès; elle est au contraire secourable. Le péché de l'inceste, auquel son aide la fait participer, est la raison pour laquelle Wotan la repousse. La mise au monde de Siegfried par sa sœur-épouse fait de lui l'Horus *(fig. 270)*, le soleil ressuscité, réincarnation du dieu solaire vieillissant. La naissance du jeune soleil, de l'homme-dieu, est faite à partir d'hommes, simples supports des symboles cosmiques. Ainsi, la naissance se trouve protégée par une mère spirituelle; elle envoie Siegelinde portant l'enfant dans son sein [83] faire la « traversée nocturne » vers l'est:

> « En avant donc, hâte-toi
> Tourné vers l'est !
> —————————————————
> C'est le plus sublime héros du monde
> Que tu portes, ô femme,
> Dans ton sein protecteur. »

Le motif du dépeçage se retrouve dans le glaive brisé de Siegmund, conservé pour Siegfried. Après le dépeçage, la vie se reconstitue (miracle de Médée). De même qu'un forgeron rassemble les morceaux, de même on reconstitue le mort dépecé. (On retrouve cette parabole aussi dans le Timée de Platon: les parties du monde sont jointes ensemble au moyen de chevilles.) Dans le Rigveda 1, 72 (Deussen), le créateur de l'univers est le forgeron Brahmanaspati:

> « Le grossier forgeron Brahmanaspati
> Souda ensemble cet univers. »

Le glaive a comme signification: force solaire et c'est pourquoi un glaive sort de la bouche du Christ de l'Apocalypse *(fig. 52)*. C'est le feu générateur, le verbe ou logos générateur. Dans le Rigveda, Brahmanaspati est le mot d'invocation [84] qui possède un sens créateur avant le monde. (Rigveda 10, 31. Deussen.)

> « Et cette prière du chanteur qu'il répandait hors de lui
> Devint une vache, qui était là déjà avant le monde;
> Dans le sein de ce dieu démeurant ensemble
> Enfants du même souci sont les dieux. »

---

[83] Cf. la fuite de la Vierge en Egypte, la poursuite de Léto, etc.
[84] Deussen: *Geschichte der Philosophie*, 1906, t. I, p. 14 sq.

Fig. 241. *Wotan et les corbeaux.*
Bas-relief de Mürlenbach en Eifel.
Extrait de « Zweites Nordisches Thing »,
Brême 1934, planche I, fig. 23.

Le logos se transforme en vache, c'est-à-dire en mère enceinte des dieux. La métamorphose du logos en mère n'a en soi rien d'extraordinaire, puisque, dans les actes de saint Thomas, le Saint-Esprit est invoqué comme une mère; d'autre part, c'est l'imago maternelle qui devient pour le héros le danger suprême, mais aussi, précisément à cause de cela, la seule source de ses exploits et de son ascension. Cette ascension signifie renouvellement de la lumière, et en même temps, résurrection de la conscience revenant de l'obscurcissement, c'est-à-dire de la régression dans l'inconscient.

Le motif de la poursuite ne se rattache pas ici à la mère, mais à Wotan *(fig. 241)*; il correspond par conséquent, entre autres, à la légende de Linos où c'est aussi le père qui poursuit. Wotan est le père de Brunhilde. Elle entretient avec lui un rapport tout particulier. Elle dit à Wotan [84*] :

« C'est à la volonté de Wotan que tu parles,
Dis-moi ce que tu veux.
Qui suis-je
Si je ne suis pas ta volonté ?

[84*] *Walkyrie*, p. 36, éd. Burghold.

Wotan:

> — C'est avec moi seul que je prends conseil
> Quand je parle avec toi... »

Brunhilde est une sorte de dédoublement de Wotan, une personnalité partielle tirée de lui, comme Pallas Athéné l'est de Zeus. Elle est une sorte de messagère ou d'exécutrice de Wotan, correspond par conséquent à l'ange de Jahvé ou du dieu chrétien, à « l'œil d'Ahuras » ou à Vohumano, la bonne idée de dieu de la Perse, au Nabu (mot fatal) de Babylone, ou à Hermès, messager des dieux qui, dans la philosophie, devint la raison universelle et le logos. En Assyrie, c'est au dieu du feu Gibil que revient le rôle de logos. En dépit de l'antécédent grec de Pallas Athéné, il est surprenant que Wagner place le pouvoir exécutif d'un dieu aussi belliqueux que Wotan dans les mains d'un être féminin. Nous rencontrons un personnage analogue dans la figure de Koré des actes de saint Thomas, dont l'apôtre Thomas chante:

> « La vierge est fille de la lumière,
> Sur elle repose le fier éclat des rois,
>
> ─ ─ ─ ─ ─ ─ ─ ─ ─ ─ ─ ─ ─ ─
>
> A sa tête trône le roi
> Et nourrit ceux qui sont au-dessous de lui de son mets
> [divin.
> La vérité repose sur sa tête.
>
> ─ ─ ─ ─ ─ ─ ─ ─ ─ ─ ─ ─ ─ ─
>
> Sa langue ressemble à un rideau de porte
> Que l'on retrousse pour ceux qui entrent.
> Sa nuque est comme des degrés,
> Le premier artisan constructeur de l'univers la créa,
> Ses deux mains annonciatrices montrent le chœur des
> [Aeons bienheureux,
> Ses doigts sur les portes de la ville... [85] »

Cette jeune fille est, selon les actes de saint Thomas, la « mère de la sagesse ». Inversement, dans une prière

─────────

[85] E. HENNECKE: *Neutestamentliche Apokryphen*, 1924, p. 260.

eucharistique des actes de saint Thomas, le Saint-Esprit est vénéré sous forme féminine:

> « Viens, toi qui connais les secrets des élus;
> Viens, toi qui participes à tous les combats du noble
> [lutteur;
>
> ──────────────────────────────────
>
> Viens, Repos (Silence)
> Toi qui révèles les exploits de toute grandeur;
> Viens, toi qui dévoiles ce qui est caché
> Et qui fais connaître les secrets;
> Viens, colombe sacrée,
> Toi qui enfantes les jeunes jumeaux
> Viens, mère cachée; » etc. [86]

Cette fête de l'eucharistie se déroule à un moment caractéristique: immédiatement après que Thomas a délivré une « belle femme » d'un « démon obscène » qui l'a tourmentée pendant des années. Cela ne saurait guère être le fait du hasard, car l'hymne a l'importance thérapeutique de métamorphose d'une obsession sexuelle en reconnaissance des qualités positives de l'esprit féminin.

Avec les actes de saint Thomas concorde l'opinion ophitique selon laquelle le Saint-Esprit est le « premier mot », la « mère de tout ce qui vit », et l'idée valentinienne qu'il est le « verbe de la mère d'en haut ». On peut se rendre compte, d'après ces matériaux, que la Brunhilde de Wagner est une des multiples figures de l'*anima* attribuées à des divinités masculines et qui représentent toutes une scission dans la psyché mâle, obsédée par son penchant à mener une existence indépendante. La tendance à l'autonomie a pour conséquence que l'*anima* anticipe des idées et des décisions de la conscience masculine, de sorte que celle-ci se trouve continuellement en présence de situations qu'elle n'a pas cherchées, et qu'apparemment elle n'a pas provoquées. C'est dans cette situation que se trouve Wotan, comme tout héros masculin qui n'a pas conscience de l'intrigante féminité qui lui est propre.

Wagner a cette image devant les yeux:

---

[86] E. Hennecke: *loc cit.*, p. 270.

Plainte de Wotan:

> « Nulle comme elle
> Ne connaissait ma peine secrète;
> Nulle comme elle
> Ne connaissait la source de ma volonté;
> Elle-même était
> Le sein créateur de mon désir;
> Et voici que maintenant elle a rompu
> Le lien sacré — ! »

La faute de Brunhilde est d'avoir favorisé Siegmund. Or cela dissimule l'inceste; celui-ci est projeté sur le couple frère-sœur, Siegmund et Siegelinde; or, symboliquement, Wotan, le père, s'est confondu avec la fille qu'il a créée lui-même pour se rajeunir. Ce fait archaïque est ici un peu voilé. Mais dans la légende d'*Entkrist*, elle est ouvertement affirmée du diable, père de l'Antéchrist. C'est à bon droit que Wotan est furieux contre Brunhilde, car elle a joué le rôle d'Isis et, par la naissance d'un fils, elle a enlevé le pouvoir des mains du vieillard. La première attaque marquant la fin, venue sous la figure du fils Siegmund, Wotan l'avait repoussée; il avait brisé le glaive de Siegmund: mais voici que ce dernier réapparaît en son petit-fils. Et toujours la femme aide à cette inévitable fatalité, la femme annonciatrice de son sens secret; d'où la colère impuissante de Wotan qui est incapable de se résoudre à reconnaître la contradiction de sa nature.

Siegelinde meurt à la naissance de Siegfried, comme il convient. La mère nourrice [87], il est vrai, n'est pas une femme, mais un dieu chtonique, un nain estropié appartenant à la race de ceux qui ont renoncé à l'amour [88]. Le

---

[87] Grimm signale la légende où Siegfried serait allaité par une biche.

[88] Voir Grimm: *Myth.*, I, p. 314 sq. Mime ou Mimir est un être monstrueux d'une grande sagesse, « vieux dieu de la nature » que fréquentent les Ases. Des Fables ultérieures font de lui un esprit des forêts et un très habile forgeron. Si Wotan va chercher conseil près de la femme sage, Odin va au puits de Mimir où sont cachés sagesse et esprit intelligent. Il y cherche une boisson (breuvage d'immortalité), mais ne l'obtient pas avant d'avoir sacrifié son œil au puits. Le puits de Mimir rappelle sans équivoque l'imago maternelle. En

dieu des enfers des Égyptiens, ombre difforme d'Osiris (qui fête en Harpocratès une résurrection assez triste), est l'éducateur d'Horus qui doit venger la mort de son père.

Cependant Brunhilde dort du sommeil magique sur la montagne où, au moyen de l'épine somnifère (Edda), Wotan l'a plongée [89] ; elle est entourée du feu de Wotan qui interdit toute approche et représente cependant le désir ardent qu'a le héros d'atteindre le but défendu [90]. Mais Mime devient l'ennemi de Siegfried et désire qu'il soit tué par Fafner. C'est alors que se dévoile la nature dynamique de Mime : il est le représentant mâle de la mère terrible qui place le ver venimeux sur la route de son fils [91]. Le désir qu'a Siegfried de l'imago maternelle l'entraîne loin de Mime.

Mimir et son puits se condensent mère et embryon (nain, soleil souterrain, Harpocratès) ; en même temps il est, comme mère, source de la sagesse et de l'art. Bès *(fig. 242)*, nain éducateur, est subordonné à la déesse mère égyptienne ; Mimir l'est à la source maternelle. Dans le drame de Barlach, « *le Jour mort* », la mère démoniaque possède un esprit familier, le « Steissbart » (barbe au c..), compagnon nain comme Bès. Ces personnages sont des figures de l'*animus*. Cf. sur ce point : *Le moi et l'inconscient :* tr. fr. Gallimard, p. 138 sq.

[89] Le sommeil magique existe également dans les fêtes du hiérosgamos homérique.

[90] Cf. les paroles de Siegfried :

> « A travers un feu brûlant
> Je suis venu à toi ;
> Ni cuirasse, ni armure
> Ne cachaient mon corps ;
> Alors le brasier pénétra
> dans ma poitrine ;
> Mon sang bouillonne
> Dans mon cœur florissant ;
> Un feu dévorant
> S'est allumé en moi. »

[91] Le dragon de la caverne est la mère terrible *(fig. 257)*. Souvent, dans la légende allemande, la jeune vierge à délivrer apparaît sous la figure du serpent ou du dragon et il faut qu'on lui donne un baiser alors qu'elle a revêtu cette forme ; alors le dragon se métamorphose en une belle femme. Certaines femmes sages ont près d'elles une queue de poisson ou de serpent. Dans la « Montagne dorée », la fille d'un roi avait été métamorphosée en serpent. A

Fig. 242. *Bès syrien.*
Musée du Sérail, Constantinople.
Collection de l'auteur.

Siegfried :

> « Assez de cette angoisse ! (cauchemar)
> Je ne veux plus le voir.
> Mais quel était donc l'aspect de ma mère ?
> Je ne puis m'en faire une idée ! —
> Semblables à ceux de la biche
> Brillaient certainement
> Ses yeux aux clairs éclats. » —

Siegfried veut se débarrasser de « l'angoisse » (cauche-mar) qu'était pour lui sa mère dans le passé, et il marche en avant plein d'un désir qui va vers l'autre mère. Pour lui aussi la nature acquiert une secrète signification maternelle (« biche »); lui aussi découvre dans les bruits de la nature un pressentiment de la voix et du langage maternels :

Siegfried :

> « Gracieux oiseau
> Je ne t'ai sans doute jamais entendu;
> Habites-tu ici dans cette forêt, —
> Si je comprenais ton doux gazouillis !
> Certainement il me dirait quelque chose —
> Peut-être me parlerait-il de ma mère chérie ? » —

Or par son dialogue avec l'oiseau, Siegfried attire Fafner hors de la caverne. Son désir de l'imago maternelle l'a inopinément exposé au danger de regarder en arrière, vers son enfance et vers sa mère naturelle qui se trans-forme immédiatement en un dragon, menaçant de le faire mourir. Ainsi il attire l'aspect mauvais de l'incons-cient, sa nature dévorante *(fig. 243 ainsi que les fig. 148 et 149)* personnifiée par la « terreur de la forêt » habitant les cavernes. Fafner est le gardien du trésor; c'est dans sa caverne que se trouve le Hort (trésor) source de vie et de puissance. La mère retient, semble-t-il, la libido du fils (elle garde jalousement ce trésor) et il en est en réalité

Oselberg, près de Dinkelsbühl, demeure un serpent à tête de femme avec, au cou, un trousseau de clés. (Grimm, II, IV, p. 809 sq.)

Fig. 243. *Dragon dévorant.*
Bas-relief de l'église des écossais St-Jacques, Ratisbonne.
Extrait de J. KÜHN: *Mythologische Motive in Romantischen Kirchen.*
« Widar », Schaffhouse 1945, fig. 25, p. 36.

ainsi tant que le fils reste inconscient de lui-même [92].
Traduit en langage psychologique, cela signifie: c'est dans
l'imago maternelle, c'est-à-dire dans l'inconscient, que gît
caché le « trésor difficilement accessible ». Ce symbole
fait allusion à un secret de vie dont la mythologie parle
en d'innombrables symboles. Lorsque de tels symboles
apparaissent dans les rêves d'un individu, on découvre
qu'il s'agit d'une sorte de centre de la personnalité totale,
de la totalité psychique composée du conscient et de l'inconscient. Sur ce point, je dois renvoyer le lecteur à mes
travaux ultérieurs où j'ai abondamment étudié le *symbole
du soi* [93]. La légende de Siegfried a largement décrit le
bénéfice de cette lutte contre Fafner: selon l'Edda, Sigurd
mange le cœur [94] de Fafner, siège de sa vie. Il conquiert

---

[92] Lire, sur ce problème, Barlach (le Jour mort) qui donne une
brillante description du complexe maternel.

[93] *Types psychologiques*, tr. franç. librairie de l'Université, Genève,
1950. R. WILHELM und JUNG: *Das Geheimnis der goldenen Blüthe*,
1929, et *Psychologie und Alchemie*, Rascher, 1944.

[94] *Edda in Thule*, t. I, 1912, p. 124.

le heaume qui rend invisible, par la magie duquel Alberich s'est métamorphosé en serpent. Ce qui rappelle le motif du dépouillement, le rajeunissement. L'enveloppe de l'amnios qui parfois coiffe le nouveau-né, est aussi une coiffure présageant le bonheur (« bonnet de félicité »). En outre, Siegfried boit le sang du dragon; à la suite de quoi il comprend le langage des oiseaux et se trouve placé en une relation particulière avec la nature, situation que son savoir rend prépondérante. En outre, et ce n'est pas son moindre bénéfice, il conquiert le trésor *(fig. 244)*.

Hort est un mot moyen et vieux haut allemand qui signifie trésor « amassé et gardé » en got. huzd, nordi. ancien: hodd; germ: hozda; prégermanique, kuzdho — pour kudtho — ce qui est caché. Kluge [95] en rapproche le grec κεύθω, ἔκυθον = cacher, dissimuler. De même Hütte (hut, hüten, angl. hide), radical germ. hud de l'indo-germ. kuth (peut-être à rapprocher de κεύθω et κύσθος creux, sexe féminin). Prellwitz [96] aussi rapproche de κεύθω le gothique huzd, angl. sax. hyde, l'angl. hide et hort. Whitley Stokes [97] rapproche l'angl. hide, angl. sax. hydan, le nouv. haut all. Hütte, lat. cûdo = Helm (casque), sanscr. kuhara (caverne ?) du celtique ancien koudo = *dissimulation*, lat. *occultatio*. A ce sujet il faut aussi citer ce que rapporte Pausanias:

« Il y avait à Athènes une enceinte sacrée (un temenos) de Gê appelée aussi Olympia. Là le sol est ouvert sur une largeur d'environ une aune; et l'on raconte qu'après l'inondation à l'époque de Deucalion, c'est par là que l'eau disparut; et l'on jette chaque année dans cette fente de la farine de froment pétrie avec du miel. » [98]

Nous avons déjà vu que, lors des Arrhétophories, on jetait dans un gouffre terrestre des gâteaux en forme de

---

[95] *Etymol. Wörterbuch der deutschen Sprache*, s. Hort.

[96] *Griechische Etymologie*, 1905, s. κεύθω.

[97] *Urkeltischer Sprachschatz*. FICK: *Vergleichendes Wörterbuch der indogermanischen Sprachen*, 1894, t. II, p. 89.

[98] Pausanias, I, 18, 7.

Fig. 244. *Jason conquiert la toison d'or.*
Gravure pour la Métamorphose 7 du Livre VII.
P. Ovidii Nasonis: *Métamorphoses ou Poèmes spirituels des métamorphoses*,
Nuremberg 1698.

serpents et de phalli. Nous l'avions signalé à propos des
cérémonies de la fécondation de la terre. Le flot de mort
s'est perdu, ce qui est caractéristique, dans la faille de la
terre, donc encore une fois dans la mère, car c'est de la
mère qu'est venue jadis la grande disparition (mort)
générale. Le déluge n'est que la contrepartie de l'eau qui
anime et enfante tout: « Ὠκεανοῦ, ὅσπερ γένεσις πάντεσσι
τέτυκται (de l'Océan qui est le principe de l'origine de tout,
II.XIV, 246). On offre à la mère, en sacrifice, le gâteau
de miel afin qu'elle écarte la mort. C'est pourquoi aussi
chaque année, à Rome, on jetait en sacrifice de l'argent
dans le lac Curtius, faille terrestre de jadis, qui n'avait
pas été comblée à la mort de Curtius. Ce dernier était le
héros qui s'était rendu aux enfers pour vaincre le danger
qui menaçait l'Etat romain par l'ouverture de la faille
terrestre. Dans l'Amphiaraion d'Oropos, ceux qui avaient
été guéris par incubation dans le temple jetaient leur don

en argent dans la source sacrée, dont Pausanias dit
(I.34, 4):

« Mais si quelqu'un est guéri d'une maladie par un oracle,
il est d'usage qu'il jette une monnaie d'argent ou d'or dans la
source; car c'est là qu'Amphiaraos, déjà dieu, fit son ascension. »

Il est probable que cette source oropique fut aussi le
lieu de la Katabasis (descente) d'Amphiaraos *(fig. 245)*.
Dans l'antiquité, il y avait de nombreuses voies d'accès
à l'Hadès. Ainsi près d'Eleusis, il y avait un gouffre par
où Aïdoneus monta et descendit quand il ravit Koré.
Il y avait des crevasses rocheuses par lesquelles les âmes
pouvaient remonter sur terre. Derrière le temple de Chtho-
nia, à Hermione, il y avait une enceinte sacrée de Pluton
avec un gouffre par lequel Héraclès avait fait monter
Cerbère; de même il y avait là un lac « d'Achéron »[99].
Ce gouffre est donc l'accès aux lieux où l'on surmonte la
mort. Le gouffre près de l'aréopage d'Athènes passait
pour être le séjour des êtres souterrains[100]. Une vieille
coutume grecque rappelle des représentations analogues[101]:
On envoyait les jeunes filles dans une grotte pour l'épreuve
de virginité: dans cette grotte habitait un serpent venimeux. Si le serpent les mordait, c'était la preuve qu'elles
n'étaient plus vierges. On retrouve le même motif dans
une légende romaine de saint Silvestre, datant de la fin
du Ve siècle:

« Erat draco immanissimus in monte Tarpeio, in quo est
Capitolium collocatum. Ad hunc draconem per CCCLXV
gradus, quasi ad infernum, magi cum virginibus sacrilegis
descendebant semel in mense cum sacrificiis et lustris, ex
quibus esca poterat tanto draconi inferri. Hic draco subito
ex improviso ascendabat et licet non egrederetur vicinos tamen
aeres flatu suo vitiabat. Ex quo mortalitas hominum et maxima
luctus de morte veniebat infantum. Sanctus itaque Silvester

[99] ROHDE: *Psyche*, 1907, t. I, p. 214.
[100] ROHDE: *Psyche*, 1907, t. I, p. 214.
[101] J. MAEHLY: *Die Schlange im Mythus und Kultus der klassischen
Völker*, 1867.

Fig. 245. *Départ d'Amphiaraos.*
D'après un cratère corinthien vers 600.
Musée de Berlin.

Extrait de L. H. GRAY & J. A. MacCULLOCH:
The Mythology of all Races. Boston 1916, vol. I, planche XVII.

cum haberet cum paganis pro defensione veritatis conflictum,
ad hoc venit ut dicerent ei pagani: « Silvester descende ad
» draconem et fac eum in nomine Dei tui vel uno anno ab
» interfectione generis humani cessare ». [102]

Saint Pierre apparut en rêve à saint Silvestre et lui
conseilla de fermer par des chaînes cette porte des enfers,
selon le modèle de l'Apocalypse:

« Et je vis descendre du ciel un ange qui tenait dans sa
main la clé de l'abîme et une grande chaîne; il saisit le dragon,
le serpent ancien, qui est le diable et Satan, et il l'enchaîna
pour mille ans, et il le jeta dans l'abîme, qu'il ferma à clé et
scella sur lui. » [103]

---

[102] Il y avait un dragon gigantesque sur la roche tarpéienne où
se trouvait le Capitole. Près de ce dragon descendaient par
365 marches des magiciens avec de jeunes femmes sacrilèges comme
s'ils descendaient aux enfers, et cela une fois par mois, avec des
offrandes et des holocaustes que le grand dragon pouvait prendre
comme nourriture. Ce dragon s'élevait brusquement à l'improviste
et, bien qu'il ne sortît pas, empestait cependant de sa respiration
l'air des environs, provoquant la mort des hommes et la grande
douleur de la mort des enfants. Donc, quand saint Silvestre, dans
l'intention de défendre la vérité, entra en conflit avec les païens, il
arriva que ceux-ci lui dirent: « Silvestre, descends près du Dragon
et ordonne-lui, au nom de ton dieu — au moins pour une année —
de cesser ce meurtre des humains » DUCHESNE: *Lib. Pontifical.*, I,
p. CIX. Cité par CUMONT, *Textes et Monum.*, t. I, p. 351.

[103] Apocalypse, 20, I sq.

607

Au commencement du ve siècle, l'auteur anonyme d'un écrit « de promissionibus » [104] cite la légende suivante qui lui ressemble beaucoup:

« Apud urbem Roman specus quidam fuit in quo draco mirae magnitudinis mechanica arte formatus, gladium oro gestans [105], oculis rutilantibus [106] metuendus ac terribilis apparebat. Hinc annuae devotae virgines floribus exornatae, eo modo in sacrificio dabantur, quatenus in sicas munera deferentes gradum scalae, quo certe ille arte diaboli draco pendebat, contingentes impetus venientis gladii perimeret, ut sanguinem funderet innocentem. Et hunc quidam monachus, bene of meritum cognitus Stiliconi tunc patricio, eo modo subvertit; baculo, manu, singulos gradus palpandos inspiciens, statim ut illum tangens fraudem diabolicam repperit, eo transgresso descendens, draconem scidit, misitque in partes; ostendens et hic deos non esse qui manu fiunt. » [107]

---

[104] Cité par CUMONT: *Textes et Monuments*, 1899, t. I, p. 351.

[105] Cf. Apocalypse, 20, 3. Nous retrouvons le même motif du dragon armé qui tue les femmes dans un mythe du clan des Osterbays au pays des Vandies: « Une raie épineuse reposait dans le creux d'un rocher, une grosse raie épineuse ! Celle-ci était grande et avait un très long dard. De son trou, elle épiait les femmes; elle les voyait plonger; elle les transperçait de son dard, les tuait, les emportait. Pendant un certain temps, on ne la voyait plus. » Le monstre fut alors tué par les deux héros. Ils firent du feu et ranimèrent les femmes. (Cité par FROBENIUS: *Zeitalter des Sonnengottes*, p. 77.)

[106] Les yeux du fils de l'homme sont comme « une flamme ardente ». Apocalypse, I, 14.

[107] « Près de la ville de Rome, il y avait une grotte, dans laquelle apparaissait un dragon d'une grandeur extraordinaire, qui était un mécanisme artificiel, portant un glaive dans la gueule et dont les yeux étaient des pierres précieuses aux éclats rouges et paraissaient terribles. Dans cette grotte, on envoyait chaque année, en victimes, des jeunes femmes consacrées, parées de fleurs et cela se passait de la façon suivante: quand elles portaient leurs offrandes, elles touchaient les marches de l'escalier où était installé le mécanisme diabolique du dragon et elles étaient alors transpercées par le coup du glaive qui se déclenchait en avant et versaient leur sang innocent. Ce dragon, un moine, connu alors par les services qu'il avait rendus au patricien Stilico, le fit disparaître de la façon suivante: tâtant avec un bâton et avec sa main chaque marche au fur et à mesure qu'il avançait, il trouva la marche et découvrit la fraude diabolique; il sauta par-dessus et fendit et mit en morceaux le dragon, montrant

Le héros qui lutte contre le dragon a bien des points communs avec lui, respectivement il lui emprunte des particularités, par exemple l'invulnérabilité, les yeux de serpent, etc. Dragon et homme peuvent être un couple de frères; le Christ lui-même s'est identifié au serpent qui — *similia similibus* — combattit la plaie des serpents dans le désert (saint Jean, 3, 14). C'est en tant que serpent qu'il sera « élevé » jusqu'à la croix *(fig. 246)*, c'est-à-dire en tant qu'homme qui ne peut penser et désirer que l'humain et, pour cette raison, ne peut que regarder sans cesse en arrière vers l'enfance et vers la mère, auxquelles il aspire pour mourir en se retournant vers son passé. Cette formulation des choses ne saurait signifier rien de plus qu'une interprétation psychologique du symbole de la crucifixion, qui, par son effet qui

Fig. 246.
Le serpent d'airain.
Salzwedel. XIVe siècle.
Archives de la *Revue Ciba*, Bâle.

s'étend à travers des millénaires, paraît être une idée touchant de quelque manière l'essence de l'âme humaine. S'il n'en était pas ainsi, ce symbole aurait disparu depuis longtemps. Je laisse ici de côté tout point de vue théologique

ainsi que les installations faites de la main des hommes ne sont pas des dieux. »

comme d'ailleurs dans tous les passages du présent livre où je traite de la psychologie de figures religieuses. Je tiens à le dire expressément, car je me rends compte que mon procédé de comparaison rapproche souvent des figures qui, d'un autre point de vue, ne sauraient guère être comparées les unes aux autres. Je sais fort bien par conséquent qu'un profane en psychologie peut être choqué de telles comparaisons. Au contraire, quiconque s'est beaucoup occupé des phénomènes de l'inconscient sait avec quel irrationalisme étourdissant et avec quelle indélicatesse et quelle scélératesse l'« esprit » inconscient se met au-dessus des concepts logiques et des valeurs morales. Il semble que l'inconscient n'obéisse pas aux mêmes lois que la conscience; et s'il n'en était pas ainsi, sa fonction ne serait pas compensatrice.

Le Christ, héros et homme-dieu, désigne psychologiquement le *soi*, autrement dit: il représente la projection de cet archétype très important et très central *(fig. 269)*. Il a l'importance fonctionnelle d'un seigneur du monde intérieur, c'est-à-dire de l'inconscient collectif [108]. Le soi, symbole de totalité, est une *coincidentia oppositorum*, il renferme donc en même temps lumière et obscurité *(fig. 247 et 267)*. Dans le personnage du Christ, les contrastes réunis dans l'archétype se sont distribués en partie dans le lumineux fils de Dieu, et en partie dans le diable. L'unité première des contrastes se reconnaît encore dans l'unité première de Satan et de Jahvé. Le Christ et le dragon de l'Antéchrist se touchent de très près dans l'histoire de leurs apparitions et dans leur signification cosmique [108*]. La légende du dragon qui se dissimule sous le mythe de l'Antéchrist fait partie de la vie du héros [109] et pour cette raison est immortelle. Nulle part dans les

---

[108] Cf. « Zur Psychologie östlicher Meditation », Contrib. V, in *Symbolik des Geistes*, Rascher, 1948, p. 46 sq.

[108*] Cf. Bousset: *L'Antéchrist*, 1895.

[109] A quel point le Christ est le héros archétype, on le voit à l'opinion de Cyrille de Jérusalem († 386) selon laquelle le corps de Jésus était un appât pour le diable qui l'avala, mais parce qu'il était indigeste, dut le rendre, comme fit la baleine de Jonas.

Fig. 247. *La vision d'Ezechiel.*
Bible de Manerius.
Bibliothèque nationale, Paris.
Ms. lat. Nº 11534.

formes les plus récentes du mythe les couples d'opposés
ne sont aussi rapprochés que dans le Christ et l'Antéchrist.
(Je renvoie à l'admirable description de ce problème
dans le roman de Merejkowski: *Léonard de Vinci.*) Si le
dragon n'est qu'artificiel, c'est là une idée rationaliste
utile. Ainsi les dieux sinistres se trouvent efficacement
banalisés. Les aliénés schizophrènes se servent volontiers
de ce mécanisme à des fins apotropéiques. Ils disent
souvent: « Tout est jeu, tout est artificiel », etc. Le rêve
suivant d'un schizophrène est caractéristique: « le rêveur
est assis dans une pièce obscure qui n'a qu'une seule petite
fenêtre par laquelle il peut voir le ciel. Là apparaissent le
soleil et la lune, mais ils sont artificiels et faits de papier

611

huilé». Soleil et lune, équivalents divins de l'archétype
parental, ont une énorme puissance psychique qu'il faut
affaiblir apotropéiquement parce que de toute façon le
malade est déjà par trop dominé par son inconscient.

La descente des 365 marches rappelle le cours du soleil,
donc encore la grotte de mort et de renaissance. Cette
grotte est vraiment en relation avec la mère souterraine
de mort: cela ressort d'une note de Malala, historien
d'Antioche,[110] qui rapporte que Dioclétien avait consacré
à cet endroit, à Hécate, une crypte où l'on descendait par
365 marches. A Samothrace aussi, semble-t-il, on célébrait
pour elle des mystères des grottes. Ceux d'Hécate floris-
saient à Rome vers la fin du IVe siècle, de sorte que les
deux légendes citées plus haut pourraient bien se rapporter
à son culte. Hécate [111] est une véritable déesse fantôme
de la nuit et des apparitions, un cauchemar. On la représente aussi chevauchant et, chez Hésiode, elle passe pour
la patronne des cavaliers. C'est elle qui envoie le fantôme
affreux et angoissant: l'*Empuse*, dont Aristophane dit
qu'elle apparaît dans une bulle gonflée de sang. D'après
Libanius, la mère d'Aischine s'appelait aussi Empuse
parce qu'elle ἐκ σκοτεινῶν τόπων τοῖς παισίν καὶ ταῖς γυναιξὶν
ὡρμᾶτο (parce qu'elle se précipitait de coins obscurs sur
les enfants et sur les femmes). Empuse a des pieds
étranges: l'un d'eux est en airain, l'autre de fiente
d'ânesse. A Tralles, Hécate apparaît à côté de *Priape*,
et il y a aussi une Hécate Aphrodisias dont les symboles
sont la clé [112], la verge [113], le poignard et le flambeau
(fig. 248). Déesse de mort, elle a comme attributs des
chiens dont nous avons, plus haut, expliqué abondamment
le sens. Gardienne de l'entrée de l'Hadès, déesse des chiens

---

[110] Cité par Cumont: *Textes et Monuments*, 1899, I, p. 352.

[111] Cf. Roscher: *Lex. I. s.*, 1889 sq.

[112] *Faust*, IIe part., Scène des mères. La clé revient à Hécate qui
est la gardienne de la porte de l'Hadès et une divinité psycho-
pompique. Cf. Janus, Petrus et Aion.

[113] Attribut de la mère terrible: Ishtar a « battu son cheval
avec des épines et des verges et l'a martyrisé à mort ». (Jensen:
Gilgamesh Epos, 1906, p. 18.)

Fig. 248. *Hécate aux trois figures.*

Mus. Pal. Conservat. Rome.

Extrait de G. PRAMPOLINI: *La mitologia nella vita dei popoli.*
Milan 1937, t. I, p. 354.

à trois visages, elle est pour ainsi dire identique à Cerbère. Ainsi sous la figure de Cerbère, Héraclès apporte au monde la déesse vaincue. « Mère spirituelle », elle distribue folie et somnambulisme. Cette conception est pleine de sens parce que les maladies mentales sont faites le plus souvent d'affections correspondant à une irruption de l'inconscient venant submerger le conscient. Dans ses mystères, on brisait une verge appelée λευκόφυλλος. Cette verge protège la pureté des jeunes filles et rend *fou* celui qui touche la plante. Nous reconnaissons ici le motif de l'arbre sacré qui ne devait pas être touché parce que représentant de la mère. Seul un fou aurait osé le faire. Cauchemar ou vampire, Hécate apparaît sous la forme d'Empuse ou de Lamia *(fig. 155)* comme dévoratrice d'hommes et quelquefois aussi sous la belle figure de la « Fiancée de Corinthe ». Elle est la mère de toutes les magies et de toutes les magiciennes, la déesse protectrice de Médée, car la puissance de la mère terrible est irrésistible, parce que c'est du fond de l'inconscient qu'elle exerce son action. Dans le syncrétisme grec, elle joue un rôle important : elle se confond avec Artémis, qui porte aussi le nom d'ἑκάτη, « celle qui touche au loin » ou qui « touche à sa volonté », ce en quoi nous reconnaissons encore sa force supérieure. Artémis est la déesse aux chiens *(fig. 249)* et ainsi Hécate se trouve être une furieuse chasseresse nocturne. Elle porte le même nom qu'Apollon (ἕκατος, ἑκάεργος). On comprend l'iden-

Fig. 249.

Artémis et ses chiens.

Métope de Sélinonte.
Musée national, Palerme.

Extrait de F. GUIRAND:
Mythologie générale. Paris 1935, p. 112.

tification d'Hécate à Brimo, mère souterraine, ainsi que son identification à Perséphone et à Rhéa, la toute première mère universelle. Cette signification maternelle nous aide aussi à comprendre pourquoi on la confond avec Ilithuia, la sage-femme. Hécate est la déesse de la naissance (κουροτρόφος), celle qui multiplie le bétail, et la déesse des épousailles. Dans les mythes orphiques elle apparaît même au centre de l'univers en tant qu'Aphrodite et Gaia, où même comme âme universelle. Sur une gemme [114] elle porte sur la tête la croix *(fig. 250)*. Le poteau où l'on châtiait les criminels s'appelait έκάτη. C'est à elle (la *Trivia* romaine) qu'était consacré le croisement de trois routes ou *croisée des chemins* ou *carrefour*. Et là où les routes se séparaient ou se rencontraient, on lui sacrifiait des

Fig. 250. *Hécate*.
Gemme.

Extrait de ROSCHER:
*Lexikon der griechischen
und römischen Mythologie.*
T. I, II° partie,
Leipzig 1886-1890,
col. 1909.

chiens; c'est là qu'on jetait les cadavres des suppliciés. Le sacrifice avait lieu au *point de jonction*. Là où les routes « se croisent », se pénètrent réciproquement et expriment ainsi l'union des contraires, là est aussi la « mère » qui est l'objet et l'essence de la réunion. Là où les chemins se « séparent », où ont lieu adieux, séparation, rupture, scission, il y a aussi faille, fissure, qui sont signes de la mère et en même temps résumé de ce que l'on vit près de la mère, c'est-à-dire séparation et adieu. La signification du sacrifice à cet endroit serait donc la suivante: rendre la mère propice dans les deux sens. Il n'est pas difficile de voir dans le téménos de Gê, fissure terrestre et source, les portes de la mort et de la vie [115] « que chacun

[114] Arch. Zeitung, 1857, Planche 99. Cité par Roscher, I, 2, col. 1909.

[115] Cf. le symbolisme du cantique de la vierge de Melker (XII° s.):

Sancta Maria
Porte fermée
Ouverte par la parole de Dieu —

Fig. 251. *L'adyton de Delphes comme grotte d'Omphale.*
Lecythe peint en noir.
Extrait de W. Roscher: *Neue Omphalosstudien.* Leipzig 1915, p. 38.

cherche volontiers à éviter» (Faust) et où il donne en
sacrifice son obole ou ses πελανοί au lieu de son corps,
tout comme Héraclès apaisait Cerbère avec des gâteaux
de miel. La fente de Delphes avec la source de Kastalia
était le siège du Python chtonique qui fut vaincu par le
héros solaire Apollon *(fig. 251 et 127)*. Excité par *Héra*,
Python poursuivit Léto enceinte d'Apollon; mais elle
enfanta sur l'île jusque là flottante de Délos (traversée
nocturne) un enfant qui plus tard abattit Python. A
Hierapolis (Edessa) le temple était élevé sur la fente
terrestre dans laquelle les flots du déluge s'étaient écoulés,
et à Jérusalem la pierre de base du temple couvrait la

> Fontaine scellée
> Jardin verrouillé,
> Porte du Paradis. »

Même symbolique en érotique:

> « Jeunes filles, puis-je aller avec vous
> Dans votre jardin de roses
> Là où se trouvent les rosettes rouges
> Fines et tendres
> et aussi un arbre à côté
> Qui ajoute son feuillage
> Et aussi une source fraîche
> Placée juste au-dessous. »

616

grande profondeur [116]; il arrive aussi assez souvent que les églises chrétiennes soient élevées sur des cavernes, des grottes, des sources, etc. Dans la grotte de Mithra [117] et dans les autres cultes des cavernes jusqu'aux catacombes chrétiennes, qui ne tirent pas leur sens de poursuites légendaires, mais du culte des morts [118], nous retrouvons le même motif. De même l'enterrement des morts dans des domaines sacrés (« dans le jardin des morts », à des carrefours, dans des cryptes, etc.) signifie retour à la mère avec l'espoir de résurrection joint à ces sortes d'ensevelissement. Le dragon, qui représente la mère dévorante et qui demeure dans la grotte, devait être rendu propice jadis par des sacrifices humains, plus tard au moyen de dons en nature. De là la coutume attique de donner aux morts les μελιτοῦττα (ou μᾶζα = gâteau de miel) pour apaiser le chien des enfers, le monstre à trois têtes à la porte du monde inférieur. Il semble que l'obole donnée à Charon soit un remplaçant des dons en nature; c'est pourquoi Rohde l'appelait le second Cerbère, analogue au dieu chacal Anubis des Egyptiens [119] *(fig. 141)*. Le chien et le serpent des enfers sont identiques. Chez les tragiques, les Erinnyes sont aussi bien serpents que chiens; les monstres Typhon et Echidna sont parents de l'hydre, du dragon des espérides et de la Gorgone *(fig. 101, 164 et 195)* ainsi que des chiens Cerbère, Orthos et Scylla [120]. Serpents et chiens sont aussi gardiens de trésors. Le dieu chtonique était sans doute un serpent demeurant dans une caverne que l'on nourrissait de πελανοί *(fig. 252)*. Dans les Asclepeia des époques ultérieures on ne voyait presque plus de serpents sacrés *(fig. 253)*, c'est-à-dire

---

[116] Herzog: « Aus dem Asklepeion von Kos », *Archiv für Religionswissenschaft*, t. X, h. 2, p. 219 sq.

[117] Un sanctuaire de Mithra était autant que possible une grotte souterraine; assez souvent aussi on se contentait d'imiter la caverne. Il est probable que les cryptes chrétiennes et les églises souterraines avaient un sens analogue *(fig. 142)*.

[118] Cf. Schultz: *Die Katakomben*, 1882, p. 9 sq.

[119] Autres exemples in Herzog: *loc. cit.*, p. 224.

[120] Autres références in Herzog: *loc. cit.*, p. 226.

Fig. 252. *Sacrifice à la divinité serpent.*
Relief votif de Sialesi (Eteonos) en Béotie.
Archives de la *Revue Ciba*, Bâle.

qu'ils n'existaient plus que figurativement [121]. Il n'y avait
plus que le trou où l'on disait qu'il habitait. On y mettait
les πελανοί (gâteaux de sacrifice) et plus tard on y jeta
l'obole. La grotte sacrée du temple de Cos se composait
d'une fosse carrée sur laquelle gisait un couvercle de
pierre avec un trou carré; cette disposition était faite en
vue du trésor: le trou du serpent servait à jeter l'argent
qui constituait un amas sacrificiel et le trou devint le
« hort », le trésor amassé. Cette évolution est en parfait
accord avec les résultats de l'archéologie; une découverte
faite dans le temple d'Asclépios et d'Hygie, à Ptolémaïs,
en apporte la preuve:

« C'est un serpent de granit enroulé sur lui-même dressant
en l'air son cou. — Au milieu de l'enroulement se trouve une
fente étroite, polie par l'usage, juste assez grande pour laisser
passer une pièce de monnaie d'un diamètre de 4 cm. au plus.
Sur les côtés, il y a des trous servant de poignées pour soulever
la lourde masse dont la moitié inférieure est travaillée comme
un couvercle à y placer. » (HERZOG, *loc. cit.*, p. 212.)

---

[121] Cependant on conservait des serpents sacrés pour les spectacles et autres intentions.

Le serpent est ici le gardien du hort placé sur le trésor *(fig. 254)*. La peur du sein maternel de la mort est devenue gardienne du trésor vital. Le serpent, dans cette relation, est vraiment un symbole de mort : cela ressort du fait que les âmes des morts, semblables aux dieux chtoniques, apparaissent sous la figure du serpent, comme habitants du royaume de la mère de mort [122].

Cette évolution des symboles permet de reconnaître le passage du sens premier de la fente terrestre, qui signifiait mère à la signification de trésor et semble concorder avec l'étymologie de « hort » proposée par Kluge. Le mot κεῦθος, qui se rattache à κεύθω, signifie sein profond de la terre (Hadès), κύσθος qu'il en rapproche, a un sens analogue : creux, sein. Prellwitz, il est vrai, ne signale pas cette relation. Par contre, Fick [123]

Fig. 253. *Serpent guérisseur.*
Gemme antique.

Extrait de : « Marci Aurelii Severini thuri De Viperae Natura, Veneno, Medicina, Demonstrationes et Experimenta nova, Patavii 1651 », p. 122.

rapproche le nouv. haut all. hort, goth. huzd de l'arménien kust (venter), en slave d'église cista, ved. kostha = bas-ventre, du radical indog. koustho-s = entrailles, bas-ventre, chambre, réserve [124]. Prellwitz rapproche κύσθος-κύστις (et κύστη) = vessie, bourse, anc. ind. : kustha-s = creux des reins ; puis κύτος = creux, voûte ; κυτίς = petite boîte de κυέω = je suis enceinte. De là κύτος = grotte, eau, κύαρ = trou, κύαθος = coupe, κύλα = enfoncement, creux sous les yeux, κῦμα gonflement, vague, onde. Les radicaux indogermaniques, qui lui servent de

---

[122] ROHDE : *Psyché*, IV, éd. I, p. 244.

[123] T. I, p. 28.

[124] En outre lat. cuturnium = vas quo in sacrificiis vinum fundebatur.

base sont [125] : kevo = *gonfler, être fort*. De là κυέω, κύαρ et le latin cavus, creux, voûté, le creux, le trou, cavea, le creux, la barrière, la *cage*, lieu de spectacle, *assemblée* ;

Fig. 254.

Omphale enlacée par un serpent vivant.

Drachme de Delphes.

Extrait de W. Roscher : *Neue Omphalosstudien.* Leipzig 1915, table II, fig. 14.

caulae, creux, ouverture, clôture, *étable* [126] ; *kuéyô = je gonfle*, part : *kueyonts, qui enfle : en-kueyonts = grosse*, ἐγκυέων = lat., inciens, enceinte; cf. sanscr. viçvayan = qui enfle [127].

Le trésor que le héros va chercher dans la sombre caverne, c'est la *vie*, c'est lui-même, réenfanté de la caverne sombre du sein maternel de l'inconscient où l'avait transféré l'introversion ou le régression. C'est ainsi que le chercheur hindou du feu Matariçvan s'appelle celui qui enfle dans la mère. Considéré comme celui qui est attaché à la mère,

le héros est le dragon; considéré comme celui qui renaît de la mère, il est celui qui surmonte le dragon *(fig. 256).* Il a en commun avec le serpent cette nature paradoxale. D'après Philon, il est de tous les animaux le plus spiri-

---

[125] Fick : *Vergleichendes Wörterbuch*, I, p. 424.

[126] Cf. le nettoyage des écuries par Héraclès. L'étable est comme la grotte, un lieu où l'on naît. Cf. aussi la grotte et l'étable où naquit Jésus *(fig. 255)* (voir Robertson : *Christ and Krishna*) Dans une légende bassouto, on retrouve aussi la naissance dans l'étable (Frobenius : *loc. cit.*). La naissance dans l'étable fait partie des fables animales; c'est pourquoi l'histoire de la fécondation de la stérile Sarah a déjà des précurseurs dans les fables animales égyptiennes. Hérodote, III, 28, dit : « Cet Apis, ou Epaphos, est le veau d'une vache qui n'est plus en état de produire un fruit de ses entrailles. Et les Égyptiens disent : *un rayon du ciel vint sur la vache et grâce à lui elle mit au monde Apis.* » Apis est le soleil, donc un symbole : sur le front, une tache blanche, sur le dos, le dessin d'un aigle, sur la langue, un scarabée.

[127] On a également rapproché : κῦρος, puissance; κύριος, seigneur; anc. iran, caur, cur: héros; anc. hind., çura-s: fort, héros. Mais on met en doute cette relation ou on la considère comme improbable.

Fig. 255. *La naissance du Christ.*
Tableau de Botticelli, National Gallery Londres. (Fragment.)

tuel; sa nature est celle du feu; sa rapidité, extraordinaire. Sa vie est longue et, en même temps que sa
peau, il dépouille la vieillesse [128]. En réalité, le serpent
est un animal à sang froid, inconscient et dépouillé. Il est
à la fois mortel et guérisseur, symbole du bon et du mauvais
démon (Agathodaemon), du diable et du Christ. Déjà les
Gnostiques faisaient de lui le représentant du bulbe
cérébral et de la moelle épinière, ce qui évoque sa psyché
pour l'essentiel réflexive. Il est un excellent symbole de
l'inconscient dont il exprime la présence soudaine et inattendue, l'intervention pénible ou dangereuse et l'influence
génératrice d'angoisse. Considéré comme pur psychologème,
le héros est un acte positif et favorable de l'inconscient,
tandis que le dragon, au contraire, représente un acte

[128] Maehly: *Die Schlange in Mythologie und Kultus der klassischen Völker*, 1867, p. 7.

Fig. 256. *Dragon se dévorant lui-même.*
Sixième figure des Symboles de Lambsprink.
Musaeum Hermeticum, Francfort 1678, p. 353.

négatif et défavorable, non pas mise au monde, mais engloutissement, non pas bienfait constructeur, mais retenue
avare et destruction *(fig. 257, cf. aussi fig. 148 et 197)*.

Tout extrême psychologique renferme en secret son
contraire et se trouve de quelque manière en proche et
essentielle relation avec lui [129]. C'est même de ce contraste
qu'il tire la dynamique qui lui est particulière. Il n'y a pas
de coutume sacrée qui, le cas échéant, ne tourne en son
contraire et plus une situation devient extrême, plus on

---

[129] Un bon exemple en est la doctrine du Yang et du Yin de la
philosophie chinoise classique.

Fig. 257. *Défaite par le dragon.*

Extrait de VITRUVE: *De architectura.* Com. et Ill. di Fra Giov. Giocondo.
ed. Tridino, Venise 1511, cap. VI.

doit s'attendre à son énantiodromie, à sa transformation
en son contraire. C'est le meilleur qui est le plus menacé
d'une altération diabolique, car il a au maximum écrasé
le mal. Ce rapport original avec son propre contraire
apparaît finalement aussi dans le langage comme par
exemple dans le comparatif de gut: besser, am besten.
« Besser » vient du vieux mot « basz », bon. En anglais
« bad » signifie mauvais. Mais le comparatif serait « better ».
Ce qui se produit partout dans le langage se produit
également dans la mythologie: là où dans une version
on trouve Dieu, on trouve dans l'autre, le diable. Et
combien de fois est-il arrivé, dans l'histoire de la religion,
que rite, orgie et mystère se soient transformés en dérègle-

ment vicieux ! [130] Aussi un blasphémateur et sectaire du commencement du XIXᵉ siècle a dit ce qui suit de la communion:

« Dans leurs maisons de prostituées, c'est la communauté des démons. Tout ce qu'ils sacrifient, ils le sacrifient au diable et non à Dieu; ils ont là le calice du diable et la table du diable; ils y ont sucé la tête des serpents [131], ils se sont nourris de pain sacrilège et ils ont bu le vin du blasphème. »

Unternährer, c'est le nom de cet homme [132], rêve qu'il est une sorte de divinité érotique; il dit de lui-même:

« Les cheveux noirs, le visage beau et agréable, tout le monde aime t'entendre à cause des discours sublimes qui sortent de ta bouche; c'est pourquoi les filles t'aiment. »

Il continue:

« Fous et aveugles, regardez. Dieu a créé l'homme à son image mâle et femelle, et il les a bénis et il leur a dit: soyez

---

[130] Voir la description des orgies de sectaires russes dans Me-rejkowski: *Pierre le Grand et Alexis*. Le culte orgiaque d'Anâhita (Anaïtis) s'est conservé chez les Ali Illâhîja, ceux qu'on appelle « les éteigneurs de lumières », chez les Yezêden et les Kurdes Dushik, qui fêtent des orgies religieuses nocturnes se terminant par un mélange sexuel furieux durant lequel se produisent aussi des unions incestueuses. (Spiegel: *Erân. Altertumskunde*, II, p. 64.) On trouvera d'autres exemples in Stoll: *Das Sexualleben in der Völkerpsychologie*, 1918.

[131] Cf. sur le baiser du serpent *(cf. fig. 203)* Grimm, II, p. 809 sq. De cette façon on délivre une belle femme. La malade de Spielrein (*Jahrbuch*, III, p. 334) dit ce qui suit: « Le vin est le sang de Jésus. — Il faut que l'eau soit bénite et elle l'est par lui. — L'enterré vivant devient vigne. Tout vin se transforme en sang. L'eau est imprégnée d'infantilité car Dieu dit: devenez comme des enfants. Il y a aussi une eau spermatique, qu'on peut saturer de sang. C'est peut-être l'eau de Jésus. » Le mélange des représentations les plus diverses est caractéristique. Wiedemann (*Der alte Orient*, II, 2, p. 18, cité par Dieterich: *loc. cit.*, p. 101) confirme l'idée égyptienne qu'au sein de la mère on suce l'immortalité. Cf. le mythe d'Héraclès où le héros gagne l'immortalité en buvant un unique trait à la poitrine de Héra.

[132] Extrait des écrits du sectateur Antoine Unternährer. Rescript secret du gouvernement de Berne aux cures et lieutenances, 1821. Je dois la connaissance de ce texte à M. le pasteur Dʳ O. Pfister.

féconds et multipliez-vous et remplissez la terre et faites-en votre servante. C'est dans cette intention qu'il a donné aux misérables membres le plus d'honneur et qu'il les a mis nus dans le jardin », etc.

« Et voilà que les feuilles de vigne et les voiles sont tombés, parce que vous vous êtes convertis au Seigneur, car le Seigneur est esprit et là où est l'esprit du Seigneur, là est la liberté [133], là se reflète la clarté de Dieu, le visage découvert. Cela est délicieux devant Dieu et c'est la splendeur du Seigneur et la parure de notre Dieu que vous vous teniez en l'image et en l'honneur de Dieu, comme Dieu vous a créés, nus sans que vous en ayez honte. »

« Qui veut pouvoir louer chez les fils et les filles du Dieu vivant les membres du corps placés pour enfanter ? »

« Dans le sein des filles de Jérusalem, là est la porte du Seigneur; les justes y entreront dans le temple vers l'autel. Et dans le sein des fils de Jérusalem se trouve le tube à liquide de la partie supérieure, c'est un tube semblable à un bâton pour mesurer le temple et l'autel. Et au-dessous du tube sont placés les noyaux sacrés comme signes et témoins [134] du Seigneur qui a reçu en lui la semence d'Abraham. »

« Par la semence dans la chambre maternelle, Dieu crée de sa main un homme à son image. Alors la maison et la chambre maternelles des filles du Dieu vivant s'ouvrent et Dieu lui-même fait naître par elles l'enfant. Donc Dieu éveille les enfants dans leurs noyaux car de ces noyaux vient la semence. »

De nombreux exemples historiques nous apprennent comment le mystère peut assez facilement se transformer en orgie sexuelle, puisqu'il est lui aussi issu de l'opposition à l'orgie. Il est caractéristique de voir comment le sectateur revient au symbole du serpent qui dans le mystère pénètre dans le croyant, le féconde et le spiritualise, mais possède aussi en même temps un sens phallique (fig. 258). Dans les mystères des Ophites on célébrait réellement la fête avec des serpents et l'on y donnait même des baisers aux bêtes. (Comparer les caresses du serpent de Déméter dans

---

[133] NIETZSCHE: *Zarathoustra*. « Et je vous donne encore cette parabole: Bon nombre de ceux qui voulaient chasser leur démon, se transformèrent eux-mêmes en cochons. »
[134] Avec l'ambiguïté primitive. Cf. Testis = testicule et Témoin.

les mystères d'Eleusis.) Dans les orgies sexuelles des sectes chrétiennes modernes, ce baiser joue un rôle non négligeable.

Un malade eut le rêve suivant: Un serpent jaillit d'un creux et le mord dans les parties sexuelles. Ce rêve eut lieu au moment où le malade commençait à être persuadé de l'exactitude de son traitement psychique et à se libérer de l'emprise de son complexe maternel. Il sentait qu'il progressait et pouvait plus librement disposer de lui-même. Mais au moment où il se rend compte de son progrès, il sent aussi qu'il est attaché à sa mère. La morsure du serpent dans ses parties génitales *(fig. 298)* rappelle l'autocastration d'Attis faite à l'instigation de sa mère. Une malade eut, au moment d'une récidive de sa névrose, le rêve suivant: Elle était entièrement remplie par un gros serpent. On n'en voyait plus qu'une extrémité sortant par le bras. Elle voulut la saisir, mais elle lui échappa. Une autre malade se plaignait d'avoir un serpent dans le cou [135]. Nietzsche utilise ce symbolisme dans la « vision » du pâtre et du serpent [136]:

« Et en vérité je n'ai jamais rien vu de semblable à ce que je vis là. Je vis un jeune berger qui se tordait, râlant et convulsé, le visage décomposé, et un lourd serpent noir pendant hors de sa bouche.

Ai-je jamais vu tant de dégoût et de pâle épouvante sur un visage ? [137] Il dormait peut-être quand le serpent lui est entré dans le gosier — il s'y est attaché.

Ma main se mit à tirer le serpent, mais je tirais en vain ! elle n'arrivait pas à arracher le serpent du gosier. Alors quelque chose se mit à crier en moi: « Mords ! Mords toujours ! »

Arrache-lui la tête ! Mords toujours ! C'est ainsi que quelque chose se mit à crier en moi; mon épouvante, ma haine, mon dégoût, ma pitié, tout mon bien et mon mal se mirent à crier en moi d'un seul cri.

---

[135] Cf. à ce sujet le poème de Nietzsche: « Pourquoi t'es-tu attiré dans le paradis du vieux serpent ? », etc.

[136] *Ainsi parlait Zarathoustra*, p. 228, trad. H. Albert.

[137] Nietzsche aurait lui-même éprouvé parfois une prédilection pour les animaux dégoûtants. Cf. C.-A. BERNOUILLI: *Franz Overbeck und Fr. Nietzsche*, 1908, t. I, p. 166.

Fig. 258. *Le mystère du serpent.*

Extrait de: « Marci Aurelii Severini Thuri De Viperae Natura, Veneno, Medicina, Demonstrationes et Experimenta nova. » Padoue 1651, p. 66.

Braves qui m'entourez, chercheurs hardis et aventureux, et qui que vous soyez, vous qui vous êtes embarqués avec des voiles astucieuses sur les mers inexplorées ! vous qui êtes heureux des énigmes !

Devinez donc l'énigme que je vis alors et expliquez-moi la vision du plus solitaire !

Car ce fut une vision et une prévision: quel symbole était-ce que je vis alors ? Et quel est celui qui doit venir !

Qui est le berger à qui le serpent est entré dans le gosier ? Quel est l'homme dont le gosier subira ainsi l'atteinte de ce qu'il y a de plus noir et de terrible ? [138]

— Le berger, cependant, se mit à mordre comme mon cri le lui conseillait, il mordit d'un bon coup de dent ! Il cracha loin de lui la tête du serpent et il bondit sur ses jambes.

Il n'était plus ni homme ni berger; il était transformé, rayonnant, il riait ! Jamais encore je ne vis quelqu'un rire comme lui !

O mes frères, j'ai entendu un rire qui n'était pas le rire d'un homme, — et maintenant une soif me ronge, un désir qui sera toujours insatiable.

Le désir de ce rire me ronge: oh ! comment supporterais-je de mourir maintenant ! [139]

(Ainsi parlait Zarathoustra, trad. H. Albert, p. 228.)

Voici comment il faut interpréter l'événement décrit par Nietzsche, en nous servant de ce que nous avons dit plus haut: le serpent représente la psyché inconsciente qui, comme le serpent dieu, dans les mystères de Sabazios, rampe dans la bouche du myste, autrement dit: de Nietzsche lui-même en tant que ποιμήν ou ποιμάνδρης ou dans celle du berger des âmes et du prédicateur, sans doute d'abord pour l'empêcher de trop parler, mais aussi, en second lieu, pour le rendre ἔνϑεος, autrement dit plein de dieu. Déjà le serpent s'était fortement attaché, mais

---

[138] Je rappelle le rêve de Nietzsche, cité dans la première partie du présent ouvrage (§ III, p. 88).

[139] Rapprocher de cette image le mythe germanique de Dieterich, de Berne *(fig. 259)*. Il est blessé au front par une flèche dont un morceau reste planté et c'est pourquoi on le dit immortel. De même reste plantée dans la tête de Thor la moitié de la hache de pierre de Hrûngir. Voir GRIMM, *Mythol.*, I, p. 309.

l'angoisse était plus rapide et plus brutale: d'un coup de
dents, elle coupa la tête du serpent et la cracha. Si l'on veut
que le serpent vous morde au talon, il faut lui marcher
sur la tête. Le berger se mit à rire quand il fut débarrassé
du serpent; il se mit à rire sans frein, parce qu'il en avait
fini avec la compensation par l'inconscient. On pouvait
donc compter sans l'hôte
— et atteindre le résultat
connu: qu'on lise tous les
passages du « Zarathous-
tra » où Nietzsche parle
du rire et de l'éclat de
rire.   Malheureusement,
par la suite, tout se dé-
roula comme si la nation
allemande avait compris
la prédication nietzsché-
enne.

L'inconscient   s'insi-
nue sous la forme du ser-
pent quand la conscience
éprouve de la peur en
présence de la tendance
compensatrice de l'in-

Fig. 259.

*Dietrich arrache Sintram
de la gueule d'un dragon.*

Chapiteau de la cathédrale de Bâle.

Archives de la *Revue Ciba*, Bâle.

conscient, et c'est ce qui se produit le plus souvent lors
de la régression. Mais celui qui dit oui par principe à la
compensation ne rétrograde pas, au contraire; par son
introversion, il va au-devant de l'inconscient. Il faut
reconnaître il est vrai, que tel qu'il se présentait chez
Nietzsche le problème était insoluble, car personne ne
pouvait attendre du berger qu'il avalât un serpent dans
de telles circonstances. Il s'agit ici d'un de ces cas
assez fréquents, tout imprégnés de fatalité, dans lesquels
la compensation se présente sous une forme inacceptable
qui ne pourrait être dominée que par une impossibilité
correspondante. C'est ce qui arrive quand on résiste trop
longtemps, et au nom de principes, à l'inconscient et que
l'instinct est ainsi violemment écarté de la conscience.

Selon de nombreux témoignages historiques, l'introversion rend fécond, enthousiaste, provoque renaissance et réenfantement. A cette image de l'activité créatrice spirituelle, la philosophie hindoue prête aussi un sens cosmogonique. Le premier créateur inconnu de toutes choses est, selon le Rig Véda, 10, 121, Prajâpati, le « Seigneur des créatures ». Voici comment dans les différents Brâhmanas on décrit son activité cosmogonique :

« Prajâpati fit ce vœu : je veux me perpétuer, je veux être multiple. Il fit Tapas et quand il l'eut fait, il créa ces mondes. »

D'après Deussen [140], il faut traduire le concept de Tapas : « il s'échauffa en s'échauffant » [141], dans le sens de « il couva l'incubation »; ce qui veut dire que le couvant et le couvé ne sont pas distincts, mais un seul et même être. Parce qu'il est Hiranyagarbha, Prajâpati est l'œuf engendré de lui-même, l'œuf de l'univers dans lequel il se couve lui-même *(fig. 260)*. Donc il se glisse en lui-même, devient son propre utérus, il est gros de lui-même pour enfanter le monde de la multiplicité. Ainsi Prajâpati sur la voie de l'introversion se métamorphose en quelque chose de nouveau, la multiplicité du monde. Il est d'un intérêt particulier de remarquer comment les extrêmes se touchent. Deussen dit [142] : « Dans la mesure où le concept de Tapas (chaleur) devint, dans l'Inde brûlante, le symbole de l'effort et du tourment, ce tapo atapyata passa dans le concept d'automortification, entrant ainsi en rapport avec la représentation que la création est, en ce qui concerne le créateur, un acte d'aliénation de soi. »

Autoincubation [143], châtiment de soi par soi et introversion sont des concepts très voisins. La plongée en soi (introversion) est pénétration dans l'inconscient en même temps qu'ascèse. C'est de cet acte que provient, selon la

---

[140] *Geschichte der Philosophie*, 1900, t. I, p. 181 sq.

[141] Sa tapo atapyata.

[142] *Loc. cit.*, p. 182.

[143] Il faut rappeler ici la représentation stoïcienne de la chaleur créatrice première en laquelle nous avons déjà reconnu la libido (1ʳᵉ part., ch. IV); de même Mithra naissant de la pierre « solo aestu libidinis ».

Fig. 260. *Prajapati et l'œuf universel.*
Extrait de N. MÜLLER: *Glauben, Wissen und Kunst der alten Hindus.*
Mayence 1822, table II, fig. 21.

philosophie des Brahamanas, le monde; pour les mystiques,
la rénovation et la renaissance spirituelle de l'individu
qui naît à un nouveau monde de l'esprit. La philosophie
hindoue admet aussi que c'est de l'introversion que surgit
la création: Le Rig-Veda 10, 129 dit:

> « Alors devint ce qui était caché dans la vasque,
> L'un né par la force de la peine embrasée.
> Naquit de celle-ci comme première manifestation

631

Comme grain de semence de la connaissance, l'amour [144] ; —
L'enracinement de l'être dans le non-être
Les sages le trouvèrent en fouillant dans les tendances
[du cœur. [145] »

Cette doctrine philosophique conçoit le monde comme
une émanation de libido. Or si l'aliéné Schreber provoque
une sorte de fin du monde par son introversion, cela provient de l'idée qu'il enlève la libido de la création existante
et qu'ainsi elle devient irréelle [146]. De même Schopenhauer
voulait par négation (sainteté, ascèse) annuler le faux pas
fait par la volonté première par laquelle le monde fut créé.
Gœthe lui-même ne dit-il pas :

> « Vous suivez une fausse piste ;
> Ne croyez pas que nous plaisantons !
> Le cœur de la nature n'est-il pas
> Dans le cœur des hommes ? »

Le héros qui doit réaliser le renouvellement du monde,
qui doit vaincre la mort, personnifie la force créatrice de
l'univers qui, se couvant elle-même dans l'introversion,
serpent enlaçant son propre œuf *(fig. 261)*, menace la
vie de sa morsure empoisonnée pour la conduire à la mort
et se réenfanter elle-même de cette nuit, en se surmontant.
La langue de Nietzsche semble avoir connaissance de
cette image :

> « Depuis combien de temps es-tu déjà assis sur
> [ta mauvaise fortune ?
> Prends garde ! tu finiras par couver
> Un œuf
> Un œuf de basilic
> Avec ta longue désolation. » [147]

---

[144] Kâma = Eros.

[145] La traduction exacte en prose de ce passage est la suivante :
« Alors se développa de lui au commencement Kâma » *(fig. 76).*
(Deussen: *Gesch. d. Phil.*, 1906, t. I, p. 123.) Kâma est la libido.
« L'enracinement de l'être dans le non-être, les sages le trouvèrent
dans le cœur en l'examinant avec intelligence. »

[146] D. P. Schreber: *Mémoires d'un névropathe.*

[147] *Gloire et Eternité,* « Ecce Homo », tr. H. Albert, p. 282.

Le héros est à lui-même serpent, à lui-même sacrificateur et victime; c'est pourquoi le Christ se compare, à juste titre, au serpent du salut de Moïse *(cf. fig. 57 et 246)*; c'est pourquoi aussi le rédempteur des Ophites chrétiens était un serpent. C'est Agathodaimon et Kakodaimon *(fig. 262)*. La légende germanique dit que les héros auraient des yeux de serpent [148]

Le mythe de Cécrops contient des traces fort claires de l'identité originelle du serpent et du héros: Cécrops est mi-serpent et mi-homme *(fig. 263)*. Sans doute au stade primitif a-t-il été le serpent athénien de la citadelle. Dieu enterré, il est, comme Erechthée, un dieu serpent chtonique. Au-dessus de sa demeure souterraine s'élève le Parthénon, temple de la déesse vierge. Le dépouillement du dieu, que nous avons mentionné au passage, est en relation très étroite avec la nature de serpent du héros. Nous avons signalé plus haut les cérémonies mexicaines du dépouillement. On raconte que Manès, fondateur de la religion manichéenne, fut tué, dépouillé, empaillé et pendu [149]. Cette pendaison a une valeur symbolique incontestable, puisque le balancement («être suspendu, plein de crainte, en une

Fig. 261.
*Œuf universel
enlacé par le serpent.*
Extrait de E. KENTON:
The book of Earths.
New-York 1928, planche XXIX.

[148] GRIMM: *Mythologie*, 1877, III, p. 111. Œil de serpent: ormr î auga; Sigurd s'appelle Ormr î Auga.

[149] Dans l'Epître aux Galates, il est fait inconsciemment allusion à cette image primitive: « Vous tous en effet qui avez été baptisés en Jésus-Christ, vous avez revêtu le Christ » (3.27). Le mot ἐνδύειν (induere) ici employé, signifie mettre dans, habiller, vêtir.

peine fluctuante») exprime une aspiration non réalisée, une attente tendue; c'est pourquoi le Christ, Odin, Attis, etc., sont pendus à des arbres. Jésus ben Pandira subit la même mort la veille d'une fête de Pâques, sous le règne d'Alexandre Jannaeus (106-79 av. J.-C.) Ce Jésus serait le fondateur de la secte des Esséniens [149*] qui eut quelque rapport avec le christianisme ultérieur. Le Jésus ben Strada, identifié au Jésus précédent, mais situé au IIe siècle ap. J.-C., fut également pendu. Tous deux furent probablement lapidés, châtiment qui se faisait pour ainsi dire sans effusion de sang, comme la pendaison. Ce ne doit pas être sans importance, car on nous rapporte une étrange cérémonie de l'Ouganda:

Fig. 262.
Serpent agathodaimon.
Gemme antique.
Extrait de « J. Macarii Canonici Ariensis Abraxas, Anvers 1657. » Table XV, fig. 63.

«When a king of Uganda wished to live for ever he went to a place in Busiro, where a feast was given by the chiefs. At the feast the Mamba Clan [150] was especially held in honour, and during the festivities a member of this clan was secretly chosen by his fellows, caught by them, and beaten to death with their fists; no stick or other weapon might be used by the appointed to do the deed. After death the victim's body was flayed and the skin made into a special whip etc. After the ceremony of the feast in Busiro, with its strange sacrifice, the king of Uganda was supposed to live for ever, but from that day he was never allowed to see his mother again. » [150*]

[149*] Cf. ROBERTSON: *Evang. Myth.*, p. 123.

[150] « Mamba » est le nom du cobra africain.

[150*] Cité par FRAZER: *Golden Bough*, 1907, IV part: Adonis, Athis, Osiris, p. 415.

Fig. 263. *Cécrops au corps de serpent.*

Extrait de Roscher: *Lexikon der Griechischen und römischen Mythologie.*
T. II, 1ʳᵉ partie, Leipzig 1890-1894, col. 1019.

(« Quand un roi de l'Ouganda désirait vivre à jamais, il se
rendait à Busiro, où les chefs donnaient un grand festin. Au
festin, le clan Mamba était particulièrement honoré et pendant
les fêtes, un membre de ce clan était secrètement choisi par
ses compagnons, pris et battu à mort sous leurs coups de poing;
ceux qui étaient désignés pour accomplir cet acte ne pouvaient
employer de bâtons ou d'autres armes. Après la mort, le corps
de la victime était écorché et la peau transformée en un fouet
très spécial, etc... Après la cérémonie du festin à Busiro et
son étrange sacrifice, le roi d'Ouganda vivait à jamais, suppo-
sait-on, mais à partir de ce jour, il n'était plus autorisé à revoir
sa mère. »)

Marsyas *(fig. 137)* qui semble être un substitut d'Attis,
fils-amant de Cybèle, fut écorché [151]. Quand un roi scythe

---

[151] Frazer: *loc. cit.*, p. 242.

mourait, on abattait ses esclaves et ses chevaux, on les écorchait et on les dressait à nouveau une fois empaillés [152]. En Phrygie, on abattait et écorchait les représentants du dieu-père; on faisait de même à Athènes avec un bœuf que l'on écorchait et que l'on attelait ensuite à la charrue

Fig. 264. *Les Dioscures.*
Au milieu: Hécate. Gemme d'origine inconnue.
Musée de Berlin.
Extrait de F. CHAPOUTHIER: *Les Dioscures au service d'une déesse.*
Paris 1935, planche XV, fig. 69.

après l'avoir empaillé. De cette façon on fêtait la résurrection de la fertilité des champs [153].

Le héros-dieu, symbolisé sous la figure du signe zodiacal du printemps (bélier, taureau), surmonte le niveau le plus bas en hiver et quand il a passé au-delà de l'apogée de l'été, il est comme accablé par une inconsciente nostalgie de son déclin. Cependant il est en désaccord avec lui-même; c'est pourquoi la descente et la fin lui paraissent une méchante invention de la sinistre mère qui a en secret posé sur sa route un serpent venimeux pour le faire disparaître. Mais le mystère annonce en consolation qu'il n'y a là nulle contradiction [154] et nulle disharmonie quand la

---

[152] FRAZER: *loc. cit.*, p. 246.

[153] FRAZER: *loc. cit.*, p. 249. Pour le motif de l'écorchement, voir mon étude sur «Das Wandlungssymbol in der Messe» (le symbole de métamorphose dans la messe), *Eranos-Jahrbuch*, 1940-41, p. 101 sq.

[154] Il semble que le motif des Dioscures *(fig. 264)* soit un autre

vie se transforme en mort; ταῦρος δράκοντος καὶ πατὴρ ταύρου δράκων [155]. (Le taureau, père du serpent et le serpent père du taureau.)

Nietzsche aussi exprime ce mystère:

« Me voilà assis

— — — — — — — — — —

Dévoré cependant
Par cette petite oasis.
— Car justement elle ouvrait en bâillant
Sa petite bouche charmante —
Gloire, gloire, à cette baleine
Qui veilla ainsi au bien-être
De son hôte !

— — — — — — — — — —

Gloire à son ventre
Qui fut de la sorte
Un charmant ventre d'oasis. —
Le désert grandit: malheur à celui qui recèle des déserts !
La pierre heurte la pierre, le désert dévore et étrangle,
La mort formidable jette un regard ardent et brun,
Elle mâche — sa vie, c'est sa mastication...
N'oublie pas, homme, que la volupté dessécha;
C'est toi — la pierre, le désert, c'est toi la mort... »

*

Après que Siegfried a tué le dragon, il rencontre son père Wotan qu'agitent de sombres soucis; car Erda, la mère originelle, lui a en quelque sorte mis un serpent

—————

essai de solution: ce sont deux frères, semblables l'un à l'autre; l'un est mortel, l'autre immortel. On retrouve également ce motif aux Indes sous les figures des deux Açvin qui, il est vrai, n'ont entre eux aucune autre ressemblance. Par contre, il apparaît nettement dans l'Upanishad Shvetâshvatara (4, 6) sous forme d'un couple d'amis qui « embrasse un seul et même arbre », à savoir l'Atman personnel et l'Atman surpersonnel. Dans le culte de Mithra, Mithra est le père, Sol le fils, et cependant les deux ne font qu'un, ὁ μέγας θεός; Ἥλιος Μίθρας; (cf. DIETERICH: loc. cit., p. 68). Cela veut dire que: l'homme ne se métamorphose pas en sa forme immortelle, mais qu'il est déjà les deux dans la vie, le moi et le soi.

[155] Firmicus MATERNUS: De errore prof. rel., XXVI, I.

au travers de sa route, pour priver sa vie de force: il dit
à Erda:

Le Voyageur:

« Connaissant les choses premières
Tu as jadis enfoncé
L'aiguillon du souci
Dans le cœur audacieux de Wotan:
Par crainte d'une honteuse
Fin hostile
Ton savoir le remplit
L'angoisse a entravé son courage.
Es-tu la femme la plus sage du monde
Dis-le-moi:
Comment le dieu vaincra-t-il le souci ?

Erda:

Tu n'es — pas
Ce que tu prétends ! »

De son aiguillon empoisonné, la mère a privé le fils de
la joie de vivre et elle lui enlève la puissance attachée à
son nom; comme Isis qui exige le nom du dieu, Erda dit:
« Tu n'es pas ce que tu dis être. » Le « voyageur », cependant, a trouvé la voie par laquelle on échappe au charme
mortel de la mère:

« Ce n'est pas de la fin des dieux
Que me chagrine l'angoisse,
Depuis que mon désir la — veut ! »
« Au plus voluptueux des Waelsung
Je lègue mon héritage. »

« A l'éternellement jeune
Le Dieu le cède en volupté » ...

Ces sages paroles contiennent en effet l'idée salutaire.
Ce n'est pas la mère qui a mis sur la route le ver venimeux,
mais c'est la vie elle-même qui exige que s'accomplisse le
cours du soleil, qu'il s'élève du matin jusqu'au midi et,
franchissant le midi, se hâte vers le soir, nullement en

désaccord avec lui-même, mais au contraire dans la volonté de ce déclin et de cette fin [156].

Le Zarathoustra de Nietzsche enseigne :

« Je vous fais l'éloge de ma mort, de la mort volontaire, qui me vient puisque *je* veux.

Et quand voudrai-je ? Celui qui a un but et un héritier, veut pour but et héritier la mort à temps. » [157]

Nietzsche exagère ici l'*amor fati* et, parce qu'il souffre de façon surhumaine, ne veut pas suivre le destin mais le prévenir. Siegfried vainc son père Wotan et s'empare de Brunhilde ; la première chose qu'il aperçoit d'elle, c'est son coursier ; puis il croit voir en elle un homme armé. Il coupe la cuirasse qui protège l'endormie. Quand il voit qu'il s'agit d'une femme, il est pris de peur :

---

[156] Il est frappant que les héros tueurs de lion, Samson et Héraclès, soient dans le combat *démunis d'armes (fig. 65 et 97)*. Le lion est le symbole de la plus forte chaleur solaire de l'été. Astrologiquement, il est le domicilium solis. STEINTHAL (*Zeitschrift f. Völkerpsychol.*, t. II, p. 133) fait à ce sujet le raisonnement suivant que je reproduis textuellement : « Donc, lorsque le dieu solaire lutte contre la chaleur de l'été, il lutte contre lui-même ; s'il la tue, il se tue lui-même. — Sans doute le Phénicien (et l'Assyrien) attribuait à son dieu solaire un suicide. Car il ne pouvait voir qu'un suicide dans le fait que le soleil atténuait sa chaleur. Par conséquent, croyait-il, quand le soleil se tient en été à son plus haut point et que ses rayons brûlent avec une ardeur dévorante, il se brûle lui-même, mais il ne meurt pas ; il ne fait que se rajeunir… Hercule aussi se brûle, mais à travers les flammes, il gravit l'Olympe. Là est la contradiction des dieux païens. Forces naturelles, ils sont pour l'homme aussi bien salutaires que funestes. Aussi pour faire du bien et apporter le salut, ils doivent agir contre eux-mêmes. La contradiction se trouve émoussée quand chacun des deux aspects de la force naturelle est personnifié en un dieu spécial ou quand on les conçoit, certes, en une seule personnalité divine, mais dont chacun des deux modes d'action, le bienfaisant et le malfaisant, s'exprime en un symbole particulier. Le symbole devient de plus en plus indépendant, devient finalement dieu lui-même ; et alors qu'originairement le dieu agissait contre lui-même, s'anéantissait, il y a maintenant lutte de symbole contre symbole. » Le héros est dépourvu d'armes parce qu'il lutte contre lui-même.

[157] NIETZSCHE : *Zarathoustra*, tr. H. Albert, p. 100.

> « Ma tête chancelle de vertige ! —
> Qui appellerai-je au secours,
> Pour me venir en aide ? —
> Mère ! Mère !
> Ne m'oublie pas ! —
> Est-ce là la peur ? —
> O Mère, Mère !
> Ton courageux enfant !
> Une femme gît endormie : —
> C'est elle qui lui apprit la peur ! —
> Eveille-toi ! Eveille-toi !
> Femme sacrée ! —
> Alors je sucerai la vie
> A des lèvres très douces —
> Même si je devais en mourir ! »

Dans le duo suivant il invoque sa mère :

> « O salut à la mère
> Qui m'enfanta, » etc.

L'aveu de Brunhilde est particulièrement caractéristique :

> « O si tu savais, joie du monde,
> Comme je t'aimai de tout temps !
> Tu fus ma pensée,
> Mon souci, toi !
> C'est toi ma tendre que j'ai nourrie
> Avant même que tu aies conçu,
> Avant même que tu aies enfanté
> Mon bouclier te protégeait. » [158]

Brunhilde, qui est en relation fille-*anima* avec son père Wotan, devient ici fort clairement la mère symbolique, donc spirituelle de Siegfried ; elle confirme ainsi la règle psychologique selon laquelle, pour le fils, la mère est le premier support de l'image de l'anima. Siegfried le confirme en disant :

> « Ainsi ma mère ne mourut pas ?
> Elle dormait seulement, mon aimée. »

---

[158] Il était d'usage chez les Etrusques de couvrir dans la terre l'urne funéraire, donc le mort, avec son bouclier.

L'imago maternelle, identique d'abord à l'*anima*, représente l'aspect féminin du héros lui-même. C'est ce que Brunhilde lui explique par ces paroles:

> « Je suis toi-même,
> Si tu m'aimes, moi bienheureuse. »

Parce qu'elle est *anima*, Brunhilde est la mère-sœur-épouse. Elle préexiste comme archétype et depuis toujours elle aime Siegfried:

> « O Siegfried, Siegfried !
> Lumière victorieuse !
> Je t'ai toujours aimé;
> Car c'était pour moi seule
> Que semblait faite la pensée de Wotan.
> La pensée que jamais
> Je ne devais nommer,
> Que je ne pensais pas,
> Mais sentais seulement;
> Pour laquelle j'ai combattu
> Lutté et bataillé;
> Pour laquelle j'ai bravé
> Celui qui l'a pensée,
> Et qui la sentait seulement ! —
> Pourrais-tu la résoudre ? —
> Elle n'était pour moi qu'amour pour toi ? »

L'image de l'*anima* apporte encore d'autres aspects de l'imago maternelle avec soi, entre autres celui de l'eau et de la plongée.

Siegfried:

> « Une eau splendide
> Ondulait devant moi;
> De tous mes sens
> Je ne vois qu'elle
> La vague voluptueusement ondulante:
> Brisait-elle mon image,
> Alors je brûle moi-même,
> Cette ardeur fortunée
> Pour la rafraîchir dans le flot

> Moi-même, tel que je suis
> Je saute dans le ruisseau : —
> O si ses vagues pouvaient
> M'enlacer plein de bonheur » etc.

L'eau à laquelle il est fait allusion ici représente la profondeur maternelle et le lieu de la renaissance et en même temps l'inconscient sous ses aspects positif et négatif. Or le mystère de la rénovation est de nature effrayante. C'est un embrassement mortel. L'allusion à la mère terrible du héros qui lui enseigne la crainte se trouve dans les paroles de Brunhilde (en fait : de la femme centaure qui emporte les morts dans l'au-delà) *(fig. 265)*.

> « Ne crains-tu pas, Siegfried,
> Ne crains-tu pas
> La femme sauvage et furieuse ? »

L'« occide moriturus » orgiaque, dans la scène d'amour des Métamorphoses d'Apulée, retentit dans les paroles de Brunhilde :

> « Laisse-nous nous abîmer en riant,
> En riant disparaître ! »

Et dans ces mots :

> « Amour étincelant,
> Mort souriante ! »

se retrouve la même opposition significative. Cet orgiasme et cette démesure barbare forment l'essence de la *Mater saeva cupidinum* et conditionnent le destin du héros : Il doit y avoir auprès de lui un bonheur jamais aperçu auparavant, sinon il succomberait à la confiance accrue qu'il a en lui déjà lors de sa première entreprise. Son *anima* maternelle est aveugle ; c'est pourquoi son destin, malgré son bonheur, l'atteint tôt ou tard, le plus souvent tôt. Aussi les destins ultérieurs de Siegfried sont-ils ceux du héros archétypique : le javelot du borgne Hagen, du sombre Hagen, le touche à sa seule place vulnérable. Sous la figure de Hagen, Wotan le borgne abat son fils héros.

Le héros est un type idéal de la vie humaine. Le fils laisse derrière lui sa mère, source de sa vie, poussé qu'il est par une inconsciente aspiration de la retrouver pour retourner dans son sein. Tout obstacle qui s'amasse sur le sentier de la vie et menace son ascension porte vaguement les traits de la mère terrible qui paralyse son courage de vivre avec le poison du doute secret et du recul, et, dans chaque succès, reconquiert la souriante mère dispensatrice d'amour et de vie — cette image est, pourrait-on dire, une figure musicale, une métamorphose en contrepoint du sentiment, infiniment simple et immédiatement évidente. Mais pour l'intellect et en particulier pour une présentation logiquement bâtie, cela représente une difficulté presque insurmontable. La cause en est que nulle partie du mythe du héros n'est à signification unique et que — *cum grano salis* — toutes les figures sont interchangeables. Sûr et certain est seulement que le mythe existe et présente avec d'autres mythes des analogies incontestables. L'interprétation des mythes est une affaire épineuse et l'on comprend qu'on la regarde de travers, et ce non sans quelque raison. Jusqu'ici celui qui interprétait les mythes se trouvait dans une position peu enviable en ce sens qu'il ne disposait que de points d'orientation extrêmement douteux, comme par exemple les données astronomiques et météoriques. La psychologie moderne a l'avantage caractérisé

Fig. 265.
Walkyrie avec un guerrier tué.
Tableau de Dielitz.
Extrait de F. GUIRAND:
Mythologie générale. Paris, 1935, p. 249.

Fig. 266. *Schéma mexicain du monde.*

Extrait de T. W. Danzel: *Mexico I.* Altmexicanische Bilderschriften.
Schriftenreihe: *Kulturen der Erde*, t. XI, Darmstadt, 1922, table 53.

d'avoir pris connaissance pratiquement d'un domaine de
phénomènes psychiques qui représente sans aucun doute
le sol maternel de toute mythologie, à savoir *les rêves,
les visions oniriques, les fantaisies et les idées délirantes.*
Là elle trouve non seulement de fréquentes correspondances
avec les motifs mythiques, mais elle a aussi l'occasion
inappréciable d'observer *in vivo* l'apparition ou le fonctionnement de ces contenus et de les analyser. Nous
pouvons en effet retrouver dans le rêve la même ambiguïté
et, semble-t-il, des formes interchangeables sans limite.
D'un autre côté nous sommes aussi à même de constater
certaines légalités ou au moins certaines règles qui donnent
quelque sûreté à l'interprétation. Ainsi, par exemple,
nous savons que les rêves compensent au fond la situation

consciente, voire qu'ils complètent ce qui lui manque [159].
Cette connaissance importante pour l'interprétation des
rêves vaut aussi pour le mythe. Grâce à l'étude approfondie de produits de l'inconscient on obtient aussi de
nettes indications sur les structures archétypiques qui
coïncident avec les motifs mythi-
ques et parmi eux certains types
qui méritent le nom de *Dominantes :* Ce sont des archétypes
comme l'*anima*, l'*animus*, le vieil
homme, la sorcière, l'ombre, terre
maternelle, etc., ainsi que les
dominantes d'ordre du soi, du
cercle, de la quaternité ou des
quatre « fonctions », ou des aspects du soi *(cf. fig. 247 et 269)*,
ou de la conscience. On comprend
donc aisément *(fig. 266, 267 et
268)* que la connaissance de ces
types facilite considérablement
l'interprétation des mythes en la
posant sur le terrain qui est le
sien, sur la base de la psyché.

Fig. 267.

*Représentation copte des
quatre coins du monde du
zodiaque avec soleil et lune
au centre.*

Extrait de A. JEREMIAS:
*Das Alte Testament im Lichte
des alten Orients.*
Leipzig 1930, fig. 21.

Ainsi le mythe du héros est
un drame inconscient qui n'apparaît qu'en projection,
comparable aux événements de la parabole de la caverne
de Platon. Le héros lui-même y apparaît un être qui a
quelque chose de plus que le caractère humain. Il est
dès l'abord caractérisé allusivement comme dieu. Il est
psychologiquement un archétype du soi; sa nature divine
exprime donc que le soi est aussi « numineux », c'est-à-dire
presque dieu, ou qu'il participe de la nature divine. C'est
sans doute dans ce mythologème que l'on devrait trouver

---

[159] Bien que l'inconscient soit en général *complémentaire* du
conscient, il arrive cependant dans des cas isolés que ce complément
n'ait pas un caractère machinal que l'on puisse prévoir sans ambiguïté, mais qu'il se comporte comme tendant vers un but et avec
intelligence, et que pour cette raison il soit plus exact d'y voir une
compensation.

le fondement de la querelle de l'homoousie. Car il n'est pas indifférent, psychologiquement parlant, que l'on conçoive le soi comme όμοούσιος ou simplement comme όμοιούσιος τῷ πατρί (d'essence semblable ou d'essence analogue au père). La décision en faveur de l'homoousie fut d'une grande importance psychologique. Car ainsi il fut établi que le Christ était d'essence semblable à Dieu. Or le Christ est, considéré du point de vue des religions comparées et psychologiquement, un type du *soi*. Psychologiquement le soi est une *imago dei* dont il ne peut être distingué empiriquement *(fig. 269)*. Il en résulte donc une identité d'essence des deux représentations. Le héros est l'acteur de la métamorphose de Dieu dans l'homme; il correspond à ce que j'ai appelé la « personnalité Mana » [160]. Celle-ci exerce sur la conscience une grande fascination, autrement dit le moi succombe aisément à la tentation de s'identifier au héros, ce qui provoque une inflation psychique avec toutes ses conséquences. Dès lors on comprend l'aversion de certains cercles ecclésiastiques pour ce qu'on appelle le « Christ intérieur », qui est une sorte de mesure de protection contre le danger d'inflation psychique qui menace l'Européen chrétien. Bien que la philosophie religieuse hindoue soit en grande partie dominée par l'idée de l'homoousie [161], le danger est cependant moins grand parce que la conception hindoue de Dieu y correspond, ce qui n'est pas du tout le cas pour le chrétien.

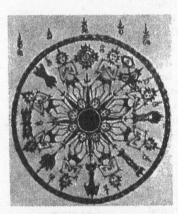

Fig. 268. *Cercle divin de Bali.*
Archives de la *Revue Ciba*, Bâle.

[160] Cf. *Le moi et l'inconscient*, tr. fr. Gallimard, 1938.
[161] Identité de l'Atman personnel et de l'Atman surpersonnel.

Fig. 269. *Le Christ au milieu des Evangélistes.*
Eglise d'Arles-sur-Tech (Pyrénées orientales) xıᵉ siècle.
Extrait de M. Aubert: *La sculpture française au moyen âge.*
Paris 1946, p. 26.

Son introspection est beaucoup trop insuffisante pour qu'il
puisse réaliser quelles modifications l'homoousie du soi
réalise en l'idée de dieu. Que le lecteur excuse cette
remarque en apparence hors de propos. Je ne l'ajoute
que pour mettre en sa juste lumière la « numineusité »
de l'archétype du héros [162].

*

---

[162] Pour plus de détails, voir *Types psychologiques*, tr. fr., 1950,
et « Symbolique du soi » in *Aion*, Rascher, Zurich, 1951.

Nous revenons maintenant aux fantaisies de Miss Miller pour considérer la suite du drame du héros. Chiwantopel parle avec une émotion douloureuse:

« Dans ce monde entier il n'y en a pas une seule ! j'ai cherché dans cent tribus. J'ai vieilli de cent lunes depuis que j'ai commencé. Est-ce qu'il y en aura jamais une qui connaîtra mon âme ? — Oui, par le dieu souverain, oui ! — Mais dix mille lunes croîtront et décroîtront avant que naisse son âme pure. Et c'est d'un autre monde que ses pères arriveront à celui-ci. Elle aura la peau pâle et pâles les cheveux. Elle connaîtra la douleur avant même que sa mère l'ait enfantée. La souffrance l'accompagnera, elle aussi cherchera et ne trouvera personne qui la comprenne. Bien des prétendants voudront lui faire la cour, mais il n'y en aura pas un qui saura la comprendre. La tentation souvent assaillira son âme — mais elle ne faiblira pas. Dans ses rêves, je viendrai à elle et elle comprendra. J'ai conservé mon corps inviolé. Je suis venu dix mille lunes avant son époque et elle viendra dix mille lunes trop tard. Mais elle comprendra ! Ce n'est qu'une fois toutes les dix mille lunes qu'il naît une âme comme celle-là ! » (Une lacune). — Une vipère verte sort des broussailles, se glisse vers lui et le pique au bras, puis s'attaque au cheval, qui succombe le premier. Alors Chiwantopel au cheval: « Adieu, frère fidèle ! Entre dans ton repos ! Je t'ai aimé et tu m'as bien servi. Adieu, je te rejoins bientôt ! » Puis au serpent: « Merci, petite sœur, tu as mis fin à mes pérégrinations ! » Puis il crie de douleur et clame sa prière: « Dieu souverain, prends-moi bientôt ! J'ai cherché à te connaître et à garder ta loi ! Oh, ne permets pas que mon corps tombe dans la pourriture et la puanteur, et serve de pâture aux aigles ! » Un volcan fumant s'aperçoit à distance, on entend le grondement d'un tremblement de terre, suivi par un glissement de terrain. Chiwantopel s'écrie dans le délire de la souffrance, tandis que la terre recouvre son corps: « J'ai conservé mon corps inviolé. — Ah ! elle comprendra ! — Ja-ni-wa-ma, toi, tu me comprends ! »

La prophétie de Chiwantopel est une répétition de ce qui se passe dans le *Hiawatha* de Longfellow, là où le poète ne peut échapper à la sentimentalité qui le pousse à faire intervenir, à la fin de la carrière du héros Hiawatha, le sauveur des sages en faisant apparaître le sublime représentant de la religion et des mœurs chrétiennes. (Qu'on se rappelle l'œuvre de rédemption des Espagnols au Mexique et au Pérou et les combats contre les Indiens dans l'Amérique du Nord.) Cette prophétie de Chiwantopel remet la personnalité de l'auteur en rapport très étroit avec le héros et en fait l'objet propre de l'aspiration de Chiwantopel. Certainement le héros l'aurait épousée si elle avait vécu à son époque; mais malheureusement elle arrive trop tard, de dix mille lunes au moins. Cette considérable distance dans le temps indique encore une autre distance en un autre sens: un abîme sépare le moi de Miss Miller du personnage de Chiwantopel. Il est entièrement « au-delà ». Elle et lui se chercheront en vain, ce qui veut dire qu'on ne parviendra à aucune union ou liaison entre la conscience et l'inconscient, alors que pourtant cela serait nécessaire pour réaliser la compensation de la conscience et rétablir l'unité. Elle ou lui rêveront tout au plus d'une telle rencontre et c'est ainsi seulement que leurs âmes se comprendront, c'est-à-dire pourront s'aimer et s'embrasser. Il ne découle de cela pour Miss Miller nul pronostic favorable, car toute relation amoureuse réelle consiste en ce qu'une jeune fille rencontre son héros, et un jeune homme, son âme en une tangible réalité.

La phrase suivante du texte dit: « J'ai conservé mon corps inviolé ». Cette fière parole, que naturellement seule une femme peut prononcer — car d'ordinaire un homme ne se vante pas d'une telle aventure — confirme une fois de plus que le corps est resté inviolé et que toutes les entreprises sont restées à l'état de rêve. L'affirmation du héros qu'il est resté inviolé rappelle l'attentat manqué du chapitre précédent et explique après coup ce qu'il signifiait. C'est ce que disent ces paroles: « La tentation souvent assaillira mon âme — mais elle ne faiblira pas. » Cette affirmation décrit l'attitude de refus de notre auteur, attitude, il est vrai, qui lui est pour ainsi dire dictée par son « ghostly lover » [163]. Quoi qu'il en soit, le réveil de cette figure de héros (« Animus ») a d'ordinaire des consé-

---

[163] Cf. M. Esther HARDING: *Femmes de demain*, A la Baconnière, Neuchâtel.

quences de ce genre pour l'attitude consciente. C'est comme si une nouvelle tendance s'éveillait et comme si une aspiration, jusqu'alors inconnue, saisissait l'âme. L'image de l'amour terrestre pâlit devant l'amour céleste qui rend cœur et sens étrangers à ce qu'on appelle la destination « naturelle ». Le mot « naturel » a ici le sens que lui a donné en France le siècle des lumières. En réalité, la passion de l'esprit qui se détourne du monde est aussi naturelle que le vol nuptial des insectes. L'amour du fiancé céleste ou de Sophia est un phénomène dont l'apparition n'est aucunement limitée au domaine chrétien. En fait, c'est l'autre tendance, aussi naturelle, à s'attacher aux réalités de l'âme. Car ces dernières ne sont pas du tout des inventions embarrassées comme le veulent faire accroire certaines théories: ce sont au contraire des faits et des figures qui saisissent l'homme avec autant de passion, qui peuvent fasciner et rendre heureux tout comme les créatures de ce monde. « Tu n'as conscience que d'*une seule* tendance » dit Faust à Wagner. Mais Miss Miller semble sur le point d'oublier cette tendance au profit de l'autre. Par là, elle n'échappe pas au danger de l'unilatéralité: elle n'en change que l'indice. Quiconque aime la terre et sa splendeur et oublie pour elle « le royaume sombre », ou le remplace de cette façon (ce qui est de règle), celui-là a l'esprit pour ennemi et quiconque fuit la terre pour tomber dans « les bras éternels », celui-là est ennemi de la vie. C'est ce qui arrive au héros Chiwantopel qui personnifie l'au-delà de Miss Miller en formant un contraste dangereux avec le *serpent vert* [164]. Le vert indique qu'il s'agit d'une divinité de végétation (« vert est l'arbre d'or de la vie ») et le serpent est le représentant du monde de l'instinct, donc des processus vitaux les plus inaccessibles psychologiquement. Les rêves de serpent, fréquents comme on le sait, sont toujours l'indice qu'il y a contradiction entre l'attitude de la conscience et l'instinct. Le serpent personnifie la menace créée par un tel conflit. L'apparition

---

[164] Cf. A. Jaffé: « Etude sur le Vase d'or de E. T. A. Hoffmann » in *Gestaltungen des Unbewussten*, Rascher, Zürich, 1950, p. 239 sq.

de la vipère verte signifie donc à peu près ceci : « Attention !
Danger de mort ! »

Le récit nous apprend que Chiwantopel a été complètement écarté; en premier lieu le serpent le tue; de même
son cheval, la force vitale animale en lui, est anéanti
et finalement son corps est englouti par une éruption
volcanique. Cette solution du problème marque la compensation et l'aide que l'inconscient vient apporter à une situation plutôt menaçante de la conscience. Jusqu'ici seules
des allusions nous ont averti de cette situation. Si un
anéantissement aussi brutal du héros, anéantissement si
contraire au rôle mythologique qu'il joue par ailleurs,
est nécessaire, nous avons le droit d'en tirer la conclusion
que la personnalité humaine de notre auteur est très fortement mise en danger par l'irruption de l'inconscient (que
par euphémisme nous considérons comme « imagination
créatrice »). Réussit-on à écarter l'attirant Chiwantopel,
on a quelque espoir que l'intérêt revienne sur la terre et
sa verdure, parce que « la voie vers l'au-delà est coupée »,
autrement dit : elle est sans issue à cause de la mort de
l'aimé. L'irruption de l'inconscient est en effet un danger
réel pour la conscience quand celle-ci n'est pas en état de
saisir et d'intégrer avec intelligence les contenus qui ont
fait irruption. Or on n'a pas du tout l'impression que
Miss Miller soit quelqu'un qui « comprend » dès maintenant, quoiqu'il soit bien évident qu'elle est désignée par
« celle qui comprendra ». Et comme en fait elle ne
comprend pas du tout ce qui se passe, sa situation est
critique parce que subsiste dans ces circonstances la
possibilité d'une défaite de la conscience par l'inconscient : c'est en effet ce qui se produisit réellement peu
après, entraînant de fatales conséquences (v. préface de
la 2e édition).

Quand se produit une sorte d'irruption de l'inconscient,
il s'agit souvent d'une situation dans laquelle l'inconscient
devance le conscient. Ce dernier est de quelque manière
resté en panne et c'est alors l'inconscient qui prend en
charge la marche en avant et la métamorphose dans le
temps, mettant fin au temps d'arrêt. Les contenus qui se

déversent alors dans la conscience représentent, sous forme archétypique, ce que la conscience aurait dû vivre pour ne pas rester stationnaire. La tendance à l'arrêt se peut aisément reconnaître à l'accent énergique mis sur le corps inviolé aussi bien qu'au vœu de le préserver de la décomposition dans la tombe. On voudrait saisir les rayons de la roue qui tourne, emportant les années; on voudrait conserver pour soi enfance et jeunesse éternelle, ne pas mourir, ni pourrir dans la terre. (« Oh, ne permets pas que mon corps tombe dans la pourriture et la puanteur !») S'il est vrai que, dans un sentiment de jeunesse longtemps, trop longtemps retenu, dans l'état de rêves, de souvenirs conservés avec obstination, on puisse oublier que la roue tourne, les cheveux gris, le relâchement de la peau et les rides du visage rappellent impitoyablement que même si l'on expose le moins possible son corps aux rigueurs de la vie, le poison du serpent du temps, qui se glisse en secret, ronge malgré tout notre corps. La fuite devant la vie ne libère point de la loi du vieillissement et de la mort. Le névrosé qui cherche à se soustraire aux nécessités de la vie n'y gagne rien et se charge au contraire du fardeau d'une vieillesse et d'une mort qu'il goûte par avance et qui, parce que sa vie n'a ni sens ni contenu, doit revêtir un aspect particulièrement cruel. Si l'on ne facilite pas à la libido une vie progressive, acceptant tout danger et aussi la disparition définitive, alors elle s'engage dans l'autre voie, s'enfonçant dans sa propre profondeur, creusant vers la vieille espérance d'immortalité de toute vie, vers la nostalgie de la renaissance.

C'est cette voie que nous décrit Hölderlin dans sa poésie et qu'il nous montre dans sa vie personnelle. Je laisse la parole à ses poèmes:

A la rose.

« Éternellement dans son sein maternel
La douce reine des campagnes
Nous porte, toi et moi, la grande et silencieuse
Nature qui anime tout.

> Petite rose, notre parure vieillit,
> L'orage nous effeuille toi et moi
> Et cependant le germe éternel s'épanouit
> Bientôt pour une nouvelle floraison. »

Voici les remarques que suggère le symbole de ce poème. La rose est le symbole de la femme aimée [165]. Quand le poète rêve qu'il est avec la rose dans le sein maternel de la nature, le fait psychologique est qu'il se trouve près de sa mère. Là est l'éternelle germination et l'éternel renouvellement, une vie en puissance qui a tout devant elle, qui renferme en elle toutes les possibilités de réalisation, sans être assujettie au tourment de sa formation. Sous une forme naïve, Plutarque nous montre ce motif dans ce qu'il nous rapporte du mythe d'Osiris: Osiris et Isis s'accouplant dans le sein maternel. Hölderlin sent que c'est là un avantage enviable qu'ont les dieux de jouir d'une jeunesse éternellement nouvelle: il dit dans Hyperion:

> « Sans destinée, comme le nourrisson
> Qui sommeille, respirent les dieux;
> Chastement conservé dans un simple bourgeon
> L'esprit fleurit éternellement en eux,
> Et les yeux silencieux
> Regardent en une silencieuse
> Éternelle clarté. »

Ce passage explique ce que signifie le bonheur céleste. Hölderlin ne put jamais plus oublier cette première et suprême félicité dont l'image vaporeuse l'écarta de la vie réelle. Dans le mythe d'Osiris, il est fait allusion au *motif des jumeaux* dans le sein maternel. On trouve chez Frobenius [165*] une légende où le grand serpent (né d'un petit

---

[165] « Rosa » est même la quintessence de l'aimée et c'est aussi elle qui désigne Marie: *rosa mystica*. Cf. à ce sujet: *Das Geheimnis der goldenen Blüthe*, 1929, p. 24, publié avec R. WILHELM, et « La symbolique des mandala » in *Psychologie und Alchemie*, 1944, 116, 159; ainsi que G. HARTLAUB: *Giorgiones Geheimnis*, 1925.

[165*] FROBENIUS: *Das Zeitalter des Sonnengottes*, 1904, p. 68.

Fig. 270.
Horus sur la fleur de lotus.

Extrait de A. ERMAN:
*A Handbook of Egyptian
Religion.*
Londres 1907, fig. 33.

serpent dans un arbre creux par ce qu'on appelle « élevage du serpent ») finit par dévorer tous les hommes (mère dévorante = mort), et seule une femme enceinte survit. Elle creuse une fosse, la couvre d'une pierre, y vit et enfante des jumeaux, ceux qui plus tard tueront le dragon. La présence simultanée dans la mère se retrouve encore dans la légende suivante [165] ** : « Au commencement, Obatala, le ciel et Odudua, la terre, sa femme, sont serrés l'un contre l'autre dans une calebasse. » « Être conservé dans un simple bourgeon » est une image que l'on rencontre déjà chez Plutarque où il est dit que le soleil naquit d'un bourgeon à fleur, au matin *(fig. 270).* Brahma aussi vient d'un bouton *(cf. fig. 191)*; à Assam le premier couple humain en sortit.

L'homme

« A peine surgissaient des eaux, ô Terre,
Tes sommets de vieilles montagnes et que parfumaient
Pleines de jeunes forêts, à travers l'air de mai,
Au-dessus de l'océan, respirant joyeusement,
Les premières îles vertes; et que joyeusement
L'œil du dieu soleil regarde les premiers-nés
Les arbres et les fleurs, enfants souriants
De sa jeunesse, nés de toi:
Ici sur la plus belle des îles, ...

[165] ** FROBENIUS: *Das Zeitalter des Sonnengottes*, 1904, p. 269.

Gisait sous les vignes, après une tiède nuit,
Dans l'heure matinale de l'aurore,
Né pour toi, ô terre, ton plus bel enfant.
Et vers son père Hélios, regarde familier
Ce jeune garçon et il consacre et choisit,
Goûtant les douces baies, la treille sacrée
Pour nourrice. Et bientôt il est grand;
Les animaux ont peur de lui car autre qu'eux
Est l'homme; ce n'est pas à toi ni à ton père
Qu'il ressemble, car audacieuse en lui et unique
Est l'âme de son père unie à ton plaisir,
Ô Terre, et de toujours à ton deuil
Il voudrait être l'égal de la nature
Eternelle, de la mère des dieux
De la mère terrible.

Ah ! c'est pour cela qu'il faut l'éloigner de ton cœur;
Sa témérité et tes cadeaux sont
En vain, tes cadeaux tendres; trop haut
Bat toujours son cœur fier.

De la prairie parfumée de sa rive
L'homme doit partir dans l'eau sans floraison
Et même si, telle une étoile, brille
Son bosquet plein de fruits dorés; cependant il creuse

Pour lui des cavernes dans la montagne et guette dans la faille
Loin des rayons sacrés de son père,
Infidèle aussi au dieu soleil
Qui n'aime pas les valets et se rit des soucis.

Ah ! plus libres respirent les oiseaux de la forêt, même
Si le cœur des hommes bat plus brutal et plus fier,
Son arrogance devient angoisse, et la fleur de sa paix
Si tendre ne fleurit pas longtemps. »

Ce poème trahit la scission commençante entre le
poète et la nature; il commence à devenir étranger au réel.
Il est remarquable de voir que le petit enfant d'homme
choisit la «treille pour nourrice». A propos de cette allusion

Fig. 271. *Dionysos avec âne, Ménades et Silène.*
Coupe du peintre de Brygos (vers 495). Louvre, Paris.

Extrait de E. PFUHL: *Tausend Jahre Griechischer Malerei.* Munich 1940,
planche 17, fig. 430.

dionysiaque il faut remarquer que dans la bénédiction de
Jacob il est dit de Juda:

> « Il attache son âne à la vigne
> Et à la treille le petit de son ânesse... »

Nous avons conservé une gemme gnostique sur laquelle
est représentée une ânesse allaitant son ânon, avec au-
dessus la représentation du Cancer et l'inscription:
D.N.I.H.Y.X.P.S.: Dominus noster Jesus Christus, avec
l'adjonction: *Dei filius* [166]. Ainsi que déjà Justin Martyr
le laisse entendre avec indignation, les rapports entre la
légende chrétienne et celle de Dionysos sont tels qu'on
ne peut s'y méprendre (p. ex. le miracle du vin). Dans
cette dernière légende, l'âne joue un certain rôle parce qu'il
est l'animal sur lequel chevauche Silène *(fig. 271)*. L'âne
appartient au « deuxième soleil », Saturne. Celui-ci est
l'étoile d'Israël et c'est pour cela qu'on identifie Jahvé et
Saturne. Le crucifix caricatural à tête d'âne du Palatin
(fig. 177) rappelle que dans le temple de Jérusalem on
vénérait une tête d'âne. Jadis la différence entre chrétiens
et juifs était imperceptible pour qui restait en dehors.

[166] ROBERTSON: *Evang. Myth.*, p. 92.

Fig. 272. *Sémélé, Mère Nature grecque.*
D'après un vase grec.
Extrait de J. Harrison: *Themis.* Cambridge 1912, fig. 126, p. 422.

Hölderlin prend surtout en considération la nature dionysiaque de l'homme: la vigne est sa nourrice, et son ambition est d'« égaler la nature éternelle, la mère déesse, la terrible ». La « mère terrible » est la *mater saeva cupidinum*, la nature, que rien n'a entravée ni brisée, représentée par le dieu le plus riche en contrastes du Panthéon grec, Dionysos, qui était aussi, fait caractéristique, le dieu de Nietzsche, bien que son événement premier visât originairement le sinistre chasseur Wotan. Wagner l'a exprimé avec d'autant plus de netteté.

« L'exubérance » éloigne l'homme de sa mère et de la terre et lui aliène la lumière paternelle, jusqu'à ce que son audace se transforme en angoisse. Enfant de la nature, l'homme se sépare d'elle parce qu'il ressemble à la « mère des dieux » et dans la mesure où il le fait. Nulle raison ne le guide, mais simplement la *libido effrenata* dionysiaque.

A la nature

« Quand je jouais encore avec ton voile
Que je pendais encore à toi comme une fleur [167]

---

[167] Par nature il faut entendre, comme nous l'avons expliqué plus haut et d'après le poème précédent d'Hölderlin: la mère *(fig. 30 et*

Que je sentais encore ton cœur dans chaque son,
Embrassant tendrement mon cœur frémissant,
Alors que riche encore de foi et d'espérance,
Comme toi me trouvais devant ton image,
Trouvais encore une place pour mes larmes,
Un monde pour mon amour,

Alors que mon cœur se tournait encore vers le soleil
Comme s'il comprenait ses tons,
Et qu'il appelait encore les étoiles ses sœurs [168]
Et le printemps mélodie de Dieu,
Alors que dans le souffle qui agitait le bosquet
Se mouvait encore ton esprit
De joie, dans la silencieuse vague du cœur,
Alors des jours dorés m'enlaçaient.

Lorsque dans la forêt où la source me rafraîchissait, [169]
Où la verdure des jeunes buissons
Jouait autour des silencieuses parois de rocher,
Et que l'éther paraissait à travers les rameaux,
Lorsque inondé de floraisons,

---

272). Ici le poète a une vague idée que la mère est comme un arbre
auquel l'enfant est suspendu comme une fleur.

[168] Il appelait jadis « les étoiles ses sœurs ». Il me faut rappeler
ici les explications de la première partie de ce travail, surtout les
identifications mystiques aux astres : ἐγώ εἰμι σύμπλανος ὑμῖν ἀστήρ etc.
La séparation et la distinction d'avec la mère, l'« individuation »,
crée cette mise face à face du sujet et de l'objet, fondement de la
conscience. Ce qui était avant, c'était l'unité avec la mère, c'est-à-dire
avec la totalité universelle. On ne connaissait pas alors déjà le soleil
comme frère, on ne le connut qu'après coup; une fois la séparation
faite, celui qui aspire découvre sa parenté avec les étoiles. C'est un
processus qui n'est pas si rare dans la psychose: Un jeune ouvrier
fut atteint de schizophrénie; ses premiers sentiments maladifs
consistaient en ce qu'il percevait une relation particulière avec le
soleil et les astres. Les étoiles avaient pour lui une valeur, avaient
quelque rapport avec lui et le soleil lui inspirait des idées. Il arrive
que l'on retrouve cette sensation apparemment nouvelle dans cette
maladie. Un autre malade se mit à comprendre le langage des
oiseaux qui lui apportaient des messages de celle qu'il aimait
(cf. Siegfried).
[169] La source fait partie de l'ensemble du tableau.

Silencieux et enivré, je buvais leur souffle
Et que vers moi, baigné de l'éclat de la lumière
Le nuage d'or descendait des hauteurs, [170]

— — — — — — — — — — —

Souvent je m'y perdais avec des larmes d'ivresse
Plein d'amour, comme, après avoir erré longtemps,
Les fleuves aspirent à l'Océan;
Bel Univers ! dans ton abondance
Ah ! je me précipitais parmi tous les êtres,
Joyeusement, sortant de la solitude du temps
Comme un pèlerin dans les voûtes du seigneur,
Dans les bras de l'infini. —

Soyez bénis, rêves dorés de l'enfance,
Vous me cachiez la pauvreté de la vie,
Vous éleviez les bons germes du cœur,
Ce que jamais je n'atteignis — vous le donniez !
Ô Nature, à la clarté de ta beauté,
Sans peine ni contrainte, se déployaient
Les fruits royaux de l'amour, [171]
Telles les moissons en Arcadie.

Morte est maintenant celle qui m'éleva et me nourrit,
Mort est maintenant le monde de la jeunesse,
Cette poitrine que jadis un ciel emplissait,
Morte et misérable comme un champ d'éteules;
Hélas ! le printemps chante encore à mes soucis,
Comme jadis, un chant amical et consolateur;
Mais il n'est plus le matin de ma vie,
Le printemps de mon cœur est fané.

---

[170] Cette image exprime la divine félicité de l'enfance comme
dans le chant du destin d'Hypérion:

> « Vous passez là-haut dans la lumière
> Sur un sol tendre, Génies bienheureux !
> L'air éclatant des dieux
> Vous effleure légèrement. »

[171] Ce passage est particulièrement caractéristique: dans son
enfance, tout lui était donné et l'homme est incapable de reconquérir
cela; il ne le peut autrement que par la « peine et la contrainte »;
même l'amour exige de la peine. Dans l'enfance, la source coulait
en un bouillonnement d'abondance. Dans le reste de la vie, c'est
même un rude travail de maintenir le flot de la source, car à mesure

Eternellement l'amour le plus aimé doit flétrir;
Ce que nous aimons n'est qu'une ombre,
Quand moururent les rêves dorés de la jeunesse
Mourut pour moi la nature accueillante;
Alors dans les jours heureux tu ne savais pas
Que ta patrie est si lointaine,
Pauvre cœur, jamais tu ne découvriras cette patrie
S'il ne te suffit pas de rêver d'elle. »

Palinodie

« Pourquoi, Terre, ta verdure amie luit-elle autour de moi ?
Pourquoi, Zéphir, ton souffle m'entoure-t-il comme autrefois ?
Tous les sommets murmurent...

Pourquoi réveillez-vous mon âme ? Pourquoi s'agite en moi
Le passé; vous qui êtes bons, ô épargnez-moi.
Et laissez-la reposer, la cendre de mes joies,
Vous raillez sans doute, ô passez au loin,
Dieux sans destin et florissez
Dans votre jeunesse au-dessus de celui qui vieillit
Et si vous voulez vous mêler avec plaisir
Aux mortels, que florissent des jeunes femmes

Nombreuses pour vous, beaucoup de jeunes héros et le printemps
Plus beau jouera sur les joues des heureux,
Et gracieux retentiront pour vous
Les chants de ceux qui n'ont pas de peine.
Ah ! jadis murmurait aisément l'onde du chant
Issue de ma poitrine, alors que la joie,
La joie céleste, brillait encore à mes yeux... »

La séparation de la jeunesse a même enlevé à la nature son éclat doré, et l'avenir apparaît comme un vide sans espoir. Or ce qui enlève à la nature son éclat et à la vie sa joie, c'est de regarder en arrière vers un dehors d'autrefois au lieu de regarder vers le dedans de l'état dépressif. Regarder en arrière mène à la régression et en constitue le début. La régression est aussi une introversion en ce sens

que l'âge avance, la tendance se fait de plus en plus sentir de remonter vers l'origine.

que le passé est une réminiscence et par conséquent un contenu psychique, un facteur endopsychique. Régression, c'est glissement dans le passé par suite d'une dépression dans le présent. Il faut considérer la régression comme un phénomène inconscient de compensation dont le contenu, pour atteindre sa pleine efficacité, devrait être rendu conscient. Cela peut se produire si l'on obéit à la tendance régressive et rétrograde en pleine conscience: ainsi on intègre à la conscience les réminiscences réveillées. Ce qui correspond à l'intention poursuivie par la régression.

Empédocle

« Tu cherches la vie, tu la cherches et il coule et brille
Un feu divin vers toi de la profondeur de la terre
Et dans le frisson de ton désir
Tu te jettes dans les flammes de l'Etna.

Ainsi la superbe de la reine fit fondre des perles
Dans le vin; elle le pouvait ! Mais toi, poète,
Si seulement tu n'avais pas sacrifié
Ta richesse dans le calice bouillonnant !

Pourtant tu m'es sacré, comme la puissance de la terre
qui t'a englouti, audacieux suicidé !
Et je voudrais suivre dans les profondeurs,
Si l'amour ne me retenait, le héros que tu es. »

Ce poème trahit la secrète aspiration vers la profondeur maternelle et vers le sein qui réenfante (*fig. 273*). Dans le vin, il voudrait se fondre comme des *perles*, dans le *calice*, le « cratère » de la renaissance, être sacrifié. Il voudrait imiter Empédocle dont Horace dit (*Ars poetica*, 464 sq.):

« Deus immortalis haberi
Dum cupit Empedocles ardentem frigidus Aetnam
Insiluit... »

(« Voulant se faire passer pour un dieu immortel, Empédocle se jeta sans hésiter dans le feu de l'Etna. »)

Il voudrait suivre le héros, le type idéal dont il a vaguement l'idée et partager son sort. Mais l'amour le

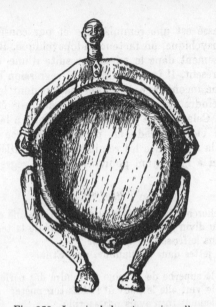

Fig. 273. *Le sein de la mère universelle.*
Coupe de bois du Congo.
Musée ethnographique de Hambourg.

Extrait de Th. W. Danzel: *Symbole, Dämonen und Heilige Türme.*
Hambourg 1930, planche 88.

retient encore à la lumière du jour. La libido a encore un objet pour l'amour duquel la vie mérite d'être vécue. Qu'il abandonne cet objet, alors elle s'enfoncera dans le royaume de la mère souterraine qui réenfante.

Dernier adieu !

« Je suis chaque jour d'autres routes, tantôt
Dans la verte forêt, tantôt vers le bain à la source,
Vers le rocher où fleurissent les roses,
Je regarde de la colline vers le pays, mais nulle part,

Belle amie, nulle part je ne te trouve dans la lumière
Et mes paroles s'envolent dans les airs,
Mots pieux que jadis près de toi
— — — — — — — — — — — — — — —

662

Oui tu es loin, visage bienheureux !
Et la mélodie de ta vie se perd devant moi
Jamais écoutée; hélas ! où êtes-vous,
Chants magiques qui un jour calmèrent mon cœur

Par un repos qui vient du ciel ?
Qu'il y a longtemps, si longtemps ! Le jeune homme
A vieilli, même la terre qui jadis
Me souriait est devenue autre.

Adieu ! Adieu ! Elle s'éloigne et retourne vers toi
Chaque jour et mon œil te pleure
Pour regarder plus clairement
Là-bas où tu es. »

Ici retentit déjà avec netteté à notre oreille le renoncement, envie de sa propre jeunesse, de cette époque de « facilité » que l'on aimerait tant conserver. Mais la dernière strophe annonce quelque chose qui donne à réfléchir: un regard jeté vers l'autre pays, vers la côte lointaine du coucher et du lever du soleil. L'amour ne retient plus le poète, les liens qui l'attachaient au monde sont brisés et son appel au secours adressé à sa mère retentit alors:

Achille

« Superbe fils des dieux ! Quand tu perdis ton amante
Tu courus aux rives de la mer, pleuras dans les flots,
Gémissant ta plainte dans l'abîme sacré
Ton cœur désirant en silence pénétrer où, loin du bruit des
[navires,
Sous les vagues, dans une grotte paisible, la belle
Thétis demeure, elle qui te protégeait, Déesse de la mer.
C'était la mère du jeune homme, la puissante déesse;
Jadis elle avait, aux rivages rocheux de son île, avec amour
Allaité l'enfant, et par le chant puissant de la vague
Et dans un bain fortifiant, elle en avait fait un héros.
Et la mère perçut les plaintes douloureuses du jeune homme,
Surgit attristée du fond des eaux, comme des nuages s'élèvent,
Calma d'un tendre embrassement la douleur de l'aimé
Et il entendit, tandis qu'elle le caressait, sa promesse d'aide.
Fils des dieux ! Ô si j'étais comme toi, je pourrais confiant
Clamer à l'un des célestes ma douleur secrète.

Mais je ne verrai pas cela, je porterai la honte comme si
Je ne lui appartenais pas, à elle qui pensait à moi en pleurant.
Dieux bons! pourtant vous percevez tous les appels des hommes.
Hélas ! je t'aimais avec une profonde piété, lumière sacrée,
Depuis que je vis, et la terre, les sources et les forêts,
Ether mon père, ce cœur pur te sentait, aspirait à toi —
O vous dieux bons apaisez ma souffrance
Pour que mon âme ne se taise pas trop tôt, hélas trop tôt,
Pour que je vive et vous remercie, vous Puissants du ciel
Pendant le jour qui fuit, de mon chant joyeux,
Que je vous remercie des biens de jadis, des joies de la jeunesse
[passée
Et puis, avec bonté, appelez vers vous le solitaire. »

Ces chants décrivent, avec une précision plus grande
que tout ce qu'on pourrait faire avec la sécheresse des mots,
le continuel retard et l'aliénation croissante de la vie, la
plongée progressive dans l'abîme du souvenir. Comparé à
ces chants d'aspiration rétrospective apparaît déconcertant
comme un hôte lugubre le chant apocalyptique de Patmos,
voilé des nuages de la profondeur, des « traînées enla-
çantes des nuages » de la mère qui dispense la folie. En lui
brillent les idées du mythe, le pressentiment, revêtu de
symboles, de la mort et du renouvellement de la vie.

Je cite quelques passages importants de Patmos :

> « Proche est,
> Et difficile à saisir, le dieu.
> Mais où il y a danger croît
> Aussi le salut. »

Ces paroles indiquent que la libido a maintenant
atteint une profondeur où « le danger est grand » (*Faust*,
2e partie, scène des mères). Là, « le dieu est proche » :
là l'homme trouverait le vase maternel de renaissance, le
berceau grâce auquel sa vie pourrait se renouveler. Car la
vie continue, malgré la perte de jeunesse; on peut même
la vivre avec une plus grande intensité si l'on n'en entrave
pas la marche en jetant un regard en arrière sur ce qui
disparaît. Ce regard en arrière serait dans l'ordre s'il ne

Fig. 274. *Jonas jeté à la mer par les bateliers.*
Peinture murale des catacombes de Calixte, Rome.

Extrait de Th. EHRENSTEIN: *Das Alte Testament im Bilde.*
Vienne 1923, chap. XXXIII, fig. 3, p. 699.

s'arrêtait pas aux dehors que l'on ne peut rappeler et si
l'on se rendait bien compte de l'origine de la fascination
exercée par ce qui fut. L'éclat doré des vieux souvenirs
d'enfance repose moins sur de simples faits que sur un
mélange d'images magiques, soupçonnées plutôt que
vraiment conscientes. La parabole de Jonas avalé par la
baleine *(fig. 274 et 217)* rend parfaitement la situation.
On s'enfonce dans le souvenir d'enfance, échappant ainsi
au monde actuel. On croit arriver dans l'obscurité et l'on
a des visions de ce monde de l'au-delà. Le « mystère » que
l'on perçoit représente le trésor d'images primitives que
chacun apporte au monde comme cadeau de l'humanité,
somme des formes innées qui sont propres aux instincts.
Je les ai appelées Psyché « potentielle », parce qu'elles
constituent l'inconscient collectif. La libido en régression
vient-elle animer cette couche, alors apparaît une possibilité de renouvellement de la vie en même temps que de
destruction. Une régression conséquente marque un rétablissement de la liaison avec le monde des instincts naturels qui, au point de vue formel également, c'est-à-dire
idéal, représente la matière originelle. Si la conscience peut
la saisir, alors il y aura animation nouvelle et nouvelle
ordonnance. Par contre, si la conscience s'avère incapable
d'assimiler les contenus de l'inconscient qui font irruption, alors apparaît une situation menaçante; car les
nouveaux contenus conservent leur forme archaïque et
chaotique première et font éclater l'unité conscientielle.
Le trouble mental qui en résulte s'appelle, pour cette

raison et de façon significative, schizophrénie, autrement dit aliénation par scission.

Hölderlin décrit dans un poème l'événement de l'entrée dans ce monde fabuleux des images premières:

> « Dans l'ombre demeurent
> Les aigles, et sans crainte vont
> Les fils des alpes au-dessus des abîmes
> Sur des ponts légèrement bâtis. »

C'est par ces paroles que continue ce poème à la sombre fantaisie. L'aigle, oiseau solaire, habite dans l'ombre — la libido s'est cachée, mais tout en haut s'avancent les habitants des montagnes, les dieux sans doute (« Vous marchez là-haut dans la lumière »), images du soleil avançant au haut du ciel et qui, tel un aigle, survole la profondeur.

> « Aussi sont amassés tout autour
> Les sommets du temps
> Et les très chers demeurent proches, s'affaiblissant
> Sur des monts très séparés,
> Ô donne-nous, eau innocente,
> Donne-nous des ailes pour aller
> D'un cœur fidèle
> Vers l'au-delà et en revenir ! »

Vient en premier lieu une image obscure de montagne et de temps — provoquée sans doute par le soleil qui passe par-dessus les montagnes. L'image suivante, de voisinage et en même temps de séparation de l'aimé, semble faire allusion à la vie des enfers [172] où l'on est uni à tout ce que l'on aimait jadis et où l'on ne peut cependant jouir du bonheur de l'union. Car tout est ombre, inexistant

---

[172] Cf. le passage de la descente aux enfers, dans l'*Odyssée*, où Ulysse veut embrasser sa mère:

> « Mais moi agité d'une profonde nostalgie,
> Je voulais embrasser l'âme de ma mère disparue
> Trois fois je le tentai, plein du grand désir de l'embrasser;
> Trois fois elle s'enfuit de mes mains comme des ombres vaines
> Et images de rêve et la mélancolie grandit dans mon cœur. »

et dénué de vie. Là, celui qui descend boit l'eau « innocente » [173] pour que des ailes lui poussent et que, cela fait,
il s'élève à nouveau vers la vie comme un disque solaire
ailé *(fig. 45 et 55)* qui, tel un cygne, sort de l'eau. (« Des
ailes pour s'en aller là-bas et en revenir. »)

> « Ainsi je parlai; alors m'emporta
> Plus vite que je ne l'avais pensé
> Et bien loin, là où jamais
> Je n'avais pensé, un génie
> De ma propre maison !
> Et dans le demi-jour, alors que j'allais,
> Commençaient à luire la forêt ombreuse
> Et les ruisseaux nostalgiques
> De la patrie; jamais je n'avais connu ces pays. »

Après les sombres et énigmatiques paroles du début,
où le poète exprime le pressentiment de ce qui va venir,
commence le voyage vers l'est, vers la montée, vers le
secret de l'éternité et de la renaissance, dont rêve aussi
Nietzsche qui le traduit par ces importantes paroles:

« Ô, comment ne serais-je pas ardent de l'éternité, ardent
du nuptial anneau des anneaux — l'anneau du devenir et du
retour ?

» Jamais encore je n'ai trouvé la femme de qui je voudrais
avoir des enfants, si ce n'est cette femme que j'aime: car je
t'aime, ô éternité [174] ! »

Hölderlin enferme la même nostalgie dans une magnifique image dont nous connaissons déjà quelques traits:

« Et bientôt dans la fraîcheur de l'éclat
Plein de mystère
Dans une ivresse dorée, fleurissait
Vite grandie

---

[173] La malade de Spielrein (*Jahrbuch*, III, p. 345) parle, à propos
de la signification de la communion, « d'eau pétrie d'innocence »,
d'eau « spermatique », « de sang et de vin »; p. 368, elle dit: « Les
âmes tombées dans l'eau sont sauvées par Dieu: elles tombent dans
le tréfonds. — Les âmes sont sauvées par le dieu solaire. » Cf. aussi
les propriétés merveilleuses de l'*aqua permanens* des alchimistes.
(*Psychologie und Alchemie*, 1944; p. 113, 320 sq.)

[174] Nietzsche: *Zarathoustra*, p. 334. Trad. H. Albert.

Avançant avec le soleil
Avec ses mille sommets parfumés
L'Asie devant mes yeux, alors ébloui, je cherchais
Quelque chose de connu de moi, car je n'étais pas
Habitué aux larges voies où
Descend du Tmolus
Le Pactole paré d'or,
Et le Taurus se dresse et Messogis
Rempli des fleurs des jardins,
Un feu silencieux. Mais dans la lumière
Fleurit là-haut la neige d'argent
Témoin de la vie éternelle
Sur des pentes inaccessibles
Et le lierre antique [175] pousse et
Sont portés par des cèdres vivants et des colonnes de laurier
Les solennels palais
Construits par les dieux. »

Voilà une image apocalyptique: la ville maternelle au
pays de l'éternelle jeunesse, entourée de verdure et des
fleurs d'un printemps éternel [176] *(cf. fig. 119)*. Le poète
s'identifie ici à saint Jean, qui vécut à Patmos *(fig. 275)*,

---

[175] Le φάρμαχον ἀθανασίας, boisson du soma, Haoma des Perses,
serait fait d'Ephedra vulgaris. SPIEGEL: *Erân. Altertumskunde*, I,
p. 433.

[176] Comme la ville céleste dans *Hannele* de HAUPTMANN:

« La félicité est une ville merveilleuse,
Où paix et joie n'ont plus de fin,
Les maisons sont de marbre, et ses toits sont d'or,
Le vin rouge coule dans des fontaines d'argent,
Sur les routes blanches, blanches sont parsemées des fleurs,
Du haut des tours sonne un éternel carillon d'épousailles
Les créneaux sont de verdure, et brillent dans la clarté du matin,
Des papillons volent tout autour, des roses la couronnent.

Là-bas marchent la main dans la main
Les hommes en fête par ce pays céleste.
Un vin rouge remplit la vaste vaste mer,
Ils y plongent leurs corps rayonnants !
S'y plongent dans l'écume et dans l'éclat,
La pourpre brillante les recouvre tout entiers
Et quand ils remontent avec allégresse hors des flots,
Ils ont été lavés par le sang de Jésus. »

autrefois compagnon du « fils du Très Haut » et qui le voyait face à face :

« Alors qu'au mystère de la vigne
Ils siégeaient ensemble à l'heure du festin,
Et — dans sa grande âme, pressentant avec calme la mort,
Le Seigneur fit connaître son dernier amour...

— Puis il mourut. On pourrait
En dire bien des choses. Et son regard victorieux
Tout rempli de bonheur, ses amis le virent encore au dernier
[moment.

_ _

C'est pourquoi il leur envoya
L'esprit et solennellement trembla
La maison et les tonnerres de Dieu roulèrent
Tonnant au loin par-dessus
Les têtes pressentantes, alors que pleins de lourds pensers
Les héros de la mort étaient rassemblés,
Maintenant qu'au moment de partir
Il leur apparut encore une fois.
Car alors s'éteignit la lumière du jour,
Du jour royal brisant le sceptre royal
Brillant dans sa droiture
Souffrant divinement, de lui-même,
Car cela reviendra
Au moment propice... »

Les images qui servent ici de fond sont le sacrifice de la mort et la résurrection du Christ, auto-sacrifice du soleil qui brise volontairement le sceptre de ses rayons, dans l'attente de la résurrection. A propos du sceptre de rayons il faut faire les remarques suivantes : la malade de Spielrein (*loc. cit.* p. 375) dit « que Dieu perfore la terre de ses rayons ». La terre est pour la malade une femme. Elle conçoit aussi, de façon toute mythologique, le rayon solaire comme quelque chose de *solide* : « Jésus Christ m'a prouvé son amour en frappant à la fenêtre avec son rayon » (p. 383). J'ai aussi trouvé la même idée de la substance solide du rayon solaire chez un autre aliéné. Le marteau de Tor *(fig. 276 et 205)* qui, en fendant la terre, s'enfonce profondément en elle, peut se comparer

669

Fig. 275.

Saint Jean à Patmos.

Aile gauche du triptyque
du maître franconien
vers 1500.

Vieille Pinacothèque,
Munich.

Extrait de A. L. MAYER:
Mathias Grünewald.
Munich 1920, fig. 2/4.

au pied de Kaineus. Le marteau se comporte à l'intérieur de la terre comme le hort (trésor) puisque au cours des temps il revient peu à peu à la surface (« le trésor fleurit »), ce qui veut dire qu'il renaît de la terre. A l'endroit où Samson jeta la mâchoire d'âne, Dieu fit jaillir une source [177]. (Source sortant de la trace du cheval, des empreintes de pied, du sabot de cheval.) Dans la même relation de sens il faut ranger le bâton magique et d'une façon générale le sceptre. En grec σκῆπτρον = sceptre se rattache à σκᾶπος, σκηπάνων, σκήπων = bâton, σκηπτόν = ouragan, lat. scapus, manche (d'outil), tige, anc. haut all. scatf: javelot, lance [178] *(cf. fig. 183 et 189).* Nous retrouvons dans cet ensemble les relations que nous connaissons déjà comme symboles de la libido. Le bris du sceptre désigne donc le sacrifice de la puissance antérieure, c'est-à-dire l'abandon d'une orientation déterminée de la libido organisée.

La transition de l'Asie au mystère chrétien en passant par Patmos, dans le poème d'Hölderlin, semble une liaison superficielle, mais au fond, cette suite

---

[177] Richter, 15, 17 sq.
[178] PRELLWITZ: *Griech. Etym.*, sub σκήπτω.

d'idées est pleine de sens : c'est la marche à la mort et au pays de l'au-delà un auto-sacrifice du héros pour atteindre l'immortalité. A l'époque où le soleil a décliné, où la vie semble éteinte, règne une attente secrète du renouvellement de celle-ci :

> — « Et c'était une joie
> A partir de maintenant
> De demeurer dans la nuit
>   chère et de conserver
> Dans mon œil simple, fixement,
> Des abîmes de sagesse. »

Fig. 276.

Tor avec le marteau.

Bronze de l'île d'Oland.

Extrait de F. GUIRAND :
Mythologie générale.
Paris 1935, p. 228.

Dans la profondeur demeure la sagesse, la sagesse de la mère; quand on est uni à elle, l'esprit pressent des choses plus profondes, des images et des forces primordiales qui gisent au fond de tout ce qui vit et en forment la matrice nourricière, conservatrice et créatrice. Dans sa maladive extase, le poète sent abondamment la grandeur de ce qu'il voit; mais il ne tient plus guère à mener à la clarté du jour ce qu'il a découvert dans la profondeur — alors que Faust est tout différent.

> « Et ce n'est pas un mal si quelque
> Chose se perd et si de mes paroles
> Le bruit vivant s'évanouit,
> Car l'œuvre divine est semblable à la nôtre,
> Le Très Haut ne désire pas tout, certes
> La fosse renferme du fer
> Et l'Etna de la lave bouillante.
> J'aurais assez de richesse
> Pour faire une image et regarder
> L'esprit comme il fut. » [179]

---

[179] J'ai utilisé primitivement une vieille édition de Hölderlin. Dans les nouvelles, au lieu de « Geist » (esprit) on trouve « Christ ».

En effet, ce que le poète aperçoit dans la profondeur volcanique, c'est « l'esprit » comme il fut toujours, donc la totalité des formes premières d'où surgissent les images archétypiques. Dans ce monde de l'inconscient collectif, c'est un type, semble-t-il, qui a l'importance principale et qui s'exprime par le personnage du héros divin, personnage auquel correspond en occident le Christ.

> —« Les morts, il les réveille,
> Eux qui ne sont pas encore
> Saisis par le brutal. »

> « Et si maintenant les bienheureux,
> Comme je le crois, m'aiment » —

> —« Silencieux est son [180] signe
> Au ciel tonnant. Et un être se tient au-dessous
> Durant toute sa vie. Car le Christ vit encore. »

Mais, comme jadis Gilgamesh rapportant l'herbe magique du bienheureux pays d'Orient *(fig. 113)* fut dépouillé de son butin par le serpent démoniaque, de même le poème de Hölderlin fait entendre une douloureuse plainte qui nous laisse prévoir qu'à sa descente vers les ombres ne succédera nulle résurrection dans ce monde-ci :

> —« Outrageusement
> Une force nous arrache le cœur
> Car tout ce qui est céleste exige sacrifice ! »

Le poète a compris trop tard qu'il faut sacrifier cette nostalgie régressive qui seule pourrait ramener l'enfance avec sa vague félicité et sa facilité, avant que les « bienheureux » nous « arrachent » les sacrifices avec lesquels ils emportent l'homme tout entier.

C'est pourquoi je considère que c'est un sage conseil que donne à notre auteur son inconscient de faire mourir

---

J'ai conservé l'ancienne version parce qu'une évidence intérieure m'avait conduit à conclure qu'il s'agissait du Christ, avant que j'aie connaissance de la version ultérieure.

[180] Du père.

son héros, car il n'était guère plus que la personnification d'une rêverie infantile régressive, qui ne manifestait pas l'intention, ni n'avait la force, de puiser dans la mer primitive de l'inconscient une autre direction, remplaçant son éloignement du monde, ce qui aurait été une véritable action héroïque. Ce sacrifice ne se fait que par un abandon total à la vie; alors toute la libido enfermée dans les liens familiaux doit sortir du cercle étroit pour se porter vers un plus vaste; car il est indispensable, pour le bien-être de l'individu, qu'après avoir été dans son enfance une parcelle qui suit le mouvement d'un système rotatif, maintenant qu'il est adulte, il devienne lui-même le centre d'un nouveau système. Un tel pas en avant implique, de toute évidence, que l'on tienne compte de la solution ou tout au moins de la considération du problème érotique, car autrement la libido non utilisée reste absolument enserrée dans le rapport endogame inconscient avec les parents, privant dans des domaines essentiels l'individu de sa liberté. Nous rappelons que, sans le moindre égard, la doctrine du Christ voulait séparer l'homme de sa famille et que dans l'entretien de Nicodème nous avons vu les efforts particuliers du Christ pour donner à la régression un sens symbolique. Les deux tendances visent le même but: libérer l'homme de son attachement à sa famille, qui n'est pas plus haute intelligence, mais bien mollesse et dépendance du sentiment infantile. Car si on laisse faire la libido fixée au milieu de l'enfance au lieu de la libérer en vue de buts plus nobles, alors on reste sous l'influence de la contrainte inconsciente. L'inconscient crée toujours à nouveau, où qu'il se trouve, le milieu infantile, par projection des complexes, et ainsi continuellement se rétablit, à l'encontre de son intérêt vital, la même dépendance, le même enchaînement qui caractérisaient les rapports avec les parents. L'individu n'a pas sa destinée dans sa main; ses Τύχαι καὶ Μοῖραι lui tombent pour ainsi dire du ciel. Les Stoïciens appelaient cet état εἱμαρμένη, contrainte des étoiles du destin à laquelle succombent tous ceux « qui n'ont pas été délivrés ». La libido qui reste ainsi prisonnière dans sa forme la plus primitive, maintient l'homme à un stade d'une profondeur correspondante, celui où les affects ne sont point dominés et où l'on est livré à eux. C'était la situation psychologique de la fin de l'antiquité; le sauveur et médecin de cette époque était celui qui cherchait à libérer l'homme de cette heimarménè [181].

Si la vision de Miss Miller a pour objet le problème du sacrifice, il s'agit là, en premier lieu, d'un problème individuel; mais si nous jetons un regard sur la forme que revêt cette transformation, alors nous saisissons qu'il s'agit là de quelque chose qui doit être pour l'humanité même un problème général. Car les symboles — le serpent qui tue le cheval et le héros qui se sacrifie volontairement — sont des figures de mythes jaillissant de l'inconscient.

Puisque le monde et tout ce qui existe immédiatement est une création de la représentation, le sacrifice de la libido aspirant au retour vers le passé est à l'origine de la création du monde. Pour qui regarde en arrière, le monde et même le ciel étoilé, c'est encore la mère penchée sur lui et l'enveloppant de tous côtés. Et c'est du renoncement à cette image et à la nostalgie que l'on en a que provient l'image du monde correspondant à la connaissance moderne. Ces simples idées fondamentales expliquent la signification du *sacrifice cosmique*. Un bon exemple en est la mise à mort de Tiâmat, mère originelle des Babyloniens *(fig. 278)*, du dragon *(fig. 159)* dont le cadavre est destiné à former le ciel et la terre [182]. Cette idée se présente sous une forme plus parfaite dans la philosophie hindoue la plus ancienne,

---

[181] A vrai dire, c'était le but vers lequel tendaient tous les mystères. Ils créaient des symboles de mort et de renaissance *(fig. 277)*. Comme le montre Frazer *(The golden Bough.*, 1911, part. III / « The Dying God », p. 214 sq.), des peuples exotiques ont aussi dans leurs mystères les mêmes symboles de la mort et de la renaissance initiatrices, exactement comme le dit Apulée de l'initiation de Lucius dans les mystères d'Isis (Mét. XI, 23) *(fig. 36)* : « accessi confinium mortis et calcato Proserpinae limine per omnia vectus elementa remeavi ». Lucius mourut au figuré (ad instar voluntariae mortis) et renaquit ensuite (renatus).

[182] C'est du sacrifice du dragon que provient, dans l'alchimie, le microcosme de la *lapis philosophorum*. (Cf. *Psych. und Alch.*, 1944, p. 399 sq.)

Fig. 277. *Mystères des serpents.*
Autel des Lares à Pompéi.
Archives de la *Revue Ciba*, Bâle.

dans les chants du Rig Veda. Le chant (Rvd. 10, 81, 4)
demande:

« Que fut le bois, que fut l'arbre
Avec lesquels terre et ciel furent formés ?
Sages, que votre esprit cherche à comprendre. » —

Viçvakarman, grand créateur de tout, qui fit sortir le
monde d'un arbre inconnu, agit de la façon suivante:

« Celui qui, sacrifiant, se pencha, sage,
Sacrificateur, sur tous les êtres, notre père,
Alla demandant des biens en priant
Cachant l'origine dans le monde d'en bas.
Mais qu'est-ce qui lui servit de séjour,
Qu'est-ce qui lui servit d'appui et comment ? »

Fig. 278. *Mardouk combattant Tiâmat.*
Sceau cylindrique assyrien.

Extrait de A. JEREMIAS: *Das Alte Testament im Lichte des alten Orients.*
Leipzig 1930, fig 14.

Le Rig Veda (10, 90) donne les réponses à ces questions:
Le Purusha (homme ou humain) est l'être premier, qui

> « Couvre tout autour la terre en tous lieux
> Pour voler encore dix doigts au-dessus. »

On voit que le Purusha est une sorte d'âme universelle platonique qui entoure le monde de l'extérieur aussi:

> « Une fois né, il dominait le monde
> De l'avant, de l'arrière et en tous lieux. »

Âme universelle qui enveloppe tout, Purusha a aussi un caractère maternel. Être premier, il représente un état psychique originel; il est en même temps ce qui enveloppe et ce qui est enveloppé, mère et enfant pas encore né, état indiscriminé inconscient. En tant que tel il faut qu'il soit terminé et comme il est en même temps objet de nostalgie régressive, il doit être sacrifié pour que puissent naître aussi des êtres distincts, autrement des contenus de conscience. Cette hypothèse explique ce qui suit:

> « Victime, il fut sanctifié sur la paille,
> Purusha, qui naquit sur la paille;
> C'est lui que sacrifièrent les dieux, bienheureux
> Et sages qui se trouvèrent là rassemblés. »

Cette strophe est curieuse. Si l'on voulait étendre ce mythologème dans le lit de Procuste de la logique, il faudrait tant bien que mal lui faire violence. Comme, outre le sacrifice aux dieux, d'autres « manières » ordinaires permettent de « sacrifier » l'être primitif, c'est là une représentation fantaisiste inouïe, indépendamment du fait que, l'être primitif excepté, rien n'existait auparavant (c'est-à-dire avant le sacrifice) comme nous le verrons encore. Si vraiment devait s'exprimer ainsi le grand mystère de l'état psychique premier, alors tout devient clair :

> « De lui, victime entièrement consumée,
> Coulait, mêlé de graisse, le miel du sacrifice
> Avec quoi on créa les animaux dans l'air
> Et ceux qui vivent dans la forêt, leur demeure.
> De lui, victime entièrement consumée,
> Naquirent les hymnes et les chants,
> De lui aussi les chants merveilleux tous ensemble
> Et tout ce qui existe de maximes sacrificatoires.

— — — — — — — — — — — — — — —

> De son Mana vint la lune,
> Son œil apparaît comme un soleil,
> De sa bouche naquirent Indra et Agni,
> Vâju, le vent, du souffle de sa respiration.
> Le domaine des airs naquit de son nombril,
> Le ciel sortit de sa tête,
> La terre de ses pieds, de son oreille
> Les pôles. Ainsi furent faits les mondes. »

Il est évident qu'il ne s'agit ici nullement d'une cosmogonie physique, mais d'une cosmogonie psychique *(cf. fig. 279)*. Le monde apparaît quand l'homme le découvre. Or il ne le découvre qu'au moment où il sacrifie son enveloppement dans la mère originelle, autrement dit l'état inconscient du commencement. Ce qui le pousse à cette découverte, Freud l'a considéré comme « barrière de l'inceste ». L'interdiction de l'inceste s'oppose à l'aspiration de l'enfant vers sa mère et contraint la libido dans la voie qui conduit aux fins biologiques. La libido détournée de la mère par la barrière de l'inceste cherche un objet sexuel pour remplacer la mère tabou. C'est sans doute dans ce sens qu'il faut comprendre la phrase paradoxale de Freud : « Originairement nous n'avons connu que des objets sexuels » : il s'agit d'une expression en parabole au moyen

des termes « interdiction de l'inceste », « mère », etc. [183]
Cette phrase n'est guère autre chose qu'une sexualisation
allégorique analogue à celle que nous trouvons dans les
clés mâles et femelles dont nous parlons. C'est uniquement
un transfert vers l'arrière, vers des états infantiles tout
différents, d'une vérité adulte partielle. Prise au pied de la
lettre, la conception freudienne est inexacte en ce sens
qu'il serait plus exact de dire que, plus anciennement
encore, nous n'avons guère connu que des seins nourriciers.
Si le nourrisson prend plaisir à téter, cela ne prouve aucunement qu'il s'agisse là de plaisir sexuel. Car le plaisir
peut provenir de sources diverses. Vraisemblablement la
chenille mange avec autant de plaisir, bien qu'elle n'ait
aucune fonction sexuelle et que l'instinct de nutrition
soit tout autre chose que l'instinct sexuel, indépendamment
de ce qu'un stade sexuel ultérieur peut faire de ces premières
activités. Le baiser, par exemple, provient bien plutôt de
l'acte de nutrition que de la sexualité. Par conséquent, la
soi-disant barrière de l'inceste est une hypothèse très
douteuse (quelle que soit la facilité avec laquelle elle est
propre à expliquer des états névrotiques); car elle est une
conquête de la civilisation; elle n'est pas une invention,
mais est apparue naturellement sur la base des nécessités
biologiques compliquées en relation avec l'organisation de
ce que l'on a appelé le *système de mariage de clan*. Il ne
s'agissait nullement d'empêcher l'inceste, mais de prévenir
le danger social de l'endogamie par le moyen du « cross-
cousin-marriage ». Le mariage typique avec la fille de
l'oncle maternel se trouve précisément réalisé avec la
libido qui aurait pu se fixer sur la mère ou sur la sœur.
Il ne s'agit donc pas d'éviter l'inceste, qui de toute façon
trouve assez d'occasions favorables dans les fréquents
accès de promiscuité des primitifs, mais bien plutôt de la
nécessité sociale d'étendre à tout le clan l'organisation de
la famille [184].

---

[183] *Zentralblatt für Psychoanalyse*, t. II, p. 171.

[184] Cf. là-dessus : *Die Psychologie der Uebertragung*, Rascher, 1946,
p. 103 sq. et J. LAYARD : « The Virgin Archetype ». *Eranos-Jahrbuch*, t. XII.

Fig. 279. *Déesse chevauchant le lion cosmogonique.*

D'après un manuscrit de Delhi du XVIIe ou XVIIIe siècle.
Maintenant à la bibliothèque Pierpont Morgan, New-York.

Ce ne peut donc pas être le tabou de l'inceste qui a fait sortir les hommes de l'état psychique premier de non différenciation, mais c'est la tendance évolutive particulière à l'homme, qui le distingue si radicalement des autres animaux, qui lui a imposé de multiples tabous et, parmi eux, le tabou de l'inceste. Contre cette « autre » tendance se cabre l'« animal » homme avec son conservatisme instinctif et son misonéisme qui sont tous deux des caractères saillants de l'homme primitif encore peu conscient. Notre folie de progrès en est la compensation maladive.

La théorie freudienne de l'inceste décrit certaines fantaisies accompagnant la régression de la libido et qui sont particulièrement caractéristiques de l'inconscient personnel de l'hystérique. Durant un certain trajet, ce sont des fantaisies sexuelles infantiles qui montrent nettement pourquoi l'attitude hystérique est si défectueuse et sans valeur. Elles trahissent les ombres. Naturellement, le langage de cette compensation dramatise et exagère. La théorie que l'on en tire correspond à la conception hystérique à cause de laquelle l'individu est névrosé. Il ne faudrait donc pas prendre tellement au sérieux cette façon de s'exprimer, comme le fait Freud. Elle est aussi invraisemblable que les soi-disant traumata sexuels des hystériques. En outre, la théorie sexuelle névrotique est dépassée en ce que le dernier acte du drame est le retour au sein maternel. Ce retour ne se fait pas par les voies naturelles, mais *per os*, c'est-à-dire par l'acte d'être mangé et englouti *(fig. 280)*, par quoi se fait jour une théorie encore plus infantile élaborée par Otto Rank. Il ne s'agit pas d'une simple allégorie de circonstance, mais du fait que la régression atteint la couche fonctionnelle plus profonde de la nutrition, antérieure dans le temps à la fonction sexuelle et qui désormais fait partie du monde vécu par le nourrisson. Ce qui veut dire que le langage parabolique de la régression se transforme, quand on remonte plus loin en arrière, en métaphores de nutrition et de digestion, ce qu'il faut considérer comme une simple façon de parler. Le soi-disant complexe d'Œdipe avec sa

Fig. 280. *Monstre dévorant.*

Gravure de la revue *Cultureel Indie*, Leyde.
1ʳᵉ année, février 1939, p. 41.

tendance incestueuse se métamorphose à ce stade en
complexe Jonas-baleine, avec ses nombreuses variantes,
comme par exemple la sorcière qui dévore les petits enfants,
le loup, le dragon, l'ogre, etc. L'angoisse de l'inceste

Fig. 281. *La déesse Kâli dévoreuse d'hommes.*
Art populaire Hindou.
Archives de la *Revue Ciba*, Bâle.

devient peur d'être dévoré par la mère *(fig. 281)*. La libido
en régression se désexualise, semble-t-il, parce que peu à
peu elle recule vers des stades présexuels de la première
enfance. Elle ne s'y arrête même pas; elle remonte jusqu'à
un état intra-utérin prénatal (ce qu'il ne faut pas prendre
au pied de la lettre !) passant ainsi de la sphère de la
psychologie personnelle à celle de la psyché collective;
autrement dit, Jonas voit dans le ventre de la baleine les
mystères, c'est-à-dire les « représentations collectives ».
(Fig. 217.) La libido arrive ainsi en quelque sorte à un
état primitif où, comme Thésée et Pirithoos lors de leur
voyage aux enfers, elle peut se fixer fortement. Mais elle
peut aussi se libérer de l'embrassement maternel et
rapporter à la surface une nouvelle possibilité de vie.

En réalité, ce qui se produit dans la fantaisie de l'inceste et du sein maternel, c'est une plongée de la libido dans l'inconscient, au cours de laquelle d'une part elle provoque des réactions infantiles personnelles, affects, opinions et attitudes, et d'autre part, anime les images collectives (archétypes) qui ont la valeur de compensation et de salut que le mythe a eue de tout temps. La théorie des névroses de Freud convient admirablement à leurs traits essentiels; mais l'auteur la rend par trop dépendante des opinions névrotiques à cause desquelles justement les gens sont malades. De là naît l'apparence (disons-le en passant, si aisément acceptée par les névrosés) que la *causa efficiens* des névroses se trouve dans le passé lointain. En réalité, la névrose se fabrique à nouveau au jour le jour en vertu d'une fausse attitude qui consiste précisément en ce que le névrosé pense et sent comme il le fait et justifie son attitude par sa théorie des névroses.

Après cette digression, revenons au Rig Veda. Il termine (10, 90) par cette importante strophe qui est aussi de grande valeur pour le mystère chrétien:

> « Les dieux sacrifiant rendent hommage à la victime,
> Et ce fut la première des œuvres de sacrifice;
> Ils se pressèrent avec leur être puissant vers le ciel,
> Là où séjournent les vieux dieux bienheureux. »

Par le sacrifice on atteint une plénitude de puissance qui touche à la puissance des dieux. De même que le monde naquit par le sacrifice, par le renoncement à la liaison personnelle à l'enfance, de même, selon les Upanishads, se produisit le nouvel état des hommes, que l'on peut dire état d'immortalité. On atteint ce nouvel état après l'existence humaine, par un nouveau sacrifice, le *sacrifice du cheval* qui a une importance cosmique. L'Upanishad Brhadâranyaka I, 1 [185] nous apprend ce que signifie le cheval sacrifié.

---

[185] Trad. Deussen: *Geheimnislehre d. Veda*, 1909, p. 21.

« 1. — L'aurore vraiment est le chef du cheval de sacrifice, le soleil, son œil; le vent, sa respiration; sa gorge est le feu partout répandu, l'année est le corps du cheval de sacrifice. Le ciel est son dos; l'espace aérien, la cavité de son ventre; la terre, la courbure de son ventre; les pôles sont ses flancs, les hémisphères, ses côtes; les saisons, ses membres; les mois et les demi-mois, ses articulations; les jours et les nuits sont ses pieds, ce sont les sables du désert; les fleuves sont ses veines, son foie et ses poumons; les herbes et les arbres ce sont ses cheveux. Le soleil levant est le devant de son corps, le soleil couchant, sa croupe. Quand il montre les dents, c'est l'éclair; quand il frissonne, c'est le tonnerre; quand il urine, c'est la pluie; son hennissement est le langage.

» 2. — Le jour, en vérité, est né pour le cheval comme coupe de sacrifice placée devant lui; son berceau est dans la mer universelle vers le matin; la nuit est née pour lui comme coupe de sacrifice placée derrière lui; son berceau est dans la mer universelle vers le soir; ces deux coupes sont là pour entourer le cheval. Coursier, il produisit les dieux; combattant, les Gaugharves, coursier, les démons; comme cheval les hommes. L'océan est son parent, l'océan son berceau. »

Comme le remarque Deussen, le cheval de sacrifice désigne le *renoncement à l'univers*. Le sacrifice du coursier c'est en quelque sorte le sacrifice et les destructions de l'univers — suite d'idées qui hanta aussi, semble-t-il, Schopenhauer. Dans le texte ci-dessus, le coursier est placé entre deux coupes de sacrifice; il vient de l'une et va vers l'autre, comme le soleil va du matin jusqu'au soir *(fig. 42 et 114)*. Le cheval étant pour l'homme monture et bête de somme et l'homme mesurant même l'énergie en chevaux-vapeur, cet animal représente pour lui une masse d'énergie dont il dispose. Il représente la libido introduite dans le monde. Nous avons vu plus haut que la libido attachée à la mère doit être sacrifiée pour produire le monde; ici c'est le monde qui disparaît par le sacrifice renouvelé de cette même libido qui appartenait d'abord à la mère et pénétra ensuite dans le monde. Par conséquent c'est à bon droit que le cheval peut être considéré comme symbole de cette libido, puisqu'il a, nous l'avons vu, de nombreuses relations avec la mère [186]. C'est donc uniquement par le sacrifice du cheval que peut se produire une phase d'introversion égalant celle qui précéda la création du monde. La position du cheval entre les deux coupes représentant la mère qui enfante et celle qui engloutit, rappelle l'image de la vie enfermée dans l'œuf; c'est pourquoi les deux coupes ont pour rôle d'entourer le cheval. L'Upanishad Brhadâranyaka (3, 3) apporte la preuve qu'il en est ainsi:

« 1. Mais où allèrent les descendants de Parikshit, je te le demande, Yâjnavalkya ! Où allèrent les descendants de Parikshit ? —

2. Yâjnavalkya dit : « Il vous a dit qu'ils arrivèrent là où arrivent (tous) ceux qui font l'offrande du cheval. En effet ce monde s'étend aussi loin qu'atteignent 32 jours de course du char des dieux (Soleil). Ce monde-ci entoure la terre deux fois autant. Il y a là, large comme le tranchant d'un rasoir ou que l'aile d'une mouche, un espace entre (les deux hémisphères du monde). Alors Indra faucon les apporta au vent; et le vent les prit en soi et les conduisit là où étaient ceux qui faisaient le sacrifice du cheval. C'est à peu près ainsi qu'il parla (le Gandharva) et il célébra le vent. » —

C'est pourquoi le vent est la particularité (vyashti) et le vent est l'universalité (samashti). Celui-là échappe à la mort qui sait cela ! — »

Comme le dit ce texte, ceux qui offrent le sacrifice du cheval viennent dans cette étroite fente entre les hémisphères du monde à l'endroit où ils se rejoignent et aussi se séparent [187]. Indra (fig. 282), qui sous la figure du

---

[186] Bundêhesh, XV, 27, le taureau Sarsaok est sacrifié lors de la fin du monde. Or Sarsaok était le propagateur du genre humain. Il transporta à travers les mers, sur son dos, neuf des quinze races humaines.

[187] DEUSSEN dit à ce propos : « Là-bas, c'est-à-dire sans doute à l'horizon, où ciel et mer se touchent l'un l'autre, il y a entre les deux hémisphères de l'œuf du monde une fente étroite par laquelle on peut sortir pour parvenir sur « le dos du ciel » et où a lieu... l'union avec Brahman. » (Brhadâranyaka-Upanishad 3,3. Sechzig Upanishads des Veda, III. Ed., 1938, p. 434.)

faucon, a ravi le Soma (le trésor difficile à atteindre), est le psychopompe qui porte les âmes au vent, au pneuma fécondant, au prâna (souffle de vie) [188] individuel et cosmique, jusqu'à ce qu'elles soient délivrées d'une nouvelle mort. Cette suite d'idées résume le sens de beaucoup de mythes; c'est en même temps une excellente preuve que la philosophie hindoue n'est, en un certain sens, pas autre chose qu'une mythologie affinée et sublimée [189]. Dans le drame de Miss Miller, c'est le cheval, frère animal du héros, qui tombe le premier (correspondant à la mort prématurée d'Enkidu, ami fraternel de Gilgamesh). Ce sacrifice de la vie rappelle toute la catégorie des sacrifices mythologiques d'animaux *(fig. 283)*. Le sacrifice de l'animal, là où il a perdu sa signification primitive de simple offrande, pour prendre un sens religieux plus noble, est toujours en étroite relation avec le héros ou la divinité. L'animal tient la place du dieu lui-même : le taureau de Zagreus-Dionysos et de

Fig. 282. *Indra.*
Musée Guimet, Paris.

Extrait de G. Prampolini:
La mitologia nella vita dei popoli.
Milan 1938, tome II, p. 233.

---

[188] Symbole du Brahman. Deussen, cod. J.

[189] Silberer considère que la symbolique mythologique est un processus de connaissance sur le plan mythologique (*Jahrbuch für Psychoanal. und Psychopath.* Forsch. I. III, p. 664): il y a accord complet entre cette opinion et la mienne.

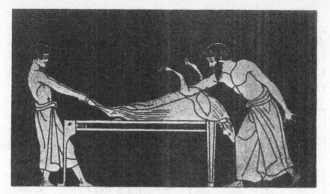

Fig. 283. *Sacrifice animal.*
D'après un vase attique, vers 450 av. J.-C. Collection Czartiryski.

Extrait de H. Haas: *Bilderatlas zur Religionsgeschichte.*
13ᵉ-14ᵉ livraison: *Die Religion der Griechen.* Leipzig 1928, fig. 163.

Mithra, l'agneau du Christ [190], etc. L'immolation de l'animal signifie immolation de la nature animale, c'est-à-dire de la libido instinctuelle. La plus claire expression s'en trouve dans la légende d'Attis. Attis est le fils-amant de la mère des dieux Agdistis-Cybèle. Rendu furieux par cette mère qui répand la folie et qui est amoureuse de lui, il se châtre lui-même, précisément sous un pin (*fig. 284*). Tous les ans, en effet, on couronne un pin où l'on suspend une statue d'Attis; puis on l'abat. Cybèle prend alors ce pin, l'emporte dans sa grotte et le pleure. Dans cet enchaînement, il est évident que l'arbre représente le fils — selon une autre version, Attis fut métamorphosé en pin — que Cybèle, sa mère, reprend dans sa grotte, ce qui veut dire: dans son sein maternel.

---

[190] De la bibliothèque d'Assurbanipal provient un intéressant fragment suméro-assyrien (Cuneiform. Inscr. I. IV, 26, 6; cit. par GRESSMANN: *Altorient. Texte und Bilder*, 1909, I, p. 101):

« Aux sages il dit:

Un agneau remplace un homme.
Il donne l'agneau en échange de sa vie,
La tête de l'agneau, il la donne pour celle de l'homme, etc.

Or l'arbre a aussi un sens maternel puisque l'acte de suspendre le fils ou sa statue à l'arbre indique la réunion du fils et de la mère *(fig. 285)*. La langue courante emploie également cette image: « On est attaché à sa mère ». L'abattage du pin correspond à l'émasculation qu'il rappelle. Dans ce cas l'arbre aurait plutôt un sens phallique.

Mais comme l'arbre désigne en premier lieu la mère, son abattage aurait plutôt la signification d'une immolation de la mère. Ces enchevêtrements et croisements de sens difficiles à débrouiller peuvent s'expliquer en une certaine mesure si on les réduit à un même dénominateur: ce dénominateur, c'est la libido: le fils personnifie la nostalgie de la mère et ce, dans la psyché d'un individu qui se trouve dans la même situation ou dans une situation analogue. La mère personnifie l'amour (incestueux) pour le fils. L'arbre personnifie d'une part, la mère et d'autre part, le phallus du fils *(fig. 286 et 135)*.

Fig. 284.

Arbre sacré d'Attis.

Extrait de H. GRESSMANN: *Die orientalischen Religionen im hellenistisch-römischen Zeitalter.* Berlin und Leipzig 1930, fig. 41, p. 99.

Le *membrum virile* représente, pour sa part, la libido du fils. L'abattage du pin, ou l'émasculation, signifie: sacrifice de cette libido qui cherche l'inopportun aussi bien que l'impossible. Le mythe décrit donc, par l'arrangement et la nature de ses figures, le destin d'une régression de libido qui se déroule essentiellement dans l'inconscient. En même temps apparaissent dans la conscience, comme en un rêve, les *dramatis personae* qui, dans leur essence, sont des illustrations des courants et tendances de la libido. L'agent décisif de toutes ces figures, c'est la libido qui maintient si étroitement ensemble leurs configurations grâce à son unité, à elle, libido, que certains attributs ou activités peuvent aisément passer d'une figure à l'autre: ce qui ne crée aucune difficulté pour la compréhension intuitive, mais en crée d'infinies pour l'explication logique.

L'impulsion au sacrifice part dans notre cas de la mère, *mater saeva cupidinum*, qui rend fou le fils et le contraint ainsi à se mutiler lui-même. Être premier, la mère représente l'inconscient opposé au conscient. Le mythe dit donc que l'impulsion au sacrifice a pour point de départ l'inconscient. Il faut entendre par là que la régression est contraire à la vie et trouble les fondements instinctifs de la personnalité et que, par suite, il se produit une réaction compensatrice de cette dernière, sous la forme d'une violente oppression et élimination de la tendance incompatible. Il s'agit là d'un processus naturel, inconscient, auquel le moi conscient est le plus souvent livré passivement

Fig. 285.
Cybèle et Attis
(Prêtresse et deux corybantes).
Marbre gravé. Louvre, Paris.
Extrait de ROSCHER: *Lexikon der Griechischen und römischen Mythologie.* T. II, 1ʳᵉ section. Leipzig 1890-94, col. 1619.

en ce sens que, normalement, il ne perçoit pas le mouvement de la libido et par conséquent ne suit pas le mouvement de la conscience.

Dans ses *Métamorphoses* (lib. X), Ovide dit à propos du pin:

> « Grata deum matri, siquidem Cybelius Attys
> Exuit hac hominem, truncoque induruit illo. » [191]

---

[191] « ... cher à la mère des dieux puisque l'Attis cybélien y perdit son humanité et qu'il se durcit en son tronc. »

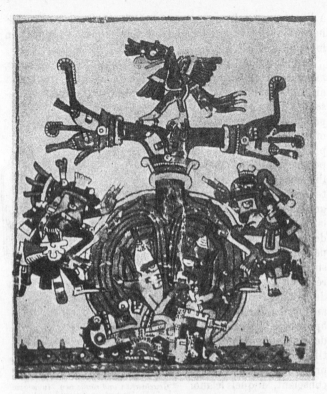

Fig. 286. *Arbre naissant de la déesse terrestre.*
Codex Borgia.

Extrait de L. H. GRAY et J. A. MacCULLOCH:
The Mythology of All Races Boston 1920, vol. XI, planche IX.

La métamorphose en pin a la valeur d'un ensevelissement en la mère, analogue à celui d'Osiris enveloppé par
la bruyère *(fig. 140)*. Sur le relief de Coblence [192], Attis
semble sortir d'un arbre: Mannhardt voudrait voir là la
divinité de la végétation habitant l'arbre. Sans doute
est-ce simplement une naissance de l'arbre, comme celle

[192] Cf. ROSCHER: *Lex. sub Attis*, col. 722, 10.

Fig. 287. *Penthée déchiré par les Ménades.*

Fresque du « Quatrième style » vers 70 ap. J.-C.
d'après des motifs d'un tableau de 390 environ. Maison des Vetti.
Pompéi.

Extrait de E. Pfuhl: *Tausend Jahre griechischer Malerei.*
Munich 1940, table 263, fig. 641.

de Mithra (Relief d'Heddernheim, *fig. 167*). Comme le
rapporte Firmicus Maternus, arbre et statue ont joué un
rôle dans les cultes d'Isis et d'Osiris ainsi que dans celui
de la vierge Perséphone [193]. Dionysos avait pour surnom
Dendrites et en Béotie on l'aurait appelé ἐνδενδρος, « dans

---

[193] Firmicus Maternus: de erro. prof. rel. XXVII: « Per annos
singulos arbor pinea caeditur, et in media arbore simulacrum iuvenis
subligatur. »

l'arbre » [194]. La légende de Pentheus, qui se rattache au mythe de Dionysos, apporte une remarquable réplique complémentaire de la mort d'Attis et de sa déploration ultérieure: Pentheus [195] curieux d'épier les orgies des Ménades, grimpe sur un pin; mais sa mère l'a aperçu; les Ménades abattent l'arbre et Pentheus, qu'elles ont pris pour un animal, succombe à leur fureur [196] *(fig. 287)* : sa propre mère est la première à se précipiter sur lui [197]. Dans cette légende nous retrouvons le sens phallique de l'arbre (abattre = émasculer), sa nature maternelle (l'arbre porte Pentheus) et son identité au fils (abattre = mise à mort de Pentheus); en même temps, on aperçoit ici la réplique complémentaire de la Pieta, mère terrible. La fête d'Attis avait lieu au printemps et commençait par des lamentations auxquelles succédait une fête joyeuse. (vendredi saint et Pâques.) Les prêtres du culte d'Attis-Cybèle étaient des castrats appelés Galloi [198]. L'archigallos s'appelait Atys (Attis) [199]. Pour remplacer la castration annuelle, les prêtres se bornaient à s'égratigner les bras jusqu'au

Fig. 288. *Atargatis.*
Bas-relief d'Ascalon.

Extrait de A. JEREMIAS:
Das Alte Testament im Lichte
des alten Orients.
IVᵉ édition. Leipzig 1930, fig. 134, p. 285.

---

[194] PRELLER: I, p. 555. Cité par Robertson: *loc. cit.*, p. 137.

[195] Pentheus, héros de nature de serpent, son père est Echion, la vipère.

[196] Mort sacrificielle typique dans le culte de Dionysos.

[197] ROSCHER: *Dionysos*, col. 1054, 56 sq.

[198] Pour les processions, ils portaient des vêtements de femme.

[199] En Bithynie Attis s'appelait πάπας (papa, pape) et Cybèle Μᾶ. Je signale que, dans les cultes d'Asie Mineure de cette déesse-mère, on vénérait le poisson et qu'il était interdit aux prêtres d'en manger. Il vaut aussi la peine de savoir que le fils d'Atargatis identique à Cybèle *(fig. 288)* s'appelait Ἰχθύς; ROSCHER: *Ichthys.*

sang. (Bras au lieu de phallus, « déboîter le bras ».) [200]
Nous trouvons une symbolique analogue du sacrifice
des tendances dans la religion de Mithra, où la cap-
ture et le domptage du taureau constituent des parties
essentielles du mystère. Gayomart, le premier homme, est
une figure analogue à Mi-
thra. Il fut créé en même
temps qu'un bœuf et tous
deux vécurent durant 6000
ans dans un état bienheu-
reux. Mais lorsque l'uni-
vers en arriva à l'époque
de la Balance (libra), le
principe mauvais fit irruption. Astrologiquement, libra est ce qu'on appelle le
domicile positif de Vénus;
le principe du mal vint donc
sous le règne de la déesse
de l'amour qui personnifie
l'aspect érotique de la mère.
Comme cet aspect, nous
l'avons vu, est psychique-
ment très dangereux, la
catastrophe classique me-
nace de tomber sur le fils.
Cette constellation eut pour
effet que Gayomart et son
bœuf moururent au bout
de trente ans. (Les épreuves de Zarathoustra durent

Fig. 289. *Dieu lunaire.*
La tête est en or,
la barbe de lapis-lazuli.
Provient d'une tombe d'Ur.
(3000 ans av. J.-C.)
Original à Londres.

Extrait de A. Jeremias:
*Das Alte Testament im Lichte des alten
Orients.* Leipzig 1930, fig. 140.

aussi jusqu'à sa trentième année.) Du bœuf mort naquirent
cinquante-cinq espèces de céréales, douze espèces de
plantes bonnes pour la santé, etc. La semence du taureau
vint dans la lune pour purification, mais celle de Gayomart
alla dans le soleil. Cette circonstance semble indiquer que
le taureau a une signification féminine cachée *(fig. 289).*

---

[200] Cf. Frobenius: *loc. cit.* passim.

Gosh ou Drvåshpa est l'âme du taureau; on la vénère comme divinité féminine. Par manque de courage, elle ne voulut pas d'abord être la déesse du troupeau de bétail, tant que la venue de Zarathoustra ne lui apporta pas l'annonce consolatrice. On en trouve l'analogue dans le Purâna hindou où l'on annonce à la terre la venue de Krishna [200]*. L'âme du taureau s'avance sur un char, comme Ardviçûra, déesse de l'amour. L'*anima* du taureau semble donc être décidément féminine. Dans l'astrologie, le *Taurus* est aussi un *domicilium Veneris*. Le mythe de Gayomart répète donc sous une autre forme la représentation primordiale de la divinité homme-femme s'unissant et se réenfantant dans un cycle fermé.

Comme le taureau sacrifié, le feu aussi, dont nous avons déjà étudié le sacrifice au chapitre III, est, en Chine, de nature femelle comme le signale le commentateur [201] du philosophe Tschuang-Tse (350 av. J.-C.): « L'esprit du foyer s'appelle Ki. Il est vêtu de rouge clair comme le feu et doit être regardé comme une jolie et aimable jeune femme. » Dans le « livre des rites » il est dit: « Le bois est consumé dans les flammes pour l'esprit Au. Ce sacrifice en faveur de Au est fait pour de vieilles femmes (mortes). » Ces esprits du foyer et du feu sont les âmes des cuisiniers disparus et c'est pourquoi on les appelle « vieilles femmes ». Le dieu de la cuisine se dégage de cette tradition prébouddhique; plus tard il devint (de sexe masculin) le seigneur de la famille, le médiateur entre la famille et dieu. Ainsi le vieil esprit féminin du feu devint une sorte de logos et médiateur.

De la semence du taureau naquirent les premiers parents des bovins ainsi que 272 espèces d'animaux utiles [201]*. Selon le Mînôkhired [202], Gayomart anéantit le Dév Azûr que l'on regarde comme le démon du mauvais désir. Azî, également un mauvais démon, se maintient le

[200]* Spiegel: *Eran. Altertumsk.*, 1871, II, p. 76.

[201] A. Nagel: « Der chinesische Küchengott Tsau-kyun » (fig. 290), *Arch. für Religionswissenschaft*, XI, 23 sq.

[201]* Spiegel, *loc. cit.*, p. 510.

[202] Spiegel: *Parsigrammatik*, p. 135, 166.

Fig. 290. *Tsau-Kyun, dieu chinois du foyer et de la cuisine,
avec son épouse.*
Gravure sur bois, peinte d'après un modèle ancien, avec calendrier
pour l'année 1930. Art populaire.

Collection du prof. E. H. v. Tscharner, Zurich.

plus longtemps sur la terre malgré l'action de Zarathoustra. Mais lors de la résurrection, il est anéanti le dernier (comme Satan dans l'Apocalypse de saint Jean); dans une autre version il est dit qu'Angromainyus et le serpent restent les derniers pour être anéantis par Ahuramazda lui-même [202 *]. Kern suppose que Zarathoustra se serait appelé « étoile d'or » et serait identique à Mithra [202 **]. Le nom de Mithra est en rapport avec le néopersan mihr, qui signifie : soleil et amour.

Nous voyons chez Zagreus que le taureau se confond avec le dieu et que par suite le sacrifice du taureau est un sacrifice du dieu *(fig. 202)*. L'animal n'est en quelque sorte qu'une partie du héros; il ne sacrifie que son animal, donc n'abandonne symboliquement que son instinctivité *(fig. 291)*. La participation intime à l'acte de sacrifice [203] se traduit sur le visage douloureusement extatique de Mithra tuant le taureau. Il le fait volontairement et involontairement [204], d'où l'expression pathétique particulière que l'on trouve sur certains monuments, qui présente quelque ressemblance avec le visage quelque peu sentimental du Christ de Guido Reni. Benndorf [205] dit de Mithra :

« Les traits du visage, qui ont un caractère foncièrement idéal surtout dans les parties supérieures, ont une expression maladive au plus haut degré. »

Cumont insiste également sur l'expression du visage du Tauroktonos (tueur du taureau) [206] :

[202 *] SPIEGEL, *loc. cit.*, II, p. 164.

[202 **] SPIEGEL, *loc. cit.*, I, p. 708.

[203] PORPHYRE (de antr. nympharum) dit : ὡς καὶ ὁ ταῦρος δημιουργός ὢν ὁ Μίθρας καὶ γενέσεως δεσπότης. (Comme le taureau représente la force créatrice, Mithra est aussi le seigneur du commencement.) Cité par DIETERICH : *Mithraslit.*, p. 72.

[204] La mort du taureau lui-même est voulue et non voulue. Quand Mithra tue le taureau, un serpent mord les testicules de ce dernier *(fig. 167)*. (Equinoxe d'automne de l'âge du taureau.)

[205] *Bildwerke d. Later. Mus.*, Nr. 547.

[206] *Textes et monuments*, 1899, I, 182.

Fig. 291. *Domptage du taureau.*

De la tombe dite « du médecin », de Saqqarah, vers 2500 av. J.-C.
Calcaire.

Extrait de H. FECHHEIMER: *Die Plastik der Ägypter*
Berlin 1914, planche 191

« Ce visage, tel qu'on peut l'observer dans les meilleures
répliques, est celui d'un jeune homme d'une beauté presque
féminine; une abondante chevelure bouclée qui se dresse sur
le front l'entoure d'auréole, la tête est légèrement penchée en
arrière de façon que le regard se dirige vers le ciel, et la contrac-
tion des sourcils et des lèvres donne à la physionomie une
étrange expression de douleur » [207].

La tête d'Ostie (Mithra tauroctonus ?) reproduite chez
Cumont a, il est vrai, une expression analogue à celle
que nous connaissons bien chez nos malades: celle des
résignés sentimentaux. C'est un fait que l'évolution spirituelle particulière des premiers siècles après Jésus-Christ
marcha de pair avec une aussi extraordinaire libération ou
un déclenchement du sentiment. Cela se manifesta, non
seulement dans les hautes formes de la *caritas* et de l'*amor
divinus*, mais aussi dans les traits sentimentaux et infantiles. C'est ici que se rattache avant tout l'allégorie de
l'agneau, des débuts de l'art chrétien.

La sentimentalité est sœur de la brutalité, et comme
elles ne sont jamais bien éloignées l'une de l'autre, il s'agit
sans doute ici d'un état de fait caractéristique de l'époque
allant du premier au troisième siècle. L'expression morbide
du visage rappelle le manque d'unité et la scission du
sacrificateur: il veut et ne veut pas. Ce conflit exprime que
le héros est en même temps sacrificateur et sacrifié. Cependant Mithra ne sacrifie que sa nature animale, c'est-à-dire
son instinctivité [208] *(fig. 292)* toujours en proche analogie
au cours du soleil.

---

[207] A un autre passage (p. 183), CUMONT parle de la « grâce
douloureuse et presque morbide des traits du héros ».

[208] La nature libidineuse du sacrifié est certaine. En Perse,
c'est un bélier qui aide le premier homme à commettre le premier
péché, la cohabitation; c'est aussi le premier animal qu'ils sacrifient.
(SPIEGEL, *loc. cit.*, p. 511.) Le bélier est donc comme le serpent du
paradis qui aurait été le Christ selon l'interprétation des Manichéens.
Meliton de Sardes (IIe siècle) aurait enseigné que le Christ était un
agneau comparable au bélier qu'Abraham sacrifia à la place de son
fils. Le buisson représentait la croix. (Fragment V, cité par ROBERT-
SON: *Evang. Myth.*)

Fig. 292. *Sacrifice de Mithra*.
Musée du Vatican, Rome.
Collection de l'auteur.

Nous avons vu, au cours de cette recherche, que la libido constructive de formes religieuses retourne en dernier lieu vers la mère et représente par conséquent le lien par lequel nous sommes liés à nos origines. Quand les Pères de l'Eglise font venir le mot *religio* de *religare*, il leur est permis tout au moins de se réclamer de cette réalité psychologique pour appuyer leur conception [209]. Ainsi que nous avons pu le voir, la libido en régression se dissimule en des symboles nombreux et très divers, qu'ils soient de nature mâle ou femelle; les différences sexuelles elles-mêmes sont au fond de nature secondaire et ne jouent pas le rôle psychologique que l'on pourrait supposer à y regarder

---

[209] L'ancienne dérivation de religio paraît plus vraisemblable (CICÉRON: de invent. 2,53 et de nat. deor. I, 42.) LACTANCE le fait dériver de religare: « Hoc vinculo putatis obstricti Deo et religati sumus. » (Instit. 4. 28.) De même Jérôme et Augustin. v. A. WALDE: *Lateinisch. Etym. Worterbuch*, 1910, s. v. diligo. Le contraste caractéristique est religo et neglego.

superficiellement. Substance et force motivante du drame du sacrifice consistent en une métamorphose énergétique inconsciente, dont le moi prend conscience un peu comme les marins d'une éruption volcanique sous-marine. Il faut bien reconnaître qu'en présence de la beauté et de la sublimité de l'idée de sacrifice ainsi que de la solennité du rite, une formulation psychologique fait une impression terriblement fade. L'intuition dramatique de l'acte de sacrifice est ainsi réduite en quelque sorte à une sèche abstraction et la florissante vie des personnages mortifiée jusqu'à une bidimensionalité. L'entendement scientifique produit malheureusement de regrettables effets de ce genre — d'une part; mais d'autre part, c'est justement l'abstraction qui conduit à une compréhension plus profonde des phénomènes. Ainsi, nous voyons que les personnages du drame mythique possèdent des qualités interchangeables parce qu'ils n'ont pas la même signification existentielle que les figures du monde physique. Le cas échéant, ces dernières vivent une tragédie réelle, les premiers ne font que la représenter et sur la scène subjective d'une conscience introspective. Ce que l'audace des hommes découvre par spéculation sur l'essence du monde phénoménal, à savoir que la ronde des étoiles et l'histoire universelle humaine sont l'illustration substantielle d'un rêve divin appliqué au drame intérieur, cela devient probabilité scientifique. L'essentiel du drame mythique ce n'est pas le concrétisme des personnages, autrement dit, il importe peu que soit sacrifié tel ou tel animal ou représenté tel ou tel dieu; l'important, c'est uniquement qu'un sacrifice ait lieu, c'est-à-dire que se produise dans l'inconscient un processus de métamorphose dont la dynamique, dont les contenus et le sujet sont en eux-mêmes inconscients, mais se révèlent indirectement à la conscience parce qu'ils stimulent le matériel représentatif à sa disposition et s'en revêtent en quelque sorte comme des danseurs de peaux de bêtes et les prêtres de la peau des hommes sacrifiés.

L'abstraction scientifique nous procure le grand avantage d'une conclusion sur le processus mystérieux qui se déroule derrière la scène où se joue le mystère et où, laissant derrière nous le monde coloré du théâtre, nous inférons une réalité de dynamisme et de signification psychiques impossible à réduire davantage. Cette connaissance ravit à ce que nous appelons les processus inconscients toute épiphénoménalité, les montrant ce qu'ils sont d'après toute expérience : des grandeurs autonomes. Ainsi toute tentative pour déduire l'inconscient du conscient devient vaine subtilité, stérile jeu intellectuel. Il faut supposer tout cela partout où les auteurs parlent gaillardement de « subconscience », sans se rendre compte de la prétention de ce qu'ils affirment ainsi. Comment savent-ils donc si exactement que l'inconscient est « au-dessous » et non « au-dessus » du conscient ? La seule chose certaine dans cette terminologie, c'est que la conscience s'imagine être au-dessus, plus haute que les dieux eux-mêmes. Peut-être, nous voulons l'espérer, aura-t-elle un jour peur de sa « ressemblance aux dieux ».

Le sacrifice annuel d'une vierge au dragon représente sans doute le cas idéal d'un sacrifice sur le plan mythologique. Pour apaiser la colère de la mère terrible, on immolait la plus belle jeune fille comme symbole de sa convoitise. Comme formes mitigées, nous avons le sacrifice du premier-né et de divers animaux domestiques précieux. Second cas idéal : nous avons l'autocastration au service de la mère ; la circoncision en est la forme adoucie. Dans ce cas on sacrifie au moins une partie, ce qui correspond au remplacement de la victime par un acte symbolique [210]. Par ces sacrifices dont les objets sont des biens désirés et estimés, on abandonne le désir instinctif, la libido, pour la retrouver sous une forme renouvelée. Par le sacrifice on rachète l'angoisse de la mort et l'on se concilie l'hadès aux aguets du sacrifice. Dans ces cultes tardifs le héros depuis les temps anciens surmonte tout mal et la mort dans

---

[210] Cf. « fiancé sanglant de la mère » (2. Moïse. 4, 25 sq.). Jos. 5, 2 sq., il est dit que Josué réintroduisit la circoncision et le rachat des premiers-nés. « Il aurait ainsi substitué au sacrifice des enfants tel qu'on le faisait jadis à Jahvé, le sacrifice du prépuce. » (Drews : *Christusmythe*, 1910, I, 47.)

ses actions; il est devenu personnage divin essentiel; il se transforme en prêtre qui se sacrifie lui-même et recrée la vie. Or comme il est une figure divine et que son sacrifice est un mystère qui dépasse le monde, et dont l'importance surpasse de beaucoup celle d'une offrande ordinaire, cet approfondissement de la symbolique du

Fig. 293. *Cratère avec lion et serpent.*
Fragment du bas-relief de Heddernheim.

Extrait de F. Cumont: *Textes et monuments figurés relatifs aux Mystères de Mithra.*
T. II, Bruxelles 1899, pl. VII.

sacrifice a repris par régression l'idée du sacrifice humain parce qu'il lui fallait une expression plus forte et plus totale pour traduire l'idée du sacrifice de soi. La relation de Mithra à son taureau est déjà très proche de cette idée. Dans le christianisme, c'est le héros lui-même qui se sacrifie de son plein gré. Sur des monuments du culte mithriaque, nous rencontrons souvent un étrange symbole: un cratère [211] (vase à mélange) entouré d'un serpent, avec, à côté, un lion placé face au serpent [212] *(fig. 293)*. On a l'impression qu'ils se disputent le cratère. Celui-ci symbolise le vase maternel de renaissance, le serpent, angoisse

---

[211] Du rapport de Porphyre, on peut emprunter ce qui suit: Παρὰ τῷ Μίθρᾳ ὁ κρατὴρ ἀντὶ τῆς πηγῆς τέτακται. Près de Mithra se trouve le cratère au lieu de la source. (Cité par Cumont: *Textes et Mon.*, I, 101, 1), ce qui est important pour l'interprétation du cratère. (Cf. aussi le cratère de Zosimos. Berthelot: *Alch. grecs*, 1887, III, LI, 8.)

[212] Cf. Cumont, *loc. cit.*, p. 100.

et résistance, et le lion, le désir le plus violent [213]. Le serpent est toujours présent au sacrifice mithriaque du taureau et se met en mouvement vers le sang qui coule de la blessure. Il semble en ressortir que la vie du taureau (le sang) coule en quelque sorte vers le serpent, ce qui veut dire que c'est une offrande aux dieux inférieurs, analogue aux ombres buvant du sang dans le Necye d'Ulysse. Déjà plus haut, nous avons fait allusion aux relations réciproques du serpent et du taureau et nous y avons découvert que le taureau symbolise le héros vivant, tandis que le serpent représente le héros mort, enterré ou chtonique. Comme dans l'état de mort il se trouve dans la mère, le serpent représente également la mère dévorante. L'union du sang du taureau avec le serpent semble une sorte d'*union des opposés*. Lion et serpent luttant pour le cratère pourraient avoir une signification analogue. Là est sans doute la raison pour laquelle, après le sacrifice du taureau, apparaît une merveilleuse fécondité. Déjà à un stade plus primitif (nègres d'Australie), on trouve l'idée que la force vitale s'use, qu'elle devient mauvaise, ou se perd et que pour cette raison il faut à certains intervalles la renouveler. Chaque fois qu'a lieu un tel « abaissement », il faut accomplir le rite du renouvellement de la vie. Ces rites sont d'une infinie variété. Mais même au stade le plus élevé on y peut reconnaître leur sens premier de renouvellement de la vie. Ainsi la mise à mort du taureau mithriaque signifie sacrifice à la mère terrible, donc à l'inconscient qui a spontanément attiré à lui l'énergie de la conscience, parce que celle-ci s'éloignait par trop de ses origines, qu'elle oubliait la puissance des dieux sans lesquels toute vie se dessèche ou se perd dans des développements pervers qui aboutissent à une catastrophe. Dans le sacrifice, la conscience renonce à la possession et à la puissance au bénéfice de l'inconscient. Ainsi devient possible une union des contraires qui a pour conséquence un déclenchement d'énergie. L'acte du sacrifice a en même temps le sens d'une fécondation de la mère; le démon-

---

[213] Signe zodiacal de la plus forte chaleur de l'été.

serpent chtonique boit le sang, autrement dit, l'âme du héros *(fig. 205)*. De cette façon la vie est conservée immortelle, car tel le soleil, le héros se réengendre par le sacrifice qu'il fait de soi et par sa rentrée dans la mère. D'après tous les matériaux antérieurs, on ne devrait plus éprouver de difficulté à reconnaître aussi dans le mystère chrétien le sacrifice de l'homme, ou sacrifice du fils à la mère. De même qu'Attis s'émascule à cause de sa mère, et qu'en souvenir de cet acte sa statue était suspendue à un pin, de même le Christ est suspendu à l'arbre de vie [214] et au bois du martyre, à l' Ἑκάτη et mère *(fig. 113)*; et c'est ainsi qu'il rachète la création et la délivre de la mort. En retournant dans le sein de la mère, il rachète dans la mort [215] ce que le proanthropos (le premier homme), Adam, avait commis durant sa vie, et par son acte, il renouvelle sur un plan spirituel la vie corrompue par le péché originel. La mort du Christ a pour saint Augustin (nous l'avons signalé) réellement la signification d'un hiérosgamos avec la mère, comme la fête d'Adonis où l'on couchait Vénus et Adonis sur un lit nuptial:

« Procedit Christus quasi sponsus de thalamo suo, praesagio nuptiarum exiit ad campum saeculi; pervenit usque ad

---

[214] La fin de Prométhée est une mort sacrificielle analogue. Il est enchaîné au rocher *(fig. 294)*. Selon une autre version, ses chaînes sont fixées à une colonne. Il reçoit comme punition ce que le Christ prend volontairement sur soi. Le destin de Prométhée rappelle l'infortune de Thésée et Pirithoos qui restent suspendus au rocher de la mère chtonique. Selon Athénéus, Jupiter ordonne à Prométhée, après l'avoir délivré, de porter une couronne de saule et une bague de fer, ce qui représentait symboliquement sa servitude et son assujettissement. Robertson compare la couronne de Prométhée à la couronne d'épine du Christ. Les dévots la portent également en l'honneur de Prométhée pour représenter l'assujettissement. (*Evang. Myth.*, 1910, p. 126.) Sous ce rapport, la couronne a donc la même signification que la bague de fiançailles. Ce sont des κάτοχοι τοῦ θεοῦ, des prisonniers du dieu.

[215] Le coup de lance de Longin remplace le coup de poignard du sacrifice du taureau de Mithra. On enfonce à travers la poitrine de Prométhée enchaîné et sacrifié « la dent acérée d'un coin d'airain. » (Eschyle: *Prométhée*.) Odin et Huitzilopochtli sont percés d'une lance, Adonis est tué par une dent de sanglier *(fig. 163)*.

Fig. 294. *Prométhée.*
Emprunté au « Temple des Muses », publié par Z. Chatelain,
Amsterdam 1733.

D'après les « Tableaux du Temple des Muses » de l'Abbé de Marolles, 1655.
Vᵉ tableau.

crucis torum (torus a le sens de lit, amante, bière) et ibi
firmavit ascendendo coniugium ; ubi cum sentiret anhelantem in suspiriis creaturam commercio pietatis se pro coniuge
dedit ad poenam; et copulavit sibi, perpetuo iure matronam. » [216]

Dans la langue augustinienne, la *matrona* est l'Eglise
en tant que fiancée de l'agneau. Le ton affectif de l'antique
hiérosgamos est ici transformé en son contraire. A la place
du plaisir, c'est le tourment, à la place de la mère aimée,
c'est le poteau du martyre, c'est-à-dire ce qui autrefois
était teinté de plaisir est maintenant douloureusement
éprouvé, c'est l'union de la conscience mâle avec l'inconscient femelle — mais on pourrait dire aussi que le symbole
du hiérosgamos n'est plus concrètement sur le plan du
corporel, mais est vécu à un niveau psychique plus haut
comme union du dieu avec sa communauté (son *corpus
mysticum*). En langage moderne cette dernière projection
marque la conjonction du conscient et de l'inconscient,
c'est-à-dire la *fonction transcendante* particulière au processus d'individuation. L'intégration de l'inconscient au
conscient a une vertu salutaire [217].

La comparaison du sacrifice mithriaque et du sacrifice
chrétien devrait mettre en claire évidence ce en quoi
consiste la supériorité du symbole chrétien: c'est l'idée
catégorique qu'il faut sacrifier non seulement l'instinctivité
animale représentée par la bête, mais l'homme naturel
tout entier qui est plus que ne l'exprime son symbole
thériomorphe. Tandis que le premier représente l'instinctivité animale, c'est-à-dire la soumission exclusive à la
loi de l'espèce, l'homme naturel représente en plus le
spécifiquement humain, le pouvoir de s'écarter de la loi,
par quoi le langage religieux entend l'aptitude au « péché ».

---

[216] Serm. Suppos. 120, 8.
[217] Mentionnons que la mythologie nordique connaît la même
idée: par la pendaison à l'arbre de vie, Odin acquiert la connaissance
des runes et de la boisson enivrante qui lui confère l'immortalité.
On a tendance à ramener ce mythologème à des influences chrétiennes. Mais alors que dire de Huitzilopochtli?

Par suite de cette variabilité, qui, toujours, tient ouverte d'autres voies, le développement spirituel est en général possible chez l'*homo sapiens*. Mais le désavantage est, si l'on veut, que la direction absolue et par conséquent sûre en apparence par l'instinct est remplacée par une aptitude anormale à apprendre que l'on rencontre même chez les anthropoïdes. A la place de la sûreté de l'instinct apparaît l'incertitude et en même temps aussi la nécessité d'une conscience qui connaît, apprécie, choisit, décide. Si elle réussit à compenser avec succès la sûreté de l'instinct, elle remplacera de plus en plus l'acte instinctif et le flair intuitif par des règles et des modes de comportement sur lesquels on peut compter. Ainsi apparaît finalement le danger opposé : que la conscience se sépare de son fondement instinctif pour mettre la volonté consciente à la place de l'impulsion naturelle.

C'est par le sacrifice de l'homme naturel que l'on essaie d'atteindre ce but ; car c'est alors seulement que l'idée dominante de la conscience est à même de se réaliser complètement et de former dans ce sens la nature humaine. La sublime grandeur de cet idéal est incontestable et il n'est pas question de la contester. Pourtant, sur ces hauteurs, on est saisi d'un doute : la nature en elle-même est-elle capable de supporter cette formation, et notre idée dominante est-elle apte à pouvoir façonner la matière brute sans dommage pour celle-ci ? L'expérience seule peut répondre à cette question. Aussi faut-il que soit fait l'effort pour gravir cette hauteur ; car sans une entreprise de ce genre, on ne pourra jamais faire la preuve que cet essai de métamorphose aussi audacieux que violent est possible. Jamais non plus on ne pourrait mesurer, ni jamais comprendre, quelles sont les forces qui favorisent ou rendent impossible une telle tentative. De même, ce n'est qu'ensuite que l'on pourra établir si l'autosacrifice de l'homme naturel, tel que le conçoit le christianisme, est une solution définitive ou annonce une idée encore modifiable. Tandis que le sacrifice mithriaque est symbolisé encore par un archaïque sacrifice animal et tend à domestiquer et à discipliner uniquement l'homme instinctif [218], l'idée du sacrifice chrétien, rendue sensible par la mort d'un homme, exige l'abandon de l'homme tout entier, donc pas uniquement la domestication de ses instincts animaux, mais un renoncement total à eux et en outre le disciplinement des fonctions spécifiquement humaines, donc spirituelles, pour les tourner vers un but spirituel supraterrestre. Cet idéal est une dure école qui ne pouvait pas ne pas rendre l'homme étranger à sa propre nature et d'une façon générale à la nature, et cela dans une très large mesure. Ainsi que l'histoire le montre, cette tentative était tout à fait possible et au cours des siècles elle a conduit à un développement de la conscience qui aurait été tout à fait impossible sans ce « training ». Les évolutions de ce genre ne sont pas des inventions ni des fantaisies arbitraires, ni même intellectuelles; elles ont leur logique intérieure et leur nécessité. La critique (matérialiste) ininterrompue depuis l'époque des lumières, qui s'appuie sur l'invraisemblance physique des dogmes, manque totalement le but. Il faut que le dogme soit une impossibilité physique, car il ne dit absolument rien de la physis; il est au contraire un symbole de processus transcendants, c'est-à-dire inconscients, qui, dans la mesure où la psychologie est capable de l'établir, sont en relation avec l'inéluctable développement de la conscience. La croyance au dogme est un pis aller aussi inévitable qui, tôt ou tard, devra être remplacé par une compréhension, ou une connaissance, adéquate, si nous voulons que notre culture subsiste.

Il y a donc, dans la fantaisie de Miss Miller, une contrainte intime qui l'oblige à passer du sacrifice du cheval à celui du héros par lui-même. Tandis que le premier symbolise l'abandon des tendances instinctuelles biologiques, le second a le sens plus profond, et d'une plus haute valeur éthique, de l'autosacrifice humain, autrement dit du renoncement à être simplement un moi. Il est certain que dans ce cas cela n'est vrai que métaphoriquement, en ce sens que ce n'est pas l'auteur de l'histoire, mais le héros de celle-ci,

---

[218] Le mithraïsme était la religion militaire romaine et ses initiés étaient tous des hommes, uniquement.

Fig. 295. *Le poisson phallique des Mystères de Déméter.*
Gravure d'un vase grec.
Extrait de L. Deubner: *Attische Feste.* Berlin 1932, planche 4.

Chiwantopel, qui fait le sacrifice dont il est aussi la victime volontaire. L'acte moralement important est délégué au héros, tandis que Miss Miller se contente de regarder et d'applaudir avec admiration, sans soupçonner évidemment que le personnage de son *animus*, qui est précisément Chiwantopel, est amené à faire ce qu'elle-même néglige. Par rapport au sacrifice animal (représenté par la mort du cheval) le progrès n'est que dans l'idée, et si, dans cet acte de sacrifice imaginaire, Miss Miller joue le rôle d'une spectatrice recueillie, cette participation n'a aucune valeur éthique. Ainsi qu'il arrive d'ordinaire dans les cas de ce genre, elle n'a pas du tout conscience de ce que signifie la disparition du héros exécuteur des actions magiques d'importance vitale. Ce qui se produit alors, c'est que la projection est supprimée et que l'acte de sacrifice imminent s'approche du sujet, donc du moi personnel de la rêveuse. Sous quelle forme alors se déroulent les événements, je ne saurais le dire par avance. Dans le cas de Miss Miller, étant donné le manque de matériel et mon ignorance de la personnalité en question, je n'ai pas prévu, ou je n'ai pas osé supposer que ce serait une psychose qui correspondrait au sacrifice de Chiwantopel. Or, en réalité, ce fut un abandon total, un enchaînement (κατοχή) non pas aux possibilités positives de vie, mais au monde obscur de l'inconscient, un déclin analogue à celui de son héros.

bye het der lauts leben gar ein enb/
Der geyst steige in die höhe behend.

Fig. 296. *Le couple uni.*
Fixatio, un degré du processus alchimique.
Extrait du « Rosarium Philosophorum Francofurti 1550 ».

Chiwantopel est tué par un serpent. Nous avons déjà rencontré le serpent comme instrument de sacrifice (légende de saint Silvestre, épreuve de virginité, blessure de Rê et de Philoctète, symbolisme de la lance et de la flèche). Il est le glaive qui tue, mais aussi le phallus, symbole de la force régénératrice *(fig. 295)* du grain de froment qui, enfoncé dans le sol comme un cadavre, est aussi une semence qui féconde la terre. Le serpent symbolise le numen de l'*acte de métamorphose* en même temps que celui de la *substance métamorphosée*, ainsi qu'on le rencontre fréquemment dans l'alchimie. Habitant chtonien des grottes, il vit dans le sein de la terre maternelle, comme Kundalini tantrique habite le creux du ventre. L'alchimie a, par exemple, la légende de Gabricus et Beya, couple royal frère-sœur *(fig. 296)*. Lors du hiérosgamos, le frère pénètre tout entier dans le corps de sa sœur où il disparaît, ce qui veut dire qu'il est enterré dans son sein, qu'il y est dissous en atomes, qu'il se métamorphose ensuite, en tant que héros, en serpent de l'âme *(Serpens mercurialis)* *(fig. 48)*, etc. [219] Il n'est pas rare que de telles fantaisies

[219] Cf. *Psychologie und Alchemie*, 1944, p. 449, Visio Arislei.

apparaissent chez des malades. Ainsi une de mes malades s'imaginait être un serpent enlaçant sa mère et finalement pénétrant tout en elle.

Le serpent qui tue le héros est *vert*. Vert est également le serpent de ma malade (in « Psychologie de la démence précoce », 1907, p. 161) dont elle dit : « Alors arriva un petit serpent vert jusqu'à ma bouche; il avait une aimable et fine intelligence comme s'il était doué d'un entendement humain; on aurait dit qu'il voulait me donner un baiser. » La malade de Spielrein dit du serpent : « C'est un animal divin, qui a de merveilleuses couleurs: vert, bleu et blanc. Vert est le serpent à sonnette; il est très dangereux. Le serpent peut posséder un esprit humain et le jugement d'un dieu, il est l'ami des enfants. Il sauverait les enfants qui sont nécessaires pour la conservation de la vie humaine. » [219] * L'importance du serpent régénérateur est indiscutable *(cf. fig. 258 et 262).*

Si le cheval est le frère de Chiwantopel, le serpent est sa sœur (« ma petite sœur »). Cavalier et cheval forment une unité centaure, comme

Fig. 297.

Couple Naga.

Extrait de F. GUIRAND: *Mythologie générale.* Paris 1935, p. 314.

---

[219] * *Jahrbuch f. Psychoanal. u. Psychopath. Forsch.*, t. III, p. 366.

l'homme et son ombre, ou l'homme inférieur et supérieur, comme la conscience du moi et l'ombre ou comme Gilgamesh et Enkidu. Il y a donc dans l'homme du féminin qui est sa propre féminité inconsciente que j'ai appelée *anima*. Elle apparaît souvent chez les malades sous la figure d'un serpent *(fig. 297)*. Le vert qui est la couleur de la vie lui convient parfaitement. Le vert est aussi la couleur du *Creator Spiritus*. J'ai défini l'*anima* tout simplement comme *Archétype de la vie* [220]. Si, dans une contradiction simplement apparente et à cause du symbole du serpent, on lui confère également ici l'attribut de « l'esprit », c'est parce que l'*anima* personnifie d'abord l'inconscient tout entier tant que sa forme ne peut se distinguer d'autres archétypes. Lorsque la différenciation se précise, se sépare en général de l'*anima* le personnage du vieil homme (sage) qui est un archétype de « l'esprit ». Celui-ci se comporte à son endroit comme un père (spirituel) (Ex. Wotan et Brunhilde, ou Bythos et Sophia. On trouvera des exemples classiques dans les romans de Rider Haggard !).

Que Chiwantopel appelle le serpent « sa petite sœur », cela n'est pas sans importance pour Miss Miller, car le héros est bien son frère-amant, son « ghostly lover », l'*animus*. C'est elle son serpent de vie qui lui apporte la mort. Lorsque le héros et son cheval meurent, le serpent vert reste vivant : il n'est rien d'autre que l'âme inconsciente de l'auteur elle-même et celle-ci, nous le savons déjà, subira maintenant le destin de Chiwantopel, ce qui veut dire qu'elle succombera à son inconscient.

Le contraste cheval-serpent, ou taureau-serpent, représente une opposition de la libido en elle-même, poussée en avant et poussée en arrière en un seul être [221]. Cela ne veut pas dire que la libido serait une aspiration sans fin vers l'avant, un vouloir vivre infini, un désir jamais

---

[220] Archetypen des kollektiven Unbewussten, *Eranos-Jahrbuch*, 1934.

[221] Bleuler a appelé ambivalence, ou ambitendance, cette opposition, Stekel l'a appelée « bipolarité de tout phénomène psychique ». (*Sprache des Traumes*, 1911, p. 535 sq.)

rassasié de construire, du genre de la volonté universelle formulée par Schopenhauer, faisant de la mort une malignité et une fatalité frappant de l'extérieur; la libido, au contraire, correspond à l'image du soleil et veut aussi son déclin, son involution. Durant la première moitié de la vie, elle veut grandir, dans la seconde, elle signale d'abord doucement, puis plus clairement son changement de but. Et de même que, dans la jeunesse, la tendance vers une expansion démesurée de la vie se cache sous les apparences d'une résistance qui la voile, de même aussi « l'autre tendance » se dissimule très souvent derrière un entêtement maladroit à s'agripper à la forme de vie connue jusqu'alors. Cette opposition apparente dans l'essence de la libido est illustrée par la statuette du Priape du musée des antiquités de Vérone [222] : souriant, il indique du doigt un serpent qui mord son membre viril *(fig. 298)*.

On trouve un motif analogue dans le « Juge-

Fig. 298.
Priape au serpent.
Musée archéologique, Vérone.
Collection de l'auteur.

[222] Je dois à l'amabilité de la direction du musée des antiquités de Vérone l'autorisation de publier la reproduction de cette statuette encore inédite.

ment dernier » de Rubens (Munich, Pinacothèque), où un serpent émascule un homme. Ce motif éclaire le sens de la fin du monde [223]. La fantaisie de la conflagration universelle et en général de la catastrophe de la fin du monde est la projection de l'image primordiale du grand retour; c'est pourquoi Rubens représente l'émasculation par un serpent comme un cas particulier du déclin. L'image du changement qui détruit à nouveau le phénomène du monde appartenant à l'existence individuelle psychique, germe dans l'inconscient et fait face à la conscience dans des rêves et des pressentiments. Plus la conscience met de mauvaise grâce à entendre cette annonce, plus deviennent défavorables et angoissants les symboles par lesquels elle se fait sentir. Le rôle que joue le serpent, symbole d'angoisse dans les rêves, est loin d'être insignifiant. A cause de son venin, son image apparaît assez souvent dans les rêves comme premier symptôme de maladies corporelles. En général il traduit une anormale animation de l'inconscient (ce qu'on appelle un « inconscient constellé ») ainsi que les symptômes physiologiques (abdominaux) qui y sont joints. Chacune des interprétations est naturellement, comme toujours, sous la dépendance de toutes sortes de circonstances individuelles et doit être modifiée en conséquence. Pour la jeunesse, elle signifie peur de la vie, pour la vieillesse, au contraire, peur de la mort. Chez notre auteur on peut voir aisément, à la lumière des événements ultérieurs, la signification fatale du serpent vert. Mais il ne doit pas être très facile d'indiquer quelle fut la raison véritable de cette prédominance de l'inconscient. Il nous manque pour le faire le matériel biographique. Je puis

---

[223] Le rôle mythique du serpent est analogue à la fin du monde. Il est dit dans la Völuspa que le flot se soulève quand le serpent de Midgard se réveille pour l'anéantissement universel. Il a nom Jörmundgandr, ce qui signifie « loup universel ». Le loup destructeur Fenris est aussi en rapport avec la mer *(fig. 263)*. Fen se trouve en Fensalir (salles maritimes), demeure de Frigg et signifie originairement: mer. (FROBENIUS: *loc. cit.*, p. 179.) Dans le conte du petit chaperon rouge, il y a un loup à la place du serpent ou du poisson, car il s'agit, là aussi, d'une dévoration typique.

seulement dire, en général, que dans les cas de ce genre, j'ai très souvent observé une remarquable étroitesse de conscience, une rigidité angoissée du point de vue et un horizon spirituel aussi bien qu'affectif rétréci par une naïveté infantile, par des préjugés de pédant. Du peu que nous connaissons de l'auteur, il semble qu'il s'agisse chez elle d'une naïveté affective; sans doute a-t-elle sous-estimé ses possibilités et a-t-elle, avec trop de facilité, sauté dans des profondeurs dangereuses, où il eût été indiqué d'avoir quelques connaissances psychologiques des ombres. A des êtres de ce genre, justement, il faudrait inculquer le plus possible de connaissances psychologiques. Même si cette connaissance ne préservait pas de l'apparition de la psychose, du moins le pronostic en serait-il amélioré, ainsi que je l'ai souvent remarqué. Une juste compréhension psychologique suffit, dans ces cas limites, pour sauver une vie.

Si, au début de notre recherche, le nom du héros avait rendu nécessaire d'évoquer la symbolique du Popocatepetl comme partie créatrice du corps humain, la fin du drame millérien nous offre l'occasion de voir comment le volcan assiste également à la mort du héros et le fait disparaître, enseveli à la suite d'un tremblement de terre. De même qu'il lui avait donné nom et naissance, le volcan engloutit le héros à nouveau à la fin du jour [224]. Ses dernières paroles nous apprennent que l'aimée, à laquelle il aspire et qui seule le comprend, s'appelle Ja-ni-wa-ma. Nous retrouvons dans ce nom les balbutiements de la première enfance du héros que Longfellow nous a fait connaître: Wawa, Wama, mama. La seule qui nous

---

[224] Cf. *La nostalgie empédocléenne* de HÖLDERLIN. De même, le voyage aux enfers de Zarathoustra par l'entrée de l'Hadès de Vulcain. (Le passage de Nietzsche ainsi que je l'ai montré est une cryptomnésie.) La mort est retour à la mère. C'est pourquoi le roi d'Egypte Mykerinos fit ensevelir sa fille dans une vache de bois doré. C'était une garantie de renaissance. La vache se trouvait dans une chambre d'apparat et on lui faisait des offrandes. Dans une autre chambre, près de cette vache, il y avait les portraits des concubines de Mykerinos. (*Hérodote*, II, p. 129 sq.)

comprenne vraiment, c'est notre mère. Car *comprendre* (anc. haut all. firstân), verstehen, vient probablement du préfixe germanique ancien fri, identique, περί, autour. L'ancien haut allemand antfristôn (= servir d'interprète) est considéré comme identique à firstân. C'est de là que viendrait le sens fondamental de comprendre = se placer autour de quelque chose [225]. Comprehendere et κατασυλ-λαμβάνειν expriment une image analogue à celle de l'allemand erfassen. Le trait commun de ces expressions est « entourer » et « embrasser ». Et il n'y a pas le moindre doute que rien au monde ne nous entoure comme notre mère. Quand le névrosé se plaint que le monde « ne comprend pas » il dit ainsi indirectement que sa mère lui manque. Dans son poème: « Mon rêve familier », Paul Verlaine a traduit cette idée d'admirable manière:

> « Je fais souvent ce rêve étrange et pénétrant
> D'une femme inconnue et que j'aime et qui m'aime
> Et qui n'est chaque fois ni tout à fait la même,
> Ni tout à fait une autre, et m'aime et *me comprend*.
>
> Car elle me comprend, et mon cœur transparent
> Pour elle seule, hélas ! cesse d'être un problème;
> Pour elle seule, et les moiteurs de mon front blême,
> Elle seule les sait rafraîchir en pleurant.
>
> Est-elle brune, blonde ou rousse ? Je l'ignore —
> Son nom ? Je me souviens qu'il est doux et sonore
> Comme ceux des aimés que la vie exila.
>
> Son regard est pareil à celui des statues,
> Et pour sa voix, lointaine et calme et grave, elle a
> L'inflexion des voix chères qui se sont tues. »

---

[225] KLUGE: *Deutsche Etymologie.*

Fig. 299. *La gueule énigmatique.*
Gravure de Hans Thoma.
Extrait de J. A. BERINGER: *Hans Thoma.* Munich 1922.

ÉPILOGUE

La mélancolique note finale des fantaisies millériennes provient sans doute de ce qu'elles s'interrompent au moment décisif qui permet de comprendre le danger menaçant d'une victoire de l'inconscient. On ne peut guère admettre que Miss Miller, si inconsciente de l'importance de ses visions sur lesquelles, en dépit de sa juste appréciation, Théodore Flournoy n'a pu donner aucune explication, serait à même de prendre une attitude convenable à l'endroit de la phase suivante du processus : l'assimilation inévitable du héros à sa personnalité consciente. Il faudrait qu'elle reconnût les exigences du destin et la signification des étranges images qui ont pénétré dans sa conscience. Il y a certes déjà dissociation, puisque l'inconscient travaille pour son compte et lui met sous les yeux des images qu'elle n'a pas créées elle-même consciemment et qui, pour cette raison, lui paraissent étranges et bizarres. Mais il est clair, pour l'observateur objectif, que les fantaisies émanent d'une énergie psychique qui n'est pas sous le contrôle de la conscience. Ce sont des nostalgies, des impulsions et des événements symboliques dont la conscience ne peut venir à bout positivement ni négativement. A l'impulsion instinctive qui cherche à pousser la rêveuse hors du demi-jour de l'enfance, s'oppose une fierté personnelle, très déplacée, et vraisemblablement aussi, un horizon moral d'une étroitesse correspondante ; en présence du contenu spirituel du symbolisme, rien ne vient au secours de la conscience. Car notre culture a depuis longtemps perdu l'habitude de la pensée symbolique et le théologien lui-même ne sait plus que faire de l'herméneutique des Pères de l'Eglise. La *cura animarum* est dans le protestantisme en bien mauvaise posture. Qui voudrait prendre la peine de compiler des idées chrétiennes fondamentales dans le « fatras des fantaisies pathologiques » ? Pour les malades dans cette situation, ce peut être, il est vrai, un salut si le médecin veut bien se charger de ces produits et rendre accessible au malade le sens qui y est esquissé. De cette façon il permet à ce dernier d'assimiler au moins une partie de l'inconscient et de démonter d'autant la dissociation menaçante. En même temps l'assimilation de l'inconscient protège contre l'isolement dangereux qu'éprouve tout homme en face d'une portion incompréhensible et irrationnelle de sa personnalité. Car l'isolement mène à la panique et c'est ainsi que trop souvent débute la psychose. Plus la fissure s'élargit entre conscient et inconscient, plus approche la scission de la personnalité qui conduit à la névrose ceux qui ont des dispositions névrotiques, et à la schizophrénie, à la perte de la personnalité, ceux qui ont des dispositions psychotiques. L'effort de la thérapie tend à diminuer la dissociation et, éventuellement, à la supprimer par l'intégration à la conscience des tendances de l'inconscient. Normalement, les impulsions de l'inconscient se réalisent inconsciemment ou — comme on dit — « instinctivement » et dans ce cas on ne tient nul compte du contenu spirituel qui s'y rapporte; malgré tout il se glisse dans la vie consciente de l'esprit sans qu'on le sache, mais sous de multiples déguisements. Cela peut se produire sans difficultés particulières quand il y a dans la conscience des représentations de nature symbolique — *habentibus symbolum facilis est transitus* —, comme il est dit dans l'alchimie. Par contre, s'il existe une certaine dissociation datant déjà de la jeunesse, alors chaque avance de l'inconscient augmente la distance entre conscient et inconscient. En général, il faut le secours de l'art pour supprimer une telle scission. Si j'avais soigné Miss Miller, il m'aurait fallu lui faire connaître une partie du contenu de ce livre pour instruire sa conscience suffisamment pour qu'elle puisse saisir le contenu de l'inconscient collectif. Les rapports archétypiques des produits de l'inconscient ne peuvent être compris autrement qu'avec l'aide des « représentations collectives » (Lévy-Bruhl) qui ont déjà une valeur thérapeutique chez les primitifs. En aucun cas n'est suffisante une psychologie d'orientation exclusivement personnaliste. Donc quiconque désire traiter des dissociations de ce genre doit forcément connaître quelque peu l'anatomie et l'histoire du développement de l'*esprit* qu'il se prépare à guérir. On exige du médecin qui traite des maladies corporelles qu'il connaisse aussi l'anatomie, la physiologie, l'embryologie et l'histoire comparée de l'évolution. Les dissociations névrotiques peuvent il est vrai, dans une certaine mesure, être écartées par une psychologie purement personnaliste, mais nullement le *problème du transfert* qui a lieu dans la plupart des cas et qui contient toujours des contenus collectifs.

Le cas de Miss Miller est un exemple classique des manifestations inconscientes qui précèdent un grave trouble psychique. Leur présence certes ne prouve pas qu'un trouble de ce genre devra nécessairement apparaître. Cela dépend, comme déjà dit, entre autres de l'attitude plus ou moins consentante ou rétive de la conscience. Le cas fut pour moi opportun en ce sens que je n'ai jamais eu affaire à lui et que par conséquent il m'était facile de désarmer le reproche souvent entendu d'avoir influencé la malade. Si j'avais eu à traiter ce cas dès l'apparition des premières créations imaginatives spontanées, le dernier épisode de Chiwantopel aurait pris un caractère tout différent et la fin aurait été — du moins nous voulons l'espérer — moins douloureuse.

Avec ces remarques nous avons atteint la fin de notre programme. Nous nous étions proposé d'étudier un système de fantasmes individuels en découvrant ses rapports avec ses sources; à cette occasion nous nous sommes heurté à des problèmes dont les proportions sont si énormes que notre tentative d'en saisir toute l'étendue ne peut être considérée que comme une orientation superficielle. Je ne puis m'habituer à l'idée de supprimer certaines hypothèses de travail sous prétexte qu'il se pourrait qu'elles n'aient pas de valeur éternelle ou qu'elles soient en quelque manière peut-être erronées. Evidemment, j'ai cherché, dans la mesure du possible, à me garder de l'erreur qui pourrait être si particulièrement funeste sur un sentier si vertigineux, car j'ai pleine conscience des dangers que présente une recherche comme celle-ci. Nous autres médecins, nous ne sommes pas dans la même situation que les chercheurs des autres domaines. Nous ne pouvons pas choisir notre tâche ni délimiter un domaine de recherche; au contraire, c'est le malade à traiter qui nous met en présence, le cas échéant, de problèmes infinis et exige de nous que nous réalisions une tâche thérapeutique par laquelle nous nous sentons dépassés. La plus puissante impulsion au travail ininterrompu de recherche me fut donnée par la thérapeutique et se résumait en cette question à laquelle on ne peut faire la sourde oreille: « Comment peut-on traiter ce que l'on ne comprend pas ?» Rêves, visions, fantaisies et idées délirantes sont des expressions de situations. Donc si je ne comprends pas les rêves, je ne comprends pas la situation du malade et, dans ce cas, à quoi servira mon traitement ? Il n'a jamais été question pour moi de justifier mes théories au moyen de mes malades; il me semblait plus essentiel de comprendre la situation du malade sous tous ses aspects et la compensation inconsciente en fait évidemment partie. Miss Miller fut pour moi un cas de cette sorte. J'ai tenté de comprendre sa situation le mieux possible: j'ai exposé dans la présente étude le résultat de mes efforts comme exemple du genre et de l'étendue de la problématique que devrait connaître un médecin qui désire faire de la psychothérapie. Il lui faut posséder une *science de l'âme*, pas une théorie à son sujet. Je considère que la pratique de la science n'est pas une joute en vue d'avoir raison, mais un travail qui contribue à augmenter et à approfondir la connaissance. C'est à des hommes qu'anime cette idée de la science que s'adresse ce travail.

Fig. 300. *Symbolique tombale.*

Gravure de J. J. BACHOFEN: *Versuch über die Gräbersymbolik der Alten.*
Bâle, 1859, table II, fig. 1

Index alphabétique

régression aux matériaux infantiles 72
— religieuse 174
— symbolique, son sens 673
regret de la mère 374
REITZENSTEIN, R. 140
Reivas, arbres des — 409
religieux, se:
— expérience — de l'antiquité 140
— extase — 248
— fonction — 25
— mythe — 385
— problème — 18
religio 699
religion 173 sq., 244, 272, 376, 450, 452, 592
— chrétienne, sa psychologie 50
— créateur de — 551
— gardienne des vérités symboliques 380
— histoire des — 76, 148, 208, 450, 623
— et morale 155
— morte et = vivante 22
— philosophie hindoue des — 646
— psychologie de la — 50
— et transfert sur les parents 125
— valeur de la — 147
religiosité et névrose 147
renaissance 153, 334, 376, 390, 397, 417, 524, 532, 580, 642, 661, 667
— aspiration à la — 357, 453, 652
— par l'eau et par l'esprit 548
— du héros 548
— du méchant 392
— par la mère-épouse 530
— motif de la — 406
— mystère de la — 453
— mythe de la — 376, 403, 406, 422
— poisson et — 334
— semence de — 592
— du soleil (v. ce mot)
— spirituelle par introversion 631
— par le vent et l'eau 525
— symboles de — 347
RENAN, E. 175, 222

RENI, Guido 696
renoncement 475, 684
renouvellement 445, 449, 466, 632, 703
rentrée dans le monde interne, = introversion 552
— ventre maternel 397, 402, 440, 704
représentatif, complexe — (v. archétype)
représentation
— collective 273, 682, 719
— principale et représentation particulière 57
— compréhension de la — religieuse 383
— supérieure 388
— symbolique, son origine 57
— thériomorphe des dieux 80
reproduction 243
résistance 496, 552
— à l'amour 297
résurrection 541, 596
REUCHER, Dʳ K. 37
rêve 52, 53, 56, 70, 72, 83, 100, 115, 134, 272, 306, 644
— d'angoisse 418
— anticipation des modifications conscientes 114-115
— du cheval furieux 461
— érotique, chez les femmes 54
— éveillé 83
— expression de situations 100
— ou fantaisie 67
— ses fondements inconscients 82
— images du — 53
— interprétation des — 52
— — sa monotonie 56
— langage du — 56
— modernes 611, 626
— — d'arbres 373
— — arc de triomphe de Constantin 56
— et mythe 73, 75, 517
— = mythe de l'individu 75
— d'après Nietzsche 74
— pensée du — (v. pensée)
— personnages du — 427
— et réalité 306
— rôle du serpent dans les — 650
— séculaires de l'humanité 75

765

TABLE DES MATIÈRES

Imprimé en France par CPI
en octobre 2015
N° d'impression : 2018839
Dépôt légal 1re publication : janvier 1996
Edition 09 - octobre 2015
LIBRAIRIE GÉNÉRALE FRANÇAISE
31, rue de Fleurus - 75278 Paris Cedex 06

42/0438/4